임동석중국사상100

시경
詩經

林東錫 譯註

"상아, 물소 뿔, 진주, 옥. 이런 진괴한 물건들은 사람의 이목은 즐겁게 하지만 쓰임에는 적절하지 않다. 그런가 하면 금석이나 초목, 실, 삼베, 오곡, 육재는 쓰임에는 적절하나 이를 사용하면 닳아지고 취하면 고갈된다. 그렇다면 사람의 이목을 즐겁게 하면서 이를 사용하기에도 적절하며, 써도 닳지 아니하고 취하여도 고갈되지 않고, 똑똑한 자나 어리석은 자라도 그를 통해 얻는 바가 저마다 그 자신의 재능에 따라주고, 어진 사람이나 지혜로운 사람이나 그를 통해 보는 바가 저마다 그 자신의 분수에 따라주되 무엇이든지 구하여 얻지 못할 것이 없는 것은 오직 책뿐이로다!"

《소동파전집》(34) 본 《眞寶》(後集) 099 〈이씨산방장서기〉에서, 구당(丘堂) 여원구(呂元九) 선생의 글씨

차례

《詩經》중

Ⅱ 아雅

1. 소아小雅

《詩經》 ¼

❀ 책머리에

❀ 일러두기

❀ 解題

❀ 〈毛詩大序〉 ···················· 子夏(?)

I. 국풍國風

1. 주남周南

《詩經》 들

Ⅰ. 국풍國風

7. 정풍鄭風

8. 제풍齊風

《詩經》 上

Ⅱ 아雅

2. 대아大雅

Ⅲ 송頌

1. 주송周頌

3. 상송商頌

《詩經》부록

Ⅱ 아雅

111편(〈소아〉 80편, 〈대아〉 31편)

'雅'는 夏代부터 전통 음악을 계승한 正樂이며 천자의 樂歌이다. 대부분 西周시대 豐邑과 鎬京의 시가이다. 風에 비해 雅는 장중하고 우아하며 道義와 政治에 무게를 두고 있다. '雅'는 宴饗과 朝會 때 연주하던 노래이므로 宮中의 樂師들에 의해 만들어진 것이며, 그 용도에 따라 大小로 나뉜다.

'小雅'는 주로 宴饗 때 사용하던 악가로서, 80편은 대부분 귀족의 燕飲과 祭祀에 사용하면서 내용은 정치에 관련된 것이 주를 이루고 있으나, 일부는 내용과 형식에 있어서 國風과 거의 구별되지 않는다. 이는 지역적으로는 천자가 있던 鎬京 일대의 민가였을 것이며, 종주국이었으므로 별도로 '周風'이라는 항목을 만들지 않아, '雅'에 소속시킨 것일 뿐이다.

'大雅'는 거의가 周나라 后稷부터 文王, 武王, 成王과 周公에 이르기까지의 貴族史이며, 동시에 왕실 公卿大夫들을 읊은 것으로, 역시 연향과 조회 등 공식 행사에 사용되었다. 大雅 31편의 내용은 周나라가 天命을 받아 천하를 차지하게 되었다는 天命思想과, 周公이 文物典章을 만들어 천하를 바르게 통치하게 되어 正統性을 확보했음을 미화한 것이 대부분이다.

★ 관련 사항은 《左傳》 및 《尚書》 周書, 《史記》 周本紀, 《國語》 周語 등을 참조할 것.

○ 鄭玄《毛詩譜》<小雅>·<大雅>

小雅·大雅者, 周室居西都豐鎬之時詩也. 始祖后稷, 由神氣而生, 有播種之功於民, 公劉至于太王·王季歷, 及千載越異, 代而別世, 載其功業, 爲天下所歸. 文王受命, 武王遂定天下, 盛德之隆. 大雅之初, 起自文王. 至于<文王有聲>, 據盛隆而推原, 天命上述祖考之美.

小雅, 自<鹿鳴>至於<魚麗>, 先其文所以治內, 後其武所以治外. 此二雅, 逆順之次, 要於極賢聖之情, 著天道之助, 如此而已矣. 又大雅<生民>及<卷阿>, 小雅<南有嘉魚>下及<菁菁者莪>, 周公·成王之時詩也.

傳曰:「文王基之, 武王鑿之, 周公內之.」謂其道同, 終始相成, 比而合之, 故大雅十八篇, 小雅十六篇爲正經. 其用於樂國, 君以小雅, 天子以大雅. 然而饗賓或上取, 燕或下就, 何者? 天子饗, 元侯歌, 肆夏合<文王>, 諸侯歌<文王>, 合<鹿鳴>, 諸侯於鄰國之君, 與天子於諸侯同. 天子諸侯, 燕羣臣及聘問之賓, 皆歌<鹿鳴>合鄉樂. 此其著略, 大校見在書籍, 禮樂崩壞, 不可得詳.

大雅<民勞>, 小雅<六月>之後, 皆謂之變雅. 美惡各以其時, 亦顯善懲過正之次也.

問者曰:「<常棣>, 閔管蔡之失道, 何故列於文王之詩?」曰:「閔之閔之者, 閔其失兄弟, 相承順之道, 至于被誅, 若在成王·周公之詩, 則是彰其罪, 非閔之. 故爲隱推而上之, 因文王有親兄弟之義.」

又問曰:「小雅之臣, 何以獨無刺厲王?」曰:「有焉. <十月之交>·<雨無正>·<小旻>·<小宛>之詩, 是也. 漢興之初, 師移其第耳. 亂甚焉, 旣移文改其目, 義順上下, 刺幽王亦過矣.」

○ 朱熹 <集傳>

雅者, 正也, 正樂之歌也. 其篇本有大小之殊, 而先儒說又各有正變之別. 以今考之, 正小雅, 燕饗之樂也; 正大雅, 朝會之樂, 受釐陳戒之辭也. 故或歡欣和說, 以盡羣下之情; 或恭敬齊莊, 以發先王之德. 辭氣不同, 音節亦異, 多周公制作時所定也. 及其變也, 則事未必同, 而各以其聲. 附之其次序, 時世, 則有不可考者矣.

1. 소아小雅

80편(笙詩 6편 포함 : 161-240)

〈1〉「鹿鳴之什」

161(小-1) 녹명(鹿鳴)

162(小-2) 사모(四牡)

163(小-3) 황황자화(皇皇者華)

164(小-4) 상체(常棣)

165(小-5) 벌목(伐木)

166(小-6) 천보(天保)

167(小-7) 채미(采薇)

168(小-8) 출거(出車)

169(小-9) 체두(杕杜)

170(小-10) 남해(南陔) [笙詩]

〈2〉「白華之什」

171(小-11) 백화(白華) [笙詩]

172(小-12) 화서(華黍) [笙詩]

173(小-13) 어리(魚麗)

174(小-14) 유경(由庚) [笙詩]

175(小-15) 남유가어(南有嘉魚)

176(小-16) 숭구(崇丘) [笙詩]

177(小-17) 남산유대(南山有臺)

178(小-18) 유의(由儀) [笙詩]

179(小-19) 육소(蓼蕭)

180(小-20) 담로(湛露)

<h2 style="text-align:center">〈1〉「鹿鳴之什」</h2>

'雅'와 '頌'의 작품들은 10편씩 묶어 첫 작품 제목 다음에 '什'이라 하였는데 이는 小雅 80편, 大雅 31편 등 총 111편과, 頌 40편 등이 너무 많아 편의상 그렇게 묶은 것일 뿐 다른 뜻은 없다. 朱熹는 "군대 편대의 조직에 10명씩을 묶어 하나의 什이라 함과 같은 것"이라 했다. 다만 《毛詩》와 朱熹 《詩集傳》은 일부 차이가 있는데, 이는 朱熹가 《禮記》와 《儀禮》에 실려 있는 기록들을 근거로 笙詩의 순서를 바로잡으면서 순서가 달라져 발생한 문제이다. 이 책은 주희의 순서를 따랐음을 밝힌다.

○ 朱熹 〈集傳〉
〈鹿鳴之什〉: 雅頌, 無諸國別. 故以十篇爲一卷, 而謂之什. 猶軍法以十人爲什也.

161(小-1) 녹명(鹿鳴)

*〈鹿鳴〉: 사슴이 모여 풀을 뜯으며 서로 화답하는 소리.
*이 시는 사슴의 화합을 비유하여 군주가 신하들에게 잔치를 베풀어주어, 서로 편한 자리에서 소통하고, 긴장을 풀 수 있도록 한 내용이라 함.

〈序〉: 〈鹿鳴〉, 燕羣臣嘉賓也. 旣飮食之, 又實幣帛筐篚以將其厚意, 然後忠臣嘉賓得盡其心矣.
〈녹명〉은 군신들과 가빈들에게 베푼 잔치이다. 이미 마시고 먹었으며, 또한 폐백을 광주리에 채워주어 장차 그 후의를 다해 준 연후에 충신과 가빈들이 그 마음을 다할 수 있도록 한 것이다.

〈箋〉: 飮之而有幣, 酬幣也. 食之而有幣, 侑幣也.

＊전체 3장. 매 장 8구씩(鹿鳴:三章. 章八句).

(1) 興

呦呦鹿鳴, 食野之苹.

呦呦(유유)흔 鹿의 鳴이여, 野의 苹(평)을 食(식)ᄒ놋다.

사슴들 유유 화답소리 내면서, 들의 맑은 쑥을 뜯고 있네.

我有嘉賓, 鼓瑟吹笙.

내 嘉흔 賓을 두어, 瑟을 皷ᄒ며 笙을 吹호라.

나에게 훌륭하신 손님들 오셨으니, 슬을 연주하고 생을 불도다.

吹笙鼓簧, 承筐是將.

笙을 吹ᄒ야 簧을 皷ᄒ야, 筐을 承ᄒ야 이 將호니,

생을 불고, 황을 연주하며, 광주리에 담아 바치는 폐백을 받으시도다.

人之好我, 示我周行!

사름의 날 好ᄒᄂ 이, 내게 周行을 示ᄒ뗫엇다!

사람들이 나를 좋게 여겨, 나에게 이 行列에 참가시켜 주었도다!

【呦呦】사슴이 서로 화답하는 소리. 〈毛傳〉에 ""興也. 苹, 蓱也. 鹿得蓱, 呦呦然, 鳴而相呼. 懇誠發乎中以興, 嘉樂賓客, 當有懇誠相招呼, 以成禮也"라 하였고, 〈集傳〉에도 "呦呦, 聲之和也"라 함.
【苹】사철쑥. 〈諺解〉物名에 "苹:뽁뤼라(쑥類라)"라 함. 〈鄭箋〉에 "苹, 藾蕭也"라 하였고, 〈集傳〉에 "苹, 藾蕭也. 靑色白莖如筯"라 함.
【我】〈集傳〉에 "我, 主人也"라 함.
【賓】〈集傳〉에 "賓, 所燕之客, 或本國之臣, 或諸侯之使也"라 함. 〈正義〉에는 群臣들을 지칭한다 하였음.
【皷】'연주하다'의 동사. 〈諺解〉에는 '皷'자로 표기함.
【瑟】絃樂器의 한 가지.

【笙】笙簧. 吹奏樂器. 〈集傳〉에 "瑟·笙, 燕禮所用之樂也"라 함.

【簧】〈毛傳〉에 "簧, 笙也. 吹笙而鼓簧矣"라 하였고, 〈集傳〉에 "簧, 笙中之簧也"라 함. '簧'은 笙 속에 든 피리의 떨림판, 진동판을 뜻함. 大笙엔 十九簧, 小笙엔 十三簧이 있음.

【承筐】광주리를 받듦. 〈毛傳〉에 "筐, 筐屬, 所以行幣帛也"라 하였고, 〈鄭箋〉에는 "承, 猶奉也.《書》曰「筐厥玄黃」"이라 함. 〈集傳〉에도 "承, 奉也; 筐, 所以盛幣帛者也"라 함.

【將】행함. 〈集傳〉에 "將, 行也. 奉筐而行, 幣帛飮, 則以酬賓; 送酒食, 則以侑賓勸飽也"라 함.

【示】〈鄭箋〉에 "示, 當作'寘', 寘, 置也. 好, 猶善也. 人有以德善我者, 我則置之於周之列位. 言「己維賢是用」"이라 함.

【周行】至極한 道. 〈毛傳〉에 "周, 至; 行, 道也"라 하였고, 〈鄭箋〉에는 "周行, 周之列位也"라 함. 〈集傳〉에는 "周行, 大道也. 古者, 於旅也, 語故欲於此, 聞其言也"라 함.

＊〈集傳〉에 "○此燕饗賓客之詩也. 蓋君臣之分以嚴爲主, 朝廷之禮以敬爲主, 然一於嚴敬, 則情或不通, 而無以盡其忠告之益. 故先王因其飮食聚會, 而制爲燕饗之禮, 以通上下之情, 而其樂歌. 又以鹿鳴起興, 而言其禮意之厚如此. 庶乎人之好我, 而示我以大道也.《記》(緇衣篇)曰:「私惠不歸德, 君子不自留焉.」 蓋其所望於羣臣嘉賓者, 唯在於示我以大道, 則必不以私惠爲德, 而自留矣. 嗚呼! 此其所以和樂, 而不淫也與!"라 함.

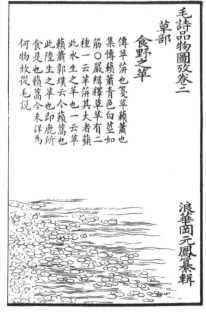

(2) 興

呦呦鹿鳴, 食野之蒿.

呦呦훈 鹿의 鳴이여, 野의 蒿(호)를 食ㅎ놋다.

유유하며 화답하는 사슴 무리들, 들에서 다북쑥을 뜯고 있네.

我有嘉賓, 德音孔昭.

내 嘉훈 賓을 두니, 德音이 심히 昭ㅎ야,

나에게 좋은 손님 오셨으니, 덕망의 말씀 심히 밝아라.

視民不恌, 君子是則是傚.

民을 視ㅎ야 恌(됴)티 아니케 ㅎ니, 君子ㅣ 이 則ㅎ며 이 傚(효)홀 띠로딕,

백성들에게 마구 대하지 않음을 보여주시니, 군자들 이를 본받게 되도다.

我有旨酒, 嘉賓式燕以敖!

내 旨酒를 두니, 嘉훈 賓이 뻐 燕ㅎ야 뻐 敖(오)ㅎ놋다!

나에게 좋은 술 있으니, 훌륭한 빈객들에게 잔치 열어 놀리라!

【蒿】다북쑥. 〈毛傳〉에 "蒿, 蔌也"라 하였고, 〈集傳〉에도 "蒿, 蔌也, 卽靑蒿也"라 함. 〈諺解〉物名에 "蒿:다북쑥. 일(一) 비양쑥. 일(一) 새쑥"이라 함.

【德音】令聞. 〈鄭箋〉에 "德音, 先王道德之教也"라 함.

【孔昭】〈鄭箋〉과 〈集傳〉에 "孔, 甚;昭, 明"이라 함.

【視】보여줌. 〈鄭箋〉에 "視, 古示字也. 飲酒之禮於旅也. 語嘉賓之語, 先王德教甚明, 可以示天下之民, 使之不愉於禮義, 是乃君子所法傚. 言其賢也"라 함. 〈集傳〉에 "視, 與示同"이라 함.

【恌】〈毛傳〉에 "恌, 偸也"라 하였고, 〈集傳〉에도 "恌, 偸薄也"라 함.

【則傚】본받음. 〈毛傳〉에 "是則是傚」, 言可法傚也"라 함.

【旨酒】맛있는 술.

【式】助字.

【燕】잔치를 함. 연회를 베풂.

【敖】〈毛傳〉과 〈集傳〉에 "敖, 游也"라 함. 잔치를 즐김을 뜻함.

＊〈集傳〉에 "○言「嘉賓之德音甚明, 足以示民, 使不偸薄, 而君子所當則傚, 則亦不

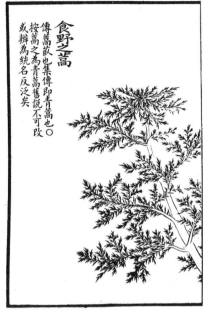

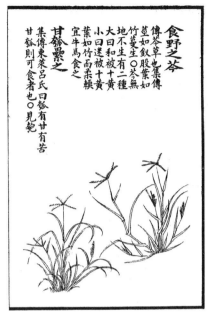

待言語之間, 而其所以示我者, 深矣.」라 함.

(3) 興

呦呦鹿鳴, 食野之芩.

呦呦흔 鹿의 鳴이여, 野의 芩(금)을 食ㅎ놋다.

유유하며 화답하는 사슴 무리들, 들에서 금풀을 뜯고 있네.

我有嘉賓, 鼓瑟鼓琴.

내 嘉흔 賓을 두어, 瑟을 鼓ㅎ며 琴을 鼓호니,

나에게 좋은 손님 오셨으니, 슬을 연주하고 금을 연주하니,

鼓瑟鼓琴, 和樂且湛.

瑟을 鼓ㅎ며 琴을 鼓홈이여, 和樂ㅎ고 또 湛(담)ㅎ도다.

슬을 연주하고 금을 뜯으니, 화락스럽고 또한 즐거움 끝없어라.

我有旨酒, 以燕樂嘉賓之心!

내 旨酒를 두어, 써 嘉흔 賓의 □음을 燕樂(연락)게 ㅎ놋다!

나에게 맛있는 술 있으니, 이로써 가빈의 마음 편안하고 즐겁게 해주리라!

【芩】금풀. 그러나 〈諺解〉 物名에는 "芩: 未詳"이라 함. 〈毛傳〉에 "芩, 草也"라 하였고, 〈集傳〉에는 "芩, 草名. 莖如釵股, 葉如竹, 蔓生"이라 함.

【湛】한참을 즐김. 〈毛傳〉과 〈集傳〉에 "湛, 樂之久也"라 함.

【燕】〈毛傳〉에 "燕, 安也. 夫不能致其樂, 則不能得其志; 不能得其志, 則嘉賓不能竭其力"이라 함. 〈集傳〉에도 "燕, 安也"라 함.

＊〈集傳〉에 "○言「安樂其心, 則非止養其體娛其外而已. 蓋所以致其殷勤之厚, 而欲其教示之無已也.」"라 함.

참고 및 관련 자료

1. 孔穎達 〈正義〉

作〈鹿鳴〉詩者, 燕羣臣嘉賓也. 言人君之於羣臣嘉賓, 既設饗以飲之, 陳饌以食之, 又實幣帛於筐篚而酬侑之, 以行其厚意, 然後忠臣嘉賓, 佩荷恩德, 皆得盡其忠誠之心, 以事上焉. 明上隆下報, 君臣盡誠, 所以爲政之美也. 言羣臣嘉賓者, 羣臣君所饗燕, 則謂之賓. 序發首云燕羣臣, 則此詩爲燕羣臣而作. 經無羣臣之文, 然則序之羣臣, 則經之嘉賓一矣. 故羣臣嘉賓竝言之, 明羣臣亦爲嘉賓也. 案〈燕禮〉云「大夫爲賓」, 則賓唯一人而已, 而云羣臣, 皆爲嘉賓者. 燕禮於客之內, 立一人爲賓, 使宰夫爲主, 與之對行禮耳. 其實君設酒殽, 羣臣皆在君爲之主, 羣臣總爲賓也. 〈燕禮〉云「若與四方之賓燕」, 則迎之于大門內, 四方之賓, 唯迎之爲異, 其燕皆與臣同, 則此嘉賓之中, 容四方之賓矣. 故〈鄕飮酒〉〈燕禮〉注云:「〈鹿鳴〉者, 君與臣下及四方之賓燕, 講道修德之樂歌」, 是也. 知序之嘉賓, 不唯指四方之賓者. 以此詩爲燕羣臣而作. 經序同云: 嘉賓不得不爲羣臣, 則序之嘉賓, 亦爲羣臣明矣. 且序云「盡心」, 傳曰:「竭力是己之臣子」, 可知燕禮者. 使反有功, 與羣臣樂之禮, 文王之與臣也.」本自隆恩, 不必由使出有功, 乃燕之也. 言既飮食之, 則饗食. 竝有獨言「燕羣臣」者, 以食禮. 無酒樂饗, 以訓恭儉, 非於臣子忻樂之義. 經言「式燕以敖, 和樂且耽」, 此詩主於忻樂, 故叙以燕, 因之而後兼言饗食也. 既飮食之, 章首二句是也. 實幣帛筐篚, 以將其厚意, 承筐是將是也. 忠臣嘉賓, 得盡其心者, 序者因言君有恩惠, 可以得臣之心, 總美燕樂之事. 於經無所當也. 序上言「羣臣」, 後言「忠臣」者, 見臣蒙燕賜, 乃能盡忠, 故變文以見義.〈正義〉曰: 此解飲食, 而有幣帛之意, 言飲有酬賓, 送酒之幣食, 有侑賓勸飽之幣, 故皆有幣也. 飲食必酬侑之者. 案公食大夫禮, 賓三飯之後. 云公受宰夫, 束帛以侑. 注云:「束帛, 十端帛也; 侑, 猶勸也.」主國君以爲食賓, 殷勤之意, 未至復發幣以勸之, 欲其深安賓也. 是禮食用幣之意也.〈饗禮〉云:「準此, 亦爲安賓而酬之焉.」案〈聘禮〉云:「君不親食, 使大夫朝服, 致之以侑幣.」注云:「君不親食, 謂有疾病及他故, 必致之者, 不廢其禮.」又曰致饗以酬幣, 亦如之. 是親食有侑幣, 不親食, 則以侑幣致之. 然則不親饗以酬幣致之, 明親饗有酬幣矣. 故知飲之, 而有幣, 謂酬幣也. 鄭必知飲爲饗者, 以飲食連文, 若飲食爲一, 則食禮不主於飲, 若飲爲燕禮, 不宜文在食上, 且饗食相對之物, 有食, 不宜無饗.〈郊特牲〉云:「飲養陽氣, 故饗禘. 有樂, 是饗有飲.」故知此飲, 謂饗也.〈彤弓〉箋云:「大飲賓曰饗, 火行人.」注云:「饗, 謂設盛禮, 以飲賓.」〈聘禮〉注云:「饗, 謂享大牢以飲賓.」皆以飲爲饗禮也. 其幣所用, 公食大夫, 用束帛以侑其酬幣, 則無文. 故〈聘禮〉注云:「酬幣, 饗禮, 酬賓勸酒之幣.」所用未聞也. 禮幣用束帛, 乘馬亦不是過, 是饗所用幣, 無正文也. 禮幣用束帛乘馬, 謂聘享之幣, 聘享止用束帛乘馬而已. 侑幣又用束帛, 故云亦不是過, 言諸侯於大夫, 酬幣不過是也. 其天子酬諸侯, 及諸侯自相酬, 仍不必用束帛乘馬, 故〈聘禮〉注又引〈禮器〉曰:「琥璜爵, 蓋天子酬諸侯也.」必疑琥璜, 爲天子酬諸侯之幣者, 以琥璜非爵, 名而云爵, 明以送爵也. 食禮無爵可送, 則琥璜, 饗酬所用也. 謂饗時酬賓, 以琥璜, 將幣耳. 小行人合六幣, 琥以繡璜以黼, 則天子酬諸侯以黼繡, 而琥璜將之. 既天子饗諸侯之酬幣, 與諸侯異, 則食禮天子侑諸侯, 其幣不必束帛, 無文以言之. 此唯言饗食之幣, 不言燕幣. 燕禮亦當有焉. 但今燕禮唯有好貨無幣, 故文不顯言之.

2. 朱熹〈集傳〉

〈鹿鳴〉, 三章, 章八句:

按序: 以此爲燕羣臣, 嘉賓之詩而燕. 禮亦云「工歌〈鹿鳴〉·〈四牡〉·〈皇皇者華〉」, 卽謂此也. 鄕飮酒用樂, 亦然. 而〈學記〉言:「大學始教, 宵雅肄三.」孔謂此三詩, 然則又爲上下通用之樂矣. 豈本爲燕羣臣, 嘉賓而作, 其後乃推而用之鄕人也與? 然於朝曰「君臣焉」, 於燕曰「賓主焉」, 先王以禮, 使臣之厚, 於此見矣.

○范氏曰:「食之以禮, 樂之以樂, 將之以實, 求之以誠, 此所以得其心也. 賢者豈以飲食幣帛爲悅哉? 夫婚姻不備, 則貞女不行也; 禮樂不備, 則賢者不處也; 賢者不處, 則豈得樂而盡其心乎?」

162(小-2) 사모(四牡)

＊〈四牡〉: 네 필의 수컷 말을 뜻함.
＊이 시는 文王이 西伯이었을 때 각국에 보냈던 사신이 돌아와, 그의 공적을 알고 즐겁게 여겨 위로한 내용이라 함.

<序>: <四牡>, 勞使臣之來也. 有功而見知, 則說矣.

〈사모〉는 사신이 돌아왔을 때 위로하는 내용이다. 공적이 있어 그 사실을 알고는 즐겁게 여긴 것이다.

〈箋〉: 文王爲西伯之時, 三分天下, 有其二. 以服事殷, 使臣以王事徃來, 於其職, 於其來也. 陳其功苦, 以歌樂之.

＊전체 5장. 매 장 5구씩(四牡: 五章. 章五句).

(1) 賦

四牡騑騑, 周道倭遲.

四牡(ᄉ모)ㅣ 騑騑(비비)ᄒ니, 周道ㅣ 倭遲(위지)ᄒ도다.

네 필 숫말 쉬지 않고 달려가니, 岐周로 가는 길 멀고 멀어라.

豈不懷歸?

엇디 歸를 懷티 아니 ᄒ리오마ᄂᆞᆫ,

어찌 돌아가고 싶은 생각 없겠는가?

王事靡盬, 我心傷悲!

王事를 盬(고)티 몯홀 꺼시라, 내 ᄆᆞᆷ애 傷悲호라!

그러나 나라의 일이라 허투루 할 수 없으니, 내 마음 슬퍼라!

【四牡】수레를 함께 끄는 네 필의 숫말.
【騑騑】〈毛傳〉과 〈集傳〉에 "騑騑, 行不止之貌"라 함.

【周道】〈毛傳〉에 "周道, 岐周之道也"라 하여 岐周로 가는 길. 문왕으로부터 받은 사신의 임무를 마치고 도읍 기주로 돌아가는 길. 그러나 〈集傳〉에 "周道, 大路也"라 함.

【倭遲】《韓詩》에는 '倭夷'로 되어 있어 雙聲連綿語로 보아야 할 것임. '倭'는 '위'(於危反)로 읽음. 〈毛傳〉에 "倭遲, 歷遠之貌. 文王率諸侯, 撫叛國而朝聘乎紂. 故周公作樂以歌, 文王之道爲後世法"이라 하였고, 〈集傳〉에는 "倭遲, 四遠之貌"라 함.

【懷歸】돌아갈 것을 생각함.

【王事】王命에 관한 일.

【鹽】〈毛傳〉에 "鹽, 不堅固也. 思歸者, 私恩也; 靡鹽者, 公義也; 傷悲者, 情思也"라 하였고, 〈鄭箋〉에는 "無私恩, 非孝子也; 無公義, 非忠臣也. 君子不以私害公, 不以家事辭王事"라 함. 〈集傳〉에도 "鹽, 不堅固也"라 함. 王引之 〈述聞〉에는 "鹽者, 息也"라 함.

*〈集傳〉에 "○此勞使臣之詩也. 夫君之使臣, 臣之事君, 禮也. 故爲臣者, 奔走於王事, 特以盡其職分之所當爲而已. 何敢自以爲勞哉? 然君之心, 則不敢以是而自安也. 故燕饗之際, 叙其情以閔其勞, 言「駕此四牡而出使於外, 其道路之回遠如此. 當是時豈不思歸乎? 特以王事不可以不堅固, 不敢狥私以廢公, 是以內顧而傷悲也.」臣勞於事, 而不自言「君探其情而代之」, 言「上下之間, 可謂各盡其道矣.」傳曰:「思歸者, 私恩也; 靡鹽者, 公義也; 傷悲者, 情思也. 無私恩非孝子也, 無公義非忠臣也. 君子不以私害公, 不以家事辭王事」○范氏曰:「臣之事上也, 必先公而後私; 君之勞臣也, 必先恩而後義.」라 함.

(2) 賦

四牡騑騑, 嘽嘽駱馬.

四牡ㅣ 騑騑ᄒ니, 嘽嘽(탄탄)ᄒ 駱馬ㅣ로다.

네 필 숫말 달리고 달리니, 헐떡거리는 가리온 말이로다.

豈不懷歸?

엇디 歸를 懷티 아니 ᄒ리오마ᄂᆞᆫ,

어찌 돌아가고 싶은 생각 왜 없겠는가?

王事靡鹽, 不遑啓處!

王事를 鹽티 몯홀 꺼시라, 겨를 ᄒ야 啓ᄒ며 處티 몯호라!

그러나 나라의 일이라 허투루 할 수 없으니, 잠시 꿇어앉아 쉴 곳도 없구나!

【嘽嘽】〈毛傳〉에 "嘽嘽, 喘息之貌. 馬勞, 則喘息"이라 하였으나, 〈集傳〉에는 "嘽嘽, 衆盛之貌"라 함.
【駱】〈毛傳〉과 〈集傳〉에 "白馬黑鬣曰駱"이라 함. 〈諺解〉 物名에 "駱:가리온"이라 함.
【不遑啓處】〈毛傳〉과 〈集傳〉에 "遑, 暇;啓, 跪;處, 居也"라 함. 〈毛傳〉에 "臣受命, 舍幣于禰, 乃行"이라 함.

(3) 興

翩翩者鵻, 載飛載下, 集于苞栩.

翩翩ᄒᆞᄂᆞᆫ 鵻(츄)ㅣ여, 곧 飛ᄒᆞ며 곧 下ᄒᆞ야, 苞栩(포호)애 集ᄒᆞᄂᆞᆺ다.

훨훨 나는 집비둘기, 높고 낮게 날다가, 상수리나무 숲에 모여 앉네.

王事靡盬, 不遑將父!

王事ᄅᆞᆯ 盬티 몯ᄒᆞᆯ 꺼시라, 겨를 ᄒᆞ야 父를 將티 몯호라!

나라의 일이라 허투루 할 수 없어, 아버님 봉양할 겨를도 없구나!

【翩翩】훨훨 나는 모양. 〈集傳〉에 "翩翩, 飛貌"라 함.
【鵻】집비둘기. '夫不'이라 하여 雙聲連綿語의 鳥名. 혹 '斑鳩', '鵓鳩', '鵓鴣' 등으로도 불리는 아롱비둘기. 〈毛傳〉에 "鵻, 夫不也"라 하였고, 〈鄭箋〉에는 "夫不, 鳥之慤謹者, 人皆愛之. 可以不勞, 猶則飛, 則下止於栩木, 喻人雖無事其可獲, 安乎感厲之"라 함. 〈諺解〉 物名에 "鵻:집비두리"라 함. 〈集傳〉에 "鵻, 夫不也. 今鵓鳩也. 凡鳥之短尾者, 皆鵻屬"이라 함.
【載】助字.
【苞】나무가 密生함.
【栩】상수리나무.
【將】〈毛傳〉과 〈集傳〉에 "將, 養也"라 함.
*〈集傳〉에 "○翩翩者, 鵻猶或飛或下, 而集於所安之處. 今使人乃勞苦於外, 而不遑養其父. 此君人者, 所以不能自安而深以爲憂也. 范氏曰:「忠臣孝子之行役, 未嘗不念其親. 君之使臣, 豈待其勞苦而自傷哉? 亦憂其憂如己而已矣. 此聖人所以感人心也.」"라 함.

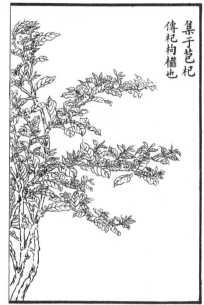

(4) 興

翩翩者鵻, 載飛載止, 集于苞杞.

翩翩ᄒᆞᄂᆞᆫ 鵻ㅣ여, 곧 飛ᄒᆞ며 곧 止ᄒᆞ야, 苞杞(포긔)예 集ᄒᆞᄂᆞᆺ다.

훨훨 집비둘기, 날다 멈추다 하더니, 구기자나무 숲에 모여 앉았네.

王事靡盬, 不遑將母!

王事를 盬티 몯홀 꺼시라, 겨를 ᄒᆞ야 母를 將티 몯호라!

나라의 일이라 허투루 할 수 없으니, 어머님 봉양할 틈도 없구나!

【杞】구기자나무. 〈毛傳〉과 〈集傳〉에 "杞, 枸檵也"라 함.

(5) 賦

駕彼四駱, 載驟駸駸.

뎌 四駱을 駕ᄒᆞ야, 곧 驟(ᄎᆔ)홈을 駸駸(침침)히 호니,

저 네 필 가리온 말이 끄는 수레를 타고, 급하게도 달려가네.

豈不懷歸?

엇디 歸를 懷티 아니 ᄒ리오?

어찌 돌아갈 생각 없겠는가?

是用作歌, 將母來諗!

이예 뼈 歌를 作ᄒ야, 母將홈으로 來ᄒ야 諗(심)ᄒ노라!

이 때문에 이 노래를 지어, 어머님 봉양할 뜻 아뢰도다!.

【駕】馬車를 달림.

【騑】달림.

【騑騑】〈毛傳〉과 〈集傳〉에 "騑騑, 行貌"라 함.

【諗】〈毛傳〉에 "諗, 念也. 父兼尊親之道, 母至親而尊不至"라 하였고, 〈鄭箋〉에는 "諗, 告也. 君勞使臣述叙其情, 女曰:「我豈不思歸乎? 誠思歸也.」 故作此詩之歌, 以養父母之志, 來告於君也. 人之思恒思親者, 再言將母, 亦有情也"라 함. 〈集傳〉에는 "諗, 告也. 以其不獲養父母之情, 而來告於君也. 非使人作是歌也. 設言其情以勞之耳, 獨言將母者. 因上章之文也"라 함. 馬瑞辰〈通釋〉에는 《說文》:「諗, 深諫也.」……義與〈箋〉訓諗爲告者合. 但以經義求之, 乃從〈傳〉訓念爲是"라 함.

참고 및 관련 자료

1. 孔穎達〈正義〉

作〈四牡〉詩者, 謂文王爲西伯之時, 令其臣以王事出使, 於其所職之國. 事畢來歸, 而王勞來之也. 言凡臣之出使, 唯恐其君不知己功耳, 今臣使反有功, 而爲王所見知, 則其臣欣悅矣. 故文王所述其功苦, 以勞之, 而悅其心焉. 此經五章, 皆勞辭也. 其有功見知, 則悅矣. 總述勞意, 於經無所當也.

2. 朱熹〈集傳〉

〈四牡〉, 五章, 章五句:

按〈序言〉:「此詩所以勞使臣之來.」 甚協詩意, 故《春秋傳》亦云, 而《外傳》以爲章使臣之勤. 所謂使臣, 雖叔孫之自稱, 亦正合其本事也. 但《儀禮》又以爲上下通用之樂, 疑亦本爲勞使臣而作, 其後乃移以他用耳.

163(小-3) 황황자화(皇皇者華)

*〈皇皇者華〉: 울긋불긋 아름답게 핀 꽃.
*이 시는 임금으로부터 사신의 임무를 띠고 이국으로 가는 자가 자신의 임무를 생각하며 잘 수행해 낼 것임을 다짐하는 내용임.

<序>: <皇皇者華>, 君遣使臣也. 送之以禮樂, 言遠而有光華也.

〈황황자화〉는 임금이 사신을 파견한 내용이다. 보내면서 예를 갖추고 음악을 연주하였으니, 멀리 가서 영광스럽고 화려함을 일러주도록 한 것이다.

〈箋〉: 言臣出使, 能揚君之美, 延其譽於四方, 則爲不辱命也.

*전체 5장. 매 장 4구씩(皇皇者華: 五章. 章四句).

(1) 興
皇皇者華, 于彼原隰.

皇皇흔 華ㅣ여, 뎌 原이며 隰에로다.

활짝 빛나게 피어난 꽃들, 저 들에도 진펄에도 있네.

駪駪征夫, 每懷靡及!

駪駪(선선)흔 征夫ㅣ여, 민양 懷홈을 及디 몯홀 드시 ᄒ놋다!

무리지어 달리는 사신들, 속으로 매번 제대로 못해내면 어쩌나 생각하도다!

【皇皇】〈毛傳〉과 〈集傳〉에 "皇皇, 猶煌煌也"라 함.
【華】〈集傳〉에 "華, 草木之華也"라 함.
【于】場所를 나타내는 助字.

【原隰】〈毛傳〉에 "高平曰原, 下濕曰隰. 忠臣奉使, 能光君命, 無遠無近, 如華. 不以 高下, 易其色"이라 하였고, 〈鄭箋〉에는 "無遠無近, 維所之, 則然"이라 함. 〈集傳〉 에도 "高平曰原, 下濕曰隰"이라 함.

【駪駪】〈毛傳〉에 "駪駪, 衆多之貌"라 하였고, 〈集傳〉에는 "駪駪, 衆多疾行之貌"라 함.《國語》晉語(4)에는 이 구절을 인용하면서 '莘莘'으로 표기하고 注에 "多衆貌" 라 함.

【征夫】〈毛傳〉에 "征夫, 行人也"라 하였고, 〈集傳〉에는 "征夫, 使臣與其屬也"라 함.

【每懷靡及】〈毛傳〉에 "每, 雖; 懷, 和也"라 하였고, 〈鄭箋〉에는 "《春秋外傳》《國語》 曰:「懷, 私爲; 每, 懷也; 和當爲私衆.」行夫旣受君命, 當速行, 每人懷其私, 相稽留, 則於事將無所及"이라 함. 그러나 〈集傳〉에는 "懷, 思也"라 함.

＊〈集傳〉에 "○此遣使臣之詩也. 君之使臣, 固欲其宣上德而達下情, 而臣之受命, 亦惟恐其無以副君之意也. 故先王之遣使臣也. 美其行道之勤, 而述其心之所懷, 曰「彼皇皇之華, 則于彼原隰矣. 此騑騑然之征夫, 則其所懷思常若有所不及矣.」 蓋亦因以爲戒, 然其辭之婉而不迫如此. 詩之忠厚, 亦可見矣"라 함.

(2) 賦

我馬維駒, 六轡如濡.

내 馬ㅣ 駒ㅣ니, 六轡 濡(유)흔 둧ᄒᆞ도다.

나의 말은 망아지, 여섯 고삐 새뜻하도다.

載馳載驅, 周爰咨諏!

곧 馳ᄒᆞ며 곧 驅ᄒᆞ야, 두로 이에 咨諏(ᄌᆞ츄)ᄒᆞ놋다!

달리고 달려, 두루 묻고 알아보고 일 처리하리라!

【駒】망아지. 그러나 내용으로 보아 '驕'자여야 할 것으로 봄.

【如濡】〈鄭箋〉에 "如濡, 言鮮澤也"라 하였고, 〈集傳〉에도 "如濡, 鮮澤也"라 함. 산 뜻함을 뜻하는 雙聲連綿語.

【載馳載驅】말을 달림. 載는 助字.

【周爰】'周'는 널리. 두루. '爰'은 〈鄭箋〉에 "爰, 於也. 大夫出使, 馳驅而行, 見忠信之 賢人, 則於是訪問, 求善道也"라 함. 〈集傳〉에는 "周, 徧; 爰, 於也"라 함.

【咨諏】〈毛傳〉에 "忠信爲周訪, 問於善爲咨, 咨事爲諏"라 하였고, 〈集傳〉에 "咨諏, 訪問也"라 함.《國語》魯語에 "叔孫穆子曰:「咨才爲諏, 咨事爲謀, 咨義爲度, 咨親

爲詢.」이라 함.

＊〈集傳〉에 "○使臣自以每懷靡及, 故廣詢博訪, 以補其不及, 而盡其職也. 程子曰: 「咨訪, 使臣之大務.」라 함.

(3) 賦

我馬維騏, 六轡如絲.

내 馬ㅣ 騏ㅣ니, 六轡 絲근도다.

나의 말은 철총이, 여섯 고삐 실처럼 고르도다.

載馳載驅, 周爰咨謀!

곧 馳ᄒ며 곧 驅ᄒ야, 두로 이예 咨謀(ᄌ모)ᄒ놋다!

달리고 몰고 하여, 이에 두루 모책을 세워 맡은 일 잘 처리하리라!

【如絲】〈毛傳〉과 〈集傳〉에 "如絲, 調忍也"라 함.
【謀】〈集傳〉에 "謀, 猶諏也. 變文以協韻耳, 下章放此"라 함.

(4) 賦

我馬維駱, 六轡沃若.

내 馬ㅣ 駱이니, 六轡 沃ᄒ 듯ᄒ도다.

내 말은 가리온 말, 여섯 고삐 산뜻하도다.

載馳載驅, 周爰咨度!

곧 馳ᄒ며 곧 驅ᄒ야, 두로 이예 咨度(자탁)ᄒ놋다!

달리고 몰고 하여, 이에 두루 자문하고 생각을 다 해보리라!

【沃若】'如濡'와 같음. 〈集傳〉에 "沃若, 猶如濡也"라 함. 雙聲連綿語.
【咨】〈毛傳〉에 "咨, 禮義所宜爲度"이라 함.
【度】〈集傳〉에 "度, 猶謀也"라 함. '탁'(待洛反, 入聲)으로 읽음.

(5) 賦

我馬維駰, 六轡旣均.

내 馬ㅣ 駰이니, 六轡 이믜 均ᄒ도다.

나의 말은 총이 말, 여섯 고삐 고르도다.

載馳載驅, 周爰咨詢!

곧 馳ᄒ며 곧 驅ᄒ야, 두로 이에 咨詢(ᄌ슌)ᄒ놋다!

달리고 몰고 하여, 두루 이에 자문하고 물어보리라!

【駰】엷은 흑색과 백색의 털이 섞인 말. 〈諺解〉 物名에 "駰:총이. ○그은총"이라 함. 〈毛傳〉과 〈集傳〉에 "陰白雜毛曰駰"이라 함.

【均】〈毛傳〉과 〈集傳〉에 "均, 調也"라 함.

【詢】〈毛傳〉에 "親戚之謀爲詢, 兼此五者, 雖有中和, 當自謂無所及成於六德也"라 하였고, 〈鄭箋〉에는 "中和, 謂忠信也. 五者:咨也, 諏也, 謀也, 度也, 詢也. 雖得此 於忠信之賢人, 猶當云己將無所及於事, 則成六德. 言愼其事"라 함. 〈集傳〉에 "詢, 猶度也"라 함.

> #### 참고 및 관련 자료

1. 孔穎達 〈正義〉

作〈皇皇者華〉詩者, 言君遣使臣也. 君遣使臣之時, 送之以禮樂, 敎以若將不及驅 馳, 而行於忠信之人, 咨訪於五善. 言臣出使, 當揚君之美, 使遠而有光華焉. 送之以 禮樂, 卽首章下二句盡, 卒章是也. 此謙虛訪善, 直爲禮耳, 而幷言樂者, 以禮樂相將, 旣能有禮敏達, 則能心和樂易, 故兼言焉. 言遠而有光華, 卽首章上二句是也. 經序 倒者, 經以君遣使臣, 主勑使有光華, 所以得光華者, 當驅馳訪善, 故爲此次也. 序以 言本送之以禮樂, 欲使之遠有光華, 爲文之勢, 故與經不同也. 知遠之有光華, 亦是 君所戒辭者, 以首曰「皇皇者華」, 而云君遣使臣, 則知此辭, 亦君所勑遣也. 且一篇之 詩, 獨二句, 非君遣之辭, 於文不體也. 文王之臣, 非不能奉命有光華, 但此聖君之 詩, 垂示典法. 君能戒遣使臣, 所以臣無辱命主, 美君遣明, 是君之所勑, 非說臣之自 能矣.

2. 朱熹 〈集傳〉

〈皇皇者華〉, 五章, 章四句:

按〈序〉:以此詩爲君遣使臣. 《春秋內外傳》皆云「君敎使臣.」 其說已見前篇. 《儀禮》

亦見〈鹿鳴〉, 疑亦本爲遣使臣而作, 其後乃移以他用也. 然叔孫穆子所謂「君敎使臣曰: 『每懷靡及, 諏謀度詢, 必咨於周, 敢不拜敎?』」可謂得詩之意矣.

○范氏曰: 「王者遣使於四方, 敎之以咨諏, 善道將以廣聰明也. 夫臣欲助其君之德, 必求賢以自助. 故臣能從善, 則可以善君矣. 臣能聽諫, 則可以諫君矣. 未有不自治而能正君者也.」

3.《左傳》襄公 4年 傳

穆叔如晉, 報知武子之聘也. 晉侯享之, 金奏〈肆夏〉之三, 不拜. 工歌〈文王〉之三, 又不拜. 歌〈鹿鳴〉之三, 三拜. 韓獻子使行人子員問之, 曰: 「子以君命辱於敝邑, 先君之禮, 藉之以樂, 以辱吾子. 吾子舍其大, 而重拜其細. 敢問何禮也?」對曰: 「〈三夏〉, 天子所以享元侯也, 使臣弗敢與聞. 〈文王〉, 兩君相見之樂也, 使臣不敢及. 〈鹿鳴〉, 君所以嘉寡君也, 敢不拜嘉? 〈四牡〉, 君所以勞使臣也, 敢不重拜? 〈皇皇者華〉, 君敎使臣, 曰: 『必諮於周.』臣聞之: 『訪問於善爲咨, 咨親爲詢, 咨禮爲度, 咨事爲諏, 咨難爲謀.』臣獲五善, 敢不重拜?」

4.《國語》魯語(下)

叔孫穆子聘於晉, 晉悼公饗之, 樂及〈鹿鳴〉之三. 而後拜樂三. 晉侯使行人問焉, 曰: 「子以君命鎭撫弊邑, 不腆先君之禮, 以辱從者, 不腆之樂以節之. 吾子舍其大而加禮於之細, 敢問何禮也?」對曰: 「寡君使豹來繼先君之好, 君以諸侯之故, 貺使臣以大禮. 夫先樂金奏〈肆夏樊〉·〈遏〉·〈渠〉, 天子所以饗元侯也; 夫歌〈文王〉·〈大明〉·〈緜〉, 則兩君相見之樂也. 皆昭令德以合好也, 皆非使臣之所敢聞也. 臣以爲肄業及之, 故不敢拜. 今伶簫詠歌及〈鹿鳴〉之三, 君之所以貺使臣, 臣敢不拜貺? 夫〈鹿鳴〉, 君之所以嘉先君之好也, 敢不拜嘉? 〈四牡〉, 君之所以章使臣之勤也, 敢不拜章; 〈皇皇者華〉, 君敎使臣曰: 『每懷靡及』, 諏·謀·度·詢, 必咨於周, 敢不拜敎? 臣聞之曰: 『懷和爲每懷, 咨才爲諏, 咨事爲謀, 咨義爲度, 咨親爲詢, 忠信爲周.』君貺使臣以大禮, 重之以六德, 敢不重拜?」

164(小-4) 상체(常棣)

*〈常棣〉: 산앵두나무. '鬱李'라고도 하며, 〈毛傳〉에 "興也. 常棣, 棣也"라 하였고, 〈集傳〉에는 "常棣, 棣也. 子如櫻桃, 可食"이라 함. 《論語》子罕篇 逸詩에 "『唐棣之華, 偏其反而. 豈不爾思? 室是遠而.』 子曰:「未之思也, 夫何遠之有?」"라 하여 '唐棣'로 되어 있음.

*이 시는 周公이 자신의 형제인 管叔과 蔡叔을 정벌할 수밖에 없었던 아픔을 노래한 것이라 함.

〈序〉: 〈常棣〉, 燕兄弟也. 閔管·蔡之失道, 故作〈常棣〉焉.

〈상체〉는 형제 사이의 즐김이다. 管·蔡 지역이 도를 잃음을 불쌍히 여겨, 그 때문에 이 〈상체〉편을 지은 것이다.

〈箋〉: 周公弔二叔之不咸, 而使兄弟之恩疏, 召公爲作, 此詩而歌之, 以親之.

*전체 8장. 매 장 4구씩(常棣: 八章. 章四句).

(1) 興
常棣之華, 鄂不韡韡?

常棣(상톄)의 華ㅣ여, 鄂(악)히 韡韡(위위)티 아니냐?

산앵두 꽃이여, 꽃받침대까지 울긋불긋 화려하지 않은가?

凡今之人, 莫如兄弟.

므릣 이제 사름은, 兄弟만 근튼 이 업스니라.

무릇 지금 세상 사람 중에, 형제만한 이란 없도다.

【鄂不韡韡】 '鄂'은 '蕚'의 假借字. 꽃받침대. 花蕚. 그러나 〈集傳〉에는 '화려한 겉모습'이라 하였고, '不'은 '豈不'의 줄인 말로 보고 있음. 그러나 〈鄭箋〉에는 '拊'여야 하며, '鄂足'이라 함. '韡韡'는 울긋불긋 꽃이 핀 모습. 〈毛傳〉에 "鄂, 猶鄂鄂然.

言外發也; 韡韡, 光明也"라 하였고, 〈鄭
箋〉에는 "承華者曰鄂. '不', 當作'拊', 拊,
鄂足也. 鄂足得華之光明, 則韡韡然盛.
興者, 喩弟以敬事兄, 兄以榮覆弟, 恩義
之顯, 亦韡韡然. 古聲'不''拊'同"이라
함. 〈集傳〉에는 "鄂, 鄂然. 外見之貌.
'不', 猶'豈不'也. 韡韡, 光明貌"라 함.
【凡今之人】〈毛傳〉에 "聞常棣之言, 爲今
也"라 하였고, 〈鄭箋〉에는 "聞常棣之
言, 始聞常棣華鄂之說也. 如此, 則人之
恩親, 無如兄弟之最厚"라 함.
＊〈集傳〉에 ○"此燕兄弟之樂歌. 故言
'常棣之華, 則其鄂然而外見者, 豈不韡
韡乎? 凡今之人, 則豈有如兄弟者乎?"
라 함.

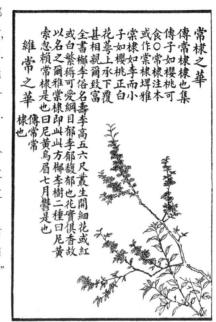

(2) 賦

死喪之威, 兄弟孔懷.

死喪의 威흔디, 兄弟ㅣ 심히 懷하며,

죽을 고비의 두려움에, 형제라면 심히 생각할 것이며,

原隰裒矣, 兄弟求矣.

原隰에 裒(부)흔 디, 兄弟ㅣ 求하느니라.

들판과 진펄에 시신이 모여 있는 곳이라 해도, 형제는 찾아 나서느
니라.

【死喪】〈鄭箋〉에는 "死喪, 可畏怖之事. 維兄弟之親, 甚相思念"이라 함.
【威】두려움. 〈毛傳〉과 〈集傳〉에 "威, 畏"라 함.
【孔】매우.
【懷】〈毛傳〉과 〈集傳〉에 "懷, 思也"라 함.
【裒】〈毛傳〉과 〈集傳〉에 "裒, 聚也"라 함.
【求矣】〈毛傳〉에 "求矣, 言求兄弟也"라 하였고, 〈鄭箋〉에는 "原也隰也, 以相與聚

居之故, 故能定高下之名; 猶兄弟相求, 故能立榮顯之名"이라 함.

*〈集傳〉에 "○言「死喪之禍, 他人所畏惡, 惟兄弟爲相恤耳. 至於積尸袁聚於原野之間, 亦惟兄弟爲相求也.」 此詩蓋周公旣誅管蔡而作. 故此章以下, 專以死喪急難鬪鬩之事爲言. 其志切其情哀, 乃處兄弟之變. 如《孟子》(告子 下)所謂「其兄關弓而射之, 則己垂涕泣而道之」者. 序以爲閔管蔡之失道者, 得之. 而又以爲文武之詩, 則誤矣. 大抵舊說詩之時世, 皆不足信. 舉此自相矛盾者, 以見其一端, 後不能悉辯也"라 함.

(3) 興
脊令在原, 兄弟急難.
脊令(척령)이 原에 이시니, 兄弟ㅣ 急難애 홈이로다.
들의 할미새 저토록 바쁘듯이, 형제에게 급한 재난이 있음이라.

每有良朋, 況也永歎.
미양 良朋이 이시나, 기리 歎홀만 하느니라.
매번 아무리 좋은 벗이 있다 해도, 이에 길게 탄식만 할 뿐이리라.

【脊令】할미새. 사다요. 도요새. 〈諺解〉物名에 "脊令:할미새. ○아리새. ○뎌위새. ○사되요"라 함. '鶺鴒'으로도 표기하며, 雝渠라고도 함. 날면 울고, 걸어갈 때는 까딱까딱하며, 잠시도 가만히 있지 못하는 새. 급한 일이 있어 매우 바삐 움직임을 비유함. 〈毛傳〉에 "脊令, 雝渠也. 飛則鳴, 行則搖. 不能自舍耳"라 하였고, 〈集傳〉에 "脊令, 雝渠, 水鳥也"라 함.

【急難】〈毛傳〉에 "急難, 言兄弟之相救於急難"이라 하였고, 〈鄭箋〉에는 "雝渠, 水鳥, 而今在原失其常處, 則飛, 則鳴求其類, 天性也. 猶兄弟之於急難"이라 함.

【每有】〈鄭箋〉에 "每有, 雖也"라 함.

【良朋】좋은 친구. 〈鄭箋〉에 "良, 善也. 當

急難之時, 雖有善同門來, 玆對之長嘆而已"라 함.

【況】〈毛傳〉에 "況, 玆"라 하였으나 〈集傳〉에는 "況, 發語辭. 或曰當作怳"이라 하여 發語辭로 보았음.

【永】〈毛傳〉에 "永, 長也"라 함.

＊〈集傳〉에 "○脊令, 飛則鳴, 行則搖, 有急難之意, 故以起興而言「當此之時, 雖有良朋, 不過爲之長歎息而已.」力或不能相及也. 東萊呂氏(呂祖謙)曰:「疎其所親, 而親其所疎, 此失其本心者也. 故此詩反覆言「朋友之不如兄弟」, 蓋示之以親疎之分, 使之反循其本也. 本心既得, 則由親及疎秩然有序. 兄弟之親既篤, 朋友之義亦敦矣. 初非薄於朋友也, 苟雜施而不孫, 雖曰厚於朋友, 如無原之水, 朝滿夕除, 胡可保哉?」或曰:「人之在難, 朋友亦可以坐視與?」曰:「每有良朋, 況也永歎, 則非不憂愍. 但視兄弟急難, 爲有差等耳.」詩人之辭, 容有抑揚, 然〈常棣〉, 周公作也. 聖人之言, 小大高下, 皆宜而前後左右, 不相悖"라 함.

(4) 賦

兄弟鬩于牆, 外禦其務.

兄弟ㅣ 牆애셔 鬩(혁)ᄒ나, 밧그로 그 務(모)를 禦ᄒᄂ니라.

형제란 담 안에서 다투다가도, 밖에서 모욕이 들어오면 함께 막아내지.

每有良朋, 烝也無戎.

미양 良朋이 이시나, 戎홈이 업ᄂ니라.

매번 좋은 벗이 있다 해도, 이에 아무런 도움이 되지 않으리.

【鬩】싸움. 다툼. 〈毛傳〉에 "鬩, 很也"라 하였고, 〈集傳〉에 "鬩, 鬪狠也"라 함. '很'과 '狠'은 모두 '모질게 싸우다'의 뜻.

【牆】담. 집안을 말함.

【禦其務】그 모욕을 막아냄. '務'는 侮(侵侮)의 뜻. 〈鄭箋〉에 "禦, 禁; 務, 侮也. 兄弟雖內鬩, 而外禦侮也"라 함. 〈集傳〉에도 "禦, 禁也"라 함.

【烝也無戎】〈毛傳〉에 "烝, 塡; 戎, 相也"라 하였고, 〈鄭箋〉에는 "當急難之時, 雖有善同門來, 久也, 猶無相助己者. 古聲塡·寘·塵同"이라 하여, '烝'을 久의 뜻으로 보았음. 그러나 〈集傳〉에는 "烝, 發語聲. 戎, 助也"라 함. 한편 馬瑞辰 〈通釋〉에는 "烝與曾, 同音爲疊韻, 烝, 當爲曾之借字. 曾, 乃也"라 하여 '乃'의 뜻으로 보았음.

＊〈集傳〉에 "○言「兄弟設有不幸鬪狠於內, 然有外侮, 則同心禦之矣. 雖有良朋, 豈能有所助乎?」富辰曰:「兄弟雖有小忿, 不廢懿親.」"이라 함.

(5) 賦

喪亂旣平, 旣安且寧.

喪亂이 이믜 平ᄒᆞ야, 이믜 安ᄒᆞ고 ᄯᅩ 寧ᄒᆞ면,

상란이 이윽고 평정되어, 평온하고 안전하게 되면,

雖有兄弟, 不如友生.

비록 兄弟이시나, 友生만 ᄀᆞ티 너기디 아니 ᄒᆞ놋다.

비록 형제 있어도, 도리어 벗만 못하다 여기게 되지.

【友生】친구. '生'은 語助詞. 〈毛傳〉에 "兄弟尙恩, 怡怡然; 朋友以義, 切切然"라 하였고, 〈鄭箋〉에는 "平, 猶正也. 安寧之時, 以禮義相琢磨, 則友生急"이라 함. 〈集傳〉에는 "上章言「患難之時, 兄弟相救, 非朋友, 可比」, 此章遂言「安寧之後, 乃有視兄弟, 不如友生」者, 悖理之甚也"라 함. 그러나 이 장은 내용상 문제가 있음. 이에 姚際恒〈通論〉에는 "此章言「喪亂旣平而安寧矣, 乃雖有兄弟, 反不如友生」, 何哉? 蓋此時兄弟已亡, 所與周旋者, 唯友生而已, 故爲深痛"이라 함.

(6) 賦

儐爾籩豆, 飮酒之飫.

네 籩豆를 儐(빈)ᄒᆞ야, 酒飮홈을 염어히 ᄒᆞ야,

맛있는 음식 잔뜩 차려 놓고, 마시고 먹고 실컷 즐겨 보세.

兄弟旣具, 和樂且孺.

두 兄弟 이믜 具ᄒᆞ야아, 和樂ᄒᆞ고 ᄯᅩ 孺(유)ᄒᆞᄂᆞ니라.

우리 형제 함께 모여야, 화목하고 즐겁고 또한 유쾌하리라.

【儐】〈毛傳〉과 〈集傳〉에 "儐, 陳"이라 함.
【飫】배부름. 싫증이 나도록 실컷 먹고 마심. 그러나 〈毛傳〉에는 '사사롭게 자신

만 위하다', 혹 '私宴'의 뜻으로 보았음.《韓詩》에는 '愐'자로 되어 있다 함.〈毛傳〉에 "飫, 私也. 不脫屨升堂, 謂之飫"라 하였고,〈鄭箋〉에는 "私者, 圖非常之事, 若議大疑於堂, 則有飫禮焉. 聽朝爲公"이라 함.〈集傳〉에는 "飫, 厭"이라 함.

【具】함께 함.〈集傳〉에 "具, 俱也"라 함.

【和樂】〈毛傳〉에 "九族會曰和"라 함.

【孺】〈毛傳〉에 "孺, 屬也. 王與親戚燕, 則尙毛"라 하였고,〈鄭箋〉에는 "九族從己, 上至高祖下及玄孫之親也. 屬者, 以昭穆相次序"라 함. 그러나〈集傳〉에는 "孺, 小兒之慕父母也"라 함. 혹 '愉'의 假借로 보기도 하여 이에 따라 풀이함.

*〈集傳〉에 "○言'陳籩豆以醉飽, 而兄弟有不具焉, 則無與共享其樂矣.'"라 함.

(7) 賦

妻子好合, 如鼓瑟琴.

妻子의 好合홈이, 瑟과 琴을 皷툿ㅎ야,

처자들이 한뜻 되어, 마치 琴과 瑟을 연주하듯 하여,

兄弟旣翕, 和樂且湛.

두 兄弟ㅣ 이믜 翕ㅎ야아, 和樂ㅎ고 쏘 湛ㅎㄴ니라.

형제들 한자리 이미 모여, 화목하고 또한 즐거워야 하는 것.

【好合】〈鄭箋〉에 "好, 合. 志意合也. 合者, 如鼓瑟琴之聲, 相應和也. 王與族人燕, 則宗婦內宗之屬, 亦從后於房中"이라 함.〈集傳〉에도 "翕, 合也"라 함.

【翕】〈毛傳〉에 "翕, 合也"라 함.

【湛】즐김.

*〈集傳〉에 "○言'妻子好合, 如琴瑟之和, 而兄弟有不合焉, 則無以久其樂矣.'"라 함.

(8) 賦

宜爾室家, 樂爾妻帑.

네 室家를 宜케 ᄒ며, 네 妻帑(처로)를 樂게 홈을,

너의 집안을 올바르게 하고, 너의 처자들을 즐겁게 하여,

是究是圖, 亶其然乎!

일로 究ᄒᆞ며 일로 圖ᄒᆞ면, 그 그러홈을 미드린뎌!

이러한 형제 도리를 생각하고 도모하면, 그렇게 됨을 믿게 되리라!

【帑】〈毛傳〉과 〈集傳〉에 "帑, 子也"라 함. 하였고, 〈集傳〉에는 "帑, 子. 究, 窮;圖, 謀;亶, 信也"라 함.

【是究是圖】〈毛傳〉에 "究, 深;圖, 謀"라 하였고, 〈集傳〉에는 "究, 窮;圖, 謀"라 함.

【亶】〈毛傳〉과 〈集傳〉에 "亶, 信也"라 함. 〈鄭箋〉에는 "女深謀之, 信其如是"라 함.

【其然】그렇게 됨. 당연히 그러함.

＊〈集傳〉에 "○「宜爾室家者, 兄弟具而後, 樂且孺也. 樂爾妻帑者, 兄弟翕而後, 樂且湛也. 兄弟於人, 其重如此, 試以是究而圖之, 豈不信其然乎?」東萊呂氏曰:「告人以兄弟之當親, 未有不以爲然者也. 苟非是究是圖, 實從事於此, 則亦未有誠知其然者也. 不誠知其然, 則所知者, 特其名而已矣. 凡學蓋莫不然.」이라 함.

참고 및 관련 자료

1. 孔穎達 〈正義〉

作〈常棣〉詩者, 言燕兄弟也. 謂王者以兄弟至親, 宜加恩惠以時燕而樂之. 周公述其事而作此詩焉. 兄弟者, 共父之親, 推而廣之, 同姓宗族, 皆是也. 故經云「兄弟既具, 和樂且孺」, 則遠及九族宗親, 非獨燕同懷兄弟也. 序又說所以作此. 燕兄弟之詩者, 周公閔傷管叔蔡叔, 失兄弟相承順之道, 不能和睦, 以亂王室, 至於被誅, 使己兄弟之恩疏, 恐天下見, 在上既然, 皆疏兄弟, 故作此〈常棣〉之詩, 言弟不可不親, 以敦天下之俗焉. 此序序其由管蔡而作詩, 意直言兄弟至親, 須加燕飫, 以示王者之法. 不論管蔡之事, 以管蔡已缺, 不須論之, 且所以爲隱也. 此經八章上四章言兄弟光顯, 急難相須. 五章言安寧之日, 始求朋友, 以明兄弟之重, 至此上論. 兄弟由親, 所以燕之. 六章始說燕飫, 卽充此云燕兄弟也. 燕飫禮異, 飫以非常事, 燕主歡心, 故言燕以兼飫. 卒章言室家相宜, 由於燕好, 取其首尾相成也. 〈正義〉曰:此解所以作〈常棣〉之意. 咸, 和也. 言周公閔傷此管蔡二叔之不和睦, 而流言作亂, 用兵誅之. 致令兄弟之恩疏, 恐天下見其如此, 亦疏兄弟, 故作此詩, 以燕兄弟取其相親也. 此〈常棣〉是取兄弟相親之詩, 至厲王之時, 棄其宗族, 又使兄弟之恩疏. 召穆公爲是之, 故又重述此詩, 而歌以親之.《外傳》云:「周文公之詩, 曰:『兄弟鬩於牆, 外禦其侮.』」則此詩自是成王之時, 周公所作, 以親兄弟也. 但召穆公見厲王之時, 兄弟恩疏, 重歌此周公所作之詩, 以親之耳. 故鄭答趙商云:「凡賦詩者, 或造篇或誦古所云誦古.」指此召穆公所作誦古之篇, 非造之也. 此自周公之事,〈鄭〉輒言「召穆公事」, 因左氏所論而引之也.《左傳》曰:「王怒將以狄伐. 鄭富辰諫曰:『不可, 臣聞大上以德, 撫民其次, 親親以相及也. 昔周公弔二叔之不咸, 故封建親戚以藩屏. 周之有懿德, 如是猶曰莫如兄弟, 故封建之. 其懷柔天下也. 猶懼有外侮捍, 禦侮莫如親親, 故以親屏周. 召穆公亦云』是周公弔二叔之不咸, 召公作詩之事也.」檢《左傳》止言周公弔二叔之不咸, 而封建親戚, 不言爲恩疏作〈常棣〉. 下云召穆公思周德之不類, 糾合宗族於成周, 而作〈常棣〉, 則周公本作〈常棣〉, 亦爲糾合宗族可知. 但《傳》文欲詳之於後, 故於封建之下, 不言周公作〈常棣〉耳. 末言召穆公亦云, 明本〈常棣〉, 是周公之辭. 故杜預云「周公作詩, 召公歌之」. 故言亦云是也. 此序言「閔管蔡之失道」,《左傳》言弔二叔之不咸, 言雖異其意同. 弔, 傷也. 二叔, 卽管蔡也. 不咸, 卽失道也. 實是一事, 故〈鄭〉引之先儒說《左傳》者. 鄭衆·賈逵, 以二叔爲管蔡. 馬融以爲夏殷之叔世故.《鄭志》張逸問此. 箋云周仲文以《左氏》論之, 三辟之興, 皆在叔世謂三代之末, 卽二叔宜爲夏殷末也. 答曰:「此注《左氏》者, 亦云管蔡耳. 又此序子夏所爲親受聖人, 足自明矣.」問者以昭六年《左傳》曰「夏有亂政, 而作禹刑; 商有亂政, 而作湯刑; 周有亂政, 而作九刑. 三辟之興, 皆叔世也.」彼叔世者, 謂三代之末世也. 則言二叔者, 亦宜爲夏殷之末世, 故言有周仲文, 蓋漢世儒者也. 以爲二叔宜爲夏殷之末, 不得爲管蔡. 故問之, 鄭答注《左氏》者, 亦云管蔡, 謂鄭賈之說也. 又《左傳》論周公弔二叔之不咸, 而作〈常棣〉. 此序言閔管蔡之失道, 故作〈常棣〉之意, 則此云管蔡. 卽《傳》言云「二叔可知.」故云此序子夏所作, 親受聖人, 自足明矣.

2. 朱熹〈集傳〉

〈常棣〉, 八章, 章四句:

此詩首章略言「至親莫如兄弟之意」, 次章乃以「意外不測之事, 言之以明兄弟之情, 其切如此」, 三章但言「急難則淺於死喪矣」, 至於四章則又以「其情義之甚薄, 而猶有所不能已者, 言之其序若曰不待死喪, 然後相救. 但有急難, 便當相助. 言又不幸而至, 於或有小忿, 猶必共禦外侮, 其所以言之者. 雖若益輕以約, 而所以著夫兄弟之義者, 益深且切矣」, 至於五章「遂言安寧之後, 乃謂兄弟不如友生, 則是至親反爲路人, 而人道或幾乎息矣」. 故下兩章乃復極言弟之恩, 異形同氣死生苦樂, 無適而不相須之意」, 卒章又申告之「使反覆窮極而驗其信然, 可謂委曲漸次, 說盡人情矣」. 讀者宜深味之.

165(小-5) 벌목(伐木)

*〈伐木〉: 나무를 벰.
*이 시는 누구나 친구가 없이 성취한 자는 없음을 강조하여 붕우와 옛 친구를 버리지 않고 늘 생각하면 도움을 얻을 수 있을 뿐만 아니라 위정자의 이러한 모습을 통해 백성들이 본받게 됨을 읊은 것이라 함.

> **〈序〉:〈伐木〉, 燕朋友故舊也. 自天子至于庶人, 未有不須友以成者. 親親以睦, 友賢不棄, 不遺故舊, 則民德歸厚矣.**

〈벌목〉은 붕우와 옛 친구들에게 잔치를 베푼 내용이다. 천자로부터 서인에 이르기까지 반드시 친구가 없이 성취한 자란 있을 수 없다. 친한 이를 친히 여겨 화목을 이루고 어진 이를 벗으로 삼아 버리지 않으며, 옛 친구를 버리지 않는다면 백성의 덕이 후한 쪽으로 귀결될 것이다.

*전체 3장. 매 장 12구씩(伐木:三章. 章十二句).

(1) 興
伐木丁丁, 鳥鳴嚶嚶.
木을 伐홈을 丁丁히 ᄒ거늘, 鳥 鳴홈을 嚶嚶(영영)히 ᄒᄂ니.
떵떵 나무를 찍네, 새는 앵앵 울음을 내고,

出自幽谷, 遷于喬木.
出홈을 幽谷으로부터 ᄒ야, 喬木애 遷ᄒ놋다.
꾀꼬리는 깊은 골짜기로부터, 높은 나무로 옮겨가네.

嚶其鳴矣, 求其有聲.
嚶히 그 鳴홈이여, 그 벗을 求ᄒᄂ 소리로다.
앵앵하는 그 울음소리, 그것은 벗을 부르는 소리.

相彼鳥矣, 猶求友聲.

뎌 鳥를 본 디, 오히려 벋을 求ᄒᆞᄂᆞᆫ 소리ᄅᆞᆯ ᄒᆞ곤,

저 새를 살펴보건대, 그런 새도 제 벗을 찾느라 저리 울거늘,

矧伊人矣, 不求有生?

ᄒᆞ믈며 사ᄅᆞᆷ이ᄯᆞᆫ, 友生을 求티 아닐 것가?

하물며 사람으로서, 어찌 벗을 찾지 않으리?

神之聽之, 終和且平!

神이 聽ᄒᆞ야, ᄆᆞᄎᆞᆷ내 和ᄒᆞ고 ᄯᅩ 平ᄒᆞᄂᆞ니라.

신께서 이를 들으시고, 마침내 화평하게 해 주시느니라!

【丁丁】도끼로 나무를 찍는 소리. 〈毛傳〉에 "興也. 丁丁, 伐木聲也"라 하였고, 〈集傳〉에도 "丁丁, 伐木聲"이라 함.

【嚶嚶】새가 우는 소리. 〈毛傳〉에는 "嚶嚶, 驚懼也"라 하여 놀란 소리라 하였으나, 〈集傳〉에는 "嚶嚶, 鳥聲之和"라 하였고, 〈鄭箋〉에도 "丁丁·嚶嚶, 相切直也. 言昔日未居位, 在農之時, 與友生於山巖, 伐木爲勤苦之事, 猶以道德相切正也. 嚶嚶, 兩鳥聲也. 其鳴之志, 似於有友道然, 故連言之"라 함.

【幽】〈毛傳〉과 〈集傳〉에 "幽, 深"이라 함.

【遷】〈集傳〉에 "遷, 升"이라 함.

【喬】〈毛傳〉에 "喬, 高也"라 하였고, 〈鄭箋〉에는 "遷, 徙也. 謂鄕時之鳥, 出從深谷, 今移處高木"이라 함. 〈集傳〉에는 "喬, 高相視"라 함. 이 구절은 '鶯遷喬木', '遷喬'(移徙) 등으로 널리 사용됨.

【求其有聲】〈毛傳〉에 "君子雖遷於高位, 不可以忘其朋友"라 하였고, 〈鄭箋〉에는 "嚶其鳴矣, 遷處高木者, 求其友聲, 求其尙在深谷者, 其相得, 則復鳴嚶嚶然"이라 함.

【相】〈鄭箋〉에 "〈鄭箋〉에 "相, 視也"라 함.

【矧】〈毛傳〉과 〈集傳〉에 "矧, 況也"라 함.

【伊】助字. 〈鄭箋〉에 "〈鄭箋〉에 "鳥尙知居高木, 呼其友, 況是人乎? 可不求之?"라 함.

【神】神明. 〈鄭箋〉에는 "以可否相增減曰和. 平, 齊等也. 此言「心誠求之, 神若聽之, 使得如志, 則友終相與, 和而齊功也.」"라 함. 혹 '경계를 삼고 말을 잘 듣다'의 뜻으로도 봄. 馬瑞辰 〈通釋〉에 《爾雅》釋詁:「神, 愼也.」神之, 卽愼之也. ……《廣雅》:「聽, 從也.」聽之, 謂能聽從"이라 함.

(2) 興

伐木許許, 釃酒有藇.

木을 伐홈을 許許(호호)히 ᄒ거늘, 釃(싀)흔 酒ㅣ 藇(셔)ᄒ도다.

나무를 베느라 힘을 모아 영차영차, 거른 술 빛깔 곱기도 하네.

旣有肥羜, 以速諸父.

이믜 肥흔 羜(져)를 두워, 뻐 諸父(져부)를 블로니,

이미 살찐 새끼 양을 잡았으니, 여러 부(父)들을 부르리라.

寧適不來, 微我不顧.

출히 마초와 오디 아닐쑨이언뎡, 나ᄂᆞᆫ 顧티 아닉미 업슬 디니라.

차라리 때맞추어 와 주지 아니할지언정, 나의 정이 미치지 못함이 아 니라네.

於粲灑埽! 陳饋八簋.

於(오)ㅣ라! 粲히 灑埽ᄒ고, 饋(궤)를 陳홈을 八簋(팔궤)를 호라.

아! 집안을 깨끗이 청소하고, 여덟 그릇에 음식을 담아 놓았네.

旣有肥牡, 以速諸舅.

이믜 肥흔 牡를 두워, 뻐 諸舅를 블로니,

이미 살찐 숫짐승을 마련하였으니, 여러 아저씨들을 부르리라.

寧適不來, 微我有咎!

출히 마초와 오디 아닐쑨이언뎡, 나ᄂᆞᆫ 咎ㅣ 이시믈 업게 홀 디니라.

차라리 때맞추어 와 주지 아니할지언정, 나는 허물이 없게 하리라!

【許許】함께 힘을 합해 나무 베는 소리. '영차'와 같음. '許'는 '호'(音虎)로 읽음.

〈毛傳〉에 "許許, 柿貌"라 하였고, 〈集傳〉에는 "許許, 衆人共力之聲.《淮南子》曰: 「擧大木者, 呼邪許.」 蓋擧重勸力之歌也"라 함.

【釃】술을 거름. 〈毛傳〉에 "以筐曰釃, 以藪曰湑"라 하였고, 〈集傳〉에는 "釃酒者, 或以筐, 或以草沛之而去其糟也.《禮》所謂「縮酌用茅」, 是也"라 함.

【藇】〈毛傳〉과 〈集傳〉에 "藇, 美貌"라 함. 〈鄭箋〉에는 "此言前者伐木許許之人, 今則有酒而釃之, 本其故也"라 함.

【羜】〈諺解〉物名에 "羜:사세양. ○수양"이라 함. 〈毛傳〉과 〈集傳〉에 "羜, 未成羊也"라 함.

【速】〈鄭箋〉과 〈集傳〉에 "速, 召也"라 함.

【諸父】〈毛傳〉에 "〈毛傳〉에 "天子謂同姓諸侯, 諸侯謂同姓大夫皆曰父. 異姓, 則稱舅. 國君友其賢臣大夫士友, 其宗族之仁者"라 하였고, 〈鄭箋〉에는 "有酒有羜, 今以召族人飲酒"라 함. 〈集傳〉에는 "諸父, 朋友之同姓而尊者也"라 함.

【寧】만약. 〈諺解〉에는 '차라리'로 풀이하였음.

【適】때마침.

【微】〈毛傳〉과 〈集傳〉에 "微, 無也"라 함.

【不顧】〈集傳〉에 "顧, 念也"라 함. 〈毛詩〉에는 '不'자가 '弗'로 되어 있음. 〈鄭箋〉에는 "寧召之適自不來, 無使言我不顧念也"라 함.

【於】〈集傳〉에 "於, 歎辭"라 함. '오'로 읽음.

【粲】〈毛傳〉과 〈集傳〉에 "粲, 鮮明貌"라 함.

【灑埽】물 뿌리고 청소함.

【饋】음식.

【八簋】〈毛傳〉에 "圓曰簋, 天子八簋"라 하였고, 〈鄭箋〉에는 "粲然已灑攃矣. 陳其黍稷矣, 謂爲食禮"라 함. 〈集傳〉에는 "八簋, 器之盛也"라 함.

【舅】同姓인 경우 父, 異姓일 때는 舅라 함. 외삼촌뻘이라는 뜻. 〈集傳〉에 "諸舅, 朋友之異姓而尊者也. 先諸父而後諸舅者, 親疎之殺也"라 함.

【咎】〈毛傳〉과 〈集傳〉에 "咎, 過也"라 함.

＊〈集傳〉에 "○言「其酒食以樂朋友如此. 寧使彼適有故而不來, 而無使我恩意之不至也.」 孔子曰:「所求乎朋友, 先施之未能也.」 此可謂能先施矣"라 함.

(3) 興

伐木于阪, 釃酒有衍.

木을 阪의셔 伐ᄒ거늘, 釃(쇠)ᄒ 酒ㅣ 衍(건)ᄒ도다.

비탈에서 나무 베고, 거른 술 빛깔도 아름답네.

籩豆有踐, 兄弟無遠.

籩과 豆ㅣ 踐ᄒ여시니, 兄弟ㅣ 먼 이 업도다.

대그릇 나무그릇 진열된 음식, 집안 친척 형제들 멀리 있는 이 없도다.

民之失德, 乾餱以愆.

民의 德을 失홈은, 乾餱(간후)로 뻐 愆ᄒᄂ니,

사람이 덕을 잃어, 얼마의 음식에 인색할 허물 내게는 없네.

有酒湑我, 無酒酤我.

酒ㅣ 잇거든 내 湑(셔)ᄒ며, 酒ㅣ 업거든 내 酤(고)ᄒ며,

술 있으면 내게 어서 걸러내라 하고, 술이 없으면 내게 얼른 사오라
하지.

坎坎鼓我, 蹲蹲舞我.

坎坎(감감)히 내 皷ᄒ며, 蹲蹲(준준)히 내 舞ᄒ야,

둥둥 나에 맞추어 북을 울리고, 덩실덩실 나를 따라 춤을 추네.

迨我暇矣, 飮此湑矣!

내의 暇를 미처, 이 湑를 飮호리라!

내 한가한 틈을 타서, 이 걸러놓은 술을 마시리!

【衍】〈毛傳〉에 "衍, 美貌"라 하였으나, 〈集傳〉에는 "衍, 多也"라 함. 혹 '滿溢'의 뜻
으로도 봄. 〈鄭箋〉에는 "此言伐木于阪, 亦本之也"라 함.

【踐】〈鄭箋〉과 〈集傳〉에 "踐, 陳列貌"라 함.

【兄弟】親兄弟가 아님. 〈鄭箋〉에 "兄弟, 父之黨, 母之黨"이라 함. 〈集傳〉에는 "兄
弟, 朋友之同儕者, 無遠皆在也. 先諸舅而後兄弟者, 尊卑之等也"라 함.

【無遠】다 여기에 모여 있음.

【乾餱】보잘 것 없는 음식. 〈毛傳〉에 "餱, 食也"라 하였고, 〈鄭箋〉에는 "失德, 謂
見謗訕也. 民尚以乾餱之食, 獲愆過於人, 況天子之饌, 反可以恨兄弟乎? 故不當遠
之"라 함. 〈集傳〉에 "乾餱, 食之薄者也"라 함.

【愆】過失. 〈集傳〉에 "愆, 過也"라 함.

【湑】술을 거름. 〈集傳〉에 "湑, 亦釃也"라 함. 馬瑞辰 〈通釋〉에 《說文》:「湑, 茜酒

也.」茜, 古縮字. ……茜酒, 必浚之濾之去其渣"라 함.

【酤】술을 사서 받아옴. 〈毛傳〉에 "湑, 茜之也. 酤, 一宿酒也"라 하여, '酤'는 하룻밤
만에 숙성시킨 술이라 하였으나, 〈鄭箋〉에는 "酤, 買也. 此族人陳王之恩也. 王有
酒, 則沛茜之; 王無酒, 酤買之要, 欲厚於族人"이라 함. 〈集傳〉에 "酤, 買也"라 함.

【坎坎】북 치는 소리. 〈集傳〉에 "坎坎, 擊鼓聲"이라 함.

【蹲蹲】덩실덩실 춤추는 모양. 〈毛傳〉과 〈集傳〉에 "蹲蹲, 舞貌"라 함. 〈鄭箋〉에는
"爲我擊鼓坎坎然, 爲我興舞蹲蹲然, 謂以樂樂已"라 함.

【迨】〈鄭箋〉에 "迨, 及也. 此又述王意也. 王曰「及我今之閒暇, 共飲此湑酒, 欲其無
不醉之意.」"라 하였고, 〈集傳〉에도 "迨, 及也"라 함.

＊〈集傳〉에 "○言「人之所以至於失朋友之義者, 非必有大故, 或但以乾餱之薄, 不以
分人, 而至於有怨耳. 故我於朋友, 不計有無, 但及閒暇, 則飲酒以相樂也.」"라 함.

참고 및 관련 자료

1. 孔穎達 〈正義〉

作〈伐木〉詩者, 燕朋友故舊也. 又言所燕之由, 自天子至於庶人, 未有不須友以成
者. 王者既能内親其親, 以使和睦; 又能外友其賢, 而不棄, 不遺忘久, 故之恩舊, 而
燕樂之. 以此化民於上, 民則效之於下, 則民德皆歸於淳厚, 不澆薄矣. 朋是同門之
稱, 友爲同志之名. 故舊即昔日之朋友也. 然則朋友新故, 通名. 故舊唯施久遠, 此云
朋友, 可以兼故舊, 而並言之者, 此說文王新故, 皆燕, 故異其文, 友賢不棄, 燕朋友
也. 不遺故舊, 是燕故舊也. 舊則不可更, 擇新交, 則非賢不友. 故變朋友云友賢也.
燕故舊, 即二章卒章上二句是也. 燕朋友, 即二章諸父諸舊, 卒章兄弟無遠是也. 經
序倒者, 經以主美文王不遺故舊爲重, 故先言之而後言父舅及兄弟, 見父舅亦有故
舊也. 序以經雖主燕故舊, 而故舊亦朋友, 故先言朋友, 以見總名, 而又別言. 故舊以
明其爲二事, 天子至於庶人, 未有不須友以成者. 即序首章之事, 因文王求友, 而廣言
貴賤也. 經以由須朋友, 而燕之. 故先論求友之由, 序則以詩本主燕, 所以倒也. 二章
卒章所陳, 皆爲燕食, 說王不得不召父舅, 又於兄弟, 陳王之恩, 皆是燕朋友故舊也.
經兼陳食禮, 而序不言, 亦舉其歡心, 足以兼之其親. 親以下, 因說王者立法, 且明次
篇之義, 親親以睦, 指上〈常棣〉燕兄弟也. 友賢不棄, 不遺故舊, 即此篇是也. 〈常
棣〉, 雖周公作, 既納之於治内之篇, 故爲此次以示法是此篇, 皆有義意.

2. 朱熹 〈集傳〉

〈伐木〉, 三章, 章十二句:

劉氏曰:「此詩每章首輒云'伐木'. 凡三云'伐木', 故知當爲三章, 舊作六章, 誤矣.」今
從其說正之.

166(小-6) 천보(天保)

*〈天保〉: 하늘이 보우함.
*이 시는 앞의 〈鹿鳴〉부터 〈伐木〉편까지의 내용에서처럼 임금이 신하에게 자신을 낮추어 정치를 성취시키자, 신하들이 모든 공로의 아름다움을 임금에게 귀속시키며 이러한 시로써 찬미한 것이라 함.

〈序〉: 〈天保〉, 下報上也. 君能下下以成其政, 臣能歸美以報其上焉.

〈천보〉는 아랫사람이 윗사람에게 보답하는 내용이다. 임금이 능히 아랫사람에게 자신을 낮추어 그 정치를 성취시키자, 신하들이 능히 임금에게 아름다움을 돌리고 그 윗사람에게 보답한 것이다.

〈箋〉: 下下, 謂〈鹿鳴〉至〈伐木〉, 皆君所以下臣也. 臣亦宜歸美於王, 以崇君之尊, 而福祿之, 以答其歌.

*전체 6장. 매 장 6구씩(天保: 六章. 章六句).

(1) 賦
天保定爾, 亦孔之固.

天이 너를 保定(보명)홈이, 쏘혼 심히 固ㅎ샷다.

하늘이 너를 보위하고 안정시킴이, 또한 심히 견고하리라.

俾爾單厚, 何福不除?

널로 ㅎ여곰 다 厚케 ㅎ거시니, 어늬 福이 除티 아니 ㅎ리오?

너로 하여금 모두 다 두텁게 하시리니, 어찌 복이 주어지지 않으랴?

俾爾多益, 以莫不庶!

널로 ㅎ여곰 해 益게 ㅎ논 디라, 뻐 庶티 아님이 업도다!

너로 하여금 더욱 많이 보태 줄 것이니, 풍성하지 않을 수 없으리라!

【保】安의 뜻. 保佑함. 保衛됨. 〈鄭箋〉과 〈集傳〉에 "保, 安也"라 함.

【爾】'너'(汝, 女) 그대. 王을 가리킴. 〈鄭箋〉에 "爾, 女也. 女, 王也"라 하였고, 〈集傳〉에 "爾, 指君也"라 함.

【孔】매우. 심히.

【固】〈毛傳〉과 〈集傳〉에 "固, 堅也"라 함. 〈鄭箋〉에는 "天之安定, 女亦甚堅固"라 함.

【俾】使와 같음. 使役形 助動詞. 〈毛傳〉에 "俾, 使"라 함.

【單】〈毛傳〉에 "單, 信也. 或曰「單, 厚也.」"라 하였으나, 〈鄭箋〉과 〈集傳〉에는 "單, 盡也"라 함. '殫'의 假借字.

【除】〈毛傳〉에 "除, 開也"라 하였고, 〈鄭箋〉에는 "天使女盡厚天下之民, 何福而不開? 皆開出以予之"라 함. 〈集傳〉에는 "除, 除舊而生新也"라 함. 그러나 馬瑞辰 〈通釋〉에는 "除, 余, 古通用. 余通爲予"라 하여, '予'(주다)의 뜻으로 보았음.

【莫】〈鄭箋〉에 "莫, 無也. 使汝每物益多, 以是故無不衆也"라 함.

【庶】많음. 풍성함. 〈毛傳〉과 〈集傳〉에 "庶, 衆也"라 함.

*〈集傳〉에 "○人君以〈鹿鳴〉以下五詩, 燕其臣. 臣受賜者, 歌此詩以答其君, 言「天之安定, 我君使之獲福如此」也"라 함.

(2) 賦

天保定爾, 俾爾戩穀.

天이 너를 保定ᄒ샤, 널로 ᄒ여곰 다 穀게 ᄒ샷다.

하늘이 너를 보위하고 안정시켜, 너로 하여금 복을 받도록 하리라.

罄無不宜, 受天百祿.

다 맛당티 아니미 업서, 天의 百祿을 受ᄒ거시늘,

모두 마땅치 않음이 없으리니, 하늘의 백복을 받으리라.

降爾遐福, 維日不足!

네게 먼 福을 ᄂ리오샤ᄃᆡ, 날로 足디 몯ᄒ야 ᄒ샷다!

너에게 원대한 복을 내려 주시되, 날로 모자라면 어쩌나 하시도다!

【戩】'전'(音翦)으로 읽으며, 〈毛傳〉에 "戩, 福"이라 하였으나, 〈集傳〉에는 "聞人氏曰戩, 與翦同, 盡也"라 하여, '盡'의 뜻으로 보았음.《方言》에 "福祿, 謂之祓戩"이

라 하여 福의 뜻.

【穀】福, 혹 善의 뜻. 〈毛傳〉에 "穀, 祿"이라 하였고, 〈集傳〉에는 "穀, 善也. 盡善云者, 猶其曰單厚多益也"라 함.

【罄】모두. 〈毛傳〉과 〈集傳〉에 "罄, 盡也"라 함. 〈鄭箋〉에는 "天使女所福祿之人, 謂羣臣也. 其擧事盡得其宜, 受天之多祿"이라 함.

【遐福】遠大한 福. 큰 福. 〈鄭箋〉에 "遐, 遠也. 天又下子女, 以廣遠之福, 使天下溥蒙之汲汲然, 如日且不足也"라 하였고, 〈集傳〉에도 "遐, 遠也. 爾有以受天之祿矣, 而人降爾以福. 言「天人之際, 交相與也.」《書》〈益稷篇〉所謂「昭受上帝, 天其申命用休」, 語意正如此"라 함.

(3) 賦

天保定爾, 以莫不興.

天이 너를 保定ᄒᆞ샤, 뻐 興티 아니미 업슨 디라,

하늘이 너를 보위하고 안정시키시어, 이로써 흥성케 아니하심이 없도다.

如山如阜, 如岡如陵.

山ᄀᆞᆮᄐᆞ며 阜ᄀᆞᆮᄐᆞ며, 岡ᄀᆞᆮᄐᆞ며 陵ᄀᆞᆮᄐᆞ며,

마치 산 같고 언덕 같고, 작은 묏부리 같고 구릉 같으며,

如川之方至, 以莫不增!

川이 보야흐로 至홈 ᄀᆞᆮᄐᆞ야, 뻐 增티 아니미 업도다!

마치 흘러드는 냇물 같아, 불어나지 아니함이 없도다!

【興】〈鄭箋〉에 "興, 盛也. 無不盛者, 使萬物皆盛, 草木暢茂, 禽獸碩大"라 하였고, 〈集傳〉에도 "興, 盛也"라 함.

【阜·陵】〈毛傳〉에 "言廣厚也. 高平曰陸, 大陸曰阜, 大阜曰陵"이라 하였고, 〈鄭箋〉에는 "此言其福祿委積高大也"라 하였고, 〈集傳〉에도 "高平曰陸, 大陸曰阜, 大阜曰陵, 皆高大之意"라 함. 〈鄭箋〉에는 "「川之方至」, 謂其水縱, 長之時也. 萬物之收, 皆增多也"라 하였고, 〈集傳〉에는 "「川之方至」, 言其盛長之未可量也"라 함.

(4) 賦

吉蠲爲饎, 是用孝享.

吉호며 蠲(견)호야 饎(치)를 호야, 이예 써 孝로 享호야,

잘 씻고 좋은 음식 차려, 이로써 효를 다해 제사를 올리되,

禴祠烝嘗, 于公先王.

禴(약)이며 祠ㅣ며 烝이며 嘗을, 公과 先王끠 호시니,

봄여름 가을 겨울 제사로써, 선공과 先王들을 섬기면,

君曰「卜爾, 萬壽無疆」!

君이 글ᄋ샤ᄃᆡ "너를 卜호노라 호샤ᄃᆡ, 萬壽ㅣ 疆 업스모로 호샷다!"

조상 神들이 이르시되, "너에게 만수무강을 주노라" 하시리!

【吉】〈毛傳〉에 "吉, 善"이라 하였고, 〈集傳〉에는 "吉, 言諏日擇士之善"이라 함.

【蠲】'견'(音鵑)으로 읽으며, '涓'과 같은 뜻으로 깨끗이 씻어 없앰. 〈毛傳〉에 "蠲, 絜也"라 하였고, 〈集傳〉에는 "蠲, 言「齊戒滌濯之, 潔饎酒食」也"라 함.

【饎】〈毛傳〉에 "饎, 酒食也"라 함.

【享】〈毛傳〉과 〈集傳〉에 "享, 獻也"라 하였고, 〈鄭箋〉에는 "謂將祭祀也"라 함.

【禴祠烝嘗】宗廟의 제사를 봄에는 祠, 여름엔 禴, 가을엔 嘗, 겨울엔 烝이라 함. 〈毛傳〉에 "春曰祠, 夏曰禴, 秋曰嘗, 冬曰烝"이라 하였고, 〈集傳〉에 "宗廟之祭, 春曰祠, 夏曰禴, 秋曰嘗, 冬曰烝"이라 함.

【公】〈毛傳〉에 "公, 事也"라 하였으나, 鄭玄은 后稷(姬棄)으로부터 太公(太王, 古公亶父)의 아버지 公叔(이름은 祖類, 혹 諸盩)까지를 가리킨다 하였음. 〈鄭箋〉에 "公, 先公, 謂后稷至諸盩"라 하였고, 〈集傳〉에는 "公, 先公也. 謂后稷以下至公叔祖類也"라 함.

【先王】太公(太公, 古公亶父)이하의 왕들. 〈集傳〉에 "先王, 大王以下也"라 함. 武王(姬發)이 殷紂를 멸한 뒤 조상 古公亶父를 太王(大王)으로, 祖父 季歷을 王季로, 아버지 姬昌을 文王으로 추존하였음.

【君】先王의 神. 〈毛傳〉에 "君, 先君也. 尸所以象神"이라 하였고, 〈集傳〉에 "君, 通謂先公·先王也"라 함.

【卜爾】〈毛傳〉에 "卜, 予也"라 함. 〈集傳〉에 "卜, 猶期也. 此尸傳神意, 以嘏主人之辭. 文王時, 周未有曰先王者, 此必武王以後所作也"라 함. 이는 조상 神이 尸童의 입

을 통해 하는 말임. 〈鄭箋〉에는 "君曰卜爾者尸嘏, 主人傳神辭也"라 함.

(5) 賦

神之弔矣, 詒爾多福.

神이 弔(적)흔 디라, 네게 多福을 詒ᄒ며,

신께서 이르러 오시어, 너에게 많은 복 주시며,

民之質矣, 日用飮食.

民이 質흔 디라, 日로 用ᄒ고 飮食만 ᄒ노소니,

백성들은 일상으로, 날로 편안하게 배불리 마시고 먹도록 하며,

群黎百姓, 徧爲爾德!

모든 黎(려)흔 百姓이, 다 네 德을 ᄒ놋다!

많은 무리와 백성들이, 두루 너의 덕에 교화되리라!

【弔】이름. 〈毛傳〉에 "弔, 至"라 하였고, 〈集傳〉에도 "弔, 至也. 神之至矣. 猶言祖考
來格也"라 함. 〈諺解〉에는 '弔'(적)으로 바꾸어 표기하였음.

【詒】貽, 遺와 같은 뜻. 〈毛傳〉과 〈集傳〉에 "詒, 遺也"라 하였고, 〈鄭箋〉에는 "神至
者, 宗廟致敬鬼神著矣. 此之謂也"라 함.

【質】〈毛傳〉에 "質, 成也"라 하였고, 〈鄭箋〉에는 "成, 平也. 民事平以禮, 飮食相燕
樂而已"라 함. 그러나 〈集傳〉에 "質, 實也. 言其質實無僞, 口用飮食而已"라 함. 馬
瑞辰 〈通釋〉에는 《廣雅》:「常, 質也.」 此詩質卽謂常, 惟日用飮食, 猶〈擊壤歌〉言:
「耕田而食, 鑿井而飮」也"라 하여, '質'은 '常'과 같으며 日常이라 하였음.

【群黎】군중. 〈鄭箋〉에 "黎, 衆也"라 하였고, 〈集傳〉에는 "羣, 衆也;黎, 黑也. 猶秦
言黔首也"라 함.

【百姓】〈毛傳〉에 "百姓, 百官族姓也"라 하였고, 〈集傳〉에는 "百姓, 庶民也"라 함.
〈鄭箋〉에는 "羣衆百姓徧爲女之德言, 則而象之"라 함.

【爲爾德】〈集傳〉에 "爲爾德"者, 言則而象之, 猶助爾而爲德也"라 함. '爲'는 馬瑞辰
〈通釋〉에는 "爲, 當讀如'式訛爾心'之'訛'. 訛, 化也. '徧爲爾德', 猶'徧化爾德'也"라
하여, '두루 너의 덕에 교화되다'의 뜻으로 보았음.

(6) 賦

如月之恆, 如日之升.

月의 恒(항)홈 ᄀᆞᆮᄐᆞ며, 日의 升홈 ᄀᆞᆮᄐᆞ며,

마치 달이 상현이 되고, 해가 떠오르는 것처럼,

如南山之壽, 不騫不崩.

南山의 壽홈 ᄀᆞᆮᄐᆞ야, 騫(건)티 아니 ᄒᆞ며 崩(붕)티 아니 ᄒᆞ며,

마치 남산과 같은 수명으로, 이지러지도 않고 무너지지도 않을 것이며,

如松柏之茂, 無不爾或承!

松과 栢의 茂홈 ᄀᆞᆮᄐᆞ야, 너를 或도 닛디 아니미 업도다!

마치 송백이 무성하듯, 너의 자손 이어지지 않음이 없으리로다!

【恆】'恒'과 같은 글자임. 〈毛傳〉과 〈集傳〉에 "恒, 弦"이라 하여, 上弦달이 됨. 雙聲互訓.

【升】〈毛傳〉에 "升, 出也. 言俱進也"라 하였고, 〈鄭箋〉에는 "月上弦而就盈, 日始出而就明"이라 함. 〈集傳〉에도 "升, 出也. 月上弦而就盈, 日始出而就明"이라 함.

【騫】〈毛傳〉에 "〈毛傳〉과 〈集傳〉에 "騫, 虧也"라 함.

【或】〈鄭箋〉에는 "或, 之;言有也. 如松栢之枝葉, 常茂盛;青青相承, 無衰落也"라 함.

【承】繼承함. 〈集傳〉에 "承, 繼也. 言「舊葉將落而新葉已生, 相繼而長茂」也"라 함. 자손이 끊임없이 이어져 번성하고 복을 누림.

참고 및 관련 자료

1. 孔穎達 〈正義〉

作〈天保〉詩者, 言下報上也. 謂臣下作詩歌君之美. 言天保神祐, 福祿所鍾, 君雖實然, 由臣所詠. 是臣下歸美, 以報其上. 序又申之言「君能下其臣」, 下燕饗遣勞, 謂〈鹿鳴〉至〈伐木〉之歌, 以成其國之政教. 故臣亦宜歸美於君, 作〈天保〉之歌, 以報答其上焉. 然詩者, 志也. 各自吟咏, 六篇之作, 非是一人而已. 此爲答上篇之歌者, 但聖人示法, 義取相成, 此〈鹿鳴〉至〈伐木〉. 於前此篇繼之, 於後以著義, 非此, 故答上篇也. 何則上五篇非一人所作? 又作彼者, 不與此計議, 何相報之有? 鄭云亦宜者示法耳, 非故報也. 此篇六章, 皆言王受多福, 是歸美之事.

167(小-7) 채미(采薇)

＊〈采薇〉: '薇'는 고비나물. 고사리는 흔히 '蕨'로 불러 구분됨.
＊이 시는 文王 때 서쪽의 昆夷, 북쪽의 玁狁의 침입이 잦아지자 이 노래로 출정을 하였고, 〈出車〉로 귀환하였으며, 〈杕杜〉로 집에 돌아가 일상에 힘쓰도록 한 것이라 함.

〈序〉: 〈采薇〉, 遣戍役也. 文王之時, 西有昆夷之患, 北有玁狁之難. 以天子之命, 命將率, 遣戍役, 以守衛中國, 故歌〈采薇〉以遣之. 〈出車〉以勞還, 〈杕杜〉以勤歸也.

〈채미〉는 수역(戍役)을 파견하는 내용이다. 문왕 때 서쪽에는 昆夷의 침입이 있었고, 북쪽으로는 玁狁의 재난이 있었다. 천자의 명령으로 장솔들에게 명하여 수역을 파견하여, 中國(中原)을 지켜 보위토록 하였다. 그 때문에 〈채미〉의 노래로써 이들을 파견한 것이다. 그리고 〈出車〉로써 이들의 귀환을 위로하였으며, 〈杕杜〉의 시로써 집으로 돌아가 일상에 힘쓰도록 한 것이다.

〈箋〉: 文王爲西伯, 服事殷之時也. 昆夷, 西戎也. 天子, 殷王也. 戍, 守也. 西伯以殷王之命, 命其屬爲將率, 將戍役, 禦西戎及北狄之難. 歌〈采薇〉以遣之, 〈杕杜〉勤歸者, 以其勤勞之, 故於其歸歌〈杕杜〉, 以休息之.

※文王: 周나라 聖王. 姬昌. 后稷(姬棄)의 후손으로 季歷의 아들이며 古公亶甫(古公亶父)의 손자. 商나라 말 紂임금 때 西伯이 되어 인정을 베풀었으며 紂의 미움을 받아 羑里(牖里, 지금의 河南 湯陰縣)의 옥에 갇히는 등 고초를 겪기도 하였으며, 그 아들 武王(姬發)에 이르러 紂를 牧野에서 멸하고 周나라를 일으킴. 武王(姬發)은 殷紂를 멸한 뒤 조상 古公亶父를 太王(大王)으로, 祖父 季歷을 王季로, 아버지 姬昌을 文王으로 추존하였음.《史記》周本紀 참조.
※昆夷: 混夷, 犬夷로도 불리며, 지금의 감숙, 신강위구르, 중앙아시아 일대 서쪽 이민족. 뒤에 西戎으로 불림.
※玁狁: 北狄. 북쪽 이민족. 지금의 내몽고, 외몽고, 중앙아시아 일대에 번성했던

민족. 漢나라 때 가장 강성하여 匈奴라 불렸으며 뒤에 Hun족의 원류가 됨. 《大明
一統志》에 "夏曰獯鬻, 殷曰鬼方, 周曰獫狁, 秦漢曰匈奴, 唐曰突厥, 宋曰契丹, 今曰
韃靼"이라 함.

＊전체 6장. 매 장 8구씩(采薇:六章. 章八句).

(1) 興
采薇采薇! 薇亦作止.
薇를 采ᄒ며 薇를 采홈이여! 薇 ᄯ흔 作ᄒ것다.
고비를 뜯네 고비를 뜯네! 고비나물 또 났네.

曰歸曰歸! 歲亦莫止.
歸ᄒ며 歸홈이여! 歲 ᄯ흔 莫(모)ᄒ리로다.
돌아가리라, 돌아가리라! 한 해가 또 저물어가네.

靡室靡家, 獫狁之故.
室티 몯ᄒ며 家티 몯홈이, 獫狁(험윤)의 故ㅣ며,
가정도 꾸리지 못하는 것은, 바로 이 험윤들 때문.

不遑啓居, 獫狁之故.
겨를 ᄒ야 啓ᄒ며 居티 몯홈이, 獫狁의 故ㅣ니라.
무릎 꿇고 앉아 쉴 틈도 없는 것도, 바로 이 험윤들 때문.

【薇】고비. 혹 野豌豆라고도 함. 〈毛傳〉에 "薇, 菜"라 하였고, 〈集傳〉에 "薇, 菜名"
이라 함.
【作止】'作'은 生의 뜻. 〈毛傳〉에 "作, 生也"라 하였고, 〈集傳〉에 "作, 生出地也"라
함. '止'는 조사. 〈鄭箋〉에 "西伯將遣戍役, 先與之期以采薇之時. 今薇生矣, 先輩可
以行也. 重言采薇者, 丁寧行期也"라 함.
【莫】暮. 저묾. 〈集傳〉에 "莫, 晚"이라 하였고, 〈鄭箋〉에 "莫, 晚也. 曰女何時歸乎?
何時歸乎? 亦歲晚之時, 乃得歸也. 又丁寧歸期, 定其心也"라 함.
【靡室靡家】'室家'는 夫婦. '靡'는 無, 〈集傳〉에 "靡, 無也"라 함. 시집가고 장가들

어 가정을 이루어야 하나 그렇지 못함.

【玁狁】〈毛傳〉과 〈集傳〉에 "玁狁, 北狄也"라 하였고, 〈鄭箋〉에 "北狄, 今匈奴也"라 함.

【不遑啓居】꿇어 앉는 정도의 쉴 틈도 없음. 〈鄭箋〉에 "靡, 無; 遑, 暇; 啓, 跪也. 古者, 師出不踰時, 今薇生而行, 歲晩乃得歸, 使女無室家夫婦之道, 不暇跪居者, 有玁狁之難, 故曉之也"라 하였고, 〈集傳〉에도 "遑, 暇; 啓, 跪也"라 함.

＊〈集傳〉에 "○此遣戍役之詩, 以其出戍之時, 采薇以食, 而念歸期之遠也. 故爲其自言而以采薇, 起興曰「采薇采薇, 則薇亦作止矣. 曰歸曰歸, 則歲亦莫止矣. 然凡此所以使我舍其室家, 而不暇啓居者, 非上之人故, 爲是以苦我也. 直以玁狁侵陵之故, 有所不得已而然耳.」蓋叙其勤苦悲傷之情, 而又風以義也. 程子曰:「毒民不由其上, 則人懷敵愾之心矣.」又曰:「古者, 戍役兩朞而還, 今年春莫行, 明年夏代者, 至復留備秋, 至過十一月而歸. 又明年中春至春莫, 遣次戍者, 每秋與冬初, 兩番戍者, 皆在疆圉, 如今之防秋也.」라 함.

(2) 興

采薇采薇! 薇亦柔止.

薇를 采ᄒ며 薇를 采홈이여! 薇 ᄯᅩ흔 柔ᄒ것다.

고비를 뜯네 고비를 뜯네! 고비가 또 여린 싹이 돋았네.

曰歸曰歸! 心亦憂止.

歸ᄒ며 歸홈이여! ᄆᆞ음이 ᄯᅩ흔 憂홉도다.

돌아가리 돌아가리 빈말뿐! 마음은 또한 걱정뿐일세.

憂心烈烈, 載飢載渴.

心에 憂홈을 烈烈히 ᄒ야, 곧 飢ᄒ며 곧 渴호라.

근심스런 마음 근심에 또 근심, 게다가 굶주리고 목도 마른데,

我戍未定, 靡使歸聘.

우리 戍ㅣ 定티 몯ᄒ니, ᄒ여곰 歸ᄒ야 聘ᄒ리 업도다.

나의 수자리 임무 아직 끝나지 않고, 귀환토록 하겠다는 위로의 말도 없네.

【柔】〈毛傳〉에 "柔, 始生也"라 하였고, 〈鄭箋〉에는 "柔, 謂脆脘之時"라 함. 〈集傳〉
에는 "柔, 始生而弱也"라 함. 嫩芽를 뜻함.

【憂止】〈鄭箋〉에 "憂止者, 憂其歸期將晚"이라 함.

【烈烈】근심하는 모양. 〈鄭箋〉과 〈集傳〉에 "烈烈, 憂貌"라 함. '㤠'의 假借字. 陳奐
〈傳疏〉에 《廣雅》: 「㤠㤠, 憂也.」 烈, 與㤠同"이라 함.

【載】助詞, 則과 같은 뜻. 〈鄭箋〉에 "則飢則渴」, 言其苦也"라 함. 〈集傳〉에 "載, 則
也"라 함.

【定】멈춤. 끝냄. 〈鄭箋〉과 〈集傳〉에 "定, 止"라 함.

【聘】〈毛傳〉과 〈集傳〉에 "聘, 問也"라 함. 〈鄭箋〉에는 "我方守於北狄, 未得止息,
無所使歸問言, 所以憂"라 함. 위문함, 위로함.

＊〈集傳〉에 "○言「戍人念歸期之遠, 而憂勞之甚. 然戍事未已, 則無人可使歸, 而問
其室家之安否也.」"라 함.

(3) 興

采薇采薇! 薇亦剛止.

薇를 采ᄒ며 薇를 采홈이여! 薇 쏘흔 剛ᄒ것다.

고비를 뜯네 고비를 뜯네! 고비 또 뻣뻣하게 세었네.

曰歸曰歸! 歲亦陽止.

歸ᄒ며 歸홈이여! 歲 쏘흔 陽이리로다.

돌아간다 돌아간다 빈말뿐! 세월은 또다시 10월이 되었네.

王事靡盬, 不遑啓處.

王事를 盬(고)티 몯홀 거시라, 겨를 ᄒ야 啓ᄒ며 處티 몯ᄒ니,

나라의 일이라 허투루 할 수도 없어, 무릎 꿇고 쉴 틈도 없구나.

憂心孔疚, 我行不來!

心에 憂홈을 심히 疚(구)히 ᄒ나, 우리 行은 來티 몯홀 거시니라!

근심스런 마음만 심하게 앓고 있으나, 우리는 집으로 돌아가지 못
하네!

【剛】어리면서 굳어서 센 것. 〈毛傳〉에 "少而剛也"라 하였고, 〈鄭箋〉에는 "剛, 謂
少堅忍時"라 함. 〈集傳〉에도 "剛, 旣成而剛也"라 함.

【陽】〈毛傳〉에 "陽, 歷陽月也"라 하였고, 〈鄭箋〉에는 "十月爲陽. 時坤用事, 嫌於無
陽, 故以名此月爲陽"이라 함. 〈集傳〉에 "陽, 十月也. 時純陰用事, 嫌於無陽, 故名
之曰陽月也"라 함.

【鹽】〈鄭箋〉에 "鹽, 不堅固也"라 함.

【處】〈鄭箋〉에 "處, 猶居也"라 함.

【孔】〈集傳〉에 "孔, 甚"이라 함.

【疚】병듦. 〈毛傳〉과 〈集傳〉에 "疚, 病也"라 함.

【來】至의 뜻. 〈毛傳〉에 "來, 至也"라 하였고, 〈鄭箋〉에는 "我戍役, 自我也. 來, 猶
反也. 據家曰來"라 함. 〈集傳〉에는 "來, 歸也. 此見士之, 竭力致死, 無還心也"라
함. 그러나 '來'는 '勞來', 즉 '위로받다'의 뜻으로 보기도 함.

(4) 興

彼爾維何? 維常之華.

뎌 爾혼 거슨 므엇고? 常의 華ㅣ로다.

저기 화려하게 핀 꽃은 무엇인가? 바로 常棣의 꽃이로구나.

彼路斯何? 君子之車.

뎌 路는 므엇고? 君子의 車ㅣ로다.

저기 路車는 누구의 수레? 장수의 戎車일세.

戎車旣駕, 四牡業業.

戎車ㅣ 이믜 駕ᄒᆞ니, 四牡ㅣ 業業ᄒᆞ도다.

융거를 내달리니, 네 필 말 씩씩한데.

豈敢定居? 一月三捷!

엇디 敢히 定ᄒᆞ야 居ᄒᆞ리오? 一月애 三捷(삼첩)ᄒᆞ놋다!

잠깐인들 감히 머물러 있을 수 있겠나? 한 달에 세 번은 이겨야 하
는데!

【彼爾維何】〈毛傳〉과 〈集傳〉에 "爾, 華盛貌"라 함.

【常】〈諺解〉物名에 "常:뫼이ㅅ갓"이라 함. 〈毛傳〉과 〈集傳〉에 "常, 常棣也"라 함.
〈鄭箋〉에는 "此言'彼爾'者, 乃常棣之華, 以興將率車馬服飾之盛"이라 함.

【斯】〈鄭箋〉에 "斯, 此也"라 함.

【路】〈集傳〉에 "路, 戎車也"라 함.

【君子】〈鄭箋〉에 "君子, 謂將率"이라 하였고, 〈集傳〉에도 "君子, 謂將帥也"라 함.

【戎車】兵車.

【業業】〈毛傳〉과 〈集傳〉에 "業業, 壯也"라 함.

【定】〈鄭箋〉에 "定, 止也. 將率之志, 徃至所征之地, 不敢止而居處自安也"라 함.

【一月三捷】'捷'은 〈毛傳〉과 〈集傳〉에 "捷, 勝也"라 하였고, 〈鄭箋〉 "徃則庶乎一月
之中, 三有勝功, 謂侵也伐也戰也"라 함.

*〈集傳〉에 "○彼爾然而盛者, 常棣之華也;彼路車者, 君子之車也. 戎車旣駕而四牡
盛矣, 則何敢以定居乎? 庶乎一月之間, 三戰而三捷爾."라 함.

(5) 賦

駕彼四牡, 四牡騤騤.

뎌 四牡를 駕ᄒ니, 四牡ㅣ 騤騤(규규)ᄒ도다.

저 수레 끄는 네 필 말, 그 네 필 말 씩씩도 하네.

君子所依, 小人所腓.

君子의 依ᄒᄂᆞᆫ 배오, 小人의 腓(비)ᄒᄂᆞᆫ 배로다.

장수는 타고 가고, 병졸은 그 뒤를 따르네.

四牡翼翼, 象弭魚服.

四牡ㅣ 翼翼ᄒ니, 象으로 ᄒᆞᆫ 弭(미)오 魚로 ᄒᆞᆫ 服이로다.

네 필 숫말 익숙한 모습, 상아로 장식한 활고자에 魚皮의 전통이로다.

豈不日戒? 玁狁孔棘!

엇디 날로 경계티 아니 ᄒᆞ리오? 玁狁이 심히 棘ᄒ도다!

어찌 하루라도 경계하지 않으랴? 험윤들 물리칠 일 심히 급한데!

【騤騤】〈毛傳〉에 "騤騤, 彊也"라 하였고, 〈集傳〉에도 "騤騤, 强也"라 함.

【君子】射帥를 가리킴.

【依】탐. 〈集傳〉에 "依, 猶乘也"라 함.

【小人】步卒.

【腓】〈毛傳〉에 "腓, 辟也"라 하여 '辟(避)'의 뜻으로 보았으나, 〈鄭箋〉에는 "腓, 當作芘. 此言戎車者, 將率之所依乘, 戍役之所芘倚"라 하여, '芘護(庇護)를 받다'의 뜻으로 보았음. 〈集傳〉에도 "腓, 猶芘也. 程子曰:「腓, 隨動也. 如足之腓, 足動則隨而動也.」"라 하여, 程子는 '따라 움직이다'의 뜻이라 하였음.

【翼翼】〈毛傳〉에 "翼翼, 閑也"라 하여 '익숙하다'의 뜻으로 보았으나, 〈集傳〉에는 "翼翼, 行列整治之狀"이라 함.

【象弭】象骨로 활고자를 꾸민 것. 〈毛傳〉에 "象弭, 弓反末也. 所以解紒也"라 하였고, 〈集傳〉에 "象弭, 以象骨飾弓弰也"라 함. 〈鄭箋〉에 "弭, 弓反末彆者, 以象骨爲之, 以助御者, 解轡紒宜滑也"라 함.

【魚服】箭筒. 화살통. 朱熹에 의하면 魚는 짐승 이름. 〈諺解〉 物名에 "魚:반달피"라 함. 그 가죽으로 箭筒을 만든 것. 〈毛傳〉에 魚服, 魚皮也"라 하였고, 〈鄭箋〉에는 "服, 矢服也"라 함. 〈集傳〉에는 "魚, 獸名. 似猪, 東海有之. 其皮背上斑文, 腹下純靑, 可爲弓韃矢服也"라 함.

【戒】〈鄭箋〉에 "戒, 警. 勑軍事也"라 하였고, 〈集傳〉에 "戒, 警"이라 함.

【孔】〈鄭箋〉에 "孔, 甚"이라 함.

【棘】〈鄭箋〉에 "棘, 急也. 言「君子小人, 豈不日相警戒乎? 誠日相警戒也. 玁狁之難, 甚急, 豫述其苦以勸之.」"라 함. 〈集傳〉에도 "棘, 急也"라 함. 玁狁을 물리칠 일이 매우 급함.

＊〈集傳〉에 "○言「戎車者, 將帥之所依乘, 戍役之所芘倚, 且其行列整治, 而器械精好如此. 豈不日相警戒乎? 玁狁之難甚急, 誠不可以忘備也.」"라 함.

(6) 賦

昔我往矣, 楊柳依依.

네 우리 갈 제, 楊柳ㅣ 依依ᄒ더니,

옛날 내가 떠날 때에는, 갯버들도 의의하게 늘어졌던 곳.

今我來思, 雨雪霏霏.

이제 우리 올 제ᄂᆞᆫ, 雨ᄒᄂᆞᆫ 雪이 霏霏(비비)ᄒᄂᆞ다.

지금 내 다시 올 때는, 함박눈이 펄펄 날리고 있네.

行道遲遲, 載渴載飢.

行ᄒᄂᆞᆫ 道ㅣ 遲遲ᄒ야, 곧 渴ᄒ며 곧 飢호라.

가는 길 멀고 아득한데, 목마르고 굶주림까지 겹치니,

我心傷悲, 莫知我哀!

우리 ᄆᆞ음이 傷悲ᄒ거늘, 우리 哀를 아디 몯ᄒᄂᆞ다!

우리 마음 슬프고 아픈 것을, 그 누구도 내 설움 알아주지 못하누나!

【楊柳】〈毛傳〉과 〈集傳〉에 "楊柳, 蒲柳也"라 함.

【依依】휘늘어진 모습. 馬瑞辰 〈通釋〉에 "依依, 猶殷殷. 殷依, 古同聲"이라 함.

【思】語辭.

【霏霏】〈毛傳〉에 "霏霏, 甚也"라 하였고, 〈集傳〉에 "霏霏, 雪甚貌"라 함. 〈鄭箋〉에는 "我來戍止, 而謂始反時也. 上三章言戍役, 次二章言將率之行, 故此章重序其往反之時. 極言其苦以說之"라 함.

【遲遲】〈毛傳〉과 〈集傳〉에 "遲遲, 長遠也"라 함. 〈鄭箋〉에는 "行反在於道路, 猶饑猶渴, 言至苦也"라 함.

【莫】누구도 어쩌지 못함. 〈毛傳〉에 "君子能盡人之情, 故人忘其死"라 함.

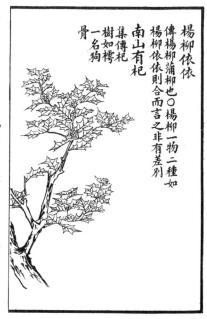

楊柳依依
傳楊柳蒲柳也〇楊柳一物二種如
楊柳依依則合而言之非有差別

集傳
南山有杞
傳楊柳蒲柳也
骨一名狗一樹如櫸杞

*〈集傳〉에 "○此章又設爲役人, 預自道其歸時之事, 以見其勤勞之甚也. 程子曰: 「此皆極道其勞苦·憂傷之情也. 上能察其情, 則雖勞而不怨, 雖憂而能勵矣.」 范氏曰:「予於〈采薇〉, 見先王以人道使人, 後世則牛羊而已矣.」"라 함.

1. 孔穎達〈正義〉

作〈采薇〉詩者, 遣戍役也. 戍, 守也. 謂遣守衛中國之役人. 文王之時, 西方有昆夷之患, 北方有玁狁之難, 來侵犯中國. 文王乃以天子殷王之命, 命其屬爲將率, 遣屯戍之役人, 北攘玁狁, 西伐西戎, 以防守, 扞衛中國. 故歌此〈采薇〉以遣之, 及其還也, 歌〈出車〉以勞將帥之還, 歌〈杕杜〉以勤戍役之歸. 是故作此三篇之詩也. 昆夷言患, 玁狁言難, 患難一也, 變其文耳. 患難者, 謂與中國爲難, 非獨周也. 故卽變云. 守衛中國, 明中國皆被其患, 不獨守衛周國而已. 此與〈出車〉五言'玁狁', 唯一云'西戎'. 序先言昆夷者, 以昆夷侵周爲患之切, 故先言之玁狁, 大於西戎. 出師主伐玁狁, 故戒勑戍役, 以玁狁爲主, 而略於西戎也. 言命將帥遣戍役者, 將無常人臨事, 命卿士爲之, 故云命也. 其戍役, 則召民而遣之, 不特加命, 故云遣也. 命將帥, 所以率戍役, 而序言遣戍役者, 以將帥者, 與君同憂, 務其戍役, 則身處卑賤, 非有憂國之情, 不免君命而行耳. 文王爲恤之情, 深殷勤於戍役, 簡略將帥, 故此篇之作遣戍役爲主. 上三章遣戍役之辭, 四章·五章以論將帥之行, 爲率領戍役而言也. 卒章總序徃反, 六章皆爲遣戍役也. 以主遣戍役, 故經先戍役, 後言將帥. 其實將帥尊, 故序先言命將帥, 後言遣戍役, 言歌〈采薇〉以遣之者, 正謂述其所遣之辭, 以作詩後人歌, 因謂本所遣之辭爲歌也. 〈出車〉以勞還, 〈杕杜〉以勤歸. 不言歌者, 蒙上歌文也. 勤·勞一也, 勞者, 陳其功勞; 勤者, 陳其勤苦, 但變文耳. 還與歸一也. 還謂自役而反;歸據嚮家之辭, 但所從言之異耳. 〈出車〉序云勞還帥, 〈杕杜〉序云勞還役, 俱言還, 並言勞, 明還歸義同, 勤勞不異也. 此序并言〈出車〉·〈杕杜〉者, 以三篇同是一事, 共相首尾, 故因其遣, 而言其歸, 所以省文也. 〈正義〉曰:西方曰戎夷, 是總名. 此序云昆夷之患, 〈出車〉云薄伐西戎, 明其一也. 故知昆夷, 西戎也. 文王於時事殷王也. 若非其屬, 無由命之. 故知以殷王之命, 命其屬爲將帥, 其屬謂'南仲出車', 經稱'赫赫南仲, 玁狁于襄', 又曰「赫赫南仲, 薄伐西戎」, 則南仲一出, 并禦西戎及北狄之難也. 皇甫謐《帝王世紀》曰:「文王受命, 四年, 周正月丙子朔, 昆夷氏侵周, 一日三至周之東門. 文王閉門, 脩德而不與戰. 昆夷進來, 不與戰.」 明退卽伐之也. 《尙書》傳「四年伐犬夷」, 注云:「犬夷, 昆夷也. 四年伐之南仲, 一行并平二寇.」下, 箋云「玁狁大故, 以爲始以爲終」, 以《書》傳不言「四年伐玁狁」, 而言「伐犬夷」, 作者之意偶言耳. 「以天子之命, 命將帥」, 則伐犬夷者, 紂命之矣. 《書》序云「殷始咎周」, 注云「紂聞文王斷虞芮之訟」, 又「三伐皆勝」, 始畏惡之, 拘於羑里, 紂命之使伐, 勝而惡之者, 紂以戎狄交侵, 須加防禦, 文王請伐, 便卽命之. 但徃則克敵, 功德益高, 人望將移, 故畏惡之耳. 上三章同遣戍役, 以薇爲行期而言, '作止'·'柔止'·'剛止', 三者不同, 則行非一輩, 故首章箋云「先輩可以行」, 言先對後之辭, 則二章爲中輩, 三章爲後輩矣. 二章傳曰「柔, 始生也」, 兵若一輩而遣, 則不得剛柔別. 章若異輩而行, 不應以三章, 爲二輩, 則毛意柔亦中輩, 言'始生'者, 對'剛爲生'之久, '柔'謂初始生耳. 若對'作止', 又'柔'在作後矣. 與鄭'脆脕同也'. 莊二十九年《左傳》曰「凡馬日中而出」, 謂春分也. 〈出車〉曰「我出我車, 于彼牧矣」, 出車就馬於牧地, 則是春分後也. 中氣所在, 雖無常定, 大抵在月中旬也. 中旬之後, 始出車就馬, 則首章二月下旬遣. 二章三月上旬遣, 三章三月中旬遣矣. 故卒章言「昔我徃矣, 楊柳依依」, 是爲二月之末·三月之中事也.

168(小-8) 출거(出車)

＊〈出車〉: 수레를 출발시켜 출정함. 〈毛傳〉에 "出車, 就馬於牧地"라 하여, '말을 몰아 방목하는 곳으로 나서는 것'이라 하였으나, 〈鄭箋〉에는 "西伯以天子之命, 出我戎車於所牧之地, 將使我出征伐"이라 하여, '西伯(姬昌, 文王)이 천자(殷紂)의 명에 의해 융거를 먼 교외로 몰고 가 나를 출정토록 하다'의 뜻이라 하였음.
＊이 시는 玁狁의 난에 戍役에 나섰던 將率(將帥)들이 귀환하여, 이에 위로를 베푼 내용이라 함.

〈序〉: 〈出車〉, 勞還率也.

〈출거〉는 玁狁을 막으러 戍役을 갔다가 돌아온 將率들을 위로한 것이다.

〈箋〉: 遣將率及戍役同歌, 同時欲其同心也. 反而勞之, 異歌異日, 殊尊卑也. 《禮記》玉藻篇曰:「賜君子小人, 不同日.」此其義也.

＊전체 6장. 매 장 8구씩(出車: 六章. 章八句).

(1) 賦
我出我車, 于彼牧矣.

내 내 車를 出홈을, 뎌 牧에 호라.

내 은왕을 위해 수레 내어, 저 들판으로 가도다.

自天子所, 謂我來矣.

天子ㅅ 所로브터, 내 來호라 니로라.

천자가 계신 곳으로부터, 나로 하여금 오라 명령이 떨어졌기에.

召彼僕夫,「謂之載矣.

뎌 僕夫를 블러, "載호라 니르고,

저 마부를 불러 이르되, "물건을 실어 준비하라.

王事多難, 維其棘矣!」

王事] 難이 한 디라, 그 棘히 홀 써시라 호라!"

나라 일이 다난하니, 그 아주 급한 일이니 머뭇거리랴!"라 하였네.

【我出我車】〈鄭箋〉에 "上我. 我, 殷王也. 下我, 將率自謂也. 西伯以天子之命, 出我
戎車於所牧之地, 將使我出征伐"이라 하여 위의 '我'는 殷王, 아래의 '我'자는 將
率을 이른 것이라 함.

【牧】郊外. 〈集傳〉에 "牧, 郊外也"라 함.

【自】〈鄭箋〉에 "自, 從也. 有人從王所來, 謂我來矣"라 하였고, 〈集傳〉에도 "自, 從
也"라 함.

【天子】〈集傳〉에 "天子, 周王也"라 함.

【謂我來】〈鄭箋〉에 "謂以王命召己, 將使爲將率也. 先出戎車, 乃召將率, 將率尊也"
라 하여, 王命으로 자신을 將率로 삼으려 함. '謂'는 使의 뜻. 馬瑞辰 〈通釋〉에
《廣雅》:「謂, 使也.」'謂我來', 卽'使我來'也"라 함.

【僕夫】馬夫. 〈毛傳〉과 〈集傳〉에 "僕夫, 御夫也"라 함.

【謂之載】싸움에 나설 물건들을 싣도록 지시함.

【棘】〈鄭箋〉에 "棘, 急也. 王命召己, 己卽召御夫, 使裝載物, 而往王之事, 多難其召
我, 必急欲疾趨之. 此序其忠敬也"라 함.

＊〈集傳〉에 "○此勞還率之詩, 追言「其始受命出征之時, 出車於郊外, 而語其人
曰:『我受命於天子之所而來.』於是乎召僕夫, 使之載其車以行, 而戒之曰:『王
事多難, 是行也, 不可以緩矣.』」"라 함.

(2) 賦

我出我車, 于彼郊矣.

내 내 車를 出홈을, 뎌 郊에 ᄒᆞ고,

내 왕을 위해 수레 내어, 저 교외로 가도다.

設此旐矣, 建彼旄矣.

이 旐(죠)를 設ᄒᆞ며, 뎌 旄를 建ᄒᆞ니,

玄武旗를 펼쳐 들고, 쇠꼬리를 맨 깃발 세우고,

彼旐旟斯, 胡不旆旆?

뎌 旐(여)ㅣ며 旟ㅣ, 엇디 旆旆(패패)티 아니 ᄒ리오?

저 朱雀旗와 현무기가, 어찌 펄럭거리지 않으랴?

憂心悄悄, 僕夫況瘁!

心에 憂홈을 悄悄(쵸쵸)히 ᄒ니, 僕夫ㅣ 이예 瘁(췌)ᄒ놋다!

내 근심은 초초하니, 마부도 이에 겁을 먹고 위축되는구나!

【郊】〈集傳〉에 "郊, 在牧內. 蓋前軍已至牧, 而後軍猶在郊也"라 함.

【設】〈集傳〉에 "設, 陳也"라 함.

【旐】〈毛傳〉과 〈集傳〉에 "龜蛇曰旐"라 함. 玄武旗를 뜻함.

【建】〈集傳〉에 "建, 立也"라 함.

【旟】〈毛傳〉에 "旟, 干旟"라 하였고, 〈集傳〉에 "旟, 注旟於旗干之首也"라 함. 〈鄭箋〉에는 "設旐者, 屬之於干旟而建之. 戎車, 將帥旣受命, 行乃乘焉. 牧地, 在遠郊"라 함.

【旟】〈毛傳〉에 "鳥隼曰旟"라 하여, 朱雀旗를 뜻함. 〈集傳〉에는 "鳥隼曰旟. 鳥隼龜蛇, 〈曲禮〉所謂「前朱雀而後玄武」也. 楊氏曰:「師行之法, 四方之星, 各隨其方, 以爲左右前後進退有度, 各司其局, 則士無失伍離次矣.」"라 함.

【斯】助字.

【旆旆】깃발이 펄럭이는 모양. 〈毛傳〉에 "旆旆, 旒垂貌"라 하였고, 〈集傳〉에는 "旆旆, 飛揚之貌"라 함.

【悄悄】근심하는 모양. 〈集傳〉에 "悄悄, 憂貌"라 함.

【況瘁】〈鄭箋〉에 "況, 兹也. 將率旣受命行, 而憂臨事而懼也. 御夫, 則兹益憔悴, 憂其馬之不正"이라 하였고, 〈集傳〉에는 "況, 兹也. 或云當作「怳」"이라 함. 여기서는 겁을 먹고 위축됨을 뜻함. '況'은 '况'과 혼용하고 있음.

＊〈集傳〉에 "○言「出車在郊, 建設旗幟. 彼旗幟者, 豈不旆旆而飛揚乎? 但將帥方以任大, 責重爲憂, 而僕夫亦爲之恐懼而憔悴耳.」東萊呂氏曰:「古者, 出師以喪禮處之, 命下之日, 士皆泣涕. 夫子之言『行三軍亦曰臨事而懼』, 皆此意也.」"라 함.

(3) 賦

王命南仲, 往城于方.

王이 南仲을 命ᄒ샤, 가 方의 城ᄒ라 ᄒ시니,

주왕이 南仲에게 명하되, 北方에 가서 성을 쌓으라 하시네.

出車彭彭, 旂旐央央.

車를 出홈애 彭彭(방방)ᄒ며, 旐(됴)와 旂ㅣ 央央ᄒ도다.

수레들 떼지어 달리니, 청룡기와 현무기가 선명하도다.

天子命我, 城彼朔方.

天子ㅣ 나를 命ᄒ샤, 뎌 朔方애 城ᄒ시니,

천자께서 나에게 명하여, 저 삭방에 성을 쌓으라 하시네.

赫赫南仲, 獫狁于襄!

赫赫ᄒᆫ 南仲이여, 獫狁을 襄ᄒ도다!

혁혁한 남중이여, 험윤을 없애버리도다!

【王】〈毛傳〉에 "王, 殷王也"라 하였으나, 〈集傳〉에는 "王, 周王也"라 하여 의견이 다름.

【南仲】장군 이름. 〈毛傳〉에 "南仲, 文王之屬"이라 하였고, 〈集傳〉에 "南仲, 此時大將也"라 함. 그러나 《漢書》古今人表에는 "南仲, 宣王時人"이라 하였음.

【城】城을 쌓음. 動詞.

【方】〈毛傳〉에 "方, 朔方. 近獫狁之國也"라 하였고, 〈集傳〉에는 "方, 朔方. 今靈夏等州之地"라 함.

【彭彭】〈毛傳〉에 "彭彭, 四馬貌"라 하였으나, 〈集傳〉에는 "彭彭, 衆盛貌"라 함.

【旐】〈毛傳〉에 "交龍爲旐"라 하여, 靑龍旗를 뜻함. 〈集傳〉에 "交龍爲旐. 此所謂左靑龍也"라 함.

【央央】鮮明함. 〈毛傳〉과 〈集傳〉에 "央央, 鮮明也"라 함. 〈鄭箋〉에 "王使南仲爲將率, 徃築城于朔方, 爲軍壘以禦北狄之難"이라 함.

【我】〈鄭箋〉에 "此我, 我戍役也. 戍役築壘, 而美其將率, 自此出征也"라 함.

【朔方】〈毛傳〉에 "朔方, 北方也"라 함.

【赫赫】威儀가 빛나는 모양. 혁혁함. 늠름함. 〈毛傳〉에 "赫赫, 盛貌"라 하였고,

〈集傳〉에 "赫赫, 威名光顯也"라 함.

【襄】〈毛傳〉에 "襄, 除也"라 하였고, 〈集傳〉에도 "襄, 除也. 或曰上也. 與'懷山襄陵'之'襄'同, 言勝之也"라 함.

＊〈集傳〉에 "○東萊呂氏曰:「大將傳天子之命, 以令軍衆. 於是車馬衆盛, 旂旐鮮明, 威靈氣焰, 赫然動人矣. 兵事以哀敬爲本, 而所尙, 則威. 二章之戒懼, 三章之奮揚, 並行而不相悖也.」程子曰:「城朔方而玁狁之難, 除禦戎狄之道, 守備爲本, 不以攻戰爲先也.」"라 함.

(4) 賦
昔我往矣, 黍稷方華.

녜 내 갈 제, 黍와 稷이 보야흐로 華ᄒᆞ엿더니,

지난 번 내 갈 때에는, 바야흐로 메기장과 찰기장 꽃이 한창이더니,

今我來思, 雨雪載塗.

이제 내 오매ᄂᆞᆫ, 雪이 雨ᄒᆞ야 곧 塗ᄒᆞ도다.

지금 내 오는 길에는, 눈이 내리고 길은 녹아 진창이로다.

王事多難, 不遑啓居.

王事ㅣ 難이 한 디라, 겨를 ᄒᆞ야 啓ᄒᆞ며 居티 몯ᄒᆞ니,

나라 일 어려움이 많거늘, 무릎 꿇고 잠깐 쉴 틈도 없구나.

豈不懷歸, 畏此簡書!

엇디 歸를 懷티 아니 ᄒᆞ리오마ᄂᆞᆫ, 이 簡書를 저헤니라!

어찌 돌아갈 생각 품지 않으랴만, 이 맹약할 때 약속한 말 두렵구나!

【黍】메기장.

【稷】찰기장.

【方華】바야흐로 한창임. 〈集傳〉에 "華, 盛也"라 함.

【來思】思는 뜻 없는 助字.

【雨雪】눈이 내림. 雨는 '비나 눈이 내리다'의 動詞.

【載塗】〈毛傳〉에 "塗, 凍釋也"라 하였고, 〈鄭箋〉에 "黍稷方華, 朔方之地, 六月時

也. 以此時, 始出壘征伐玁狁, 因伐西戎, 至春凍始釋而來反, 其間非有休息"이라 함. 〈集傳〉에 "塗, 凍釋而泥塗也"라 함. '載'는 助字.

【不遑啓居】 꿇어 앉아 쉬는 정도의 틈도 없음.

【簡書】〈毛傳〉에 "簡書, 戒命也. 鄰國有急, 以簡書相告, 則奔命救之"라 함. 〈集傳〉에는 "簡書, 戒命也. 鄰國有急, 則以簡書相戒命也. 或曰簡書, 策命臨遣之辭也"라 함. 혹 군사들이 출정할 때 주는 말이라고도 함. 그 외 '盟約의 書'라고도 함. 馬瑞辰〈通釋〉에 "簡書, 卽盟書之假借. 古簡字讀若籒, 與明盟同聲通用. 《左傳》引此詩而釋之曰:「簡書同惡相恤之謂也.」……盟書卽戒命之詞"라 함.

*〈集傳〉에 "○此言'其旣歸在塗, 而本其往時所見, 與今還時所遭以見, 其出之久也'. 東萊呂氏曰:〈采薇〉之所謂'往遣戌時'也. 此詩之所謂'往在道時'也. 〈采薇〉之所謂'來戌畢時'也. 此詩之所謂'來歸而在道時'也.」"라 함.

(5) 賦

喓喓草蟲, 趯趯阜螽.

喓喓(요요)ᄒᄂᆞᆫ 草蟲이며, 趯趯(뎍뎍)ᄒᄂᆞᆫ 阜螽(부죵)이로다.

찌륵찌륵하는 풀벌레 울음이며, 팔짝팔짝 뛰는 메뚜기떼.

未見君子, 憂心忡忡.

君子를 보디 몯혼 디라, 心에 憂홈을 忡忡히 ᄒᆞ니,

그대 남중을 보지 못하니, 근심스런 마음 충충하도다.

旣見君子, 我心則降.

이믜 君子를 보와야, 내 ᄆᆞᄋᆞᆷ이 곧 降(항)ᄒᆞ리로다.

이윽고 남중을 보아야만, 내 마음 곧바로 놓이리라.

赫赫南仲, 薄伐西戎!

赫赫혼 南仲이여, 잠ᄭᅡᆫ 西戎을 伐ᄒᆞ놋다!

혁혁한 남중이여, 애오라지 西戎을 정벌하소서!

【草蟲】〈鄭箋〉에 "草蟲鳴, 阜螽躍而從之, 天性也. 喻近西戎之諸侯, 聞南仲旣征玁狁, 將伐西戎之命, 則跳躍而鄕望之, 如阜螽之聞草蟲鳴焉. 草蟲鳴, 晚秋之時也.

此以其時所見而興之"라 하였고, 〈集傳〉에는 "此言將帥之出征也. 其室家感時物
之變而念之, 以爲未見而憂之如此, 必旣見然後, 心可降耳. 然此南仲, 今何在乎?
方往伐西戎而未歸也. 豈旣却玁狁而還師, 以伐昆夷也"라 함.

【君子】〈鄭箋〉에 "君子, 斥南仲也"라 함.

【降】내려짐. 마음이 놓임. 안심이 됨. 〈鄭箋〉에 "降, 下也"라 함.

【薄】'聊'와 같음. 애오라지. 잠깐. 〈集傳〉에 "與薄之爲言, 聊也. 蓋不勞餘力矣"라
함.

(6) 賦

春日遲遲, 卉木萋萋.

春日이 遲遲혼 디라, 卉木(훼목)이 萋萋ᄒ며,

봄날은 느릿느릿 해가 길고, 초목은 무성한데,

倉庚喈喈, 采蘩祁祁.

倉庚이 喈喈(기기)ᄒ며, 蘩을 采홈을 祁祁(긔긔)히 ᄒ거늘,

꾀꼬리 꾀꼴꾀꼴, 햇쑥 뜯는 저 많은 사람들.

執訊獲醜, 薄言還歸.

訊을 執ᄒ며 醜(쥐)를 獲ᄒ야, 잠짠 還(션)ᄒ야 歸ᄒ니,

잡아 신문하기도 하고 무리들 귀를 잘라, 나 이제 서둘러 돌아왔도다.

赫赫南仲, 玁狁于夷!

赫赫흔 南仲이여, 玁狁을 夷ᄒ도다!

늠름하신 남중이여, 험윤 평정을 마치셨도다!

【卉】〈毛傳〉과 〈集傳〉에 "卉, 草也"라 함.

【萋萋】〈集傳〉에 "萋萋, 盛貌"라 함.

【倉庚】꾀꼬리. 鶬鶊, 黃鶯, 黃鸝. 〈集傳〉에 "倉庚, 黃鸝也"라 함.

【喈喈】꾀꼬리 우는 소리. 擬聲語. 〈集傳〉에 "喈喈, 聲之和也"라 함.

【蘩】흰쑥.

【祁祁】많은 모양.

【訊】생포한 적을 訊問함. 〈毛傳〉에 "訊, 辭也"라 하였고, 〈鄭箋〉에 "訊, 言醜衆也.
伐西戎, 以凍釋時反, 朔方之壘, 息戍役, 至此時而歸. 京師稱美, 時物以及其事, 喜
而詳之也. 執其可言問所獲之衆, 以歸者當獻之也"라 함. 〈集傳〉에는 "訊, 其魁首
當訊問者也"라 함.

【獲醜】많은 무리를 포획함. 〈集傳〉에 "醜, 徒衆也"라 함. 胡承珙 〈後箋〉에 〈皇矣〉
傳曰:「馘, 獲也.」 不服者, 殺而獻其左耳曰馘. 彼傳釋馘爲獲, 則此詩獲者, 卽爲馘
之假借字. 生者訊之, 殺者馘之. '執訊獲醜', 言訊馘者衆也"라 하여, '생포하여 訊
問하기도 하고, 죽인 자는 귀를 잘라(馘) 가지고 온 수가 많음'을 뜻한다 하였음.

【薄】'迫'과 같음. 서둘러. 그러나 〈諺解〉에는 '聊'(잠깐)로 풀이하였음.

【言】나.

【夷】〈毛傳〉과 〈集傳〉에 "夷, 平也"라 함. 평정됨. 전쟁을 마침. 〈鄭箋〉에 "平者, 平
之於王也. 此時亦伐西戎, 獨言平玁狁者, 玁狁大故, 以爲始以爲終"이라 하여 '왕
에 의해 평정되다'라 하였음.

＊〈集傳〉에 "○歐陽氏曰:「述其歸時, 春日暄姸, 草木榮茂, 而禽鳥和鳴. 於此之時
執訊獲醜而歸, 豈不樂哉?」 鄭氏曰:「此詩亦伐西戎, 獨言平玁狁者, 玁狁大故, 以
爲始以爲終.」"이라 함.

참고 및 관련 자료

1. 孔穎達 〈正義〉

作〈出車〉詩者, 勞還帥也. 謂文王所遣伐玁狁・西戎之將帥, 以四年春行, 五年春反.
於其反也, 述其行事之苦, 以慰勞之. 六章皆勞辭也. 〈正義〉曰:箋解遣唯一篇, 而勞
有二篇之意, 故曰遣將帥及戍役同歌, 同時欲其同心也. 同歌, 謂其共歌〈采薇〉也;
同時謂將帥與戍役俱行, 雖三章三輩別行, 每行將帥同發也. 三輩各有將, 此獨言南
仲者, 以元帥故歸功焉. 反而勞之, 異歌謂〈出車〉與〈杕杜〉之歌, 不一時, 是異歌異日
也. 必異日者, 殊尊卑故也. 〈玉藻〉云「賜君子與小人, 不同日」, 與此協, 故曰此其義
也. 此將帥有功而還, 本其初出以勞之. 首章言四年春將欲遣軍, 「出車就馬」, 命之爲
將, 仍在國, 未行也. 二章言「就馬於牧, 地設旌旗」, 既已受命臨事而懼, 是二月三月
之事也, 從是而行先伐玁狁. 三章言「往朔方營築壘壁」, 既以春末而行, 當以夏初, 到
朔方也. 既至朔方, 將設經略, 五月猶尙停息, 六月乃始出壘. 四章言「黍稷方華」, 出
伐玁狁, 玁狁既服, 因伐西戎, 至春凍始釋. 又從西戎而反於朔方, 慮有驚急, 復且停
住也. 以六月出伐玁狁, 當至秋末, 始平, 乃移兵西戎. 五章言晚秋之時, 西方諸侯,
嚮望南仲也. 至於五年之春, 二方大定, 乃始還帥. 卒章言其廻歸, 其事次也. 唯四章
因言自壘而出, 卽說自西而反. 五章乃更述在西方之事, 爲小倒耳.

169(小-9) 체두(杕杜)

*〈杕杜〉: 아가위나무. 같은 제목은 〈唐風〉(119)에도 있음.
*이 시는 昆夷와 玁狁을 정벌하고 개선하여, 집으로 돌아가 일상생활에 전념하도록 위로한 내용이라 함.

〈序〉: 〈杕杜〉, 勞還役也.

〈체두〉는 戍役에서 돌아온 이들을 위로한 것이다.

〈箋〉: 役, 戍役也.

*전체 4장. 매 장 7구씩(杕杜:四章. 章七句).

(1) 賦
有杕之杜, 有睆其實.

杕(톄)혼 杜(두)ㅣ여, 睆(환)혼 그 實이로다.

우뚝한 아가위나무, 주렁주렁 달린 그 열매.

王事靡盬, 繼嗣我日.

王事를 盬티 몯홀 꺼시라, 우리 日을 繼嗣ᄒᆞ놋다.

나라 일이라 허투루 할 수 없어, 계속 이어지는 나의 힘든 나날들.

日月陽止, 女心傷悲, 征夫遑止!

日月이 陽인 디라, 女의 心이 傷ᄒᆞ니, 征夫ㅣ 遑홀 ᄯᅵ로다!

세월은 흘러 어느덧 10월, 아내의 마음 비통한데, 내 남편은 오실 틈도 없도다!

【杕】홀로 우뚝 서 있는 모습.
【杜】팥배나무. 혹 아가위나무.
【睆】열매가 달려 있는 모습. 〈毛傳〉에 "〈毛傳〉에 "興也. 睆, 實貌. 杕杜, 猶得其時

蕃滋, 役夫勞苦, 不得盡其天性"이라 함. 〈集傳〉에도 "睆, 實貌"라 함. 혹 과실이
잘 익어 윤택하게 보이는 모습이라 함.

【靡盬】堅固하게 하지 않으면 안 됨. 허투루 할 수 없음.

【繼嗣】계속. 〈鄭箋〉과 〈集傳〉에 "嗣, 續也"라 함. 〈鄭箋〉에 "王事無不堅固, 我行
役續嗣其日. 言常勞苦無休息"이라 함.

【陽】陰曆 10월. 〈鄭箋〉에 "十月爲陽"이라 하였고, 〈集傳〉에 "陽, 十月也"라 함.

【止】助字. 以下의 '止'도 모두 같음.

【征夫遑止】이제는 돌아올 때가 되었는데 오지 못함. 征夫는 戍役에 나간 남편,
'遑'은 틈, 짬. 〈鄭箋〉과 〈集傳〉에 "遑, 暇也"라 함. 〈鄭箋〉에 "婦人思望其君子, 陽
月之時, 已憂傷矣. 征夫如今已閒暇, 且歸也, 而尙不得歸, 故序其男女之情, 以說
之. 陽月而思望之者, 以初時云歲亦莫止"라 함.

*〈集傳〉에 "○此勞還役之詩, 故追述其未還之時, 室家感於時物之變, 而思之曰
「特生之杜, 有睆其實, 則秋冬之交矣. 而征夫以王事出, 乃以日繼日, 而無休息之.
期至於十月, 可以歸而猶不至. 故女心悲傷, 而曰:『征夫亦可以暇矣, 曷爲而不歸
哉?』或曰興也, 下章放此"라 함.

(2) 賦

有杕之杜, 其葉萋萋.

杕흔 杜ㅣ여, 그 葉이 萋萋ᄒ도다.

홀로 우뚝 서 있는 아가위나무, 그 잎 무성하도다.

王事靡盬, 我心傷悲.

王事ᄅᆞᆯ 盬티 몯홀 꺼시라, 우리 ᄆᆞᅀᆞᆷ이 傷悲호라.

나라의 일이라 허투루 할 수 없으니, 내 마음 쓰리도다.

卉不萋止, 女心悲止, 征夫歸止!

卉木이 萋ᄒᆞᆫ 디라, 女의 心이 悲ᄒᆞ니, 征夫ㅣ 歸홀 ᄯᆞ로다!

초목은 무성하니, 애달픈 아내의 마음, 내 남편 돌아오시려나!

【萋萋】〈集傳〉에 "萋萋, 盛貌. 春將暮之時也"라 함.

【傷悲】〈鄭箋〉에 "傷悲者, 念其君子於今勞苦"라 함.

【歸止】〈毛傳〉에 "室家踰時, 則思"라 하였고, 〈集傳〉에는 "歸止, 可以歸也"라 함.

(3) 賦

陟彼北山, 言采其杞.

뎌 北山에 陟ᄒᆞ야, 그 杞를 采호라.

저 북산에 올라, 내 구기나무 열매를 따도다.

王事靡盬, 憂我父母.

王事를 盬티 몯홀 꺼시라, 우리 父母를 憂케 ᄒᆞ놋다.

나라의 일이라 허투루 할 수 없으니, 우리 부모님 근심토록 하네.

檀車幝幝, 四牡痯痯, 征夫不遠!

檀車ㅣ 幝幝(쳔쳔)ᄒᆞ며, 四牡ㅣ 痯痯(관관)ᄒᆞ니, 征夫ㅣ 머디 아니 ᄒᆞ도다!

박달나무 수레도 너덜너덜, 네 필 숫말도 지쳐 있는데, 내 남편 올 날 멀지 않았으면!

【杞】구기자 열매. 〈鄭箋〉에 "杞, 非常棣也, 而升北山采之, 託有事以望君子"라 함.
【憂我父母】부모님께 근심을 끼쳐드림.
【檀車】〈毛傳〉에 〈毛傳〉에 "檀車, 役車也"라 함. 檀木은 단단하여 戎車를 만드는 재료가 됨. 〈集傳〉에 "檀, 木堅宜爲車"라 함.
【幝幝】낡아 헤져 너덜너덜한 모습. 〈毛傳〉과 〈集傳〉에 "幝幝, 敝貌"라 함.
【痯痯】〈毛傳〉과 〈集傳〉에 "痯痯, 罷貌"라 함.
【不遠】남편의 돌아옴이 멀지 않음. 〈鄭箋〉에 "不遠者, 言其來喩路近"이라 함.
＊〈集傳〉에 "○登山采杞, 則春已暮, 而杞可食矣. 蓋託以望其君子, 而念其以王事, 詒父母之憂也. 然檀車之堅而敝矣, 四牡之壯而罷矣, 則征夫之歸, 亦不遠矣"라 함.

(4) 賦

匪載匪來, 憂心孔疚.

載티 아니며 來티 아니 ᄒᆞᄂᆞᆫ 디라, 心에 憂홈을 심히 疚ᄒᆞ거늘,

아직 수레에 싣지도 않고 오지도 않으니, 근심스런 마음 심히 아프도다.

期逝不至, 而多爲恤.

期ㅣ 逝호딕 至티 아니 ᄒᆞ는 디라, 근심되오미 多ᄒᆞ도다.

때가 지나가도 오지 않으니, 더해가는 것이란 걱정뿐이라,

卜筮偕止, 會言「近止」, 征夫邇止!

卜과 筮(셔)ㅣ 偕ᄒᆞ야, 會ᄒᆞ야 닐오딕 "近타" ᄒᆞ니, 征夫ㅣ 邇ᄒᆞ얏도다!

거북점 시초점 함께 쳐봤더니, 다 "오실 날 가깝다" 하니, 내 남편 아주 가까이 와 있으리!

【匪載匪來】짐을 싣지 않고 오지도 않음. 결국 오지 못음. '匪'는 非. 〈鄭箋〉에 "匪, 非"라 함. '載'는 수레에 실음. 돌아올 준비를 함. 〈集傳〉에 "載, 裝"이라 함.

【疚】오랜 병. 아픔. 〈鄭箋〉에 "疚, 病也. 君子至期不裝載意, 不爲來我念之, 憂心甚病"이라 함. 〈集傳〉에도 "疚, 病"이라 함.

【期】돌아올 時期.

【逝】〈毛傳〉과 〈集傳〉에 "逝, 往"이라 함.

【恤】근심. 〈毛傳〉과 〈集傳〉에 "恤, 憂也"라 함. 〈毛傳〉에 "遠行, 不必如期室家之情, 以期望之"라 함.

【卜】거북 껍질을 불로 지져 나타나는 裂痕을 보고 吉凶을 占치는 것.

【筮】蓍草로《易》의 卦를 만들어 해당 卦를 보고 吉凶을 점치는 것.

【偕】〈鄭箋〉과 〈集傳〉에 "偕, 俱"라 함. 두 가지 점 모두를 뜻함.

【會】合의 뜻. 모두. 역시 두 점의 점괘를 뜻함. 그러나 〈毛傳〉에 "卜之筮之, 會人占之"라 하여 사람들을 모아놓고 점을 쳤음을 뜻하는 것으로 보았음. 〈鄭箋〉과 〈集傳〉에 "會, 合也"라 함.

【邇】가까움. 점괘에 '남편이 아주 가까이 와 있다'라고 나옴. 〈毛傳〉에 "邇, 近也"라 하였고, 〈鄭箋〉에 "或卜之, 或筮之. 俱占之合言「於繇爲近. 征夫, 如今近耳.」"라 함.

＊〈集傳〉에 "○言「征夫不裝載而來歸, 固已使我念之, 而甚病矣. 況歸期已過, 而猶不至, 則使我多爲憂恤, 宜如何哉? 故且卜且筮, 相襲俱作合, 言於繇而皆曰「近矣」, 則征夫其亦邇而將至矣.」范氏曰:「以卜筮終之, 言思之切, 而無所不爲也.」"라 함.

1. 孔穎達 〈正義〉

文王勞還役, 言:「汝等在外, 妻皆思汝, 言`有杕然, 特生之杜, 猶得其時有睆然. 其實蕃滋得所. 我君子獨行役, 勞苦不得安於室家, 以盡天性而生子孫. 乃杕杜之不如所以然者, 由王之事, 理皆當無不攻緻, 使我君子行役, 繼續我所行之日, 朝行明去, 不得休息. 至於此日月, 陽止十月之時, 爾室家婦人之心, 憂傷矣. 以爲征夫, 而今已閒暇, 且應歸矣, 而尙不歸, 所以憂傷也.

2. 朱熹 〈集傳〉

〈杕杜〉, 四章, 章七句:

鄭氏曰:「遣將帥及戍役, 同歌同時, 欲其同心也. 反而勞之異歌異日, 殊尊卑也. 《記》曰『賜君子小人, 不同日』, 此其義也.」

王氏曰:「出而用兵, 則均服同食, 一衆心也. 入而振旅, 則殊尊卑·辨貴賤, 定衆志也.」

范氏曰:「出車勞率, 故美其功;杕杜勞衆, 故極其情. 先王以己之心, 爲人之心. 故能曲盡其情, 使民忘其死, 以忠於上也.」

170(小-10) 남해(南陔) [笙詩]

＊〈南陔〉:〈毛詩音義〉에는 "陔, 古哀反"이라 하여 '남개'로 읽도록 되어 있음.
＊이 시는 효자가 부모를 잘 봉양할 것을 권고한 내용이라 하며, 원래 가사가
있었으나 전하지 못한 것이라고도 하고, 애초부터 악곡이어서 가사는 없었던
것이라고도 함. 뒤의 〈白華〉, 〈華黍〉와 더불어 제목만이 전함. 〈毛詩序〉에는 '그
가사가 없어진 것'이라 했고 朱熹는 '笙으로 연주하던 樂曲이어서, 曲은 있으나
가사가 없었던 것'이라 하였음.

〈序〉: 〈南陔〉, 孝子相戒以養也.

〈남해〉는 효자가 부모를 잘 봉양할 것을 서로 경계한 것이다.

참고 및 관련 자료

1. 孔穎達 〈正義〉

此三篇, 蓋武王之詩, 周公制禮, 用爲樂章吹笙, 以播其曲. 孔子刪定在三百一十一
篇內, 遭戰國及秦而亡. 子夏序詩篇, 義合疏編, 故詩雖亡而義猶在也. 毛氏《訓傳》
各引序, 冠其篇首, 故序存而詩亡. 〈正義〉曰:此三篇旣亡, 其辭其名曰〈南陔〉·〈白
華〉·〈華黍〉之由, 必是詩有此字不, 可以意言也. 有其義而亡其辭. 此二句毛氏著之
也. 言有其詩篇之義, 而亡其詩辭. 故置其篇義於本次, 後別著此語記之焉. 〈正義〉
曰:鄭見三篇亡其詩辭, 乃迹其所用亡之早晚. 此三篇者, 〈鄉飲酒〉及〈燕禮〉二處, 皆
用焉. 何者? 是用之也. 曰:「笙入立于縣, 中奏〈南陔〉·〈白華〉·〈華黍〉是用之也.」此
雖總言〈鄉飲酒〉·〈燕禮〉用焉. 其言笙入立于縣, 中直〈燕禮〉文耳. 〈鄉飲酒〉則云:「笙
入堂下, 磬南北面立, 樂〈南陔〉·〈白華〉·〈華黍〉, 是文不同也. 鄭據一言之耳. 孔子歸
魯論其詩, 令雅頌各得其所, 此三篇時俱在耳. 篇之次第, 當在於此. 知者, 以子夏得
爲立序, 則時未亡. 以〈六月〉序, 知次在此處也. 孔子之時, 尚在. 漢氏之初, 已亡. 故
知戰國及秦之世而亡之也. 戰國謂六國, 韓魏燕趙齊楚, 用兵力戰, 故號戰國. 六國
之滅, 皆秦并之. 始皇三十四年, 而燔詩書, 故以爲遭此而亡之. 又解經亡而義得存
者, 其義則與衆篇之義合編, 故得存也. 至毛公爲《詁訓傳》乃分別衆篇之義, 各置於
其篇端. 此三篇之序, 無詩可屬, 故連聚置於此也. 旣言毛公分之, 則此詩未亡之時,
什當通數焉. 今在什外者, 毛公又闕其亡者, 以見在爲數, 推改什篇之首, 遂通盡小

雅云耳. 是以亡者, 不在數中, 從此而下非孔子之舊矣. 言以下非, 則止〈鹿鳴〉一篇是也. 此云有其義, 而鄕飮酒之禮. 注皆云:「今亡其義.」未聞鄭志答炅模云:「爲記注時, 就盧君耳. 先師亦然, 後乃得毛公傳記古書義, 又當然記注, 已行不復改之.」是注禮之時, 未見此序, 故云義未聞也. 彼注又云:「後世衰微, 幽厲尤甚, 禮樂之書, 稍稍廢棄. 以爲孔子之前, 六篇已亡, 亦爲不見此.」序故也. 案《儀禮》鄭注解〈關雎〉·〈鵲巢〉·〈鹿鳴〉·〈四牡〉之等, 皆取詩序爲義而云, 未見毛傳者, 注述大事更須硏精, 得毛傳之後, 大誤者, 追而正之. 可知者, 不徑改定故也. 據〈六月〉之序, 〈由庚〉本第在〈華黍〉之下, 其義不備論於此, 而與〈崇丘〉同處者, 以其是成王之詩, 故下從其類.

2. 朱熹〈集傳〉

〈南陔〉, 此笙詩也. 有聲無辭, 舊在〈魚麗〉之後, 以《儀禮》考之, 其篇次當在此. 今正之. 說見〈華黍〉.

〈魚麗〉편 다음에 있던 것을 《의례》(鄕飮酒禮)의 기록에 의해 이곳으로 옮겨 순서를 정했다 하였음.

〈2〉「白華之什」

〈集傳〉에 "毛公以〈南陔〉以下三篇, 無辭. 故升〈魚麗〉以足「鹿鳴什」數, 而
附笙詩三篇於其後. 因以〈南有嘉魚〉爲次什之首, 今悉依《儀禮》正之"라 함.

171(小-11) 백화(白華) [笙詩]

*〈白華〉: 가사가 없는 笙詩
*이 시는 효자의 결백함을 읊은 것이라 하나 가사가 없어 알 수 없음.

<序>: <白華>, 孝子之絜白也.

〈백화〉는 효자가 결백함을 읊은 것이다.

﹝참고 및 관련 자료﹞

1. 朱熹 〈集傳〉
〈白華〉, 笙詩也. 說見上下篇.

172(小-12) 화서(華黍) [笙詩]

*〈華黍〉: 이 역시 歌辭 없는 笙曲.
*이 시는 해마다 풍년이 들어 화서가 잘 여묾을 노래한 것이라 함. 역시 가사
는 사라지고 전하지 않음.
《儀禮》〈鄕飮酒禮〉에 "笙入堂下, 磬南北面立. 樂〈南陔〉·〈白華〉·〈華黍〉. 主人獻之
于西階上. 一人拜, 盡階, 不升堂受爵. 主人拜送爵. 階前坐祭, 立飮, 不拜旣爵, 升授
主人爵. 衆笙則不拜受爵, 坐祭, 立飮. 辯有脯醢, 不祭"라 하였고, 〈燕禮〉에는 "笙
入, 立于縣中, 奏〈南陔〉·〈白華〉·〈華黍〉. 主人洗, 升, 獻笙于西階上. 一人拜, 盡階不
升堂受爵, 降. 主人拜送爵. 階前坐, 祭, 立卒爵, 不拜旣爵, 升授主人. 衆笙不拜受
爵, 降, 坐祭, 立卒爵. 辯有脯醢, 不祭. 乃間歌《魚麗》, 笙《由庚》, 歌《南有嘉魚》, 笙
《崇丘》, 歌《南山有臺》, 笙《由儀》. 遂歌鄕樂. 《周南》《關雎》·〈葛覃〉·〈卷耳》, 《召南》,
《鵲巢》·〈采蘩〉·〈采蘋〉. 大師告於樂正曰:「正歌備.」樂正由楹內東楹之東告於公, 乃
降復位. 乃間歌《魚麗》, 笙《由庚》, 歌《南有嘉魚》, 笙《崇丘》, 歌《南山有臺》, 笙《由儀》"
라 함.

〈序〉: 〈華黍〉, 時和歲豐, 宜黍稷也. 有其義而亡其辭.

〈화서〉는 때가 화평하고 해마다 풍년이 들어 黍稷이 잘 여묾을 읊은
것이다. 그 뜻은 있으나 그 가사는 망실되고 말았다.

〈箋〉: 此三篇者〈鄕飮酒〉〈燕禮〉用焉. 曰笙入立于縣, 中奏〈南陔〉〈白華〉〈華
黍〉是也. 孔子論詩: 雅頌各得其所, 時俱在耳. 篇第當在於此, 遭戰國及秦之世
而亡之. 其義則與衆篇之義合編, 故存至毛公爲《詁訓傳》, 乃分衆篇之義, 各置
於其篇端云. 又闕其亡者, 以見在爲數, 故推改什首, 遂通耳, 而下非孔子之舊.

参고 및 관련 자료

1. 〈集傳〉에 "〈華黍〉, 亦笙詩也. 〈鄕飮酒禮〉:「鼓瑟而歌〈鹿鳴〉〈四牡〉〈皇皇者華〉,
然後笙入堂下, 磬南北面立, 樂〈南陔〉·〈白華〉·〈華黍〉, 燕禮亦鼓瑟而歌〈鹿鳴〉〈四
牡〉〈皇華〉. 然後笙入立于縣, 中奏〈南陔〉·〈白華〉·〈華黍〉, 〈南陔〉以下.」今無以考其
名篇之義. 然曰笙曰樂曰奏, 而不言歌, 則有聲而無辭明矣. 所以知其篇第在此者,
意古經篇題之下, 必有譜焉. 如〈投壺〉, 魯鼓薛鼓之節而亡之耳"라 함.

173(小-13) 어리(魚麗)

＊〈魚麗〉:'麗'는 '리'(音離)로 읽음. '麗'는 '罹'와 같음. 그물에 걸려듦.
＊이 시는 文王(西伯, 姬昌)과 武王(姬發) 시절에 禮가 잘 갖추어져 만물이 풍성하
고 아름다움을 노래한 것이라 함.

<序>: <魚麗>, 美萬物盛多, 能備禮也. 文武以<天保>以
上治內, <采薇>以下治外, 始於憂勤, 終於逸樂. 故美萬物盛
多, 可以告於神明矣.

〈어리〉는 만물이 풍성하고 다양하여 능히 예를 갖출 수 있음을 찬미
한 것이다. 문왕은 〈천보〉편 이상은 나라 안을 다스린 노래이며, 〈채미〉
이하는 밖의 이민족을 다스린 것으로써, 근심과 근면을 시작으로 하고,
편안히 즐김을 끝맺음으로 한 것이다. 그 때문에 만물이 풍성하고 다양
하여 가히 신명에게 고할 수 있었음을 찬미한 것이다.

〈箋〉: 內, 謂諸夏也; 外, 謂夷狄也. 告於神明者, 於祭祀而歌之.

＊전체 6장. 3장은 4구씩, 3장은 2구씩(魚麗: 六章. 三章章四句, 三章章二句).

(1) 興

魚麗于罶, 鱨鯊.

魚] 罶(류)애 麗(리)ᄒ니, 鱨(샹)과 鯊(사)ㅣ로다.

통발에 걸려 든 물고기는, 날치와 모래무지로다.

君子有酒, 旨且多.

君子] 酒를 두니, 旨ᄒ고 ᄯ 多ᄒ도다.

주인께서 내놓은 술, 맛도 있고 많기도 해라.

【麗】걸림. 지나감. '리'로 읽음. 〈毛傳〉과 〈集傳〉에 "麗, 歷也"라 하였으나 뜻이 구

체적이지 않으며, 오히려 '罹'의 假借로 遭遇, 落入의 뜻으로 풀이함.

【罶】통발. 냇물을 막아 가운데 急流를 만들고 그곳에 쳐 놓는 발. 〈毛傳〉에 "罶, 曲梁也. 寡婦之笱也"라 하였고, 〈集傳〉에 "罶, 以曲薄爲笱, 而承梁之空者也"라 함.

【鱨】날치. 혹 가사자리, 버들치라고도 함. 〈諺解〉 物名에 "鱨:날티"라 함. 〈毛傳〉에 "鱨, 楊也"라 하였고, 〈集傳〉에 는 "鱨, 揚也. 今黃頰魚是也. 似燕頭魚, 身形厚而長大, 頰骨正黃魚之大, 而有力解飛者"라 하여 '楊, 揚'을 혼용하고 있음. 중국어로는 黃鱨, 黃頰魚라 함.

【鯊】모래무지. 〈諺解〉 物名에 "鯊:몰 에부리. ○사어"라 함. 〈毛傳〉에 "鯊, 鮀也"라 하였고, 〈集傳〉에 "鯊, 鮀也.

魚狹而小, 常張口吹沙, 故又名吹沙"라 함. '鯊'는 현대어로는 상어(鯊魚)를 뜻함. 〈毛傳〉에 "太平而後微物衆多, 取之有時用之. 有道, 則物莫不多矣. 古者, 不風不暴, 不行火草木, 不折不芟, 斧斤不入山林, 豺祭獸, 然後殺獺祭魚, 然後漁鷹隼擊, 然後罻羅設. 是以天子不合圍, 諸侯不掩羣大夫, 不麛不卵, 士不隱塞, 庶人不數罟, 罟必四寸, 然後入澤梁. 故山不童·澤不竭, 鳥獸魚鼈, 皆得其所然"이라 함.

【君子】〈集傳〉에 "君子, 指主人"라 함.

【旨】맛이 있음. 〈集傳〉에 "旨且多", 旨而又多也"라 함. 〈鄭箋〉에 "酒美, 而此魚又多也"라 함.

＊〈集傳〉에 "○此燕饗通用之樂歌. 卽燕饗所薦之羞, 而極道其美且多, 見主人禮意之勤, 以優賓也. 或曰賦也. 下二章放此"라 함.

(2) 興

魚麗于罶, 魴鱧.

魚ㅣ 罶애 麗ᄒ니, 魴과 鱧(례)로다.

통발에 걸린 물고기는, 방어와 가물치로다.

君子有酒, 多且旨.

君子] 酒를 두니, 多ᄒ고 ᄯᅩ 旨ᄒ도다.

주인께서 내놓은 술은, 많고도 맛이 있어라.

【魴】방어.

【鱧】가물치. 〈諺解〉物名에 "鱧:가믈티"라 함. 〈毛傳〉에 "鱧, 鮦也"라 하였고, 〈集傳〉에 "鱧, 鮦也. 又曰鯇也"라 함. 중국어로는 黑魚라 함.

【酒多】〈鄭箋〉에 "酒多, 而此魚又美也"라 함.

(3) 興

魚麗于罶, 鰋鯉.

魚] 罶애 麗ᄒ니, 鰋(언)과 鯉로다.

통발에 걸린 물고기는, 메기와 잉어로다.

君子有酒, 旨且有.

君子] 酒를 두니, 旨ᄒ고 ᄯᅩ 有ᄒ도다.

주인께서 내놓은 술, 맛도 있고 많기도 해라.

【鰋】메기. 〈諺解〉物名에 "鰋:미여기"라 함. 〈毛傳〉과 〈集傳〉에 "鰋, 鮎也"라 함.

【鯉】잉어.

【有】〈鄭箋〉에 "酒美, 而此魚又有"라 함. 〈集傳〉에 "有, 猶多也"라 함.

(4) 賦

物其多矣, 維其嘉矣.

物이 그 多하니, 그 嘉하도다.

음식이 이토록 풍성하니, 그 참으로 훌륭하도다.

【多】〈鄭箋〉에 "魚旣多, 又善"이라 함.

(5) 賦

物其旨矣, 維其偕矣.

物이 그 旨하니, 그 偕하도다.

음식이 맛이 있으니, 모두가 함께 즐기도다.

【偕】함께 즐김. 〈鄭箋〉에 "魚旣美, 又齊等"이라 함.

(6) 賦

物其有矣, 維其時矣.

物이 그 有하니, 時하도다.

음식이 풍성하니, 그 모두가 때에 맞도다.

【時】때에 맞음. 혹 '善'의 뜻. 雙聲互訓. 〈鄭箋〉에 "魚旣有, 又得其時"라 함

＊〈集傳〉에 "蘇氏曰:「多則患其不嘉, 旨則患其不齊, 有則患其不時. 今多而能嘉, 旨
而能齊, 有而能時. 言曲全也」"라 함.

> ### 참고 및 관련 자료

1. 孔穎達 〈正義〉

作〈魚麗〉詩者, 美當時萬物盛多, 能備禮也. 謂武王之時, 天下萬物草木盛多, 鳥
獸五穀魚鼈, 皆得所, 盛大而衆多, 故能備禮也. 禮以財爲用, 須則有之, 是能備禮
也. 又說所以得萬物盛多者, 文王·武王, 以〈天保〉以上六篇, 燕樂之事, 以治內之諸

夏;以〈采薇〉以下三篇, 征伐之事, 以治外之夷狄. 文王以此九篇, 治其内外, 是始於
憂勤也. 今武王承於文王, 治平之後, 内外無事, 是終於逸樂. 由其逸, 樂萬物滋生,
故此篇承上九篇, 美萬物盛多, 可以告於神明也. 文武並言者, 以此篇武王詩之始,
而武王因文王之業, 欲見文治内外, 而憂勤武承其後, 而逸樂. 由是萬物盛多, 是故
並見也. 經六章皆陳魚多酒旨, 是萬物盛多, 能備禮也. 言可以告於神明, 極美之, 言
可致頌之意, 於經無所當也. 〈正義〉曰以〈采薇〉等三篇, 征伐是治夷狄, 故云内謂諸
夏, 外謂夷狄. 僖二十五年《左傳》云:「德以柔中國, 刑以威四夷.」詩亦見此法也. 言於
祭祀歌之者, 言時已太平, 可以作頌頌者, 告神明之歌, 云可以告其成功之狀, 陳於
祭祀之事, 歌作其詩以告神明也. 時雖太平, 猶非政洽, 頌聲未興, 未可以告神明, 但
美而欲許之, 故云可以.

 2. 朱熹〈集傳〉

〈魚麗〉, 六章, 三章章四句, 三章章二句:

 按《儀禮》鄉飲酒及燕禮:「前樂既畢, 皆間歌〈魚麗〉, 笙〈由庚〉, 歌〈南有嘉魚〉, 笙
〈崇丘〉, 歌〈南山有臺〉, 笙〈由儀〉.」間, 代也, 言一歌一吹也. 然則此六者, 蓋一時之
詩, 而皆爲燕饗賓客, 上下通用之樂. 毛公分〈魚麗〉以足前什, 而說者不察, 遂分〈魚
麗〉以上爲文武詩, 〈嘉魚〉以下爲成王詩, 其失甚矣.

174(小-14) 유경(由庚) [笙詩]

＊〈由庚〉：이름의 유례는 알 수 없으며, 역시 笙詩.
＊이 시는 만물이 각기 자신의 본성을 얻어 잘 자라고 있음을 읊은 것이라 함.

<序>: <由庚>, 萬物得由其道也.

〈유경〉은 만물이 그 자신의 도를 얻음을 읊은 것이다.

〈箋〉:「此三篇者, 鄕飮酒·燕禮亦用焉. 曰乃間歌〈魚麗〉, 笙〈由庚〉, 歌〈南有嘉魚〉, 笙〈崇丘〉, 歌〈南山有臺〉, 笙〈由儀〉, 亦遭世亂而亡之. 燕禮又有升歌〈鹿鳴〉下管〈新宮〉, 〈新宮〉亦詩篇名也. 辭義皆亡, 無以知其篇第之處.

참고 및 관련 자료

1. 孔穎達〈正義〉

有其義而亡其辭, 亦毛氏所著於後行, 別記之.〈正義〉曰: 此鄭亦本其所用, 所亡之事也. 此三篇〈鄕飮酒〉·〈燕禮〉亦用焉. 亦者, 亦〈南陔〉等也. 卽言其事之用, 曰乃間歌〈魚麗〉〈笙由〉〈庚歌〉〈南有嘉魚〉, 笙〈崇丘〉, 歌〈南山有臺〉, 笙〈由儀〉.〈鄕飮酒〉·〈燕禮〉二篇俱有此辭也. 言間歌者, 堂上與堂下, 遞歌不比篇而間, 取之笙者, 在笙中吹之, 所以亡者, 亦遭亂而亡, 亦如〈南陔〉等, 遭戰國及秦之亂, 而失之也. 因此亡詩, 事終更述〈燕禮〉, 又有升歌〈鹿鳴〉下管, 新宮亦詩篇名也. 以對〈鹿鳴〉而入管用, 故知詩篇名也. 辭義皆亡, 今無以知其篇第, 所在之意也. 篇第所在, 皆當言處. 云之意者, 以無意義, 可推尋而知, 故云意也. 案〈魚麗〉, 武王詩也, 而與〈嘉魚〉間歌〈南陔〉等三篇, 亦武王詩也. 乃在堂下笙歌之, 是武王之詩, 得下管用之也. 新宮制禮所用, 必在禮前而作, 不知武王詩也, 成王詩也. 此箋因亡詩事, 終而言之耳. 不謂當在成王詩中, 故曰無以知其篇第之意也. 案禮〈射義〉, 諸侯以貍首爲節, 以彼類之, 當在召南. 但召南無亡詩之比, 故鄭於《譜》言辭義皆亡者, 對六篇有義, 無辭新宮并義, 亦無故, 言皆亡不謂己爲作序, 與經俱亡, 若子夏爲之作序. 何由辭, 及目篇, 并〈六月〉連序, 並無存者, 以此知孔子錄而不得子夏不爲之序也.《左傳》昭二十五年: 「宋公享昭于賦新宮.」 計孔子時年三十餘矣. 所以錄不得者, 詩之逸亡, 必有積漸, 當孔子之時, 道衰樂廢, 自宋公賦新宮, 至孔子定詩三十餘年, 其間足得亡之也. 聖人雖無所不知, 不得以意錄之也.

2. 朱熹〈集傳〉

〈由庚〉, 此亦笙詩. 說見〈魚麗〉.

175(小-15) 남유가어(南有嘉魚)

*〈南有嘉魚〉:〈諺解〉物名에 "嘉魚:未詳"이라 함.
*이 시는 지도자가 현자와 함께 즐거움을 누리는 내용이라 함.

〈序〉: 〈南有嘉魚〉, 樂與賢也. 大平之君子至誠, 樂與賢者 共之也.

〈남유가어〉는 현자와 즐거움을 함게 한 것이다. 태평시대의 군자는 지극한 성심으로 현자와 즐거움을 함께 공유하였다.

〈箋〉: 樂得賢者, 與共立於朝, 相燕樂也.

*전체 4장. 매 장 4구씩(南有嘉魚:四章. 章四句).

(1) 興
南有嘉魚, 烝然罩罩.

南애 嘉魚ㅣ 이시니, 烝然(증연)히 罩(죠)ᄒᆞ며 罩ᄒᆞᆺ다.

남녘엔 좋은 물고기, 많기도 하여 그물질 또 그물질.

君子有酒, 嘉賓式燕以樂.

君子ㅣ 酒를 두니, 嘉ᄒᆞᆫ 賓으로 뻐 燕ᄒᆞ야 뻐 樂(요)ᄒᆞᆺ다.

군자에게 술 있으니, 훌륭한 손님 이로써 잔치 열어 즐기네.

【南有嘉魚】〈毛傳〉에 "江漢之間, 魚所產也"라 하였고, 〈集傳〉에 "南, 謂江漢之間; 嘉魚, 鯉, 質鱒鱗, 肌肉甚美, 出於沔南之丙穴"이라 함. '嘉魚'는 크고 맛있는 물고기.
【烝然】'烝'은 衆과 같은 뜻으로 봄. 그러나 〈鄭箋〉에는 "烝, 塵也. 塵然, 猶言久如也. 言南方水中有善魚, 人將久如而俱罩之遲也. 喩天下有賢者, 在位之人, 將久如而並求致之於朝, 亦遲之也. 遲之者, 謂至誠也"라 함. 한편 〈集傳〉에는 "烝然, 發語聲也"라 함.
【罩罩】〈毛傳〉에 〈毛傳〉에 "罩罩, 篧也"라 하여, '가리'(통발의 일종)라 함. 〈集傳〉에도 "罩, 篧也. 編細竹以罩魚者也. 重言罩罩, 非一之辭也"라 함.

【君子】조정에 있는 이들. 위정자, 재위자. 〈鄭箋〉에 "君子, 斥時在位者也"라 함.

【式】〈鄭箋〉에 "式, 用也. 用酒與賢者, 燕飮而樂也"라 함.

【燕】宴과 같음. 잔치.

【樂】'요'로 읽으며 '즐기다'의 뜻.

＊〈集傳〉에 "○此亦燕饗通用之樂, 故其辭曰「南有嘉魚, 則必烝然而罩罩之矣. 君子有酒, 則必與嘉賓共之而式, 燕以樂矣.」此亦因所薦之物, 而道達主人樂賓之意也"라 함.

(2) 興

南有嘉魚, 烝然汕汕.

南애 嘉魚] 이시니, 烝然히 汕(산)ᄒ며 汕ᄒ놋다.

남녘엔 좋은 물고기, 많기도 하여 건져 올리고 또 건져 올리네.

君子有酒, 嘉賓式燕以衎.

君子] 酒를 두니, 嘉ᄒᆫ 賓으로 뻐 燕ᄒ야 뻐 衎(간)ᄒ놋다.

군자에게 술 있으니, 훌륭한 손님에게 이로써 잔치 열어 즐기노라.

【汕汕】〈毛傳〉에 "汕汕, 樔也"라 하였고, 〈鄭箋〉에 "樔者, 今之撩罟也"라 하여, 그 물을 건져 올림. 〈集傳〉에도 "汕, 樔也. 以薄汕魚也"라 함.

【衎】〈毛傳〉과 〈集傳〉에 "衎, 樂也"라 함.

(3) 興

南有樛木, 甘瓠纍之.

南애 樛木(규목)이 이시니, 甘ᄒᆫ 瓠(호)] 纍(류)ᄒ엿도다.

남녘에 가지 드리운 나무, 단 박 넝쿨 벋어나가 엉켰네.

君子有酒, 嘉賓式燕綏之.

君子] 酒를 두니, 嘉ᄒᆫ 賓으로 뻐 燕ᄒ야 뻐 綏(유)ᄒ놋다.

군자에게 술 있으니, 훌륭한 손님에게 이로써 잔치 열어 편안케 하리.

【樛木】가지가 드리운 나무.

【瓠】박.

【纍】얽힘. 〈毛傳〉에 "興也. 纍, 蔓也"라 하였고, 〈鄭箋〉에는 "君子下其臣, 故賢者 歸往也"라 함.

【綏之】편안토록 해 줌. 〈鄭箋〉에 "綏, 安也. 與嘉賓燕飮, 而安之. 鄉飮酒曰賓, 以 我安"이라 함.

＊〈集傳〉에 "○東萊呂氏曰:「瓠有甘有苦甘瓠, 則可食者也. 〈樛木〉下垂, 而美實纍 之, 固結而不可解也. 愚謂此興之取義者, 似比而實興也"라 함.

(4) 興

翩翩者鵻, 烝然來思.

翩翩ᄒᄂᆞᆫ 鵻(츄)ㅣ여, 烝然히 來ᄒᆞ놋다.

훨훨 나는 것은 저 아롱비둘기, 떼 지어 많이도 날아오네.

君子有酒, 嘉賓式燕又思.

君子ㅣ 酒를 두니, 嘉ᄒᆞᆫ 賓으로 ᄡᅥ 燕ᄒᆞ야 쏘 ᄒᆞ놋다.

군자에게 술 있으니, 훌륭한 손님에게 이로써 잔치 열고 또 열어 드 리리.

【鵻】아롱비둘기. 〈毛傳〉에 "鵻, 壹宿之鳥"라 하였고, 〈鄭箋〉에 "壹宿者, 壹意於其 所宿之木也. 喻賢者, 有專壹之意於我, 我將久如而來遲之也"라 함.

【思】助字. 〈集傳〉에 "思, 語辭也"라 함. 〈集傳〉에 "此興之全, 不取義者也"라 함.

【又】〈鄭箋〉에 "又, 復也. 以其壹意, 欲復與燕, 加厚之"라 하였고, 〈集傳〉에는 "又, 旣燕而又燕, 以見其至誠有加而無已也. 或曰又思, 言其又思念而不忘也"라 함.

> ### 참고 및 관련 자료

1. 孔穎達 〈正義〉
作〈南有嘉魚〉之詩者, 言樂與賢也. 當周公·成王, 太平之時, 君子之人, 已在位有 職祿, 皆有至誠篤實之心, 樂與在野有賢德者, 共立於朝, 而有之, 願俱得祿位, 共 相燕樂, 是樂與賢也. 經四章, 皆是樂與賢者之事.

2. 朱熹 〈集傳〉
〈南有嘉魚〉, 四章, 章四句:
說見〈魚麗〉.

176(小-16) 숭구(崇丘) [笙詩]

*〈崇丘〉: 높은 언덕. 笙詩임.
*이 시는 만물의 위대함을 읊은 것이라 하나 가사가 전하지 않아 내용을 알 수 없음.

<序>: <崇丘>, 萬物得極其高大也.

〈숭구〉는 역시 만물이 지극히 높고 큼을 가지고 있음을 읊은 것이라 함.

참고 및 관련 자료

1. 朱熹〈集傳〉
〈崇丘〉, 說見〈魚麗〉.

177(小-17) 남산유대(南山有臺)

*〈南山有臺〉:'臺'는 향부자. '夫須', 혹 '莎草'라 불리는 풀이름. 〈毛傳〉에 "興也. 臺, 夫須也"라 하였고, 〈集傳〉에 "臺, 夫須. 卽莎草也"라 함. 도롱이(簑笠)를 만드는데 쓰는 풀이라 함. 〈諺解〉物名에는 "臺:향부ㅈ"라 함.
*이 시는 현자를 얻어 태평한 시대를 이룰 수 있음을 노래한 것이라 함.

〈序〉: 〈南山有臺〉, 樂得賢也. 得賢則能爲邦家立太平之基矣.

〈남산유대〉는 현자를 얻음을 즐거워한 것이다. 현자를 얻으면 능히 나라를 태평스럽게 이끄는 기초가 될 수 있다.

〈箋〉: 人君得賢, 則其德廣大堅固, 如南山之有基址.

*전체 5장. 매 장 6구씩(南山有臺:五章. 章六句).

(1) 興
南山有臺, 北山有萊.

南山애 臺잇고, 北山애 萊 잇도다.

남산에는 향부자, 북산에는 명아주풀.

樂只君子, 邦家之基!

라온 君子ㅣ여, 邦家의 基로다!

이를 즐거워하는 군자여, 나라의 기초로다!

樂只君子, 萬壽無期!

라온 君子ㅣ여, 萬壽ㅣ 期ㅣ 업스리로다!

이를 즐거워하는 군자여, 끝없이 길이 장수하리라!

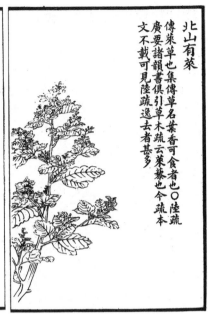

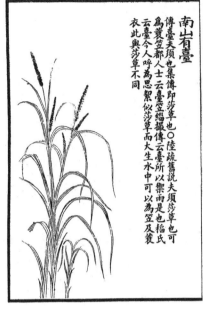

北山有萊

傳萊草也集傳草名葉香可食者也〇陸疏廣要諸韻書俱引草木疏云萊蓁也〇今疏本文不載可見陸疏逸去者甚多

南山有臺

傳臺夫須也集傳即莎草也〇陸疏舊說夫須莎草也可為蓑笠都人士云臺笠緇撮傳云臺所以禦雨是也稻氏云臺今人呼為思絮似莎草而大生水中可以為笠及蓑衣此與莎草不同

【萊】명아주. 藜. 灰萊. 〈諺解〉物名에 "萊:밍회"라 함. 〈毛傳〉에 "萊, 草也"라 하였고, 〈集傳〉에도 "萊, 草名. 葉香可食者也"라 함. 〈鄭箋〉에는 "興者, 山之有草木, 以自覆蓋, 成其高大. 喻人君有賢臣, 以自尊顯"이라 함.

【樂只】이를 즐겁게 여김. '只'는 '是'와 같음. 〈鄭箋〉에 "只之言是也"라 함.

【君子】〈集傳〉에 "君子, 指賓客也"라 함.

【邦家】나라. '邦'은 제후국, '家'는 卿大夫의 家門을 뜻하는 말이었음.

【基】〈毛傳〉에 "基, 本也"라 함.

【萬壽無期】萬壽無疆과 같음. 〈鄭箋〉에 "人君旣得賢者, 置之於位, 又尊敬以禮樂. 樂之, 則能爲國家之本, 得壽考之福"이라 함.

＊〈集傳〉에 "○此亦燕饗通用之樂, 故其辭曰:「南山則有臺矣. 北山則有萊矣. 樂只君子, 則邦家之基矣. 樂只君子, 則萬壽無期矣.」所以道達主人尊賓之意, 美其德而祝其壽也"라 함.

(2) 興

南山有桑, 北山有楊.

南山애 桑이 잇고, 北山애 楊이 잇도다.

남산에는 뽕나무, 북산에는 버드나무.

樂只君子, 邦家之光!

라온 君子ㅣ여, 邦家의 光이로다!

이를 즐거워하는 군자여, 나라의 영광이로다!

樂只君子, 萬壽無疆!

라온 君子ㅣ여, 萬壽ㅣ 疆이 업스리로다!

이를 즐거워하는 군자여. 만수무강하리라!

【光】〈鄭箋〉에 "光, 明也. 政敎明, 有榮曜"라 함.

(3) 興

南山有杞, 北山有李.

南山애 杞(긔) 잇고, 北山애 李 잇도다.

남산에는 구기자나무, 북산에는 오얏나무.

樂只君子, 民之父母!

라온 君子ㅣ여, 民의 父母ㅣ로다!

이를 즐거워하는 군자여, 백성의 부모로다!

樂只君子, 德音不已!

라온 君子ㅣ여, 德音이 마디 아니 ᄒᆞᆺ다!

이를 즐거워하는 군자여, 칭송하는 말들 끊이지 않으리!

【杞】〈集傳〉에 "杞, 樹. 如樗, 一名狗骨"이라 함. '狗骨'이라고도 하며, 李時珍《本草綱目》에 "狗骨, 樹如杜冲"이라 함.
【德音】德에 대한 칭송.
【不已】끊임이 없음. 〈鄭箋〉에 "已, 止也. 不止者, 言長見稱頌也"라 함.

(4) 興

南山有栲, 北山有杻.

南山애 栲(고)ㅣ 잇고, 北山애 杻(뉴)ㅣ 잇도다.

남산에는 붉나무, 북산에는 감탕나무.

樂只君子, 遐不眉壽?

라온 君子ㅣ여, 엇디 眉壽티 아니리오?

이를 즐겁게 여기는 군자여, 어찌 長壽하지 않으리오?

樂只君子, 德音是茂!

라온 君子ㅣ여, 德音이 이 茂ㅎ도다!

이를 즐겁게 여기는 군자여, 칭송하는 말들이 자자하리로다!

【栲】붉나무. 〈毛傳〉과 〈集傳〉에 "栲, 山樗"라 함. 《爾雅》郭璞 注에 "山樗, 類漆樹"
라 함.
【杻】감탕나무. 〈毛傳〉과 〈集傳〉에 "杻, 檍也"라 함.
【遐】〈鄭箋〉에 "遐, 遠也"라 하여, '멀다'의 뜻으로 보았으나, 〈集傳〉에는 "遐, 何通"
이라 하여 '何'의 通假字로 보았음.
【眉壽】長壽를 대신하는 말. 〈毛傳〉과 〈集傳〉에 "眉壽, 秀眉也"라 하였고, 〈鄭箋〉
에는 "遠不眉壽者, 言其近眉壽也"라 함.
【茂】〈鄭箋〉에 "茂. 盛也"라 함. 칭송이 자자함.

(5) 興

南山有枸, 北山有楰.

南山애 枸(구)ㅣ 잇고, 北山애 楰(유)ㅣ 잇도다.

남산에는 구기자나무, 북산에는 쥐똥나무.

樂只君子, 遐不黃耇?

라온 君子ㅣ여, 엇디 黃耇(황구)티 아니리오?

이를 즐겁게 여기는 군자여, 머리카락이 다시 노래지지 않으리오?

樂只君子, 保艾爾後!

라온 君子ㅣ여, 네 後를 保ᄒ야 艾(애)ᄒ리로다!

이를 즐겁게 여기는 군자여, 그대 노후에 편안히 봉양을 받으리로다!

【枸】〈毛傳〉에 "枸, 枳枸"라 하였고, 〈集傳〉에는 "枸, 枳枸樹. 高大, 似白楊, 有子著枝端, 大如指. 長數寸, 噉之甘美, 如飴. 八月熟, 亦名木蜜"이라 함.

【楰】쥐똥나무. 〈諺解〉物名에는 "楰:ᄀ래뤼라"라 하여, 가래나무의 일종이라 함. 혹 '苦楸'라고도 함. 〈毛傳〉에 "楰, 鼠梓"라 하였고, 〈集傳〉에도 "楰, 鼠梓樹. 葉木理如楸, 亦名苦楸"라 함.

【黃耇】'黃'은 老人의 머리가 희어졌다가 다시 노랗게 되는 것. '耇'는 늙음. 〈毛傳〉에 "黃, 黃髮也. 耇, 老"라 하였고, 〈集傳〉에 "黃, 老人髮復黃也; 耇, 老人面凍梨, 色如浮垢也"라 함.

【保】〈毛傳〉과 〈集傳〉에 "保, 安也"이라 함.

【艾】〈毛傳〉과 〈集傳〉에 "艾, 養也"라 함.

【後】老後. 혹 後孫, 後世.

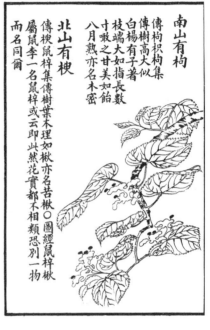

참고 및 관련 자료

1. 孔穎達 〈正義〉

言'南山', 所以得高峻者, 以南山之上有臺, 北山之上有萊, 以有草木而自覆蓋, 故能成其高大. 以喩人君所以能令天下太平, 以人君所任之官, 有德所治之職, 有能以有賢臣, 各治其事, 故能致太平. 言山以草木高大, 君以賢臣尊顯. 賢德之人, 光益若是. 故我人君, 以禮樂樂, 是有德之君子, 置之於位而尊, 用之令人君得爲邦家太平之基. 以禮樂樂, 是有德君子, 又使我國家得萬壽之福, 無有期竟, 所以樂之也.〈正義〉曰: 臺, 夫須.〈釋草〉文舍人曰臺, 一名夫須. 陸璣〈疏〉云:「舊說夫須, 莎草也. 可爲蓑笠.」〈都人士〉云「臺笠緇撮」, 傳云:「臺所以禦雨」, 是也.〈十月之交〉曰「田卒汙萊」,

又《周禮》云:「萊五十畝, 萊爲草之總名」. 非有別草名之爲萊. 陸璣〈疏〉云:「萊, 草名.
其葉可食. 今兗州人, 烝以爲茹. 謂之萊烝.」以上下類之, 皆指草木之名, 其義或當
然矣. 此山有草木成其高大, 而〈車牽〉箋云:「析其柞薪爲蔽.」岡之高者, 以興喻者,
各有所取, 若欲覩其山形草木, 便爲蔽障之物, 若欲顯其高大草木, 則是裨益之美,
言不一端矣.

2. 朱熹〈集傳〉

〈南山有臺〉, 五章, 章六句: 說見〈魚麗〉.

178(小-18) 유의(由儀) [笙詩]

*〈由儀〉: 笙詩.
*이 시는 만물이 각기 자신의 마땅함을 가지고 있음을 노래한 것이라 함.

<序>: <由儀>, 萬物之生各得其宜也. 有其義而亡其辭.

〈由儀〉는 만물이 각기 자신의 마땅함을 얻음을 읊은 것이다. 그 의미
는 있으나 그 가사는 사라지고 말았다.

〈箋〉: 此三篇者, 鄕飮酒燕禮亦用焉. 曰乃間歌〈魚麗〉, 笙〈由庚〉, 歌〈南有嘉
魚〉, 笙〈崇丘〉, 歌〈南山有臺〉, 笙〈由儀〉. 亦遭世亂而亡之, 〈燕禮〉又有升歌〈鹿
鳴〉下管〈新宮〉, 〈新宮〉亦詩篇名也. 辭義皆亡, 無以知其篇第之處.

참고 및 관련 자료

1. 朱熹 〈集傳〉
〈由儀〉: 說見〈魚麗〉.

179(小-19) 육소(蓼蕭)

*〈蓼蕭〉: '蓼'은 長大한 모습. 〈毛傳〉과 〈集傳〉에 "蓼, 長大貌"라 함. '여뀌'의 草名일 경우 '료'이나, 여기서는 형용사로서 '륙'(音六)으로 읽음. '蕭'는 다북쑥. 역시 〈毛傳〉과 〈集傳〉에 "蕭, 蒿也"라 함.
*이 시는 중원이 태평하여, 그 은택이 사해에까지 미쳤음을 노래한 것이라 함.

〈序〉: 〈蓼蕭〉, 澤及四海也.

〈육소〉는 은택이 사해에 미침을 노래한 것이다.

〈箋〉: 九夷, 八狄, 七戎, 六蠻, 謂之四海. 國在九州之外, 雖有大者, 爵不過子. 〈虞書〉曰:「州十有二師, 外薄四海, 咸建五長.」

*전체 4장. 매 장 6구씩(蓼蕭:四章. 章六句).

(1) 興

蓼彼蕭斯, 零露湑兮.

蓼(륙)흔 뎌 蕭(쇼)애, 零흔 露ㅣ 湑(셔)ᄒ엿도다.

우뚝 자란 저 다북쑥에, 이슬 촉촉히 내렸도다.

旣見君子, 我心寫兮.

이믜 君子를 보니, 내 ᄆᆞ음이 寫(샤)ᄒ놋다.

이미 군자를 뵙게 되니, 내 마음 후련하도다.

燕笑語兮, 是以有譽處兮!

燕ᄒ며 笑ᄒ며 語ᄒ니, 이러모로 뻐 譽(여)ㅣ며 處홈이 잇도다!

잔치 열어 웃고 얘기하며, 이로써 편안하고 즐겁도다!

【斯】助字.
【零】떨어짐.
【湑】이슬이 맺힌 모양. 〈毛傳〉과 〈集傳〉에 "湑, 湑然, 蕭上露貌"라 하였고, 〈鄭

箋)에 "興者, 蕭, 香物之微者, 喩四海之諸侯, 亦國君之賤者, 露者, 天所以潤萬物, 喩王者恩澤, 不爲遠國, 則不及也"라 함.

【君子】천자를 찾아온 제후. 〈集傳〉에 "君子, 指諸侯也"라 함.

【寫】쏟음. 가뿐해짐. 후련해짐. 瀉, 泄과 같음. 〈毛傳〉에 "輸, 寫其心也"라 하였고, 〈鄭箋〉에 "旣見君子者, 遠國之君, 朝見於天子也;「我心寫」者, 輸其情意, 無留恨也"라 함. 〈集傳〉에도 "寫, 輸寫也"라 함.

【燕】잔치함. 〈集傳〉에 "燕, 謂燕飮"이라 함.

【譽】〈集傳〉에 "譽, 善聲也"라 하였고, 〈鄭箋〉에 "天子與之燕, 而笑語, 則遠國之君, 各得其所. 是以稱揚德美, 使聲譽常處天子"라 함. '譽'는 豫의 通假이며, 《爾雅》에 "豫, 樂也, 豫安也"라 함.

【處】安樂의 뜻. 〈集傳〉에 "處, 安樂也. 蘇氏曰:「譽, 豫通. 凡詩之譽, 皆言樂也.」亦通"이라 함.

＊〈集傳〉에 "○諸侯朝於天子, 天子與之燕, 以示慈惠, 故歌此詩, 言「蓼彼蕭斯, 則零露湑然矣. 旣見君子, 則我心輸寫而無留恨矣. 是以燕笑語而有譽處也.」其曰 '旣見', 蓋於其初燕而歌之也"라 함.

(2) 興

蓼彼蕭斯, 零露瀼瀼.

蓼ᄒᆞᆫ 뎌 蕭애, 零ᄒᆞᆫ 露ㅣ 瀼瀼(양양)ᄒᆞ도다.

우뚝 자란 저 다북쑥에, 이슬이 흠뻑 내렸도다.

旣見君子, 爲龍爲光.

이믜 君子를 보니, 龍(룡)ᄒᆞ며 光ᄒᆞ도다.

이윽고 군자를 뵈오니, 베푸는 총애며 영광이로다.

其德不爽, 壽考不忘!

그 德이 爽티 아니 ᄒᆞ니, 壽考과뎌 ᄒᆞ야 닛디 몯ᄒᆞ리로다!

그 덕은 차이를 두지 아니하니, 늙도록 수명은 사라지지 않으리라!

【瀼瀼】이슬이 흠뻑 내린 모습. 〈毛傳〉과 〈集傳〉에 "瀼瀼, 露蕃貌"라 함.

【龍】寵과 같은 뜻. 〈毛傳〉에 "龍, 寵也"라 하였고, 〈鄭箋〉에 "爲寵爲光, 言天子恩澤, 光耀被及己也"라 함. 〈集傳〉에도 "龍, 寵也. 爲龍爲光, 喜其德之辭也"라 함.

【不爽】차이를 두지 않음. 〈毛傳〉에 "爽, 差也"라 함. 〈集傳〉에도 "爽, 差也. '其德
不爽', 則壽考不忘矣. 褒美而祝頌之, 又因以勸戒之也"라 함.
【考】老.
【忘】亡 없어짐. 喪, 失과 같은 뜻임.

(3) 興
蓼彼蕭斯, 零露泥泥.

蓼ᄒᆞᆫ 뎌 蕭애, 零ᄒᆞᆫ 露ㅣ 泥泥(녜녜)ᄒᆞ도다.

우뚝 자란 저 다북쑥이, 이슬에 젖고 젖었구나.

旣見君子, 孔燕豈弟.

이믜 君子를 보니, 심히 燕ᄒᆞ야 豈弟ᄒᆞ도다.

이윽고 군자를 뵈오니, 아주 편안하고 즐겁도다.

宜兄宜弟, 令德壽豈!

兄에 宜ᄒᆞ며 弟예 宜혼 디라, 令ᄒᆞᆫ 德으로 壽ᄒᆞ고 豈ᄒᆞ리로다!

형 되기 마땅하고 아우 되기 마땅하니, 그대 장수하고 또한 즐거우
리라!

【泥泥】이슬에 흠뻑 젖은 상태. 〈毛傳〉에 "泥泥, 霑濡也"라 하였고, 〈集傳〉에도
"泥泥, 露濡貌"라 함.
【孔燕】아주 편안함. 〈鄭箋〉과 〈集傳〉에 "孔, 甚; 燕, 安也"라 함.
【豈弟】〈毛傳〉과 〈集傳〉에 "豈, 樂; 弟, 易也"라 함.
【宜兄宜弟】〈毛傳〉에 "爲兄亦宜, 爲弟亦宜"라 하였고, 〈集傳〉에도 "宜兄宜弟', 猶
曰宜其家人. 蓋諸侯繼世而立, 多疑忌其兄弟. 如晉詛無畜羣公子, 秦鍼懼選之類.
故以宜其兄弟, 美之, 亦所以警戒之也"라 함.
【壽豈】〈集傳〉에 "壽豈, 壽而且樂也"라 함.

(4) 興
蓼彼蕭斯, 零露濃濃.

蓼ᄒᆞᆫ 뎌 蕭애, 零ᄒᆞᆫ 露ㅣ 濃濃(농농)ᄒᆞ도다.

우뚝 자란 저 다북쑥에, 떨어진 이슬 짙고 짙도다.

旣見君子, 儵革沖沖.

이믜 君子를 보니, 儵革(됴혁)이 沖沖ᄒ며,

이윽고 군자를 뵈오니, 고삐 끝 아래로 드리우시고,

和鸞雝雝, 萬福攸同!

和와 鸞(란)이 雝雝(옹옹)ᄒ니, 萬福이 同ᄒᄂ는 배로다!

방울 소리 딸랑딸랑, 만복이 여기에 모여드는 바로다!

【濃濃】짙은 모양. 〈毛傳〉과 〈集傳〉에 "濃濃, 厚貌"라 함.

【儵革】〈毛傳〉에 "儵, 轡也; 革, 轡首也"라 하였고, 〈集傳〉에도 "儵, 轡也; 革, 轡首也. 馬轡所把之外, 有餘而垂者也"라 함.

【沖沖】드리운 모양. 〈毛傳〉에 "沖沖, 垂飾貌"라 하였고, 〈集傳〉에는 "沖沖, 垂貌"라 함.

【和鸞】둘 모두 수레의 방울. 〈毛傳〉에 "在軾曰和, 在鑣曰鸞"라 하였고, 〈集傳〉에는 "和鸞, 皆鈴也. 在軾曰和, 在鑣曰鸞. 皆諸侯車馬之飾也. 〈庭燎〉亦以君子目諸侯, 而稱其鸞旂之美, 正此類也"라 함.

【雝雝】방울 소리.

【攸】所와 같음. 〈鄭箋〉과 〈集傳〉에 "攸, 所"라 함.

【同】모임. 〈集傳〉에 "同, 聚也"라 함. 〈鄭箋〉에 "此說天子之車飾者, 諸侯燕見天子, 天子必乘車, 迎于門, 是以云然. 攸, 所也"라 함.

참고 및 관련 자료

1. 孔穎達 〈正義〉

作〈蓼蕭〉詩者, 謂時王者恩澤, 被及四海之國也. 使四海無侵伐之憂, 得風雨之節. 《書》傳稱:「越裳氏之譯曰:『吾受命吾國, 黃耇曰:「久矣! 天之無烈風淫雨, 意中國有聖人.」』 遠往朝之, 是澤及四海之事. 經四章皆上二句, 是澤及四海, 由其澤及, 故其君來朝. 王燕樂之, 亦是澤及之事, 故序總其目焉. 經所陳是四海, 君蒙其澤, 而序漫言'四海'者, 作者以四海諸侯, 朝王而得燕慶, 故本其在國蒙澤, 說其朝見光寵. 序以王者恩及其君, 不可遺其臣, 見其通及上下, 故直言四海以廣之. 〈正義〉曰: 九夷·八狄·七戎·六蠻, 謂之四海. 〈釋地〉文. 李巡曰:「九夷在東方, 八狄在北方, 七戎在西方, 六蠻在南方.」 孫炎曰:「海之言晦, 晦闇於禮儀也.」 雒師謀我應注, 皆與此同. 職方氏及布憲注亦引《爾雅》云:「九夷‧八蠻‧六戎‧五狄, 謂之四海.」數既不同, 而俱云《爾雅》. 則《爾雅》本有兩文, 今李巡所注謂之四海之下, 更三句云:「八蠻在南方, 六戎在西方, 五狄在北方.」此三句唯李巡有之, 孫炎‧郭璞, 諸本皆無也. 李巡與鄭同. 時鄭讀《爾雅》, 蓋與巡同, 故或取上文, 或取下文也.《爾雅》本有二文者, 由王所服國, 數不同, 故異文耳. 亦不知九夷‧八狄‧七戎‧六蠻, 正據何時也. 此及《中候》直言四海不列其數, 故引上文解之.〈職方〉列其國數, 唯五戎‧六狄, 與《爾雅》六戎‧五狄, 上下不同, 餘則相似, 故據下文也. 布憲則〈秋官〉承〈夏官〉之下, 故同於〈職方〉焉.《周禮》注據《爾雅》, 下文九夷‧八蠻‧六戎‧五狄, 當四海者, 以〈明堂位〉陳周公朝於明堂之時, 其數與之等, 是周時之驗, 故據之焉.〈明堂位〉與〈職方〉不同者, 鄭志答趙商云:「戎狄之數, 或五或六, 兩文異耳.《爾雅》雖有與周皆兩數耳. 無別國之名, 不甚明, 故不定之也.」是鄭疑兩文, 必有一誤, 但無國數可明, 故不敢定之耳. 四海之於王者, 世一見耳. 此經說'四海來朝', 應是攝政六年時事, 當與〈明堂位〉同. 直以漫言四海, 故取《爾雅》上句謂之四海之文充之, 其實此當九夷‧八蠻‧六戎‧五狄也. 國在九州之外者, 明四海不屬九州, 其州長所不領, 故《周禮》曰:「九州之外, 謂之蕃國, 世一見.」是也. 若然, 下文蠻荊謂荊州之蠻.〈堯典〉曰:「流其工于幽州.」注云:「幽州, 北裔.」則四海亦有在九州之內者矣. 言外者, 以大凡化內, 非州牧所領, 則謂之四海之國, 其境所居, 不妨在九州之內.〈禹貢〉「萬里大界, 盡以九州目之.」故得有荊州之蠻, 及幽州爲北裔也.〈曲禮〉曰:「其在東夷‧北狄‧西戎‧南蠻, 雖大曰子.」是雖有大者, 爵不過子也. 大者曰子, 小者曰男而已.《左傳》曰:「驪戎, 男.」是也. 若殷爵三等, 無子男, 則四夷之君爲伯爵也. 而〈書序〉曰:「武王勝殷, 巢伯來朝.」注云:「巢伯, 南方諸侯. 世一見者, 以武王卽位來朝.」是九州外爲伯. 又〈虞書〉曰:「州十有二師, 外薄四海, 咸建五長, 明四海.」是九州之升也. 何者? 既言'州十有二師', 是九州之內立師也. 又言'外薄四海, 咸建五長', 是四海在九州之外矣. 所引者,〈皐陶謨〉文也. 檢鄭所注,《尙書》經作'外薄', 今〈定本〉作'外敷', 恐非也. 彼注云:「九州, 州立十二人爲諸侯之師, 以佐其牧外.」則五國立長, 使各守其職, 此建五長, 卽下〈曲禮〉所謂子, 故彼注云'子', 謂九州之外長也. 天子亦選其諸侯之賢者, 以爲之子. 子猶牧, 是也. 案彼上云'弼成五服, 至于五千', 鄭以爲禹治水, 輔成五服, 土方萬里, 以七千里內, 爲九州七. 七四十九千里者之方, 四十九, 以其一爲畿內, 餘四十八八州, 分之各得方千里者六, 計一州;方百里之國, 二百七十里之國, 四百五十里之國, 八百, 計一州;有一千四百國, 以二百國, 爲名山大川, 不封之地, 餘有一千二百國, 以百國立一師, 故州有十二師. 鄭又云:「八州九千六百國, 又四百國在畿內, 以子男備其數.」是鄭計充禹會諸侯于塗山, 執玉帛者, 萬國之文.

180(小-20) 담로(湛露)

*〈湛露〉: '湛'은 함초롬히 젖은 모습을 뜻함. 〈毛詩音義〉에는 "湛, 直減反"이라 하여 '잠'으로 읽도록 되어 있으나, 〈諺解〉에는 '담'으로 읽었음.
*이 시는 천자가 자신을 찾아와 朝覲, 혹 會同할 때 잔치를 베풀어 자혜로움을 표시한 내용이라 함.

〈序〉: 〈湛露〉, 天子燕諸侯也.

〈담로〉는 천자가 제후들에게 베푼 잔치에서 연주한 노래이다.

　〈箋〉: 燕, 謂與之燕飲酒也. 諸侯朝覲會同, 天子與之燕, 所以示慈惠.

*전체 4장. 매 장 4구씩(湛露:四章. 章四句).

(1) 興
湛湛露斯, 匪陽不晞.
　湛湛(담담)ᄒᆞᆫ 露ᅵ여, 陽이 아니면 晞(희)티 아니 ᄒᆞ놋다.
　함초롬히 내린 이슬, 햇볕 아니면 마르지 않지.

厭厭夜飲, 不醉無歸!
　厭厭히 夜의 飲홈이여, 醉티 아니면 歸티 아니 ᄒᆞ놋다!
　편안하고 즐거운 이 밤의 술자리, 취하지 않고는 돌아가지 못하리!

【湛湛】이슬이 흠뻑 내린 모습. 〈毛傳〉에 "興也. 湛湛, 露茂盛貌"라 하였고, 〈集傳〉에도 "湛湛, 露盛貌"라 함.
【斯】助字.
【陽】해가 떠오름. 暘의 가차자.《說文》에 "暘, 日出也"라 함. 〈毛傳〉과 〈集傳〉에 "陽, 日也"라 함.
【晞】마름. 〈毛傳〉에 "晞, 乾也. 露雖湛湛然, 見陽則乾"이라 하였고, 〈鄭箋〉에 "興者, 露之在物湛湛然, 使物柯葉低重. 喻諸侯受燕, 爵其儀, 有似醉之貌. 諸侯旅酬

之, 則猶然. 唯天子賜爵, 則貌變肅敬, 承命有似露見日而晞也"라 하였으며, 〈集傳〉에도 "晞, 乾也"라 함.

【厭厭】편안함. 〈毛傳〉에 "厭厭, 安也"라 하였고, 〈集傳〉에 "厭厭, 安也. 亦久也足也"라 함.

【夜飮】〈毛傳〉에 "夜飮, 私燕也"라 하였고, 〈集傳〉에 "夜飮, 私燕也. 燕禮, 宵則兩階及庭門, 皆設大燭焉"이라 함.

【不醉無歸】〈毛傳〉에 "宗子將有事, 則族人皆侍, 不醉而出, 是不親也. 醉而不出, 是渫宗也"라 하였고, 〈鄭箋〉에 "天子燕諸侯之禮, 亡此假宗子與族人, 燕爲說爾. 族人, 猶羣臣也. 其醉不出不醉出, 猶諸侯之儀也. 飮酒至夜, 猶云不醉無歸. 此天子於諸侯之儀, 燕飮之禮. 宵則兩階及庭門, 皆設大燭焉"이라 함.

*〈集傳〉에 "○此亦天子燕諸侯之詩, 言「湛湛露斯, 非日則不晞;以興厭厭夜飮, 不醉則不歸.」蓋於其夜飮之終, 而歌之也"라 함.

(2) 興

湛湛露斯, 在彼豐草.

湛湛흔 露ㅣ여, 뎌 豐(풍)흔 草애 잇도다.

함초롬이 내린 이슬, 저 풀잎에 가득하도다.

厭厭夜飮, 在宗載考!

厭厭히 夜의 飮홈이여, 宗애 이셔 곧 考ᄒ놋다!

즐거운 이 밤 술자리, 宗室에 남아 마시고 있도다!

【豐】〈毛傳〉과 〈集傳〉에 "豐, 茂也"라 하였고, 〈鄭箋〉에 "豐草, 喻同姓諸侯也"라 함.

【在宗載考】〈毛傳〉에 "夜飮必於宗室"라 하였고, 〈鄭箋〉에 "載之言則也. 考, 成也. 夜飮之禮, 在宗室同姓諸侯, 則成之於庶姓;其讓之, 則止. 昔者, 陳敬仲飮桓公, 酒而樂, 桓公命以火繼之, 敬仲曰:「臣卜其晝, 未卜其夜.」於是乃止, 此之謂不成也"라 함. 〈集傳〉에 "夜飮於宗室, 蓋路寢之屬也. 考, 成也"라 함. 孔穎達 〈正義〉에 "留之而成飮"이라 함.

(3) 興

湛湛露斯, 在彼杞棘.

湛湛한 露ㅣ여, 뎌 杞와 棘에 잇도다.

함초롬이 내린 이슬, 저 구기자나무와 가시나무에 맺혀 있네.

顯允君子, 莫不令德!

顯ㅎ며 允한 君子ㅣ여, 德이 슈티 아니니 업도다!

밝고 진실된 군자들이여, 그 아름다운 덕이 아닌 것이 없도다!

【杞棘】〈鄭箋〉에 "杞也, 棘也, 異類. 喻庶姓諸侯也"라 함. 〈集傳〉에 "顯, 明; 允, 信也"라 함. '顯'은 밝음. '允'은 信實함.
【君子】〈集傳〉에 "君子, 指諸侯爲賓者也"라 함.
【令】아름다움. 〈鄭箋〉에 "令, 善也. 無不善其德, 言飮酒不至於醉"라 하였고, 〈集傳〉에도 "令, 善也. '令德', 謂其飮多而不亂德, 足以將之也"라 함.

(4) 興

其桐其椅, 其實離離.

그 桐이며 그 椅(의)여, 그 實이 離離ㅎ도다.

오동나무 산유자나무, 그 열매 주렁주렁 늘어졌네.

豈弟君子, 莫不令儀!

豈弟한 君子ㅣ여, 儀 슈티 아니니 업도다!

즐겁고 편안한 군자들이여, 아름다운 위의가 아닌 것이 없도다!

【桐·椅】오동나무와 산유자나무. 〈鄭箋〉에 "桐也椅也, 同類而異名. 喻二王之後也"라 함.
【離離】열매가 드리운 모양. 〈毛傳〉과 〈集傳〉에 "離離, 垂也"라 하였고, 〈鄭箋〉에는 "其實離離, 喻其薦俎禮物, 多於諸侯也. 飮酒不至於醉, 徒善其威儀而已. 謂陵節也"라 함.
【豈弟】즐겁고 和易한 것.
【令義】威義. 〈集傳〉에 "令儀, 言醉而不喪其威儀也"라 함.

1. 孔穎達 〈正義〉

作〈湛露〉詩者, 天子燕諸侯也. 諸侯來朝, 天子與之燕飮, 美其事而歌之. 經雖分別同姓·庶姓, 二王之後, 皆是天子燕諸侯之事也. 〈蓼蕭〉序不言天子, 此及〈彤弓〉獨言天子者, 此及〈彤弓〉燕賜諸侯之事, 旣言諸侯, 不得不言天子, 以對之. 〈蓼蕭〉序不言諸侯, 文無所對, 故不言天子也. 四章雖皆說天子燕諸侯之事, 而皆首章見天子於諸侯之義. 下三章見諸侯於天子之事, 首章言王燕諸侯雖至於夜留與飮燕, 無問同姓異姓, 皆不醉不歸, 是天子恩厚之義也. 下三章乃分別說之, 二章言同姓則成夜飮之禮, 非同姓讓之則止, 三章言庶姓. 卒章言二王之後, 不得成其夜飮, 故云‘善德善儀’, 言其不至於醉也. 首章直言‘湛湛露斯’, 不指所在之物總. 下章云草木也. 故下章各言草木以充之, 以同姓一類, 故廣擧‘豐草’. 庶姓非一族之人, 喩以異類之木. 二王之後, 同爲天子所尊, 譬之同類之木, 各取其所象也. ‘豐草杞棘’, 言露在桐椅, 不言露在承上露在, 可知天子燕諸侯之義, 備於此矣. 不言異姓與三恪者, 兄弟甥舅, 禮雖不同, 要夜飮之義, 非宗不可, 則異姓從庶姓禮也. 三恪卑於二代, 其亦在異姓中.

2. 朱熹 〈集傳〉

〈湛露〉, 四章, 章四句:

《春秋傳》: 甯武子曰:「諸侯朝正於王, 王宴樂之. 於是賦〈湛露〉.」

曾氏曰:「前兩章言‘厭厭夜飮’, 後兩章言‘令德令儀’, 雖過三爵, 亦可謂不繼以淫矣.」

3. 《左傳》 文公 4年 傳

衛甯武子來聘, 公與之宴, 爲賦〈湛露〉及〈彤弓〉. 不辭, 又不答賦. 使行人私焉. 對曰:「臣以爲肄業及之也. 昔諸侯朝正於王, 王宴樂之, 於是乎賦〈湛露〉, 則天子當陽, 諸侯用命也. 諸侯敵王所愾, 而獻其功, 王於是乎賜之彤弓一·彤矢百·旅弓矢千; 以覺報宴. 今陪臣來繼舊好, 君辱貺之, 其敢干大禮以自取戾?」

〈3〉「彤弓之什」

181(小-21) 동궁(彤弓)

＊〈彤弓〉: 붉은 칠을 하여 장식한 활.
＊이 시는 천자가 공이 있는 제후에게 동궁을 하사한 내용이라 함.

<序>: <彤弓>, 天子錫有功諸侯也.

〈동궁〉은 천자가 공이 있는 제후에게 하사한 것이다.

　〈箋〉: 諸侯敵王所愾, 而獻其功, 王饗禮之, 於是賜彤弓一, 彤矢百, 玈弓矢千. 凡諸侯賜弓矢, 然後專征伐.

＊전체 3장. 매 장 6구씩(彤弓: 三章. 章六句).

(1) 賦
彤弓弨兮, 受言藏之.

彤(동)훈 弓이 弨(쵸)훈 이를, 受ᄒᆞ야 藏ᄒᆞ얏다니,

붉은 칠한 동궁을 느슨히 하여, 이를 받아 나는 갈무리하도다.

我有嘉賓, 中心貺之.

내 嘉훈 賓이 잇거늘, 中心에 貺(황)호려 훈 디라,

나에게 좋은 손님 있으니, 마음속으로 어서 하사하고 싶도다.

鍾鼓旣設, 一朝饗之.

鍾과 鼓를 이믜 設ᄒᆞ고, 一朝애 饗호라.

鍾과 북을 이미 설치해 놓고, 서둘러 큰 잔치를 열리라.

【彤弓】붉은 칠을 한 활. 〈毛傳〉에 "彤弓, 朱弓也. 以講德習射"라 하였고, 〈集傳〉
에는 "彤弓, 朱弓也"라 함. 天子가 功 있는 諸侯에게 이를 내리면, 받은 자는 諸
侯의 우두머리, 즉 霸者가 됨.

【弨】줄을 느슨하게 풀어 놓음. 〈毛傳〉과 〈集傳〉에 "弨, 弛貌"라 함.

【言】〈毛傳〉에 "言, 我也"라 하였고, 〈鄭箋〉에 "言者, 謂王策命也"라 함.

【藏】갈무리함. 〈鄭箋〉에 "王賜朱弓, 必策其功以命之受出, 藏之乃反入也"라 함.

【嘉賓】彤弓을 받을 제후.

【貺】내림. 〈毛傳〉에 "貺, 賜也"라 하였고, 〈集傳〉에 "貺, 與也"라 함. 그러나 馬瑞
辰 〈通釋〉에는 "貺, 通作況. ……《廣韻》:「況, 善也.」 '中心貺之', 正謂 '中心善之.'
……'貺之'與下章'好之'·'善之'同義"라 함. 〈鄭箋〉에는 "貺者, 欲加恩惠也, 王意殷勤
於賓, 故歌序之"라 함.

【一朝】早朝. 〈鄭箋〉에 "一朝, 猶早朝"라 함.

【饗】〈鄭箋〉과 〈集傳〉에 "大飲賓曰饗"이라 함.

＊〈集傳〉에 "○此天子燕有功諸侯而錫以弓矢之樂歌也. 東萊呂氏曰:「受言, 藏之言
其重也. 弓人所獻, 藏之王府, 以待有功, 不敢輕與人也. 中心貺之, 言其誠也. 中
心實欲貺之, 非由外也. '一朝饗之', 言其速也. 以王府寶藏之弓, 一朝擧以畀人, 未
嘗有遲留顧惜之意也. 後世視府, 藏爲己私, 分至有以武庫兵, 賜弄臣者, 則與受,
言藏之者, 異矣. 賞賜非出於利誘, 則迫於事勢, 至有朝賜鐵券, 而暮屠戮者, 則與
中心貺之者, 異矣. 屯膏吝賞, 功臣解體, 至有印刓, 而不忍予者, 則與一朝饗之者,
異矣.」라 함.

(2) 賦

彤弓弨兮, 受言載之.

彤혼 弓이 弨혼 이를, 受ᄒᆞ야 載ᄒᆞ엿다니,

붉은 칠한 동궁을 느슨히 하고, 이를 받아 수레에 싣도다.

我有嘉賓, 中心喜之.

내 嘉혼 賓이 잇거늘, 中心에 喜ᄒᆞᄂᆞᆫ 디라,

나에게 훌륭한 손님 있으니, 마음속에 기뻐하노라.

鍾鼓旣設, 一朝右之.

鍾과 鼓를 이믜 設ᄒᆞ고, 一朝애 右호라.

종과 북을 이미 설치해 놓았으니, 술을 권하도록 하리라.

【載之】〈毛傳〉에 "載, 以歸也"라 하였고, 〈鄭箋〉에 "出載之車也"라 함. 〈集傳〉에는 "載, 抗之也"라 함.
【喜之】〈毛傳〉과 〈集傳〉에 "喜, 樂也"라 함.
【右之】'右'는 佑, 侑와 통함. 권함. 〈毛傳〉에 "右, 勸也"라 하였고, 〈鄭箋〉에 "右之者, 主人獻之賓. 受爵奠于薦. 右旣祭俎, 乃席末坐, 卒爵之謂也"라 함 〈集傳〉에는 "右, 勸也, 尊也"라 함.

(3) 賦
彤弓弨兮, 受言櫜之.

彤훈 弓이 弨훈 이를, 受ᄒ야 櫜(고)ᄒ엿다니,

붉은 칠한 동궁을, 내 받아서 활집에 넣도다.

我有嘉賓, 中心好之.

내 嘉훈 賓이 잇거늘, 中心에 好ᄒ논 디라,

나에게 좋은 손님 있으니, 마음속으로 즐겁게 여기도다.

鍾鼓旣設, 一朝醻之.

鍾과 鼓를 이믜 設ᄒ고, 一朝애 醻호라.

종과 북을 이미 설치해 놓았으니, 서둘러 다시 술잔을 주고받게 하리라.

【櫜之】활집(자루)에 넣음. 〈毛傳〉에 "櫜, 韜也"라 하였고, 〈集傳〉에 "櫜, 韜"라 함.
【好之】〈毛傳〉과 〈集傳〉에 "好, 說也"라 함.
【醻】酬와 같음. 〈毛傳〉에 "醻, 報也"라 하였고, 〈鄭箋〉에 "飮酒之禮, 主人獻賓, 賓酢主人主人, 又飮而酌賓, 謂之醻. 醻, 猶厚也, 勸也"라 함. 〈集傳〉에도 "醻, 報也. 飮酒之禮, 主人獻賓, 賓酢主人, 主人又酌. 自飮而遂酌, 以飮賓謂之醻. 醻, 猶厚也, 勸也"라 함. 〈諺解〉에는 '酬'자로 바꾸어 표기하였음.

1. 孔穎達〈正義〉

作〈彤弓〉詩者, 天子賜有功諸侯, 諸侯有征伐之功, 王以弓矢賜之也. 經三章上二句, 言諸侯受王彤弓, 是賜之事. 下四句言'王設樂饗, 醻而行饗', 亦是賜之事, 故云錫以兼之.〈正義〉曰: 自'諸侯敵王所愾盡, 旅弓矢千除饗禮', 一句以外, 皆文四年《左傳》甯武子辭也. 諸侯賜弓矢, 然後專征伐.《禮記》〈王制〉文也. 引《左傳》者, 解有功賜之, 由王賜諸侯, 非唯弓矢而已. 獨言'彤弓'者, 以弓矢爲重, 故又引〈王制〉以明之. 言'敵王所愾'者, 敵者, 當也. 愾, 恨也. 謂夷狄戎蠻, 不用王命, 王心恨之. 命諸侯有德者, 使征之. 諸侯於是以王命, 興師以討王之所恨者, 爲讎敵而伐之. 既勝, 而獻其所獲之功於王, 王親受之. 又設饗禮禮之, 於是賜之弓矢也. '獻功'者, 伐四夷而勝, 則獻之其伐. 中國雖勝不獻, 故莊三十一年《左傳》曰:「凡諸侯, 有四夷之功, 則獻於王; 以警於夷中國, 則否.」是中國之功, 不獻捷也. 其獻唯四夷之功, 乃獻之. 其賜有功, 則賜之. 不須要四夷之功, 始賜之也. 晉文侯夾輔周室, 平王東遷洛邑, 無伐四夷之功, 王亦賜之弓矢.《尙書》〈文侯之命〉, 是其事也. 經先言受弓, 後設饗. 鄭先言饗禮之, 乃言賜弓矢者, 襄二十六年《左傳》曰:「將賞則加膳, 加膳則飫.」賜將欲賞人尙加殽膳, 況弓矢之賜, 賞之大者, 焉得無其禮也? 爲賜以設饗而賜之, 故鄭先言饗也. 其饗之曰先受弓矢之賜, 後受獻醻之禮也. 且王以賜弓爲重, 故經先言賜弓, 後言饗之事也. 若僖二十八年《左傳》說「晉文公敗楚於城濮, 獻功於王. 王饗醴命晉侯宥, 下乃言策命晉侯爲侯伯, 賜之以弓矢.」似先饗後賜者, 彼饗醴命宥, 別行饗禮, 非賜日之饗也. 故'丁未獻俘, 己酉設饗', 是先饗禮以勞其功, 他日乃賜之弓矢, 更加策命, 其賜之日, 別行饗禮, 則此經所云, 是與彼饗別也. 莊十八年「虢公·晉侯朝王, 王饗醴, 命之宥.」僖二十五年「晉侯朝王, 王饗醴命之宥.」於時不賜, 特行饗禮. 以此知城濮之言饗禮者, 非賜日之饗, 賜之日實行饗禮, 而《左傳》甯武子云以覺報宴者, 杜預云:「歌〈彤弓〉者, 以明報功.」宴樂非謂賜時設饗禮, 甯武子所言及晉文侯·文公所受, 皆并有旅矢. 此詩獨言彤弓者, 以二文, 皆先'彤'後'旅', 彤少旅多, 擧重可以包輕, 故直言彤弓也. 有弓則有矢, 言弓則矢可知, 故亦不言矢也. 傳文直云'旅弓矢千',〈定本〉亦然. 故服虔云:「矢千, 則弓十.」是本無十旅二字矣.〈俗本〉有者, 誤也. 首章爲總目, 下二章分而述之, 以相成也. 毛以'藏之'者, 爲藏之於其家, 以示子孫. '先櫜之', 乃載以歸, 後始藏於其家, 以藏爲重. 先言之藏於家, 受後之事, 致其意而言之, 非受時也. '好之喜之', 由悅樂而賜之, 故擧之爲總也. '饗之是大禮之, 名右之醻之', 是饗時之事, 亦饗爲總也. 鄭亦首章爲總, 但藏載於車, 卽是受時之事, 爲異耳.

2. 朱熹〈集傳〉

〈彤弓〉, 三章, 章六句:

《春秋傳》: 甯武子曰:「諸侯敵王所愾, 而獻其功. 於是乎賜之彤弓一, 彤矢百, 旅弓矢千, 以覺報宴. 注曰愾恨怒也, 覺明也. 謂諸侯有四夷之功, 王賜之弓矢, 又爲歌〈彤弓〉以明報功宴樂. 鄭氏曰:「凡諸侯賜弓矢, 然後專征伐.」

東萊呂氏曰:「所謂專征者, 如四夷入邊, 臣子簒弑, 不容待報者, 其他則九伐之法, 乃大司馬所職, 非諸侯所專也. 與後世强臣, 拜表輒行者. 異矣.」

3.《左傳》文公 4年 傳(앞장 참조)

182(小-22) 청청자아(菁菁者莪)

＊〈菁菁者莪〉:〈毛傳〉과 〈集傳〉에 "興也. 菁菁, 盛貌; 莪, 蘿蒿也"라 하여, '莪'는 '蘿蒿'라는 쑥의 일종. 혹 '角蒿', '廩蒿', '莪蒿'라고도 함. 〈諺解〉 物名에 "莪:《埤雅》:「莪亦曰廩蒿. 廩之爲言高也. 莪生澤國漸洳之地, 葉似斜蒿而細科生, 可食. 一名蘿蒿, 一名角蒿.」"라 함.
＊이 시는 나라에서 인재를 육성하여, 秀士, 選士, 俊士, 造士, 進士 등 여러 명칭을 거쳐, 관직에 등용시킴을 즐겁게 여긴 내용이라 함.

〈序〉:〈菁菁者莪〉, 樂育材也. 君子能長育人材, 則天下喜樂之矣.

〈청청자아〉는 인재를 육성함을 즐거워한 것이다. 군자가 능히 인재를 육성하면 천하가 즐겁게 여기게 되는 것이다.

〈箋〉: 樂育材者, 歌樂人君敎學國人, 秀士, 選士, 俊士, 造士, 進士, 養之以漸至於官之.

＊전체 4장. 매 장 4구씩(菁菁者莪:四章. 章四句).

(1) 興
菁菁者莪! 在彼中阿.
菁菁(졍졍)혼 莪(아)ㅣ여! 뎌 中阿의 잇도다.
푸르러 무성한 다북쑥이여! 저 언덕에 자라고 있도다.

旣見君子, 樂且有儀.
이믜 君子룰 보니, 樂ᄒ고 또 儀잇도다.
이윽고 군자를 뵈오니, 즐겁고도 그 위의가 있도다.

【中阿】언덕 가운데. 〈毛傳〉에 "中阿, 阿中也. 大陵曰阿. 君子能長育人材, 如阿之長, 莪菁菁然"이라 하였고, 〈鄭箋〉에 "長育之者, 旣敎學之, 又不征役也"라 함.

〈集傳〉에도 "中阿, 阿中也. 大陵曰阿"라
함.

【旣見君子】〈鄭箋〉에 「旣見君子」者, 官
爵之而得見也. 見則心旣喜樂, 又以禮
儀見接"이라 하였고, 〈集傳〉에 "君子,
指賓客也"라 함.

【儀】禮儀. 儀表.

*〈集傳〉에 "○此亦燕飮賓客之詩, 言「菁
菁者莪, 則在彼中阿矣. 旣見君子, 則
我心喜樂, 而有禮儀矣.」或曰比也. 以
〈菁菁者莪〉, 比君子容貌威儀之盛也.
下章放此"라 함.

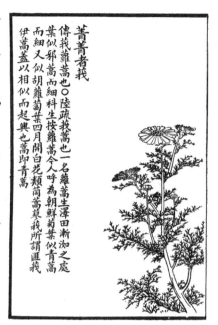

(2) 興

菁菁者莪! 在彼中沚.

菁菁ᄒᆞᆫ 莪ㅣ여! 뎌 中沚(중지)예 잇도다.

푸르러 무성한 다북쑥이여! 저 물가에 있도다.

旣見君子, 我心則喜.

이믜 君子를 보니, 내 ᄆᆞᅀᆞᆷ이 곧 喜ᄒᆞ도다.

이윽고 군자를 뵈오니, 내 마음 곧 기쁘도다.

【中沚】'沚'는 물 가운데 작은 섬. 〈毛傳〉과 〈集傳〉에 "中沚, 沚中也"라 함.

【喜】〈毛傳〉과 〈集傳〉에 "喜, 樂也"라 함.

(3) 興

菁菁者莪! 在彼中陵.

菁菁ᄒᆞᆫ 莪ㅣ여! 뎌 中陵에 잇도다.

푸르러 무성한 다북쑥이여! 저 언덕에 있도다.

旣見君子, 錫我百朋.

이믜 君子를 보니, 내게 百ㅅ 朋을 錫(셕)훈 돗호도다.

이윽고 군자를 뵈오니, 나에게 백 朋의 화폐를 내려주시는 듯하도다.

【中陵】언덕 가운데. 〈毛傳〉과 〈集傳〉에 "中陵, 陵中也"라 함.

【錫】賜의 뜻.

【朋】조개를 화폐로 쓰면서, 조개 다섯을 한 단위로 하여 '朋'이라 했음. 〈鄭箋〉에 "古者, 貨貝, 五貝爲朋. 賜我百朋, 得祿多, 言得意也"라 하였고, 〈集傳〉에도 "古者, 貨貝五貝爲朋. '錫我百朋'者, 見之而喜, 如得重貨之多也"라 함. 여기서는 등용되어 많은 俸祿을 받음을 뜻함.

(4) 比
汎汎楊舟! 載沉載浮.

汎汎호는 楊으로 흔 舟ㅣ여! 곧 沉호며 곧 浮호놋다.

둥둥 떠 가는 버드나무 배여! 곧 잠기기도 하며 곧 떠오르기도 하는구나.

旣見君子, 我心則休.

이믜 君子를 보니, 내 모음이 곧 休호도다.

이윽고 군자를 뵈오니, 내 마음이 곧 안정되도다.

【汎汎】둥둥 물에 떠가는 모습.

【楊舟】버드나무로 만든 배. 〈毛傳〉에 "楊木爲舟"라 하였고, 〈集傳〉에도 "楊舟, 楊木爲舟也"라 함.

【載沉載浮】'載'는 助字. 〈毛傳〉에 "載沉亦浮, 載浮亦浮"라 하였고, 〈鄭箋〉에 "舟者, 沉物亦載, 浮物亦載. 喻人君用人, 文亦用武亦用. 於人之才, 無所廢"라 함. 〈集傳〉에는 "載, 則也. '載沉載浮', 猶言'載淸載濁', '載馳載驅'之類, 以比未見君子, 而心不定也"라 함.

【休】마음이 安定됨. 즐거움. 〈鄭箋〉에 "休者, 休休然"이라 하였고, 〈集傳〉에도 "休者, 休休然. 言安定也"라 함. 王引之〈述聞〉에는 "休休, 猶欣欣. 亦語之轉也"라 함.

참고 및 관련 자료

1. 孔穎達〈正義〉

作〈菁菁者莪〉詩者, 樂育材也. 言君子之爲人君, 能敎學而長育其國人, 使有材而成秀進之士, 至於官爵之. 君能如此, 則爲天下喜樂矣. 故作詩以美之. 經四章言長養成, 就賜之官爵, 皆是育材之事也. 〈南有嘉魚〉言'樂與賢'也. 〈南山有臺〉云'樂得賢者', 彼謂在位及人君於時樂求賢者, 本在上之心, 非下人所樂. 此則下人所樂, 樂君之能育材, 與彼別又. 經言喜樂者, 謂被人君所育者, 以被育有材得官爵而喜. 又序言'喜樂之'者, 他人見之如是, 而喜樂之, 非獨被育者也. 作者述天下之情, 而作歌耳. 〈正義〉曰: 箋解樂育材者, 樂養之以至於材, 故言'敎學之漸至於官爵'也. 〈王制〉云'興立小學大學', 乃言'若有循敎者, 鄕人子弟卿大夫餘子, 皆入學, 九年大成, 名曰秀士; 又曰命卿論秀士, 升之司徒曰選士; 司徒論選士之秀者, 升之於大學曰俊士; 升於司徒者, 不征於鄕升於大學者, 不征於司徒曰造士; 又曰大樂正論造士之秀者, 以告於王, 而升諸司馬曰進士.' 注云'進士可進受爵祿', 又曰'司馬辨論官材論進士之賢者, 以告於王而定其論論定, 然後官之任官, 然後爵之如是, 從鄕人中敎之爲秀士.' 是敎學之, 從秀士漸至於進士, 是養之. 以漸也. 進士論材任官而又爵之, 是至於官爵之也其. 養成爲此五士, 是長育人材也. 進士是材之大成, 故官爵以進士爲主, 但人材有限官·有尊卑, 其進士以下, 學已大成, 超踰倫輩, 亦可隨材, 任之. 不必要至進士始官之也. 卒章箋云'文亦用武', 亦用於人之材, 無所廢. 是秀士以上, 皆可爲官也. 〈定本〉無'進士'二字, 誤也.

183(小-23) 유월(六月)

*〈六月〉:《司馬法》仁本篇에 "冬夏不興師"라 하여 6월이면 군사를 일으키지 않는 것이 관례이나, 宣王 때 玁狁(北狄)이 마침 이 때에 침입해오자, 尹吉甫를 장수로 삼아 이들을 물리친 내용임.

*이 시는 선왕이 주실을 부흥시킨 여러 사례 중 험윤을 방어한 武功을 실어 그 공적을 찬미한 것임. 아울러 〈毛序〉에는 厲王 때 포악한 정치로 인해 이제까지 앞에 거론되었던 〈小雅〉의 많은 시 내용이 衰廢하여 주왕실의 도덕이 땅에 떨어진 것을 선왕이 다시 회복하려 노력했음을 강조하고 있음.

〈序〉: 〈六月〉, 宣王北伐也. 〈鹿鳴〉廢, 則和樂缺矣. 〈四牡〉廢, 則君臣缺矣. 〈皇皇者華〉廢, 則忠信缺矣. 〈常棣〉廢, 則兄弟缺矣. 〈伐木〉廢, 則朋友缺矣. 〈天保〉廢, 則福祿缺矣. 〈采薇〉廢, 則征伐缺矣. 〈出車〉廢, 則功力缺矣. 〈杕杜〉廢, 則師衆缺矣. 〈魚麗〉廢, 則法度缺矣. 〈南陔〉廢, 則孝友缺矣. 〈白華〉廢, 則廉恥缺矣. 〈華黍〉廢, 則蓄積缺矣. 〈由庚〉廢, 則陰陽失其道理矣. 〈南有嘉魚〉廢, 則賢者不安, 下不得其所矣. 〈崇丘〉廢, 則萬物不遂矣. 〈南山有臺〉廢, 則爲國之基隊矣. 〈由儀〉廢, 則萬物失其道理矣. 〈蓼蕭〉廢, 則恩澤乖矣. 〈湛露〉廢, 則萬國離矣. 〈彤弓〉廢, 則諸夏衰矣. 〈菁菁者莪〉廢, 則無禮儀矣.《小雅》盡廢, 則四夷交侵, 中國微矣.

〈유월〉은 宣王의 북벌을 읊은 내용이다. 〈녹명〉이 쇠폐하자 화락함이 결핍되었다. 〈사모〉가 쇠폐하자 군신관계가 결핍되었다. 〈황황자화〉가 쇠폐하자 충성심과 믿음이 결핍되었다. 〈상체〉가 쇠폐하자 형제 사이가 무너졌다. 〈벌목〉이 쇠폐하자 붕우 사이가 무너졌다. 〈천보〉가 쇠폐하자 복록이 결핍되었다. 〈채미〉가 쇠폐하자 정벌이 결핍되었다. 〈출거〉가 쇠폐하자 공적과 힘이 결핍되었다. 〈체두〉가 쇠폐하자 국방의 무력이 결핍되었다. 〈어리〉가 쇠폐하자 법도가 무너졌다. 〈남해〉가 쇠폐하자 효우가 무너졌다. 〈백화〉가 쇠폐하자 염치가 무너졌다. 〈화서〉가 쇠폐하자 재물의 축적이 결핍되었다. 〈유경〉이 쇠폐하자 음양이 그 도리를 잃게 되었다. 〈남유가어〉가 쇠폐하자 현자가 안정되지 못하고 아래 사람들이 그 생업을 찾지 못하였다. 〈숭구〉가 쇠폐하자 만물이 성취를 이루지 못하였다. 〈남산유대〉가 쇠폐하자 나라의 기본이 추락하였다. 〈유의〉가 쇠폐하자 만물이 그 도리를 잃었다. 〈육소〉가 쇠폐하자 은택이 어그러졌다. 〈담로〉가 쇠폐하자 만국이 흩어졌다. 〈동궁〉이 쇠폐하자 중원이 쇠락해졌다. 〈청청자아〉가 쇠폐하자 예의가 사라졌다. 《소아》가 모두 쇠폐하자 四夷가 교대로 침범하여 중원이 미약해졌다.

　〈箋〉: 〈六月〉, 言周室微而復興, 美宣王之北伐也.

※宣王:西周 말 주나라를 中興시킨 임금. B.C.827－B.C.782년까지 46년간 재위함. 이름은 姬靜. 서주는 厲王(姬胡)이 포악하게 굴자 彘로 축출해 버리고, 대신들이 집단통치로 견뎠으며, 이를 共和라 함. 이에 결국 姬靜을 군주로 옹립하여 나라를 이끌게 되었으며 이가 宣王임. 그는 재위기간 동안 內治와 征伐 등을 거쳐 중흥을 꾀하였으나 그 뒤를 이은 幽王(姬宮湦) 때 결국 褒姒의 亂으로 나라가 망하고, 平王(姬宜臼)이 雒邑으로 천도(B.C.770)하여 東周로 이어지게 됨.

＊전체 6장. 매 장 8구씩(六月:六章. 章八句).

(1) 賦
六月棲棲, 戎車旣飭.

六月(륙월)애 棲棲(셔셔)ᄒᆞ야, 戎車(거)를 이믜 飭(칙)ᄒᆞ며,

유월이건만 훈육이 침입해 어수선해져서, 戎車도 이윽고 정비해 두었네.

四牡騤騤, 載是常服.

四牡] 騤騤(규규)ᄒ거늘, 이 常服을 載ᄒ니,

네 필 숫말 씩씩하고, 군복도 모두 실어 놓았네.

獫狁孔熾, 我是用急.

獫狁이 심히 熾(치)ᄒᆫ 디라, 우리 이 뼈 急홈이니,

獫狁의 형세 불꽃 같기에, 우리는 이로써 다급해졌네.

王于「出征, 以匡王國!」

王이 이에 "出ᄒ야 征ᄒ야, 뼈 王國을 匡ᄒ라 ᄒ시니라!"

왕께서 이르시되 "출정하여, 이 왕국을 바로 잡으라!" 하셨네.

【六月】〈集傳〉에 "六月, 建未之月也"라 함.

【棲棲】험윤이 내침하여 나라 안이 어수선함. 〈毛傳〉에 "棲棲, 簡閱貌"라 하였고, 〈集傳〉에 "棲棲, 猶遑遑不安之貌"라 함.

【戎車】〈集傳〉에 "戎車, 兵車也"라 함.

【飭】〈毛傳〉에 "飭, 正也"라 하였고, 〈集傳〉에 "飭, 整也"라 함.

【騤騤】굳센 모양. 〈集傳〉에 "騤騤, 强貌"라 함.

【常服】兵車를 타고 전투하는 병사들의 軍服. 韋弁服이었음. 〈毛傳〉에 "日月爲常服, 戎服也"라 하였고, 〈鄭箋〉에 "記六月者, 盛夏出兵, 明其急也. 戎車革輅之等也. 其等有五, 戎車之常服, 韋弁服也"라 함. 〈集傳〉에는 "常服, 戎事之常服, 以韎韋爲弁. 又以爲衣而素裳白舄也"라 함.

【獫狁】당시 北狄. 匈奴의 전신. 〈集傳〉에 "獫狁, 卽獫狁, 北狄也"라 함.

【孔】〈集傳〉에 "孔, 甚"이라 함.

【熾】〈毛傳〉과 〈集傳〉에 "熾, 盛也"라 하였고, 〈鄭箋〉에 "此序吉甫之意也. 北狄來侵, 甚熾, 故王以是急遣我"라 함.

【王于】'王曰'과 같음. '于는 曰'. 〈鄭箋〉에 "于, 曰"이라 함.

【匡】바로 잡음. 〈鄭箋〉에 "匡, 正也. 王曰:「今女出征獫狁, 以正王國之封畿.」"라 하였고, 〈集傳〉에도 "匡, 正也"라 함. 周室을 바르게 지켜냄.

＊〈集傳〉에 "○成康旣沒, 周室寢衰. 八世而厲王胡暴虐, 周人逐之, 出居于彘. 獫狁內侵, 逼近京邑, 王崩. 子宣王靖卽位, 命尹吉甫帥師伐之, 有功而歸. 詩人作歌以序其事如此.《司馬法》(仁本篇)「冬夏不興師」, 今乃六月而出師者, 以獫狁甚熾, 其事危急, 故不得已而王命. 於是出征, 以正王國也"라 함.

(2) 賦

比物四驪, 閑之維則.

物이 比혼 四驪(스리)여, 閑ᄒ야 則ᄒ도다.

힘이 가지런한 네 필 驪馬여, 훈련이 잘 되어 법칙대로 움직이네.

維此六月, 旣成我服.

이 六月의, 이믜 우리 服을 成ᄒ야,

이 무더운 유월에, 우리의 군복 이미 만들어졌기에,

我服旣成, 于三十里.

우리 服이 이믜 成ᄒ거늘, 三十里를 ᄒ니,

우리는 이미 군복을 입고, 하루에 삼십 리를 가네.

王于「出征, 以佐天子!」

王이 이예 "出ᄒ야 征ᄒ야, 뻐 天子를 佐ᄒ시니라!"

왕께서 이르시되 "출정하여, 천자를 보좌하라!"라 하셨네.

【比物】'物'은 〈毛傳〉에 "物, 毛物也"라 하였으나, 〈集傳〉에는 "比物, 齊其力也. 凡
  大事祭祀朝覲會同, 毛馬而頒之; 凡軍事物馬而頒之, 毛馬齊其色, 物馬齊其力. 吉
  事尙文, 武事尙强也"라 함. 한편 孔穎達 〈正義〉에는 "比物者, 比同力之物. 戎事
  齊力尙强, 不取同色. 而言'四驪'者, 雖以齊力爲主, 亦不厭其同色"이라 함.
【閑】익숙함. 숙련이 되어 있음. 잘 훈련됨.
【維則】'維'는 有의 뜻, '則'은 法則. 〈毛傳〉에 "則, 法也. 言先敎, 戰然後用師"라 함.
  〈集傳〉에도 "則, 法也"라 함.
【服】〈集傳〉에 "服, 戎服也"라 함.
【三十里】〈毛傳〉에 "師行三十里"라 하였고, 〈鄭箋〉에 "王旣成我戎服, 將遣之, 戒
  之曰:「日行三十里, 可以舍息.」"이라 함. 〈集傳〉에도 "三十里, 一舍也. 古者, 吉行日
  五十里, 師行日三十里"라 함.
【王, 天子】宣王을 가리킴.
【佐】보좌함. 〈毛傳〉에 "出征以佐, 其爲天子也"라 하였고, 〈鄭箋〉에 "王曰:「令女出
  征伐, 以佐助我天子之事, 禦北狄也.」"라 함.
＊〈集傳〉에 "○旣比其物, 而曰「四驪則其色又齊, 可以見馬之有餘矣. 閑習之而皆中

法, 則又可以見教之有素矣. 於是此月之中, 卽成我服. 旣成我服, 卽日引道不徐不
疾, 盡舍而止. 又見其應變之速, 從事之敏, 而不失其常度也. 王命於此, 而出征
欲其有以敵, 王所慄而佐天子耳.」라 함.

(3) 賦
四牡脩廣, 其大有顒.

四牡] 脩ᄒ고 廣ᄒ니, 그 큼이 顒(옹)ᄒ도다.

네 필 숫말 훤칠한 키에, 그 머리도 아주 크다네.

薄伐玁狁, 以奏膚公.

잠깐 玁狁을 伐ᄒ야, 뻐 큰 공을 奏ᄒ놋다.

서둘러 험윤의 무리를 무찔러, 큰 공을 이루어 바쳐 올리리.

有嚴有翼, 共武之服.

嚴ᄒ고 翼ᄒ야, 武ㅅ 服을 共ᄒ니,

위엄과 공경을 갖추어, 무사의 임무를 바쳐 올리리.

共武之服, 以定王國!

武ㅅ 服을 共ᄒ야, 뻐 王國을 定ᄒ놋다!

무사로서의 임무를 바쳐 올려, 이로써 왕국을 안정시켰도다!

【脩廣】〈毛傳〉과 〈集傳〉에 "修, 長; 廣, 大也"라 함.

【有顒】顒然함. 크고 굵직함. 〈毛傳〉과 〈集傳〉에 "顒, 大貌"라 함. 《說文》에 "顒,
大頭也"라 하여 원의는 머리가 큼을 뜻함.

【薄】助字. 〈諺解〉에는 '잠깐'으로 풀이하였음.

【以奏膚公】〈毛傳〉에 "奏, 爲; 膚, 大; 公, 功也"라 하였고, 〈集傳〉에는 "奏, 薦; 膚,
大; 公, 功"이라 함.

【有嚴有翼】〈毛傳〉에 〈毛傳〉에 "嚴, 威嚴也; 翼, 敬也"라 하였고, 〈鄭箋〉에 "服, 事
也. 言「今師之暈帥, 有威嚴者, 有恭敬者, 而共典是兵事.」言文武之人備"라 함.
〈集傳〉에는 "嚴, 威; 翼, 敬也"라 함.

【共】供, 貢의 뜻. 〈集傳〉에 "其與供同服事也. 言將帥皆嚴敬, 以共武事也"라 함.

【武之服】싸움하는 일. '服'은 服役, 服務. 병사로서의 임무.
【以定王國】〈鄭箋〉에 "定, 安也"라 함.

(4) 賦

玁狁匪茹, 整居焦穫.

玁狁이 茹(여)티 아니 ᄒᆞ야, 焦(쵸)ㅣ며 穫(호)애 整히 居ᄒᆞ야,

험윤은 자신의 힘을 헤아리지도 않고, 초(焦)와 호(穫) 땅에 정돈하여
버티고 있네.

侵鎬及方, 至于涇陽.

鎬(호)와 밋 方을 侵ᄒᆞ야, 涇陽(경양)의 至ᄒᆞ거늘,

다시 鎬 땅과 方 땅을 침입하더니, 涇陽까지 밀고 들어왔네.

織文鳥章, 白旆央央.

織의 文이 鳥章이며, 白旆(ᄇᆡᆨ패) 央央ᄒᆞ니,

깃발의 무늬는 새 모습, 매달린 비단 펄럭이는 모습 선명하네.

元戎十乘, 以先啓行!

元戎 十乘으로, 뻐 몬져 길흘 여놋다!

큰 융거는 십 승, 이로써 앞장서서 길을 열어가네!

【匪茹】역량을 헤아리지 않음. '匪'는 非와 같음. '茹'는 헤아림. 〈鄭箋〉에 "匪, 非;
茹, 度也"라 하였고, 〈集傳〉에도 "茹, 度"이라 함.
【整居】侵入해온 적군에 정동하여 머물러 陣을 치고 있음. 〈集傳〉에 "整, 齊也"라
함.
【焦穫·鎬·方】〈毛傳〉에 "焦穫, 周地接于玁狁者"라 하였고, 〈鄭箋〉에 "鎬也·方也,
皆北方地名. 言「玁狁之來侵, 非其所當度爲也. 乃自整齊而處周之焦穫, 來侵至涇
水之北.」言其大恣也"라 함. 〈集傳〉에도 "焦·穫·鎬·方, 皆地名. 焦, 未詳所在. 穫,
郭璞以爲瓠中, 則今在耀州三原縣也. 鎬劉向以爲千里之鎬, 則非鎬京之鎬矣. 亦
未詳其所在也. 方, 疑卽朔方也"라 함. 다만 '鎬'는 鎬京이 아니며, '涇陽'은 涇水의
北方. 〈集傳〉에 "涇陽, 涇水之北. 在豐鎬之西北. 言其深入爲寇也"라 함.

【織】旗. 幟와 같음. 〈鄭箋〉에 "織, 徽織也"라 하였고, 〈集傳〉에 "音志. 織, 幟字同"이라 함.

【文】무늬.

【鳥章】새매를 그린 무늬. 〈毛傳〉에 "鳥章, 錯革鳥爲章也"라 하였고, 〈鄭箋〉에는 "鳥章, 鳥隼之文章. 將帥以下衣, 皆著焉"이라 함. 〈集傳〉에 "鳥章, 鳥隼之章也"라 함.

【白旆】'白'은 帛, '旆'는 〈毛傳〉에 "鳥章, 錯革鳥爲章也. 白旆繼旐者也"라 하였고, 〈集傳〉에 "白旆, 繼旐者也"라 함.

【央央】〈毛傳〉과 〈集傳〉에 "央央, 鮮明貌"라 함.

【元戎】큰 戎車. 元은 大, 戎은 戎車. 군사들을 선도하는 큰 수레. 〈毛傳〉에 "元, 大也. 夏后氏曰'鈎車', 先正也;殷曰'寅車', 先疾也;周曰'元戎', 先良也"라 하였고, 〈鄭箋〉에 "鈎, 鈎鑿, 行曲直有正也. 寅, 進也. 二者及元戎, 皆可以先前啓突敵陳之前, 行其制之同異. 未聞"이라 함. 〈集傳〉에도 "元, 大也;戎, 戎車也. 軍之前鋒也"라 함.

【啓行】〈集傳〉에 "啓, 開;行, 道也. 猶言發程也"라 함.

＊〈集傳〉에 "○言「玁狁不自度量, 深入爲寇如此, 是以建此旌旗, 選鋒銳, 進聲其罪, 而致討焉. 直而壯律, 而臧有所不戰, 戰必勝矣.」라 함.

(5) 賦

戎車旣安, 如輊如軒.

戎車ㅣ 이믜 편안ᄒᆞ니, 輊(지)ᄒᆞᄂᆞᆫ듯 ᄒᆞ고 軒ᄒᆞᄂᆞᆫ듯 ᄒᆞ며,

융거들 이미 안정되어, 앞 뒤 높낮이가 알맞은 輊와 軒.

四牡旣佶, 旣佶且閑.

四牡ㅣ 이믜 佶(길)ᄒᆞ니, 이믜 佶ᄒᆞ고 또 閑ᄒᆞ도다.

네 필 숫말 이미 건장하고, 그렇게 건장하고 게다가 익숙하네.

薄伐玁狁, 至于大原.

잠깐 玁狁을 伐ᄒᆞ야, 太原의 至ᄒᆞ니,

서둘러 험윤의 무리를 정벌하여, 태원까지 이르니,

文武吉甫, 萬邦爲憲!

文ᄒ고 武ᄒᆫ 吉甫ㅣ여, 萬邦이 법을 삼놋다!

文武를 갖춘 윤길보 장군이여, 萬邦이 그를 법으로 삼도다!

【輊】〈毛傳〉에 "輊, 摯"라 하였으나, 〈集傳〉에 "輊, 車之覆而前也"라 함. 그러나 수레가 '前低後高'함을 뜻함.

【軒】〈集傳〉에 "軒, 車之却而後也. 凡車從後視之如輊, 從前視之知軒. 然後適調也"라 함. 역시 수레가 '前高後低'함을 뜻함. 따라서 '輊', '軒' 모두 수레가 안정감을 가지고 있음을 뜻함.

【佶】壯健한 모습. 〈毛傳〉에 "佶, 正也"라 하였고, 〈鄭箋〉에 "戎車之安, 從後視之, 如摯; 從前視之, 如軒. 然後適調也. 佶, 壯健之貌"라 함. 〈集傳〉에도 "佶, 壯健貌"라 함.

【大原】地名. 지금의 山西省 太原 陽曲縣. '大'의 음은 泰. 〈諺解〉에는 '太'로 되어 있음. 〈集傳〉에 "大原, 地名亦曰大鹵. 今在大原府陽曲縣. 「至于大原」, 言逐出之而已, 不窮追也. 先王治戎狄之法如此"라 함. 〈毛傳〉에는 "言逐出之而已"라 함.

【吉甫】尹吉甫. 당시의 大將. 〈毛傳〉에 "吉甫, 尹吉甫也. 有文有武"라 하였고, 〈鄭箋〉과 〈集傳〉에도 "吉甫, 尹吉甫. 此時大將也"라 함.

【憲】〈毛傳〉에 "憲, 法也"라 하였고, 〈集傳〉에 "憲, 法也. 非文, 無以附衆; 非武, 無以威敵. 能文能武, 則萬邦以之爲法矣"라 함.

(6) 賦

吉甫燕喜, 旣多受祉.

吉甫ㅣ 燕ᄒ야 喜ᄒ니, 이믜 祉를 해 受ᄒ놋다.

윤길보 장군을 맞아 열린 즐거운 잔치, 이윽고 많은 포상을 받으셨도다.

來歸自鎬, 我行永久.

도라옴을 鎬로브터 ᄒ니, 내 行이 永久ᄒ도다.

鎬京에서 돌아왔으니, 나의 원정은 참으로 길었네.

飮御諸友, 炰鼈膾鯉.

모든 벋의게 飮ㅎ며 御ㅎ니, 鼈(별)을 炰(포)ㅎ며 鯉를 膾ㅎ놋다.

가까운 친구들 모두 불러 마시니, 자라구이와 잉어회라네.

侯誰在矣? 張仲孝友!

뉘 인ᄂᆞ뇨? 張仲이 孝ㅎ며 友ㅎᄂᆞ니로다!

누가 이 자리를 같이하였는가? 바로 효성과 우애로 이름 높은 張仲이지!

【祉】'福'. 〈毛傳〉에 "祉, 福也"라 하였고, 〈鄭箋〉에 "吉甫旣伐玁狁而歸, 天子以燕禮樂之, 則歡喜矣. 又多受賞賜也"라 함. 〈集傳〉에도 "祉, 福"이라 함.

【御】〈毛傳〉에 "御, 進也"라 하였고, 〈鄭箋〉에 "御, 侍也. 王以吉甫遠從鎬地來, 又日月長久, 今飮之酒, 使其諸友恩舊者, 侍之. 又加其珍美之饌, 所以極勸之也"라 함. 〈集傳〉에도 "御, 進"이라 함.

【炰】싸서 굽는 것.

【鼈】'鱉'로도 표기 하며 자라. 〈諺解〉物名에 "鼈: 쟈라"라 함.

【侯】〈毛傳〉과 〈集傳〉에 "侯, 維也"라 함.

【張仲】효우로 이름 높았던 尹吉甫의 친구. 〈毛傳〉에 "張仲, 賢臣也. 善父母爲孝, 善兄弟爲友. 使文武之臣征伐, 與孝友之臣, 處內"라 하였고, 〈鄭箋〉에 "張仲, 吉甫之友, 其性孝友"라 함. 〈集傳〉에도 "張仲, 吉甫之友也. 善父母曰孝, 善兄弟曰友"라 함.

＊〈集傳〉에 "○此言「吉甫燕飮喜樂, 多受福祉, 蓋以其歸自鎬而行永久也. 是以飮酒進饌於朋友, 而孝友之張仲在焉.」 言其所與宴者之賢, 所以賢吉甫而善是燕也"라 함.

참고 및 관련 자료

1. 孔穎達〈正義〉

此經六章, 皆是北伐之事. 序又廣之, 言宣王所以北伐者, 由於前厲王.〈小雅〉盡廢致令四夷交侵, 以故汎敍所廢之事焉.〈鹿鳴〉言和樂且耽, 故廢, 則和樂缺矣. 以下廢缺其義, 易明不復須釋,〈由庚〉以下, 不言缺者, 敍者, 因文起義明, 與上詩別主, 見缺者, 爲剛君父之義. 不言缺者, 爲柔臣子之義, 以文武道同, 故俱言缺. 周公, 成王, 則臣子也, 故變文焉.〈由儀〉言'萬物之生, 各得其宜', 故廢, 則萬物失其道理矣. 此與〈由庚〉全同,〈由庚〉言'陰陽', 此言'萬物'者,〈由庚〉言'由陰陽得理, 萬物得其道',〈由儀〉, 則指其'萬物生得其宜', 本之於陰陽, 所以異也. 此二十二篇〈小雅〉之正經, 王者行之所以養中國, 而威四夷. 今盡廢事不行, 則王政衰壞, 中國不守, 四方夷狄來侵之, 中夏之國微弱矣. 言北狄所以來侵者, 爲廢〈小雅〉故也. 厲王廢之而微弱, 宣王能禦之而復興. 故博而詳之, 而因明〈小雅〉不可不崇, 以示法也. 此篇'北伐', 下篇'南征', 蠻狄之侵, 則有之矣. 其戎夷, 則〈小雅〉無其事. 厲王之末, 天下大壞, 明其四夷俱侵也.〈江漢〉命召公平淮夷, 明是厲王之時, 淮夷亦侵也. 唯無戎侵之事, 蓋作者所以不言耳. 假使無戎侵, 亦得言四夷矣.〈定本〉此序注云:「言周室微而復興, 美宣王之北伐也.」案〈集本〉及諸本, 並無此注. 首章傳曰:「日月爲常.」《周禮》:「王建太常.」二章傳曰:「出征以佐, 其爲天子.」是自於已之辭. 觀此則毛意, 此篇王自征也. 卒章傳曰:「使文武之臣征伐, 與孝友之臣處內,」言與似共留, 不去之辭者. 王肅云:「宣王親伐玁狁, 出鎬京而還. 使吉甫迫伐追逐, 乃至於太原.」如肅意, 宣王先歸於京師, 吉甫還時, 王已處內, 故言'與孝友之臣處內'也. 肅以鎬爲鎬京, 未必是. 毛之意其言'宣王先歸', 或得傳旨不然. 不得載常簡閱, 遣將獨行也. 則毛意上四章說'王自親行', 下二章說'王還之後', 遣吉甫行也. 故三章再言'薄伐', 上謂王伐之, 下謂吉甫伐之也. 鄭以爲獨遣吉甫, 王不自行. 王基卽鄭之徒也. 云〈六月〉, 使吉甫采芑, 命方叔〈江漢〉命召公, 唯〈常武〉, 宣王親自征耳. 孔晁云'王親自征耳'. 孔晁, 王肅之徒也. 言〈六月〉王親行,〈常武〉王不親行, 故〈常武〉曰:「王命卿士南仲, 太祖太師皇父. 非王親征也.」又曰:「王奮厥武, 王旅嘽嘽, 皆統於王師也.」又王曰:「還歸將士, 稱王命而歸耳. 非親征也.」案〈出車〉文, 王不親, 而經專美南仲, 此篇亦專美吉甫, 若將帥之從王而行, 則君統臣功, 安得言不及王, 而專歸美於下? 若王自親征, 飮至大賞, 則從軍之士, 莫不在焉. 何由吉甫一人, 獨多受祉? 故鄭以此篇爲王不親行也.〈常武〉言'王旅容可, 統之於王', 經云'赫赫業業, 有嚴天子.' 說天子之容, 復何統乎? 又遣將誓師, 可稱王意, 經言王曰:「還歸事在旣克之後.」事平理, 自當還在軍, 將所專制, 何嘗假稱王命, 始還師也? 以此知〈常武〉, 親征爲得其實. 孫毓亦以此篇, 王不自行, 鄭說爲長.

2.《史記》周本紀

厲王行暴虐侈傲, 國人謗王. 召公諫曰:「民不堪命矣.」王怒, 得衛巫, 使監謗者, 以告則殺之. 其謗鮮矣, 諸侯不朝. 三十四年, 王益嚴, 國人莫敢言, 道路以目. 厲王喜, 告召公曰:「吾能弭謗矣, 乃不敢言.」召公曰:「是鄣之也. 防民之口, 甚於防水. 水壅而潰, 傷人必多, 民亦如之. 是故爲水者決之使導, 爲民者宣之使言. 故天子聽政, 使公卿至於列士獻詩, 瞽獻曲, 史獻書, 師箴, 瞍賦, 矇誦, 百工諫, 庶人傳語, 近臣盡規, 親戚補察, 瞽史敎誨, 耆艾脩之, 而后王斟酌焉, 是以事行而不悖. 民之有口也, 猶土之有山川也, 財用於是乎出: 猶其有原隰衍沃也, 衣食於是乎生. 口之宣言也, 善敗於是乎興. 行善而備敗, 所以産財用衣食者也. 夫民慮之於心而宣之於口, 成而行之. 若壅其口, 其與能幾何?」王不聽. 於是國莫敢出言, 三年, 乃相與畔, 襲厲王. 厲王出奔於彘. 厲王太子靜匿召公之家, 國人聞之, 乃圍之. 召公曰:「昔吾驟諫王, 王不從, 以及此難也. 今殺王太子, 王其以我爲讎而懟怒乎? 夫事君者, 險而不讎懟, 怨而不怒, 況事王乎!」乃以其子代王太子, 太子竟得脫. 召公·周公二相行政, 號曰「共和」. 共和十四年, 厲王死于彘.

太子靜長於召公家, 二相乃共立之爲王, 是爲宣王.

宣王卽位, 二相輔之, 脩政, 法文·武·成·康之遺風, 諸侯復宗周. 十二年, 魯武公來朝. 宣王不脩籍於千畝, 虢文公諫曰不可, 王弗聽. 三十九年, 戰于千畝, 王師敗績於姜氏之戎. 宣王旣亡南國之師, 乃料民於太原. 仲山甫諫曰:「民不可料也.」宣王不聽, 卒料民. 四十六年, 宣王崩, 子幽王宮涅立.

184(小-24) 채기(采芑)

*〈采芑〉: '芑'는 '시화', 혹 '차조기'라는 풀이름. '苦蕒菜'라고도 하며 말에게 먹일
수 있고 사람도 식용으로 할 수 있다 함. 〈毛傳〉에 "芑, 菜也"라 하였고, 〈集傳〉에
는 "芑, 苦菜也. 靑白色, 摘其葉有白汁出, 肥可生食, 亦可蒸爲茹. 卽今苦蕒菜. 宜馬
食, 軍行采之人馬, 皆可食也"라 함. 〈諺解〉 物名에 "芑: 샤라부"라 함.
*이 시는 宣王이 남쪽 荊蠻을 평정한 내용을 읊은 것이라 함. 그러나 당시 상황
으로 보아 남쪽 형만을 정복한 것이 아니라 당시 方叔이 먼저 玁狁을 정벌하고
다시 군사를 훈련시키며 군사의 위세를 보이자 남만이 스스로 복종의 의사를
보인 것이라 함. 吳闓生《詩義會通》에 "劉向所謂「方叔·吉甫爲宣王誅玁狁, 而百蠻
從」者, 最得其實. 說者以爲南征, 非是. 案前人亦有疑及此者, 荊公(王安石)云:「前三
章詳序其治兵, 末章美其成公, 出戰之事, 略而不言. 蓋以宿將董大衆, 荊人自服也.」
蘇子由(蘇轍)云:「方叔南征, 先治其兵, 旣衆且治, 而蠻荊遂服.」朱子(朱熹)云:「南征
荊蠻, 想不甚費力, 不曾大段戰鬪, 故只盛稱軍容而已. 然皆誤荊蠻之服爲實有其事,
不知乃作者虛擬頌禱之詞. ……且果系南征, 無端而屬入玁狁, 又文義爲支離矣.」라
함.

〈序〉: 〈采芑〉, 宣王南征也.

〈채기〉는 선왕의 南征을 읊은 것이다.

*전체 4장. 매 장 12구씩(采芑: 四章. 章十二句).

(1) 興
薄言采芑, 于彼新田, 于此菑畝.

잠깐 芑(긔)를 采홈을, 뎌 新田에 ᄒ며, 이 菑畝(ᄌ묘)애 ᄒ놋다.

기채를 뜯네, 저 신전에서, 이 새밭에서.

方叔涖止, 其車三千, 師干之試.

方叔이 涖(리)ᄒ니, 그 車ㅣ 三千이로소니, 師ㅣ 干을 試ᄒ얏도다.

方叔 장군이 임하니, 그 수레 3천인데, 그 군사들 모두 훈련을 받고

있네.

方叔率止, 乘其四騏,

方叔이 率ᄒᆞ니, 그 四騏를 탓도다.

방숙 장군이 통솔하니, 그 타신 수레는 네 필 기마(騏馬)로다.

四騏翼翼, 路車有奭,

四騏 翼翼ᄒᆞ니, 路車ㅣ 奭(혁)ᄒᆞ도소니,

네 필 기마 씩씩하니, 노거는 붉은 그 빛이며,

簟第魚服, 鉤膺鯈革!

簟(뎜)으로 ᄒᆞᆫ 第(블)과 魚로 ᄒᆞᆫ 服이며, 鉤ㅣ며 膺이며 鯈革(됴혁)이로다!

대나무 엮은 가리개에 어피로 만든 箭筒, 말 가슴엔 늘어뜨린 가죽 고삐로다!

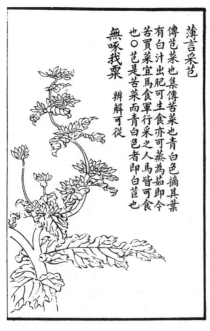

【薄言】두 글자 모두 助字. 그러나 〈諺解〉에는 '薄'을 '잠깐'으로 풀이하였음.

【新田, 畬畝】一年 된 밭을 菑. 二年 된 것을 新田, 三年 된 것을 畬라 함. 〈毛傳〉에 "田一歲曰菑, 二歲曰新田, 三歲曰畬. 宣王能新美天子之士, 然後用之"라 하였고, 〈鄭箋〉에 "興者, 新美之. 喻和治其家, 養育其身也. 士, 軍士也"라 함. 〈集傳〉에도 "田一歲曰菑, 二歲曰新田, 三歲曰畬"라 함.

【方叔】〈毛傳〉에 "方叔, 卿士也. 受命而爲將也"라 하였고, 〈集傳〉에도 "方叔, 宣王卿士, 受命爲將者也"라 함.

【涖】〈毛傳〉과 〈集傳〉에 "涖, 臨也"라 함.

【三千】〈集傳〉에 "其車三千", 法當用三十萬衆, 蓋兵車一乘, 甲士三人, 步卒

七十二人, 又二十五人將. 重車在後, 凡百人也. 然此亦極其盛而言, 未必實有此數也"라 함.

【師干之試】〈毛傳〉에 "師, 衆;干, 扞;試, 用也"라 하였고, 〈集傳〉에도 "師, 衆;干, 扞也;試, 肄習也. 言衆且練也"라 함. 〈鄭箋〉에 "方叔臨視, 此戎車三千乘, 其士卒皆有佐師扞敵之用爾. 《司馬法》(逸文):「兵車一乘, 甲士三人, 步卒七十二人.」宣王承亂, 羨卒盡起"라 함.

【率】〈鄭箋〉에 "率者, 率此戎車士卒而行也"라 하였고, 〈集傳〉에 "率, 總率之也"라 함.

【四騏】병거는 말 네 필이 끌었음. '騏'는 青黑色의 말.

【翼翼】整齊한 모습, 건장한 모습. 〈鄭箋〉에 "翼翼, 壯健貌"라 하였고, 〈集傳〉에는 "翼翼, 順序貌"라 함.

【路車】大將의 병거. 〈集傳〉에 "路車, 戎車也"라 함.

【奭】〈毛傳〉과 〈集傳〉에 "奭, 赤貌"라 함.

【簟茀】대로 엮어 만든 수레의 덮개. 〈鄭箋〉에 "茀之言蔽也. 車之蔽飾象席文也"라 하였고, 〈集傳〉에 "簟茀, 以方文竹簟爲車蔽也"라 함.

【魚服】魚皮로 만든 箭筒. 〈鄭箋〉에 "魚服, 矢服也"라 함.

【鉤膺】마대의 가슴 끈. 〈毛傳〉에 "鉤膺, 樊纓也"라 하였고, 〈集傳〉에는 "鉤膺, 馬婁頷有鉤, 而在膺有樊有纓也. 樊, 馬大帶纓鞅也"라 함.

【條革】아래로 드리운 가죽 고삐. 〈鄭箋〉에 "條革, 轡首垂也"라 하였고, 〈集傳〉에 "條革, 見〈蓼蕭〉篇"이라 함.

＊〈集傳〉에 "○宣王之時蠻荆背叛, 王命方叔南征, 軍行采芑而食. 故賦其事, 以起興曰「薄言采芑, 則于彼新田, 于此菑畝矣. 方叔涖止, 則其車三千, 師干之試矣.」又遂言其車馬之美, 以見軍容之盛也"라 함.

(2) 興

薄言采芑, 于彼新田, 于此中鄕.

잠깐 芑룰 采홈을, 뎌 新田에 ᄒ며, 이 中鄕애 ᄒ놋다.

기채를 뜯네, 저 신전에서, 이 중향에서.

方叔涖止, 其車三千, 旂旐央央.

方叔이 涖ᄒ니, 그 車ㅣ 三千이로소니, 旂(긔)와 旐(죠)ㅣ 央央ᄒ도다.

방숙 장군 임하시니, 병거는 삼천이요, 청룡기와 현무기가 뚜렷하도다.

方叔率止, 約軝錯衡, 八鸞瑲瑲.

方叔이 率ᄒᆞ니, 約ᄒᆞᆫ 軝(기)와 錯ᄒᆞᆫ 衡이며, 八鸞이 瑲瑲(챵챵)ᄒᆞ도다.

방숙 장군이 이끄시니, 가죽으로 묶은 굴대통에 무늬를 넣었고, 여덟 말방울 딸랑거리네.

服其命服, 朱芾斯皇, 有瑲葱珩!

그 命ᄒᆞ신 服을 닙어시니, 朱ᄒᆞᆫ 芾(블)이 이 皇ᄒᆞ며, 瑲ᄒᆞᄂᆞᆫ 葱(총)ᄀᆞᆮᄐᆞᆫ 珩(형)이로다!

천자께서 내리신 戎衣 걸치니, 붉은 슬갑 번쩍이고, 목에 건 파란 패옥 짤랑거리네!

【中鄉】마을. 〈毛傳〉에 "鄉, 所也"라 하였으나, 〈鄭箋〉에 "中鄉, 美地名"이라 함. 밭을 잘 가꾸어 칭찬한 것. 〈集傳〉에 "中鄉, 民居其田, 尤治約束"이라 함.

【旂】交龍 무늬를 그린 旗. 靑龍旗.

【旐】龜蛇 무늬를 그린 旗. 玄武旗. 〈鄭箋〉에 "交龍爲旂, 龜蛇爲旐. 此言軍衆將帥 之車, 皆備"라 함.

【央央】鮮明한 모습을 표현한 것.

【約軝】붉은 가죽으로 감아 묶은 굴대. 〈毛傳〉에 "軝, 長轂之軝也. 朱而約之"라 하였고, 〈集傳〉에도 "軝, 轂也. 以皮纏束兵車之轂, 而朱之也"라 함. '軝'자는 혹 '軧'(저)자와 혼용하고 있으나, 〈音義〉에 '軝, 祁支反.《廣雅》云:「轂.」'이라 하여 음 이 '기'임.

【錯衡】〈毛傳〉에 "錯衡, 文衡也"라 하였고, 〈集傳〉에도 "錯, 文也"라 함.

【八鸞】여덟 개의 방울. 〈集傳〉에 "鈴在鑣曰鸞. 馬口兩旁, 各一四馬, 故八也"라 함.

【瑲瑲】말방울 소리. 〈毛傳〉과 〈集傳〉에 "瑲瑲, 聲也"라 함.

【服其命服】命服을 입음. 命服은 天子가 下賜한 軍服. 〈集傳〉에 "命服, 天子所命 之服也"라 함.

【朱芾】붉은 膝甲. 朱色은 天子의 色. 〈毛傳〉에 "朱芾, 黃朱芾也"라 하였고, 〈集傳〉 에도 "朱芾, 黃朱之芾也"라 함.

【皇】휘황함. 빛남. 〈毛傳〉과 〈集傳〉에 "皇, 猶煌煌也"라 함.

【瑲】〈毛傳〉에 "瑲, 珩聲也"라 하였고, 〈集傳〉에 "瑲, 玉聲"이라 함.

【葱】파처럼 파란 색. 〈集傳〉에 "葱, 蒼色如葱者也"라 함.

【珩】목에 橫으로 거는 玉. 〈集傳〉에 "珩, 佩首橫玉也. 禮三命, 赤芾葱珩"이라 함.

〈毛傳〉에 "葱, 蒼也. 三命葱珩, 言周室之强, 車服之美也. 言其强美斯劣矣"라 하였고, 〈鄭箋〉에 "命服者, 命爲將受王命之服也. 天子之服, 韋弁服·朱衣裳也"라 함.

(3) 興

鴥彼飛隼, 其飛戾天, 亦集爰止.

鴥(율)흔 뎌 飛ㅎ는 隼(쥰)이여, 그 飛홈이 天애 戾(려)ㅎ며, 쏘흔 이예 止홀 딕 集ㅎ놋다.

쏜살같은 저기 저 새매, 하늘에 닿도록 날더니, 다시 여기에 모여드네.

方叔涖止, 其車三千, 師干之試.

方叔이 涖ㅎ니, 그 車ㅣ 三千이로소니, 師ㅣ 干을 試ㅎ얏도다.

방숙 장군이 임하시니, 그 융거 삼천 승에, 무리들 훈련을 받고 있네.

方叔率止, 鉦人伐鼓, 陳師鞠旅.

方叔이 率ㅎ니, 鉦人(졍인)이 鼓를 伐ㅎ거늘, 師를 陳ㅎ며 旅를 鞠ㅎ놋다.

방숙 장군이 이끄시되, 징을 치고 북을 치며, 병사들 세워놓고 그들에게 서약을 고하시네.

顯允方叔, 伐鼓淵淵, 振旅闐闐!

顯ㅎ고 允흔 方叔이여, 북을 티매 淵淵히 ㅎ며, 旅를 振홈애 闐闐(뎐뎐)ㅎ놋다!

밝고 신실하신 방숙이여, 땅땅 북을 치면 공격하고, 칭칭 징을 치면 멈추네!

【鴥】 새가 빨리 나는 모습.
【隼】 새매. 날진이. 〈諺解〉 物名에 "隼: 나친이"라 함. 〈集傳〉에 "隼, 鶴屬, 急疾之鳥也"라 함.
【戾天】 戾는 至의 뜻. 하늘에 닿을 듯이 새가 높이 낢. 〈毛傳〉과 〈集傳〉에 "戾, 至也"라 함.
【爰】 〈鄭箋〉과 〈集傳〉에 "爰, 於也"라 함. 〈鄭箋〉에 "隼, 急疾之鳥也. 飛乃至天, 喩士卒勁勇, 能深攻入敵也. 爰, 於也. 亦集於其所止, 喩士卒須命, 乃行也"라 함.

【三】〈鄭箋〉에 "三稱此者, 重師也"라 함.

【鉦人伐鼓】〈毛傳〉에 "伐, 擊也. 鉦以靜之, 鼓以動之"라 하여, 징을 치면 멈추고, 북을 치면 공격함. 〈集傳〉에 "鉦, 鐃也. 鐲也. 伐, 擊也. 鉦以靜之, 鼓以動之. 鉦鼓各有人, 而言鉦人伐鼓, 互文也"라 함.

【陳師鞠旅】陳師는 군사들을 陳列시킴. '鞠'은 告, 旅는 軍人. 〈毛傳〉에 "鞠, 告也"라 하였고, 〈鄭箋〉에 "鉦也鼓也, 各有人焉. 言鉦人伐鼓, 互言爾. 二千五百人爲師, 五百人爲旅. 此言將戰之日, 陳列其師旅. 誓告之也. 陳師告旅. 亦互言之"라 함. 〈集傳〉에도 "鞠, 告也. 二千五百人爲師, 五百人爲旅. 此言將戰陳其師旅, 而誓告之也. 「陳師鞠旅」, 亦互文耳"라 함.

【顯允】밝고 신실함.

【淵淵】〈毛傳〉에 "淵淵, 鼓聲也"라 함. 전투개시를 알리는 信號. 〈集傳〉에 "淵淵, 鼓聲和平不暴怒也. 謂戰時進士衆也"라 함.

【振旅】징을 울려 싸움을 그치는 신호를 보냄. 振은 止, 旅는 衆. 入曰振旅, 復長幼也"라 하였고, 〈鄭箋〉에 "伐鼓淵淵, 謂戰時進士衆也. 至戰止將歸, 又振旅伐鼓闐闐然. 振, 猶止也. 旅, 衆也. 《春秋》傳曰:「出曰治兵, 入曰振旅」 其禮一也"라 함. 〈集傳〉에도 "振, 止;旅, 衆也. 言戰罷而止其衆以入也. 《春秋》傳曰:「出曰治兵, 入曰振旅」, 是也"라 함. 《穀梁傳》莊公 8年에 "出曰治兵, 習戰也; 入曰振旅, 習戰也"라 함.

【闐闐】북소리. 〈集傳〉에 "闐闐, 亦鼓聲也. 或曰盛貌. 程子曰:「振旅, 亦以鼓行金止.」"라 함.

*〈集傳〉에 "○言「隼飛戾天, 而亦集於所止. 以興師衆之盛, 而進退有節, 如下文所云也.」"라 함.

(4) 賦

蠢爾蠻荊, 大邦爲讎.

蠢(준)흔 蠻荊(만형)이 大邦을 讎를 삼놋다.

꿈틀대던 荊州의 만이들, 대국 이 중원을 원수로 여기다니,

方叔元老, 克壯其猶.

方叔이 키 老ᄒ나, 능히 그 猶(유)를 壯히 ᄒ놋다.

방숙 장군이 늙으셨으나, 그 모책은 이처럼 장하도다.

方叔率止, 執訊獲醜.

方叔이 率ᄒ니, 訊을 執ᄒ며 醜를 獲ᄒ놋다.

방숙 장군 이끄시어, 잡은 자는 신문하고 죽은 자는 귀를 베도다.

戎車嘽嘽, 嘽嘽焞焞, 如霆如雷.

戎車ㅣ 嘽嘽(탄탄)ᄒ니, 嘽嘽ᄒ며 焞焞(퇴퇴)ᄒ야, 霆곧ᄐ며 雷곧도다.

융거 소리 우당탕탕, 우당탕탕 대단하여, 벼락같고 우레같도다.

顯允方叔, 征伐玁狁, 蠻荊來威!

顯ᄒ고 允흔 方叔이여, 玁狁을 征伐ᄒ니, 蠻荊이 來ᄒ야 威ᄒ놋다!

밝고도 신실하신 방숙이여, 험윤을 정벌하니, 만형이 위엄에 굴복해오
도다!

【蠢】꿈틀거림. 〈毛傳〉에 "蠢, 動也"라 하였고, 〈集傳〉에 "蠢者, 動而無知之貌"라
  함.
【蠻荊】〈毛傳〉과 〈集傳〉에 "蠻荊, 荊州之蠻也"라 함.
【大邦】大國, 곧 中原. 〈鄭箋〉에 "大邦, 列國之大也"라 하였고, 〈集傳〉에는 "大邦,
  猶言中國也"라 함.
【元老】〈毛傳〉에 "元, 大也. 五官之長出於諸侯, 曰天子之老, 壯大猶道也"라 하였
  고, 〈集傳〉에도 "元, 大"라 함.
【克】發語辭.
【猶】智謀. 〈鄭箋〉에 "猶, 謀也. 謀兵謀也"라 하였고, 〈集傳〉에도 "猶, 謀也. 言方
  叔雖老, 而謀則壯也"라 함.
【訊】생포자를 신문함.
【獲】馘과 같음. 죽인 적의 왼쪽 귀를 벰.
【醜】衆. 무리. 〈鄭箋〉에 "方叔率其士衆, 執其可言問所獲敵人之衆, 以還歸也"라
  함.
【嘽嘽】여러 수레가 한꺼번에 가는 소리. 〈毛傳〉과 〈集傳〉에 "嘽嘽, 衆也"라 함.

【焞焞】〈毛傳〉과 〈集傳〉에 "焞焞, 盛也"라 함.

【霆】우레. 〈鄭箋〉에 "言戎車既衆盛, 其威又如雷霆. 言雖久在外, 無罷勞也"라 함. 〈集傳〉에 "霆, 疾雷也. 方叔蓋嘗與於北伐之功者, 是以蠻荊聞其名, 而皆來畏服也"라 함.

【威】宣王의 威勢가 널리 퍼짐. 혹 위세에 눌려 스스로 굴복해 옴. 〈鄭箋〉에 "方叔先與吉甫征伐玁狁, 今特往伐蠻荊, 皆使來服於宣王之威. 美其功之多也"라 함.

참고 및 관련 자료

1. 孔穎達〈正義〉

謂宣王命方叔南征蠻荊之國, 上言伐此云征, 便辭耳, 無義例也. 言伐者, 以彼有罪伐而討之, 猶執斧以伐木. 言征者, 已伐而正其罪. 故或并言'征伐', 其義一也.

185(小-25) 거공(車攻)

*〈車攻〉: 수레가 견고함을 뜻함. 〈毛傳〉과 〈集傳〉에 "攻, 堅"이라 함.
*이 시는 宣王이 일찍이 周公이 건설해 두었던 東都 洛陽에서 제후들을 불러
모아 옛 제도를 회복하여 전렵 행사를 시행하면서 종주국 천자의 위세를 과시
하였음을 찬미한 것이라 함.

〈序〉: 〈車攻〉, 宣王復古也. 宣王能內脩政事, 外攘夷狄, 復文武之竟土. 脩車馬, 備器械, 復會諸侯於東都, 因田獵而選車徒焉.

〈거공〉은 선왕이 옛 제도를 회복한 것이다. 선왕은 능히 안으로 정사
를 잘 닦고 밖으로 이적을 물리쳤으며 문왕과 무왕의 영토를 회복하였
다. 거마를 수선하고 무기를 갖추어 동도에서 제후들을 다시 불러 모아
이로써 전렵의 행사를 치르고 수레와 도졸들을 선발하였다.

〈箋〉: 東都, 王城也.

*전체 8장. 매 장 4구씩(車攻: 八章. 章四句).

(1) 賦
我車旣攻, 我馬旣同.

우리 車ㅣ 이믜 攻ᄒ며, 우리 馬ㅣ 이믜 同ᄒ야,

나의 수레 이미 견고하고, 나의 말도 이미 갖추어졌네.

四牡龐龐, 駕言徂東!

四牡ㅣ 龐龐(롱롱)ᄒ니, 駕ᄒ여 東으로 가놋다!

네 필 숫말 씩씩하니, 수레 몰아 동쪽 낙읍으로 향하도다!

【同】가지런함. 잘 갖추어짐. 〈毛傳〉에 "同, 齊也. 宗廟齊豪, 尙純也; 戎事齊力, 尙

強也;田獵齊足, 尙疾也"라 함. 〈集傳〉에도 "同, 齊也. 傳曰宗廟齊豪, 尙純也. 戎
事齊力, 尙強也;田獵齊足, 尙疾也"라 함.

【龐龐】〈毛傳〉과 〈集傳〉에 "龐龐, 充實也"라 함. '龐'의 원음은 '방'이나 '롱'(鹿同
反), 혹 '봉'(扶公反) 두 가지가 있음. 〈諺解〉에는 '롱'으로 읽었음.

【徂】'雒邑으로 가다'의 뜻.

【東】〈毛傳〉에 "東, 洛邑也"라 하였고, 〈集傳〉에도 "東, 東都洛邑也"라 함.

＊〈集傳〉에 "○周公相成王, 營洛邑爲東都, 以朝諸侯. 周室旣衰, 久廢其禮, 至于宣
王, 內得政事, 外攘夷狄, 復文武之竟土. 修車馬, 備器械, 復會諸侯於東都. 因田
獵而選車徒焉. 故詩人作此以美之, 首章汎言「將徃東都」也"라 함.

(2) 賦

田車旣好, 四牡孔阜.

田車ㅣ 이믜 好ᄒ니, 四牡ㅣ 심히 阜ᄒ도다.

나의 수레 이미 훌륭하고, 네 필 숫말 심히 성대하도다.

東有甫草, 駕言行狩!

東의 甫草(보초)ㅣ 잇거늘, 駕ᄒ야 行ᄒ야 狩ᄒ놋다!

동녘의 좋은 사냥터 보전의 풀밭이 있으니, 달려가 사냥 행사를 하
도다!

【田車】〈集傳〉에 "田車, 田獵之車"라 함. 사냥용 수레. '田'은 畋과 같음.

【好】〈集傳〉에 "好, 善也"라 함.

【阜】朱熹 〈集傳〉에 "阜, 盛大也"라 함.

【甫草】地名. 甫田. 鄭나라 땅. 지금의 開封府 中牟縣 西圃田澤. 〈毛傳〉에 "甫, 大
也. 田者, 大芟草以爲防. 或舍其中, 褐纒旆以爲門, 裘纒質以爲樴. 間容握驅而入
聲, 則不得入. 左者之左, 右者之右. 然後焚而射焉. 天子發, 然後諸侯發. 諸侯發,
然後大夫士發. 天子發抗大綏, 諸侯發抗小綏, 獻禽於其下. 故戰不出頃, 田不出防,
不逐奔走, 古之道也"라 하였고, 〈鄭箋〉에 "甫草者, 甫田之草也. 鄭有甫田"이라
함. 〈集傳〉에는 "甫草, 甫田也. 後爲鄭地, 今開封府中牟縣西圃田澤是也. 宣王之
時, 未有鄭國圃田, 屬東都畿內, 故徃田也"라 함.

＊〈集傳〉에 "○此章指言「將徃狩于圃田」也"라 함.

(3) 賦

之子于苗, 選徒囂囂.

之子ㅣ 苗ᄒ니, 徒를 選홈이 囂囂(효효)ᄒ도다.

우리 선왕께서 여름 사냥 시작하면서, 보졸들 세느라 시끌벅적.

建旐設旄, 搏獸于敖!

旐를 建ᄒ며 旄를 設ᄒ야, 敖의 가 獸를 搏(박)ᄒ놋다!

玄武旗에 쇠꼬리 달아 세우고, 敖 땅에 짐승을 잡도다!

【之子】〈毛傳〉과 〈集傳〉에 "之子, 有司也"라 함. 天子 宣王을 가리킴.

【于苗】'于'는 〈鄭箋〉에 "于, 曰也"라 하였음. '苗'는 〈毛傳〉에 "夏獵曰苗"라 하였으나, 〈集傳〉에는 "苗, 狩獵之通名也"라 하여, 모든 수렵을 뜻함.

【選】'세어보다'의 뜻. 〈集傳〉에 "選, 數也"라 함.

【徒囂囂】〈毛傳〉에 "嘵嘵(囂囂), 聲也. 維數車徒者, 爲有聲也"라 하였고, 〈集傳〉에 "囂囂, 聲衆盛也. 數車徒者, 其聲囂囂, 則車徒之衆可知. 且車徒不譁, 而惟數者有聲, 又見其靜治也"라 하여, 車徒를 세어보느라 시끄러운 소리를 말함.

【搏獸】사냥감을 잡음. 〈鄭箋〉에 "獸, 田獵搏獸也"라 함.

【敖】〈毛傳〉에 敖, 地名"이라 하였고, 〈鄭箋〉에도 "敖, 鄭地. 今近滎陽"이라 함. 〈集傳〉에도 "敖, 近滎陽地名也"라 함.

＊〈集傳〉에 "○此章言「至東都而選徒以獵」也"라 함.

(4) 賦

駕彼四牡, 四牡奕奕.

뎌 四牡를 駕ᄒ니, 四牡ㅣ 奕奕(혁혁)ᄒ도다.

저 네 필 숫말에게 수레를 끌도록 하니, 네 필 숫말 멋지게 포진하도다.

赤芾金舄, 會同有繹!

赤흔 芾(블)과 金으로 흔 舄(셕)으로, 會ᄒ며 同홈을 繹(역)ᄒ놋다!

붉은 슬갑에 황금색 신발, 회동하러 오는 제후들 줄을 이었도다!

【奕奕】〈集傳〉에 "奕奕, 連絡布散之貌"라 함.

【赤芾】膝甲. 〈集傳〉에 "赤芾, 諸侯之服"이라 함.

【金舃】신. 신발. 〈毛傳〉에 "諸侯赤芾金舃, 舃, 達屨也"라 하였고, 〈鄭箋〉에는 "金舃, 黃朱色也"라 함. 〈集傳〉에는 "金舃, 赤舃而加金飾, 亦諸侯之服也"라 함.

【會同】〈毛傳〉과 〈集傳〉에 "時見曰會, 殷見曰同"이라 함.

【繹】〈毛傳〉에 "繹, 陳也"라 하였고, 〈集傳〉에도 "繹, 陳列聯屬之貌也"라 함. 〈毛傳〉에 "言諸侯來會也"라 함. 제후들이 동도 낙양에 온 천자 선왕을 뵙고자 連絡不絶임

＊〈集傳〉에 "○此章言「諸侯來會朝於東都」也"라 함.

(5) 賦

決拾旣佽, 弓矢旣調.

決과 拾(습)이 이미 佽(차)ᄒᆞ며, 弓과 矢 이미 調(됴)ᄒᆞ니,

깍지와 팔찌 이미 잘 다듬어 놓았고, 궁시도 강약을 잘 맞추어 놓았으니,

射夫旣同, 助我擧柴!

射ᄒᆞᄂᆞᆫ 夫ㅣ 이미 同ᄒᆞ야, 우리를 도아 柴(지)를 擧ᄒᆞ놋다!

활을 쏠 사냥꾼들 제자리를 잡아, 나를 도와 잡은 짐승감 쌓여가네!

【決拾】깍지와 팔찌. 〈毛傳〉에 "決, 鉤弦也;拾, 遂也"라 하였고, 〈集傳〉에는 "決, 以象骨爲之著於右手, 大指所以鉤弦開體;拾, 以皮爲之著於左臂, 以遂弦, 故亦名遂"라 함.

【佽】〈毛傳〉에 "佽, 利也"라 하였고, 〈鄭箋〉에 "佽, 謂手指相次比也"라 함. 〈集傳〉에는 "佽, 比也"라 함. 잘 손질하여 즉시 사용할 수 있도록 해 놓음.

【調】〈鄭箋〉 "調, 謂弓强弱與矢輕重, 相得"이라 하였고, 〈集傳〉에 "調, 謂弓强弱與矢輕重相得也"라 함.

【旣同】〈鄭箋〉 "〈鄭箋〉에 "旣同, 已射同復將射之位也. 雖不中, 必助中者, 擧積禽也"라 함.

【射夫】〈集傳〉에 "射夫, 蓋諸侯來會者同協也"라 함.

【柴】〈毛傳〉에 "柴, 積也"라 하였고, 〈集傳〉에는 "柴, 《說文》作'㸘', 謂積禽也. 使諸侯之人, 助而擧之, 言獲多也"라 함.

＊〈集傳〉에 "○此章言「旣會同而田獵」也"라 함.

(6) 賦
四黃旣駕, 兩驂不猗.

四黃을 이믜 駕ᄒ니, 兩驂이 猗(의)티 아니 ᄒ도다.

네 필 공골말 이미 수레를 끌고, 두 마리 곁말은 기욺이 없도다.

不失其馳, 射矢如破!

그 馳를 失티 아니 ᄒ거늘, 矢를 숨홈애 破ᄐᆺ ᄒ놋다!

달리는 법을 잃지 않으니, 화살을 쏘면 마치 깨뜨리듯 맞히네!

【黃】黃馬.
【驂】곁말.
【猗】삐딱하여 바르지 못함. 〈集傳〉에 "猗, 偏倚不正也"라 함. 〈毛傳〉에 "言御者之良也"라 함.
【馳】〈集傳〉에 "馳, 馳驅之法也. 舍矢如破巧而力也. 蘇氏曰: 「不善射御者詭遇, 則獲不然, 不能也. 今御者不失其馳驅之法, 而射者舍矢如破, 則可謂善射御矣.」"라 함. 《孟子》趙岐 注에 "言御者, 不失其馳驅之法"이라 함.
【射矢】활을 쏘는 것.
【如破】파괴시키듯 힘차게 들어맞힘. 〈毛傳〉에 "言習於射御法也"라 하였고, 〈鄭箋〉에 "御者之良, 得舒疾之中, 射者之工, 矢發則中, 如椎破物也"라 함.
＊〈集傳〉에 "○此章言「田獵而見其射御之善」也"라 함.

(7) 賦
蕭蕭馬鳴, 悠悠旆旌.

蕭蕭ᄒᆫ 馬의 鳴이며, 悠悠ᄒᆫ 旆(패)와 旌이로다.

흐흥대는 말들의 울음에, 길게 늘어져 나부끼는 깃발들.

徒御不驚, 大庖不盈!

徒와 御ㅣ 驚티 아니며, 大庖(대포)ㅣ 盈티 아닌놋다!

보졸과 마부들 모두 놀라고, 천자의 곳간에 사냥물 가득 찼네!

【悠悠】길게 늘어져 나부끼는 모습. 〈集傳〉에 "蕭蕭·悠悠, 皆閑暇之貌"라 함.

【徒御不驚】徒는 步卒. 〈毛傳〉에 "徒, 輦也;御, 御馬也. 不驚, 驚也"라 하였고, 〈集傳〉에 "徒, 步卒也;御, 車御也. 驚, 如《漢書》「夜軍中驚」之驚. '不驚', 言「比卒事不喧譁」也"라 하여, '不驚'은 反語文 '놀라지 않겠는가?', 즉 '놀라다'의 뜻.

【大庖】수라간. 〈集傳〉에 "大庖, 君庖也"라 함.

【不盈】역시 反語文으로, '가득 차지 않겠는가?', 즉 '가득 차다'의 뜻. 〈毛傳〉에 "不盈, 盈也. 一曰乾豆, 二曰賓客, 三曰充君之庖. 故自左髆而射之, 達于右腢爲上, 殺射右耳. 本次之射左, 髀達于右, 骼爲下殺, 面傷不獻, 踐毛不獻, 不成禽不獻, 禽雖多, 擇取三十焉. 其餘以與大夫士, 以習射於澤宮, 田雖得禽, 射不中, 不得取禽. 田雖不得禽, 射中則得. 取禽, 古者, 以辭讓取, 不以勇力取"라 하였고, 〈鄭箋〉에 "不驚, 驚也;不盈, 盈也. 反其言美之也. 射右耳, 本射當爲達. 三十者, 每禽三十也"라 함. 그러나 〈集傳〉에는 "不盈, 言取之有度, 不極欲也. 蓋古者, 田獵獲禽, 面傷不獻, 踐毛不獻, 不成禽不獻, 擇取三等, 自左髆而射之, 達於右腢爲上. 殺以爲乾豆, 奉宗廟達右耳. 本者次之, 以爲賓客, 射左髀達於右骼爲下, 殺以充君庖, 每禽取三十焉. 每等得十其餘, 以與士大夫. 習射於澤宮中者取之, 是以獲雖多, 而君庖不盈也. 張子曰:「饌雖多而無餘者, 均及於衆而有法耳. 凡事有法, 則何患乎不均也?」 舊說:「不驚, 驚也;不盈, 盈也.」 亦通"이라 하여, 천자가 사냥물을 고르게 나누어주어 곳간이 가득차지 않은 것이라 하였음.

＊〈集傳〉에 "○此章言「其終事嚴而頒禽均」也"라 함.

(8) 賦

之子于征, 有聞無聲.

之子ㅣ 征ᄒᆞ니, 聞홈이 잇고 聲이 업도다.

우리 선왕 사냥 나서시니, 훌륭하다는 칭송을 하면서도 시끄럽지는 않네.

允矣君子! 展也大成!

진실로 君子ㅣ여! 진실로 키 成ᄒᆞ도다!

진실로 군자시여! 참으로 큰 공을 이루셨도다!

【有聞無聲】〈毛傳〉에 "有善聞, 而無諠譁之聲"이라 하였고, 〈鄭箋〉에 "晉人伐鄭, 陳成子救之, 舍於柳舒之上, 去穀七里, 穀人不知, 可謂有聞無聲"이라 함.

【允矣君子, 展也大成】【允】〈鄭箋〉과 〈集傳〉에 "允, 信"이라 함.
【展也大成】'展'은 참으로, 진실로. 〈鄭箋〉에 "展, 誠也; 大成, 謂致太平也"라 하였
고, 〈集傳〉에도 "展, 誠也. 聞師之行, 而不聞其聲. 言「至肅也. 信矣! 其君子也; 誠
哉! 其大成也.」"라 함. 陳奐〈傳疏〉에 "允矣君子, 展也大成」, 言信矣君子, 誠能成
其大功也"라 함.
＊〈集傳〉에 "○此章總叙「其事之始終而深美之」"라 함.

> 참고 및 관련 자료

1. 孔穎達〈正義〉
以詩次有義, 故序者每乘上篇而詳之. 言'內脩政事, 外攘夷狄'者, 由內事脩治, 故
能外平强寇, 即上二篇南征北伐是也. 不言蠻言夷者, 總名也. 既攘去夷狄, 即是復
境土, 是爲復古也. 案〈王制〉注云:「以爲武王因殷之地, 中國三千, 海隅五千. 至周公
成王, 斥大九州之界, 乃中國七千, 海隅萬里.」彼注者, 據文而言耳. 其實武王與成王
之時, 土境不甚相遠也. 何則? 武王崩後, 王室流言, 四國背叛, 不暇外討, 三監既定,
即爲太平制禮, 便云大界. 以此知其境土, 廣狹不得相懸也. 〈王制〉據其初伐紂言耳.
武王之末, 境應稍大, 言復文武之境土. 以文武, 周之先王, 擧以言之. 此雷復成康
之時也. 何則? 文王未得天下, 其境與武王不同, 而配武言之, 明爲先王而言也. 成
初武末, 土境略同, 故擧文武而言大界. 王制之法, 據禮爲正耳. 不然, 豈周公數年攝
政, 能使三倍大於武王宣王, 攘去夷狄, 仍小成王三倍? 且宣王中興, 明君美其復古,
比諸成康, 纔四分之一. 則展也·大成徒虛言耳. 若宣王復古, 始廣三千, 則厲王之末,
當城壞壓境, 以文逆意理, 在不然. 故知復古, 復成康之時, 以文武先王擧而言之耳.
言'脩車馬', 即首章二章上二句是也. 言'備器械攻戰之具', 三章建旐設旄之類是也.
'復會諸侯於東都', 四章是也. 言'復'者, 對上篇爲復, 猶〈卷耳〉言又也. 因田獵即六章
七章是也. 而'選車徒'即三章上二句是也. 經先言'選徒', 序先言'田獵'者, 選徒然後東
行, 故經言之序, 以選徒本爲田獵, 故言因田獵選車徒也. 言'因'者, 以會爲主, 因
會而獵也. 王者能使諸侯朝會, 是事之美者, 故以會諸侯爲主焉. 上三章先致其意,
首章致會同之意, 二章三章致田獵之意, 故云「駕言搏獸」, 皆致意之辭, 未實行也.
四章言'既至東都', 諸侯來會, 五章言'田獵之後, 頒射餘獲之禽', 六章七章言'田獵之
事', 卒章總歆美之也. 頒餘獲射, 在田獲之後, 而先田言之者, 以射, 是諸侯羣臣之事,
因上章諸侯來會, 而即說之令臣事, 自相次也.

2. 朱熹〈集傳〉
〈車攻〉, 八章, 章四句. 以五章以下考之, 恐當作四章, 章八句.

186(小-26) 길일(吉日)

*〈吉日〉: 좋은 날.
*이 시는 선왕의 사냥을 찬양한 것이라 함.

> **〈序〉: 〈吉日〉, 美宣王田也. 能愼微接下, 無不自盡以奉其上焉.**
>
> 〈길일〉은 선왕의 사냥을 찬미한 것이다. 능히 미세한 일에도 삼가면서 아랫사람을 접하니, 스스로를 다하여 윗사람을 받들지 않은 이가 없었다.

*전체 4장. 매 장 6구씩(吉日:四章. 章六句).

(1) 賦
吉日維戊, 旣伯旣禱.

吉흔 日 戊에, 이믜 伯애 이믜 禱ᄒ니,

좋은 날 戊日(剛日)에 이윽고 馬神께 기도하니,

田車旣好, 四牡孔阜.

田車ㅣ 이믜 好ᄒ며, 四牡ㅣ 심히 阜커늘,

사냥 수레 이미 갖추어졌고, 네 필 숫말 아주 씩씩하거늘,

升彼大阜, 從其群醜!

뎌 大阜(대부)애 카ᄒ야, 그 羣醜(군취)를 從ᄒ놋다!

저 큰 언덕을 올라, 많은 짐승 떼를 쫓아가도다!

【戊】剛日. 〈毛傳〉에 "維戊, 順類, 乘牡也"라 함. 〈集傳〉에 "戊, 剛日也"라 함. '維戊'는 天干 중에 홀수의 날을 剛日, 짝수는 柔日이라 하며, 戊日은 剛日에 해당함.

이 날은 바깥일을 할 수 있음. 孔穎達〈正義〉에 "十日由五奇五偶. 甲丙戊庚壬, 五奇爲剛也"라 함. 따라서 甲丙戊庚壬은 剛日이며, 乙丁己辛癸는 柔日임.《禮記》曲禮(上)에 "外事以剛日, 內事以柔日. 凡卜筮日:旬之外曰遠某日, 旬之內曰近某日. 喪事先遠日, 吉事先近日"이라 하여 '內事는 柔日에, 外事는 剛日에 행한다'하였음. 여기서는 '戊'와 '牡'가 同音이므로 戊日에 牡를 타고 사냥을 나갈 수 있음을 뜻함. 〈鄭箋〉에 "戊, 剛日也. 故乘牡爲順類也"라 함.

【伯】〈毛傳〉에 "〈毛傳〉에 "伯, 馬祖也. 重物愼微, 將用馬力, 必先爲之禱, 其祖禱, 禱, 獲也"라 하였고, 〈鄭箋〉에 "戊, 剛日也. 故乘牡爲順類也"라 함. '馬祖'는 말을 주관하는 神. 별이름에서 유래됨. 〈集傳〉에는 "伯, 馬祖也. 謂天駟房星之神也"라 함.

【田車】畋車와 같음. 사냥에 쓰는 馬車.

【阜】크고 盛함. 뒤의 것은 언덕.

【醜】무리. 짐승의 떼를 말함. 〈鄭箋〉에 "醜, 衆也. 田而升大阜, 從禽獸之羣衆也"라 하였고, 〈集傳〉에 "醜, 衆也. 謂禽獸之羣衆也"라 함.

＊〈集傳〉에 "○此亦宣王之詩, 言「田獵將用馬力, 故以吉日祭馬祖而禱之. 旣祭而車牢馬健, 於是可以歷險而從禽也.」以下章推之, 是日也, 其戊辰與!"라 함.

(2) 賦

吉日庚午, 旣差我馬.

吉흔 日 庚午애, 이믜 우리 馬룰 差ᄒ야,

길일 庚午 날에, 이미 나는 말을 골라 타고,

獸之所同, 麀鹿麌麌.

獸의 同흔 바애, 麀鹿(우록)이 虞虞(우우)흔,

짐승들 모여 있는 곳, 암사슴 떼 지어 우글대는,

漆沮之從, 天子之所!

漆沮(칠져)애 從홈이여, 天子의 所ㅣ로다!

漆水와 沮水로부터 뒤쫓아 가니, 천자가 계신 곳이로다!

【庚午】이 날도 역시 剛日임. 〈毛傳〉에 "外事, 以剛日"이라 하였고, 〈集傳〉에 "庚午, 亦剛日也"라 함.

【差】〈毛傳〉에 "差, 擇也"라 하였고, 〈集傳〉에 "差, 擇齊其足也"라 함.

【同】모여 있음. 〈鄭箋〉에 "同, 猶聚也. 麢牡曰麌. 麌復麌, 言多也"라 하였고, 〈集傳〉에는 "同, 聚也"라 함.

【麀】암사슴. 〈毛傳〉과 〈集傳〉에 "鹿牝曰麀"라 함. 〈諺解〉物名에 "麀:암사슴"이라 함.

【麌麌】많이 모여 있는 모습. 〈毛傳〉과 〈集傳〉에 "麌, 麋衆多也"라 함.

【漆沮】水名. 周의 發祥地인 岐山 근처. 〈毛傳〉에 "漆沮之水, 麀鹿所生也. 從漆沮驅禽, 而至天子之所"라 하였고, 〈集傳〉에는 "漆沮, 水名. 在西都畿內涇渭之北, 所謂洛水. 今自延韋流入鄜坊, 至同州入河也"라 함.

＊〈集傳〉에 "○戊辰之日, 旣禱矣. 越三日庚午, 遂擇其馬而乘之, 視獸之所聚, 麀鹿最多之處而從之. 惟漆沮之旁爲盛, 宜爲天子田獵之所也"라 함.

(3) 賦

瞻彼中原, 其祁孔有.

뎌 中原을 보니, 그 祁(긔)흔 거시 심히 잇도다.

저 벌판을 바라보니, 그 크고도 많은 짐승들,

儦儦俟俟, 或群或友.

儦儦(표표)ᄒ며 俟俟(ᄉᄉ)ᄒ야, 或 羣ᄒ며 或 友ᄒ거늘,

마구 달리며 서서 어정거리며, 혹은 세 마리씩 혹은 두 마리씩.

悉率左右, 以燕天子!

左右를 다 率ᄒ야, 써 天子를 燕케 ᄒᆞᆺ다!

좌우로 짐승을 몰아, 천자 사냥을 즐겁게 해 드리도다!

【中原】原中과 같음. 原은 高原. 〈集傳〉에 "中原, 原中也"라 함.

【祁】〈毛傳〉에 "祁, 大也"라 하였고, 〈鄭箋〉에 "祁, 當作麎. 麎, 麋牝也. 中原之野, 甚有之"라 함. 〈集傳〉에도 "祁, 大也"라 함.

【孔有】심히 많음.

【儦儦俟俟】〈毛傳〉에 "趨則儦儦, 行則俟俟"라 하였고, 〈集傳〉에도 "趣則儦儦, 行則俟俟"라 함.

【或群或友】짐승 셋이 모이면 群, 둘이 모이면 友라 함. 〈毛傳〉과 〈集傳〉에 "獸三曰羣, 二曰友"라 함.

【率】〈鄭箋〉에 "率, 循也. 悉驅禽順其左右之宜, 以安待王之射也"라 함.

【左右】〈毛傳〉에 "驅禽之左右, 以安待天子"라 함.

【燕】즐겁게 해 줌. 〈集傳〉에 "燕, 樂也"라 함.

＊〈集傳〉에 "○言「從王者視, 彼禽獸之多, 於是率其同事之人, 各共其事, 以樂天子也.」"라 함.

(4) 賦

旣張我弓, 旣挾我矢.

이믜 우리 弓을 張ᄒ고, 이믜 우리 矢ᄅᆯ 挾ᄒ야,

이미 나의 화살 먹여 활을 당기려, 이미 나는 화살을 끼고서는,

發彼小豝, 殪此大兕.

뎌 小豝(쇼파)ᄅᆯ 發ᄒ며, 이 大兕(대시)ᄅᆯ 殪(에)ᄒ야,

저 작은 암퇘지를 향해 쏘고, 단번에 큰 들소를 맞히어 잡아,

以御賓客, 且以酌醴!

뻐 賓客의게 御ᄒ고, 쏘 뻐 醴ᄅᆯ 酌ᄒ놋다!

이로써 손님들께 대접하고, 게다가 좋은 단술로 함께 즐기도다!

【發】〈集傳〉에 "發, 發矢也"라 함.

【豝】암퇘지. 〈鄭箋〉과 〈集傳〉에 "豕牝曰豝"라 함.

【殪】한 번 쏘아 죽이는 것. 〈毛傳〉에 "殪, 壹發而死. 言能中微, 而制大也"라 하였고, 〈集傳〉에도 "一矢而死曰殪"라 함.

【兕】들소. 〈集傳〉에 "兕, 野牛也. 言能中微而制大也"라 함.

【御】음식을 권함. 진상함. 대접함 〈集傳〉에 "御, 進也"라 함.

【賓客】諸侯들을 이름.

【醴】단술. 〈毛傳〉에 "饗醴, 天子之飮酒也"라 하였고, 〈鄭箋〉에 "御賓客者, 給賓客之御也. 賓客謂諸侯也. 酌醴, 酌而醴羣臣, 以爲俎實也"라 함. 〈集傳〉에는 "醴, 酒名.《周官》「五齊二曰醴」. 齊注曰:「醴成而汁滓, 相將如今甜酒也.」"라 함.

＊〈集傳〉에 "○言「射而獲禽以爲俎實, 進於賓客而酌醴也.」"라 함.

1. 孔穎達 〈正義〉

作〈吉日〉詩者, 美宣王田獵也. 以宣王能愼於微事, 又以恩意接及羣下, 王之田獵, 能如是, 則羣下無不自盡誠心, 以奉事其君上焉. 由王如此, 故美之也. '愼微', 卽首章上二句是也. '接下', 卒章下二句是也. 四章皆論田獵, 言田足以總之時述, 此'愼微接下'二事者, 以天子之務一日萬幾, 尙留意於馬祖之神, 爲之祈禱, 能謹愼於微細也. 人君遊田, 或意在適樂, 今王求禽獸, 唯以給賓, 是恩隆於羣下也. 二者人君之美事, 故特言之也. '下無不自盡以奉其上', 述宣王接下之義, 於經無所當也.

2. 朱熹 〈集傳〉

〈吉日〉, 四章, 章六句:

東萊呂氏曰:「〈車攻〉·〈吉日〉, 所以爲復古者, 何也? 蓋蒐狩之禮, 可以見王, 賦之復焉. 可以見軍實之盛焉, 可以見師律之嚴焉, 可以見上下之情焉, 可以見綜理之周焉. 欲明文武之功業者, 此亦足以觀矣.」

187(小-27) 홍안(鴻鴈)

*〈鴻鴈〉: 고니와 기러기. 이들은 陰陽과 寒暑를 알아 옮겨 살듯이, 백성이란 무도한 임금을 피해 흩어지고, 유덕한 임금이면 다시 모여듦을 뜻함.
*이 시는 厲王 때의 혼란으로 흩어졌던 백성들을 宣王이 덕정을 베풀어 다시 돌아와 안전하게 살 수 있도록 해 주었고, 그 은덕이 심지어 鰥寡에게까지 미쳤음을 찬미한 것이라 함.

<序>: <鴻鴈>, 美宣王也. 萬民離散, 不安其居, 而能勞來,
還定, 安集之, 至于矜寡無不得其所焉.

〈홍안〉은 선왕을 찬미한 것이다. 만민이 이산하여 그 삶을 안전히 여기지 않자 이들을 위로하여, 돌아오자, 안전하게 모여 살도록 하여, 홀아비 과부들조차도 그 있을 곳을 얻지 못한 자가 없었다.

〈箋〉: 宣王承厲王衰亂之敝, 而起興復先王之道, 以安集衆民爲始也. 《書》泰誓曰: 「天將有立父母, 民之有政有居.」 宣王之爲是務.

*전체 3장. 매 장 6구씩(鴻鴈:三章. 章六句).

(1) 興
鴻鴈于飛, 肅肅其羽.
鴻鴈(홍안)이 飛ᄒᆞ니, 그 羽ㅣ 肅肅ᄒᆞ놋다.
홍안이 날아가며, 휙휙 그 날개짓을 하네.

之子于征, 劬勞于野.
之子ㅣ 征ᄒᆞ니, 野의 劬勞(구로)ᄒᆞ놋다.
그대들이 떠나가면, 들에서 고생하겠구나.

爰及矜人, 哀此鰥寡!
이에 미츠니 矜(긍)ᄒᆞᆫ 사ᄅᆞᆷ이, 이 鰥寡(환과)ㅣ 哀ᄒᆞᆸ도다!

그 말 불쌍히 여김이 슬픔에 젖은 이 홀아비와 과부들에게 미치네!

【鴻鴈】기러기. 큰기러기를 '鴻', 작은 기러기를 '鴈'이라 함. 〈毛傳〉과 〈集傳〉에 "大曰鴻, 小曰鴈"이라 함.

【肅肅】〈毛傳〉과 〈集傳〉에 "肅肅, 羽聲也"라 하였고, 〈鄭箋〉에 "鴻鴈知辟陰陽寒暑, 興者, 喻民知去無道, 就有道"라 함.

【之子】〈毛傳〉에 "之子, 侯伯卿士也"라 하였으나, 〈集傳〉에 "之子, 流民自相謂也"라 하여 다름.

【征】〈集傳〉에 "征, 行也"라 함. 멀리 감.

【劬勞】수고함. 고생함. 〈毛傳〉과 〈集傳〉에 "劬勞, 病苦也"라 하였고, 〈鄭箋〉에 "侯伯卿士, 謂諸侯之伯與天子卿士也. 是時, 民旣離散, 邦國有壞滅者, 侯伯久不述職, 王使廢於存省. 諸侯於是始復之, 故美焉"이라 함.

【爰及矜人, 哀此鰥寡】불쌍한 사람들에 생각이 미치어, 이 홀아비 과부를 가엾이 여김. '爰'은 〈鄭箋〉에 "爰, 曰也"라 함.

【矜】〈毛傳〉과 〈集傳〉에 "矜, 憐也"라 함. 가련함.

【鰥寡】홀아비와 과부. 의지할 곳 없는 불쌍한 부류. 〈毛傳〉에 "老無妻曰鰥, 偏喪曰寡"라 하였고, 〈鄭箋〉에 "王之意, 不徒使此爲諸侯之事, 與安集萬民而已. 王曰:「當及此可憐之人, 謂貧窮者, 欲令賙餼之鰥寡, 則哀之其孤獨者, 收斂之, 使有所依附"라 함. 〈集傳〉에 "老而無妻曰鰥, 老而無夫曰寡"라 함.

＊〈集傳〉에 "○舊說：周室中衰, 萬民離散, 而宣王能勞來, 還定安集之. 故流民喜之, 而作此詩. 追敍其始, 而言曰：「鴻鴈于飛, 則肅肅其羽矣. 之子于征, 則劬勞于野矣. 且其劬勞者, 皆鰥寡可哀憐之人也.」然今亦未有以見, 其爲宣王之詩. 後三篇放此"라 함.

(2) 興
鴻鴈于飛, 集于中澤.

鴻鴈이 飛ᄒᆞ니, 中澤애 集ᄒᆞ놋다.

홍안이 날아서, 못 가운데 모여드네.

之子于垣, 百堵皆作.

之子ㅣ 垣(원)ᄒᆞ니, 百堵(빅도)를 다 作ᄒᆞ놋다.

그대들 성 쌓으면, 백 도나 되는 것도 모두 이루리.

雖則劬勞, 其究安宅!

비록 劬勞ᄒ나, 그 내죵의 安宅ᄒ리로다!

비록 고생스럽다 해도, 나중에는 편안히 집을 삼아 안주할 수 있으리!

【中澤】〈毛傳〉과 〈集傳〉에 "中澤, 澤中也"라 하였고, 〈鄭箋〉에는 "鴻鴈之性, 安居
澤中, 今飛又集于澤中, 猶民去其居而離散, 今見還定安集"이라 함.

【垣】城을 쌓음.

【堵】넓이나 높이의 單位. 〈毛傳〉과 〈集傳〉에 "一丈爲板, 五板爲堵"라 하였고,
〈鄭箋〉에 "侯伯卿士, 又於壞滅之國, 徵民起屋舍, 築牆壁百堵, 同時而起. 言趨事
也.《春秋傳》曰:「五板爲堵, 五堵爲雉.」雉長三丈, 則板六尺"이라 함.

【究】마침내. 〈毛傳〉에 "究, 窮也"라 하였고, 〈鄭箋〉에 "此勸萬民之辭. 女今雖病勞,
終有安居"라 함. 〈集傳〉에는 "究, 終也"라 함.

【安宅】〈鄭箋〉에 "此勸萬民之辭. 女今雖病勞, 終有安居"라 함.

＊〈集傳〉에 "○流民自言「鴻鴈集于中澤, 以興己之得其所止, 而築室以居. 今雖勞苦,
而終獲安定也.」"라 함.

(3) 比

鴻鴈于飛, 哀鳴嗸嗸.

鴻鴈이 飛ᄒ니, 哀히 鳴홈을 嗸嗸(오오)히 ᄒ놋다.

홍안이 날아가며, 그 울음 슬프기도 하네.

維此哲人, 謂我劬勞.

이 哲ᄒᆫ 사름은, 날을 닐오ᄃᆡ 劬勞ᄒᆫ다 ᄒ거늘,

이 어진 사람은, 나에게 고생한다 말해주지만,

維彼愚人, 謂我宣驕!

뎌 愚ᄒᆫ 사름은, 날을 닐오ᄃᆡ 驕를 宣ᄒᆫ다 ᄒᄂ다!

저 어리석은 사람은, 내가 교만함을 과시한다고 말하네!

【哀鳴嗸嗸】〈毛傳〉에 "未得所安集, 則嗸嗸然"이라 하였고, 〈鄭箋〉에는 "此之子,
所未至者"라 함. 〈集傳〉에는 "流民以鴻鴈哀鳴, 自比而作此歌也"라 함. '嗸嗸'는

슬피 우는 모습.

【哲人】밝고 지혜 있는 사람. 어진 사람. 〈鄭箋〉에 “此哲人, 謂知王之意及之子之事者. 我之子, 自我也”라 함. 〈集傳〉에 “哲, 知”라 함.

【宣】보임. 과시함. 〈毛傳〉에 “宣, 示也”라 하였고, 〈集傳〉에도 “宣, 示也. 知者聞我歌, 知其出於劬勞; 不知者, 謂我閒暇而宣驕也. 《韓詩》云:「勞者歌其事.」〈魏風〉亦云「我歌且謠」, 不知我者, 謂我士也”라 함.

【驕】〈鄭箋〉에 “謂我役作, 衆民爲驕奢”라 하였고, 〈集傳〉에 “驕, 大抵歌多出於勞苦, 而不知者, 常以爲驕也”라 함.

참고 및 관련 자료

1. 孔穎達 〈正義〉

作〈鴻鴈〉詩者, 美宣王也. 由厲王衰亂, 萬民分離逃散 皆不安止其居處. 今宣王始立, 能遣侯伯卿士之, 使皆就而勞來. 今還歸本宅, 定止安慰, 而集聚之, 使復其居業, 爲築宮室. 又至於矜寡孤獨, 皆蒙賙贍, 無不得其所者. 由是故美之也. '勞來'者, 來勤也. 義與勞同. 皆謂設辭以閔之. 言'萬民離散, 不安其居', 卒章上二句是也. '而能勞來', 首章次一句是也. '至于矜寡, 無不得其所'者, 首章下二句是也. 其餘皆說'安集之'事. 序總言焉, 經序參差者, 叙述其次第, 當然經主說'安集'爲始, 先陳王殷勤爲民, 然後本其末, 集各爲節文之勢, 故不同也. 〈正義〉曰:由宣王承厲王衰亂之弊, 故民有離散, 以承此亂而起興, 復先王之道, 以安集衆民爲始也. 衣物破壞謂之弊, 厲王壞亂天下, 使萬民離散, 猶衣之弊. 然〈雲漢〉云「承厲王之烈」者, 彼美宣王遇災而懼災, 非厲王所致, 故不言弊. 此'離散', 由厲王, 故言弊也. 〈烝民〉序曰「周室中興」, 是興, 復先王之道, 知以安集衆民爲始者, 以宣王據亂而起, 明宣王先據散民不得, 民未安居, 先行餘政, 故知以安集爲始也. 《書》曰「天將有立父母, 民之有政有居」, 今〈泰誓〉文. 言天將有立聖德者, 爲天下父母, 民之得有善政有安居, 彼武王將欲伐紂, 民喜其將有安居, 是民之所欲, 安居爲重也. 宣王之爲是務, 言宣王之所爲安集萬民, 是以民之父母爲務, 意同武王所以爲美.

188(小-28) 정료(庭燎)

*〈庭燎〉: 궁중 뜰에 밤새도록 밝혀 놓은 햇불. 이는 제후들이 조회를 위해 찾아오기를 기다리기 위한 것.
*이 시는 선왕이 이른 새벽부터 밤늦도록 정사에 온 힘을 기울였음을 칭송한 것이라 함.

〈序〉: 〈庭燎〉, 美宣王也. 因以箴之.

〈정료〉는 선왕을 찬미한 것이다. 이로써 規箴을 삼은 것이다.

〈箋〉: 諸侯將朝宣王, 以夜未央之時, 問夜早晚. 美者, 美其能自勤以政事; 因以箴者, 王有雞人之官, 凡國事爲期, 則告之. 以時王不正其官, 而問夜早晚.

*전체 3장. 매 장 5구씩(庭燎: 三章. 章五句).

(1) 賦
夜如何其? 夜未央, 庭燎之光.

夜ㅣ 엇더뇨? 夜ㅣ 央이 몯ᄒᆞ여시나, 庭燎ㅣ 光ᄒᆞ도다.

밤이 어찌 되었는가? 밤이 아직 새지 않았는데, 정료는 빛을 내고 있도다.

君子至止, 鸞聲將將!

君子ㅣ 至ᄒᆞ니, 鸞ㅅ 聲이 將將ᄒᆞᄂᆞ다!

군자가 이르니, 방울 소리 딸랑딸랑하네!

【夜如何其】〈鄭箋〉에 "此宣王, 以諸侯將朝夜起, 曰:「夜如何?」其問早晚之辭"라 함. '其'는 助字. 〈集傳〉에 "其, 語辭"라 함.
【夜未央】'央'은 〈毛傳〉에는 "央, 旦也"하여, '새벽'이라 하였으나, 〈集傳〉에 "央, 中也"라 함. 孔穎達 〈正義〉에는 "夜未央者, 謂夜未至旦, 非爲訓央爲旦"이라 함.
【庭燎】궁궐 마당에 크게 피워놓은 햇불이나 장작불. 〈毛傳〉에 "庭燎, 大燭"이라

하였고, 〈集傳〉에는 "庭燎, 大燭也. 諸侯將朝, 則司烜以物百枚, 幷而束之, 設於
門內也"라 함.

【君子】〈毛傳〉과 〈集傳〉에 "君子, 謂諸侯也"라 함. '제후가 천자 선왕에게 조알하
리 오다'의 뜻.

【鸞】말재갈 양편에 달린 방울.

【將將】방울 소리. 〈毛傳〉에 "將將, 鸞鑣聲"이라 하였고, 〈鄭箋〉에 "夜未央, 猶言
夜未渠央也. 而於庭設大燭, 使諸侯早來朝, 聞鸞聲將將然"이라 함. 〈集傳〉에 "將
將, 鸞鑣聲"이라 함.

＊〈集傳〉에 "○王將起視朝, 不安於寢, 而問夜之早晩, 曰:「夜如何哉?」夜雖未央,
而庭燎光矣. 朝者至而聞其鸞聲矣"라 함.

(2) 賦

夜如何其? 夜未艾, 庭燎晣晣.

夜ㅣ 엇더뇨? 夜ㅣ 艾티 몯ᄒ여시나, 庭燎ㅣ 晣晣(제제)ᄒ도다.

밤이 어찌 되었는가? 밤이 아직 밝지 않았는데, 정료는 밝혀져 있도다.

君子至止, 鸞聲噦噦!

君子ㅣ 至ᄒ니, 鸞ㅅ 聲이 噦噦(홰홰)ᄒ도다!

군자가 이르니, 방울 소리 딸랑딸랑하네!

【艾】〈毛傳〉에 "艾, 久也"라 하였으나, 〈集傳〉에는 "艾, 盡也"라 함. 陳奐 〈傳疏〉에
는 "言夜未于久, 亦是未至于旦. 未艾與未央, 其意同也"라 함.

【晣晣】〈毛傳〉에 "晣晣, 明也"라 하였고, 〈集傳〉에는 "晣晣, 小明也"라 함.

【噦噦】〈毛傳〉에 "噦噦, 徐行有節也"라 하였고, 〈鄭箋〉에 "艾末曰艾, 以言夜先雞
鳴時"라 함. 〈集傳〉에도 "噦噦, 近而聞其徐行, 聲有節也"라 함.

(3) 賦

夜如何其? 夜鄕晨, 庭燎有煇.

夜ㅣ 엇더뇨? 夜ㅣ 晨을 鄕혼 디라, 庭燎ㅣ 煇(훈)ᄒ도다.

밤이 어찌 되었는가? 밤이 이제 막 새벽으로 향하는데, 정료는 환하
도다.

君子至止, 言觀其旂!

君子ㅣ 至ᄒ니, 그 旂(긔)를 볼 이로다!

군자가 이르니, 그 깃발 보이네!

【鄕晨】새벽을 향함. '鄕'은 向과 같음. 〈鄭箋〉에 "晨, 明也"라 하였고, 〈集傳〉에
"鄕晨, 近曉也"라 함. 王引之 〈述聞〉에 "夜鄕晨, 亦謂夜方晨也"라 함.

【煇】〈毛傳〉에 "煇, 光也"라 하였고, 〈集傳〉에는 "煇, 火氣也. 天欲明而見其煙光相
雜也. 旣至而觀其旂則辨色矣"라 함. 〈鄭箋〉에는 "上二章聞鸞聲爾, 今夜鄕明, 我
見其旂, 是朝之時也. 朝禮, 別色始入"이라 함.

【旂】雙龍을 그린 旗. 諸侯의 수레에 꽂는 깃발.

┌─────────────────┐
│ 참고 및 관련 자료 │
└─────────────────┘

1. 孔穎達 〈正義〉

「因以箴之」者, 言王雖可美, 猶有所失. 此失須治若病之須, 箴三章皆美其勤於政
事, 譏其不正其官, 是美而因箴之事也. 宣王旣在變詩, 此言美而箴之以下, 規誨爲衰
失之漸, 而首則〈六月〉·〈采芑〉, 末則〈斯干〉·〈無羊〉, 竝不言美者, 敍以示法, 見宣王
中興, 置〈斯干〉·〈無羊〉於末, 見終善以隱之. 詩承刺後, 不可復言其美, 故去美以示,
意旣末不言美, 故首亦去美令, 始終相準. 且見宣王賢君, 其詩可以次正. 故終始不
言美, 其間則各從其實也. 以此王勤政事, 而不正其官, 美大過小, 得中有失, 故美而
因箴之.〈汾沮洳〉, 則惡大善小, 失中有得, 故刺而因美焉. 所以相反也.〈正義〉曰: 王
有雞人之官, 凡國事爲期, 則雞人告有司, 以其朝之時節, 有司當以告王, 不須問. 今
王問之, 由王不正其官, 而問夜早晚, 非度之宜, 所以箴之也. 凡國事爲期, 則告之以
時,《周禮》雞人職文也. 注云「象雞知時, 告其有司主事者」也. 鄭知一言之內, 兼有箴
美者, 以其篇更無箴刺之文, 夜如何其是問夜之辭? 天子備官, 任使而親問時節, 非
王者之法, 故知此卽箴也. 卒章是朝之正時, 知不得時而美, 失時而箴者. 三章同云
「夜如何其」, 是王之失得一也. 不得以時而爲美矣. 且依時而朝, 未足爲美, 明美者,
美其勤於親問, 問之則非禮, 故知此卽爲箴也.

189(小-29) 면수(沔水)

*〈沔水〉: 물이 출렁출렁 넘치도록 흐르는 모습. 임금이 은의를 베풀면 제후들이 조견을 오게 마련임을 비유함.
*이 시는 宣王 때 제후들이 점차 선왕을 멀리하여 조근을 오지 않자, 선왕을 規諫, 規戒한 내용이라 함.

<序>: <沔水>, 規宣王也.

〈면수〉는 선왕을 規戒한 것이다.

　〈箋〉: 規者, 正圓之器也. 規王仁恩也. 以恩親正君曰規.《春秋傳》《國語》周語)曰:「近臣盡規.」

*전체 3장. 2장은 8구씩, 1장은 6구(沔水: 三章. 二章章八句, 一章章六句.)

(1) 興

沔彼流水, 朝宗于海.

沔(면)흔 뎌 流水ㅣ여, 海예 朝ᄒ며 宗ᄒ놋다.

넘쳐흐르는 저 흐르는 물은, 바다를 조종으로 삼아 흐르도다.

鴥彼飛隼, 載飛載止.

鴥(휼)흔 뎌 飛ᄒ는 隼(쥰)이여, 곧 飛ᄒ며 곧 止ᄒ놋다.

쏜살같이 날아가는 저 새매는, 제 맘대로 날다가 앉지.

嗟我兄弟, 邦人諸友.

嗟홉다, 우리 兄弟와, 邦人ㅅ 모든 버디,

아, 나의 형제와, 나라 사람들과 여러 친구들.

莫肯念亂, 誰無父母?

즐겨 亂을 念티 아니 ᄒᄂ니, 뉘 父母ㅣ 업스료?

국난을 막을 생각도 않네, 누군들 부모가 없으리오?

【沔】물이 출렁출렁 흘러 가득한 모습. 〈毛傳〉에 "興也. 沔水, 流滿也. 水猶有所
朝宗"이라 하였고, 〈鄭箋〉에 "興者, 水流而入海, 小就大也"라 함. 〈集傳〉에도 "沔,
水流滿也"라 함.

【朝宗】모든 물이 흘러 바다로 흘러들 듯 諸侯들이 天子를 찾아뵙는 것. 《尙書》
禹貢에 "江漢, 祖宗于海"라 함. 〈鄭箋〉에 "喩諸侯朝天子, 亦猶是也. 諸侯春見天
子曰朝. 夏見曰宗"이라 하였고, 〈集傳〉에 "諸侯春見天子曰朝, 夏見曰宗"이라 함.

【載飛載止】'載'는 則과 같음. 〈鄭箋〉에 "載之言, 則也. 言隼欲飛, 則飛; 欲止則止.
喩諸侯之自驕恣, 欲朝不朝自由, 無所懼在心也"라 함.

【兄弟】〈毛傳〉에 "兄弟, 同姓臣也"라 함.

【邦人諸友】〈毛傳〉에 "邦人諸友, 謂諸侯也"라 함. 陳奐 〈傳疏〉에는 "邦人諸友, 爲
異姓臣; 而兄弟, 則爲同姓諸侯也"라 함.

【念亂】혼란을 멈추게 함. '念'은 馬瑞辰 〈通釋〉에 "念, 與尼雙聲. 尼, 止也. 故念亦
有止義"라 함.

【父母】〈毛傳〉에 "京師者, 諸侯之父母也"라 하였고, 〈鄭箋〉에 "我, 我王也. 莫, 無
也. 我同姓異姓之諸侯, 女自恣聽不朝, 無肯念此, 於禮法爲亂者, 女誰無父母乎?
言皆生於父母也. 臣之道, 資於事父以事君"이라 함.

*〈集傳〉에 "○此憂亂之詩, 言「流水猶朝宗于海, 飛隼猶或有所止, 而我之兄弟諸
友, 乃無肯念亂者, 誰獨無父母乎? 亂則憂或及之, 是豈可以不念哉?」"라 함.

(2) 興

沔彼流水, 其流湯湯.

沔흔 뎌 流水ㅣ여, 그 流ㅣ 湯湯(샹샹)ᄒ도다.

넘쳐흐르는 저 흐르는 물은, 그 흐름이 엄청나도다.

鴥彼飛隼, 載飛載揚.

鴥흔 뎌 飛ᄒᄂᆫ 隼이여, 곧 飛ᄒ며 곧 揚ᄒ놋다.

쏜살같이 나는 저 새매는, 날기도 하고 뜨기도 하지.

念彼不蹟, 載起載行.

뎌 蹟(젹)디 아니믈 念ᄒ야, 곧 起ᄒ며 곧 行호라.

도를 따르지 않는 저들을 생각하여, 일어나기도 하고 서성이기도 하네.

心之憂矣, 不可弭忘!

心의 憂홈이여, 可히 弭(미)ᄒ야 忘티 몯ᄒ리로다!

마음의 근심이여, 가히 멈추어 잊을 수가 없네!

【湯湯】물결이 盛한 모양. '湯'은 '상'(失羊反)으로 읽음. 〈毛傳〉에 "言放縱無所入也"
라 하였고, 〈鄭箋〉에 "湯湯, 波流盛貌. 喩諸侯奢僭, 旣不朝天子, 復不事侯伯"이
라 함. 〈集傳〉에도 "湯湯, 波流盛貌"라 함.

【載飛載揚】〈毛傳〉에 "言無所定止也"라 하였고, 〈鄭箋〉에 "則飛則揚, 喩諸侯出兵,
妄相侵伐"이라 함.

【不蹟】道를 좇지 않음. 〈毛傳〉과 〈集傳〉에 "不蹟, 不循道也"라 함.

【載起載行】〈集傳〉에 "載起載行, 言憂念之深, 不遑寧處也"라 함.

【弭忘】잊음. '弭'는 그침. 〈毛傳〉에 "弭, 止也"라 하였고, 〈鄭箋〉에 "彼, 彼諸侯也.
諸侯不循法度, 妄興師出兵, 我念之憂, 不能忘也"라 함. 〈集傳〉에도 "弭, 止也. 水
盛隼揚以興, 憂念之不能忘也"라 함.

(3) 興

鴥彼飛隼, 率彼中陵.

鴥ᄒᆫ 뎌 飛ᄒᄂᆫ 隼이여, 뎌 中陵을 率ᄒ놋다.

쏜살같이 나는 저 새매여, 저 언덕을 따라 날아가네.

民之訛言, 寧莫之懲?

民의 訛言(와언)을, 엇디 懲ᄒ리 업슨고?

백성들의 떠도는 헛소문, 어찌 막지 못하는가?

我友敬矣, 讒言其興?

우리 友ㅣ 敬ᄒ면, 讒言(참언)이 그 興ᄒ랴?

나의 형제여 경계하면, 참언이 흥하겠는가?

【率】〈鄭箋〉에 "率, 循也. 隼之性待鳥雀而食. 飛循陵皇者, 是其常也. 喩諸侯之守

職, 順法度者, 亦是其常也"라 하였고, 〈集傳〉에도 "率, 循"이라 함.

【中陵】陵中. 언덕 가운데.

【訛】〈集傳〉에 "訛, 僞"라 함. 〈鄭箋〉에 "訛, 僞也. 言時不令, 小人好詐僞爲交易之.
  言使見怨咎, 安然無禁也"라 함.

【懲】그치게 함. 〈毛傳〉과 〈集傳〉에 "懲, 止也"라 함.

【我友敬矣】〈鄭箋〉에 "我, 我天子也; 友, 謂諸侯也"라 함. '敬'은 儆과 같으며, 警戒
  의 뜻. 《周禮》注에 이 구절을 인용하며 "敬, 儆"이라 함.

【讒言其興】〈毛傳〉에 "疾王不能察讒也"라 하였고, 〈鄭箋〉에 "言諸侯有敬其職,
  順法度者, 讒人猶興, 其言以毁惡之王與侯伯, 不當察之"라 함.

*〈集傳〉에 "○隼之高飛, 猶循彼中陵, 而民之訛言, 乃無懲止之者. 然我之友, 誠
  能敬以自持矣. 則讒言何自而興乎? 始憂於人, 而卒反諸己也"라 함.

> 참고 및 관련 자료

1. 孔穎達〈正義〉

作〈沔水〉詩者, 規宣王也, 圓匝, 周匝之物. 以比人行周備, 物有不圓匝者, 規之,
使成圓; 人行有不周者, 規之, 使周備. 是匡諫之名. 刺者責其爲惡, 言宣王政教多善,
小有不備, 今欲規之, 使備. 故言規之. 不言刺也. 經云「諸侯不朝天子; 妄相侵伐, 又
讒言將起, 王不禁之」. 欲王治諸侯, 察譖佞, 皆規王使爲善也. 〈正義〉曰: 正物之器,
不獨規也. 規以正圓, 矩以正方; 繩正曲直, 權正輕重, 皆可以. 此諫君, 獨言規者, 以
主仁恩. 以恩親正君曰規, 規之使圓, 則外無廉隅, 猶人之爲恩, 貌不嚴肅, 故五行
規主東方, 是主仁恩也. 案《援神契》云:「春執規, 夏持衡, 秋執矩, 冬持權.」所引《春
秋傳》者《外傳(國語)》周語文也. 言君之近臣, 當盡誠以規君, 亦取恩親之意.

2. 朱熹〈集傳〉

〈沔水〉, 三章, 二章章八句, 一章六句:
  疑當作三章, 章八句, 卒章脫前兩句耳.

190(小-30) 학명(鶴鳴)

＊〈鶴鳴〉: 鶴이 澤에서 욺. 학이 멀리 있어도 그 울음소리가 들리듯, 현자가 숨어 있어도, 그 명성은 드러나게 마련임. 현자를 등용하지 못하면 나라를 제대로 다스릴 수 없음을 비유함.
＊이 시는 宣王에게 등용되지 않은 현자를 찾아 정치에 활용할 것을 깨우치도록 한 내용이라 함.

〈序〉: 〈鶴鳴〉, 誨宣王也.

〈학명〉은 선왕을 가르쳐 깨우치도록 한 것이다.

〈箋〉: 誨, 教也. 教宣王求賢人之未仕者.

＊전체 2장. 매 장 9구씩(鶴鳴: 二章. 章九句).

(1) 比
鶴鳴于九臯, 聲聞于野.

鶴이 九臯(구고)애셔 鳴ᄒ거든, 聲이 野애 聞ᄒᄂ니라.

먼 못가에 학이 우네, 그 울음 멀리 들판에 들리네.

魚潛在淵, 或在于渚.

魚ㅣ 潛ᄒ여 淵의 이시나, 或 渚(져)애 인ᄂ니라.

깊은 연못에 잠겼던 물고기, 혹 때로는 얕은 물가로 나오지.

樂彼之園, 爰有樹檀, 其下維蘀.

라온 뎌 園애, 이예 樹흔 檀이 이시니, 그 아래 蘀(탁)ᄒ얀ᄂ니라.

즐거운 저 동산에는, 박달나무가 있다 하나, 그 아래에는 떨어진 잎만 있네.

它山之石, 可以爲錯!

他山앳 石이, 可히 써 錯(착)을 삼을 띠니라!

다른 산의 돌일지라도, 구슬을 가는 숫돌로 삼을 수 있는데!

【鶴】〈集傳〉에 "鶴, 鳥名. 長頸, 竦身, 高
脚, 頂赤, 身白, 頸尾黑. 其鳴高亮, 聞
八九里"라 함.

【九皐】먼 沼澤地帶. 〈毛傳〉에 "興也. 皐,
澤也. 言身隱而名著也"라 하였고, 〈鄭
箋〉에 "皐, 澤中水溢出, 所爲次自外數
至. 九, 喻深遠也. 鶴在中鳴焉, 而野聞
其鳴聲. 興者, 喻賢者雖隱, 居人咸知之"
라 함. 〈集傳〉에도 "皐, 澤中水溢出, 所
爲坎, 從外數至九, 喻深遠也"라 함.
《韓詩》에는 "九皐, 九折之澤"이라 함.

【淵·渚】〈毛傳〉에 "良魚在淵, 小魚在渚"
라 하였고, 〈鄭箋〉에 "此言魚之性, 寒
則逃於淵, 溫則見於渚. 喻賢者, 世亂則
隱, 治平則出. 在, 時君也"라 함.

【樂彼之園】〈鄭箋〉에 "之, 往"라 함. 〈毛
傳〉에 "何樂於彼園之觀乎?"라 함.

【爰有樹檀】〈鄭箋〉에 "爰, 曰也"라 함. '樹檀'은 檀樹. 박달나무.

【其下維蘀】'蘀'은 〈毛傳〉에 "蘀, 落也. 尙有樹檀, 而下其蘀"이라 하였고, 〈鄭箋〉
에 "言所以之彼園, 而觀者, 人曰「有樹檀, 檀下有蘀」. 此猶朝廷之尙賢者, 而下小人
是以往也"라 함. 〈集傳〉에도 "蘀, 落也"라 함.

【它山】'他山'과 같음. 〈諺解〉에는 '他山'으로 되어 있음. 〈鄭箋〉에 "他山, 喻異國"
이라 함.

【錯】숫돌. 〈毛傳〉에 "錯, 石也. 可以琢玉, 擧賢用滯, 則可以治國"라 하였고, 〈集
傳〉에 "錯, 礪石也"라 함.

＊〈集傳〉에 "○此詩之作不可知其所由然, 必陳善納誨之辭也. 蓋「鶴鳴于九皐, 而
聲聞于野, 言誠之不可揜也; 魚潛在淵而或在于渚, 言理之無定也; 園有樹檀, 而
其下維蘀, 言愛當知其惡也; 他山之石, 而可以爲錯, 言憎當知其善也.」由是四者,
引而伸之, 觸類而長之天下之理, 其庶幾乎!"라 함.

鶴鳴九皐

集傳鶴長頸竦身
高脚頂赤身頸尾
黑其鳴高亮聞八
九里○一名仙禽
有白有黃赤有灰
蒼色世所尙者白
鶴

(2) 比

鶴鳴于九皐, 聲聞于天.

鶴이 九皐애셔 鳴ᄒ거든, 聲이 天에 聞ᄒᄂ니라.

학이 저 먼 못가에 우니, 그 울음 소리 하늘 높이 퍼지네.

魚在于渚, 或潛在淵.

魚ㅣ 渚에 이시나, 或 潛ᄒ야 淵에 인ᄂ니라.

물가 기슭에 노닐던 물고기, 때로는 깊은 연못으로 숨지.

樂彼之圓, 爰有樹檀, 其下維穀.

라온 뎌 園애, 이예 樹흔 檀이 이시니, 그 아래 穀이니라.

즐거운 저 동산에는, 박달나무 솟아 있다지만, 그 밑에 닥나무도 자라지.

它山之石, 可以攻玉!

他山앳 石이, 可히 써 玉을 攻홀 띠니라!

다른 산의 돌일지라도, 가히 옥을 다듬는 데는 쓸 수 있는데!

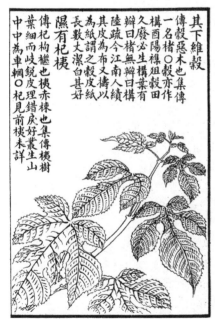

【天】〈鄭箋〉에 "天, 高遠也"라 함.

【或潛在淵】〈鄭箋〉에 "時寒, 則魚去渚逃於淵"이라 함.

【穀】〈毛傳〉에 "穀, 惡木也"라 하였고, 〈集傳〉에 "穀, 一名楮, 惡木也"라 함.

【它山】다른 산. 〈諺解〉에는 '他山'으로 표기하였음.

【攻】〈毛傳〉과 〈集傳〉에 "攻, 錯也"라 함.

＊〈集傳〉에 "○程子曰:「玉之溫潤, 天下之至美也;石之麤厲, 天下之至惡也. 然兩玉相磨, 不可以成器;以石磨之, 然後玉之爲器得以成焉. 猶君子之與小人處也, 橫逆侵加, 然後修省畏避, 動心忍性, 增益預防, 而義理生焉, 道德成焉. 吾聞

諸邵子云.」이라 함.

1. 孔穎達 〈正義〉
上言規, 此言誨者, 規謂正其已失, 誨謂敎所未知. 彼諸侯專恣, 是已然之事. 故謂
之規, 此求賢者, 未是已失, 直以意敎, 故謂之誨. 敍者, 觀經而異文.

〈4〉「祈父之什」

191(小-31) 기보(祈父)

*〈祈父〉: 기보(祈父)는 司馬를 뜻하며, 천자의 군사를 관장하는 직책. 《尚書》酒
誥篇에는 '圻父'로 표기되어 있으며, 祈는 '圻', '畿'와 통용되는 글자임. 京畿 지
역에 병사들을 관장하는 직책에 봉해져 호칭이 祈父(圻父, 畿父)가 된 것. '父'는
男子의 美稱으로 甫와 같음. 《尚書》에 의하면 圻父, 農父, 宏父 三卿, 즉 三壽가
있었음. 〈毛傳〉에 "祈父, 司馬也. 職掌封圻之兵甲"이라 하였고, 〈鄭箋〉에 "此司馬
也. 時人以其職號之, 故曰祈父, 《書》(酒誥)曰「若疇圻父」, 謂司馬也. 司馬掌祿士, 故
司士屬焉. 又有司右主勇力之士"라 함. 〈集傳〉에도 "祈父, 司馬也. 職掌封圻之兵
甲, 故以爲號. 〈酒誥〉曰「圻父薄違」, 是也"라 함.
*이 시는 宣王이 기보를 시켜 전사들을 전투에 내몰도록 하자, 그들이 차마 임
금을 원망하지는 못하고 대신 기보를 심하게 원망하는 내용을 읊은 것이라 함.

〈序〉: 〈祈父〉, 刺宣王也.
〈기보〉는 선왕을 풍자한 것이다.

〈箋〉: 刺其用祈父, 不得其人也. 官非其人, 則職廢祈父之職, 掌六軍之事, 有
九伐之法, 祈, 圻·畿同.

*전체 3장. 매 장 4구씩(祈父: 三章. 章四句).

(1) 賦
祈父! 予王之爪牙.
祈父(긔보)아! 내 王의 爪牙(조아)ㅣ어늘,
祈父여! 나는 왕의 훌륭한 무사이거늘,

胡轉予于恤, 靡所止居?

엇디 나를 恤(휼)에 轉ᄒᆞ야, 止居홀 빠 업게 ᄒᆞᄂᆞ뇨?

어찌 나를 근심에 옮겨 놓아, 제대로 살 수 없도록 하는가?

【予】〈鄭箋〉에 "予, 我"라 하였고, 〈集傳〉에는 "予, 六軍之士也. 或曰「司右虎賁之
屬」也"라 함.

【爪牙】발톱과 어금니. 임금의 훌륭한 장수를 대신하는 말. 〈集傳〉에 "爪牙, 鳥獸
所用以爲威者也"라 함. 《漢書》李廣傳에 "將軍者, 國之爪牙也"라 함.

【轉】〈鄭箋〉에 "轉, 移也. 此勇力之士, 責司馬之辭也.「我乃王之爪牙, 爪牙之士, 當
爲王閑守之衞, 女何移我於憂, 使我無所止居乎?」謂見使從軍與羌戎. 戰於千畝,
而敗之時也. 六軍之士出, 自六鄕法, 不取於王之爪牙之士"라 함.

【恤】근심. 〈毛傳〉에 "恤, 憂也. 宣王之末, 司馬職廢, 羌戎爲敗"라 함. 〈集傳〉에도
"恤, 憂也"라 함.

【靡】無.

【止居】머물러 安居함.

＊〈集傳〉에 "○軍士怨於久役, 故呼祈父而告之, 曰:「予乃王之爪牙, 汝何轉我於憂
恤之地, 使我無所止居乎?」"라 함.

(2) 賦

祈父! 予王之爪士.

祈父아! 내 王의 爪士ㅣ어늘,

기보여! 내 왕의 훌륭한 전사이거늘,

胡轉予于恤, 靡所底止?

엇디 나를 恤에 轉ᄒᆞ야, 底(지)ᄒᆞ야 止홀 빠 업게 ᄒᆞᄂᆞ뇨?

어찌 나를 근심에 옮겨 놓아, 어디 제대로 가서 쉴 곳도 없게 하는가?

【爪士】爪牙之士. 虎士와 같음. 馬瑞辰 〈通釋〉에 "爪士, 猶言虎士"라 함. 〈集傳〉에
"爪士, 爪牙之士也"라 함. 그러나 '士'에 대해 〈毛傳〉에는 "士, 事也"라 함. 이에 대
해 馬瑞辰 〈通釋〉에 "士, 讀與事同. ……上言爪牙, 此言爪事, 謂祈父職掌我王爪牙
之事也"라 함.

【厎】〈毛傳〉에 "厎, 至也"라 하였고, 〈音義〉에 '厎'(爪履反) '지'로 되어 있음. 그러나 〈集傳〉에는 "厎, 至也"라 하여 독음 역시 '지'(音抵)로 되어 있고, 〈諺解〉에도 '厎'자로 표기하고 있음. 그러나 《尚書》泰誓 "厎天之罰"의 注에 "厎, 致也"라 하여, 至와 같은 뜻임.《孟子》離婁(上)의 "舜盡事親之道而瞽瞍厎豫, 瞽瞍厎豫而天下化, 瞽瞍厎豫而天下之爲父子者定, 此之謂大孝"에도 阮元의《校勘記》에 "案音義, '之爾切', 是用'厎'字"라 하였고,《爾雅》에는 "厎, 致也;豫, 樂也"라 하여 '厎'자가 맞음.

(3) 賦

祈父! 亶不聰.

祈父ㅣ여! 진실로 聰티 몯ᄒ도다.

기보여! 진실로 총명치 못하구나.

胡轉予于恤, 有母之尸饔?

엇디 나를 恤에 轉ᄒ야, 母로 饔(옹)을 尸케 ᄒᄂ뇨?

어찌 나를 이런 근심 속으로 옮겨놓아, 어머니로 하여금 밥상을 차리게 하는가?

【亶】진실로. 〈毛傳〉에 "亶, 誠也"라 하였고, 〈集傳〉에 "亶, 誠尸主也"라 함.
【尸】陳列함. 밥상을 차림. 어머니의 고생을 말함.
【饔】익은 음식. 〈鄭箋〉에 "已從軍, 而母爲父陳饌飲食之具, 自傷不得供養也"라 하였고, 〈集傳〉에는 "饔, 熟食也. 言「不得奉養, 而使母反主勞苦之事」也"라 함. 陳奐〈傳疏〉에 "言我從軍而出, 有母不得終養, 歸則惟陳餐以祭, 是可憂也"라 하여 '尸'를 제사와 연관 지어 설명하였음.
*〈集傳〉에 "○東萊呂氏曰:「越句踐伐吳, 有父母者老而無昆弟者, 皆遣歸. 魏公子無忌救趙, 亦令獨子無兄弟者, 歸養. 則古者, 有親老而無兄弟, 其當免征役, 必有成法. 故責司馬之不聰其意, 謂「此法, 人皆聞之, 汝獨不聞乎? 乃驅吾從戎, 使吾親不免薪水之勞也.」責司馬者, 不敢斥王也"라 함.

⟮참고 및 관련 자료⟯

1. 孔穎達〈正義〉

經二章, 皆勇力之士, 責祈父之辭. 率此以刺王也. 〈正義〉曰:下傳以圻父爲司馬, 故言其所掌之事大司馬. 序云王六軍, 是掌六軍之事也. 其職曰掌九伐之法正邦國. 注云「諸侯之於國, 如樹木之有根本」, 是以言伐. 云憑弱犯寡, 則眚之猶人眚瘦, 四面削其地, 賊賢害民, 則伐之. 有鐘鼓曰伐, 暴內陵外, 則壇之. 壇讀如墠, 置之空墠, 出其君更立, 其次賢者, 野荒民散, 則削之;田不治民不附, 削其地;負固不服, 則侵之賊殺, 其親則正之, 執而治其罪;正殺之, 放弒其君, 則殘之, 殘滅其爲惡犯令陵政, 則杜之. 杜塞使不得與鄰國交通, 外內亂鳥獸行, 則滅之誅滅去之, 是有九伐之法也. 由其軍行征伐事, 有苦樂爲爪牙所怨, 故言其所掌也. 此職掌封畿兵甲, 當作畿字今作圻, 故解之古者, 祈·圻··畿同字, 得通用. 故此作祈, 《尚書》作圻.

2. 朱熹〈集傳〉

〈祈父〉, 三章, 章四句:

序以爲刺宣王之詩. 說者, 又以爲宣王三十九年, 戰于千畝, 王師敗績于姜氏之戎. 故軍士怨而作此詩.

東萊呂氏曰:「太子晉諫靈王之辭, 曰:『自我先王厲宣幽平, 而貪天禍, 至于今未弭.』宣王中興之主也, 至與幽厲並數之, 其辭雖過, 觀是詩, 所刺則子晉之言, 豈無所自歟? 但今考之, 詩文未有以見其必爲宣王耳. 下篇放此.」

3.《國語》周語(上)

宣王卽位, 不籍千畝, 虢文公諫曰:「不可. 夫民之大事在于農:上帝之粢盛於是乎出, 民之蕃庶於是乎生, 事之供給於是乎在, 和協輯睦於是乎興, 財用蕃殖於是乎始, 敦庬純固於是乎成, 是故稷爲大官. 古者, 太史順時覗土, 陽癉憤盈, 土氣震發, 農祥晨正, 日月底于天廟, 土乃脉發. ……王不聽. 三十九年, 戰于千畝, 王師敗績于姜氏之戎.

4.《史記》周本紀

宣王不脩籍於千畝, 虢文公諫曰不可, 王弗聽. 三十九年, 戰于千畝, 王師敗績于姜氏之戎.

192(小-32) 백구(白駒)

*〈白駒〉: 흰 망아지.
*이 시는 현능한 이들이 선왕으로부터 멀어져 백구를 타고 떠남을 비유하여,
선왕이 현자를 머물도록 하지 못했음을 비판한 것이라 함.

<序>: <白駒>, 大夫刺宣王也.

〈백구〉는 대부들이 선왕을 비판한 것이다.

〈箋〉: 刺其不能留賢也.

*전체 4장. 매 장 6구씩(白駒:四章. 章六句).

(1) 賦

皎皎白駒, 食我場苗.

皎皎혼 白駒(빅구)ㅣ, 우리 場읫 苗를 食ㅎ다 ㅎ야,

희고 흰 하얀 망아지, 내 밭 새싹을 먹고 있다 하여,

縶之維之, 以永今朝.

縶(칩)ㅎ며 維ㅎ야, 뻐 이 아춤을 기리ㅎ야,

붙잡아 단단히 매어, 이 아침 내내 붙들어 두었네.

所謂伊人, 於焉逍遙!

닐온 밧 伊人이, 이에 逍遙케 호리라!

소위 마음으로 찾던 사람, 잠깐이라도 편히 소요하며 쉬게 하리라!

【皎皎】〈集傳〉에 "皎皎, 潔白也"라 함.
【駒】망아지. 〈集傳〉에 "駒, 馬之未壯者. 謂賢者所乘也"라 함.
【場】圃. 채마밭. 〈集傳〉에 "場, 圃也"라 함.
【縶】잡아맴. 〈毛傳〉에 "縶, 絆"이라 하였고, 〈集傳〉에 "縶, 絆其足; 維, 繫其靷也"

라 함.

【維】〈毛傳〉에 "維, 繫也"라 함.

【以永今朝】〈鄭箋〉에 '永은 久'. 오늘 아침을 오래 머물도록 붙잡아 매어둠. 〈集傳〉에 "永, 久也"라 함. 〈毛傳〉에 "宣王之末, 不能用賢, 賢者有乘白駒而去者"라 하였고, 〈鄭箋〉에 "永, 久也. 願此去者, 乘其白駒而來, 使食我場中之苗, 我則絆之繫之, 以永今朝愛之, 欲留之"라 함.

【伊人】〈鄭箋〉에 "伊, 當作'繄'. 繄, 猶是也. 所謂是乘白駒而去之, 賢人今於何遊息乎? 思之甚也"라 함. 〈集傳〉에는 "伊人, 指賢者也"라 함.

【於焉】時空의 짧고 좁음을 뜻하는 雙聲連綿語.

【逍遙】〈集傳〉에 "逍遙, 遊息也"라 함. 疊韻連綿語.

＊〈集傳〉에 "○爲此詩者, 以賢者之去, 而不可留也. 故託以其所乘之駒, 食我場苗, 而縶維之. 庶幾以永今朝, 使其人得以於此逍遙, 而不去. 若後人留客, 而投其轄於井中也"라 함.

(2) 賦

皎皎白駒, 食我場藿.

皎皎ᄒᆞᆫ 白駒ㅣ, 우리 場읫 藿(곽)을 食ᄒᆞ다 ᄒᆞ야,

희고 흰 하얀 망아지, 내 밭 콩잎을 먹고 있다 하여,

縶之維之, 以永今夕.

縶ᄒᆞ며 維ᄒᆞ야, 이 나죄를 기리ᄒᆞ야,

붙잡아 꽁꽁 묶어서, 이 아침 내내 가지 못하게 하여,

所謂伊人, 於焉嘉客!

닐온 밧 伊人이, 이예 嘉客게 ᄒᆞ리라!

이른 바 내 마음 속에 찾던 사람, 잠깐 편한 가객으로 소요토록 하리라!

【藿】콩잎. 〈諺解〉物名에 "藿:콩닙"이라 함. 〈毛傳〉과 〈集傳〉에 "藿, 猶苗也"라 함.

【夕】〈毛傳〉과 〈集傳〉에 "夕, 猶朝也"라 함.

【嘉客】〈集傳〉에 "嘉客, 猶逍遙也"라 함.

(3) 賦

皎皎白駒, 賁然來思.

皎皎혼 白駒ㅣ, 賁然(비연)히 來ᄒ면,

희고 흰 하얀 망아지, 광채를 내면서 오신다면,

爾公爾侯, 逸豫無期.

널로 公을 ᄒ며 널로 侯를 ᄒ야, 逸豫(일예)홈을 期업게 호리라.

그대를 공작을 삼고 후작을 삼아, 끝없이 즐겁게 해 드리리라.

愼爾優游, 勉爾遁思!

네 優游홈을 愼ᄒ며, 네 遁思(둔ᄉ)를 勉홀 띠어다!

진실로 우유하시면서, 결코 그대를 사라져 숨지 않도록 하리라!

【賁然】光彩 있는 모양. 〈毛傳〉에 "賁, 飾也"라 하였고, 〈鄭箋〉에 "願其來而得見之. 《易》卦曰「山下有火, 賁」, 賁, 黃白色也"라 함. 〈集傳〉에는 "賁然, 光釆之貌也. 或以爲來之疾也"라 함.

【思】助字. 〈集傳〉에 "思, 語辭也"라 함.

【爾公爾侯】〈毛傳〉에 "爾公爾侯」邪, 何爲逸樂, 無期以反也?"라 하였고, 〈集傳〉에는 "爾, 指乘駒之賢人也"라 함.

【逸豫】즐김. 雙聲連綿語.

【愼】〈毛傳〉에 "愼, 誠也"라 하였고, 〈鄭箋〉에 "誠女優游, 使待時也. 勉女遁思, 度己終不得見, 自訣之辭"라 함. 〈集傳〉에 "愼, 勿過也"라 함. '優游'는 雙聲連綿語.

【勉爾】'勉'은 無, 毋, 勿과 같음. 雙聲互訓. 숨을 생각이 없도록 함. 〈集傳〉에 "勉, 毋決也"라 함.

【遁思】〈集傳〉에 "遁思, 猶言去意也"라 함.

＊〈集傳〉에 "○言「此乘白駒者, 若其肯來, 則以爾爲公以爾爲侯, 而逸樂無期矣.」猶言「橫來大者王, 小者侯也. 豈可以過於優游, 決於遁思, 而終不我顧哉?」蓋愛之切, 而不知好爵之不足, 縻留之苦, 而不恤其志之不得遂也"라 함.

(4) 賦

皎皎白駒, 在彼空谷.

皎皎혼 白駒ㅣ, 뎌 空谷의 이시니,

희고 흰 망아지, 저 깊은 골짜기에 있으니.

生芻一束, 其人如玉.

生芻(싱추) 一束이로소니, 그 사롬이 玉곧도다.

생풀 꼴 한 단 먹이고 있을, 옥같은 그 사람이여.

毋金玉爾音, 而有遐心!

네 音을 金玉곧티 ᄒᆞ야, 遐心(하심)을 두디 마롤 디어다!

그대의 옥같은 음성 아껴, 나를 멀리 하려는 마음 갖지 마시기를!

【空谷】깊은 골짜기. 〈毛傳〉에 "空, 大也"라 하였고, 〈集傳〉에 "賢者, 必去而不可
留矣. 於是歎其乘白駒入空谷"이라 함.
【生芻】싱싱한 꼴. 〈集傳〉에 "束, 生芻以秣之, 而其人之德, 美如玉也. 蓋已邈乎其
不可親矣, 然猶冀其相聞而無絶也. 故語之曰「毋貴重爾之音聲, 而有遠我之心也.」
라 함.
【如玉】〈鄭箋〉에 "此戒之也. 女行所舍, 主人之餼, 雖薄, 要就賢人, 其德如玉然"이
라 함.
【金玉爾音】소식을 金玉과 같이 아낌.
【遐心】멀어지는 마음. 멀리하려는 마음. 〈鄭箋〉에 "毋愛女聲音, 而有遠我之心, 以
恩責之也"라 함.

참고 및 관련 자료

1. 孔穎達〈正義〉

宣王之末, 不能用賢. 有「賢人乘皎皎然白駒而去者, 我願其乘此白駒而來. 食我場
中之苗, 我則縶絆之維持之」, 謂絆縶其馬留, 其人以久. 今日之朝, 旣思而不來. 又
述而言曰「所謂是乘白駒而去之賢人, 今於何處逍遙遊息乎?」不知所適, 言思見之甚
也. 以久今朝者, 得賢人與之言話, 則今日可長久, 猶山有樞. 云且以永日也. 〈正義〉
曰:以宣王之行, 初善後惡. 〈烝民〉序云「任賢使能, 周室中興」, 明是初時事, 此刺不
能留賢, 故知宣王之末也. 僖二十八年《左傳》曰「韅靷鞅靽」, 杜預云:「在後曰靽.」則縶
之謂絆, 其足維之, 謂繫其靷也. 〈正義〉曰:言食苗藿, 則夏時矣. 〈七月〉注云「春夏爲
圃, 秋冬爲場.」場人注云「場, 築地. 爲墠, 季秋除圃」, 中爲之此, 宜云圃而言場者, 以
場圃同地耳. 對則四時異名, 散則繼其本地, 雖夏亦名場也.

193(小-33) 황조(黃鳥)

*〈黃鳥〉: 꾀꼬리. 黃鶯, 流鶯, 黃鸝, 鸝鶯, 搏黍, 黃雀, 鶯 등 여러 이름으로 불림. 같은 제목은 〈秦風〉(131)에도 있음.
*이 시는 선왕이 남녀의 陰禮만 가르칠 뿐 형제의 우애를 연결하는 데는 미흡하였음을 비판한 것이라 함. 그러나 異國에 임시로 거처하는 자가 냉대를 받자, 귀국하고 싶어하는 순수한 歸巢鄕愁를 읊은 것으로도 봄.

<序>: <黃鳥>, 刺宣王也.

〈황조〉는 선왕을 비판한 것이다.

〈箋〉: 刺其以陰禮教親, 而不至聯兄弟之不固.

*전체 3장. 매 장 7구씩(黃鳥: 三章. 章七句).

(1) 比
黃鳥黃鳥!

黃鳥(황됴) 黃鳥아!

꾀꼬리야 꾀꼬리야!

無集于穀, 無啄我粟.

穀의 集디 마라. 내의 粟을 啄(탁)디 마롤 띠어다.

닥나무에 앉지 마라. 나의 좁쌀을 쪼지 말지어다.

此邦之人, 不我肯穀.

이 邦ㅅ 사롬이, 나를 즐겨 穀으로 아닐딘댄,

이 나라의 사람들은, 나를 좋게 여기지 않을진대.

言旋言歸, 復我邦族!

旋ᄒ야 歸ᄒ야, 우리 邦族에 復호리라!

발길 돌려 나는 돌아가리라, 내 동족에게 되돌아가련다!

【黃鳥】꾀꼬리. 黃鸝. 黃鶯, 流鶯. 〈毛傳〉에 "興也. 黃鳥宜集木啄粟者, 喩天下室家, 不以其道, 而相去. 是失其性"이라 함.

【穀】닥나무. 〈諺解〉物名에 "穀:닥"이라 함. 〈集傳〉에 "穀, 木名"이라 함.

【不我肯穀】나를 좋게 여기려 하지 아니함. 여기서의 '穀'은 善의 뜻. 〈毛傳〉과 〈集傳〉에 "穀, 善也"라 하였고, 〈鄭箋〉에 "不肯以善道與我"라 함.

【言旋言歸】나는 발길을 돌려 돌아감. 〈毛傳〉에 "宣王之末, 天下室家離散, 妃匹 相去, 有不以禮者"라 함. 앞의 '言'은 發語辭, 뒤의 '言'은 '나'. 〈鄭箋〉에 "言, 我" 라 함.

【旋】〈集傳〉에 "旋, 回"라 함.

【復】〈鄭箋〉과 〈集傳〉에 "復, 反也"라 함.

【邦】故士의 뜻.

【族】同族.

＊〈集傳〉에 "○民適異國, 不得其所, 故作此詩. 託爲呼其黃鳥而告之曰:「爾無集于 穀而啄我之粟. 苟此邦之人, 不以善道相與, 則我亦不久於此, 而將歸矣.」"라 함.

(2) 比

黃鳥黃鳥!

黃鳥 黃鳥아!

꾀꼬리야 꾀꼬리야!

無集于桑, 無啄我粱.

桑의 集디 마라. 내의 粱을 啄디 마롤 띠어다.

뽕나무에 앉지 마라. 나의 고량을 쪼아 먹지 말지어다.

此邦之人, 不可與明.

이 邦ㅅ 사름이, 可히 더브러 明티 몯ᄒ리란ᄃᆡ,

이 나라 사람들은, 함께 맹세하고 살 수 있는 이들이 아닐진대,

言旋言歸, 復我諸兄!

旋ᄒᆞ야 歸ᄒᆞ야, 우리 諸兄(져형)에 復호리라!

휙 돌아서 나는 돌아가련다, 나의 형제 친척이 있는 곳으로 돌아가 련다!

【粱】高粱.

【不可與明】〈毛傳〉에 "不可與明夫婦之道"라 하였고, 〈鄭箋〉에 "明當爲盟. 盟, 信也"라 하여, '明'은 '盟'이어야 한다고 했음.

【諸兄】〈毛傳〉에 "婦人, 有歸宗之義"라 하였고, 〈鄭箋〉에 "宗, 謂宗子也"라 함.

(3) 比

黃鳥黃鳥!

黃鳥 黃鳥아!

꾀꼬리야 꾀꼬리야!

無集于栩, 無啄我黍.

栩(호)애 集디 마라. 내의 黍롤 啄디 마롤 띠어다.

상수리나무에 앉지 마라. 나의 기장을 쪼아 먹지 말지어다.

此邦之人, 不可與處.

이 邦ㅅ 사롬이, 可히 더브러 處티 몯ᄒ리린듸,

이 나라 사람들은, 더불어 함께 거처할 수가 없을진대,

言旋言歸, 復我諸父!

旋ᄒ야 歸ᄒ야, 우리 諸父에 復호리라!

발길 돌려 돌아가련다. 다시 나의 삼촌 가족에게 돌아가련다!

【栩】상수리나무.

【黍】기장.

【處】居處함. 〈毛傳〉에 "處, 居也"라 함.

【諸父】친척들. 〈毛傳〉에 "諸父, 猶諸兄也"라 함.

> **참고 및 관련 자료**

1. 孔穎達〈正義〉

〈箋〉解婦人自爲夫所出, 而以刺王之由, 刺其以陰禮, 教男女之親, 而不至篤聯結其兄弟夫婦之道, 不能堅固, 令使夫婦相棄, 是王之失教. 故擧以刺之也. 大司徒十有二, 教其三, 曰「以陰禮教親, 則民不怨」. 又曰以本俗六安萬民, 其三曰「聯兄弟」, 是鄭所引之文也. 言不至不固, 鄭以義增之. 彼注云「陰禮」, 謂男女之禮, 昏姻以時, 男不曠女不怨是也. 謂之「陰」者, 以男女夫婦, 寢席之上, 陰私之事, 故謂之陰禮. 〈秋官〉士師云「凡男女之陰, 訟聽之於勝, 國之社」, 是爲男女之事爲陰也. 彼注又云「聯, 猶合也」. 兄弟謂昏姻嫁娶, 是謂夫婦爲兄弟也. 夫婦而謂之兄弟者, 列傳曰「執禮而行兄弟之道」, 何休亦云「圖安危可否, 兄弟之義」, 故比之也.

2. 朱熹〈集傳〉

〈黃鳥〉, 三章, 章七句:

東萊呂氏曰:「宣王之末, 民有失所者. 意他國之可居也. 及其至彼, 則又不若故鄉焉. 故思而欲歸, 使民如此, 亦異於還定安集之時矣. 今按詩文, 未見其爲宣王之世. 下篇亦然.

194(小-34) 아행기야(我行其野)

*〈我行其野〉: 혼자서 들길을 가고 있음.
*이 시는 宣王이 혼취의 예를 바르게 정하지 않아, 정식 예를 갖추지 않은 채 혼례를 치르는 풍속이 성행하였음을 비난한 것이라 함. 그러나 女子가 멀리 이국으로 추방되듯 시집을 가고 나서 한과 분노를 터뜨리는 내용으로 보고 있음.

<序>: <我行其野>, 刺宣王也.

〈아행기야〉는 선왕을 비난한 것이다.

〈箋〉: 刺其不正嫁娶之數, 而有荒政, 多淫昏之俗.

*전체 3장. 매 장 6구씩(我行其野: 三章. 章六句).

(1) 賦

我行其野, 蔽芾其樗.

내 그 野애 行호니, 蔽芾(폐패)흔 그 樗(저)ㅣ러라.

나는 그 들판을 가면서, 쉴 그늘이라고는 우거진 붉나무러라.

昏姻之故, 言就爾居.

昏姻의 故로, 네의 居의 就호니,

양쪽 부모 혼인 허락하였기에, 내 여기 너에게 시집왔건만,

爾不我畜, 復我邦家!

네 나를 畜(휵)디 아니 하란딕, 우리 邦家에 復호리라!

너 나를 제대로 보살피지 않으니, 내 고국 내 고향으로 돌아가련다!

【蔽】나무그늘에서 쉼. 쉬는 것.
【芾】무성함.
【樗】붉나무. 〈毛傳〉과 〈集傳〉에 "樗, 惡木也"라 하였고, 〈鄭箋〉에 "樗之蔽芾始生,

謂仲春之時, 嫁娶之月. 婦之父·壻之父, 相謂昏姻. 言, 我也. 我乃以此二父之命, 故
我就女居, 我豈其無禮來乎? 責之也라 함.

【昏姻】〈集傳〉에 "壻之父婦之父相謂曰昏姻"이라 하여, 신부의 아버지는 昏, 신랑
의 아버지는 姻이라 함.

【畜】보살펴줌. 길러줌. 〈毛傳〉과 〈集傳〉에 "畜, 養也"라 하였고, 〈鄭箋〉에 "宣王
之未, 男女失道, 以求外昏, 棄其舊姻, 而相怨"이라 함. 혹 '畜'은 '좋아하다'의 뜻.
《呂氏春秋》適威篇에 "民善之, 則畜也"의 高誘 注에 "畜, 好"라 함.

*〈集傳〉에 "○民適異國, 依其昏姻, 而不見收恤. 故作此詩, 言「我行於野. 中依惡
木以自蔽. 於是思昏姻之故, 而就爾居, 而爾不我畜也. 則將復我之邦家矣.」라
함.

(2) 賦

我行其野, 言采其蓫.

내 그 野애 行ᄒ야, 그 蓫(축)을 采호라.

내 들판 길을 가서는, 뜯을 것이란 거친 소루쟁이 나물뿐.

昏姻之故, 言就爾宿.

昏姻의 故로, 네게 就ᄒ야 宿ᄒ니,

양쪽 부모 혼인 허락하였기에, 내
곧 너에게 와서 잠자리 얻었건만,

爾不我畜, 言歸思復!

네 나를 畜디 아니 ᄒ란듸, 歸ᄒ야
復호리라!

네 나를 보살피지 아니 하니, 내
다시 친정으로 돌아가리라!

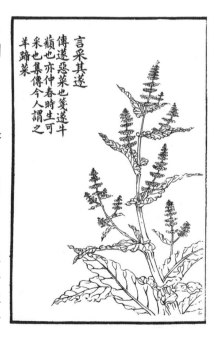

【蓫】소루쟁이. 솔옷. '牛蘈', '羊蹄菜'라고
도 부르는 나물. 〈諺解〉 物名에 "蓫:솔
옷"이라 함. 陸璣〈草木疏〉에 "今人謂之
羊蹄"라 함. 〈毛傳〉에 "蓫, 惡菜也"라 하

였고, 〈鄭箋〉에 "葰, 牛蘈也. 亦仲春時, 生可采也"라 함. 〈集傳〉에도 "葰, 牛蘈惡菜也. 今人謂之羊蹄菜"라 함.
【復】〈毛傳〉에 "復, 反也"라 함.

(3) 賦

我行其野, 言采其葍.

내 그 野애 行ᄒᆞ야, 葍을 采호라.

내 그 들판 길을 가서는, 내 겨우 거친 우엉이나 캐는 신세.

不遇舊姻, 求爾新特.

녯 姻을 思티 아니코, 내 新特을 求ᄒᆞ욤은,

너는 옛 정은 생각하지 아니하고, 새 사람만 찾고 있음은,

成不以富, 亦祇以異!

진실로 富로써 아니나, 쏘흔 마ᄎᆞᆷ 다름으로 뻐니라!

진실로 그가 부한 그런 것도 아닌데, 또한 마침 다르다는 이유 때문이라니!

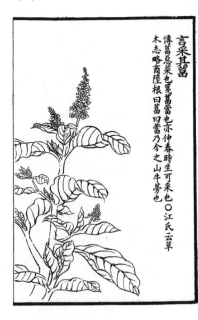

【葍】우엉. 그러나 '무'일 것으로 여겨짐. 중국어의 무는 蘿葍임. 〈諺解〉物名에 "葍:예무우, 톄엿것"이라 함. 중국어 '小旋花', '葍茅'라 함. 〈毛傳〉에 "葍, 惡菜也"라 하였고, 〈鄭箋〉에 "葍, 葍也. 亦仲春時, 生可采也. 壻之父曰:「姻我采葍之時, 以禮來嫁女. 女不思女老父之命, 而棄我而求女, 新外昏, 特來之女.」責之也, 不以禮嫁, 必無肯媵之"라 함. 〈集傳〉에도 "葍, 葍, 惡菜也"라 함.
【舊姻】옛정의 뜻.
【新特】새로운 配匹. 〈毛傳〉에 "新特, 外昏也"라 하였고, 〈集傳〉에 "特, 匹也"라 함.

【成】誠.

【祇】마침. 〈毛傳〉에 "祇, 適也"라 하였고, 〈鄭箋〉에는 "女不以禮爲室家成事, 不足
以得富也. 亦適以此, 自異於人道, 言可惡也"라 함.

*〈集傳〉에 "○言「爾之不思舊姻, 而求新匹也. 雖實不以彼之富, 而厭我之貧, 亦祇
以其新而異於故耳.」 此詩人責人忠厚之意"라 함.

참고 및 관련 자료

1. 孔穎達 〈正義〉

凡嫁娶之禮, 天子諸侯, 一娶不改. 其大夫以下, 其妻或死, 或出, 容得更娶, 非此,
亦不得更娶. 此爲嫁娶之數, 謂禮數也. 昭三年《左傳》子大叔謂:「梁丙張趯說朝聘之
禮, 張趯曰:『善哉! 吾得聞此數, 是謂禮爲數也.』今宣王之末, 妻無犯七出之罪, 無
故棄之更婚, 王不能禁, 是不能正其嫁娶之數. 大司徒曰「以荒政十有二, 聚萬民十日
多昏」, 注曰:「荒, 凶年也.」鄭司農云:「多昏, 不備禮而娶昏者多也. 彼謂國家凶荒, 民
貧不能備禮, 乃寬之, 使不備禮物而民多得昏.」今宣王之時, 非是凶年, 亦不備禮多
昏, 豐年而有此俗, 故刺王也. 經云「求爾新特」, 言其不以禮來, 不肯媵. 是當時不備
禮而昏也. 詩所述者一人而已. 但作者, 總一國之事, 而爲辭. 故知此, 不以禮昏成風
俗也.

2. 朱熹 〈集傳〉

〈我行其野〉, 三章, 章六句:

王氏曰:「先王躬行仁義, 以道民厚矣. 猶以爲未也. 又建官置師, 以孝友睦姻, 任恤
六行, 教民爲其有父母也. 故教以孝爲其有兄弟也. 故教以友爲其有同姓也. 故教以
睦爲其有異姓也. 故教以姻爲鄰里鄕黨, 相保相愛也. 故教以任相賙相救也. 故教以
恤以爲徒, 教之或不率也. 故使官師以時書, 其德行而勸之, 以爲徒勸之, 或不率也.
於是乎? 有不孝·不睦·不媚·不弟·不任·不恤之刑焉. 方是時也, 安有如此, 詩所刺之
民乎?」

195〈小-35〉 사간(斯干)

*〈斯干〉:〈毛傳〉에 "干, 澗也"라 하였고, 〈集傳〉에는 "斯, 此也; 干, 水涯也"라 하여 산골짜기 흐르는 물, 혹은 물가를 뜻함. 〈鄭箋〉에는 "喩宣王之德, 如澗水之源, 秩秩流出, 無極已也. 國以饒富, 民取足焉, 如於深山"이라 함. 따라서 이는 문왕의 덕이 山澗의 원류처럼 끝없이 흘러, 나라가 부유하고 백성이 풍족함이 마치 심산에서의 그러한 모습과 같음을 비유한 것이라 함.
*이에 이 시는 선왕이 궁실과 종묘를 신축하여 낙성할 때 부른 노래라 함.

〈序〉: 〈斯干〉, 宣王考室也.

〈사간〉은 선왕이 종묘를 낙성한 내용이다.

〈箋〉: 考, 成也. 德行, 國富人民殷衆, 而皆佼好骨肉和親. 宣王於是築宮廟羣寢, 旣成而釁之歌〈斯干〉之詩, 以落之. 此之謂成室宗廟, 成則又祭祀先祖.

*전체 9장. 4장은 7구씩, 5장은 5구씩(斯干: 九章. 四章章七句, 五章章五句).

(1) 賦

秩秩斯干, 幽幽南山.

秩秩흔 이 干이오, 幽幽흔 南山이로소니,

이 산 속 골물이 차례대로 흐르고, 그윽한 종남산이로다.

如竹苞矣, 如松茂矣.

竹이 苞(포)홈 근고, 松이 茂홈 근도다.

대나무가 숲을 이룬 것 같고, 소나무가 무성함 같도다.

兄及弟矣, 式相好矣, 無相猶矣!

兄과 밋 弟, 뻐 서ᄅ 好ᄒ고, 서ᄅ 猶홈이 업스리로다!

형과 아우, 서로 아끼고 화목하며, 서로 아픈 데 없으리로다!

【秩秩】흐르는 물이 차례를 지키는 모습. 〈毛傳〉에 "興也. 秩秩, 流行也"라 하였고, 〈集傳〉에 "秩秩, 有序也"라 함.

【幽幽】深遠한 모습. 〈毛傳〉에 "幽幽, 深遠也"라 함.

【南山】終南山을 가리킴. 〈集傳〉에 "南山, 終南之山也"라 함.

【如】而와 같음.

【苞】〈毛傳〉에 "苞, 本也"라 하였고, 〈集傳〉에는 "苞, 叢生而固也"라 함. 馬瑞辰〈通釋〉에 "〈傳〉訓'本'者, 苞, 古通作葆. 《說文》:「葆, 草盛貌.」"라 함. 〈鄭箋〉에는 "言「時民殷衆, 如竹之本生矣. 其佼好, 又如松柏之暢茂矣.」"라 함.

【式】發語辭.

【猶】〈毛傳〉에 猶, 道也"라 하였고, 〈鄭箋〉에 "猶, 當作瘉. 瘉, 病也. 言時人骨肉, 用是相愛好, 無相詬病也"라 함. 〈集傳〉에는 "猶, 謀也. 或曰'猶', 當作'尤'"라 함. 張載는 "猶, 似也"라 함.

*〈集傳〉에 "○此築室旣成, 而燕飲以落之. 因歌其事言「此室臨水而面山, 其下之固如竹之苞, 其上之密如松之茂.」又言「居是室者, 兄弟相好, 而無相謀」, 則頌禱之辭, 猶所謂聚國族於斯者也. 張子曰:「猶, 似也. 人情, 大抵施之不報, 則輟. 故思不能終兄弟之閒, 各盡己之所宜. 施者無望其不相報, 而廢恩也. 君臣父子朋友之閒, 亦莫不用此道, 盡己而已.」愚按:「此於文義, 或未必然. 然意則善矣. 或曰'猶'當作'尤'.」"라 함.

(2) 賦

似續妣祖, 築室百堵,

妣와 祖를 似續(ᄉᆞ쇽)ᄒᆞ야, 室百堵를 築ᄒᆞ니,

먼 강원(姜源)과 조상의 유업 이어받아, 백 도나 되는 넓은 집을 지으니,

西南其戶, 爰居爰處, 爰笑爰語!

그 戶를 西로 ᄒᆞ며 南으로 ᄒᆞ얏도소니, 이예 居ᄒᆞ며 이예 處ᄒᆞ며, 이예 笑ᄒᆞ며 이예 語ᄒᆞ리로다!

그 문을 서쪽 남쪽으로 하여, 이 집에 함께 거처하며, 여기에서 담소하며 말을 나누리!

【似續】〈毛傳〉과 〈集傳〉에 "似, 嗣也"라 하여, '嗣承'의 뜻. 似는 嗣의 뜻. 雙聲互訓. 그러나 〈鄭箋〉에는 "似, 讀如巳. 午之巳. 巳, 續"이라 하였음.

【妣祖】돌아가신 어머니와 祖上들. 〈集傳〉에 "妣, 先於祖者協下韻爾. 或曰謂姜嫄后稷也"라 하였고, 〈鄭箋〉에는 "妣, 先妣姜嫄也. 祖, 先祖也"라 하여, '妣'는 姜源, '祖'는 '宣祖'라 함.

【白堵】집의 크기와 벽의 높이를 말함.

【西南其戶】〈毛傳〉에 "西鄕戶, 南鄕戶也"라 하였고, 〈鄭箋〉에는 "此築室者, 謂築燕寢也. 百堵, 百堵一時起也. 天子之寢, 有左右房. 西其戶者, 異於一房者之室戶也. 又云南其戶者, 宗廟及路寢制, 如〈明堂〉每室四戶, 是室一南戶爾"라 함. 〈集傳〉에도 "西南其戶", 天子之宮, 其室非一在東者, 西其戶在北者, 南其戶, 猶言南東其畝也"라 함.

【爰】〈鄭箋〉에 "爰, 於也. 於是居, 於是處, 於是笑, 於是語, 言諸寢之中, 皆可安樂"이라 하였고, 〈集傳〉에도 "爰, 於也"라 함.

(3) 賦

約之閣閣, 椓之橐橐.

約홈을 閣閣히 ᄒᆞ며, 椓(탁)홈을 橐橐(탁탁)히 ᄒᆞ니,

담의 틀도 세워 차곡차곡 올리고, 흙을 탁탁 다져 놓으니,

風雨攸除, 鳥鼠攸去, 君子攸芋!

風雨의 除(저)홀 빼며, 鳥鼠(됴셔)의 去홀 배로소니, 君子의 芋(우)홀 빼로다!

비바람도 막고, 새나 쥐도 없이 하니, 군자가 사는 높고 큰 집이로다!

【約之】담을 칠 틀을 묶어세움. 〈毛傳〉에 "約, 束也"라 하였고, 〈鄭箋〉에 "約, 謂縮板也"라 함. 〈集傳〉에는 "約, 束板也"라 함.

【閣閣】차곡차곡 쌓음. 〈毛傳〉에 "閣閣, 猶歷歷也"라 하였고, 〈集傳〉에 "閣閣, 上下相乘也"라 함. 陳奐 〈傳疏〉에 "云'閣閣, 猶歷歷也'者, 言縮板之繩, 歷歷然也"라 함.

【椓】〈鄭箋〉에 "椓, 謂搯土也"라 하였고, 〈集傳〉에 "椓, 築也"라 함.

【橐橐】〈毛傳〉에 "橐橐, 用力也"라 하였고, 〈集傳〉에 "橐橐, 杵聲也"라 함.

【除】〈集傳〉에 "除, 亦去也. 無風雨鳥鼠之害, 言其上下四旁, 皆牢密也"라 함.

【芋】높고 큼. 〈毛傳〉에 "芋, 大也"라 하였고, 〈鄭箋〉에 "芋, 當作幠. 幠, 覆也. 寢廟旣成, 其牆屋弘殺, 則風雨之所除也. 其堅致, 則鳥鼠之所去也. 其堂室相稱, 則

君子之所覆蓋"라 함. 〈集傳〉에는 "芋, 尊大也. 君子之所居, 以爲尊且大也"라 함. 그러나 王引之 〈述聞〉에는 "芋, 當讀爲宇. 宇, 居也"라 함.

(4) 賦

如跂斯翼, 如矢斯棘,

跂(기)ᄒ야 翼홈 곧ᄐ며, 矢이 棘홈 곧ᄐ며,

그 집 모습 제겨딛고 두 손 모은 듯, 모서리는 화살처럼 급한 듯이 곧으며,

如鳥斯革, 如翬斯飛, 君子攸躋!

鳥ㅣ 이 革홈 곧ᄐ며, 翬(휘)이 飛홈 곧도소니, 君子의 躋(제)ᄒᆯ 빠로다!

추녀는 새가 깃을 펼친 듯, 처마는 오색 꿩이 날아가는 듯, 여기는 군자가 올라가 살 집이로다!

【如跂斯翼】'跂'는 발돋움함. '翼'은 공경함. 집의 大勢가 嚴正하여, 사람이 발돋움하여 경의를 표하는 모습을 보임. 〈毛傳〉에 "如人之跂竦翼爾"라 하였고, 〈集傳〉에 "跂, 竦立也; 翼, 敬也"라 함.

【如矢斯棘】〈毛傳〉에 "棘, 稜廉也"라 하였고, 〈鄭箋〉에 "棘, 戟也. 如人挾弓矢戟, 其肘如鳥"라 함. 〈集傳〉에도 "棘, 急也. 矢行緩則枉, 急則直也"라 함.

【革】〈毛傳〉과 〈集傳〉에 "革, 變也"라 하였고, 〈鄭箋〉에는 "夏暑希革張其翼時"라 함.

【翬】꿩과 같은 모습. 〈集傳〉에 "翬, 雉"라 함. 《爾雅》에 "伊洛而南, 素質, 五色皆備, 成章, 曰翬"라 하였고, 郭璞 注에 "翬亦雉屬, 言其毛色光鮮"이라 함.

箋翬鳥之奇
異者集傳翬
雄○爾雅素
質五采皆備
成章曰翬

如翬斯飛

【躋】〈毛傳〉과 〈集傳〉에 "躋, 升也"라 하였고, 〈鄭箋〉에는 "伊洛而南素質. 五色皆備成章曰翬. 此章四如者, 皆謂廉隅之正形貌之顯也. 翬者, 鳥之奇異者也. 故

以成之焉. 此章主於宗廟君子所升祭祀之時"라 함.

＊〈集傳〉에 "○言「其大勢嚴正, 如人之竦立而其恭翼翼也. 其廉隅整飭, 如矢之急
而直也. 其棟宇峻起, 如鳥之警而革也. 其簷阿華采而軒翔, 如翬之飛而矯其翼也.
蓋其堂之美如此, 而君子之所升以聽事也.」"라 함.

(5) 賦
殖殖其庭, 有覺其楹,

殖殖(식식)혼 그 庭이며, 覺(각)혼 그 楹이며,

평평한 바른 뜰에, 높고 곧은 그 기둥이며,

噲噲其正, 噦噦其冥, 君子攸寧!

噲噲(쾌쾌)혼 그 正이며, 噦噦(홰홰)혼 그 冥이로소니, 君子의 寧홀 빼
로다!

시원스럽게 밝은 곳에, 깊고 넓어 깊숙한 곳, 군자가 편안히 살 곳이
로다!

【殖殖】평평하고 바름. 〈毛傳〉에 "殖殖, 言平正也"라 하였고, 〈集傳〉에 "殖殖, 平
正也"라 함.

【庭】〈集傳〉에 "庭, 宮寢之前庭也"라 함.

【有覺】높고 크면서 곧음. 〈毛傳〉에 "有覺, 言高大也"라 하였고, 〈鄭箋〉에 "覺, 直
也"라 함. 〈集傳〉에도 "覺, 高大而直也"라 함.

【楹】기둥. 〈集傳〉에 "楹, 柱也"라 함.

【噲噲】快快와 같음. 〈鄭箋〉과 〈集傳〉에 "噲噲, 猶快快也"라 함.

【正】光明으로 向한 곳. 〈毛傳〉에 "正, 長也"라 하였고, 〈鄭箋〉에는 "正, 晝也"라
하였으나, 〈集傳〉에는 "正, 向明之處也"라 함.

【噦噦】깊고 넓은 모습. 〈鄭箋〉에 "噦噦, 猶煟煟也"라 하였으나, 〈集傳〉에 "噦噦,
深廣之貌"라 함.

【冥】깊숙한 건물. 〈毛傳〉에 "冥, 幼也"라 하였고, 〈鄭箋〉에는 "冥, 夜也. 言居之晝
日, 則快快然; 夜則煟煟然. 皆寬明之貌"라 함. 〈集傳〉에는 "冥, 奧窔之間也. 言其
室之美如此, 而君子之所休息以安身也"라 함.

【君子攸寧】〈鄭箋〉에 "此章主於寢, 君子所安, 燕息之時"라 함.

(6) 賦

下莞上簟, 乃安斯寢.

下는 莞(관)이오 上은 簟(뎜)이로소니, 이에 寢홈이 편안ᄒ리로다.

왕골자리에 댓자리 깔고, 이에 편안히 잠을 잘 곳이니,

乃寢乃興, 乃占我夢.

寢ᄒ야 興ᄒ야, 내 꿈을 占ᄒ니,

자고 일어나, 간밤 꾸었던 꿈을 점을 쳤더니,

吉夢維何? 維熊維羆, 維虺維蛇!

吉ᄒ 꿈이 므스 것고? 熊(웅)과 羆(비)와, 虺(훼)와 蛇(샤)ㅣ로다!

길한 꿈이 무엇이었던고? 바로 곰과 큰곰이었고, 살모사와 뱀이었네!

【莞】왕골 자리. 水葱, 혹 席子草라 함. 〈鄭箋〉에 "莞, 小蒲之席也"라 하였고, 〈集
傳〉에 "莞, 蒲蓆也"라 함.
【簟】대로 엮은 자리. 〈集傳〉에 "竹葦曰簟"이라 함. 〈鄭箋〉에 "竹葦曰簟. 寢既成,

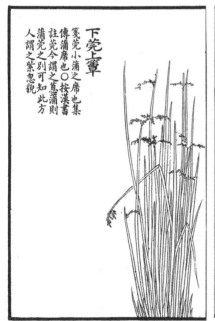

乃鋪席, 與羣臣安燕爲歡, 以落之"라 함.

【興】〈鄭箋〉에 "興, 夙興也"라 함.

【占夢】〈毛傳〉에 "言善之應人也"라 하였고, 〈鄭箋〉에 "有善夢, 則占之"라 함.

【羆】큰곰. 〈諺解〉物名에 "熊:수곰. 쇼왈(小曰)ㅣ; 羆:대왈(大曰)ㅣ"라 함. 〈鄭箋〉에 "熊, 羆之獸"라 하였고, 〈集傳〉에 "羆, 似熊而長頭高脚, 猛敢多力, 能拔樹"라 함.

【虺】살무사. 살모사. 독사. 〈諺解〉物名에 "虺:독샤"라 함. 〈鄭箋〉에 "虺, 蛇之蟲"이라 함. 〈集傳〉에 "虺, 蛇屬. 細頸大頭, 色如文綬. 大者長七八尺"이라 함. 胡承琪 〈後箋〉에 "蓋古人以虺爲蛇, 虺小蛇矣. ……蓋蜥蜴似蛇而有足, 虺爲似蜥蜴之 小蛇"라 함.

【蛇】〈諺解〉物名에 "蛇:비얌"이라 함. 〈鄭箋〉에 "此四者, 夢之吉祥也"라 함.

＊〈集傳〉에 "○祝其君安其室居, 夢兆而有祥, 亦頌禱之辭也. 下章放此"라 함.

(7) 賦

大人占之:

大人(태인)이 占ᄒᆞ니,

점관 태복이 이를 점을 쳤더니,

維熊維羆, 男子之祥;

熊과 羆ᄂᆞᆫ 男子의 祥이오,

곰과 큰곰은, 아들을 낳을 징조요,

維虺維蛇, 女子之祥!

虺와 蛇는, 女子의 祥이로다!

살모사와 뱀은, 딸을 낳을 징조라네!

【大人】'태인'(大, 音泰)으로 읽음. 해몽의 임무를 맡은 관원. 太卜. 〈集傳〉에 "大人, 大卜之屬, 占夢之官也"라 함.

【男子之祥】〈集傳〉에 "熊羆陽物, 在山彊力壯, 毅男子之祥也; 虺蛇陰物, 穴處柔弱 隱伏, 女子之祥也"라 함.

【女子之祥】〈鄭箋〉에 "大人占之, 謂以聖人占夢之法, 占之也. 熊羆在山, 陽之祥也. 故爲生男; 虺蛇穴處陰之祥也, 故爲生女"라 함.

＊〈集傳〉에 "○或曰:「夢之有占, 何也?」曰:「人之精神與天地陰陽流通, 故畫之所爲

夜之所夢, 其善惡吉凶, 各以類至. 是以
先王建官設屬, 使之觀天地之會, 辨陰
陽之氣, 以日月星辰, 占六夢之吉凶, 獻
吉夢贈惡夢其於天人相與之際, 察之詳
而敬之至矣. 故曰王前巫, 而後史, 宗祝
瞽侑, 皆在左右, 王中心無爲也. 以守至
正.」이라 함.

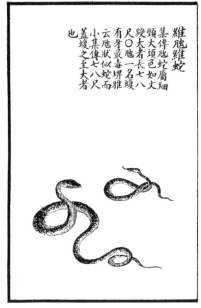

(8) 賦

乃生男子:

男子를 生ᄒ야,

사내아이를 낳으면,

載寢之牀, 載衣之裳, 載弄之璋,

곧 牀의 寢ᄒ이며, 곧 裳을 衣ᄒ이며, 곧 璋을 弄ᄒ이니,

침상에 누이고, 꼬까옷 입혀, 구슬을 손에 쥐어 놀게 하리니,

其泣喤喤, 朱芾斯皇, 室家君王!

그 泣이 喤喤(황황)ᄒ노소니, 朱ᄒ 芾(블)이 이 皇ᄒ야, 室ᄒ며 家ᄒ며 君
ᄒ며 王ᄒ리로다!

그 울음 우렁차고, 붉은 슬갑 휘황하여, 집안을 일으켜 君王이 되리라!

【牀】'床'과 같으며 침대, 침상. 사내아이는 귀히 여겨 침상에 눕혀 기름.
【載】發語辭.
【衣之裳】이에 盛裝을 시킴. 衣는 입힘, 裳은 盛服.
【璋】半圭를 璋이라 함. 〈毛傳〉에 "半珪曰璋. 裳下之飾也. 璋, 臣之職也"라 하였고,
〈鄭箋〉에 "男子生而臥於牀, 尊之也. 裳, 晝曰衣也. 衣以裳者, 明當主於外事也. 玩
以璋者, 欲其比德焉; 正以璋者, 明成之有漸"이라 함. 〈集傳〉에도 "半圭曰璋"이라
함. 이에 아들 낳은 경사를 '弄璋之慶'이라 함.

【喤喤】〈集傳〉에는 "喤, 大聲也"라 함.

【朱芾】붉은 슬갑. 〈鄭箋〉에 "芾者, 天子純朱, 諸侯黃朱. 室家, 一家之內. 宣王所生之子, 或且爲諸侯, 或且爲天子, 皆將佩朱芾煌煌然"이라 함. 天子는 純色의 朱, 諸侯는 黃朱를 씀. 〈集傳〉에 "芾, 天子純朱;諸侯黃. 朱皇, 猶煌煌也"라 함.

【皇】煌煌과 같음. 휘황함. 〈鄭箋〉에 "皇, 猶煌煌也"라 함.

【君王】〈集傳〉에 "君, 諸侯也"라 함.

*〈集傳〉에 "○寢之於牀, 尊之也. 衣之以裳, 服之盛也. 弄之以璋, 尙其德也. 言「男子之生, 於是室者, 皆將服朱芾煌煌然. 有室有家, 爲君爲王矣.」"라 함.

(9) 賦

乃生女子:

女子를 生ᄒᆞ야,

계집아이를 낳게 되면,

載寢之地, 載衣之裼, 載弄之瓦.

곧 地예 寢ᄒᆞ이며, 곧 裼(톄)를 衣ᄒᆞ이며, 곧 瓦를 弄ᄒᆞ이니,

맨바닥 땅에 재우고, 포대기를 둘러, 실감개를 쥐어 주어 놓게 하리.

無非無儀, 唯酒食是議, 無父母詒罹!

非도 업스며 儀도 옵슨 디라, 酒食(쥬ㅅ)만이 議ᄒᆞ야, 父母의게 罹(리)를 詒(이)홈이 업스리로다!

나쁜 것도 없고, 좋은 것도 없이, 오직 술빚기와 밥짓기만을 논의 거리로 하여, 부모에게 걱정 끼치는 일 없게 하리라!

【地】맨바닥에 눕혀 기름. 여아는 낮추어 침상에 눕히지 않음. 〈鄭箋〉에 "臥於地, 卑之也"라 함.

【裼】포대기. 〈毛傳〉과 〈集傳〉에 "裼, 褓也"라 하였고, 〈鄭箋〉에는 "褓, 夜衣也"라 함.

【瓦】실감개. 실패. 紡錘. 진흙으로 모양을 만들어 구어낸 토기. 〈毛傳〉과 〈集傳〉에 "瓦, 紡塼也"라 하였고, 〈鄭箋〉에 "明當主於內事, 紡塼習其一, 有所事也"라 함. 이에 딸을 낳은 경사를 '弄瓦之慶'이라 함.

【無非無儀】〈毛傳〉에 "婦人, 質無威儀也"라 함. 〈鄭箋〉에 "儀, 善也. 婦人無所專於家事, 有非. 非婦人也. 有善, 亦非婦人也"라 하여, '婦人이 家事에 專念하지 않아서 非가 있으면 婦人이 아니요, 善이 있어도 또한 婦人이 아니다'라 하였음. 〈集傳〉에 "儀, 善"라 함.

【詒】끼침.

【罹】근심. 〈毛傳〉과 〈集傳〉에 "罹, 憂也"라 함. 〈鄭箋〉에 "婦人之事, 惟議酒食爾. 無遺父母之憂"라 함.

*〈集傳〉에 "○寢之於地, 卑之也. 衣之以裼, 卽其用而無加也. 弄之以瓦甃, 其所有事也. 有非, 非婦人也; 有善, 非婦人也. 蓋女子以順爲正, 無非足矣. 有善則亦非其吉祥, 可願之事也. 唯酒食是議, 而無遺父母之憂, 則可矣.《易》〈家人卦〉曰: 「無攸遂, 在中饋, 貞吉.」而孟子之母 《列女傳》〈母儀傳「鄒孟軻母」〉 亦曰: 「婦人之禮, 精五飯, 羃酒漿, 養舅姑, 縫衣裳而已矣. 故有閨門之修, 而無境外之志.」此之謂也"라 함.

참고 및 관련 자료

1. 孔穎達〈正義〉

作〈斯干〉詩者, 宣王考室也. 考, 成也. 宣王旣德行, 民富天下和親, 乃築廟寢成, 而與羣臣安燕而樂之, 此之謂成室也. 人之所居曰室宮, 寢稱室, 是其正也. 但君子將營宮室宗廟爲先, 故鄭以爲亦修宗廟室, 是總稱言室, 足以兼之. 毛傳不言廟. 王肅云: 「宣王修先祖宮室, 儉而得禮.」孫毓云: 「此宣王考室之詩, 無作宗廟之言.」孫王竝云: 「述毛則毛意.」此篇不言廟也. 築室必先修廟, 但作者言不及耳. 經雖皆是考室之事, 正指其文, 則乃安斯寢是也. 故箋云「寢旣成, 乃鋪席與羣臣安燕爲歡, 以樂之.」是考室之事也. 宣王中興賢君, 其所以作者, 非欲崇飾奢侈, 妨害民務, 國富民豐, 乃造之耳. 故首章言'天下親富', 二章乃作之. 三章言作之堅. 四章言得其形制, 五章言庭室寬明, 六章乃言考之也. 旣考之後居, 而寢宿. 下至九章言其夢得吉祥, 生育男女貴爲王公, 慶流後裔, 因考室而得然, 故考室可以兼之也. 〈正義〉曰: 考, 成. 〈釋詁〉文德行者, 卽秩秩斯干是也. 國富者, 幽幽南山是也. 人民殷衆而皆佼好, 次二句是也. 骨肉和親, 卽下三句是也. 宣王承亂離之後, 先務富民, 民富情親, 乃使之築宮廟羣寢, 築作旣成其廟, 則神將休焉. 則以禮釁塗之其寢, 則王將居焉. 設盛食燕羣臣歌〈斯干〉之詩, 以歡樂之. 此之謂成室也. 言成者, 非直築成而已. 通謂國富民和樂, 共作力以成其事廟, 則旣爲釁禮, 使神得安焉. 室則旣爲歡燕, 使人得處焉. 人神各有攸處, 然後謂之爲成, 故言此之謂成室以結之.《說文》云: 「釁, 血祭也.」賈逵云: 「殺而以血塗鼓, 謂之釁鼓.」則釁者, 以血塗之名. 〈雜記〉下曰: 「成廟則釁之.」

其禮雍人拭羊, 擧羊升屋, 自中, 中屋南面, 刲羊血流於前, 乃降. 是釁廟禮也. 昭四年《左傳》「叔孫爲孟丙作鍾, 饗大夫以落之」, 服虔云:「釁以豭豚爲落.」則又一名落, 盖謂以血澆之也. 〈雜記〉云:「路寢成, 則考之而不釁.」注云:「設盛食以落之.」卽引〈檀弓〉:「晉獻文子成室, 諸大夫發焉.」是樂之事, 下箋亦云:「安燕爲歡, 以樂之」, 是也. 據經乃「安斯寢」, 是考室之事, 而於經無釁廟之文. 鄭云而釁之者, 鄭以似續妣祖, 爲築宮廟, 廟成必當釁室, 尙燕樂明廟, 釁可知也. 〈雜記〉之「文廟成則釁;寢成則考」, 此序言考室. 箋得兼云釁廟者, 此考之名. 取義甚廣, 乃國富民殷, 居室安樂, 皆是考義, 猶〈無羊〉云'考牧', 非獨據一燕食而已. 故知考室之言, 可以通釁廟也. 言歌〈斯干〉之詩, 以樂之者, 歌謂作此詩也. 宣王成室之時, 與羣臣燕樂, 詩人述其事, 以作歌謂作此詩. 〈斯干〉所歌, 皆是當時樂事, 故云歌〈斯干〉之詩, 以樂之. 非謂當樂之時已有〈斯干〉可歌也. 本或作樂以釁, 又名落. 〈定本〉集注, 皆作落, 未知孰是. 云宗廟成則又祭先祖, 敍君子攸躋之言, 箋以躋謂升廟祭祀. 故又言此, 以敍之.

2. 朱熹 〈集傳〉

〈斯干〉, 九章, 四章章七句, 五章章五句:

舊說:「厲王旣流于彘, 宮室圮壞, 故宣王卽位, 更作宮室, 旣成而落之.」今亦未有以見其必爲是時之詩也. 或曰:「《儀禮》(燕禮篇)'下管新宮'. 《春秋傳》(昭公25年傳)'宋元公賦新宮'.」恐卽此詩, 然亦未有明證.

196(小-36) 무양(無羊)

*〈無羊〉: 양이 없음.
*이 시는 폐지되었던 '牧人'의 직책을 宣王이 복원하여, 목인이 소와 양을 잘 길러 제사에 충족토록 하였음을 높이 여겨 읊은 시라 함.

<序>: <無羊>, 宣王考牧也.

〈무양〉은 선왕이 우양을 목축하여 성취한 일을 읊은 것이다.

〈箋〉: 厲王之時, 牧人之職廢, 宣王始興而復之. 至此而成, 謂復先王牛羊之數.

*전체 4장. 매 장 8구씩(無羊:四章. 章八句).

(1) 賦

誰謂爾無羊? 三百維羣.

뉘 닐오딕 네 羊이 업다 ᄒᆞ리오? 三百으로 羣을 ᄒᆞ엿도다.

누가 그대 선왕에게 양이 없다고 하는가? 삼백 마리 떼를 지어 있는데.

誰謂爾無牛? 九十其犉.

뉘 닐오딕 네 牛ㅣ 업다 ᄒᆞ리오? 九十인 그 犉(슌)이로다.

누가 그대 선왕에게 소가 없다고 하는가? 입술 검은 소만도 구십 두나 되는데.

爾羊來思, 其角濈濈.

네 羊이 來ᄒᆞ니, 그 角이 濈濈(즙즙)ᄒᆞ도다.

그대 양떼가 돌아오네, 그 뿔을 서로 맞대어 많이도 오네.

爾牛來思, 其耳濕濕!

네 牛ㅣ 來ᄒᆞ니, 그 耳 隰隰ᄒᆞ도다!

그대 소들도 돌아오네, 그 귀를 흔들면서!

【爾】'汝'(女)와 같음. 〈鄭箋〉에 "爾, 女也. 女, 宣王也"라 함.

【三百維羣】三百으로 떼를 이룸. 많은 수를 뜻함. 〈集傳〉에 "羊以三百爲羣, 其羣不可數也"라 함.

【九十其犉】'犉'은 〈毛傳〉에 "黃牛黑脣曰犉"이라 하였고, 〈集傳〉에는 "黃牛黑脣曰犉. 牛之犉者, 九十非犉者, 尙多也"라 함. 입술이 검은 황소를 말함. 《爾雅》에는 "牛七尺爲犉"이라 함. '九十'은 많은 수를 뜻함. 〈鄭箋〉에 "宣王復古之牧法, 汲汲於其數, 故歌此詩以解之也. 誰謂女無羊今乃三百頭爲一羣, 誰謂女無牛, 今乃犉者, 九十頭. 言其多矣, 足如古也"라 함.

【思】助字.

【濈濈】뿔이 모여 있는 모습. 〈毛傳〉에 "聚其角而息, 濈濈然"라 하였고, 〈鄭箋〉에 "言「此者美畜産, 得其所」"라 함. 〈集傳〉에도 "聚其角而息濈濈然, 呞而動其耳濕濕然. 王氏曰:「濈濈, 和也. 羊以善觸爲患, 故言其和謂聚而不相觸也. 濕濕, 潤澤也. 牛病則耳燥, 安則潤澤也.」"라 함.

【濕濕】되새김질하며 귀를 움직임. 〈毛傳〉에 "呞而動其耳, 濕濕然"이라 함.

＊〈集傳〉에 "○此詩言「牧事有成, 而牛羊衆多也.」"라 함.

(2) 賦
或降于阿, 或飮于池, 或寢或訛.

或 阿의 降ᄒᆞ며, 或 池예 飮ᄒᆞ며, 或 寢ᄒᆞ며 或 訛ᄒᆞᆺ다.

혹 언덕을 내려오고, 혹 몇 마리는 못에서 물을 마시고, 혹 눕기도 하고 혹 움직이기도 하네.

爾牧來思, 何蓑何笠, 或負其餱.

네 牧이 來ᄒᆞ니, 蓑(사)를 何ᄒᆞ며 笠을 何ᄒᆞ며, 或 그 餱(후)를 負ᄒᆞ얏도소니,

그대 목동들 오면서, 도롱이도 입고 초립도 쓰고, 혹은 마른 밥을 짊어지기도 했네.

三十維物, 爾牲則具!

三十인 物이라, 네 牲이 곧 具ㅎ도다!

서른이나 되는 색깔들, 그대 희생으로 쓸 것들 다 갖추어졌네!

【阿】언덕.

【訛】〈毛傳〉에 "訛, 動也"라 하였고, 〈鄭箋〉에 "言「此者美其無所驚畏也.」"라 함.
〈集傳〉에도 "訛, 動"이라 함.

【牧】牧者.

【何】'荷'와 같음. 〈毛傳〉과 〈集傳〉에 "何, 揭也"라 함.

【蓑·笠】〈毛傳〉에 "蓑所以備雨, 笠所以禦暑"라 하였고, 〈鄭箋〉에 "言「此者美牧人
寒暑飲食有備.」"라 함. 〈集傳〉에 "蓑·笠, 所以備雨"라 함.

【餱】말린 밥. 양과 소를 치러 나갈 때 가지고 갔던 도시락.

【三十維物】'物'은 색깔을 뜻함. 《周禮》春官 "以五雲之物辨吉凶"의 鄭玄 注에 "物,
色也"라 함. 털의 빛깔 다른 것이 서른 가지임. 〈毛傳〉에 "黑毛色者, 三十也"라
하였고, 〈鄭箋〉에 "牛羊之色異者, 三十; 則女之祭祀, 索則有之"라 함. 〈集傳〉에도
"三十維物」, 齊其色而別之. 凡爲色三十也"라 함.

【牲】宗廟 祭物에 쓸 소.

＊〈集傳〉에 "○言「牛羊無驚畏, 而牧人持雨具, 齎飲食從其所適, 以順其性. 是以生
養蕃息, 至於其色無所不備, 而於用無所不有也.」"라 함.

(3) 賦

爾牧來思, 以薪以蒸, 以雌以雄.

네 牧이 來ㅎ니, 뻐 薪ㅎ며 뻐 蒸(증)ㅎ며, 뻐 雌ㅎ며 뻐 雄을 ㅎ놋다.

그대 목동들 오면서, 거친 나뭇단, 혹은 가는 땔감, 암수 짐승도 잡아
들고 오네.

爾羊來思, 矜矜兢兢, 不騫不崩,

네 羊이 來ㅎ니, 矜矜(긍긍)ㅎ며 兢兢(긍긍)ㅎ며, 騫(건)디 아니 ㅎ며, 崩
(붕)티 아니ㅎ도소니,

그대 양떼들 돌아오는 모습, 모두 튼튼히 잘 자라서, 절뚝거리는 놈도
없고, 병든 놈도 없네.

麾之以肱, 畢來旣升!

麾(휘)홈을 肱(굉)으로써 ㅎ니, 다 來ㅎ며 다 升ㅎ놋다!

목동이 팔로 손짓만 해도, 모두가 시키는 대로 우리로 들어가도다!

【薪·蒸】나뭇짐을 말함. 〈鄭箋〉에 "此言「牧人有餘力, 則取薪蒸, 搏禽獸以來歸也.」麤曰薪, 細曰蒸"이라 하였고, 〈集傳〉에도 "麤曰薪, 細曰蒸"이라 함.

【雌雄】〈集傳〉에 "雌雄, 禽獸也"라 함.

【矜矜兢兢】〈毛傳〉에 "矜矜兢兢, 以言堅彊也"라 하였고, 〈集傳〉에도 "矜矜兢兢」, 堅强也"라 함.

【騫】절뚝거림. 〈毛傳〉과 〈集傳〉에 "騫, 虧也"라 함.

【崩】다치거나 병듦. 〈毛傳〉과 〈集傳〉에 "崩, 羣疾也"라 함.

【肱】〈毛傳〉과 〈集傳〉에 "肱, 臂也"라 함.

【旣升】〈毛傳〉에 "升, 升入牢也"라 하였고, 〈集傳〉에 "旣, 盡也; 升, 入牢也"라 함. 〈鄭箋〉에 "此「言擾馴從人意也.」"라 함.

＊〈集傳〉에 "○言「牧人有餘力, 則出取薪蒸搏禽獸, 其羊亦馴擾從人, 不假筮楚. 但以手麾之使來, 則畢來使升, 則旣升也.」"라 함.

(4) 賦

牧人乃夢: 衆維魚矣, 旐維旟矣.

牧人이 夢ㅎ니, 衆이 魚ㅣ며, 旐(죠)ㅣ 旟(여)ㅣ로다.

목동이 꿈을 꿨네. 메뚜기가 물고기로 변하였고, 현무기에 주작기였다네.

大人占之: 衆維魚矣, 實維豐年.

大人(태인)이 占ㅎ니, 衆이 魚는 實로 豐年홈이오,

太卜이 점을 쳤더니, 메뚜기기와 물고기는, 실로 풍년들 조짐이오,

旐維旟矣, 室家溱溱!

旐ㅣ 旟는, 室家ㅣ 溱溱(진진)ㅎ리로다!

현무기 주작기는, 가족과 친척들이 모두 즐겁게 모일 징조라네!

【夢】〈鄭箋〉에 "牧人乃夢見人, 衆相與捕魚. 又夢見旐與旟. 占夢之官, 得而獻之於
宣王, 將以占國事也"라 하였으나, 〈集傳〉에는 "占夢之說, 未詳"이라 함.

【衆】馬瑞辰〈通釋〉에는 蝗蟲이라 함.

【大人】'태인'으로 읽으며 太卜. 점을 풀이하는 직책.

【魚】〈毛傳〉에 "陰陽和, 則魚衆多矣"라 하였고, 〈鄭箋〉에 "魚者, 庶人之所以養也.
今人衆相與捕魚, 則是歲熟相供養之祥也.《易》中孚卦曰:「豚魚吉.」"이라 함.

【旐·旟】깃발.《周禮》에 "龜蛇爲旐, 鳥隼爲旟"라 하여 玄武旗와 靑龍旗.

【室家】여기서는 가족과 친족을 뜻함. 陳奐〈傳疏〉에 "上篇占子孫之衆多, 此篇占
室家之會聚"라 함.

【溱溱】〈毛傳〉에 "溱溱, 衆也. 旐旟所以聚衆也"라 하였고, 〈鄭箋〉에 "溱溱, 子孫
衆多也"라 함. 〈集傳〉에는 "溱溱, 衆也. 或曰:「衆, 謂人也. 旐, 郊野所建, 統人少;
旟, 州里所建, 統人多. 蓋人不如魚之多, 旐所統不如旟所統之衆, 故夢人乃是魚,
則爲豐年. 旟乃是旟, 則爲人衆.」"이라 함.

참고 및 관련 자료

1. 孔穎達〈正義〉

作〈無羊〉詩者, 言宣王考牧也. 謂宣王之時, 牧人稱職, 牛羊復先王之數. 牧事有
成, 故言考牧也. 經四章言牛羊得所, 牧人善牧, 又以吉夢獻王, 國家將有休慶, 皆考
牧之事也. 〈正義〉曰: 此美其新成, 則往前嘗廢, 故本屬王之時, 今宣王始興, 而復之
選牧官, 得人牛羊蕃息, 至此而牧事成功. 故謂之考牧. 又解成者, 正謂復先王牛羊之
數也. 言至此而成者, 初立牧官數, 未卽復. 至此作詩之時, 而成也. 王者牛羊之數,
經典無文, 亦應有其大數. 今言考牧, 故知復之也.《周禮》有牧人下:「士六人, 府一人,
史二人, 徒六十人. 又有牛人, 羊人, 犬人, 雞人.」唯無豕人. 鄭以爲豕屬司空,〈冬官〉
亡, 故不見〈夏官〉. 又有牧師主養馬, 此宣王所考, 則應六畜皆備. 此獨言牧人者, 牧
人注云:「牧人養牲於野田者. 其職曰掌牧六牲, 而阜蕃其物.」則六畜皆牧人主養, 其
餘牛人羊人之徒, 各掌其事, 以供官之所須. 則取於牧人, 非放牧者也. 羊人職曰:「若
牧人無牲, 則受布於司馬.」買牲而供之, 是取於牧人之事也. 唯馬是國之大用, 特立
牧師圉人, 使別掌之. 則蓋擬駕用者, 屬牧師. 令生息者, 屬牧人, 故牧人有六牲. 鄭
云:「六牲, 謂牛馬羊豕犬雞也.」是牧人亦養馬也. 此詩主美放牧之事, 經有牧人乃夢,
故唯言牧人也. 牧人六畜皆牧, 此詩唯言牛羊者, 經稱爾牲, 則具主人祭祀爲重馬,
則祭之所用者少, 豕犬雞則比牛羊爲卑, 故特擧牛羊, 以爲美也.

197(小-37) 절남산(節南山)

*〈節南山〉: 우뚝 솟은 저 남산. 남산은 終南山을 가리킴.
*이 시는 幽王 때의 太師 尹氏가 제대로 제 임무를 다하지 않으며, 아울러 유왕 자신도 미혹함에 빠져 바로잡지 못함을 두고 당시의 대부 가보(家父)가 이 시를 지어 諷諫한 것이라 함.

〈序〉: 〈節南山〉, 家父刺幽王也.

〈절남산〉은 가보(家父)가 幽王을 비판한 것이다.

〈箋〉: 家父, 字. 周大夫也.

※幽王: 西周 말의 周나라 천자. B.C.781-B.C.771년까지 11년간 재위. 이름은 姬宮湼. 宣王(姬靜)을 이어 제위에 올랐으나 褒姒의 난으로 申侯와 西戎에 의해 나라가 멸망함. 이에 태자 宜臼(平王)가 雒邑으로 천도하여 東周시대가 됨.

*전체 10장. 6장은 8구씩, 4장은 4구씩(節南山:十章. 六章章八句, 四章章四句).

(1) 興
節彼南山! 維石巖巖.

節흐뎌 南山이여! 石이 巖巖ᄒ도다.

높고 우뚝한 저 종남산이여! 바위가 쌓여 있구나.

赫赫師尹, 民具爾瞻.

赫赫혼 師ㅣ언 尹이여, 民이 다 너를 瞻ᄒ놋다.

혁혁한 위세를 부리는 태사 윤씨여, 백성들이 모두 너를 보고 있다.

憂心如惔, 不敢戲談.

心에 憂홈을 惔(담)틋 ᄒ며, 敢히 戲談(희담)티 몯호니,

마음에 근심 불타듯 하지만, 감히 농담조차 못하니,

國旣卒斬, 何用不監?

國이 이믜 ᄆᆞᄎᆞᆷ내 斬(참)ᄒᆞ거늘, 엇디 ᄡᅥ 監티 아니 ᄒᆞᄂᆞᆫ고?

나라가 이미 끝내 망하고 말았는데, 어찌 본 척도 아니 하는가?

【節】高峻한 모습. 〈毛傳〉과 〈集傳〉에 "節, 高峻貌"라 함.

【南山】終南山.

【巖巖】바위가 쌓여있는 모습. 〈毛傳〉과 〈集傳〉에 "巖巖, 積石貌"라 함. 〈鄭箋〉에 "興者, 喻三公之位, 人所尊嚴"이라 함.

【赫赫】〈毛傳〉과 〈集傳〉에 "赫赫, 顯盛貌"라 함. 地位의 높음을 형용.

【師尹】〈毛傳〉에 "大師, 周之三公也; 尹, 尹氏, 爲大師"라 하였고, 〈集傳〉에는 "師尹, 大師尹氏也. 大師三公, 尹氏, 蓋吉甫之後. 《春秋》書「尹氏卒, 公羊子以爲譏世卿」者, 卽此也"라 하여, 太師 尹氏는 尹吉甫의 후손일 것이라 함.

【具】모두. 〈毛傳〉과 〈集傳〉에 "具, 俱"라 함.

【爾瞻】너를 봄. 〈毛傳〉과 〈集傳〉에 "瞻, 視"라 함.

【惔】〈毛傳〉과 〈集傳〉에 "惔, 燔也"라 하였고, 〈鄭箋〉에 "此言「尹氏女居三公之位, 天下之民俱視女之所爲. 皆憂心如火灼爛之矣. 又畏女之威, 不敢相戲而言, 語疾其貪暴脅下, 以刑辟也"라 함.

【卒】드디어. 〈毛傳〉에 "卒, 盡"이라 하였고, 〈集傳〉에는 "卒, 終"이라 함.

【斬】끊어짐. 망함. 〈毛傳〉에 "斬, 斷"이라 하였고, 〈集傳〉에는 "斬, 絶"이라 함.

【何用】何以. 어찌하여.

【監】〈毛傳〉과 〈集傳〉에 "監, 視也"라 하였고, 〈鄭箋〉에는 "天下之諸侯, 日相侵伐, 其國已盡絶滅, 女何用爲職, 不監察之?"라 함.

＊〈集傳〉에 "○此詩家父所作, 刺王用尹氏以致亂. 言「節彼南山, 則維石巖巖矣. 赫赫師尹, 則民具爾瞻矣. 而其所爲不善, 使人憂心如火燔灼, 又畏其威而不敢言也. 然則國旣終斬絶矣, 汝何用而不察哉!」라 함.

(2) 興
節彼南山! 有實其猗.

節ᄒᆞ뎌 南山이여! 實ᄒᆞ야 그 猗(의)ᄒᆞ엿도다.

높고 우뚝한 저 종남산이여! 그 크기도 대단하구나.

赫赫師尹, 不平謂何?

赫赫흔 師ㅣ언 尹이여, 平티 아니 ᄒ니 니ᄅᆞᆫ들 엇디료?

혁혁한 세도를 부리는 태사 윤씨여, 공평하지 아니하니 무슨 말을 하겠는가?

天方薦瘥, 喪亂弘多.

天이 보야ᄒ로 瘥(차)를 薦ᄒᄂ논 디라, 喪亂이 弘多ᄒ며,

하늘이 바야흐로 무거운 재앙을 내려, 천재지변이 엄청 많으리라.

民言無嘉, 憯莫懲嗟!

民의 言이 嘉홈이 업거늘, 일즉 懲ᄒ야 嗟티 아니 ᄒ나다!

백성들 훌륭하다는 말 한 마디 없는데도, 일찍이 그치려 한 적도 없도다!

【有實其猗】'實'은 滿, '猗'는 長. 〈毛傳〉에 "實, 滿; 猗, 長也"라 하였고, 〈鄭箋〉에는 "猗, 倚也. 言「南山旣能高峻, 又以草木平滿, 其旁倚之, 畎谷使之齊均也.」"라 함. 〈集傳〉에도 "有實其猗", 未詳其義. 〈傳〉曰: "實滿猗長也.」 〈箋〉: "猗, 倚也. 言草木滿其旁, 倚之畎谷也.」 或以爲草木之實, 猗猗然. 皆不甚通"이라 하여, 의미가 순통하지 않다고 하였음. 그러나 馬瑞辰 〈通釋〉에는 "猗·阿, 古通用. ………阿, 曲隅也. 實, 廣大貌. '有實其猗'者, 言南山之阿, 實然廣大也"라 하여 크고 광대함을 뜻하는 표현이라 하였음.

【謂何】'무엇이라 이르랴?'의 뜻. 〈鄭箋〉에 "責三公之不均平, 不如山之爲也. 謂何, 猶云何也"라 함.

【薦瘥】薦은 무거움. 〈毛傳〉에 "薦, 重; 瘥, 病"라 하였고, 〈集傳〉에는 "薦, 荐. 通重也; 瘥, 病"이라 함. 무겁게 병들게 함.

【喪亂】天變이나 人災로 많은 사람이 죽음.

【弘】〈毛傳〉과 〈集傳〉에 "弘, 大也"라 하였고, 〈鄭箋〉에 "天氣方今, 又重以疫病, 長幼相亂, 而死喪甚大多也"라 함.

【憯】일찍이. 〈毛傳〉과 〈集傳〉에 "憯, 曾"이라 함. 《爾雅》에도 "憯, 曾也"라 함.

【懲】그침. 중지함. 그만 둠. 〈集傳〉에 "懲, 創也"라 하였으나, 〈鄭箋〉에는 "懲, 止也. 天下之民, 皆以災害, 相弔唁, 無一嘉慶之. 言「曾無以恩德止之者, 嗟乎奈何?」"라 함.

【嗟】助字.

＊〈集傳〉에 "○節彼南山, 則有實其猗矣. 赫赫師尹而不平其心, 則謂之何哉? 蘇氏曰:「爲政者不平其心, 則下之榮瘁勞佚, 有大相絶者矣. 是以神怒而重之, 以喪亂人怨而誘讟其上. 然尹氏曾不懲創, 咨嗟求所以自改也.」"라 함.

(3) 賦

尹氏大師, 維周之氐.

尹氏 大師(태ㅅ)ㅣ 周의 氐(뎌)ㅣ라.

윤씨는 태사, 주나라의 근본으로,

秉國之均, 司方是維.

國의 均을 秉ᄒ란디, 四方을 이 維ᄒ며,

나라의 대권을 잡았으면, 사방을 유지하는 임무를 다해야 하며,

天子是毗, 俾民不迷.

天子를 이 毗(비)ᄒ야, 民으로 ᄒ여곰 迷티 아니케 홀 띠어늘,

천자의 보필이 되어, 백성들로 하여금 미혹에 빠지지 않도록 해야 하거늘,

不弔昊天, 不宜空我師!

昊天애 弔(됴)ᄒ이디 몯ᄒ니, 우리 師를 空케 홈이 宜티 아니 ᄒ니라!

하늘이 우리를 불쌍히 여기도록 하지 못하니, 우리 무리들 이토록 궁하게 해서는 안 될 텐데!

【氐】'柢'의 借字. 근본, 뿌리. 〈毛傳〉과 〈集傳〉에 "氐, 本"이라 함.
【國之均】나라의 大權. '均'은 鈞과 같으며, 도자기를 만들 때 흙을 놓고 돌리는 틀. 〈毛傳〉과 〈集傳〉에 "均, 平也"라 하였으나, 〈鄭箋〉에는 "氐, 當作桎. 鎋之桎"이라 함.
【維】維持. 〈集傳〉에 "維, 持"라 함.
【毗】輔佐하는 것. 〈毛傳〉에 "毗, 厚也"라 하였고, 〈集傳〉에는 "毗, 輔"라 하였으며, 〈鄭箋〉에는 "毗, 輔也. 言「尹氏作大師之官, 爲周之桎鎋, 持國政之平, 維制四

方, 上輔天子, 下教化天下, 使民無迷惑之憂, 言任至重"이라 함.

【俾】使.

【弔】善, 淑, 至, 愍 등의 뜻. 〈毛傳〉에 "弔, 至"라 하였고, 〈鄭箋〉에는 "至, 猶善也.
不善乎昊天, 愬之也. 不宜使此人, 居尊官, 困窮我之衆民也"라 함. 그러나 〈集傳〉
에 "弔, 愍"이라 함. 하늘이 우리 백성을 불쌍히 여기도록 하지 못함.

【空】〈毛傳〉과 〈集傳〉에 "空, 窮也"라 함.

【我師】우리 많은 사람들. 師는 무리. 〈集傳〉에 "師, 衆也"라 함.

＊〈集傳〉에 "○言「尹氏大師, 維周之氏, 而秉國之均, 則是宜. 有以維持四方, 毗輔
天子, 而使民不迷, 乃其職也. 今乃不平其心, 而旣不見愍弔於昊天矣, 則不宜. 久
在其位, 使天降禍亂, 而我衆并及空窮也.」"라 함.

(4) 賦

弗躬弗親, 庶民弗信.

躬으로 아니 ᄒ며 親히 아님을, 庶民이 信티 아니 ᄒᄂ니,

친히 정사를 보지 아니 하니, 많은 백성들 그대를 믿지 못하고,

弗問弗仕, 勿罔君子.

問티 아니 ᄒ며 仕티 아니 ᄒᄂ 이로, 君子ᄅᆯ 罔티 마롤 띠어다.

백성들 삶을 묻지도 살피지도 아니 하니, 임금을 속이지나 말았으면.

式夷式已, 無小人殆.

써 夷ᄒ야 써 已ᄒ야, 小人으로 殆(티)케 마롤 띠어다.

사람들 다치게 하고 사라지게 하니, 소인 때문에 위험에 빠지지 말게
나 하라.

瑣瑣姻亞, 則無膴仕!

瑣瑣(쇄쇄)ᄒᄂ 姻亞(인아)ᄂ, 곧 膴(무)ᄒ 仕ᄅᆯ 몯홀 꺼시니라!

보잘 것 없는 인척들을, 후하게 대접하지 않는 법이나 지키거라!

【躬·親】'몸소'의 뜻. 정사를 직접 챙김.

【弗仕】〈鄭箋〉에 "仕, 察也"라 하였으나, 〈集傳〉에는 "仕, 事"라 함.

【勿】〈鄭箋〉에 "勿, 當作末. 此言「王之政, 不躬而親之, 則恩澤不信於衆民矣. 不問而察之, 則下民末罔其上矣"라 함.

【罔】속임. 〈毛傳〉에 "庶民之言, 不可信, 勿罔上而行也"라 하였고, 〈集傳〉에는 "罔, 欺也"라 함.

【君子】〈集傳〉에 "君子, 指王也"라 함.

【式夷】〈毛傳〉에 "式, 用;夷, 平也. 用平則已無以小人之言, 至於危殆也"라 하였고, 〈鄭箋〉에 "殆, 近也. 爲政當用平正之人用, 能紀理其事也, 無小人近"이라 함. 〈集傳〉에 "夷, 平"이라 함. 그러나 陳子展 〈選譯〉에는 "夷, 傷也. 王不察讒言, 君子之在位者, 或傷或已, 皆爲小人所殆. 尹氏當諫.《易》序卦曰:「夷, 傷也.」箋訓夷爲平, 言當用平正之人, 非是"라 함.

【已】〈集傳〉에 "已, 止"라 함.

【殆】〈集傳〉에 "殆, 危也"라 함.

【瑣瑣】자질구레함. 〈毛傳〉과 〈集傳〉에 "瑣瑣, 小貌"라 함.

【姻亞】〈毛傳〉에 "兩壻相謂曰亞"라 하였고, 〈鄭箋〉에 "壻之父曰姻, 瑣瑣昏姻妻黨之小人, 無厚任用之, 置之大位, 重其祿也"라 하여, 사위의 아버지를 姻, 사위끼리의 관계는 亞라 함. 〈集傳〉에도 "壻之父曰姻, 兩壻相謂曰亞"라 함.

【膴】〈毛傳〉과 〈集傳〉에 "膴, 厚也"라 함.

＊〈集傳〉에 "○言「王委政於尹氏, 尹氏又委政於姻亞之小人, 而以其未嘗問. 未嘗事者, 欺其君也. 故戒之曰:『汝之弗躬弗親, 庶民已不信矣. 其所弗問弗事, 則豈可以罔君子哉? 當平其心, 視所任之人有不當者, 則己之無以小人之故, 而至於危殆其國也. 瑣瑣姻亞, 而必皆膴仕 則小人進矣.』"라 함.

(5) 賦

昊天不傭, 降此鞫訩.

昊天이 傭티 아니 ᄒ야, 이 鞫(국)ᄒᆫ 訩을 降(강)ᄒ며,

하늘이 제 구실을 못하는지, 이토록 재앙을 가득 내리시며,

昊天不惠, 降此大戾!

昊天이 惠티 아니 ᄒ야, 이 큰 戾(려)를 降ᄒ샷다!

하늘이 은혜롭지 못한지, 이처럼 큰 재앙을 내리시는구나!

君子如屆, 俾民心闋.

君子ㅣ 만일 屆(계)ㅎ면, 民의 心으로 ㅎ여곰 闋(결)ㅎ며,

임금이 지극하시기만 하면, 백성들로 마음을 안정시켜 줄 수 있을 것이요,

君子如夷, 惡怒是違!

君子ㅣ 만일 夷ㅎ면, 惡怒(오노)ㅣ 이 違ㅎ리라!

임금이 공평하기만 하면, 증오와 노기가 멀리 사라질 텐데!

【俾】〈毛傳〉과 〈集傳〉에 "俾, 均"이라 함.
【鞠】〈毛傳〉에 "鞠, 盈"이라 하였고, 〈鄭箋〉에는 "盈, 猶多也"라 함. 〈集傳〉에는 "鞠, 窮"이라 함.
【訩】〈毛傳〉에 "訩, 訟也"라 하였으나, 〈集傳〉에는 "訩, 亂"이라 함.
【戾】災殃, 禍亂. 〈鄭箋〉에 "戾, 乖也. 昊天乎師氏爲政, 不均, 乃下此多訟之. 俗又爲不和順之行, 乃下此乖爭之化, 疾時民傚爲之, 愬之於天"이라 함. 〈集傳〉에도 "戾, 乖"라 함.
【屆】〈毛傳〉에 "屆, 極"이라 하였고, 〈鄭箋〉과 〈集傳〉에는 "屆, 至也"라 함.
【闋】〈毛傳〉과 〈集傳〉에 "闋, 息"이라 함.
【夷】〈毛傳〉에 "夷, 易"라 하여 평이함. 공평함.
【違】멀어짐. 떠남. 〈毛傳〉에 "違, 去也"라 하였고, 〈鄭箋〉에는 "君子斥在位者, 如行至誠之道, 則民鞠訩之心息; 如行平易之政, 則民乖爭之情去. 言民之失由於上, 可反復也"라 함. 〈集傳〉에는 "違, 遠也"라 함.
＊〈集傳〉에 "○言「昊天不均而降此窮極之亂, 昊天不順而降此乖戾之變. 然所以靖之者, 亦在夫人而已. 君子無所苟而用其至, 則必躬必親而民之亂心息矣. 君子無所偏而平其心, 則式夷式已而民之惡怒遠矣. 傷王與尹氏之不能也. 夫爲政不平, 以召禍亂者, 人也. 而詩人以爲天實爲之者, 蓋無所歸咎而歸之天也. 抑有以見君臣隱諱之義焉. 有以見天人合一之理焉. 後皆放此"라 함.

(6) 賦
不弔昊天, 亂靡有定.

昊天애 弔ㅎ이디 몯흔 디라, 亂이 定홈이 잇디 아니 ㅎ야,

하늘이 이르지 못하니, 혼란이 안정될 수 없고,

式月斯生, 俾民不寧.

뻐 月로 이 生ᄒ야, 民으로 ᄒ여곰 寧티 몯게 ᄒᄂ다.

달로 이러한 일이 자꾸 생겨, 백성들로 하여금 편치 못하게 하는구나.

憂心如酲, 誰秉國成,

心에 憂홈믈 酲(졍)근티 ᄒ니, 뉘 國ㅅ 成을 秉ᄒ엿관듸,

근심은 마치 술로 인한 병인 듯, 나라를 편히 할 힘을 누가 잡고 있기에,

不自爲政, 卒勞百姓?

스스로 政을 ᄒ디 아니 ᄒ야, 므ᄎᆞᆷ내 百姓을 勞케 ᄒᄂᆞᆫ고?

스스로 정사를 제대로 하지 않아, 백성들을 이렇게도 힘들게 하는가?

【弔】이르러 옴. 혹 善, 淑, 愍의 뜻. 〈鄭箋〉에 "弔, 至也. 至, 猶善也"라 함. 〈諺解〉
에는 '吊'로 표기하였음.

【定】〈鄭箋〉에 "定, 止"라 함.

【式】〈鄭箋〉에 "式, 用也"라 함.

【酲】술에 병듦. 〈毛傳〉과 〈集傳〉에 "酒病曰酲"이라 함.

【國成】〈毛傳〉과 〈集傳〉에 "成, 平也"라 함. 〈鄭箋〉에는 "不善乎昊天, 天下之亂,
無有止之者. 用月此生, 言月月益甚也. 使民不得安, 我今憂之, 如病酒之酲矣. 觀
此君臣, 誰能持國之平乎? 言無有也"라 함.

【卒】마침내. 〈集傳〉에 "卒, 終也"라 함. 〈鄭箋〉에는 "卒, 終也. 昊天不自出政敎,
則終窮苦百姓, 欲使昊天出圖書, 有所授命, 民乃得安"이라 함.

＊〈集傳〉에 "○蘇氏曰:「天不之恤, 故亂未有所止, 而禍患與歲月增長. 君子憂之
曰:『誰秉國成者, 乃不自爲政, 而以付之姻亞之小人, 其卒使民爲之受其勞弊, 以
至此也?』」"라 함.

(7) 賦

駕彼四牡, 四牡項領.

뎌 四牡를 駕ᄒ니, 四牡ㅣ 領이 項(항)ᄒ도다 마는,

저 네 필 숫말에 수레 끌리니, 네 필 말은 목이 굵기는 하지만,

我瞻四方, 蹙蹙靡所騁!

내 四方을 瞻호니, 蹙蹙(축축)히 騁(빙)홀 빼 업도다!

내 사방을 둘러보아도, 위축되어 어디 달려가 볼 곳이 없구나!

【四牡】〈鄭箋〉에 "四牡者, 人君所乘駕, 今但養大其領, 不肯爲用. 喩大臣自恣, 王不
能使也"라 함.

【項領】목이 굵음. 〈毛傳〉과 〈集傳〉에 "項, 大也"라 함. 馬瑞辰 〈通釋〉에는 "蓋馬
項負軛不行, 蹙縮癰腫, 有加重項, 失其駿也"라 함.

【蹙蹙】〈鄭箋〉 "〈鄭箋〉에 "蹙蹙, 縮小之貌. 我視四方土地, 日見侵削於夷狄, 蹙蹙
然, 雖欲馳騁, 無所之也"라 함. 〈集傳〉에도 "蹙蹙, 縮小之貌"라 함.

【騁】말을 달려 감. 〈毛傳〉에 "騁, 極也"라 함.

＊〈集傳〉에 "○言「駕四牡而四牡項領, 可以騁矣. 而視四方, 則皆昏亂蹙蹙然, 無可
徃之所, 亦將何所騁哉?」東萊呂氏曰:「本根病則枝葉皆瘁, 是以無可徃之地也.」
라 함.

(8) 賦

方茂爾惡, 相爾矛矣.

보야호로 네 惡을 茂홀신, 네 矛를 相호더니,

바야흐로 네가 악한 짓이 한창 성할 때엔, 창을 찾아 대들 듯이 하더니,

旣夷旣懌, 如相醻矣!

이믜 夷ᄒ며 이믜 懌(예)ᄒ얀, 서르 醻(슈)튯 ᄒ놋다!

이미 마음 풀려 신이 날 때는, 마치 서로 술 권할 듯 다정히 굴더구나!

【茂】왕성함. 한창 성함. 〈毛傳〉에 "茂, 勉也"라 하였으나, 〈集傳〉에는 "茂, 盛"이
라 함.

【相】살펴 봄. 〈鄭箋〉에 "相, 視也. 方爭訟自勉於惡之時, 則視女矛矣. 言「欲戰鬪相
殺傷矣.」"라 함. 〈集傳〉에도 "相, 視"라 함.

【夷】〈鄭箋〉에 "夷, 說也"라 함.

【懌】〈毛傳〉에 "懌, 服也"라 하였으나, 〈集傳〉에는 "懌, 悅也"라 함. 〈鄭箋〉에 "言
「大臣之乖爭, 本無大讐. 其已相和順而說懌, 則如賓主飮酒, 相醻酢也.」"라 함.

【醻】'酬'와 같음. 술을 주고 받음.

*〈集傳〉에 "○言「方盛其惡, 以相加, 則視其矛戟, 如欲戰鬪; 及旣夷平悅懌, 則相
與歡然, 如賓主而相醻酢, 不以爲怪也.」 蓋小人之性無常, 而習於鬪亂, 其喜怒之
不可期如此. 是以君子無所適而可也"라 함.

(9) 賦

昊天不平, 我王不寧.

昊天이 平티 아니혼 디라, 우리 王이 寧티 몯혼 거시,

하늘이 공평하지 못하여, 우리 왕께서는 편한 날이 없구나.

不懲其心, 覆怨其正!

늘 그 心을 懲티 아니ᄒᆞ고, 도ᄅᆞ혀 그 正ᄒᆞᄂᆞᆫ 이를 怨ᄒᆞᄂᆞ다!

그래도 그 마음 바로잡지 아니하고, 도리어 그 바른 사람을 원망만 하
는구나!

【不平】〈集傳〉에 "尹氏之不平, 若天使之, 故曰「昊天不平, 若是則我王亦不得寧矣.
然尹氏猶不自懲創其心, 乃反怨人之正己者, 則其爲惡, 何時而已哉!」"라 함.
【懲】징계함. 바로잡음. 그침.
【覆】도리어.
【正】〈毛傳〉에 "正, 長也"라 하였고, 〈鄭箋〉에 "昊天乎師尹爲政不平, 使我王不得
安寧. 女不懲止, 女之邪心, 而反怨憎其正也"라 함.

(10) 賦

家父作誦, 以究王訩.

家父(가보)ㅣ 誦을 作ᄒᆞ야, 써 王의 訩을 究(구)ᄒᆞ노니,

이에 나 家父는 노래를 지어, 왕이 재앙을 당하는 이유를 끝까지 캐 보
련다.

式訛爾心, 以畜萬邦!

써 네 心을 訛ᄒᆞ야, 써 萬邦을 畜(혹)홀 띠어다!

너의 마음을 교화시켜, 온 천하 만방을 안정시켜 주리라!

【家父】당시 周나라 大夫. 〈毛傳〉에 “家父, 大夫也”라 하였고, 〈集傳〉에 “家, 氏;
父, 字. 周大夫也”라 함. 《左傳》桓公 8년 및 15년에 그 이름이 보임.

【作誦】詩를 지어 諷諫함.

【究】〈鄭箋〉에 “究, 窮也. 大夫家父, 作此詩而爲王誦之, 以窮極王之政, 所以致多
訟之本意”라 함. 〈集傳〉에도 “究, 窮”이라 함.

【王訩】임금이 災難을 당함. 그 이유가 太師 尹氏와 임금의 어리석음 때문임을
함께 비유한 것임.

【式】助詞.

【訛】〈鄭箋〉과 〈集傳〉에 “訛, 化”라 함. 감화시킴.

【畜】기름. 안정시킴. 〈鄭箋〉과 〈集傳〉에 “畜, 養也”라 함.

*〈集傳〉에 “○家父自言「作爲此誦, 以窮究王政昏亂之所由. 冀其改心易, 慮以畜養
萬邦也.」陳氏曰:「尹氏厲威, 使人不得戲談, 而家父作詩, 乃復自表其出於己, 以
身當尹氏之怒, 而不辭者. 蓋家父, 周之世臣, 義與國俱存亡故也.」東萊呂氏曰:
「篇終矣, 故窮其亂本而歸之王心焉. 致亂者雖尹氏, 而用尹氏者, 則王心之蔽也.」
李氏曰:「《孟子》(離婁上)曰:『人不足與適也, 政不足與閒也. 惟大人爲能格君心之
非.』蓋用人之失·政事之過, 雖皆君之非, 然不必先論也. 惟格君心之非, 則政事
無不善矣. 用人皆得其當矣.」라 함.

> ### 참고 및 관련 자료

1. 孔穎達〈正義〉

家父, 吉甫. 詩辭自有名字, 其餘有名者他. 書傳記有之.《左傳》引〈桑柔〉謂之周芮
良夫之詩, 是也. 故叙得據之而言其不言者, 皆不知也. 或云大夫者, 止知是大夫所
作, 不得姓名, 故不言也. 頌及風雅正經, 唯〈公劉〉等三篇, 言‘召康公’以外, 皆不言作
者姓名.《外傳》(國語)謂〈棠棣〉爲周文公之詩, 〈思文〉爲周文公之頌, 則二篇周公作
也.《外傳》尙得言之, 叙者不容, 不知盖以正. 詩天下同心歌詠, 故例不言耳. 〈公劉〉
三篇, 言戒成王. 戒須有主, 不得天下共戒, 故特見‘召康公’耳. 又諸言姓名爵謚者, 皆
是王朝公卿大夫. 〈緜蠻〉謂士爲微臣, 不言姓名. 盖以士位卑微名, 不足錄也. 推此,
則太子之傅及寺人, 譚大夫, 不言姓名, 亦爲微也. 又變風唯〈七月〉·〈鴟鴞〉言周公所
作, 其餘皆無作者姓名, 亦以諸侯之大夫位, 比天子之士官, 位亦微, 故皆無見姓名
者也. 唯魯人作頌, 非常特詳其事, 言行父請周史克, 作頌耳. 不然豈變風十有二國
其詩, 百有餘篇作者, 不知一人也? 〈正義〉曰: 卒章傳已云‘家父, 周大夫’, 但不言家父

是字, 此辨其字, 因言其官, 所以與傳重也. 知字, 是大夫者. 以《春秋》之例, 天子大夫則稱字. 桓七年「天王使家父來, 求車」, 以字見經. 文與此同, 故知此字亦是大夫也. 桓十五年, 上距幽王之卒, 七十五歲. 此詩不知作之早晚, 若幽王之初, 則八十五年矣. 韋昭以爲平王時作, 此言不廢, 作在平桓之世, 而上刺幽王, 但古人以父爲字, 或累世同之. 宋大夫有孔父者, 其父正考父, 其子木金父, 此家氏或父子同字, 父未必是一人也. 〈雲漢〉序云'仍叔', 箋引桓五年「仍叔之子來聘」, 春秋時, 趙氏世稱孟, 智氏世稱伯, 仍氏或亦世字叔也. 自桓五年上距宣王之卒, 七十六歲. 若當初年, 則百二十年矣. 引之以證仍叔是周大夫耳. 未必是一人也. 〈瞻卬〉箋亦引隱七年「天王使凡伯來聘」, 自隱七年上距幽王之卒五十六歲, 凡國伯爵爲君, 皆然. 亦不知其人之同異也. 但知〈板〉與〈瞻仰〉, 俱是凡伯所作, 二者必是別人, 何則? 〈板〉已言「老夫灌灌, 匪我言耄」, 則不得下及幽王時矣. 〈瞻卬〉之箋引《春秋》, 亦證凡伯爲天子大夫耳. 此三文, 皆年月長遠, 並應別人, 故箋不言是也. 其意不以爲一人矣. 於〈板〉不引《春秋》, 至〈瞻卬〉而引之, 及此不引《春秋》, 皆注有詳略, 無義例也.

2. 朱熹〈集傳〉

〈節南山〉, 十章, 六章章八句, 四章章四句:

序以「此爲幽王之詩, 而《春秋》桓十五年有「家父來求車於周」, 爲桓王之世, 上距幽王之終, 已七十五年. 不知其人之同異.」大抵序之時世, 皆不足信, 今姑闕焉可也.

3.《左傳》桓公 15年

○經: 十有五年春二月, 天王使家父來求車.

○傳: 十五年春, 天王使家父來求車, 非禮也. 諸侯不貢車·服, 天子不私求財.

198(小-38) 정월(正月)

＊〈正月〉：周나라 正月은 夏曆으로는 4월에 해당함.
＊이 시는 이 때에 많은 서리가 내리고 백성들은 학정에 시달리건만, 幽王은 褒姒에 빠져 있고, 대부들은 자신의 이익만 챙기기에 바빠 전혀 鰥寡孤獨을 돌아보지 아니함을 원망한 내용임.

<序>: <正月>, 大夫刺幽王也.

〈정월〉은 대부가 유왕을 비판한 것이다.

＊전체 13장. 8장은 8구씩, 5장은 6구씩(正月：十三章. 八章章八句, 五章章六句).

(1) 賦
正月繁霜, 我心憂傷.

正月의 霜이 繁훈 디라, 내 ᄆᆞᆷ애 憂傷ᄒᆞ거늘,
정월(4월)인데 이 많은 서리, 내 마음은 근심과 슬픔.

民之訛言, 亦孔之將.

民의 訛言이, 쏘훈 심히 將ᄒᆞ도다.
백성의 유언비어, 역시 심히 크도다.

念我獨兮, 憂心京京.

念컨댄 내 홀로, 心애 憂홈을 京京히 호니,
생각하니 나 홀로, 근심하는 마음 그칠 수 없으니,

哀我小心, 癙憂以痒!

哀홉다, 내 小心홈이여, 癙憂(셔우)ᄒᆞ야 뻐 痒(양)호라!
아, 슬퍼하는 내 작은 마음만, 답답하여 병이 되는 것인지!

【正月】夏曆으로 四月에 해당함. 일설에는 周曆으로 6월이라고도 함. 〈毛傳〉에 "正月, 夏之四月"이라 하였고, 〈集傳〉에도 "正月, 夏之四月. 謂之正月者, 以純陽用事爲正陽之月也"라 함.

【繁霜】서리가 많이 내림. 〈毛傳〉과 〈集傳〉에 "繁, 多也"라 함. 〈鄭箋〉에 "夏之四月, 建巳之月, 純陽用事, 而霜多急恒, 寒若之異, 傷害萬物, 故心爲之憂傷"이라 함.

【訛言】謠言. 流言蜚語. 곧 뜬소문. 〈鄭箋〉과 〈集傳〉에 "訛, 僞也"라 함.

【將】〈毛傳〉과 〈集傳〉에 "將, 大也"라 함. 〈鄭箋〉에 "人以僞言相陷入, 使王行酷暴之刑, 致此災異, 故言亦甚大也"라 함.

【京京】근심이 떠나지 않음. 〈毛傳〉에 "京京, 憂不去也"라 하였고, 〈集傳〉에도 "京京, 亦大也"라 함.

【瘋憂】속이 답답함. 〈集傳〉에 "瘋憂, 幽憂也"라 함.

【痒】아픔. 癢과 같음. 심하게 가려움. 〈集傳〉에 "痒, 病也"라 함. 〈毛傳〉에 "瘋·痒, 皆病也"라 하였고, 〈鄭箋〉에 "念我獨兮者, 言我獨憂此政也"라 함.

＊〈集傳〉에 "○此詩亦大夫所作. 言「霜降失節, 不以其時. 既使我心憂傷矣, 而造爲姦僞之言, 以惑羣聽者. 又方甚大然, 衆人莫以爲憂, 故我獨憂之, 以至於病也.」"라 함.

(2) 賦

父母生我, 胡俾我瘉?

父母ㅣ 날 生홈이여, 엇디 날로 ᄒ여곰 瘉(유)케 ᄒᄂ뇨?

부모님 날 하필 이 때에 낳으셔서, 어찌 나로 하여금 이토록 괴롭게 하시나?

不自我先, 不自我後.

先으로브터 아니 ᄒ며, 내 後로브터 아니 ᄒ도다.

나보다 앞서지도 않게, 나로부터 뒤에 태어나지도 않게 하셨네.

好言自口, 莠言自口.

好ᄒᆫ 言도 口로브터 ᄒ며, 莠(유)ᄒᆫ 言도 口로브터 ᄒᄂᆫ 디라,

좋은 말도 입으로부터 나오는 것이요, 추악한 말도 입으로부터 나오는 것.

憂心愈愈, 是以有侮!

心에 憂홈을 愈愈히 ᄒ야, 일로 뼈 侮ᄒ욤이 이쇼라!

근심은 끝이 없이 더욱 더욱, 이 까닭으로 도리어 모욕만 당하네!

【父母】〈毛傳〉에 "父母, 謂文武也"라 하여, 文王과 武王에 비유한 것이라 함.

【我】〈毛傳〉에 "我, 我天下"라 함.

【瘼】〈毛傳〉과 〈集傳〉에 "瘼, 病也"라 함.

【自】〈鄭箋〉과 〈集傳〉에 "自, 從也"라 함.

【我後】〈鄭箋〉에 "天使父母生我, 何故不長遂我, 而使我遭此暴虐之政, 而病此? 何不出我之前, 居我之後, 窮苦之情? 苟欲免身"이라 함.

【自口】〈鄭箋〉에 "自, 從也. 此疾訛言之人善, 言「從女口出惡言, 亦從女口出, 女口一爾, 善也惡也, 同出其中.」謂其可賤"이라 함.

【莠言】추악한 말. 〈毛傳〉과 〈集傳〉에 "莠, 醜也"라 함.

【愈愈】더욱 심함. 〈集傳〉에 "愈愈, 益甚之意"라 함. 〈毛傳〉에는 "愈愈, 憂懼也"라 하였고, 〈鄭箋〉에 "我心憂政, 如是, 是與訛言者, 殊塗, 故用是, 見侵侮也"라 함.

＊〈集傳〉에 "○疾痛, 故呼父母, 而傷己. 適, 丁; 是, 時也. 訛言之人, 虛僞反覆. 言之好醜, 皆不出於心, 而但出於口. 是以我之憂心, 益甚而反見侵侮也"라 함.

(3) 賦

憂心惸惸, 念我無祿.

心에 憂홈을 惸惸(경경)히 ᄒ야, 내 祿 업슴을 念ᄒ노라.

마음 속 근심 경경한데, 생각해보니 나는 복도 없는 시대에 태어났구나.

民之無辜, 幷其臣僕.

民의 辜(고)업스니, 다 그 臣僕ᄒ리로다.

백성들 아무 죄 없건만, 남의 나라 종이 되겠구나.

哀我人斯, 于何從祿?

哀홈다, 우리 사름은, 어듸 從ᄒ야 祿ᄒ올고?

슬프다, 우리 사람은, 어디를 따라가야 살 수 있을까?

瞻烏爰止, 于誰之屋?

烏(오)의 止홀 디를 瞻혼 딘, 뉘 屋애 흘고?

까마귀를 보니 앉을 곳이, 누구의 지붕일까?

【惸惸】〈毛傳〉과 〈集傳〉에 "惸惸, 憂意也"라 함.

【無祿】不幸. 이러한 시대에 태어났으니 복도 없음. 〈鄭箋〉에 "無祿者, 言不得天祿, 自傷値今生也"라 하였고, 〈集傳〉에 "無祿, 猶言不幸爾"라 함.

【辜】罪의 뜻. 〈鄭箋〉과 〈集傳〉에 "辜, 罪也"라 함.

【幷】다같이. 〈集傳〉에 "幷, 俱也"라 함.

【臣僕】나라가 망하면 모두가 남의 신복이 되어 고통을 겪게 됨. 〈毛傳〉에 "古者, 有罪不入於刑, 則役之圜土, 以爲臣僕"이라 하였고, 〈鄭箋〉에 "人之尊卑, 有十等, 僕第九, 臺第十. 言王旣刑殺無罪, 幷及其家之賤者, 不止於所罪而已.《書》曰:「越茲麗刑幷制.」"라 함. 〈集傳〉에도 "古者, 以罪人爲臣僕, 亡國所虜, 亦以爲臣僕. 箕子所謂「商其淪喪, 我罔爲臣僕」, 是也"라 함.

【斯】〈鄭箋〉에 "斯, 此"라 함.

【于】〈鄭箋〉에 "于, 於也. 哀乎今我民人見遇如此, 當於何從得天祿, 免於是難?"이라 함.

【祿】화를 면하고 복을 받음.

【瞻烏爰止, 于誰之屋】〈毛傳〉에 "富人之屋, 烏所集也"라 하였고, 〈鄭箋〉에 "視烏集於富人之屋, 以言今民亦當求明君而歸之"라 함.

＊〈集傳〉에 "○言「不幸而遭國之將亡, 與此無罪之民, 將俱被囚虜, 而同爲臣僕. 未知將復從何人而受祿, 如視烏之飛, 不知其將止于誰之屋也?」"라 함.

(4) 興

瞻彼中林, 侯薪侯蒸.

뎌 中林을 瞻혼 딘, 薪이며 蒸이로다.

저 숲속을 바라보니, 굵은 섶, 자잘한 나무 있건만,

民今方殆, 視天夢夢.

民이 이제 보야흐로 殆ᄒ거늘, 天을 視혼 딘 夢夢(몽몽)ᄒ도다.

백성이 지금 바야흐로 위태롭거늘, 하늘을 쳐다봐도 아득하기만 하네.

旣克有定, 靡人弗勝.

이믜 능히 定홈이 이시면, 人을 勝티 몯홈이 업느니,

이미 하늘 뜻 한 번 정해지면, 이를 막아낼 사람 아무 없으리니,

有皇上帝, 伊誰云憎?

皇혼 上帝, 누를 憎(증)ᄒ시리오?

위대한 하느님께서, 누구를 따로 미워해서 그렇겠는가?

【中林】〈毛傳〉과 〈集傳〉에 "中林, 林中也"라 함.

【侯】〈鄭箋〉과 〈集傳〉에 "侯, 維; 殆, 危也"라 함.

【薪蒸】땔나무의 굵은 것이 薪, 가는 것은 蒸. 〈毛傳〉에 "薪蒸, 言似而非"라 하였고, 〈鄭箋〉에 "林中大木之處, 而維有薪蒸爾. 喻朝廷宜有賢者, 而但聚小人"이라 함.

【方】〈鄭箋〉에 "方, 且也"라 함.

【殆】〈集傳〉에 "殆, 危也"라 함.

【夢夢】분명하지 않은 모양. 〈毛傳〉에 "王者, 爲亂夢夢然"이라 하였고, 〈鄭箋〉에 는 "民今且危亡, 視王者所爲反, 夢夢然, 而亂無統理安人之意"라 함. 〈集傳〉에 "夢夢, 不明也"라 함.

【旣克有定】〈鄭箋〉에 "王旣能有所定, 尙復事之小者爾"라 함.

【靡人弗勝】天意는 누구도 거역하지 못함. 〈毛傳〉에 "勝, 乘也"라 하였고, 〈鄭箋〉에는 "無人而不勝. 言「凡人所定, 皆勝王也.」"라 함. 陳奐 〈傳疏〉에 "勝讀如騰. …… 旣猶終也. '克', 能也; '定', 亂也. 人, 在位者也. ……終能有定亂之日, 乃今在位之人, 無不乘陵助王爲亂"이라 함.

【皇】임금. 〈毛傳〉에 "皇, 君也"라 하였고, 〈集傳〉에는 "皇, 大也"라 함.

【上帝】〈集傳〉에 "上帝, 天之神也. 程子曰:「以其形體, 謂之天; 以其主宰, 謂之帝.」"라 함.

【伊】〈鄭箋〉에 "伊, 讀當爲繄. 繄, 猶是也. 有君上帝者, 以情告天也. 使王暴虐如是, 是憎惡誰乎? 欲天指害其所憎而已"라 함.

【憎】누구를 지정해서 미워함.

*〈集傳〉에 "○言「瞻彼中林, 則維薪維蒸, 分明可見也. 民今方危殆, 疾痛號訴於天, 而視天反夢夢然, 若無意於分別善惡者. 然此特值其未定之時, 爾及其旣定, 則未有不爲天所勝者也. 夫天豈有所憎而禍之乎? 福善禍淫, 亦自然之理而已.」 申包胥曰:「人衆則勝天.」 天定亦能勝人, 疑出於此"라 함.

(5) 賦

謂山蓋卑, 爲岡爲陵.

山을 닐오ᄃᆡ 卑타 ᄒᆞ나, 岡이며 陵이니라.

산은 아무리 낮다고 말해도, 등성이가 있고 구릉이 있게 마련,

民之訛言, 寧莫之懲!

民의 訛言을, 寧ᄒᆞ야 懲티 아니 ᄒᆞ놋다!

백성들의 이런 유언비어, 어찌하여 막으려 하지 않는고!

召彼故老, 訊之占夢.

뎌 故老를 召ᄒᆞ며, 占夢애 訊(신)ᄒᆞ니,

저 老臣을 불러들여도, 그들에게 묻는 것이란 겨우 꿈을 해몽하는 것.

具曰予聖, 誰知烏之雌雄?

다 ᄀᆞ로ᄃᆡ 내 聖호라 ᄒᆞᄂᆞ니, 뉘 烏의 雌ㅣ며 雄인 줄을 알리오?

그들 모두 자신들이 성인이라 하니, 까마귀 암수를 누가 알겠는가?

【岡·陵】山 등성이를 岡, 廣平한 것을 陵이라 함. 〈集傳〉에 "山脊曰岡, 廣平曰陵"이라 함. 〈毛傳〉에 "在位, 非君子, 乃小人也"라 하였고, 〈鄭箋〉에 "此喩爲君子賢者之道人, 尙謂之卑, 況爲凡庸小人之行?"이라 함.

【懲】止의 뜻. 그치게 함. 〈集傳〉에 "懲, 止也"라 함. 〈鄭箋〉에 "小人在位, 曾無欲止衆民之爲, 僞言相陷害也"라 함.

【召】招의 뜻.

【故老】나이 많고 존경받는 사람. 〈毛傳〉에 "故老, 元老"라 하였고, 〈集傳〉에 "故老, 舊臣也"라 함.

【訊】〈毛傳〉과 〈集傳〉에 "訊, 問也"라 함.

【占夢】官名. 꿈의 吉凶을 점치는 일을 맡은 관리. 〈集傳〉에 "占夢, 官名. 掌占夢者也"라 함. 〈鄭箋〉에 "君臣在朝, 侮慢元老, 召之不問政事. 但問占夢, 不尙道德, 而信徵祥之甚"이라 함.

【具】모두. 〈集傳〉에 "具, 俱也"라 함. 〈毛傳〉에 "君臣俱自謂聖也"라 함.

【烏之雌雄】〈鄭箋〉에 "時君臣賢愚, 適同如烏雌雄相似, 誰能別異之乎?"라 하였고, 〈集傳〉에 "烏之雌雄, 相似而難辨者也"라 함.

＊〈集傳〉에 “○「謂山蓋卑」而其實, 則岡陵之崇也. 今「民之訛言」, 如此矣, 而王猶安
然, 莫之止也. 及其詢之故老, 訊之占夢, 則又皆自以爲聖人, 亦誰能別其言之是
非乎? 子思言於衛侯曰:「君之國事, 將日非矣.」公曰:「何故?」對曰:「有由然焉. 君
出, 言自以爲是, 而卿大夫莫敢矯其非, 卿大夫出言, 亦自以爲是, 而士庶人莫敢矯
其非, 君臣旣自賢矣. 而羣下同聲‘賢之賢之’, 則順而有福矯之, 則逆而有禍. 如此,
則善安從生?《詩》曰:『具曰予聖, 誰知烏之雌雄?』抑亦似君之君臣乎?」라 함.

(6) 賦

謂天蓋高, 不敢不局.

天을 닐오디 高타 ᄒ나, 敢히 局디 아닛 아니 ᄒ며,

하늘이 아무리 높다 말해도, 감히 몸을 굽히고 살지 않으면 안 되는 법.

謂地蓋厚, 不敢不蹐.

地를 닐오디 厚타 ᄒ나, 敢히 蹐(척)디 아닛 아니 호라.

땅이 아무리 두텁다 해도, 감히 조심스레 걷지 않으면 안 되는 법.

維號斯言, 有倫有脊.

號ᄒᄂ 이 言이, 倫이 이시며 脊(척)이 잇거늘,

이런 말로 이렇게 외치는 것에는, 도가 있고 이유가 있거늘,

哀今之人, 胡爲虺蜴?

哀홉다, 이제 人ᄂ, 엇디 虺蜴(훼셕)을 ᄒᄂ고?

슬프다, 지금 사람들은, 어찌 모두 살무사나 독사 같은고?

【局】〈毛傳〉과 〈集傳〉에 “局, 曲也”라 함.
【蹐】소리 내지 않고 걷는 것. 〈毛傳〉과 〈集傳〉에 “蹐, 累足也”라 함.《說文》에
“蹐, 小步也”라 함.
【號】〈集傳〉에 “號, 長言之也”라 함.
【倫】〈毛傳〉에 “倫, 道”라 함.
【脊】〈毛傳〉에 “脊, 理也”라 하였고, 〈鄭箋〉에 “局·蹐者, 天高而有雷霆, 地厚而有
陷淪也. 此民疾苦王政, 上下皆可畏怖之言也. 維民號呼而發此言, 皆有道理, 所以
至然者, 非徒苟妄爲誣辭”라 함. 〈集傳〉에도 “脊, 理”라 함.

【虺蜴】살무사와 도룡뇽. '蜴'은 蜥蜴. 蝘蜓. 蠑蝀. 〈諺解〉物名에 "蜴:도룡"이라 함. 〈毛傳〉에 "蜴, 蝘也"라 하였고, 〈鄭箋〉에 "虺蜴之性, 見人則走, 哀哉! 今之人, 何爲如是? 傷時政也"라 함. 〈集傳〉에도 "蜴, 蝘也. 虺蜴, 皆毒螫之蟲也"라 함. 陳奐〈傳疏〉에 《後漢書》左雄傳云:「言人謂吏如虺蜴也.」라 하여 사람들이 관리를 마치 虺나 蜴을 두려워하듯 함. 따라서 둘 모두 독을 가진 뱀을 뜻함.

*〈集傳〉에 "○言「遭世之亂, 天雖高而不敢不局;地雖厚而不敢不蹐, 其所號呼而爲此言者. 又皆有倫理而可考也. 哀今之人, 胡爲肆毒以害人, 而使之至此乎?」"라 함.

(7) 興

瞻彼阪田, 有菀其特.

뎌 阪田을 瞻혼 딕, 菀(울)혼 그 特이 잇거늘,

저 비탈진 밭을 보니, 잘 자란 곡식 새싹 있건만,

天之扤我, 如不我克!

天이 나를 扤(올)ᄒᆞ샴이여, 나를 克디 몯홀 듯ᄒᆞ샷다!

하늘이 나를 흔들기는, 마치 내가 이겨낼 수 없듯이 하도다!

彼求我則, 如不我得.

뎨 나를 求ᄒᆞ야 則호려 홀 신, 나를 得디 몯홀 듯ᄒᆞ더니,

저 나를 찾을 때에는, 마치 나를 찾지 못할 듯이 하더니,

執我仇仇, 亦不我力!

나를 執홈을 仇仇(구구)히 ᄒᆞ나, 또혼 나를 力디 아니 ᄒᆞᄂᆞ다!

이제는 나를 잡기를 오만하게 하며, 또한 나 힘쓰게 하지도 않네!

【阪田】〈鄭箋〉 '험한 자갈땅'. 〈鄭箋〉에 "阪田崎嶇, 墝埆之處, 而有菀然茂特之苗. 喩賢者在間辟隱居之時"라 하였고, 〈集傳〉에 "阪田, 崎嶇墝埆之處"라 함.

【菀】무성한 모양. 〈集傳〉에 "菀, 茂盛之貌"라 함.

【特】홀로 우뚝 솟은 싹. 〈集傳〉에 "特, 特生之苗也"라 함. 〈毛傳〉에 "言朝廷曾無傑臣"라 함.

【我】〈鄭箋〉에 "我, 我特苗也"라 함.

【抚】움직이는 것. 〈毛傳〉과 〈集傳〉에 "抚, 動也"라 함.

【如不我克】나에 못 이김을 두려워하는 듯, 甚하다는 것. 〈鄭箋〉에 "我, 我特苗也. 天以風雨動搖我, 如將不勝我, 謂其迅疾也"라 함.

【彼】〈鄭箋〉에 "彼, 彼王也. 王之始徵求我, 如恐不得我. 言其禮命之繁多"라 함.

【則】法.

【仇仇】오만한 모양. 〈毛傳〉에 "仇仇, 猶謷謷也"라 하였고, 〈鄭箋〉에 "王旣得我, 執留我, 其禮待我, 謷謷然. 亦不問我在位之功力, 言其有貪賢之名, 無用賢之實"이라 함. 《爾雅》에 "仇仇, 傲也"라 함.

【力】用力. 〈集傳〉에 "力, 謂用力"이라 함. 馬瑞辰 〈通釋〉에 "不我力, 卽不我用"이라 함.

＊〈集傳〉에 "○瞻彼阪田, 猶有菀然之特, 而天之抚我, 如恐其不我克, 何哉? 亦無所歸咎之辭也. 夫始而求之以爲法, 則惟恐不我得也. 及其得之, 則又執我堅固, 如仇讎然然. 終亦莫能用也. 求之甚艱, 而棄之甚易, 其無常如此"라 함.

(8) 賦

心之憂矣, 如或結之.

心의 憂홈이, 或 結툿 ᄒ놋다.

마음 속의 이 근심, 마치 혹 실이 마구 엉긴 듯 하네.

今茲之正, 胡然厲矣?

이제 이 正은, 엇디 厲ᄒ뇨?

지금의 이 정치는, 어찌 이렇게 사납기만 한가?

燎之方揚, 寧或滅之?

燎(료)의 보야흐로 揚홈을, 엇디 滅(멸)ᄒ리오?

들판에 사냥하느라 놓은 불이 바야흐로 솟구치고 있건만, 어찌 끄려

들지도 않는지?

赫赫宗周, 褒姒威之!

赫赫흔 宗周를, 褒姒(포ᄉ)ㅣ 威(혈)ᄒ리로다!

혁혁한 우리 鎬京도, 褒姒가 멸망시키고 말겠네!

【玆】〈鄭箋〉에 "玆, 此"라 함.

【正】〈鄭箋〉에 "正 長也. 心憂如有結之者, 憂今此之君臣, 何一然爲惡如是?"라 하였고, 〈集傳〉에 "正, 政也"라 함.

【厲】〈毛傳〉에 "厲, 惡也"라 하였고, 〈集傳〉에 "厲, 暴惡也"라 함.

【燎】사냥을 위해 풀을 태우는 불. 〈集傳〉에 "火田爲燎"라 함.

【揚】〈集傳〉에 "揚, 盛也"라 함.

【滅之】〈毛傳〉에 "滅之以水也"라 하였고, 〈鄭箋〉에 "火田爲燎, 燎之方盛之時, 炎熾熛怒, 寧有能滅息之者? 言無有也, 以無有喻有之者, 爲甚也"라 함.

【宗周】〈毛傳〉과 〈集傳〉에 "宗周, 鎬京也"라 함.

【褒姒】'襃姒'로도 표기하며, 幽王의 寵姬. 포나라 출신. 이에 관한 고사는 《史記》周本紀에 아주 자세히 실려 있음. 〈毛傳〉에 "襃, 國也; 姒, 姓也"라 하였고, 〈集傳〉에 "褒姒, 幽王之嬖妾, 褒國女. 姒姓也"라 함.

【威】讀音은 '呼悅反'(혈). 〈毛傳〉에 "威, 滅也. 有襃國之女, 幽王惑焉, 而以爲后. 詩人知其必滅周也"라 하였고, 〈集傳〉에 "威, 亦滅也"라 함.

*〈集傳〉에 "○言'我心之憂, 如結者, 爲國政之暴惡故也. 燎之方盛之時, 則寧有能撲而滅之者乎? 然赫赫然之宗周, 而一褒姒, 足以滅之, 蓋傷之也. 時宗周未滅, 以褒姒淫妒讒諂, 而王惑之, 知其必滅周也.」 或曰:「此東遷後詩也. 時宗周已滅矣. 其言褒姒威之, 有監戒之意, 而無憂懼之情, 似亦道已然之事, 而非慮其將然之辭.」今亦未能必其然否也"라 함.

(9) 比

終其永懷, 又窘陰雨.

終을 그 기리 懷ᄒ니, 또 陰雨애 窘ᄒ리로다.

긴 생각 끝까지 해보니, 또한 장맛비에 고생하겠네.

其車旣載, 乃棄爾輔.

그 車애 이믜 載ᄒ고, 네 輔를 棄ᄒ니,

그 가득 이미 짐을 싣고는, 이에 그 너의 덧방나무를 버렸으니,

載輸爾載, 將伯助予!

곧 네 載를 輸ᄒ고야, 伯을 將ᄒ야 나를 助ᄒ라 ᄒ리로다!

곧 너의 짐이 떨어져 땅에 쏟아지면, 어른에게 나 좀 도와달라 청할 수 있겠는가?

【寁】〈毛傳〉에 "寁, 困也"라 하였고, 〈鄭箋〉에 "寁, 仍也. 終王之所行, 其長可憂傷矣"이라 함.

【陰雨】〈集傳〉에 "陰雨則泥濘, 而車易以陷也"라 함. 〈鄭箋〉에 "又將仍憂於陰雨, 陰雨, 喩君有泥陷之難"이라 함.

【載】〈毛傳〉에 "大車, 重載, 又棄其輔"라 하였고, 〈鄭箋〉에 "以車之載物, 喩王之任國事也. 棄輔, 喩遠賢也"라 함. 〈集傳〉에 "載, 車所載也"라 함.

【輔】덧방나무. 수레의 輻에 덧댄 나무. 〈集傳〉에 "輔, 如今人縛杖於輻, 以防輔車也"라 함.

【載輸爾載】〈鄭箋〉에 "輸, 墮也. 棄女車輔, 則墮女之載, 乃請長者 見助. 以言國危而求賢者, 已晚矣"라 함. 〈集傳〉에도 "輸, 墮也"라 함. 앞의 '載'는 發語辭, 뒤의 '載'는 실은 物品.

【將】〈毛傳〉과 〈集傳〉에 "將, 請也"라 함.

【伯】〈毛傳〉에 "伯, 長也"라 하였으며, 〈集傳〉에는 "伯, 或者之字也"라 함.

＊〈集傳〉에 "○蘇氏曰:「王爲淫虐, 譬如行險而不知止. 君子永思其終, 知其必有大難. 故曰「終其永懷, 又寁陰雨. 王又不虞難之將至, 而棄賢臣焉. 故曰『乃棄爾輔, 君子求助於未危. 故難不至苟, 其載之旣墮, 而後號伯以助予, 則無及矣.』」라 함.

(10) 比

無棄爾輔, 員于爾輻.

네 輔를 棄티 말아, 네 輻(복)애 員(운)ᄒ고,

너의 수레의 덧방나무를 버리지 말고, 너의 바퀴살도 많이 늘려,

屢顧爾僕, 不輸爾載.

ᄌᄌ 네 僕을 顧ᄒ면, 네 載를 輸티 아니 ᄒ야,

자주 너의 마부들도 돌아보면, 너의 실은 짐이 땅에 떨어지지 않아,

終踰絶險, 曾是不意!

ᄆ춤내 絶險을 踰홈이, 일즉이 不意예 ᄒ리라!

마침내 험한 길 탈 없이 넘어, 일찍이 생각지 않았던 일도 잘 풀리
련만!

【員】〈毛傳〉과 〈集傳〉에 "員, 益也"라 함.
【輔】〈集傳〉에 "輔, 所以益輻也"라 함.
【輻】수레의 바퀴살.
【屢】〈鄭箋〉과 〈集傳〉에 "屢, 數也"라 함.
【顧】〈鄭箋〉에 "顧, 猶視也, 念也"라 하였고, 〈集傳〉에 "顧, 視也"라 함.
【僕】〈鄭箋〉과 〈集傳〉에 "僕, 將車者也"라 함.
【曾是不意】생각지 않았던 좋은 결과를 얻음. 아주 容易함. 〈鄭箋〉에 "女不棄車
之輔, 數顧女僕, 終是用踰度, 陷絶之險. 女不曾以是爲意乎? 以商事喩治國也"라
함.
＊〈集傳〉에 "○此承上章, 言「若能無棄爾輔, 以益其輻, 而又數數顧視其僕, 則不墮
爾所載, 而踰於絶險. 若初不以爲意者, 蓋能謹其初, 則厥終無難也.」一說「王曾不
以是爲意乎?」라 함.

(11) 比
魚在于沼, 亦匪克樂.

魚ㅣ 沼애 이시니, ᄯᅩᄒ 능히 樂홈이 아니로다.

물고기가 못에 있어도, 역시 능히 즐거워 그런 것이 아니로다.

潛雖伏矣, 亦孔之炤.

潛ᄒ야 비록 伏ᄒ나, ᄯᅩᄒ 심히 炤(쟉)ᄒ도다.

잠기어 비록 깊이 숨는다 해도, 역시 심히 밝은 빛이 있는 법.

憂心慘慘, 念國之爲虐!

心애 憂홈을 慘慘(참참)히 ᄒ야, 國의 虐ᄒ욤을 念ᄒ노라!

마음의 근심이 참참함은, 생각건대 나라가 이처럼 포악한 짓을 하기 때문!

【沼】〈毛傳〉과 〈集傳〉에 "沼, 池也"라 함.

【炤】밝고 뚜렷한 것. 〈集傳〉에 "炤, 明易見也"라 함. 〈鄭箋〉에 "池魚之所樂, 而非 能樂其潛伏於淵. 又不足以逃, 甚炤炤易見, 以喩時賢者, 在朝廷, 道不行, 無所樂 退, 而窮處. 又無所止也"라 함. 〈中庸〉에 인용된 이 구절에는 '昭'로 되어 있음. 陳奐 〈傳疏〉에 "言聖人雖隱循, 其德亦甚明也"라 함.

【慘慘】근심하는 모양. 〈毛傳〉에 "慘慘, 猶戚戚也"라 함.

＊〈集傳〉에 "○魚在于沼, 其爲生已蹙矣. 其潛雖深, 然亦炤然而易見. 言「禍亂之及, 無所逃也.」"라 함.

(12) 賦

彼有旨酒, 又有嘉殽.

뎨 旨酒를 두며, 쏘 嘉殽를 두어,

저 좋은 술에, 다시 좋은 안주 있어,

洽比其鄰, 昏姻孔云.

그 隣을 洽比ᄒ며, 昏姻과로 심히 云ᄒ거늘,

그 이웃 사람 모아 놓고, 친척 인척들과 그리고 친구들 하고만 즐기네.

念我獨兮, 憂心慇慇!

念컨댄 내 호올로, 心에 憂홈을 慇慇히 호라!

생각건대 나만 외로이, 마음 속 근심 아프기만 하네!

【彼】〈鄭箋〉에 "彼, 彼尹氏大師也"라 함.

【旨酒·嘉殽】좋은 술과 훌륭한 안주. 〈毛傳〉에 "言禮物備也"라 함.

【洽比】잘 和合함. 〈毛傳〉과 〈集傳〉에 "洽比, 皆合也"라 함. 《左傳》의 인용에는 '協' 으로 되어 있음.

【鄰】〈毛傳〉에 “鄰, 近”이라 함.

【昏姻】사돈들. 여기서는 姻戚들.

【云】〈毛傳〉에 “云, 旋也. 是言王者, 不能親親以及遠”이라 하였고, 〈鄭箋〉에 “云, 猶友也. 言尹氏富獨與兄弟, 相親友爲朋黨也”라 함. 〈集傳〉에는 “云, 旋也”라 함.

【慇慇】괴롭고 고통스러움. 〈毛傳〉에 “慇慇然, 痛也”라 하였고, 〈鄭箋〉에 “此賢者, 孤特自傷也”라 함. 〈集傳〉에 “慇慇, 疾痛也”라 함.

＊〈集傳〉에 “○言「小人得志, 有旨酒嘉殽, 以合比其鄰里, 怡懌其昏姻, 而我獨憂心, 至於疾痛」也. 昔人有言「燕雀處堂, 母子相安, 自以爲樂也. 突決棟焚, 而怡然不知 禍之將及, 其此之謂乎?」라 함.

(13) 賦

佌佌彼有屋, 蔌蔌方有穀.

佌佌(차차)ᄒ 니ᄂ 뎌 屋을 두며, 蔌蔌(속속)ᄒ 니ᄂ 보야호로 穀을 두거늘,

하잘것없는 소인들도 좋은 집을 갖고 있고, 비루한 자도 봉록을 받건 만,

民今之無祿, 天夭是椓.

民이 이제 祿 업스 니ᄂ, 天이 夭ᄒ야 이 椓(탁)ᄒᄂ놋다.

백성들 지금 아무런 복도 없는 이는, 하늘이 재앙으로 치고 있구나.

哿矣富人, 哀此惸獨!

哿(가)ᄒ 니ᄂ 富人이어니와, 이 惸獨(경독)이 哀홉도다!

부자라면 그런대로 살겠지만, 이 환과고독은 불쌍키만 하구나!

【佌佌】〈毛傳〉에 “佌佌, 小也”라 하였고, 〈集傳〉에는 “佌佌, 小貌”라 함.

【蔌蔌】〈毛傳〉에 “蔌蔌, 陋也”라 하였고, 〈集傳〉에 “蔌蔌, 窶陋貌. 指王所用之小人 也”라 함.

【穀】〈鄭箋〉에 “穀, 祿也. 此言小人富, 而窶陋, 將貴也”라 함. 〈集傳〉에도 “穀, 祿”이 라 함.

【夭】〈毛傳〉에 “君夭之在位, 椓之”라 하였고, 〈鄭箋〉에 “民於今而無祿者, 天以薦 瘥夭殺之是王者之政, 又復椓破之. 言遇害甚也”라 함. 〈集傳〉에 “夭, 禍”라 함.

【椓】〈集傳〉에 "椓, 害"라 함. '치다, 타격을 주다, 괴롭히다'의 뜻.

【矜】〈毛傳〉과 〈集傳〉에 "矜, 可"라 함.

【惸獨】의지할 곳 없는 외로운 사람들. 鰥寡孤獨과 같음. 홀아비, 과부, 자식 없는 노인, 고아 등. 〈毛傳〉에 "獨, 單也"라 하였고, 〈鄭箋〉에 "此言王政如是, 富人猶可惸獨, 將困也"라 함. 〈集傳〉에 "獨, 單也"라 함. 《孟子》梁惠王(下)에 "對曰: 「昔者, 文王之治岐也, 耕者九一, 仕者世祿, 關市譏而不征, 澤梁無禁, 罪人不孥. 老而無妻曰鰥; 老而無夫曰寡; 老而無子曰獨; 幼而無父曰孤. 此四者, 天下之窮民而無告者. 文王發政施仁, 必先斯四者. 《詩》云: 『矜矣富人, 哀此煢獨.』」"이라 함.

＊〈集傳〉에 "○佌佌然之小人, 旣已有屋矣; 蔌蔌窶陋者, 又將有穀矣. 而民今獨無祿者, 是天禍椓喪之耳. 亦無所歸怨之辭也. 亂至於此富人, 猶或可勝惸獨甚矣. 此《孟子》所以言「文王發政施仁, 必先鰥寡孤獨」也"라 함.

[참고 및 관련 자료]

1. 孔穎達 〈正義〉

時大夫賢者, 覩天災以傷政教, 故言正陽之月, 而有繁多之霜, 是由王急酷之刑, 以致傷害萬物. 故我心爲之憂傷也. 有霜由於王急, 王急由於訛言, 則此民之訛言爲害, 亦甚大矣. 害旣如此, 念我獨憂此政兮. 憂在於心京京然, 不能去哀憐我之小心, 所遇痛憂此事, 以至於身病也. 憂之者, 以王信訛言, 百姓遭害, 故所以憂也. 〈正義〉曰: 以大夫所憂, 則非當霜之月, 若建寅正月, 則固有霜矣. 不足憂也. 昭十七年「夏七月甲戌朔日, 有食之」.《左傳》曰:「祝史請所用幣, 平子禦之曰:『止也. 唯正月朔, 慝未作, 日有食之, 於是乎有伐鼓·用幣. 其餘則否.』太史曰:『在此月也.』」經書六月, 傳言正月太史謂之在此月, 是周之六月, 爲正月也. 周六月是夏之四月, 故知正月夏之四月也. 謂之正月者, 以乾用事, 三純陽之月. 傳稱慝未作, 謂未有陰氣, 故此. 〈箋〉「純陽用事也」. 若然《易稽覽圖》云:「正陽者, 從二月至四月, 陽氣用事時也.」獨以爲四月者, 彼以卦之六爻, 至二月〈大壯〉用事, 陽爻過半, 故謂之正陽, 與此異也. 〈正義〉曰: 急恒寒若. 〈洪範〉咎徵文也. 彼注云:「急, 促也; 若, 順也. 五事不得, 則咎氣來順之.」言由君急促大酷, 致恒寒之氣, 來順之, 故多霜也. 反常謂之異時, 不當有霜, 而有霜, 是異也. 四月之時, 草木已大, 故言傷害萬物也. 鄭駁異義與〈洪範〉五行傳, 皆云非常曰異, 害物曰災, 則此傷害萬物, 宜爲災, 而云異者, 災異對則別, 散則通, 故莊二十五年《左傳》曰:「凡天災, 有幣無牲.」彼爲日食之異, 而言災也. 此以非時而降, 謂之異. 據其害物, 又謂之災, 下〈箋〉「致此災異」, 是義通, 故言之異. 〈正義〉曰: 此承繁霜之下, 故知甚大; 謂以訛言, 致霜爲大也. 小人以訛言, 相陷王, 不能察其眞僞, 因發大怒, 而行此酷暴之刑, 由此急酷, 故天順以寒氣, 而使盛夏多霜, 是霜由訛言所致也.

199(小-39) 시월지교(十月之交)

*〈十月之交〉'十月'은 夏曆으로 八月. '交'는 日月이 交會함. 즉 그믐과 초하루 사이를 뜻함.
*이 시는 일식이 일어나 나라가 혼란할 징조를 보였음에도, 모든 높은 관직에 있는 이들이 제대로 일은 하지 않고, 게다가 幽王(鄭玄은 厲王이라 함)은 褒姒에게 빠져 있으며, 그 중 皇父란 자는 상읍(向邑)에 새로운 도읍을 건설하면서 백성들을 동원하여 괴롭힘을 원망한 내용이라 함.

〈序〉: 〈十月之交〉, 大夫刺幽王也.

〈시월지교〉는 대부들이 유왕을 비난한 것이다.

〈箋〉: 當爲刺厲王, 作詁訓傳, 時移其篇第, 因改之耳. 節彼刺師尹, 不平亂, 靡有定. 此篇譏皇父擅恣, 日月告凶, 正月惡褒姒滅周, 此篇疾豔妻, 煽方處. 又幽王時, 司徒, 乃鄭桓公友, 非此篇之所云番也, 是以知然.

*전체 8장. 매 장 8구씩(十月之交: 八章. 章八句).

(1) 賦
十月之交, 朔月辛卯.

十月(십월)ㅅ 交, 朔日(삭일)인 辛卯애,
시월이 교차하고, 초하루 辛卯 날에,

日有食之, 亦孔之醜!

日이 食(식)ㅎ니, 또혼 심히 醜(취)ㅎ도다!
일식이 일어나니, 역시 심히 악하도다!

彼月而微, 此日而微.

뎌 月은 微홀 띠어니와, 이 日의 微홈이여.
저 달이란 기울어지는 것이지만, 이 해가 기울다니.

今此下民, 亦孔之哀!

이제 下民이, 쏘흔 심히 哀흡도다!

지금 이 낮은 백성들이, 또한 심히 불쌍하도다!

【十月】〈集傳〉에 "十月, 以夏正言之建亥之月也"라 함.

【交】〈毛傳〉에 "之交, 日月之交會"라 하였고, 〈集傳〉에 "交, 日月交會, 謂晦朔之閒也. 〈曆法〉:周天三百六十五度四分, 度之一左旋於地, 一晝一夜, 則其行一周而又過一度, 日月皆右行於天. 一晝一夜, 則日行一度, 月行十三度十九分度之七. 故日一歲而一周, 天月二十九日有奇, 而一周天. 又逐及於日而與之會一歲, 凡十二會, 方會則月光都盡而爲晦, 已會則月光復蘇而爲朔. 朔後晦前, 各十五日. 日月相對, 則月光正滿而爲望. 晦朔而日月之合, 東西同度, 南北同道, 則月揜日而日爲之食. 望而日月之對, 同度同道, 則月亢日而月爲之食, 是皆有常度矣. 然王者修德, 行政用賢, 去奸能使, 陽盛足以勝陰, 陰衰不能侵陽, 則日月之行, 雖或當食而月, 常避日, 故其遲速高下, 必有參差而不正. 相合不正相對者, 所以當食而不食也. 若國無政, 不用善, 使臣子背君父, 妾婦乘其夫, 小人陵君子, 夷狄侵中國, 則陰盛陽微, 當食必食. 雖曰行有常度, 而實爲非常之變矣. 蘇氏曰:「日食, 天變之大者. 然正陽之月, 古尤忌之, 夏之四月爲純陽, 故謂之正月十月純陰. 疑其無陽, 故謂之陽月純陽, 而食陽弱之甚也. 純陰而食陰, 壯之甚也.」라 함. 〈鄭箋〉에는 "周之十月, 夏之八月也. 八月朔日, 日月交會而日食. 陰侵陽, 臣侵君之象. 日辰之義, 日爲君, 辰爲臣"이라 함.

【日有食】日蝕. 幽王 6년(B.C.776)에 일식이 있었음.

【醜】〈毛傳〉에 "醜, 惡也"라 하였고 〈鄭箋〉에 "辛, 金也;卯, 木也. 又以卯侵辛, 故甚惡也"라 함. 變怪가 일어날 것임을 뜻함.

【月】〈毛傳〉에 "月, 臣道;日, 君道"라 하였고, 〈集傳〉에 "彼月, 則宜有時而虧矣"라 함. 달은 기울 수 있지만 해는 기우는 법이 없음. 그런데 일식으로 해가 기우는 변괴가 일어남.

【微】이지러짐. 〈鄭箋〉에 "微, 謂不明也. 彼月則有微, 今此日反微, 非其常爲異, 尤大也"라 하였고, 〈集傳〉에 "微, 虧也"라 함.

【此日】〈集傳〉에 "此日, 不宜虧而今亦虧, 是亂亡之兆也"라 함.

【孔】'甚'의 뜻. 매우, 심히.

【哀】불쌍함. 〈鄭箋〉에 "君臣失道, 災害將起, 故下民亦甚可哀"라 함.

(2) 賦

日月告凶, 不用其行.

日月이 凶을 告(고)ᄒ야, 그 行을 用티 아니 ᄒ니,

해와 달이 흉사를 알리고, 제 궤도를 벗어났음은,

四國無政, 不用其良.

四國이 政이 업셔, 그 良을 用티 아님이로다.

천하 사방 나라의 정치가 어지럽고, 현량한 자를 등용하지 않기 때문
이로다.

彼月而食, 則維其常.

뎌 月의 食훔은, 곧 그 常이어니와,

저 달이 월식이 있음은, 그래도 으레 있을 수 있는 일이지만,

此日而食, 于何不臧?

이 日의 食훔이여, 엇디 臧(장)티 아니 ᄒ뇨?

이 해가 일식이 있음은, 어찌 이처럼 좋지 않은 일만 벌어지는가?

【告凶】〈鄭箋〉에 "告凶, 告天下以凶亡之徵也"라 함.
【不用】〈鄭箋〉에 "不用之者, 謂相干犯也. 四方之國, 無政治者, 由天子不用善人也"
　라 함.
【行】道의 뜻. 日月의 軌道. 〈鄭箋〉과 〈集傳〉에 "行, 道也"라 함.
【良】善人.
【臧】〈鄭箋〉에 "臧, 善也"라 함.
＊〈集傳〉에 "○凡日月之食, 皆有常度矣. 而以爲不用其行者, 月不避日, 失其道也.
　然其所以然者, 則以四國無政, 不用善人故也. 如此則日月之食, 皆非常矣. 而以月
　食爲其常, 日食爲不臧者, 陰亢陽而不勝, 猶可言也. 陰勝陽而揜之, 不可言也. 故
　《春秋》日食必書, 而月食則無紀焉. 亦以此爾"라 함.

(3) 賦

爗爗震電, 不寧不令.

爗爗(엽엽)혼 震電이, 寧티 아니 ᄒ며 슈티 아니 ᄒ도다.

번쩍번쩍 우레와 번개가 치니, 평안치 않은 것이며 좋은 것이 아니
로다.

百川沸騰, 山冢崒崩.

百川이 沸(비)ᄒ야 騰(등)ᄒ며, 山冢(상총)ㅅ 崒(졸)혼 거시 崩(붕)ᄒ야,

온 냇물이 끓어오르고, 산은 꼭대기부터 무너져 내려,

高岸爲谷, 深谷爲陵.

高혼 岸이 谷이 되고, 深혼 谷이 陵이 되거늘,

높은 언덕은 골짜기 되고, 깊던 골짜기는 언덕이 되거늘,

哀今之人, 胡憯莫懲?

哀홉다, 이제 사름은, 엇디 일즉 懲티 아니 ᄒᄂᆫ고?

안타깝도다, 지금 사람들은, 어찌 이런 징조를 막으려 들지도 않는가?

【爗爗】'엽엽'으로 읽음. 〈毛傳〉에 "爗爗, 震電貌"라 하였고, 〈集傳〉에는 "爗爗,
電光貌"라 함. 《說文》에 "爗, 盛也"라 함. 陳奐〈傳疏〉에 "謂聲光之盛也"라 함.

【震】우레. 〈毛傳〉에 "震, 雷也"라 하였고, 〈鄭箋〉에 "雷電過常, 天下不安, 政教不
善之徵"이라 함. 〈集傳〉에도 "震, 雷也"라 함.

【寧】〈集傳〉에 "寧, 安徐也"라 함.

【令】〈集傳〉에 "令, 善"이라 함.

【沸騰】'비등'으로 읽음. 〈毛傳〉과 〈集傳〉에 "沸, 出; 騰, 乘也"라 함.

【冢】산마루. 〈毛傳〉과 〈集傳〉에 "山頂曰冢"이라 함.

【崒崩】심하게 무너짐. 〈鄭箋〉에 "崒者, 崔嵬. 百川沸出, 相乘陵者, 由貴小人也. 山
頂崔嵬者, 崩君道壞也"라 하였고, 〈集傳〉에도 "崒, 崔嵬也"라 함. 혹 馬瑞辰〈通
釋〉에 "崒崩, 二字連讀, 與上沸騰相對成文, 卽碎崩之假借. 《廣雅》: 碎崩, 並訓爲
壞"라 하여 '碎'의 假借로 보았음. 〈毛傳〉에 "言易位也"라 하였고, 〈鄭箋〉에 "易
位者, 君子居下, 小人處上之謂也"라 함. 〈集傳〉에는 "高岸崩陷, 故爲谷; 深谷塡塞,
故爲陵"이라 함.

【憯】일찍의 뜻. 〈鄭箋〉과 〈集傳〉에 "憯, 曾也"라 함.
【懲】〈鄭箋〉에 "懲, 止也. 變異如此, 禍亂方至, 哀哉! 今在位之人, 何曾無以道德止
之?"라 함.
*〈集傳〉에 "○言「非但日食而已, 十月而雷電, 山崩水溢, 亦災異之甚者. 是宜恐懼,
修省改紀其政, 而幽王曾莫之懲也. 董子曰:「國家將有失道之敗, 而天乃先出災異
以譴告之. 不知自省, 又出怪異以警懼之, 尙不知變而傷敗, 乃至此見天心, 仁愛人
君而欲止其亂也.」"라 함.

(4) 賦
皇父卿士, 番維司徒,
皇父(황보)ㅣ 卿士ㅣ오, 番이 司徒ㅣ오.

황보는 卿士요, 番氏는 司徒이며,

家伯爲宰, 仲允膳夫.
家伯이 宰 되엿고, 仲允이 膳夫ㅣ오.

家伯은 家宰가 되고, 仲允은 膳夫이며,

棸子內史, 蹶維趣馬,
棸子(츄ᄌ)ㅣ 內史ㅣ오, 蹶(궤)ㅣ 趣馬(추마)ㅣ오.

추자는 內史 벼슬이요, 궤씨는 추마 벼슬이며,

楀維師氏, 豔妻煽方處!
楀(구)ㅣ 師氏어늘, 豔(염)ᄒ 妻ㅣ 煽(션)ᄒ야 보야흐로 處ᄒ얏도다!

구씨는 師氏 벼슬, 豔妻 褒姒가 바야흐로 그 자리에 선동하며 있도다!

【皇父·家伯·仲允】〈鄭箋〉과 〈集傳〉에 "皇父·家伯·仲允, 皆字也"라 함.
【卿士】〈集傳〉에 "卿士, 六卿之外, 更爲都官以總六官之事也. 或曰卿士, 蓋卿之士.
《周禮》太宰之屬, 有上中下士, 《公羊》所謂宰士, 《左氏》所謂「周公以蔡仲爲己卿士」,
是也. 蓋以宰屬而兼總六官, 位卑而權重也"라 함.
【司徒】〈鄭箋〉에 "司徒之職, 掌天下土地之圖·人民之數"라 하였고, 〈集傳〉에 "司
徒掌邦敎, 家宰掌邦治, 皆卿也"라 함.

【番】〈鄭箋〉과 〈集傳〉에 "番·聚·蹶·楀, 皆氏也"라 함.

【宰】冢宰. 〈鄭箋〉에 "冢宰掌建邦之六典, 皆卿也"라 함.

【膳夫】〈鄭箋〉에 "膳夫, 上士也. 掌王之飮食膳羞"라 하였고, 〈集傳〉에 "膳夫, 上士, 掌王之飮食膳羞者也"라 함.

【聚】'추'(側留反)로 읽음. 당시 內史 벼슬.

【內史】〈鄭箋〉에 "內史, 中大夫也. 掌爵祿廢置殺生予奪之法"이라 하였고, 〈集傳〉에도 "內史, 中大夫, 掌爵祿廢置殺生予奪之法者也"라 함.

【蹶】'궤'(俱衛反)로 읽음.

【趣馬】〈鄭箋〉에 "趣馬, 中士也. 掌王馬之政"라 하였고, 〈集傳〉에 "趣馬, 中士掌王馬之政者也"라 함.

【楀】'구'(音矩, 弓禹反)로 읽음.

【師氏】〈鄭箋〉에 "師氏, 亦中大夫也. 掌司朝得失之事. 六人之中, 雖官有尊卑, 權寵相連, 朋黨於朝, 是以疾焉. 皇父, 則爲之端首, 兼擅羣職, 故但目以卿士云"이라 하였고, 〈集傳〉에도 "師氏, 亦中大夫, 掌司朝得失之事者也"라 함.

【豔妻】褒姒를 가리킴. 豔은 艶과 같음. 〈毛傳〉에 "豔妻, 褒姒. 美色曰豔"이라 하였고, 〈集傳〉에도 "美色曰豔. '豔妻', 卽褒姒也"라 함. 鄭玄은 이는 厲王 때의 일로 褒姒와는 관련이 없다 하였음.

【煽】〈毛傳〉과 〈集傳〉에 "煽, 熾也"라 함.

【方處】〈集傳〉에 "方處, 方居其所, 未變徙也"라 함. 〈鄭箋〉에 "厲王淫於色, 七子皆用后嬖寵, 方熾之時, 竝處位. 言妻黨, 盛女謁行之甚也. 敵夫曰妻"라 함.

＊〈集傳〉에 "○言「所以致變異者, 由小人用事於外, 而嬖妾蠱惑王心於內, 以爲之主故也.」"라 함.

(5) 賦

抑此皇父, 豈曰不時?

이 皇父ㅣ, 엇디 時아니라 닐ㅇ리오 마ᄂᆞᆫ,

생각건대 이 皇父란 자는, 어찌 때가 아니라 말하는가?

胡爲我作, 不卽我謀?

엇디 우리를 作호ᄃᆡ, 우리게 卽ᄒᆞ야 謀티 아니 ᄒᆞ고

어찌 나를 동원해 놓고, 나를 위해 한 마디 모책도 세우지 않는가?

徹我牆屋, 田卒汙萊.

우리 牆屋(쟝옥)을 徹ᄒᆞ야, 田이 다 汙(오)ᄒᆞ며 萊(리)ᄒᆞ거늘,

내 집은 철거해 버리고, 내 밭은 고인 물에 풀만 무성하거늘,

曰予不戕, 禮則然矣?

ᄀᆞᆯ오ᄃᆡ 내 戕(장)ᄒᆞᄂᆞᆫ 줄이 아니라, 禮 곧 그러타 ᄒᆞᄂᆞ다?

내가 못살게 구는 것이 아니라, 나라의 예가 그러하다고 말하는가?

【抑】〈集傳〉에 "抑, 發語辭"라 함.

【時】〈毛傳〉에 "時, 是也"라 하였으나, 〈集傳〉에는 "時, 農隙之時也"라 함. 농한기를 뜻함.

【作】움직임. 동원함. 〈集傳〉에 "作, 動"이라 함.

【即】〈集傳〉에 "即, 就"라 함.

【卒】〈集傳〉에 "卒, 盡也"라 함.

【汙萊】낮게 웅덩이진 곳과 풀이 마구 자란 곳. 〈毛傳〉에 "下則汙, 高則萊"라 하였고, 〈集傳〉에는 "汙, 停水也; 萊, 草穢也"라 함. 〈鄭箋〉에는 "抑之言噫噫, 是皇父疾而呼之, 「女豈曰我所爲不是乎?」言其不自知惡也. 「女何爲役作我不先就, 與我謀, 使我得遷徙, 乃反徹毁我牆屋, 令我不得趨農田, 卒爲汙萊乎?」此皇父所築邑人之怨辭"라 함.

【戕】〈鄭箋〉에 "戕, 殘也. 言「皇父旣不自知不是, 反云我不殘敗女田業, 禮下供上役其道當然.」言文過也"라 하였고, 〈集傳〉에도 "戕, 害也"라 함.

【禮】나라에 변고가 생기면 백성은 나라를 위해 당연히 동원되는 禮를 뜻함.

＊〈集傳〉에 "○言「皇父不自以爲不時欲動我以徙, 而不與我謀. 乃遽徹我牆屋, 使我田不獲治, 卑者汙而高者萊. 又曰非我戕汝, 乃下供上役之常禮耳.」"라 함.

(6) 賦

皇父孔聖, 作都于向.

皇父ㅣ 심히 聖호라 ᄒᆞ야, 都을 向(샹)애 作ᄒᆞ고,

황보는 제가 대단한 성인이라 여기며, 상(向) 땅에 큰 도시를 짓고,

擇三有事, 亶侯多藏.

三有事를 擇호ᄃᆡ, 진실로 藏ᄒᆞ니로 ᄒᆞ며,

三卿을 뽑아 직분을 맡기고, 진실로 많은 재물을 거두어 저장하고
있네.

不慭遺一老, 俾守我王.

一老도 慭(은)ᄒ야 遺ᄒ야, ᄒ여곰 우리 王을 守티 아니 ᄒ고,

단 하나 우리 왕을 수비토록 할 옛 신하는 억지로라도 하나도 남겨놓
지 않고,

擇有車馬, 以居徂向!

車와 馬 둔ᄂ 이를 擇ᄒ야, 뼈 向(샹)애 가 居ᄒ놋다!

수레와 말을 가진 자는 모두 뽑아, 새 도읍 상에 가서 저들끼리만 살
겠다네!

【孔聖】〈毛傳〉에 "皇父甚自謂聖"이라 하였고, 〈集傳〉에 "孔, 甚也; 聖, 通明也"라
함.

【都】〈集傳〉에 "都, 大邑也.《周禮》: 畿內大都方百里, 小都方五十里. 皆天子公卿所
封也"라 함.

【向】地名. '샹'(式亮反)으로 읽음. 〈毛傳〉에 "向, 邑也"라 하였고, 〈集傳〉에 "向, 地
名. 在東都畿內, 今孟州河陽縣是也"라 함. 東部 畿內에 있었음. 지금의 孟州 河
陽.

【擇三有事】〈毛傳〉에 "擇三有事", 有司國之三卿, 信維貪淫多藏之人也"라 하였고,
〈鄭箋〉에 "專權足己, 自比聖人, 作都立三卿, 皆取聚斂之臣. 言不知厭也.《禮》:
「畿內諸侯, 二卿.」"이라 함. 〈集傳〉에는 "三有, 事三卿也"라 함.

【亶】〈集傳〉에 "亶, 信; 侯, 維"라 함.

【臧】〈集傳〉에 "臧, 蓄也"라 함. 재물을 쌓아둠.

【慭】'은'(魚覲反)으로 읽음. 强要함. 억지로 함. 〈鄭箋〉에 "慭者, 心不欲自彊之辭也.
言盡將舊在位之人, 與之皆去無留. 衛王擇有車馬, 以居徂向"이라 하였고, 〈集傳〉
에 "慭者, 心不欲而自强之辭"라 함. 陸德明 〈釋文〉에 "《爾雅》曰:「慭, 願也, 强也.」"
라 함.

【擇有車馬】〈集傳〉에 "有車馬者, 亦富民也"라 함. 부유한 자만 뽑아냄.

【徂向】〈集傳〉에 "徂, 徃也"라 함. 〈鄭箋〉에 "又擇民之富, 有車馬者, 以往居于向也"
라 함.

*〈集傳〉에 "○言「皇父自以爲聖, 而作都, 則不求賢, 而但取富人以爲卿. 又不自强留
　一人以衛天子. 但有車馬者, 則悉與俱徃. 不忠於上而但知貪利, 以自私也.」"라 함.

(7) 賦

黽勉從事, 不敢告勞.

黽勉(민면)ᄒ야 事를 從ᄒ야, 敢히 勞를 告티 몯호라.

온 힘을 다해 시키는 일 다하면서, 감히 힘들다 말도 못하며,

無罪無辜, 讒口囂囂.

罪 업스며 辜(고)ㅣ 업거늘, 讒口ㅣ 囂囂(효효)ᄒ도다.

죄도 없고 잘못도 없건만, 헐뜯는 말만 시끄럽네.

下民之孽, 匪降自天.

下民의 孽(얼)이, 降(강)홈이 天으로브터 ᄒᄂᆫ 줄이 아니라,

아랫 백성이 받는 재앙이, 하늘에서 내려오는 것이 아니라,

噂沓背憎, 職競由人!

噂(존)ᄒ며 沓(답)ᄒ다가 背(패)ᄒ야 憎홈이, 젼혀 競홈은 人을 由ᄒ야
니라!

모여서 웅성거리며 등돌려 하는 증오는, 일을 시키는 그에게서 비롯되
는 것!

【黽勉】'힘써 일하다'의 뜻. 雙聲連綿語.
【告勞】〈鄭箋〉에 "詩人賢者見時如是, 自勉以從王, 事雖勞, 不敢自謂勞. 畏刑罰也"
　라 함.
【囂囂】〈鄭箋〉에 "囂囂, 衆多貌. 時人非有辜罪其被讒口見椓譖囂囂然"이라 하였
　고, 〈集傳〉에 "囂, 衆多貌"라 함. 시끄러운 말이 아주 많음.
【孽】災害. 〈鄭箋〉에 "孽, 妖. 孽謂相爲災害也. 亦民有此言, 非從天墮也"라 하였고,
　〈集傳〉에 "孽, 災害也"라 함.
【噂沓】附和雷同함. 〈毛傳〉에 "噂, 猶噂噂; 沓, 猶沓沓"이라 하였고, 〈鄭箋〉에는

"噂噂沓沓, 相對談語, 背則相憎, 逐爲此者, 由主人也"라 함. 〈集傳〉에는 "噂, 聚也; 沓, 重複也"라 함.

【背憎】등을 돌려 원망함. 그 증오의 대상은 일을 맡은 황보와 같은 무리들임.

【職】〈毛傳〉과 〈集傳〉에 "職, 主"라 함.

【競】〈集傳〉에 "競, 力也"라 함. 재앙은 하늘로부터 오는 것이 아니라 바로 일을 맡은 자를 증오하는 많은 사람들의 원망에서 오는 것임을 뜻함.

＊〈集傳〉에 "○言「黽勉從皇父之役, 未嘗敢告勞也. 猶且無罪而遭讒, 然下民之孼非天之所爲也. 噂噂沓沓多言以相說而背, 則相憎專力爲此者, 皆由讒口之人耳.」"라 함.

(8) 賦

悠悠我里, 亦孔之痗.

悠悠혼 내의 里여, 또혼 심히 痗(믹)ᄒ도다.

내 사는 마을 근심은 끝이 없고, 또한 심한 병까지 들었네.

四方有羨, 我獨居憂.

四方이 羨(연)이 잇거늘, 내 호올로 憂에 居ᄒ며,

사방 다른 나라들은 모두들 여유가 있거늘, 나 홀로 삶을 걱정하게 되었네.

民莫不逸, 我獨不敢休.

民이 逸티 아니리 업거늘, 내 호올로 敢히 休티 몯ᄒ오니,

백성으로서 편안히 즐기지 않은 이 없거늘, 나 홀로 감히 쉬지도 못하네.

天命不徹, 我不敢傚我友自逸!

天ㅅ 命이 徹티 아니 ᄒ욤이니, 내 敢히 우리 벋의 스스로 逸홈을 傚(효)티 아니 ᄒ노라!

天命이 균등하지도 못하니, 나는 감히 내 벗들이 저토록 스스로 편히 지냄을 흉내 낼 수도 없구나!

【悠悠】근심하는 모양. 〈毛傳〉과 〈集傳〉에 "悠悠, 憂也"라 함.

【里】〈毛傳〉과 〈鄭箋〉 및 〈集傳〉에 "里, 居也"라 함.

【痒】'매'(莫背反)로 읽음. 病. 〈毛傳〉과 〈集傳〉에 "痒, 病也"라 함. 〈鄭箋〉에 "悠悠乎我居, 今之世亦甚困病"이라 함.

【羨】여유가 있음. '선'(徐面反), 혹 '산'(徐簡反)으로 읽어야 하나 〈諺解〉에는 '연'으로 읽었음. 〈毛傳〉과 〈集傳〉에 "羨, 餘也"라 함. 〈鄭箋〉에 "四方之人, 盡有饒餘, 我獨居此而憂"라 함.

【逸】즐김. 〈鄭箋〉에 "逸, 逸豫也"라 하였고, 〈集傳〉에 "逸, 樂"이라 함.

【徹】〈毛傳〉에 "徹, 道也. 親屬之臣, 心不能已"라 하였고, 〈鄭箋〉에 "不道者, 言王不循天之政教"라 함. 〈集傳〉에는 "徹, 均也"라 함.

＊〈集傳〉에 "○當是之時, 天下病矣, 而獨憂我里之甚病, 且以爲四方皆有餘, 而我獨憂;衆人皆得逸豫, 而我獨勞者. 以皇父病之, 而被禍尤甚故也. 然此乃天命之不均, 吾豈敢不安於所遇, 而必傚我友之自逸哉?"라 함.

<hr>

【 참고 및 관련 자료 】

1. 孔穎達 〈正義〉

毛以爲刺幽王, 鄭以爲刺厲王. 經八章皆刺王之辭, 此下及〈小宛〉序, 皆刺幽王. 鄭以爲本刺厲王. 毛氏移之事, 旣久遠不審, 實然以否. 縱其實, 然毛旣移其篇, 第改厲爲幽, 卽以爲幽王說之. 故下傳曰'豔妻褒姒', 是爲幽王之事, 則四篇皆如之. 今各從其家而爲之義, 不復强爲與奪. 鄭以此篇本〈六月〉之上, 爲刺厲王. 詩毛氏移之於此, 改厲爲幽. 今本其舊而爲之說, 故云當爲刺厲王也. 作詁訓傳者毛公也. 毛公漢初時人, 故〈譜〉云:「漢興之初, 師移其第, 作〈詁訓傳〉. 時是漢初也. 其改之意已具於譜. 鄭旣言當爲厲王, 又自檢其證, 節刺師尹, 不平亂, 靡有定. 此篇譏曰「皇父擅恣, 日月告凶. 專國家之權, 任天下之責, 不得竝時, 而有二人, 彼是幽王知此, 非幽王也.〈正月〉惡'褒姒滅周', 此篇疾'豔妻煽方處'. 敵夫曰妻, 王無二后, 褒姒是幽王所嬖, 豔妻非幽王之后. 〈鄭語〉《國語》云:「幽王八年, 桓公爲司徒.」此篇云番維司徒, 一官不得二人, 爲之故, 又云幽王時. 司徒乃鄭桓公友爲之, 非此篇之所云番, 足以知之. 言由此知幽當爲厲也. 毛以豔妻爲褒姒, 美色曰豔, 則褒姒豔妻爲一, 鄭必爲別人者, 以詩論天子之后, 非如曲說, 邪淫不當以色名之. 中侯曰:「剡者配姬, 以放宮.」剡·豔, 古今字耳. 以剡對姬剡爲其姓, 以此知非褒姒也. 鄭桓公, 幽王八年始爲司徒, 知非代番爲之者, 以番爲司徒. 在豔妻方盛之時, 則豔旣爲后, 番始爲司徒也. 〈鄭語〉說「桓公旣爲司徒, 方問史伯史, 伯乃說褒姒之事, 其末云竟以爲后, 則桓公初爲司徒,褒姒仍未爲后. 以此知桓公不得與番相代也. 凡例別嫌明疑, 以本文爲主. 故鄭先以詩, 上下校之後, 乃言鄭桓公也. 中侯摘雒貳曰「昌受符厲」, 倡孽期十之世, 權在相. 又曰剡者, 配姬以放賢, 山崩水潰, 納小人家伯, 罔主異載震, 旣言「昌受符爲王命之始」, 卽云期十之世, 自文數之, 至厲王除文王爲十世也. 剡與家伯, 與此篇事同. 山崩水潰, 卽此篇'百川沸騰, 山冢崒崩'是也. 如此中侯之文, 亦可以明此爲厲王, 但緯侯之書, 人或不信, 故鄭不引之鄭, 檢此篇爲厲王, 其理欲明而知下三篇亦當爲刺厲王者. 以序皆言大夫其文, 大體相類〈十月之交〉·〈雨無正〉, 卒章說已留彼去念友之意, 全同〈小旻〉·〈小宛〉卒章, 說「怖畏罪辜, 恐懼之心」, 如一似一人之作, 故以爲當刺厲王也. 王肅·皇甫謐, 以爲四篇正刺幽王孫毓, 疑而不能決. 其許曰毛公大儒, 明於〈詁訓篇〉, 義誠自刺厲王無緣, 橫移其第改爲幽王. 鄭君之言, 亦不虛耳. 是以惑疑無以斷焉. 竊以褒姒龍齝之妖, 所生褒人, 養而獻之. 無有私黨, 皇父以下七子之親, 而令在位, 若此之盛也. 又《尚書緯》說:「豔妻謂厲王之婦, 不斥褒姒. 又〈雨無正〉有「周宗旣滅, 靡所止戾」之言, 若是幽王, 旣爲犬戎所殺. 則無所刺, 若王尙存, 不得謂之旣滅. 下句言「正大夫離居, 莫知我勩, 莫肯夙夜. 莫肯朝夕, 庶曰式臧」, 覆出爲惡之言. 鄭箋皆謂厲王, 流于彘之後. 於義爲安, 是其言雖不能決, 而其意謂鄭爲長也. 若如鄭言〈毛詩〉爲毛公所移四篇, 容可在此. 今《韓詩》亦在此者, 詩體本是歌誦, 口相傳授, 遭秦滅學之後, 衆儒不知其次.《齊韓》之徒, 以詩經而爲章句, 與〈毛〉異耳. 非有壁中舊本, 可得憑據, 或見〈毛〉次於此, 故同之焉. 不然《韓詩》次第, 不知誰爲之.

200(小-40) 우무정(雨無正)

*〈雨無正〉: 비가 바르게 내리지 않음. 여기에서의 비는 왕의 정령에 비유한 것이며, 왕이 많은 정령을 내리지만 이는 백성을 위한 것이 아니라 도리어 학대와 포악한 짓을 위한 것이라 여겨 원망하며 비난한 것이라 함.

*그러나 시 구절에 이 세 글자는 보이지 않아, 이름을 정한 자가 임의로 비유하여 지은 것이라 함. 혹《韓詩》〈雨無極〉에는 "雨無其極, 傷我稼穡"의 8자가 있어, 이 시가 아닌가 여기기도 함.

〈序〉: 〈雨無正〉, 大夫刺幽王也. 雨自上下者也. 衆多如雨而非所以爲政也.

〈우무정〉은 대부들이 幽王(鄭玄은 厲王이라 하였음)을 비난한 것이다. 비는 위에서 아래로 내리는 것이다. 왕의 교령이 비처럼 내리건만 이것이 정치를 위한 것이 아니었다.

〈箋〉: 亦當爲刺厲王, 王之所下敎令, 甚多而無正也.

*전체 7장. 2장은 10구씩, 2장은 8구씩, 3장은 6구씩(雨無正: 七章. 二章章十句, 二章章八句, 三章章六句).

(1) 賦
浩浩昊天, 不駿其德.

浩浩ᄒ신 昊天이, 그 德을 크게 아니 ᄒ샤,

아득히 넓고 넓은 하늘조차, 그 큰 은혜를 베풀지 않아,

降喪饑饉, 斬伐四國.

饑饉(긔근)을 降ᄒ야 喪ᄒ야, 四國을 斬伐ᄒ야시니,

죽음과 기근을 내리시어, 천하 사방 나라를 참벌하시도다.

旻天疾威, 弗慮弗圖!

旻天이 疾威(질위) 혼 디라, 慮티 아니며 圖티 아니 ᄒ샷다!

하늘마저 사나운 위엄을 부리시니, 어떤 대책도 세울 수 없도다!

舍彼有罪, 旣伏其辜.

뎌 罪 인ᄂ 니는, 이믜 그 辜애 伏혼 디라 舍홀 꺼시어니와,

저 죄 있는 무리는 내버려 두어, 그 죄를 덮어 숨겨 주거니와,

若此無罪, 淪胥以鋪?

이러틋시 罪업ᄉ 니는, 淪(륜)ᄒ야 서르 뻐 鋪(포)ᄒ랴?

이처럼 아무 죄도 없는 사람은, 서로 끌고 나와 병들게 하는가?

【浩浩】廣大함을 뜻함. 〈集傳〉에 "浩浩, 廣大也"라 함.

【昊天】광대한 하늘. '昊'는 〈集傳〉에 "昊, 亦廣大之意"라 함.

【駿其德】〈毛傳〉에 "駿, 長也"라 하였고, 〈集傳〉에는 "駿, 大; 德, 惠也"라 함.

【饑饉】〈毛傳〉에 "穀不熟曰饑, 蔬不熟曰饉"이라 하였고, 〈鄭箋〉에 "此言王不能繼長昊天之德, 至使昊天下, 此死喪饑饉之災, 而天下諸侯. 於是更相侵伐"이라 함. 〈集傳〉에는 "穀不熟曰饑, 蔬不熟曰饉"이라 함. 그러나 먹을 것이 없어 굶주림을 뜻하는 雙聲連綿語임.

【疾威】〈集傳〉에 "疾威. 猶暴虐也"라 함.

【慮·圖】〈鄭箋〉과 〈集傳〉에 "慮·圖, 皆謀也"라 함. 〈鄭箋〉에는 "王旣不駿昊天之德, 今昊天又疾其政, 以刑罰威恐天下, 而不慮不圖"라 함.

【舍】〈毛傳〉에 "舍, 除"라 하였으나, 〈集傳〉에 "舍, 置"라 함. 용서하거나 방치함.

【旣伏其辜】王引之 〈述聞〉에 "伏者, 藏也, 隱也. 凡戮有罪者, 當聲其罪而誅之. …… 蓋惟其欲舍有罪之人, 是以匿其罪狀耳"라 함.

【淪胥】백성들을 이끌어 고생시킴. 〈毛傳〉에 "淪, 率也"라 하였고, 〈鄭箋〉에 "胥, 相"이라 함. 〈集傳〉에는 "淪, 陷; 胥, 相"이라 함.

【鋪】〈鄭箋〉에 "鋪, 徧也. 言王使此無罪者, 見牽率相引, 而徧得罪也"라 하였고, 〈集傳〉에도 "鋪, 徧也"라 함. 그러나 陸德明 〈釋文〉에 王肅의 설을 인용하여, "鋪, 病也"라 하였고, 陳奐 〈傳疏〉에는 "以鋪爲痡之假借字"라 하여, '鋪'를 '痡'의 假借字로 여겼음.

*〈集傳〉에 "○此時饑饉之後, 羣臣離散. 其不去者, 作詩以責去者. 故推本而言「昊

天不大其惠, 降此饑饉, 而殺伐四國之人. 如何旻天, 曾不思慮圖謀, 而遽爲此乎? 彼有罪而饑死, 則是旣伏其辜矣, 舍之可也. 此無罪者, 亦相與而陷於死亡, 則如之何哉?"라 함.

(2) 賦

周宗旣滅, 靡所止戾.

周入 宗이 이믜 滅ᄒᆞ야, 止ᄒᆞ야 戾홀 배 업스며,

호경이 이미 멸망하였으니, 어디 머물러 안정을 찾을 곳이 없으며,

正大夫離居, 莫知我勩.

正 태우ㅣ 居에 離ᄒᆞ야, 우리 勩(예)홈을 아디 몯ᄒᆞ며,

正大夫도 모두 흩어져, 나의 이 수고를 알아주지 못하며,

三事大夫, 莫肯夙夜.

三事와 태우ㅣ, 즐겨 夙夜티 아니 ᄒᆞ며,

삼경과 대부들은, 아침저녁 왕에게 문안도 아니 하고,

邦君諸侯, 莫肯朝夕.

邦君과 諸侯ㅣ, 즐겨 朝夕디 아니 홀 ᄉᆡ,

여러 제후들 군주조차, 조석으로 왕께 문안드릴 생각도 없기에,

庶曰式臧, 覆出爲惡!

거의 ᄀᆞᆯ오ᄃᆡ 뻐 臧홀가 ᄒᆞ거늘, 도로혀 出ᄒᆞ야 惡(악)을 ᄒᆞ놋다!

왕께서 좋은 뜻 가졌으면 하고 기대했지만, 도리어 나서서 악한 행동만 하고 있네!

【周宗】〈鄭箋〉에 "周宗, 鎬京也. 是時諸侯不朝王, 民不堪命王, 流于彘. 無所安定也"라 함. 〈集傳〉에는 "宗, 族姓也"라 함. 幽王이 彘로 쫓겨나고 鎬京은 戎에게 망함.
【戾】〈毛傳〉과 〈集傳〉에 "戾, 定也"라 함.
【正大夫】〈鄭箋〉에 "正, 長也. 長官之大夫, 於王流于彘, 而皆散處, 無復知我民之

見罷勞也"라 하였고, 〈集傳〉에는 "正, 長也.《周官》八職:一曰正, 謂六官之長. 皆上大夫也"라 함. '正'은 長. 六官의 長. 馬瑞辰 〈通釋〉에 "六卿之長爲正大. ……詩言正大夫, 蓋天子之大正也"라 함.

【離居】〈集傳〉에 "離居, 蓋以饑饉散去, 而因以避讒譖之禍也"라 함.

【我勦】〈毛傳〉에 "勦, 勞也"라 하였고, 〈集傳〉에 "我, 不去者自我也;勦, 勞也"라 함.

【三事】'三事'는 太卿, 太傅, 太保를 가리킴. 〈集傳〉에 "三事, 三公也;大夫, 六卿及中下大夫也"라 함.

【夙夜·朝夕】王에게 전혀 問安을 드리려 하지 않음. 〈鄭箋〉에 "王流在外, 三公及諸侯, 隨王而行者. 皆無君臣之禮, 不肯晨夜朝暮省王也"라 함.

【庶曰】'庶'는 庶幾. 원함. 희망함. 기대함. '曰'은 말함.

【式】發語辭. 혹은 法.

【臧】〈集傳〉에 "臧, 善"이라 함.

【覆】도리어. 〈毛傳〉에 "覆, 反也"라 하였고, 〈鄭箋〉에 "人見王之失所, 庶幾其自改悔, 而用善人. 反出教令, 復爲惡也"라 함. 〈集傳〉에도 "覆, 反也"라 함.

*〈集傳〉에 "○言「將有易姓之禍, 其兆已見, 而天變人離, 又如此. 庶幾曰『王改而爲善, 乃覆出爲惡, 而不悛也.』」或曰:「疑此亦東遷後詩也.」"라 함.

(3) 賦

如何昊天! 辟言不信.

엇디오 昊天하! 법엣 말을 믿디 아니 ᄒᆞ니,

어찌할꼬、 하늘이시여! 옳은 말은 믿지 않으시고,

如彼行邁, 則靡所臻!

뎌 行邁(ᄒᆡᆼ매)홈이, 곧 臻(진)홀 배 업슴 ᄀᆞ도다!

저 마구 달려가심이, 어디 목적하여 이를 곳이 없는 듯하도다!

凡百君子, 各敬爾身.

믈읫 온갓 君子ᄂᆞᆫ, 각각 네 身을 敬홀 디어다.

무릇 모든 군자들이여, 각기 그대들 몸을 공경히 할지어다.

胡不相畏? 不畏于天?

엇디 서르 저티 아니 ᄒᆞ리오? 하늘흘 저티 아닐 것가?

어찌 서로 두려워하지 않는고? 하늘이 두렵지 아니한가?

【如何昊天】〈鄭箋〉에 "如何乎昊天", 痛而愬之也. 爲陳法度之言, 不信之也. 我之言
不見信, 如行而無所至也"라 하였고, 〈集傳〉에도 "如何昊天」, 呼天而訴之也"라 함.
【辟】〈毛傳〉과 〈集傳〉에 "辟, 法也"라 함.
【行邁】마구 달려가기만 함.
【臻】至의 뜻. 목적지. 〈集傳〉에 "臻, 至也"라 함.
【凡百君子】〈鄭箋〉에 "凡百君子」, 謂衆在位者, 各敬愼女之身·正君臣之禮, 何爲上
下不相畏乎? 上下不相畏, 是不畏于天"이라 하였고, 〈集傳〉에는 "凡百君子」, 指羣
臣也"라 함.
＊〈集傳〉에 "○言「如何乎昊天也法度之言, 而不聽信, 則如彼行徃而無所底至也?
然凡百君子, 豈可以王之爲惡, 而不敬其身哉? 不敬爾身, 不相畏也;不相畏, 不畏
天也.」라 함.

(4) 賦
戎成不退, 飢成不遂.
戎이 成호디 退티 아니 ᄒ며, 飢] 成호디 遂티 아니 ᄒ야,
用兵은 끝날 날이 없고, 기근이 심하건만 나서지 아니하여,

曾我暬御, 憯憯日瘁.
일즉 우리 暬御(셜어)], 憯憯(참참)히 日로 瘁(췌)ᄒ거늘,
일찍이 임금 곁에서 모시던 우리들은, 근심 속에 날로 병들어가거늘,

凡百君子, 莫肯用訊.
믈읫 온갓 君子], 즐겨 뻐 訊티 아니 ᄒ고,
모든 군자들도, 감히 바른 말 아뢰려 하지 않고,

聽言則答, 譖言則退!
言을 聽호려 ᄒ면 答ᄒ며, 譖言(춤언)이면 退ᄒᄂ다!
임금이 물으면 겨우 대답만 하다가, 간언을 하려는 자는 곧바로 쫓아
내네!

【戎】〈毛傳〉과 〈集傳〉에 "戎, 兵"이라 함. '戎成不退'는 幽王 말 用兵이 그치지 않음. 陳奐 〈傳疏〉에 "戎兵不退者, 幽王之末, 用兵不息也"라 함.

【遂】〈毛傳〉에 "遂, 安也"라 하였고, 〈集傳〉에는 "遂, 進也.《易》曰「不能退, 不能遂」, 是也"라 함.

【蓺御】'蓺'은 '설'(思列反)로 읽음. 〈毛傳〉에 "蓺御, 侍御也"라 하였고, 〈集傳〉에도 "蓺御, 近侍也.《國語》曰「尻寢有蓺, 御之箴蓋」, 如漢侍中之官也"라 함.

【慘慘】근심하는 모양. 〈集傳〉에 "慘慘, 憂貌"라 함.

【日瘁】날로 병들어 감. 瘁(췌)는 〈毛傳〉과 〈集傳〉에 "瘁, 病"이라 함. 〈鄭箋〉에 "兵成而不退, 謂王見流于彘, 無御止之者. 飢成而不安, 謂王在彘乏於飲食之蓄, 無輸粟歸饟者, 此二者, 曾但侍御左右, 小臣慘慘憂之, 大臣無念之者"라 함.

【訊】告함. 〈鄭箋〉에 "訊, 告也. 衆在位者, 無肯用此, 相告語言, 不憂王之事也"라 하였고, 〈集傳〉에도 "訊, 告也"라 함.

【答】〈鄭箋〉에 "答, 猶距也. 有可聽用之言, 則共以辭距而違之; 有譖毀之言, 則共爲排退之. 羣臣竝爲不忠, 惡直醜正"이라 함.

【譖言】諫言을 뜻함.《廣韻》에 "譖, 毀也. 毀, 猶謗也. 古以諫言爲誹謗, 故堯有誹謗之木. 譖言, 卽諫言也"라 함.

【退】〈毛傳〉에 "以言進退人也"라 함. 陳奐 〈傳疏〉에 "有時聽淺近之言, 則進用其人; 有時受讒譖之言, 則排退其人"이라 함.

＊〈集傳〉에 "○言「兵寇已成, 而王之爲惡不退; 饑饉已成, 而王之遷善不遂. 使我蓺御之臣憂之, 而慘慘日瘁也. 凡百君子, 莫肯以是告王者, 雖王有問而欲聽其言, 則亦答之而已. 不敢盡言也. 一有譖言及己, 則皆退而離居, 莫肯夙夜朝夕於王矣. 其意若曰王雖不善, 而君臣之義, 豈可以若是恝乎?"라 함.

(5) 賦

哀哉不能言!

哀홉다, 能히 言티 몯흔다 흐는 이여!

안쓰러워라, 능히 말도 못하는 이들이여!

匪舌是出, 維躬是瘁.

舌이 이 出홀쑨이 아니라, 몸이 이예 瘁흐놋다.

혀도 병이 났을 뿐만 아니라, 몸도 이렇게 병들어가는구나.

哿矣能言!

哿ᄒ다, 能히 言ᄒ다 ᄒᄂᄂ 이여!

가하다, 능히 말을 할 수 있는 이여!

巧言如流, 俾躬處休!

言을 巧히 ᄒ야 흐르ᄂ 듯ᄒ야, 몸으로 ᄒ여곰 休에 處케 ᄒ놋다!

교묘한 말솜씨 물 흐르듯 하여, 제 몸으로 하여금 편안히 쉬게 하네!

【匪舌是出】〈毛傳〉에 "哀賢人不得言, 不得出是舌也"라 ᄒ였고, 〈集傳〉에는 "出, 出之也"라 함. 그러나 馬瑞辰 〈通釋〉에는 '疷'의 假借字로 보아, 《說文》:「疷, 病也.」出, 卽疷之省借. 言匪舌是病, 維躬是病也"라 하였음.

【瘁】〈鄭箋〉에 "瘁, 病也. 不能言, 言之拙也. 言非可出於舌, 其身旋見困病"이라 하였고, 〈集傳〉에도 "瘁, 病"이라 함.

【哿】可와 같음. 〈毛傳〉에 "哿, 可也. 可矣世所謂能言也. 巧言從俗, 如水轉流"라 하였고, 〈鄭箋〉에 "巧, 猶善也. 謂以事類風切, 劘微之言, 如水之流忽然, 而過, 故不悖逆, 使身居安休休然. 亂世之言, 順說爲上"이라 함. 〈集傳〉에 "哿, 可也"라 함.

＊〈集傳〉에 "○言之忠者, 當世之所謂不能言者也. 故非但出諸口, 而適以瘁其躬; 佞人之言, 當世所謂能言者也. 故巧好其言如水之流, 無所凝滯, 而使其身處於安樂之地. 蓋亂世昏主, 惡忠直而好諛, 佞類如此, 詩人所以深歎之也"라 함.

(6) 賦

維曰于仕, 孔棘且殆!

ᄀᆯ오ᄃᆡ 가 仕홀 꺼시라 ᄒ나, 심히 棘ᄒ고 ᄯᅩ 殆ᄒ도다!

가서 벼슬이나 하겠다고 하는 말, 심히 급하고도 위험한 일!

云不可使, 得罪于天子.

可히 使ᄒ염즉디 몯ᄒ다 니르ᄂᄂ 이ᄂ, 罪를 天子ᄭᅴ 得ᄒ고,

부릴 만하지 못하다고 하는 평가를 받는 자는, 천자에게 죄를 얻게 되고,

亦云可使, 怨及朋友!

ᄯᅩᄒᆫ 可히 使ᄒ염 즉ᄒ다 니르ᄂᄂ 이ᄂ, 怨이 朋友에 及ᄒ놋다!

가히 쓸 만하다는 평가를 받는 자는, 친구들에게 원망을 듣는 법!

【于】〈毛傳〉과 〈集傳〉에 "于, 徃也"라 함.
【孔棘且殆】매우 급하고 위험함. 〈鄭箋〉에 "棘, 急也. 不可使者, 不正不從也; 可使者, 雖不正從也. 居今衰亂之世, 云往仕乎? 甚急迮且危, 急迮且危, 以此二者也"라 함. 〈集傳〉에 "棘, 急; 殆, 危也"라 함.
【云】그러한 평가를 받음.
【怨及朋友】同僚들이 그를 질투하여 원망함.
＊〈集傳〉에 "○蘇氏曰: 「人皆曰徃仕耳, 曾不知仕之急且危也. 當是之時, 直道者, 王之所謂不可使而枉道者. 工之所謂可使也. 直道者得罪于君, 而枉道者見怨于友, 此仕之所以難也"라 함.

(7) 賦
謂爾遷于王都, 曰予未有室家.
너를 닐오듸 王都애 遷ᄒ리라 혼(홈)을, 글오듸 내 室家를 두디 몯호라 ᄒ야,

그대에게 왕의 도읍을 옮기라고 했더니, 거기에는 집이 없다 핑계대니,

鼠思泣血, 無言不疾.
鼠思(셔ᄉ)ᄒ야 泣血ᄒ야, 言을 疾티 아님이 업ᄂ니,

속을 끓이는 걱정 속에 근심의 울음을 삼키며, 미워하지 않는 말 없네,

昔爾出居, 誰從作爾室?
녜 네가 居ᄒᆯ 제ᄂ, 뉘 조차 네 室을 作ᄒ뇨?

지난 날 그대 도읍을 떠날 적엔, 누군들 집이 있어서 따라갔던가?

【爾】〈集傳〉에 "爾, 謂離居者"라 함.
【遷于王都】〈毛傳〉에 "賢者, 不肯遷于王都也"라 하였고, 〈鄭箋〉에 "王流于彘, 正大夫離居, 同從之臣, 從王思其友而呼之, 謂曰「女今可遷居」. 王都, 謂彘也. 其友辭之, 云「我未有室家於王都, 可居也.」"라 함.
【鼠思】속을 끓이며 근심함을 뜻하는 雙聲連綿語. 〈鄭箋〉에 "鼠, 憂也. 旣辭之以

無室家, 爲其意恨, 又患不能距止之. 故云「我憂思泣血」, 欲遷王都, 見女今我, 無一言而不道疾者, 言已方困於病, 故未能也」라 하였고, 〈集傳〉에 "鼠思, 猶言癙憂也"라 함.

【泣血】〈毛傳〉에 "無聲曰泣血, 無所言而不見疾也"라 함.

【無言符疾】미움을 사지 않는 말이 없음. 원망스럽다는 말을 하지 않는 이가 없음.

【昔爾出居】지난날 그대들이 나라가 어지러워졌을 때 避難하려고 서울을 떠남.

＊〈集傳〉에 "○當是時, 言之難能, 而仕之多患如此. 故羣臣有去者·有居者, 居者不忍王之無臣已之無徒;則告去者, 使復還于正都, 去者不聽, 而托於無家以拒之. 至於憂思泣血, 有無言而不痛疾者, 蓋其懼禍之深至於如此. 然所謂無家者, 則非其情也. 故詰之曰「昔爾之去也, 誰爲爾作室者;而今以是辭我哉?」"라 함.

참고 및 관련 자료

1. 孔穎達 〈正義〉

經無此‘雨無正’之字, 作者爲之立名. 敘又說名篇及所刺之意, 雨是自上下者也. 雨從上而下於地, 猶教令從王而下於民, 而王之教令衆多如雨, 然事皆苛虐, 情不恤民, 而非所以爲政教之道. 故作此詩以刺之. 既成而名之曰‘雨無正’也. 經七章皆刺王之辭, 鄭以爲刺厲王爲異.

2. 朱熹 〈集傳〉

〈雨無正〉, 七章, 二章章十句, 二章章八句, 三章章六句:

歐陽公曰:「古之人於詩, 多不命題, 而篇名牲牲無義例;其或有命名者, 則必述詩之意, 如〈巷伯〉·〈常武〉之類, 是也. 今〈雨無正〉之名, 據序所言與詩絶異, 當闕其所疑.」元城劉氏曰:「嘗讀《韓詩》有〈雨無極〉篇, 序云「〈雨無極〉, 正大夫刺幽王也.」至其詩之文, 則比〈毛詩〉篇, 首多「雨無其極, 傷我稼穡」八字. 愚按:「劉說似有理, 然第一二章, 本皆十句. 今遽增之, 則長短不齊, 非詩之例. 又此詩, 實正大夫離居之後, 贄御之臣所作. 其曰「正大夫刺幽王者」, 亦非是. 且其爲幽王詩, 亦未有所考也.」

〈5〉「小旻之什」

201(小-41) 소민(小旻)

*〈小旻〉: 작은 하늘.
*이 시는 〈十月之交〉와 〈雨無正〉의 내용과 같으나 다른 사건이 작아 '小'자를 붙인 것이라 함. 역시 幽王(厲王)의 학정을 비난한 것이라 함.

〈序〉: 〈小旻〉, 大夫刺幽王也.

〈소민〉은 대부들이 幽王(혹 厲王)을 비난한 것이다.

〈傳〉: 所刺列於〈十月之交〉·〈雨無正〉爲小, 故曰〈小旻〉, 亦當爲刺厲王.

*전체 6장. 3장은 8구씩, 3장은 7구씩(小旻: 六章. 三章章八句, 三章章七句).

(1) 賦

旻天疾威, 敷于下土.

旻天(민텬)의 疾威ㅣ, 下土애 敷(부)ᄒ야,

아득한 하늘의 사나운 위협이, 아래 온 땅을 뒤덮으니,

謀猶回遹, 何日斯沮?

謀猶ㅣ 回ᄒ고 遹(율)케 ᄒ니, 어늬 날의 이 沮(저)홀고?

나라 정책의 사악함은, 어느 날에나 이에 그칠꼬?

謀臧不從, 不臧覆用.

謀의 臧ᄒ니란 從티 아니 ᄒ고, 臧티 아니 ᄒ니를 아 도로혀 用ᄒᄂ니,

좋은 모책은 따르지 아니하고, 도리어 좋지 않은 이를 등용하니,

我視謀猶, 亦孔之邛!

내 謀猶를 視혼 딕, 또흔 심히 邛ᄒ도다!

내 그 모책을 보건대, 역시 심하게 고통을 받는구나!

【旻】〈集傳〉에 "旻, 幽遠之意"라 함.

【病威】暴虐의 뜻. 여기서는 '天罰'을 뜻함.

【敷】널리 퍼짐. 뒤덮음. 〈毛傳〉과 〈集傳〉에 "敷, 布也"라 하였고, 〈鄭箋〉에 "旻天之德, 疾王者, 以刑罰威恐, 萬民其政教, 乃布於下土. 言天下徧知"라 함.

【謀猶】〈鄭箋〉에 "猶, 道"라 하였고, 〈集傳〉에는 "猶, 謀"라 함. '猷'의 通假字. 나라의 政策.

【回遹】邪辟. 〈毛傳〉과 〈集傳〉에 "回, 邪; 遹, 辟"이라 함. 도리에 어긋남.

【沮】〈毛傳〉에 "沮, 壞也"라 하였고, 〈集傳〉에는 "沮, 止也"라 하였으며, 〈鄭箋〉에 "沮, 止也. 今王謀爲政之道, 回辟不循. 旻天之德已甚矣, 心猶不悛, 何日此惡將止?"라 함.

【臧】〈鄭箋〉과 〈集傳〉에 "臧, 善也"라 함.

【覆】도리어. 거꾸로. 〈集傳〉에 "覆, 反"이라 함. 〈鄭箋〉에 "謀之善者, 不從其不善者, 反用之我, 視王謀爲政之道, 亦甚病天下"라 함.

【邛】'앓다, 병으로 고통을 받다'의 뜻. 〈諺解〉에는 '邛'자로 표기하였으며, 〈毛傳〉과 〈集傳〉에 "邛, 病也"라 함.

*〈集傳〉에 "○大夫以王惑於邪謀, 不能斷以從善, 而作此詩. 言「旻天之疾威, 布于下土. 使王之謀猶邪辟, 無日而止. 謀之善者, 則不從; 而其不善者, 反用之. 故我視其謀猶, 亦甚病也.」"라 함.

(2) 賦

潝潝訿訿, 亦孔之哀!

潝潝(흡흡)ᄒ야 訿訿(ᄌᄌ)ᄒᄂ니, 또흔 심히 哀ᄒ도다!

좋다고 어울렀다 밉다고 헐뜯었다, 또한 심히 안타깝도다!

謀之其臧, 則具是違.

謀의 그 臧ᄒ니란, 곧 다 이예 違ᄒ고,

모책 중에 그 좋은 것이란, 곧바로 이에 모두 거꾸로 하고,

謀之不臧, 則具是依.

謀의 臧티 아니 ㅎ니를, 아 곧 다 이예 依ㅎㄴ니,

모책 중에 좋지 않은 것이란, 곧바로 이에 모두 따라가니,

我視謀猶, 伊于胡底?

내 謀猶를 視혼 디, 엇디 底(지)ㅎ료?

내 그 모책을 보건대, 어디까지 가려고 이러는가?

【潝潝訿訿】〈毛傳〉에 "潝潝然, 患其上;訿訿然, 思不稱其上"이라 하였고, 〈集傳〉
에는 "潝潝, 相和也;訿訿, 相詆也"라 함.
【哀】〈鄭箋〉에 "臣不事君, 亂之階也. 甚可哀也"라 함.
【具】〈集傳〉에 "具, 俱"라 함.
【依】따라함. 좇음.
【于】〈鄭箋〉에 "于, 往"이라 하여 '가다'의 뜻.
【底】〈音義〉에 '지'(之履反. 音祗)로 읽으며 '이르다, 도착하다, 목적지' 등의 뜻. 〈集
傳〉에 "底, 至也"라 하였고, 〈鄭箋〉에 "底, 至也. 謀之善者, 俱背違之;其不善者,
依就之. 我視今君臣之謀, 道往行之, 將何所至乎〉 言必至於亂"이라 함. 한편 '底'
자에 대해 〈集傳〉 原文과 〈諺解〉에는 '底'로 표기되어 있으나 이는 오류임. 〈祈
父〉篇(191)의 注를 참조할 것.
＊〈集傳〉에 "○言「小人同而不和, 其慮深矣. 然於謀之善者, 則違之;其不善者, 則從
之. 亦何能有所定乎?」"라 함.

(3) 賦
我龜旣厭, 不我告猶.

내 龜(귀) 이믜 厭혼 디라, 내게 猶를 告티 아니 ㅎ며,

거북도 이미 점치기에 싫증을 내어, 나에게 모책을 일러주지 아니하며,

謀夫孔多, 是用不集.

謀夫ㅣ 심히 多혼 디라, 이 뻐 集디 몯ㅎ놋다.

모책을 내놓는 이들 너무 많아, 이를 썼다가는 성취할 수도 없도다.

發言盈庭, 誰敢執其咎?

言을 發홈이 庭에 盈ᄒ니, 뉘 敢히 그 咎(구)를 執ᄒ료?

말하는 이는 조정에 가득 찼지만, 누가 감히 그 허물에 책임을 지나?

如匪行邁謀, 是用不得于道!

行邁(ᄒᆡᆼ매)티 아니코 謀홈이 ᄀᆞᆮᄐᆞᆫ 디라, 이 뻐 道에 得디 몯ᄒᆞᆺ다!

저 길 가는 이에게 상의해도, 이로써는 갈 길 찾지도 못하는 꼴 같네!

【龜】〈諺解〉物名에 "龜: 거복"이라 함.
【猶】〈毛傳〉에 "猶, 道也"라 하였고, 〈鄭箋〉에 "猶, 圖也. 卜筮數而瀆龜, 龜靈厭之, 不復告其所圖之吉凶. 言雖得兆, 占繇不中"이라 함.
【集】成就함. 〈毛傳〉에 "集, 就也"라 하였고, 〈鄭箋〉에 "謀事者衆, 而非賢者是非, 相奪莫適可從, 故所爲不成"이라 함. 〈集傳〉에는 "集, 成也"라 함. 陳奐〈傳疏〉에는 "集, 卽就之假借字. ……集·就, 幷與成同義"라 함.
【庭】朝廷.
【咎】허물. 責任. 〈毛傳〉에 "謀人之國, 國危, 則死之, 古之道也"라 하였고, 〈鄭箋〉에 "謀事者, 衆訩訩滿庭, 而無敢決當是非. 事若不成, 誰云己當其咎責者? 言小人爭知而讓過"라 함.

【匪】〈鄭箋〉에 "匪, 非也. 君臣之謀事如此, 與不行而坐圖遠近, 是於道路無進於跬步, 何以異乎?"라 함. 그러나 王先謙〈集疏〉에는 "《左》襄八年, 子駟引《詩》:「如匪行邁謀, 是用不得于道.」杜注:「匪, 彼也. '行邁謀', 謀于路人也. '不得于道', 衆無適從也.」"라 하여 '匪'는 彼의 뜻이라 하였음.
【行邁謀】길을 가는 사람에게 모책을 물어봄.
＊〈集傳〉에 "○卜筮數, 則瀆而龜厭之故, 不復告其所圖之吉凶. 謀夫衆, 則是非相

奪, 而莫適所從. 故所謀終亦不成. 蓋發言盈庭, 各是其是, 無肯任其責而決之者, 猶不行不邁, 而坐謀所適, 謀之雖審, 而亦何得於道路哉?"라 함.

(4) 賦

哀哉爲猶! 匪先民是程,

哀홈다, 猶를 홈이여! 先民을 이 程티 아니며,

안타깝도다, 모책을 세움이여! 성현을 법으로 삼지도 아니하며,

匪大猶是經, 維邇言是聽, 維邇言是爭.

大猶를 이 經티 아니코, 오직 邇言(이언)을 이 聽호며, 오직 邇言을 이 爭호느니,

大道를 떳떳이 행하지도 않으며, 가까운 말만 듣다가, 다시 가까운 말을 두고 다투니,

如彼築室于道謀, 是用不潰于成!

뎌 室을 築홈애 道로 謀홈 곧튼 디라, 일로 써 成에 潰(궤)티 몯ᄒ리로다!

마치 집을 짓다가 저 길가는 사람과 의논하여, 이로써 그 집을 제대로 짓지도 못하는 꼴과 같네!

【先民】옛날의 聖賢. 〈毛傳〉에 "古曰在昔, 昔曰先民"이라 하였고, 〈集傳〉에는 "先民, 古之聖賢也"라 함.
【程】〈毛傳〉과 〈集傳〉에 "程, 法"이라 함.
【大猶】大道. 〈毛傳〉과 〈集傳〉에 "猶, 道"라 함.
【經】〈毛傳〉과 〈集傳〉에 "經, 常"이라 함. 그러나 《孟子》(盡心下) "經德不回"의 趙岐 注에 "經, 行也"라 하여, '실행하다'의 뜻으로도 볼 수 있음.
【邇】〈毛傳〉에 "邇近也. 爭爲近言"이라 하였고, 〈鄭箋〉에 "哀哉! 今之君臣, 謀事不用古人之法, 不循大道之常, 而徒聽順, 近言之同者, 爭言之異者. 言見動輒, 則泥陷. 不至於遠也"라 함.
【潰】〈毛傳〉과 〈集傳〉에 "潰, 遂也"라 함. 〈鄭箋〉에는 "如當路築室, 得人而與之謀. 所爲路人之意不同, 故不得遂成也"라 함.

*〈集傳〉에 "○言「哀哉! 今之爲謀, 不以先民爲法, 不以大道爲常. 其所聽而爭者, 皆淺末之言, 以是相持如將築室, 而與行道之人謀之, 人人得爲異論, 其能有成也 哉? 古語曰:「作舍道邊, 三年不成.」 蓋出於此"라 함.

(5) 賦

國雖靡止, 或聖或否.

國이 비록 止티 몯ᄒ나, 或 聖ᄒ며 或 否(부)ᄒ며,

나라가 비록 크지는 아니해도, 혹 성인이 있을 수 있고, 혹 그렇지 않 을 수 있으며,

民雖靡膴, 或哲或謀, 或肅或艾.

民이 비록 膴(호)티 아니나, 或 哲이며 或 謀ㅣ며, 或 肅이며 或 艾(예)니,

백성이 비록 많지 않다 해도 혹 철인이 있고 혹 모책에 뛰어난 자가 있으며, 혹 恭肅한 자가 있고 혹 잘 다스리는 자가 있거늘,

如彼泉流, 無淪胥以敗!

뎌 流ᄒᄂᆫ 泉이 ᄀᆺ튀야, 아니 淪ᄒ야 서ᄅ 뼈 敗홀가!

저 샘물이 흐르듯이, 모든 이들을 다 살펴 실패함이 없도록 해야 하 거늘!

【靡止】하찮고 보잘것없음. 〈毛傳〉에 "靡止, 言小也"라 하였고, 〈鄭箋〉에는 "靡, 無; 止, 禮"라 함. 그러나 〈集傳〉에는 "止, 定也"라 함. 孔穎達 〈正義〉에 "靡止, 猶 言狹小無所居, 故爲小也"라 함. 馬瑞辰 〈通釋〉에는 '靡'는 無, '止'는 大의 뜻이라 하였음. 즉 "按〈傳〉以靡止爲小, 則止是訓大矣"라 함.
【聖】萬事에 훤히 通達한 자. 〈毛傳〉에 "人有通聖者, 有不能者, 亦有明哲者, 有聰 謀者"라 하였고, 〈集傳〉에 "聖, 通明也"라 함.
【膴】'호'(火吳反, 音呼)로 읽으며, 〈鄭箋〉에 "膴, 法也. 言天下諸侯, 今雖無禮, 其心 性猶有通聖者, 有賢者. 民雖無法, 其心性猶有知者, 有謀者, 有肅者, 有艾者. 王何 不擇焉, 置之於位, 而任之爲治乎? 言曰'睿作聖, 明作哲, 聰作謀, 恭作肅, 從作 乂', 詩人之意, 欲王敬用五事, 以明天道, 故云然"이라 함. 그러나 〈集傳〉에는 "膴, 大也, 多也"라 함.

【乂】又와 같은 뜻. 잘 다스림. 〈毛傳〉에 "乂一 治也. 有恭肅者, 有治理者"라 하였고, 〈集傳〉에 "乂, 與又同, 治也"라 함. 이는 《尙書》洪範篇 "五事:一曰貌, 二曰言, 三曰視, 四曰聽, 五曰思. 貌曰恭, 言曰從, 視曰明, 聽曰聰, 思曰睿. 恭作肅, 從作乂, 明作哲, 聽作謀, 睿作聖"의 일부를 원용하여 말한 것임.

【淪胥】〈鄭箋〉에 "淪, 率也. 王之爲政者, 如原泉之流行, 則淸無相率率爲惡, 以自濁敗"라 하였고, 〈集傳〉에는 "淪, 陷;胥, 相也"라 함.

＊〈集傳〉에 "○言「國論雖不定, 然有聖者焉, 有否者焉. 民雖不多, 然有哲者焉, 有謀者焉, 有肅者焉, 有乂者焉. 但王不用善, 則雖有善者, 不能自存. 將如泉流之不反, 而淪胥以至於敗矣.」聖哲謀肅乂, 卽〈洪範〉五事之德, 豈作此詩者, 亦傳箕子之學也與?"라 함.

(6) 賦
不敢暴虎, 不敢馮河.

敢히 虎를 暴(포)티 몯 홈과, 敢히 河를 馮(빙)티 몯 홈을,

감히 맨손으로 호랑이를 잡을 수 없고, 맨발로 걸어서는 하수를 건널 수 없는 법.

人知其一, 莫知其他.

人이 그 一을 알고, 그 他를 아디 몯ᄒ놋다.

사람이 그 하나만 알고, 그 밖의 다른 것은 알지 못하도다.

戰戰兢兢, 如臨深淵, 如履薄冰!

戰戰ᄒ며 兢兢ᄒ야, 深ᄒᆫ 淵을 臨ᄐᆺ ᄒ며, 薄ᄒᆫ 冰을 履ᄐᆺ ᄒ오라!

두렵게 여기며 경계하여, 마치 깊은 물가에 임한 듯, 마치 얇은 얼음을 밟은 듯 하라!

【暴虎·馮河】맨 손으로 호랑이를 잡고, 걸어서 河水를 건넘. '暴'는 搏의 뜻. 郝懿行 〈義疏〉에 "暴者, 搏也. 搏·暴, 古音相近"이라 함. '馮'은 '빙'(符冰反)으로 읽으며 '憑'의 뜻. 〈毛傳〉에 "馮, 陵也. 徒涉曰馮河, 徒搏曰暴虎"라 하였고, 〈集傳〉에는 "徒搏曰暴, 徒涉曰馮. 如馮几然也"라 함. 《論語》述而篇에 "子曰:「暴虎馮河, 死而無悔者, 吾不與也. 必也臨事而懼, 好謀而成者也.」"라 하였고, 《周易》泰卦 爻辭에

도 "包荒, 用馮河, 不遐遺; 朋亡, 得尙于中行"이라 함.

【一】〈毛傳〉에 "一, 非也, 他不敬小人之危殆也"라 하였고, 〈鄭箋〉에 "人皆知暴虎馮河, 立至之害, 而無知. 當畏愼小人能危亡也"라 함.

【戰戰兢兢】두려워하며 경계함. 〈毛傳〉과 〈集傳〉에 "戰戰, 恐也; 兢兢, 戒也"라 함.

【如臨深淵】〈毛傳〉과 〈集傳〉에 "如臨深淵", 恐墜也"라 함.

【如履薄冰】〈毛傳〉과 〈集傳〉에 "如履薄冰", 恐陷也"라 함.《論語》泰伯篇에 "曾子有疾, 召門弟子曰:「啓予足! 啓予手!《詩》云:『戰戰兢兢, 如臨深淵, 如履薄冰.』而今而後, 吾知免夫! 小子!」"라 함.

＊〈集傳〉에 "○衆人之慮, 不能及遠暴虎馮河之患, 近而易見, 則知避之喪國亡家之禍; 隱於無形, 則不知以爲憂也. 故曰「戰戰兢兢, 如臨深淵, 如履薄冰.」懼及其禍之辭也"라 함.

参고 및 관련 자료

1. 孔穎達〈正義〉

經言旻天, 天無小義, 今謂之〈小旻〉, 明有所對也. 故言所刺者, 此列於〈十月之交〉·〈雨無正〉, 則此篇之事爲小, 故曰〈小旻〉也.〈十月之交〉言「日月告凶, 權臣亂政」,〈雨無正〉言「宗周壞滅, 君臣散離」, 皆是事之大者. 此篇唯刺謀事邪辟, 不任賢者, 是其事小於上篇, 與上別篇, 所以得相比者. 此四篇文體相類, 是一人之作. 故得自相比校, 爲之立名也. 毛氏雖幽·厲不同其名, 篇之意或亦然也.

2. 朱熹〈集傳〉

〈小旻〉, 六章, 三章章八句, 三章章七句:

蘇氏曰:「〈小旻〉·〈小宛〉·〈小弁〉·〈小明〉四詩, 皆以小名篇, 所以別其爲'小雅'也. 其在'小雅'者, 謂之小故; 其在'大雅'者, 謂之〈召旻〉·〈大明〉, 獨'宛'·'弁'闕焉. 意者孔子剛之矣. 雖去其大而其小者, 猶謂之小蓋, 卽用其舊也.」

202(小-42) 소완(小宛)

<序>: <小宛>, 大夫刺幽王也.

〈소완〉은 대부가 幽王(厲王)을 비난한 것이다.

〈箋〉: 亦當爲刺厲王.

*전체 6장. 매 장 6구씩(小宛: 六章. 章六句).

(1) 興

宛彼鳴鳩, 翰飛戾天.

宛(완)흔 뎌 鳴鳩(명구)ㅣ여, 翰(한)으로 飛ᄒᆞ야 天에 戾ᄒᆞ놋다.

작은 저 매가, 높이 하늘에 닿을 듯 날아가도다.

我心憂傷, 念昔先人.

내 ᄆᆞ음이 憂傷ᄒᆞᆫ 디라, 녯 先人을 念ᄒᆞ라.

내 마음 시름에 겨워, 옛 선인들을 생각하네.

明發不寐, 有懷二人!

明이 發토록 寐(미)티 몯ᄒᆞ야, 二人을 懷호라!

새벽이 되도록 잠을 이루지 못하여, 두 사람을 그리워하도다!

【宛】작은 모양. 〈毛傳〉에 "興也. 宛, 小貌"라 하였고, 〈集傳〉에 "宛, 小貌"라 함.
【鳴鳩】〈毛傳〉에 "鳴鳩, 鶻鵰"라 하여 鷹隼, 즉 새매의 일종이라 하였으나, 〈集傳〉
에는 "鳴鳩, 斑鳩也"라 하여 무늬 있는 비둘기, 즉 산비둘기. 혹 아롱비둘기의
일종이라 함.
【翰·戾】〈毛傳〉에 "翰, 高; 戾, 至也. 行小人之道, 責高明之功, 終不可得"이라 함.

〈集傳〉에도 "翰, 羽;戾, 至也"라 함.

【先人】〈毛傳〉에 "先人, 文武也"라 하여 文王과 武王이라 함.

【明發】날이 새어 光明이 發함. 〈毛傳〉에 "明發, 發夕至明"이라 하였고, 〈集傳〉에 "明發, 謂將旦而光明開發也"라 함. 吳闓生〈會通〉에는 "明發, 謂將旦而光明開發"이라 하여 해가 뜨는 아침이라 하였음.

【二人】父母. 〈集傳〉에 "二人, 父母也"라 하였으나, 앞의 '先人'을 '文武'라 하였으니 그 둘을 생각하는 것으로 보아야 함.

＊〈集傳〉에 "○此大夫遭時之亂, 而兄弟相戒以免禍之詩. 故言「彼宛然之小鳥, 亦翰飛而至於天矣. 則我心之憂傷, 豈能不念昔之先人哉? 是以明發不寐, 而有懷乎父母也.」言此以爲相戒之端"이라 함.

(2) 賦

人之齊聖, 飮酒溫克.

人의 齊聖(제성)흔 이는, 酒를 飮호디 溫으로 克흐거늘,

사람으로서 총명하고 성스럽다면, 술을 마셔도 능히 온화함을 잃지 않거늘,

彼昏不知, 壹醉日富.

뎌 昏흐야 아디 몯흐는 이는, 醉예 壹(일)흐야 日로 富흐놋다.

저 혼암하여 아무것도 모르는 자는, 한 번 취하면 날로 더욱 심해지도다.

各敬爾儀, 天命不又!

각각 네 儀를 敬홀 디어다, 天命이 又티 아니 흐느니라!

각기 그대의 의를 공경히 가질지어다. 천명은 다시 오지 않는 법이니!

【齊聖】〈毛傳〉에 "齊, 正"이라 하였고, 〈集傳〉에는 "齊, 肅也;聖, 通明也"라 함. 聰明叡智함을 뜻함. 아래 '彼昏不知'에 상대하여 표현한 것임.

【溫】馬瑞辰〈通釋〉에 "古蘊藉字, 皆借作溫"이라 하여, '蘊'의 가차자라 하였음.

【克】〈毛傳〉과 〈集傳〉에 "克, 勝也"라 함. 〈鄭箋〉에는 "中正通知之人, 飮酒雖醉, 猶能溫藉, 自持以勝"이라 함.

【日富】〈毛傳〉에 "醉而日富矣"라 하였고, 〈鄭箋〉에 "童昏無知之人, 飮酒一醉, 自謂日益富, 夸淫自恣, 以財驕人"이라 함. 〈集傳〉에는 "富, 猶甚也"라 함. 그러나 馬瑞辰〈通釋〉에는 "按壹爲語詞. ……富之言冨也.《說文》:「冨, 滿也.」……醉則自盈滿, 正與'溫克'相反"이라 함.

【又】〈毛傳〉과 〈集傳〉에 "又, 復也"라 함. 〈鄭箋〉에는 "今女君臣, 各敬愼威儀, 天命所去, 不復來也"라 함.

＊〈集傳〉에 "○言『齊聖之人, 雖醉猶溫恭自持以勝, 所謂不爲酒困也. 彼昏然而不知者, 則一於醉而日甚矣. 於是言『各敬謹爾之威儀, 天命已去, 將不復來.』不可以不恐懼也.」時王以酒敗德, 臣下化之, 故此兄弟相戒, 首以爲說"이라 함.

(3) 興

中原有菽, 庶民采之.

中原의 菽(슉)이 잇거늘, 庶民이 采ㅎ놋다.

들에 있는 콩잎, 많은 사람들이 이를 따고 있도다.

螟蛉有子, 蜾蠃負之.

螟蛉(명령)이 子를 둣거늘, 蜾蠃(과라)ㅣ 負ㅎ놋다.

명령이 알을 슬면, 나나니가 업어다 길러주네.

敎誨爾子, 式穀似之!

네 子를 敎誨ㅎ야, 穀을 뻐 似(ᄉ)케ㅎ라!

그대 자식을 잘 가르치되, 이처럼 잘 그를 닮도록 하여라!

【中原】原中. 〈毛傳〉과 〈集傳〉에 "中原, 原中也"라 함.

【菽】〈毛傳〉에 "菽, 藿也"라 하였으나, 〈集傳〉에 "菽, 大豆也"라 함.

【采】〈毛傳〉에 "力采者, 則得之"라 하였고, 〈鄭箋〉에 "藿生原中, 非有主也. 以喩王位無常家也. 勤於德者, 則得之"라 함.

【螟蛉】뽕나무자벌레. 뒤에 뽕나무 나방이 됨. 疊韻連綿語의 蟲名. 螟蛾의 幼蟲. 〈諺解〉物名에 "螟蛉:자차히"라 함. 〈毛傳〉에 "螟蛉, 桑蟲也"라 하였고, 〈集傳〉에 "螟蛉, 桑上小靑蟲也. 似步屈"이라 함.

【蜾蠃】나나니벌. 細腰蜂. 疊韻連綿語의 蟲名. 일명 '蒲盧'라 하였으며, 이 역시 疊韻連綿語. 〈諺解〉物名에 "蜾蠃:나나리"라 함. 〈毛傳〉에 "蜾蠃, 蒲盧也"라 하

였고, 〈集傳〉에 "螺蠃, 土蜂也. 似蜂而小腰

子"라 함.

【負】등에 짊어짐. 〈毛傳〉에 "負, 持也"라
하였고, 〈鄭箋〉에 "蒲盧取桑蟲之子, 負
持而去, 煦嫗養之, 以成其子. 喻有萬民
不能治, 則能治者, 將得之"라 함. 과라
가 명령의 유충을 잡아 자신의 굴로
끌고 들어가 새끼의 먹이로 사용함을
두고 과라가 명령의 유충을 가져다 길
러주는 것으로 잘못 알았음.

【式穀】〈鄭箋〉에 "式, 用; 穀, 善也. 今有
教誨女之萬民, 用善道者, 亦似蒲盧. 言
將得而子也"라 하였고, 〈集傳〉에는
"式, 用; 穀, 善也"라 함.

＊〈集傳〉에 "○中原有菽, 則庶民采之矣.
以興善道人, 皆可行也. 螟蛉有子, 則螺
蠃負之, 以興不似者, 可教而似也. 教誨爾子, 則用善而似之, 可也善也似也.」終上
文兩句所興, 而言也. 戒之以不惟獨善其身, 又當教其子, 使爲善也"라 함.

(4) 興

題彼脊令, 載飛載鳴.

뎌 脊令(쳑령)을 본 디, 곧 飛ᄒ며 곧 鳴ᄒ놋다.

너 할미새를 보건대, 날면서 우네.

我日斯邁, 而月斯征.

내 日로 이예 邁(매)ᄒ거든, 네 月로 이예 征홀 띠라.

내 날마다 이에 매진하거든, 너는 달로 나아져야 하리라.

夙興夜寐, 無忝爾所生!

일 興ᄒ고 밤들거든 寐ᄒ야, 네 生혼 바를 忝(텸)티 마롤 띠어다!

일찍 일어나고 늦게 자면서, 너를 낳아준 이에게 욕됨이 없게 하라!

【題】〈毛傳〉과 〈集傳〉에 "題, 視也"라 함.

【脊令】할미새. 〈毛傳〉에 "脊令不能自舍, 君子有取節爾"라 하였고, 〈鄭箋〉에 "題
之爲言視睇也. 載之言則也. 則飛, 則鳴翼也. 口也不有止息"이라 함. 〈集傳〉에는
"脊令飛則鳴, 行則搖"라 함.

【載】〈集傳〉에 "載, 則"이라 함.

【我】〈鄭箋〉에 "我, 我王也"라 함.

【邁·征】나아감. 전진하여 努力함. 매진함. 〈鄭箋〉에 "邁·征, 皆行也. 王日此行, 謂
日視朝也;而月此行, 謂月視朝也. 先王制此禮, 使君與羣臣議政事, 日有所決, 月有
所行, 亦無時止息"이라 함.

【而】〈集傳〉에 "而, 汝"라 함.

【爾忝】〈毛傳〉과 〈集傳〉에 "忝, 辱也"라 함.

【所生】낳아준 분, 즉 父母.

＊〈集傳〉에 "○視彼脊令, 則且飛而且鳴矣. 我旣日斯邁, 則汝亦月斯征矣. 言「當各務
努力, 不可暇逸取. 禍恐不及, 相救恤也. 夙興夜寐, 各求無辱於父母而已.」"라 함.

(5) 興

交交桑扈, 率場啄粟.

交交ᄒ는 桑扈(상호)ㅣ여, 場을 率ᄒ야 粟을 啄(탁)ᄒ놋다.

오가며 나는 오두애 새여, 마당을 돌아다니며 좁쌀을 쪼아대네.

哀我塡寡, 宜岸宜獄!

哀홉다, 우리 塡寡(뎐과)ㅣ여, 岸에 宜ᄒ며 獄에 宜ᄒ도다!

불쌍하다, 우리 병든 과부들, 옥살이에나 마땅하다니!

握粟出卜, 自何能穀?

粟(속)을 握(악)ᄒ야 나가 卜ᄒ야, 어드러브테야 能히 穀홀고 호라!

좁쌀이라도 들고 나가서 점을 치는 것은, 어떻게 해야 능히 살 수 있을
까 알아보는 것이로다!

【交交】〈毛傳〉에 "交交, 小貌"라 하였으나, 〈集傳〉에는 "交交, 往來之貌"라 함.

【桑扈】뽕나무에 있는 鳥. 메추라기의 한 종류. '竊脂', '青觜'로도 불림. 雙聲連綿

語의 鳥名. 벌레를 잡아먹는 肉食性 鳥類라 함. 따라서 좁쌀은 먹지 않음. 〈諺解〉 物名에 "桑扈: 오두애"라 함. 〈毛傳〉에 "桑扈, 竊脂也. 言上爲亂政, 而求下之治, 終不可得也"라 하였고, 〈鄭箋〉에 "竊脂. 肉食. 今無肉而循場啄粟, 失其天性, 不能以自活"이라 함. 〈集傳〉에도 "桑扈, 竊脂也. 俗呼靑觜, 肉食不食粟"이라 함.

【率場】마당을 훑어 다님. '率'은 循과 같음.

【塡·岸】〈毛傳〉에 "塡, 盡; 岸, 訟也"라 하였으나, 〈集傳〉에 "塡, 與瘨同, 病也; 岸, 亦獄也. 《韓詩》作'犴'. 鄕亭之繫曰犴, 朝廷曰獄"이라 하여, '瘨'의 假借字이며 病의 뜻이라 하였음. '塡'은 《韓詩》에는 '疹'으로 되어 있으며, 疹은 瘨과 같은 뜻임. '岸'은 《韓詩》에는 '犴'으로 되어 있다 하였음.

【宜】〈鄭箋〉에는 "仍得曰宜"라 함.

【握粟】돈 대신 좁쌀을 가지고 점치러 감. 가난함을 뜻함. 馬瑞辰〈通釋〉에 "握粟出卜, 有二義: 一謂以粟祀神, 一謂以粟酬卜"이라 함.

【自】〈鄭箋〉에 "自, 從"이라 함.

【穀】살아감. 〈鄭箋〉에 "穀, 生也. 可哀哉! 我窮盡寡財之人, 仍有獄訟之事, 無可以自救. 但持粟行卜求, 其勝負從何能得生?"이라 함.

＊〈集傳〉에 "○扈不食粟, 而今則率場啄粟矣. 病寡不宜岸獄, 今則宜岸宜獄矣. 言「王不恤鰥寡, 喜陷之於刑辟也. 然不可求, 所以自善之道. 故握持其粟出而卜之, 曰『何自而能善乎?』言「握粟, 以見其貧窶之甚.」"이라 함.

(6) 賦

溫溫恭人, 如集于木.

溫溫ᄒᆞᆫ 恭人이, 木에 集ᄒᆞᆫ ᄃᆞᆺ ᄒᆞ며,

따뜻하고 따뜻하며 공손한 사람이, 마치 나무에 모여 앉은 듯 위험하고,

惴惴小心, 如臨于谷.

惴惴(췌췌)흔 小心이, 谷에 臨흔 둣 흔다라,

두려워하며 조심하는 마음을 가진 자가, 마치 깊은 골짜기에 임한 듯

위험하네.

戰戰兢兢, 如履薄冰!

戰戰흐며 兢兢흐야, 薄흔 冰을 履둣 호라!

전전긍긍하며, 마치 얇은 얼음 밟고 있는 듯이 하라!

【溫溫】〈毛傳〉과 〈集傳〉에 "溫溫, 和柔貌"라 함.

【如集于木】〈毛傳〉과 〈集傳〉에 "「如集于木」, 恐隊也"라 함.

【惴惴】두려워함.

【如臨于谷】〈毛傳〉과 〈集傳〉에 "「如臨于谷」, 恐隕也"라 함.

【戰戰兢兢, 如履薄冰】이미 앞장에 나왔음. 〈鄭箋〉에 "衰亂之世, 賢人君子, 雖無罪, 猶恐懼"라 함.

참고 및 관련 자료

1. 孔穎達 〈正義〉

毛以作〈小宛〉詩者, 大夫刺幽王也. 政教爲小, 故曰'小宛'. '宛'是小貌, 刺幽王政教, 狹小宛然. 經云「宛彼鳴鳩」, 不言小. 名曰〈小宛〉者, 王才智卑小, 似小鳥然. 〈傳〉曰小鳥, 是也. 鄭刺厲王爲異.

2. 朱熹 〈集傳〉

〈小宛〉, 六章, 章六句:

此詩之辭最爲明白, 而意極懇至. 說者必欲爲刺王之言, 故其說穿鑿. 破碎無理, 尤甚. 今悉改定, 讀者詳之.

203(小-43) 소반(小弁)

＊〈小弁〉: '弁'은 〈音義〉에 "弁, 步干反"(音盤)이라 하여 '반'으로 읽음. '弁'은 〈毛傳〉에는 '樂'의 뜻이라 하였으나, 〈集傳〉에는 '날개를 퍼득이는 모습'(拊翼貌)이라 하였음.
＊이 시는 幽王의 태자 宜臼가 폐위되어 쫓겨나자, 그의 師傅가 태자를 불쌍히 여겨 지은 것이라 하나, 이에 대한 이의가 분분함. 한편《孟子》告子(下)에 이 시의 원의에 대한 논쟁이 실려 있음. 참고란을 볼 것.

〈序〉: 〈小弁〉, 刺幽王也. 大子之傅作焉.

〈소반〉은 유왕을 비난한 것이다. 태자 宜臼의 師傅가 지은 것이다.

※太子: 姬宜臼. 幽王의 태자이며 褒姒의 계략에 의해 어머니 申后와 함께 폐위되어 어머니의 나라 申으로 放逐됨. 이에 신나라 군주 申侯가 노하여 犬戎과 연합하여, 유왕을 공격, 鎬京을 점령하고, 幽王을 驪山 아래에서 죽이고, 포사를 잡아 끌고 감. 이로써 西周가 망하고, 대부들이 태자 의구를 호위하여 낙읍으로 옮겨, 그곳을 도읍으로 삼고 주나라를 다시 일으켜 동주가 됨. 宜臼는 平王(B.C.770−B.C.720년까지 51년간 재위)이 되며 東周가 시작됨.《史記》周本紀를 참조할 것. 한편 平王 49년이 魯 隱公 元年(B.C.722)이며 孔子의《春秋》기록이 시작됨.

＊전체 8장. 매 장 8구씩(小弁: 八章. 章八句).

(1) 興
弁彼鸒斯, 歸飛提提.
弁(반)ᄒᆞᆫ 뎌 鸒(여)ㅣ여, 歸飛홈을 提提(시시)히 ᄒᆞ놋다.
즐겁게 날아가는 저 갈가마귀 떼, 날아 돌아오며 무리를 짓는구나.

民莫不 , 我獨于罹.
民이 穀디 아니니 업거를, 내 호올로 罹(리)호라.
백성들 모두 잘 보살핌을 받거늘, 나만 홀로 근심에 싸여 있네.

何辜于天, 我罪伊何?

天에 므슴 죄오, 내 罪 므스 거신고?

하늘에 무슨 잘못을 지었기에, 나의 죄가 무엇이기에?

心之憂矣, 云如之何?

心의 憂홈이여, 엇디 ㅎ리오?

마음속의 근심이여, 어찌 해야 좋단 말인가?

【弁】즐거움. 〈毛傳〉에 "興也. 弁, 樂也"라 함. 그러나 〈集傳〉에는 "弁·飛, 拊翼貌"라 하여 전혀 달리 해석함.

【鷽】갈가마귀. 卑居, 雅烏, 鴨烏, 寒鴉, 孝鳥 등으로 불림. 反哺之孝를 빗대어 내세운 것으로 보임. 〈諺解〉 物名에 "鷽:골가마괴"라 함. 〈毛傳〉에 "鷽, 卑居. 卑居, 雅烏也"라 하였고, 〈集傳〉에 "鷽, 雅烏也. 小而多羣, 腹下白. 江東呼爲鴨烏"라 함.

【斯】助字. 〈集傳〉에 "斯, 語辭也"라 함.

【提提】'시시'로 읽음. 〈毛傳〉에 "提提, 羣貌"라 하였고, 〈鄭箋〉에 "樂乎彼雅烏, 出食在野甚飽, 羣飛而歸提提然. 興者, 喻凡人之父子兄弟, 出入宮庭, 相與飲食, 亦提提然樂. 傷今太子獨不"이라 함. 〈集傳〉에는 "提提, 羣飛安閒之貌"라 함.

【穀】〈鄭箋〉에 "穀, 養"이라 하였고, 〈集傳〉에는 "穀, 善"이라 함.

【于】〈鄭箋〉에 "于, 曰"이라 함.

【罹】근심. 〈集傳〉에 "罹, 憂也"라 함. 〈毛傳〉에 "幽王取申女, 生太子宜咎. 又說褒姒, 生子伯服. 立以爲后, 而放宜咎, 將殺之"라 하였고, 〈鄭箋〉에 "罹, 憂也. 天下之人, 無不父子相養者. 我太子獨不然, 日以憂也"라 함.

【于天】〈毛傳〉에 "舜之怨慕, 日號泣于旻天于父母"라 함.

＊〈集傳〉에 "○舊說:幽王太子宜臼被廢, 而作此詩. 言「弁彼鷽斯, 則歸飛提提矣. 民莫不善, 而我獨于憂, 則鷽斯之不如也. '何辜于天, 我罪伊何'者, 怨而慕也.」 舜號泣于旻天曰:「父母之不我愛, 於我何哉?」

蓋如此矣. '心之憂矣, 云如之何', 則知其無可奈何, 而安之之辭也"라 함.

(2) 興

踧踧周道, 鞫爲茂草.

踧踧(뎍뎍)호 周道ㅣ여, 鞫(국)ㅎ야 茂草(무초)ㅣ 되리로다.

평평한 큰 길이건만, 막힌 채 잡초만 무성하네.

我心憂傷, 怒焉如擣.

내 ᄆᆞᅀᆞᆷ이 憂傷홈이여, 怒(녁)ㅎ야 擣(도)ᄐᆞᆺ ᄒᆞ놋다.

내 마음의 근심과 안타까움, 생각해보니 방아를 찧는 듯하도다.

假寐永嘆, 維憂用老.

假寐(가미)예도 기리 嘆ㅎ야, 憂로 뻐 老ᄒᆞ니,

옷 입은 채 누워 길이 탄식하니, 근심으로 늙어가네.

心之憂矣, 疢如疾首!

心의 憂혼 디라, 疢(진)ㅎ야 疾首(질슈)ᄐᆞᆺ 호라!

마음의 근심으로, 지끈거리는 것이 두통을 앓는 것 같네!

【踧踧】〈毛傳〉과 〈集傳〉에 "踧踧, 平易也"라 함.
【周道】〈毛傳〉에 "周道, 周室之通道"라 하였고, 〈集傳〉에는 "周道, 大道也"라 함.
【鞫】〈集傳〉에는 '鞫'자로 되어 있으며, 〈諺解〉도 같음. 〈毛傳〉과 〈集傳〉에 "鞫(鞫), 窮也"라 하였고, 〈鄭箋〉에 "此喩幽王信褒姒之讒, 亂其德政, 使不通於四方"이라 함.
【怒】'녁'(乃歷反, 音溺)으로 읽음. 〈毛傳〉과 〈集傳〉에 "怒, 思也"라 함.
【擣】〈毛傳〉에 "擣, 心疾也"라 하였으나, 〈集傳〉에는 "擣, 舂也"라 함. 방아를 찧듯 마음이 괴로움을 뜻함. 《韓詩》에는 '疛'(주)로 되어 있다 함.
【假寐】〈毛傳〉과 〈集傳〉에 "不脫衣冠而寐曰假寐"라 함. 옷도 벗지 못한 채 겨우 잠을 잠.
【用】以와 같음.
【疢】'진'(勅觀反, 音趁)으로 읽으며, '疹'의 異體字. 病, 疾의 뜻. 〈鄭箋〉에 "疢, 猶病也"라 하였고, 〈集傳〉에 "疢, 猶疾也"라 함.

【疾首’】머리를 앓음. 頭痛.

＊〈集傳〉에 "○「踧踧周道, 則將鞠爲茂草矣. 我心憂傷, 則惄焉如擣矣. 精神憒眊, 至於假寐之中, 而不忘永歎憂之之深, 是以未老而老也. 疢如疾首, 則又憂之甚矣.」"라 함.

(3) 興
維桑與梓, 必恭敬止.

桑과 다뭇 梓(지)도, 반드시 恭敬ᄒᆞ곤,

뽕나무 가래나무도, 반드시 공경하나니,

靡瞻匪父, 靡依匪母?

瞻홀 꺼시 父ㅣ 아닛 아니며, 依홀 꺼시 母ㅣ 아닛 아니가?

우러러볼 사람이란 아버지밖에 없으며, 기댈 사람이란 어머니밖에 없지 않은가?

不屬于毛, 不罹于裏?

毛애 屬(쵹)디 아니며, 裏(리)예 離티 아니ᄒᆞ냐?

터럭 하나 그들에게서 나오지 않았겠으며, 내 속마음 역시 그에게서 나지 않았겠는가?

天之生我, 我辰安在?

天의 나를 生홈이여, 내 辰(신)은 어듸 인ᄂᆞᆫ고?

하늘이 나를 내리심에, 내 태어난 때는 어찌 하필 이 때인가?

【桑·梓】부모가 자손을 위해 심은 나무이기에 공경하는 것임. 〈毛傳〉에 "父之所樹, 己尙不敢不恭敬"이라 하였고, 〈集傳〉에는 "桑·梓, 二木. 古者, 五畝之宅, 樹之牆下, 以遺子孫, 給蠶食, 具器用者也"라 함.

【瞻】〈集傳〉에 "瞻者, 尊而仰之;依者, 親而倚之"라 함. 二重否定을 강하게 강조한 것임.

【屬】연결됨. 〈集傳〉에 "屬, 連也"라 함.

【不罹于裏】'罹'는《唐石經》에는 '離'로 되어 있으며, 이에 따라 〈集傳〉에도 '不離

1028 시경

于裏'로 되어 있고, "離, 麗也"라 함. 〈諺解〉 역시 이에 따라 '離'로 표기되어 있음. '麗'는 '걸리다'의 뜻.

【毛·裏】〈毛傳〉에 "毛在外, 陽以言父;裏在内, 陰以言母"라 하였고, 〈鄭箋〉에 "此言「人無不瞻仰其父, 取法則者, 無不依恃其母以長大者. 今我獨不得父皮膚之氣乎? 獨不處母之胞胎乎? 何曾無恩於我?」"라 함. 〈集傳〉에는 "毛, 膚體之餘氣, 末屬也;裏, 心腹也"라 함. 모든 것이 부모로부터 나왔음을 反語法으로 표현하여 강조한 것.

【我辰安在】〈毛傳〉에 "辰, 時也"라 하였고, 〈鄭箋〉에 "此言「我生所値之辰, 安所在乎?」謂六物之吉凶"이라 함. 〈集傳〉에도 "辰, 猶時也"라 함.

＊〈集傳〉에 "○言「桑梓父母所植, 尙且必加恭敬. 況父母至尊至親, 宜莫不瞻依也! 然父母之不我愛, 豈我不屬于父母之毛乎? 豈我不離于父母之裏乎? 無所歸咎, 則推之於天, 曰『豈我生時, 不善哉! 何不祥至是也?』」"라 함.

(4) 興

菀彼柳斯, 鳴蜩嘒嘒.

菀(울)ᄒᆞ뎌 柳애, 鳴ᄒᆞᄂᆞᆫ 蜩(됴)ㅣ 嘒嘒(혜혜)ᄒᆞ며,

우거진 저 버들 숲에, 매미가 맴맴 울어대며,

有漼者淵, 萑葦淠淠.

漼(최)ᄒᆞᆫ 淵애, 萑葦(환위)ㅣ 淠淠(볘볘)ᄒᆞ도다.

깊은 연못가에는, 갈대들이 더부룩하도다.

譬彼舟流, 不知所届.

譬컨댄 뎌 舟의 流홈이, 届ᄒᆞᆯ 바ᄅᆞᆯ 아디 몯홈이로소니,

비유컨대 내 신세는 저 배가 흘러가되, 어디에 이를지 알지 못함 같으니,

心之憂矣, 不遑假寐!

心의 憂혼 디라, 假寐홈도 遑(황)티 몯호라!

마음의 근심이여, 옷 입은 채 잘 겨를조차도 없구나!

【菀】'울'(音鬱)로 읽으며 무성함. 〈集傳〉에 "菀, 茂盛貌"라 함.
【蜩】매미. 〈毛傳〉과 〈集傳〉에 "蜩, 蟬也"라 함.
【嘒嘒】매미 소리. 〈毛傳〉과 〈集傳〉에 "嘒嘒, 聲也"라 함.
【漼】〈毛傳〉과 〈集傳〉에 "漼, 深貌"라 함.
【萑葦】달 풀과 갈대.
【淠淠】많은 모습. 〈毛傳〉과 〈集傳〉에 "淠淠, 衆也"라 하였고, 〈鄭箋〉에 "柳木茂盛, 則多蟬, 淵深而旁生萑葦, 言大者之旁, 無所不容"이라 함.
【屆】至의 뜻. 〈鄭箋〉에 "屆, 至也. 言「今太子不爲王, 及后所容而見放逐. 狀如舟之流行, 無制之者. 不知終所至也.」"라 하였고, 〈集傳〉에도 "屆, 至"라 함.
【不遑】틈이 없음. 그럴 겨를조차 없음. 〈鄭箋〉과 〈集傳〉에 "遑, 暇也"라 함.
*〈集傳〉에 "○菀彼柳斯, 則鳴蜩嘒嘒矣. 有漼者淵, 則萑葦淠淠矣. 今我獨見棄逐, 如舟之流於水中, 不知其何所至乎! 是以憂之之深, 昔猶假寐, 而今不暇也"라 함.

(5) 興

鹿斯之奔, 維足伎伎.

鹿이 奔홈애, 足이 伎伎(기기)ᄒ며,

사슴이 달리면서도, 그 발은 무리를 잃지 않으려 천천히 떼고,

雉之朝雊, 尚求其雌.

雉ㅣ 朝애 雊(구)홈애, 오히려 그 雌를 求커늘,

장끼가 아침에 우는 것은, 까투리 찾기 위한 것이거늘,

譬彼壞木, 疾用無枝.

譬컨댄 뎌 壞(회)흔 木이, 疾ᄒ야 뻐 枝 업슴이니,

비유컨대 내 신세는 망가진 나무가, 병들어 가지가 없는 것 같으니,

心之憂矣, 寧莫之知?

心의 憂홈을, 엇디 아디 몯ᄒᄂ뇨?

마음의 근심, 어찌 이를 알아주는 이가 없는고?

【伎伎】느린 모습. 〈毛傳〉에 "伎伎, 舒貌. 謂鹿之奔走其足, 伎伎然舒也"라 하였고, 〈集傳〉에는 "伎伎, 舒貌. 宜疾而舒留其羣也"라 함.

【雊】꿩이 우는 소리. 〈鄭箋〉과 〈集傳〉에 "雊, 雉鳴也"라 함.

【尚】〈鄭箋〉에 "尚, 猶也. 鹿之奔走, 其勢宜疾而足伎伎然, 舒留其羣也; 雉之鳴, 猶
　　知求其雌. 今太子之放棄, 其妃匹不得與之去, 又鳥獸之不如"라 함.

【壞木】〈毛傳〉에 〈毛傳〉에 "壞, 瘣也. 謂傷病也"라 하였고, 〈鄭箋〉에 "太子放逐,
　　而不得生子. 猶內傷病之木, 內有疾. 故無枝也"라 하였고, 〈集傳〉에도 "壞, 傷病
　　也"라 함. '壞'는 '회'(胡罪反)으로 읽음. '瘣'의 假借라 함.

【寧】〈鄭箋〉에 "寧, 猶曾也"라 하였으나, 〈集傳〉에 "寧, 猶何也"라 함.

＊〈集傳〉에 "○鹿斯之奔, 則足伎伎然. 雉之朝雊, 亦知求其妃匹. 今我獨見棄逐, 如
　　傷病之木, 憔悴而無枝. 是以憂之, 而人莫之知也"라 함.

(6) 興

相彼投兔, 尚或先之.

뎌 投ᄒᆞᄂᆞᆫ 兔를 보고, 오히려 或 先ᄒᆞ며,

달아나는 저 토끼를 보면, 오히려 혹 먼저 놓아 가도록 해주기도 하며,

行有死人, 尚或墐之.

行애 死ᄒᆞᆫ 人이 잇거든, 오히려 或 墐(근)ᄒᆞᄂᆞ니,

길가다 죽은 사람 있으면, 그래도 혹 묻어 주기도 하거늘,

君子秉心, 維其忍之!

君子의 心 秉홈은, 그 忍ᄒᆞ놋다!

우리 임금의 마음가짐은, 오직 이토록 잔인하구나!

心之憂矣, 涕旣隕之!

心의 憂혼 디라, 涕(톄)를 임의 隕(운)호라!

마음의 근심, 눈물만 뚝뚝 떨구고 있네!

【相】〈鄭箋〉과 〈集傳〉에 "相, 視"라 함.
【投】〈集傳〉에 "投, 奔"이라 함.
【先之】먼저 가도록 해줌.
【行】〈鄭箋〉에 "行, 道也. 視彼人將掩兔, 尚有先毆走之者, 道中有死人, 尚有覆掩

之成其瑾者, 言此所不知其心不忍"이라 하였고, 〈集傳〉에도 "行, 道"라 함.

【瑾】길가의 무덤. 혹 '묻어주다'의 뜻. 〈毛傳〉에 "瑾, 路冢也"라 하였고, 〈集傳〉에는 "瑾, 埋"라 함.

【君子】〈鄭箋〉에 "君子, 斥幽王也"라 함.

【秉心】마음가짐. 마음 씀씀이. 〈鄭箋〉에 "秉, 執也. 言「王之執心, 不如彼二人.」"이라 하였고, 〈集傳〉에도 "秉, 執"이라 함.

【忍】殘忍함.

【隕】떨굼. 눈물을 흘림. 〈毛傳〉과 〈集傳〉에 "隕, 墜也"라 함.

*〈集傳〉에 "○相彼被逐而投人之兔, 尚或有哀其窮, 而先脫之者. 道有死人, 尚或有哀其暴露, 而埋藏之者, 蓋皆有不忍之心焉. 今王信讒棄逐其子, 曾視投兔死人之不如, 則其秉心亦忍矣. 是以心憂而涕隕也"라 함.

(7) 賦而興

君子信讒, 如或酬之.
君子의 讒을 信홈이, 或 酬(슈)홈 ᄀᆞ티 ᄒᆞ며,

임금께서 참언을 믿으시기는, 마치 술잔 받듯 하며,

君子不惠, 不舒究之.
君子ㅣ 惠티 아니 ᄒᆞᄂᆞᆫ 디라, 舒(셔)ᄒᆞ야 究티 아니 ᄒᆞᄂᆞᆺ다.

우리 임금 자애롭지 못할뿐더러, 천천히 살펴보려고도 아니 하시네.

伐木掎矣, 析薪杝矣.
木을 伐ᄒᆞ리 掎(긔)ᄒᆞ며, 薪을 析(셕)ᄒᆞ리 杝(치)ᄒᆞ거늘,

나무를 베려면 줄을 치고, 장작을 팰 때는 결을 따라 하거늘,

舍彼有罪, 予之佗矣!
뎌 罪 인ᄂᆞᆫ 니를 舍ᄒᆞ고, 내게 佗(타)ᄒᆞᄂᆞᆺ다!

저 죄 지은 자들은 그냥 두고, 나에게만은 이렇게 가혹하게 하시나!

【酬】酬. 〈鄭箋〉에 "酬, 旅酬也. 如酬之者, 謂受而行之"라 하였고, 〈集傳〉에 "酬, 報"라 함.

【惠】〈鄭箋〉과 〈集傳〉에 "惠, 愛"라 함.

【舒究】천천히 모책을 세움. 천천히 자세히 살펴봄. 〈鄭箋〉에 "究, 謀也. 王不愛太子, 故聞讒言, 則放之. 不舒謀也"라 하였고, 〈集傳〉에는 "舒, 緩; 究, 察也"라 함.

【伐木】〈毛傳〉에 "伐木者, 掎其巓; 析薪者, 隨其理"라 함.

【掎】伐木하기에 앞서 限界를 表示하기 위해 줄을 침. 〈鄭箋〉에 "掎其巓者, 不欲妄踦之地. 謂觀其理也. 必隨其理者, 不欲妄挫折之. 以言「今王之遇太子, 不如伐木析薪也.」"라 하였고, 〈集傳〉에 "掎, 倚也. 以物倚其巓也"라 함.

【柂】나무의 결을 따름. 〈集傳〉에 "柂, 隨其理也"라 함.

【予】〈鄭箋〉에 "予, 我也. 舍褒姒讒言之罪, 而妄加我太子"라 함.

【佗】〈毛傳〉과 〈集傳〉에 "佗, 加也"라 함. 가중시킴. 가혹하게 함.

*〈集傳〉에 "○言「王惟讒是聽, 如受醻爵, 得卽飮之, 曾不加惠愛, 舒緩而究察之. 夫苟舒緩而究察之, 則讒者之情得矣. 伐木者, 尙倚其巓; 析薪者, 尙隨其理. 皆不妄挫折之. 今乃舍彼有罪之譖人, 而加我以非其罪, 曾伐木析薪之不若也.」此則興也"라 함.

(8) 賦而比

莫高匪山, 莫浚匪泉?

이만 高ᄒ니 업스니 山이 아니며, 이만 浚(쥰)ᄒ니 업스니 泉이 아니가?

높지 않다고 산이 아니며, 깊지 않다고 샘이 아닌가?

君子無易由言, 耳屬于垣!

君子ㅣ 由ᄒᄂ 言을 易(이)티 마를 디어다, 耳ㅣ 垣(원)애 屬(쵹)ᄒ얀ᄂ니라!

우리 임금이여, 쉽게 말을 바꾸지 마소서, 저 담에도 귀가 붙어 있다오!

無逝我梁, 無發我笱.

내 梁에 逝티 마라. 내 笱(구)를 發티 마와뎌 컨마ᄂ,

내 어살에 다가가지 말고, 내 통발을 펼치지 말았으면 하지만,

我躬不閱, 遑恤我後!

내 躬을 閱(열)티 몯ᄒ곤, 遑ᄒ야 내 後를 恤(휼)ᄒ랴!

내 몸도 제대로 용납되지 못하거늘, 어느 겨를에 나의 뒷일 걱정하랴!

【浚】〈毛傳〉에 "浚, 深也"라 하였고, 〈鄭箋〉에 "山高矣, 人登其巔; 泉深矣, 人入其
淵. 以言「人無所不至, 雖逃避之, 猶有黙存者焉"이라 함.
【由】〈鄭箋〉에 "由, 用也. 王無輕用讒人之言, 人將有屬耳於壁而聽之者, 知王有所
受之, 知王心不正也"라 함.
【屬】붙음.
【逝我梁】'梁'은 어살. 〈鄭箋〉에 "逝, 之也. 之人梁發人. 笱此必有盜魚之罪, 以言
「褒姒淫色來變於王, 盜我太子母子之寵.」"이라 함.
【笱】통발.
【遑恤我後】〈毛傳〉에 "念父孝也. 高子曰:「〈小弁〉, 小人之詩也.」孟子曰:「何以言之?」
曰:「怨乎!」孟子曰:「固哉, 夫高叟之爲詩也! 有越人於此, 關弓而射之, 我則談笑而
道之; 無他, 疎之也. 兄弟關弓而射我, 我則垂涕泣而道之; 無他, 戚之也. 然則〈小
弁〉之怨, 親親也. 親親, 仁也. 固哉夫, 高叟之爲詩!」曰:〈凱風〉, 何以不怨?」曰:
「〈凱風〉, 親之過小者也;〈小弁〉, 親之過大者也. 親之過大而不怨, 是愈疎也; 親之
過小而怨, 是不可磯也. 愈疎, 不孝也; 不可磯, 亦不孝也. 孔子曰:『舜其至孝矣,
五十而慕.』"라 하였고, 〈鄭箋〉에 "念父孝也. 太子念王, 將受讒言不止. 我死之後,
懼復有被讒者, 亦無如之. 何故自決, 云「我身尙不能自容, 何暇乃憂我死之後也?」"
라 함.
＊〈集傳〉에 "○「山極高矣, 而或陟其巔; 泉極深矣, 而或入其底. 故君子不可易於其
言. 恐耳屬於垣者, 有所觀望左右, 而生讒譖也. 王於是卒以褒姒爲后, 伯服爲太
子, 故告之曰:『無逝我梁, 無發我笱. 我躬不閱, 遑恤我後!』蓋比辭也.」東萊呂氏
曰:「唐德宗, 將廢太子而立舒王. 李泌諫之, 且曰:『願陛下還宮, 勿露此意. 左
右聞之, 將樹功於舒王. 太子危矣!』此正君子無易由言, 耳屬于垣之謂也. 〈小
弁〉之作, 太子旣廢矣, 而猶云爾者, 蓋推本亂之所由生, 言語以爲階也.」"라 함.

> 참고 및 관련 자료

1. 孔穎達 〈正義〉

太子謂宜咎也. 幽王信褒姒之讒, 放逐宜咎. 其傅親訓太子, 知其無罪, 閔其見逐,
故作此詩以刺王. 經八章皆所刺之事. 諸序皆篇名之下言作人. 此獨末言太子之傅作
焉者, 以此述太子之言, 太子不可作詩, 以刺父. 自傅意述而刺之. 故變文以示義也.
經言「弁彼鸒斯」, 不言小, 名曰〈小弁〉者, 弁, 樂也; 鸒斯, 卑居小烏而樂, 故曰〈小弁〉.

2. 朱熹〈集傳〉

〈小弁〉, 八章章八句:

幽王娶于申, 生太子宜臼. 後得褒姒而惑之, 生子伯服. 信其讒, 黜申后·逐宜臼, 而宜臼作此以自怨也. 序以爲太子之傅述太子之情, 以爲是詩, 不知其何所據也. 〈傳〉曰高子曰:「〈小弁〉, 小人之詩也.」孟子曰:「何以言之?」曰:「怨.」曰:「固哉, 高叟之爲詩也! 有人於此, 越人關弓而射之, 則己談笑而道之; 無他, 疏之也. 其兄關弓而射之, 則己垂涕泣而道之; 無他, 戚之也. 〈小弁〉之怨, 親親也. 親親, 仁也. 固矣夫, 高叟之爲詩也!」曰:「〈凱風〉, 何以不怨?」曰:「〈凱風〉, 親之過小者也; 〈小弁〉, 親之過大者也. 親之過大而不怨, 是愈疏也; 親之過小而怨, 是不可磯也. 愈疏, 不孝也; 不可磯, 亦不孝也. 孔子曰『舜其至孝矣, 五十而慕.』」

3.《孟子》告子(下)

公孫丑問曰:「高子曰:『〈小弁〉, 小人之詩也.』」孟子曰:「何以言之?」曰:「怨.」曰:「固哉, 高叟之爲詩也! 有人於此, 越人關弓而射之, 則己談笑而道之; 無他, 疏之也. 其兄關弓而射之, 則己垂涕泣而道之; 無他, 戚之也. 〈小弁〉之怨, 親親也. 親親, 仁也. 固矣夫, 高叟之爲詩也!」曰:「〈凱風〉, 何以不怨?」曰:「〈凱風〉, 親之過小者也; 〈小弁〉, 親之過大者也. 親之過大而不怨, 是愈疏也; 親之過小而怨, 是不可磯也. 愈疏, 不孝也; 不可磯, 亦不孝也. 孔子曰『舜其至孝矣, 五十而慕.』」

4.《史記》周本紀

四十六年, 宣王崩, 子幽王宮涅立. 幽王二年, 西周三川皆震. 伯陽甫曰:「周將亡矣. 夫天地之氣, 不失其序; 若過其序, 民亂之也. 陽伏而不能出, 陰迫而不能蒸, 於是有地震. 今三川實震, 是陽失其所而塡陰也. 陽失而在陰, 原必塞; 原塞, 國必亡. 夫水土演而民用也. 土無所演, 民乏財用, 不亡何待! 昔伊·洛竭而夏亡, 河竭而商亡. 今周德若二代之季矣, 其川原又塞, 塞必竭. 夫國必依山川, 山崩川竭, 亡國之徵也. 川竭必山崩. 若國亡不過十年, 數之紀也. 天之所棄, 不過其紀.」是歲也, 三川竭, 岐山崩.

三年, 幽王嬖愛褒姒. 褒姒生子伯服, 幽王欲廢太子. 太子母申侯女, 而爲后. 後幽王得褒姒, 愛之, 欲廢申后, 并去太子宜臼, 以褒姒爲后, 以伯服爲太子. 周太史伯陽讀《史記》曰:「周亡矣.」昔自夏后氏之衰也, 有二神龍止於夏帝庭而言曰:「余, 褒之二君.」夏帝卜殺之與去之與止之, 莫吉. 卜請其漦而藏之, 乃吉. 於是布幣而策告之, 龍亡而漦在, 櫝而去之. 夏亡, 傳此器殷. 殷亡, 又傳此器周. 比三代, 莫敢發之, 至厲王之末, 發而觀之. 漦流于庭, 不可除. 厲王使婦人裸而譟之. 漦化爲玄黿, 以入王後宮. 後宮之童妾旣齔而遭之, 旣笄而孕, 無夫而生子, 懼而棄之. 宣王之時童女謠曰:「檿弧箕服, 實亡周國.」於是宣王聞之, 有夫婦賣是器者, 宣王使執而戮之. 逃於道, 而見鄉者後宮童妾所棄妖子出於路者, 聞其夜啼, 哀而收之, 夫婦遂亡, 奔於褒. 褒人有罪, 請入童妾所棄女子者於王以贖罪. 棄女子出於褒, 是爲褒姒. 當幽王三年, 王之後宮見而愛之, 生子伯服, 竟廢申后及太子, 以褒姒爲后, 伯服爲太子. 太史伯陽曰:「禍成矣, 無可奈何!」

褒姒不好笑, 幽王欲其笑萬方, 故不笑. 幽王爲烽燧大鼓, 有寇至則擧烽火. 諸侯悉至, 至而無寇, 褒姒乃大笑. 幽王說之, 爲數擧烽火. 其後不信, 諸侯益亦不至.

幽王以虢石父爲卿, 用事, 國人皆怨. 石父爲人佞巧善諛好利, 王用之. 又廢申后, 去太子也. 申侯怒, 與繒·西夷犬戎攻幽王. 幽王擧烽火徵兵, 兵莫至. 遂殺幽王驪山下, 虜褒姒, 盡取周賂而去. 於是諸侯乃卽申侯而共立故幽王太子宜臼, 是爲平王, 以奉周祀.

204(小-44) 교언(巧言)

＊〈巧言〉: 교묘한 말솜씨. 《論語》에 "子曰:「巧言令色, 鮮矣仁!」"(學而, 陽貨), "子曰:
「巧言、令色、足恭, 左丘明恥之, 丘亦恥之. 匿怨而友其人, 左丘明恥之, 丘亦恥之.」"
(公冶長), "子曰:「巧言亂德. 小不忍, 則亂大謀.」"(衛靈公)라 하여 아첨이나 참훼하는
말의 부정적인 뜻으로 보았음.
＊이 시는 幽王이 소인배들의 讒言을 듣고 大夫들을 학대하자 이를 비난한 것
이라 함.

〈序〉: 〈巧言〉, 刺幽王也. 大夫傷於讒, 故作是詩也.

〈교언〉은 유왕을 비난한 것이다. 대부들이 참언으로 상처를 입자 그
때문에 이 시를 지은 것이다.

＊전체 6장. 매 장 8구씩(巧言:六章. 章八句).

(1) 賦

悠悠昊天, 曰父母且.

悠悠ᄒ신 昊天이, 굴온 父母ㅣ시니,

아득하고 광대한 하늘은, 부모라고 이르나니,

無罪無辜, 亂如此幠!

罪업ᄉ며 辜(고)ㅣ 업거늘, 亂이 이러틋시 幠(호)ᄒ냐?

아무 죄도 잘못도 없는 몸이, 이렇게 큰 난을 당한단 말이냐?

昊天已威, 予愼無罪!

昊天이 심히 威ᄒ나, 내 愼컨댄 罪 업ᄉ며,

하늘의 위엄 너무 두렵지만, 나에겐 진실로 아무 죄 없으며,

昊天泰憮, 予愼無辜!

昊天이 심히 憮ᄒ나, 내 愼(신)컨댄 辜ㅣ 업소라!

하늘의 위엄 너무 크지만, 나에게는 진정 잘못 없다오!

【悠悠】深遠함. 아득함. 〈鄭箋〉에 "悠悠, 思也"라 하였으나, 〈集傳〉에는 "悠悠, 遠大之貌"라 함.

【且】助字. 〈集傳〉에 "且, 語辭"라 함.

【憮】〈毛傳〉에 "憮, 大也"라 하였고, 〈鄭箋〉에 "憮, 敖也. 我憂思乎昊天, 愍王也. 始者言「其且爲民之父母, 今乃刑殺無罪無辜之人, 爲亂如此, 甚敖慢無法度也.」"라 함. 이 '憮'자는 '호'(火吳反. 音呼)로 읽으며, '膴'와 같음. 《爾雅》에도 "憮, 大也"라 함. 그러나 〈集傳〉에는 '憮'로 잘못 표기되어 있으며, "憮, 大也"라 하였고, 이에 따라 〈諺解〉에도 '憮'로 되어 있음.

【已·泰】〈鄭箋〉에 "已, 泰. 皆言甚也"라 하였고, 〈集傳〉에도 "已, 泰. 皆甚也"라 함.

【威】〈毛傳〉에 "威, 畏"라 함.

【愼】참으로, 진실로. 〈毛傳〉에 "愼, 誠也"라 하였고, 〈鄭箋〉에 "昊天乎王甚可畏, 王甚敖慢. 我誠無罪而罪我"라 함. 〈集傳〉에는 "愼, 審也"라 함.

*〈集傳〉에 "○大夫傷於讒, 無所控告, 而訴之於天, 曰「悠悠昊天, 爲人之父母. 胡爲使無罪之人, 遭亂如此其大也? 昊天之威已甚矣, 我審無罪也;昊天之威甚大矣, 我審無辜也.」此訴而求免之辭也"라 함.

(2) 賦

亂之初生, 僭始旣涵.

亂의 처엄 生홈은, 僭(츰)의 始를 이믜 涵(함)홀 시며,

혼란이 처음 생겨날 때는, 거짓의 시작도 용납되었기에 그런 것,

亂之又生, 君子信讒.

亂의 쪼 生홈은, 君子ㅣ 讒(참)을 信홀 시니라.

혼란이 다시 또 생겨날 때는, 임금이 참언을 믿기 때문이지.

君子如怒, 亂庶遄沮.

君子ㅣ 만일에 怒ᄒ면, 亂이 거의 샐리 沮(저)ᄒ며,

임금이 만약 노하신다면, 난은 서둘러 그쳐질 것이며,

君子如祉, 亂庶遄已!

君子ㅣ 만일에 祉(치)ᄒᆞ면, 亂이 거의 섈리 已ᄒᆞ리라!

임금이 만약 복 받으시려면, 난이 곧바로 그쳐지리라!

【僭】〈毛傳〉에 "僭, 數"라 하였고, 〈鄭箋〉에 "僭, 不信也"라 함. 〈集傳〉에는 "僭, 始. 不信之端也"라 함.

【涵】용납함. 〈毛傳〉에 "涵, 容也"라 하였고, 〈集傳〉에 "涵, 容受也"라 함. 〈鄭箋〉
에는 "王之初生亂萌, 羣臣之言不信, 與信盡同之, 不別也"라 함.

【君子】〈鄭箋〉에 "君子, 斥在位者也. 在位者, 信讒人之言, 是復亂之所生"이라 함.
〈集傳〉에는 "君子, 指王也"라 함.

【讒】참훼함. 중상모략함.

【如】만약.

【庶】願함.

【遄沮】서둘러 그침. 〈毛傳〉과 〈集傳〉에 "遄, 疾;沮, 止也"라 하였고, 〈鄭箋〉에
"君子見讒人, 如怒責之, 則此亂庶幾, 可疾止也"라 함.

【祉】〈毛傳〉에 "祉, 福也"라 하였고, 〈鄭箋〉에 "福者, 福賢者, 謂爵祿之也. 如此,
則亂亦庶幾可疾止也"라 함. 〈集傳〉에는 "祉, 猶喜也"라 함.

【已】그침. 끝이 남.

＊〈集傳〉에 "○言「亂之所以生者, 由讒人. 以不信之言始入, 而王涵容, 不察其眞僞
也. 亂之又生者, 則旣信其讒言, 而用之矣. 君子見讒人之言, 若怒而責之, 則亂庶
幾遄沮矣. 見賢者之言, 若喜而納之, 則亂庶幾遄已矣. 今涵容不斷讒信不分, 是
以讒者益勝, 而君子益病也」蘇氏曰:「小人爲讒於其君, 必以漸入之其始也. 進
而嘗之, 君容之而不拒, 知言之無忌, 於是復進, 旣而君信之, 然後亂成.」"이라
함.

(3) 賦

君子屢盟, 亂是用長.

君子ㅣ ᄌᆞ조 盟(밍)ᄒᆞ논 디라, 亂이 이예 ᄡᅥ 長ᄒᆞ며,

임금이 자주 맹약을 맺는지라, 난이 이에 더욱 길어지고,

君子信盜, 亂是用暴.

君子ㅣ 盜룰 信ᄒᄂᆞᆫ 디라, 亂이 예 뻐 暴(포)ᄒᆞ며,

임금이 소인배들을 믿는지라, 난은 이에 사나워지며,

盜言孔甘, 亂是用餤.

盜言이 심히 甘ᄒᆞᆫ 디라, 亂이 이예 뻐 餤(담)ᄒᆞᄂᆞᆺ다.

소인들의 말은 심히 달콤한지라, 난은 이에 더욱 거세어지는 것.

匪其止共, 維王之邛!

그 共ᄒᆞᄂᆞᆫ 디 아니라, 王의 邛(공)을 ᄒᆞᄂᆞᆺ다!

그 직책 제대로 하지 않는지라, 왕을 병들게 하도다!

【屢】〈鄭箋〉과 〈集傳〉에 "屢, 數也"라 함.

【盟】〈毛傳〉에 "凡國有疑會同, 則用盟而相要也"라 하였고, 〈鄭箋〉에 "盟之所以數者, 由世衰亂多相背違時見曰會; 殷見曰同. 非此時而盟謂之數"라 함. 〈集傳〉에는 "盟, 邦國有疑, 則殺牲歃血, 告神以相要束也"라 함.

【用】以의 뜻.

【盜】毛傳에 "盜, 逃也"라 하였고, 〈鄭箋〉에 "盜謂小人也. 《春秋傳》《公羊傳》 文公 16년)曰:「賤者窮諸盜.」"라 함. 〈集傳〉에는 "盜, 指讒人也"라 함.

【餤】進展됨. 발전됨. 거세어짐. 〈毛傳〉과 〈集傳〉에 "餤, 進也"라 함.

【匪其止共】'止'는 職의 뜻. '共'은 供. 신하로서 임금에게 해야 할 직무.

【邛】病. 〈鄭箋〉에 "邛, 病也. 小人好爲讒佞, 旣不共其職事, 又爲王作病"이라 함. '邛'은 〈集傳〉에는 '邛'자로 표기되어 있으며, "邛, 病也"라 함. '邛'은 '공'(其恭反)으로 읽음. 《韓詩外傳》에 "言不供職事, 而病其主也"라 함.

＊〈集傳〉에 "○言「君子不能已亂, 而屢盟以相要, 則亂是用長矣. 君子不能聖讒, 而信盜以爲虐, 則亂是用暴矣. 讒言之美, 如食之甘, 使人嗜之, 而不厭, 則亂是用進矣. 然此讒人不能供其職事, 徒以爲王之病而已.」夫「良藥苦口而利於病;忠言逆耳而利於行」, 維其言之甘而悅焉, 則其國豈不殆哉?"라 함.

(4) 興而比
奕奕寢廟, 君子作之.

奕奕ᄒᆞᆫ 寢廟룰, 君子ㅣ 作ᄒᆞ며,

혁혁한 노침과 종묘는, 옛 임금께서 지으신 것,

秩秩大猷, 聖人莫之.

秩秩(질질)혼 大猷룰, 聖人이 莫(막)ᄒᄂ니라.

훌륭한 큰 모책은, 성인께서 도모하신 것이지.

他人有心, 予忖度之.

他人의 ᄆᆞᆷ 둠을, 내 忖度(촌탁)ᄒᄂ노니,

다른 사람 먹은 마음, 내가 이를 헤아려보노니,

躍躍毚兔, 遇犬獲之!

躍躍(뎍뎍)혼 毚(참)혼 兔ㅣ, 犬을 遇ᄒᆞ면 獲ᄒᆞ이ᄂ니라!

펄펄 뛰는 저 교활한 토끼도, 사냥개를 만나면 잡히고 말지!

【奕奕】〈毛傳〉에 "奕奕, 大貌"라 하였고, 〈集傳〉에 "奕奕, 大也"라 함.
【寢廟】宗廟.
【君子】先生.
【秩秩】〈毛傳〉에 "秩秩, 進知也"라 하였고, 〈集傳〉에는 "秩秩, 序也"라 함.
【大猷】'大道'. 〈鄭箋〉과 〈集傳〉에 "猷, 道也"라 함.
【莫】〈毛傳〉에 "莫, 謀也"라 하였으나, 〈集傳〉에는 "莫, 定也"라 함.
【忖度】헤아림. '촌탁'으로 읽음.
【躍躍】펄쩍펄쩍 잘 뛰어 도망함. 〈集傳〉에 "躍躍, 跳疾貌"라 함.
【毚兔】〈毛傳〉에 "毚兔, 狡兔也"라 하였고, 〈鄭箋〉에 "此四事者, 言各有所能也. 因
    己能忖度譏人之心, 故列道之爾"라 하였고, 〈集傳〉에도 "毚, 狡也"라 함.
【犬】〈諺解〉物名에 "犬:개"라 함. 〈鄭箋〉에 "大道治國之禮法, 遇犬, 犬之馴者, 謂
    田犬也"라 함.
*〈集傳〉에 "○奕奕寢廟, 則君子作之; 秩秩大猷, 則聖人莫之. 以興他人有心, 則予
    得而忖度之. 而又以躍躍毚兔遇犬獲之, 比焉. 反覆興比以見譏人之心, 我皆得之
    不能隱其情也"라 함.

(5) 興

荏染柔木, 君子樹之.

荏染(임염)흔 柔木을, 君子ㅣ 樹흐며,

부드럽고 약한 나무, 옛 임금께서 심은 것,

往來行言, 心焉數之.

往來흐는 行앳 言을, 心이 數(수)흐느니라.

오고 가며 흘리는 말, 마음속에 이를 따져보아야지.

蛇蛇碩言, 出自口矣.

蛇蛇(이이)흔 碩言은 口로브터 뻐커니와,

천박하면서 크기만 한 말, 입에서 나와서는,

巧言如簧, 顔之厚矣!

巧흔 言이 簧(황)곧트니는 顔이 厚흐도다!

교묘한 말 음악과 같지만, 그 얼굴은 두텁기만 하도다!

【荏染柔木】'荏染'은 부드러움을 뜻하는 雙聲連綿語. 〈毛傳〉에 "荏染, 柔意也. 柔木, 椅桐梓漆也"라 하였고, 〈鄭箋〉에 "此言君子樹善木, 如人心思數善. 言而出之. 善言者, 往亦可行, 來亦可行, 於彼亦可, 於己亦可, 是之謂行也"라 함. 〈集傳〉에는 "荏染, 柔貌;柔木, 桐梓之屬, 可用者也"라 함.

【行言】流言, 뜬 소문. 〈集傳〉에 "行言, 行道之言也"라 함.

【數】따져봄. 옳고 그름을 가려 분별함. 〈集傳〉에 "數, 辨也"라 함.

【蛇蛇】'이이'로 읽음. '蛇'는 '訑'의 通假字. 馬瑞辰 〈通釋〉에 "蛇蛇卽訑訑之假借. ……《爾雅》:「訑, 欺也.」"라 함. 〈毛傳〉에 "蛇蛇, 淺意也"라 하였으나, 〈集傳〉에는 "蛇蛇, 安舒貌"라 함.

【碩言】大言. 豪言壯談. 〈鄭箋〉에 "碩, 大也. 大言者, 言不顧其行, 徒從口出, 非由心也"라 하였고, 〈集傳〉에 "碩, 大也. 謂善言也"라 함.

【簧】감미로운 음악을 대신하는 말.

【顔之厚】〈鄭箋〉에 "顔之厚者, 出言虛僞, 而不知慚於人"이라 하였고, 〈集傳〉에는 "顔厚者, 頑不知恥也"라 함.

＊〈集傳〉에 "○荏染柔木, 則君子樹之矣. 往來行言, 則心能辨之矣. 若善言出於口

者, 宜也. 巧言如簧, 則豈可出於口哉? 言之徒可羞愧, 而彼顔之厚, 不知以爲恥
也.《孟子》(盡心上)曰:「爲機變之巧者, 無所用恥焉.」其斯人之謂與!」라 함.

(6) 賦

彼何人斯? 居河之麋.

뎨 엇던 사름고? 河ㅅ 麋(미)예 居ᄒᆞ얏도다.

저 사람은 대체 누구? 물가에나 사는 천한 몸에,

無拳無勇, 職爲亂階.

拳이 업스며 勇이 업스나, 젼혀 亂의 階를 ᄒᆞᄂᆞ다.

힘도 없고, 용맹도 없으면서, 하는 짓이란 혼란의 사다리만 놓고 있네.

旣微且尰, 爾勇伊何?

이믜 微ᄒᆞ고 ᄯᅩ 尰(흉)ᄒᆞ니, 네 勇이 므섯고?

이미 다릿병에 게다가 종기까지 났는데, 네가 용맹을 부린들 어쩌
리오?

爲猶將多, 爾居徒幾何?

猶를 홈이 將ᄒᆞ고 多ᄒᆞ나, 네 居ᄒᆞ연ᄂᆞᆫ 徒(도)ㅣ 언매나 ᄒᆞ뇨?

계략만 자꾸 커지고 말 텐데, 너에게 동조하는 무리 그 얼마나 되겠
는가?

【何人】〈鄭箋〉에 "何人者, 斥讒人也. 賤而惡之, 故曰何人"이라 하였고, 〈集傳〉에도
"何人, 斥讒人也. 此必有所指矣. 賤而惡之, 故爲不知其姓名而曰'何人'也"라 함.
【斯】〈集傳〉에 "斯, 語辭也"라 함.
【麋】湄와 같음.《爾雅》에 "麋, 湄也"라 함. 물과 풀이 교차된 기슭. 湄와 같음. 卑
賤함을 뜻함. 〈毛傳〉과 〈集傳〉에 "水草交, 謂之麋"라 함.
【拳】〈毛傳〉과 〈集傳〉에 "拳, 力"이라 하였고, 〈鄭箋〉에 "言'力勇者, 謂易誅除也.'"
라 함.
【職】主로.
【亂階】〈集傳〉에 "階, 梯也"라 함. 〈鄭箋〉에 "職, 主也. 此人主爲亂作階, 言亂由之

來也"라 함.

【微】'瘍'으로 정강이에 난 종기.

【尰】발이 붓는 병. 본음은 '종'이나 '송'(市勇反)으로 읽음. 그러나 〈諺解〉에는 '흥'
으로 읽었음. 〈毛傳〉에 "骭瘍爲微, 腫足爲尰"이라 하였고, 〈鄭箋〉에 "此人居下
濕之地, 故生微腫之疾, 人憎惡之, 故言「女勇伊何? 何所能也?」"라 함. 〈集傳〉에도
"骭瘍爲微, 腫足爲尰"이라 함.

【伊】維와 같은 어사.

【猶】謀略. 〈鄭箋〉과 〈集傳〉에 "猶, 謀"라 함.

【將】大의 뜻. 〈鄭箋〉에 "將, 大也. 女作讒佞之謀大多, 女所與居之衆, 幾何人素能
然乎?"라 함. 〈集傳〉에도 "將, 大也"라 함.

【居徒】함께 있는 무리들.

【幾何】그에 동조하는 자가 몇이 되지 않음을 뜻함.

＊〈集傳〉에 "○言「此讒人居下濕之地, 雖無拳勇, 可以爲亂, 而讒口交鬪, 專爲亂之
階梯. 又有微尰之疾, 亦何能勇哉? 而爲讒謀, 則大且多如此, 是必有助之者矣.
然其所與居之徒衆, 幾何人哉? 言亦不能甚多也"라 함.

참고 및 관련 자료

1. 孔穎達 〈正義〉

毛以爲大夫傷讒而本之, 故言「悠悠然我心, 憂思呼昊」, 天訴之也. 王之始者, 言曰
「我當且爲民之父母也.」自許欲行善政, 今乃刑殺其無罪無辜者之衆人, 王政之亂如
此甚大也. 昊天乎王甚可畏, 我誠無罪而罪我, 是可畏也. 昊天乎王甚虐大我, 誠無
辜而辜我, 是虐大也. 鄭唯言王爲亂, 如此甚傲慢無法度, 及昊天乎王甚敖慢爲異
耳, 皆以且爲辭. 〈正義〉曰:「幠, 大也.」〈釋詁〉文禮肉臠, 亦謂之幠. 〈正義〉曰: 幠, 敖.
釋言文易傳者, 以下言已威爲甚可畏, 而泰幠. 言甚大非類, 故爲傲慢. 下旣爲傲,
此亦爲傲也. 幽王之惡, 始終一也. 始者言「其身且爲民之父母」者, 無道之君, 皆自謂
所爲者, 是道非. 知其不可而爲之也. 故其初卽位, 皆許爲善, 但行不副言. 故詩人述
其初辭以責之.

2. 朱熹 〈集傳〉

〈巧言〉, 六章章八句:

以五章'巧言'二字名篇.

205(小-45) 하인사(何人斯)

*〈何人斯〉: 어떤 인물. 성도 이름도 모르는 자와 같은 관계. 〈集傳〉에 "何人, 亦若不知其姓名也"라 하였음. '斯'는 助字. 상대를 비하하여 이른 말. 구체적으로는 暴公을 가리킴.
*이 시는 春秋시대 暴公이 蘇公을 참훼하자 소공이 이 시를 지어 포공과 절교한 내용이라 함.

〈序〉: 〈何人斯〉, 蘇公刺暴公也. 暴公爲卿士, 而譖蘇公焉, 故蘇公作是詩, 以絶之.

〈하인사〉는 蘇公이 暴公을 비난한 것이다. 포공이 卿士가 되어 소공을 참훼하였다. 그러므로 소공이 이 시를 지어 그와 관계를 끊어버린 것이다.

〈毛傳〉: 暴也蘇也, 皆畿內國名.

※蘇公·暴公: '蘇'와 '暴'는 東周 春秋시대 畿內의 封國 이름. 蘇公은 蘇忿生의 後裔로 보이며, 그가 봉지로 받았던 땅이 지금의 河南 溫縣이어서 畿內라 한 것임. 子爵이었으나 朝廷의 卿이 되어 公으로 불린 것임. 暴公 역시 畿內의 暴 땅 畿內侯로 卿을 지냈던 인물. 이들은 함께 天子를 모시면서 알력이 생겨 暴公이 蘇公을 참훼하자 소공이 이 시를 지어 절교한 것으로 보고 있음.

*전체 8장. 매 장 6구씩(何人斯: 八章. 章六句).

(1) 賦
彼何人斯? 其心孔艱!

뎨 엇던 사룸고? 그 心이 심히 艱(간)ᄒ도다!

저 사람은 어떤 사람? 그 마음씨도 심히 험살궂도다!

胡逝我梁, 不入我門?

엇디 내 梁(량)애 逝(셔)호딕, 내 門에 入디 아니 ㅎ는고?

어찌 내 어살에는 가면서, 내 문에는 들어오지 않는고?

伊誰云從? 維暴之云.

누를 從ㅎ는고? 暴(포)ㅣ로다.

누구 따라 그런 짓을 하는가? 바로 포공(暴公)이라 부르는 그 사람이
로다.

【孔艱】심히 어려움. 심히 險惡함. 〈鄭箋〉에 "孔, 甚; 艱, 難"이라 하였고, 〈集傳〉에
는 "孔, 甚; 艱, 險也"라 함. 吳闓生〈會通〉에 "艱, 猶險也"라 하였고, 王先謙〈集
疏〉에는 "孔艱者, 謂其心深而甚難察"이라 함.

【逝】〈鄭箋〉에 "逝, 之也"라 함.

【我】〈集傳〉에 "我, 舊說以爲蘇公也"라 함.

【梁】어살. 〈鄭箋〉에 "梁, 魚梁也. 在蘇國之門外, 彼何人乎? 謂與暴公俱兄於王者
也. 其持心甚難知, 言「其性堅固似不妄也. 暴公譖己之時, 女與之乎? 今過我國, 何
故近之我梁, 而不入見我乎?」 疑其與之, 而未察斥其姓名, 爲大切, 故言何人"이라
함.

【云】〈毛傳〉에 "云, 言也"라 하였고, 〈鄭箋〉에 "譖我者, 是「言從誰生乎? 乃暴公之
所言也?」 由己情而本之, 以解何人意"라 함.

【暴】〈集傳〉에 "暴, 暴公也. 皆畿內諸侯也"라 함.

＊〈集傳〉에 "○舊說：暴公爲卿士, 而譖蘇公. 故蘇公作詩以絶之. 然不欲直斥暴公,
故但指其從行者, 而言「彼何人者, 其心甚險. 胡爲徃我之梁, 而不入我之門乎? 既
而問其所從, 則暴公也.」 夫以從暴公, 而不入我門, 則暴公之譖己也明矣, 但舊說
於詩無明文可考, 未敢信其必然耳"라 함.

(2) 賦
二人從行, 誰爲此禍?

두 사름이 從ㅎ야 行ㅎㄴ니, 뉘 이 禍를 ㅎ뇨?

그의 무리 두 사람 서로 따라 가면서, 누가 이런 화근을 만들었는고?

胡逝我梁, 不入唁我?

엇디 내 梁의 逝호딕, 入호야 나를 唁(언)티 아니 ㅎ난고?

어찌 내 어살에는 가면서, 들어와 나에게 위로의 말은 하지 않는고?

始者不如今, 云不我可!

처엄의는 이제 나를 可티 아니타 닐음 곧디 아니 터니라!

처음에는 지금처럼, 나를 나쁘다고 말하지 아니 하더니!

【二人】暴公의 무리들. 〈鄭箋〉에 "二人者, 謂「暴公與其侶也, 女相隨而行, 見王誰作我是禍乎? 時蘇公以得譖讓也. 女卽不爲何故, 近之我梁而不入弔唁我乎?」"라 하였고, 〈集傳〉에 "二人, 暴公與其徒也"라 함.

【唁】위로함. 〈集傳〉에 "唁, 弔失位也"라 함. 지위를 잃었음을 위로해줌.

【始者】〈鄭箋〉에 "女始者於我甚厚, 不如今日也. 今日云「我所行, 有何不可者乎? 何更於已薄也?」"라 함.

＊〈集傳〉에 "○言「二人相從而行, 不知誰譖己而禍之乎? 旣使我得罪矣? 而其逝我梁也, 又不入而唁我. 汝始者與我親厚之時, 豈嘗如今不以我爲可乎?」"라 함.

(3) 賦

彼何人斯? 胡逝我陳?

뎨 엇던 사름고? 엇디 내 陳(진)에 逝ㅎ난고?

저 사람은 어떤 사람? 우리 집 앞 길은 어찌 지나가나?

我聞其聲, 不見其身.

내 그 聲을 聞ㅎ고, 그 身을 見티 몯호라.

내 그 목소리만 들어볼 뿐, 그 몸은 볼 수가 없도다.

不愧于人, 不畏于天?

人의게는 愧(괴)티 아니 커니와, 天애 畏티 아니 ㅎ난냐?

사람에게도 부끄럽지 않고, 하늘도 두렵지 않다는 것인가?

【陳】〈毛傳〉에 "陳, 堂塗也"라 하였고, 〈鄭箋〉에 "堂塗者, 公館之堂塗也. 女卽不
爲何故, 近之我館庭, 使我得聞汝之音聲, 不得覩女之身乎?"라 함. 〈集傳〉에 "陳,
堂塗也. 堂下至門之徑也"라 함.

【不畏于天】〈鄭箋〉에 "女今不入唁我, 何所媿畏乎? 皆疑之未察之辭"라 함.

＊〈集傳〉에 "○在我之陳, 則又近矣. 聞其聲而不見其身. 言其蹤跡之詭秘也. 不愧
于人, 則以人爲可欺也. 天不可欺女, 獨不畏于天乎? 奈何其譖我也?"라 함.

(4) 賦

彼何人斯? 其爲飄風.

뎨 엇던 사름고? 그 飄風이로다,

저 사람은 어떤 사람? 그 회오리바람이로다.

胡不自北, 胡不自南?

엇디 北으로브터 아니며, 엇디 南으로브터 아니코?

어찌 북으로부터 불지도 않고, 어찌 남쪽으로부터 불지도 않는고?

胡逝我梁? 祇攪我心!

엇디 내 梁애 逝ᄒᆞᆫ고? 다믄 내 ᄆᆞ음을 攪(교)ᄒᆞ놋다!

어찌 내 어살에는 가는고? 다만 내 마음만 이렇게 흔들어놓는가!

【飄風】회오리바람. 혹 폭풍. 방향을 예측할 수 없는 바람. 〈毛傳〉에 "飄風, 暴起
之風"이라 하였고, 〈集傳〉에 "飄風, 暴風也"라 함.

【攪】攪亂시킴. 〈毛傳〉에 "攪, 亂也"라 하였고, 〈鄭箋〉에 "祇, 適也. 何人乎女行來
而去, 疾如飄風, 不欲入見我? 何不乃從我國之南, 不則乃從我國之北? 何近之我
梁, 適亂我之心, 使我疑女?"라 함. 〈集傳〉에도 "攪, 擾亂也"라 함.

＊〈集傳〉에 "○言其徃來之疾若飄風然自北自南則與我不相値也今則逝我之梁則
適所以攪亂我心而已"라 함.

(5) 賦

爾之安行, 亦不遑舍.

네의 날ᄒᆞ여 行ᄒᆞᆯ 제도, ᄯᅩᄒᆞᆫ 遑ᄒᆞ야 舍티 아니 ᄒᆞ거니,

너는 천천히 걸어가면서도, 역시 쉬어갈 겨를도 없으니,

爾之亟行, 遑脂爾車?

네의 샐리 行홀 제, 遑ᄒ야 네 車를 脂ᄒ랴?

너는 급히 가면서, 너의 수레에 기름칠할 틈인들 있겠는가?

壹者之來, 云何其盱?

혼 번 來ᄒ면, 엇디 그 盱(우)ᄒ리오?

한 번 와 주기라도 하지, 어찌 그대를 이토록 기다리게 하는가?

【安行】천천히 감. 〈集傳〉에 "安, 徐"라 함. 馬瑞辰〈通釋〉에 "按; 安行對疾行言. 《戰國策》:「安步以當車」, 卽緩步也"라 함.

【遑舍】짬을 내어 쉼. 〈鄭箋〉에 "遑, 暇"라 하였고, 〈集傳〉에는 "遑, 暇; 舍, 息"이라 함.

【亟】빠름. 〈鄭箋〉과 〈集傳〉에 "亟, 疾"이라 함.

【脂】수레 바퀴가 잘 굴러가도록 바르는 潤滑油.

【云何其盱】〈鄭箋〉에 "盱, 病也. 女可安行乎? 則何不暇舍息乎? 女當疾行乎? 則又何暇脂女車乎? 極其情求其意, 終不得一者之來見我, 於女亦何病乎?"라 함. 그러나 〈集傳〉에는 "盱, 望也.《字林》云:「盱張目也.《易》曰:『盱豫悔』,〈三都賦〉云:『盱衡而誥』, 是也.」"라 함.

＊〈集傳〉에 "○言「爾平時徐行, 猶不暇息, 而況亟行, 則何暇脂其車哉? 今脂其車, 則非亟也. 乃託以亟行, 而不入見我, 則非其情矣. 何不一來見我, 如何使我望女之切乎?」"라 함.

(6) 賦

爾還而入, 我心易也.

네 還(환)홈애 入ᄒ면, 내 ᄆᆞ음이 易(이)홀 꺼시어늘,

네가 돌아갈 때 내 집에 들러주면, 내 마음 기쁘려니와,

還而不入, 否難知也.

還호되 入디 아니 ᄒ니, 아니 홈을 알기 어렵도다.

돌아갈 때도 들어오지 아니하니, 그렇게 아니함을 알 수 없도다.

壹者之來, 俾我祇也!

혼 번 來ᄒᆞ면, 날로 ᄒᆞ여곰 祇(지)케 ᄒᆞ리니라!

한 번 찾아와, 내 마음 좀 놓이게 하려무나!

【還】돌아감. 〈鄭箋〉에 "還, 行反也"라 하였고, 〈集傳〉에 "還, 反"이라 함.

【易】〈毛傳〉과 〈集傳〉에 "易, 說"이라 하여 說(悅)의 뜻.《韓詩》에는 '施'로 되어 있음.

【否】〈鄭箋〉에 "否, 不通也"라 함. 否塞(비색)의 뜻. 그러나 '그렇게 하지 않음'의 뜻이 타당함. 〈音義〉에 "否, 方九反, 一云符鄙反"이라 하여, '부', '비' 두 가지로 읽음.

【俾】使.

【祇】安定. 편안함. 〈鄭箋〉에 "祇, 安也. 女行反入見我, 我則解說也. 反又不入見我, 則我與汝情不通女. 與於譖我與否, 復難知也. 一者之來見我, 我則知之, 是使我心安也"라 하였고, 〈集傳〉에도 "祇, 安也"라 함.

＊〈集傳〉에 "○言「爾之徃也, 旣不入我門矣. 儻還而入, 則我心猶庶乎其說也! 還而不入, 則爾之心我不可得而知矣. 何不一來見我, 而使我心安乎?」董氏曰:「是詩至此, 其辭益緩, 若不知其爲譖矣.」라 함.

(7) 賦

伯氏吹壎, 仲氏吹篪.

伯氏ㅣ 壎(훈)을 吹(취)ᄒᆞ거든, 仲氏ㅣ 篪(지)를 吹홈이라.

백씨가 질나팔을 불거든, 중씨는 지(篪)를 불어주어,

及爾如貫, 諒不我知.

널로 밋 貫홈 ᄀᆞ토니, 진실로 나를 아디 몯ᄒᆞ노라 홀 띤댄,

너와는 줄 하나로 꿴 듯하였는데, 진실로 나를 알아주지 않을진댄,

出此三物, 以詛爾斯!

이 三物(삼믈)을 出ᄒᆞ야, 뻐 너를 詛(조)호리라!

돼지 닭 개 세 가지를 제물로 드려, 이로써 너를 저주하리라!

【伯・仲】형제처럼 가까웠음을 말함. 〈鄭箋〉에 伯仲, 喩兄弟也. 我與女恩如兄弟,
其相應和, 如壎篪. 以言俱爲王臣, 宜相親愛라 하였고, 〈集傳〉에 "伯・仲, 兄弟也.
俱爲王臣, 則有兄弟之義矣"라 함.

【壎】질 나팔. 질그릇으로 만든 악기.

【篪】대나무로 만든 피리의 일종. 〈集傳〉에 "樂器. 土曰壎, 大如鵝子, 銳上平底, 似
稱錘. 六孔竹曰篪, 長尺四寸, 圍三寸七孔, 一孔上出, 徑三分. 凡八孔橫吹之"라 함.

【及】〈鄭箋〉에 "及, 與"라 함.

【如貫】〈集傳〉에 "如貫, 如繩之貫物也. 言相連屬也"라 함.

【諒】참으로. 진실로. 〈鄭箋〉과 〈集傳〉에 "諒, 誠也"라 함.

【三物】세 가지 祭物, 곧 豕, 犬, 鷄 등을 가리킴. 君王은 豕를, 臣은 犬을, 民은 鷄
를 사용하여 신에게 제사를 올림. 〈毛傳〉에 "三物, 豕犬鷄也. 民不相信, 則盟詛
之. 君以豕, 臣以犬, 民以鷄"라 하였고, 〈鄭箋〉에 "我與女俱爲王臣, 其相比次, 如
物之在繩索之貫也. 今女心誠信, 而我不知, 且共出此三物以詛. 女之此事爲其情之
難, 知已又不欲長怨, 故設之以此言"이라 함. 〈集傳〉에는 "三物, 犬豕鷄也, 刺其
血以詛盟也"라 함.

【詛】저주함. 혹 맹세함. '以詛爾斯'는 〈諺解〉에는 '以詛爾私'로 되어 있음.

＊〈集傳〉에 "○伯氏吹壎, 而仲氏吹篪. 言其心相親愛, 而聲相應和也. 與汝如物之
在貫, 豈誠不我知, 而譖我哉? 苟曰誠不我知, 則出此三物, 以詛之可也"라 함.

(8) 賦

爲鬼爲蜮, 則不可得.

鬼 되며 蜮(역)이 되면, 곧 可히 得디 몯ᄒ려니와,

귀신이나 물여우라면, 더 이상 만나볼 수 없으려니와,

有靦面目, 視人罔極.

靦(뎐)히 面目을 두어, 사ᄅᆞᆷ 봄이 極이 업스니라.

부끄러움을 아는 면목을 가지고 있으면서, 사람을 이렇게 불선하게 보
다니,

作此好歌, 以極反側!

이 好歌를 作ᄒ야, 뻐 反側(반측)을 極ᄒ노라!

이 좋은 노래 지어 불러, 마음을 마구 뒤집는 너를 끝까지 따지노라!

【蜮】短狐. 물여우. 〈諺解〉 物名에 "蜮:《埤雅》:「蜮, 短狐也. 似鼈, 三足, 含水射人.」"
이라 함. 〈毛傳〉에 "蜮, 短狐也"라 하였고, 〈集傳〉에도 "蜮, 短狐也. 江淮水皆有
之, 能含沙以射水中人影, 其人輒病而不見其形也"라 함. 물속에 살며 모래를 머
금어 사람의 비치는 그림자를 향해 쏘면, 그 사람이 병이 든다 함. 陸德明의
《經傳釋文》에 "蜮, 狀如鼈, 三足, 一名射工, 俗呼之水弩, 在水中含沙射人, 一曰射
人影"이라 함. 《搜神記》(12)에도 "漢光武中平中, 有物處於江水, 其名爲蜮, 一曰短
狐, 能含沙射人. 所中者, 則身體筋急, 頭痛發熱, 劇者至死. 江人以術方抑之, 則
得沙石於肉中.《詩》所謂「爲鬼爲蜮, 則不可測」也. 今俗謂之「溪毒」. 先儒以爲男女同
川而浴, 淫女爲主, 亂氣所生也"라 함.

【覛】부끄러움. 〈毛傳〉에 "覛, 姡也"라 하였고, 〈鄭箋〉에 "使女爲鬼爲蜮也, 則女
誠不可得見也. 姡然有面目, 女乃人也. 人相視無有極時, 終必與女相見"이라 함.
〈集傳〉에는 "覛面, 見人之貌也"라 함.

【罔極】不良, 不善의 뜻.

【好】〈鄭箋〉에 "好, 猶善也"라 하였고, 〈集傳〉에도 "好, 善也"라 함.

【反側】〈毛傳〉에 "反側, 不正直也"라 하였고, 〈鄭箋〉에 "反側, 輾轉也. 作八章之歌,
求女之情, 女之情反側, 極於是也"라 함. 〈集傳〉에는 "反側, 反覆不正直也"라 함.

*〈集傳〉에 "○言「汝爲鬼爲蜮, 則不可得而見矣. 女乃人也, 覛然有面目, 與人相視
無窮極之時, 豈其情終不可測哉? 是以作此好歌, 以究極爾反側之心也.」"라 함.

참고 및 관련 자료

1. 孔穎達 〈正義〉

〈何人斯〉者, 蘇公所作以刺暴公也. 暴公爲王卿士, 而於王所讒譖蘇公, 令使獲譴
焉. 故蘇公作是〈何人斯〉之詩, 以絶之. 言暴公不復與交也. 案此經無絶暴公之事,
唯首章下二句云「伊誰云從, 維暴之云」, 亦非絶之言, 但解何人之意, 言己以爲暴公之
所言, 是暴公譖己事彰, 無所致疑, 此句是絶之辭也. 經八章皆言暴公之侶, 疑其讒
己而未察, 故作詩以窮之不欲與之相, 絶疑者未絶, 則不疑者絶, 可知疑暴公之侶,
窮極其情欲與之絶, 明暴公絶矣. 故序專云刺暴公而絶之也. 刺暴公而得爲王, 詩者
以王信暴公之讒, 而罪己, 刺暴公亦所以刺王也. 〈正義〉曰: 蘇忿生之後, 成十一年
《左傳》曰:「昔周克商, 使諸侯撫封. 蘇忿生以溫爲司寇.」 則蘇國在溫. 杜預曰:「今河內
溫縣, 是蘇. 在東都之畿內也.」 春秋之世, 爲公者多, 是畿內諸侯. 徧檢書傳未, 聞畿
外有暴國. 今暴公爲卿士, 明畿內, 故曰「皆畿內國名」. 春秋時蘇稱子, 此云公者, 子
盖子爵, 而爲三公也. 暴公爲卿士, 而亦稱公, 當卿士兼公官也. 又暴公爲卿士, 而
譖蘇公, 則蘇公爲卿士與否, 未可知, 但何人爲暴公之侶, 云二人從行, 則亦卿士也.

故王肅云:「二人俱爲王卿, 相隨而行.」下云及爾如貫, 鄭云「俱爲王臣, 蘇公亦爲卿士矣.」

2. 朱熹〈集傳〉

〈何人斯〉, 八章, 章六句:

此詩與上篇文意相似, 疑出一手. 但上篇先刺聽者, 此篇專責讒人耳. 王氏曰:「暴公不忠於君, 不義於友, 所謂大故也. 故蘇公絶之, 然其絶之也, 不斥暴公, 言其從行而已, 不著其譖也; 示以所疑而已, 旣絶之矣. 而猶告以'壹者之來, 俾我祇'也, 蓋君子之處已也, 忠其遇人也. 恕使其由此悔悟, 更以善意從我, 固所願也. 雖其不能如此, 我固不爲已甚, 豈若小丈夫然哉! 一與人絶, 則醜詆固拒, 唯恐其復合也.」

206(小-46) 항백(巷伯)

＊〈巷伯〉: 巷伯은 궁중 안의 골목을 관장하는 직책의 우두머리. 이 '巷'은 秦漢시대에는 永巷으로 불렀음. 이는 奄人(內寺)이었으며, 王后의 명을 관장하는 임무를 맡았음.

＊이 시는 어떤 寺人이 참훼를 입어 그 피해가 항백에게까지 미칠 것임을 안타깝게 여겨 이 시를 지은 것이라 함.

〈序〉: 〈巷伯〉, 刺幽王也. 寺人傷於讒, 故作是詩也.

〈항백〉은 유왕을 비난한 것이다. 시인(寺人)이 참훼에 상처를 입어, 그 때문에 이 시를 지은 것이다.

〈箋〉: '巷伯', 奄官, 寺人, 内小臣也. 奄官, 上士, 四人掌王后之命於宮中爲近, 故謂之巷伯. 與寺人之官相近. 讒人譖寺人. 寺人又傷其將及巷伯, 故以名篇.

＊전체 7장. 4장은 4구씩, 1장은 5구, 1장은 8구, 1장은 6구(巷伯, 七章, 四章章四句, 一章章五句, 一章章八句, 一章章六句).

(1) 比
萋兮斐兮, 成是貝錦.

萋(쳐)하며 斐(비)홈으로, 이 貝錦(패금)을 일우놋다.

온갖 무늬 뒤섞어 짜서, 패금을 이루었네.

彼譖人者, 亦已大甚!

뎌 人을 譖(참)하는 者ㅣ여, 쏘흔 너모 大甚(태심)하도다!

저 남을 참언하는 자여, 또한 너무 심하도다!

【萋·斐】무늬가 서로 섞인 모양. 〈毛傳〉에 "興也. 萋·斐, 文章相錯也"라 하였고, 〈集傳〉에 "萋·斐, 小文之貌"라 함. 陳奐 〈傳疏〉에 "文章爲斐, 文章相錯爲萋. 萋錯, 雙聲爲訓"이라 함.

【貝錦】조개 모양의 무늬가 있는 비단. 〈毛傳〉에 "貝錦, 錦文也"라 하였고, 〈鄭箋〉에 "錦文者, 文如餘泉餘蚳之貝文也. 興者, 喻讒人集作己過, 以成於罪. 猶女工之集采色, 以成錦文"이라 함. 〈集傳〉에 "貝, 水中介蟲也. 有文彩似錦"이라 함.

【大甚】'太甚'과 같음. 너무 심함. 〈鄭箋〉에 "大甚者, 謂使己得重罪也"라 함.

＊〈集傳〉에 "○時有遭讒而被宮刑爲巷伯者, 作此詩. 言「因萋斐之形而文致之, 以成貝錦, 以比讒人者, 因人之小過, 而飾成大罪也. 彼爲是者, 亦已大甚矣.」라 함.

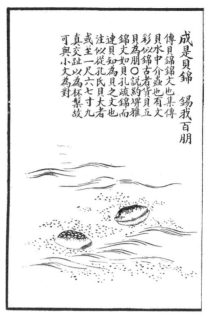

(2) 比

哆兮侈兮, 成是南箕.

哆(챠)하며 侈(치)홈으로, 이 南箕(남긔)를 일우놋다.

입을 크게 벌리고 있는, 南箕星 별자리 모양을 만들었노라.

彼譖人者, 誰適與謀?

뎌 人을 譖하는 者ㅣ여, 누룰 適(뎍)하야 더브러 謀하는고?

저 남을 참언하는 자여, 누구를 따르면서 그런 모략을 꾸미는가?

【哆】입을 크게 벌림. 〈毛傳〉에 "哆, 大貌"라 함.《說文》에 "哆, 張口也"라 함.

【侈】큰 모습. 〈集傳〉에 "哆·侈, 微張之貌"라 함.

【南箕】별자리 이름. 箕宿. 모습이 키와 같으며, 아래는 좁고 위는 퍼져 입을 벌린 것 같음. 〈毛傳〉에 "南箕, 箕星也. 侈之言, 是必有因也. 斯人自謂辟嫌之不審也. 昔者顏叔子獨處于室, 鄰之釐婦又獨處于室. 夜暴風雨至而室壞, 婦人趨而至顏叔子, 納之而使執燭放乎旦, 而蒸盡縮屋而繼之, 自以爲辟嫌之, 不審矣. 若其審者, 宜若魯人然. 魯人有男子獨處于室, 鄰之釐婦又獨處于室, 夜暴風雨至而室壞, 婦人趨而託之, 男子閉戶而不納. 婦人自牖與之言, 曰:「子何爲不納我乎?」男子曰:

「吾聞之也, 男子不六十不間居. 今子幼, 吾亦幼, 不可以納子.」婦人曰:「子何不若柳下惠然? 嫗不逮門之女, 國人不稱其亂.」男子曰:「柳下惠, 固可吾, 固不可吾. 將以吾, 不可學柳下惠之可.」孔子曰:「欲學柳下惠者, 未有似於是也.」」라 하였고, 〈鄭箋〉에 "箕星哆然, 踵狹而舌廣. 今讒人之, 因寺人之近, 嫌而成言. 其罪猶因箕星之哆, 而侈大之"라 함. 〈集傳〉에는 "南箕, 四星, 二爲踵, 二爲舌. 其踵狹而舌廣, 則大張矣"라 함. 余冠英 〈選譯〉에 "四星連成梯形, 也就是簸箕形. 古人認爲箕星主口舌, 所以用來比讒者"라 함.

【適】〈鄭箋〉에 "適, 往也. 誰往就女謀乎? 怪其言多且巧"라 하였으나, 〈集傳〉에는 "適, 主也.「誰適與謀」, 言其謀之閟也"라 함.

(3) 賦

緝緝翩翩, 謀欲譖人.

緝緝(즙즙)ㅎ며 翩翩ㅎ야, 謀ㅎ야 人을 譖코쟈 ㅎᄂ다.

귀에 대고 소곤소곤 주고받는 말, 모략을 꾸며 남을 참언하는구나.

愼爾言也! 謂爾不信.

네 말을 삼갈 디어다! 너를 믿비 아니 너기리라.

너의 말을 삼가려무나! 너의 말은 믿을 수 없다 여긴단다.

【緝緝】口舌의 소리. 귀에 대고 소근댐. 〈毛傳〉에 "緝緝, 口舌聲"이라 하였고, 〈集傳〉에 "緝緝, 口舌聲. 或曰緝緝, 人之罪也. 或曰有條理貌. 皆通"이라 함.

【翩翩】〈毛傳〉과 〈集傳〉에 "翩翩, 徃來貌"라 함.

【愼】〈鄭箋〉에 "愼, 誠也. 女誠心而後, 言王將謂女不信, 而不受. 欲其誠者, 惡其不誠也"라 하였고, 〈集傳〉에 "譖人者, 自以爲得意矣. 然不愼爾;言聽者, 有時而悟, 且將以爾爲不信矣"라 함.

(4) 賦

捷捷幡幡, 謀欲譖言.

捷捷(첩첩)ㅎ며 幡幡(번번)ㅎ야, 謀ㅎ야 譖言코져 ㅎᄂ다.

소곤대며 반복하는 말, 모략을 꾸며 참언을 하고자 하는구나.

豈不爾受, 旣其女遷!

엇디 너를 받디 아니리오 마 , 이믜 그 네게 遷 리라!

어찌 너의 말을 받아들일 수 있으랴만, 이윽고 그 재앙이 너에게로 옮겨가리라!

【捷捷】〈毛傳〉에 "捷捷, 猶緝緝也"라 하였으나, 〈集傳〉에는 "捷捷, 儇利貌; 幡幡,
反覆貌. 王氏曰:「上好譖, 則固將受女. 然好譖不已, 則遇譖之禍, 亦旣遷而及女
矣.」 曾氏曰:「上章及此, 皆忠告之辭.」"라 함.
【幡幡】〈毛傳〉에 "幡幡, 猶翩翩也"라 함.
【遷】〈毛傳〉에 "遷, 去也"라 하였고, 〈鄭箋〉에 "遷之言訕也. 王倉卒豈將不受女言
乎? 已則亦將復訕誹女"라 함. 吳闓生〈會通〉에 "好譖之禍, 行將遷而及女"라 함.

(5) 賦

驕人好好, 勞人草草.

驕 人은 好好 거 , 勞 人은 草草 놋다.

뽐내는 자는 신이 났겠지만, 그 때문에 힘들어하는 사람은 괴롭단다.

蒼天蒼天! 視彼驕人, 矜此勞人!

蒼天하 蒼天하! 뎌 驕 人을 視 샤, 이 勞 人을 矜(긍) 쇼서!

푸른 하늘이여, 푸른 하늘이여! 저 교만한 저 소행을 보시고, 이 힘들어하는 사람 불쌍히 여기소서!

【好好】기꺼워하는 모양. 〈毛傳〉에 "好好, 喜也"라 하였고, 〈集傳〉에 "好好, 樂也"
라 함.
【草草】〈毛傳〉에 "草草, 勞心也"라 하였고, 〈鄭箋〉에 "好好者, 喜讒言之人也; 草草
者, 憂將妄得罪也"라 함. 〈集傳〉에는 "草草, 憂也"라 함. 陳奐〈傳疏〉에 "草, 讀爲
慅, 假借字也"라 함.
【驕人】〈集傳〉에 "驕人, 譖行而得意勞, 人遇譖而失度, 其狀如此"라 함.

(6) 賦

彼譖人者, 誰適與謀?

뎌 人을 譖ᄒᆞᄂᆞᆫ 者ㅣ여, 누를 適ᄒᆞ야 더브러 謀ᄒᆞᄂᆞᆫ고?

남을 참언하는 저 자들은, 누구를 따르며 저렇게 모략을 꾸미는가?

取彼譖人, 投畀豺虎.

뎌 人을 譖ᄒᆞᄂᆞᆫ 이를 取ᄒᆞ야, 豺虎(싀호)에 投畀(투비)호리라.

저렇게 남을 참훼하는 자를 잡아다가, 시랑이나 범에게 던져 주리라.

豺虎不食, 投畀有北.

豺虎ㅣ 먹디 아니 ᄒᆞ거든, 有北(유븍)에 投畀호리라.

시랑도 범도 먹지 않는다면, 북녘 땅에 갖다 던져 버리리라.

有北不受, 投畀有昊!

有北이 받디 아니 ᄒᆞ거든, 有昊(유호)에 投畀호리라!

북녘 땅도 받지 않는다면, 저 하늘에 던져 버리리라!

【彼譖人者】〈集傳〉에 "再言「彼譖人者, 誰適與謀」者, 甚嫉之, 故重言之也. 或曰衍文也"라 함.

【投】〈毛傳〉과 〈集傳〉에 "投, 棄也"라 함.

【畀】與, 授와 같음.

【豺】〈諺解〉物名에 "豺:싀랑"이라 함.

【有北】〈毛傳〉에 "北方, 寒涼而不毛"라 하였고, 〈集傳〉에 "北, 北方寒涼不毛之地也"라 함.

【不食】〈集傳〉에 "不食, 不受. 言讒譖之人, 物所共惡也"라 함.

【有昊】하늘. 有는 助字. 〈毛傳〉에 "昊, 昊天也"라 하였고, 〈鄭箋〉에 "付與昊天, 制其罪也"라 함. 〈集傳〉에도 "昊, 昊天也. 投畀昊天, 使制其罪"라 함.

＊〈集傳〉에 "○此皆設言以見欲其死亡之甚也. 故曰好賢如緇衣惡, 惡如巷伯"이라
함.

(7) 興
楊園之道, 猗于畝丘.

楊園ㅅ 道ㅣ여, 畝丘(묘구)에 猗(의)ᄒ얏도다.

양원으로 가는 길은, 묘구를 거쳐 가야 하는데.

寺人孟子, 作爲此詩.

寺人(시인)이언 孟子(밍ᄌ)ㅣ, 이 詩를 作ᄒ노니,

시인(寺人) 맹자가, 이 시를 지어 노래하노니,

凡百君子, 敬而聽之!

믈읫 온갓 君子는 敬ᄒ야 聽(텽)홀 띠어다!

무릇 온갖 군자들이여, 공경히 하여 이를 들을지어다!

【楊園】〈毛傳〉에 "楊園, 園名"라 하였고, 〈集傳〉에 "楊園, 下地也"라 함.
【猗】〈毛傳〉과 〈集傳〉에 "猗, 加也"라 함.
【畝丘】언덕 이름. 〈毛傳〉에 "畝丘, 丘名"이라 하였고, 〈鄭箋〉에 "欲之楊園之道,
當先歷畝丘以言, 此讒人欲譖大臣, 故從近小者始"라 함. 〈集傳〉에는 "畝丘, 高地
也"라 함. 陳奐〈傳疏〉에 "楊園在畝丘之上, 故云'楊園之路, 加于畝丘'也"라 함.
【寺人孟子】寺人(환관) 벼슬의 孟子라는 사람. 〈毛傳〉에 "寺人而曰孟子者, 罪已定
矣, 而將踐刑, 作此詩也"라 하였고, 〈鄭箋〉에 "寺人, 王之正內五人"이라 함. 〈集
傳〉에는 "寺人, 內小臣. 蓋以讒被宮而爲此官. 孟子, 其字也"라 함.
【作爲此詩】〈鄭箋〉에 "作, 起也. 孟子起而爲此詩, 欲使衆在位者, 愼而知之. 旣言寺
人復自著孟子者, 自傷將去此官也"라 함.
＊〈集傳〉에 "○楊園之道, 而猗于畝丘. 以興賤者之言, 或有補於君子也. 蓋譖始於
微者, 而其漸將及於大臣. 故作詩使聽而謹之也. 劉氏曰:「其後王后太子及大夫,
果多以讒廢者.」"라 함.

1. 孔穎達 〈正義〉

此經無'巷伯'之字而名篇曰〈巷伯〉, 故序解之云「巷伯, 奄官」, 言奄人爲此官也. 官下有'兮', 衍字.〈定本〉無'巷伯奄官'四字, 於理是也. 以〈俗本〉多有, 故解之.〈正義〉曰巷伯, 是内官也. 其官用奄, 上士四人爲之, 其職掌王后之命.〈天官〉序官云「小臣奄, 上士四人.」注云「奄稱士異其賢」, 其職云「掌王后之命」, 是也. 又稱内小臣, 而謂之巷伯者, 以其此官, 於宮中爲近, 故謂之巷伯也.〈釋宮〉云「宮中巷謂之壼」, 孫炎曰「巷, 舍閒道也.」王肅云「今後宮稱永巷.」是宮内道名也. 伯, 長也. 主宮内道官之長, 人主於羣臣貴者, 親近; 賤者疏遠, 主宮内者, 皆奄人, 奄人之中, 此官最近人主, 故謂之巷伯也. 巷伯, 是内小臣者. 以《周禮》無巷伯之官, 奄雖小臣, 爲長主巷之伯, 唯小臣耳. 故知是也, 盖其官名内小臣, 時人以其職, 號之稱爲巷伯也. 與寺人官相近者, 寺人亦奄人, 其職曰「掌王之内人及女宮之戒令」, 同掌宮内, 是相近也. 寺人自傷讒, 作詩輒名篇爲〈巷伯〉, 以其官與巷伯相近, 讒人譖寺人, 寺人又傷其將及巷伯, 故以〈巷伯〉名篇, 以所掌既同, 故恐相連及也.

2. 朱熹 〈集傳〉

〈巷伯〉, 七章, 四章章四句, 一章五句, 一章八句, 一章六句:

巷是宮内道名, 秦漢所謂'永巷'是也. 伯, 長也. 主宮内道官之長, 即寺人也, 故以名篇. 班固·司馬遷贊云「迹其所自傷悼. 小雅〈巷伯〉之倫, 其意亦謂'巷伯', 本以被譖而遭刑也.」而楊氏曰「寺人. 内侍之微者. 出入於王之左右, 親近於王而日見之. 宜無閒之可伺矣. 今也亦傷於讒, 則疎遠者可知. 故其詩曰'凡百君子, 敬而聽之'. 使在位知戒也.」其說不同, 然亦有理, 姑存於此云.

3.《孔子家語》好生篇

魯人有獨處室者, 隣之釐婦亦獨處一室, 夜暴風雨至, 釐婦室壞, 趨而託焉, 魯人閉戶而不納, 釐婦自牖與之言「何不仁而不納我乎?」

魯人曰「吾聞男女不六十不同居, 今子幼, 吾亦幼, 是以不敢納爾也.」

婦人曰「子何不如柳下惠然, 嫗不逮門之女? 國人不稱其亂.」

魯人曰「柳下惠則可, 吾固不可, 吾將以吾之不可, 學柳下惠之可.」

孔子聞之曰「善哉! 欲學柳下惠者, 未有似於此者. 期於至善, 而不襲其爲, 可謂智乎?」

4.《蒙求》(116)「顔叔秉燭」

毛公《詩傳》曰: 昔者, 顔叔子, 獨處于室; 隣人嫠婦, 又獨處于室. 夜暴風雨至而室壞, 婦人趨而至. 叔子納之而使執燭放乎旦, 而蒸盡搯屋而繼之. 自以爲辟嫌之不審矣. 若其審者, 宜若魯人然: 魯有男子, 獨處于室, 隣人嫠婦, 又獨處于室. 夜暴風雨至而室壞, 婦人趨而託之. 男子閉戶而不納, 曰:「吾聞之, 男女不六十不同居. 今子幼, 吾亦幼, 不可以納子.」婦人曰:「子何不若柳下惠然? 嫗不逮門之女, 國人不稱亂.」男子曰:「柳下惠固可, 吾固不可. 吾將以吾不可學柳下惠之可.」孔子曰:「欲學柳下惠者, 未有似於是也.」

207(小-47) 곡풍(谷風)

*〈谷風〉: 골짜기에서 불어오는 바람. 혹 東風. 혹 風俗. 〈鄭箋〉에 "東風謂之谷風"
이라 하였고, 〈集傳〉에는 "谷風, 東風也"라 함.
*이 시는 바람이 만물을 생장하게 해 주듯, 붕우가 서로 보인함은 양속이건만
유왕의 정치가 음풍에 빠지자 친구 사이의 도도 허물어지고 말았음을 탄식한
것이라 함. 이 시는 같은 제목의 邶風(035)과도 내용에 연관이 있는 것으로 여기
고 있음.

〈序〉: 〈谷風〉, 刺幽王也. 天下俗薄, 朋友道絶焉.

〈곡풍〉은 유왕을 비난한 것이다. 천하의 풍속이 야박하여 붕우의 道
도 끊어졌다.

*전체 3장. 매 장 6구씩(谷風:三章. 章六句).

(1) 興
習習谷風, 維風及雨.
習習혼 谷風이여, 風과 믿 雨ㅣ로다.
온화하게 부는 동풍이여, 바람에 맞게 비를 가져오도다.

將恐將懼, 維予與女.
또 恐ᄒ며 또 懼홀 신, 나와 다못 네러니,
세상이 두렵고 겁이 날 때는, 나와 오직 그대뿐이더니,

將安將樂, 女將棄予?
또 安ᄒ며 또 樂(락)ᄒ야란, 네 도로혀 나를 棄ᄒᄂ냐?
그런데 편안하고 즐거워지자, 너는 나를 이렇게 버리느냐?

【習習】부드러운 모양. 〈鄭箋〉에 "習習, 和調之貌"라 하였고, 〈集傳〉에도 "習習,

和調貌"라 함.

【風及雨】〈毛傳〉에 "興也. 風雨相感, 朋友相須"라 하였고, 〈鄭箋〉에 "興者, 風而有
雨, 則潤澤行. 喩朋友同志, 則恩愛成"이라 함.

【將】〈鄭箋〉과 〈集傳〉에 "將, 且也"라 함.

【恐·懼】〈鄭箋〉에 "恐·懼. 喩遭厄難勤苦之事也, 當此之時, 獨我與女, 爾謂同其憂
務"라 하였고, 〈集傳〉에도 "恐·懼, 謂危難憂患之時也"라 함.

【女】汝.

【棄予】나를 버림. 〈毛傳〉에 "言朋友趨利, 窮達相棄"라 하였고, 〈鄭箋〉에 "朋友無
大故, 則不相遺棄. 今女以志達而安樂, 棄恩忘舊, 薄之甚"이라 함.

＊〈集傳〉에 "○此朋友相怨之詩, 故言「習習谷風, 則維風及雨矣. 將恐將懼之時, 則
維予與女矣. 奈何將安將樂, 而女轉棄予哉?」"라 함.

(2) 興

習習谷風, 維風及頹.

習習흔 谷風이여, 風과 믿 頹(퇴)로다.

온화한 동풍이여, 바람이 사납게 바뀌어 버렸네.

將恐將懼, 寘予于懷.

또 恐ㅎ며 또 懼홀 신, 나를 懷예 寘(지)ㅎ더니,

세상살이 두렵고 겁이 날 때엔, 나를 너의 품에 안더니,

將安將樂, 棄予如遺?

또 安ㅎ며 또 樂ㅎ야란, 나를 棄홈을 遺(유)틋 ㅎ놋다!

편안하고 즐겁게 되자, 날 버리기를 내팽개치듯 하는구나!

【頹】사나운 바람. 〈毛傳〉에 "頹, 風之焚輪者也. 風薄相扶而上, 喩朋友相須而成"
이라 하였고, 〈集傳〉에는 "頹, 風之焚輪者也"라 하여, '焚輪'은 龍卷風, 旋風을
뜻하는 疊韻連綿語.

【寘】置와 같음. '지'(之豉反)로 읽으며, '안아주다'의 뜻. 〈鄭箋〉에 "寘, 置也. 置我
於懷, 言至親已也"라 하였고, 〈集傳〉에 "寘, 與置同. '置于懷, 親之也"라 함.

【如遺】〈鄭箋〉에 "如遺者, 如人行道, 遺忘物, 忽然不省存也"라 하였고, 〈集傳〉에
"如遺, 忘去而不復存省也"라 함.

(3) 比

習習谷風, 維山崔嵬.

習習흔 谷風이, 山ㅅ 崔嵬(최외)예 ㅎ나,

따뜻이 불어오는 동풍이, 높은 산마루에 불어오지만,

無草不死, 無木不萎.

草ㅣ 死티 아니 리 업스며, 木이 萎(위)티 아니 리 업스니,

죽지 않는 풀이 없고, 시들지 않는 나무가 없으니,

忘我大德, 思我小怨?

내의 큰 德을 忘(망)ㅎ고, 내의 져근 怨을 思(ㅅ)ㅎ느냐?

나의 두텁던 그 정을 망각하고, 나의 작은 원망만 생각하느냐?

【崔嵬】높은 산마루를 뜻하는 疊韻連綿語.〈毛傳〉에 "崔, 嵬山, 巔也. 雖盛夏萬物
茂壯, 草木無有不死葉萎枝者"라 하였고,〈鄭箋〉에 "此言東風生長之風也. 山巔
之上草木猶及之然, 而盛夏養萬物之時, 草木枝葉, 猶有萎槁者, 以喩朋友雖以恩
相養, 亦安能不時有小訟乎?"라 함.〈集傳〉에는 "崔嵬, 山巔也"라 함.
【萎】시들어 위축됨.
【大德】〈鄭箋〉에 "大德, 切磋以道, 相成之謂也"라 함.
＊〈集傳〉에 "○習習谷風, 維山崔嵬, 則風之所被者廣矣. 然猶無不死之草, 無不萎
之木. 況於朋友, 豈可以忘大德, 而思小怨乎? 或曰興也"라 함.

> 참고 및 관련 자료

1. 孔穎達〈正義〉
作〈谷風〉詩者, 刺幽王也. 以人雖父生, 師教須朋友以成, 然則朋友之交, 乃是人
行之太者. 幽王之時, 風俗澆薄, 窮達相棄, 無復恩情, 使朋友之道絶焉. 言天下無復
有朋友之道也. 此由王政使然, 故以刺之. 經三章皆言朋友相棄之事.《漢書》地理志
云:「凡民稟五常之性, 而有剛柔緩急, 音聲不同, 繫水土之風氣. 故謂之風好惡, 取
舍動靜, 無常隨君上之情欲. 故謂之俗是解風俗之事也.」風與俗對, 則小; 別散則義
通.〈蟋蟀〉云「堯之遺風」, 乃是民感君政, 其實亦是俗也. 此俗由君政所爲, 故言舊
俗. 言舊俗者, 亦謂之政. 定四年《左傳》曰:「啓以夏政, 商政謂夏商舊俗也.」言風俗
者, 謂中國民情禮法, 可與民變化者也.《孝經》云「移風易俗」,〈關雎〉序云「移風俗,

皆變惡爲善.」邶〈谷風〉序云「國俗傷敗焉」, 此言天下俗薄, 皆謂變善爲惡, 是得與民
變革也. 若其夷夏, 異宜山川, 殊制民之器物, 言語及所行禮法, 各是其身所欲, 亦
謂之俗也. 如此者, 則聖王因其所宜, 不强變革王制, 曰「廣谷大川, 異制民生, 其間
者異俗」, 又曰「修其教, 不易其俗, 地官土均」, 云「禮俗喪紀, 皆以地美惡, 爲輕重之
法而行之. 誦訓掌道, 方慝以知地俗, 皆是不改之.」此言其大法耳. 乃箕子之處朝鮮,
大伯之在勾吳, 皆能教之禮儀, 使同中國, 是有可改者也. 但有不可改者, 不强改之
耳.

208(小-48) 육아(蓼莪)

*〈蓼莪〉: '蓼'은 '蓼蓼'의 줄인 말로 '더부룩하게 자란 모습'을 뜻함. '륙'(音六)으로 읽음. 草名 '여뀌'일 경우 '료'로 읽음. '莪'는 채소 이름. 구체적으로 알 수 없으나 혹 '지칭개'로 풀이하며, '蒿'(賤草)에 상대하여 '좋은 채소'를 뜻함. 그러나 馬瑞辰은 '莪蒿' 모두 茵蔯쑥이며 '宿根을 의지하여 새싹이 나듯 어머니를 의지하여 아들이 존재함을 상징한 것'이라 하였음. 〈毛傳〉에 "興也. 蓼蓼, 長大貌"라 하였고, 〈鄭箋〉에 "莪, 已; 蓼蓼, 長大"라 하였으며, 〈集傳〉에 "莪, 美菜也; 蒿, 賤草也"라 함.
*이 시는 효자가 幽王의 학정으로 인해, 멀리 노역에 나가 있어 부모가 병들고 죽어가는 데도 봉양할 수 없음을 탄식한 내용이라 함. 특히 이 시는 晉나라 때 王裒의 애달픈 고사를 가지고 있음. 참고란을 볼 것.

〈序〉: 〈蓼莪〉, 刺幽王也. 民人勞苦, 孝子不得終養爾.

〈육아〉는 유왕을 비난한 것이다. 백성들이 힘들고 괴로워, 효자가 어버이를 끝까지 봉양할 수 없었다.

〈箋〉: 不得終養者, 二親病亡之時, 時在役, 所不得見也.

*전체 6장. 4장은 4구씩, 2장은 8구씩(蓼莪: 六章. 四章章四句, 二章章八句).

(1) 比
蓼蓼者莪, 匪莪伊蒿.

蓼蓼(륙륙)흔 莪(아)ㅣ라 ᄒ더니, 莪ㅣ 아녀 蒿(호)ㅣ로다.

더부룩한 지칭개, 지칭개가 아니라 그것은 다북쑥이었네.

哀哀父母! 生我劬勞!

哀哀ᄒ다, 父母ㅣ여! 나를 生ᄒ샴을 劬勞히 ᄒ샷다!

불쌍하다, 부모님이시여! 나를 나아 온갖 고생 다하셨네!

【蓼蓼】〈集傳〉에 "蓼蓼, 長大貌"라 함.

【莪】지칭개. 〈集傳〉에 "莪, 美菜也; 蒿, 賤草也"라 함.

【蒿】다북쑥. 〈毛傳〉에 "興也. 蓼蓼, 長大貌"라 하였고, 〈鄭箋〉에 "莪, 已; 蓼, 蓼長大. 我視之以爲非莪, 反謂之蒿. 興者, 喻憂思, 雖在役, 中心不精, 識其事"라 함. 馬瑞辰〈通釋〉에는 "是莪蒿卽茵蔯蒿之類. 常抱宿根而生, 有子依母之象, 故詩人借以起興"이라 함.

【哀哀】안타깝고 불쌍함. 〈鄭箋〉에 "哀哀者, 恨不得終養父母, 報其生長己之苦"라 함.

【劬勞】고생함.

＊〈集傳〉에 "○人民勞苦, 孝子不得終養, 而作此詩. 言「昔謂之莪, 而今非莪也. 特蒿而已. 以比父母生我, 以爲美材可賴, 以終其身, 而今乃不得其養, 以死於是, 乃言父母生我之劬勞, 而重自哀傷也.」라 함.

(2) 比

蓼蓼者莪, 匪莪伊蔚.

蓼蓼혼 莪ㅣ라 ᄒ더니, 莪ㅣ 아녀 蔚(위)로다.

더부룩한 지칭개, 지칭개가 아니라 그건 문비앗이었네.

哀哀父母! 生我勞瘁!

哀哀홈다, 父母ㅣ여! 나를 生ᄒ샴을 勞瘁(로체)히 ᄒ샷다!

불쌍하다, 부모님이시여! 나를 낳아 힘들어 병들고 초췌하셨네!

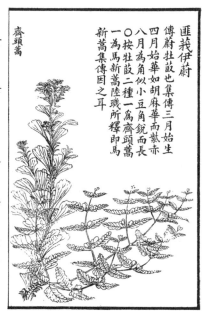

【蔚】'위'(音尉)로 읽음. '문비앗'이라는 풀이름. 혹 제비쑥이라고도 하며, 중국어 '牡鼓'(모견), 혹 牡蒿라고도 함. 〈諺解〉物名에 "蔚:문비앗"이라 함. 〈毛傳〉에 "蔚, 牡鼓也"라 하였고, 〈集傳〉에 "蔚, 牡鼓也. 三月始生, 七月始華. 如胡麻華而紫赤. 八月爲角, 似小豆, 角銳而長"이라 함.

【瘁】〈毛傳〉과 〈集傳〉에 "瘁, 病也"라 함.

(3) 比

缾之罄矣, 維罍之恥!

缾(병)의 罄(경)홈이여, 罍(뢰)의 恥(치)로다!

병의 술이 다하고 없음이여, 술통의 수치로다!

鮮民之生, 不如死之久矣!

鮮흔 民의 生홈이여, 死(ᄉ)홈만 근디 몯ᄒ연 디 오라도다!

궁한 백성의 삶이여, 차라리 오래전에 죽어 없어진 편이 나았으리라!

無父何怙? 無母何恃?

父ㅣ 업스면 어듸를 怙(호)ᄒ며, 母ㅣ 업스면 어듸를 恃(시)ᄒ료?

아버지가 없으면 누굴 기대겠는가? 어머니가 안 계시면 누구를 믿겠는가?

出則銜恤, 入則靡至!

出ᄒ면 恤(휼)을 銜(함)ᄒ고, 入ᄒ면 至홀 듸 업소라!

나가면 근심만 머금고 있고, 들어와도 마음 붙일 데가 없도다!

【缾·罍】〈毛傳〉에 "缾小而罍大"라 하였고, 〈集傳〉에 "缾, 小; 罍, 大. 皆酒器也"라 함.

【罄】텅 빔. 〈毛傳〉과 〈集傳〉에 "罄, 盡也"라 함. 〈鄭箋〉에는 "缾小而盡, 罍大而盈. 言爲罍恥者, 刺王不使富分貧衆恤寡"라 함.

【鮮】〈毛傳〉과 〈集傳〉에 "鮮, 寡也"라 함. 〈鄭箋〉에는 "此言供養日寡矣, 而我尙不得終養, 恨之言也"라 함.

【銜恤】근심을 머금고 있음. 〈鄭箋〉과 〈集傳〉에 "恤, 憂"라 함.

【入則靡至】집에 들어가도 父母님이 계시지 않아 마음을 둘 데가 없음. 〈鄭箋〉에 "靡, 無也. 孝子之心, 怙恃父母, 依依然. 以爲不可斯須無也. 出門則思之而憂, 旋入門又不見, 如入無所至"라 하였고, 〈集傳〉에 "靡, 無也"라 함.

＊〈集傳〉에 "○言「缾資於罍, 而罍資缾. 猶父母與子, 相依爲命也. 故缾罄矣, 乃罍之恥, 猶父母不得其所, 乃子之責. 所以窮獨之民, 生不如死. 蓋無父則無所怙, 無母則無所恃, 是以出則中心銜恤, 入則如無所歸也.」"라 함.

(4) 賦

父兮生我, 母兮鞠我,

父ㅣ 나를 生ᄒᆞ시고, 母ㅣ 나를 鞠(국)ᄒᆞ시니,

아버님 날 낳으시고, 어머님 날 기르시니,

拊我畜我, 長我育我,

나를 拊(무)ᄒᆞ시고 나를 畜(혹)ᄒᆞ시며, 나를 長(쟝)ᄒᆞ시고 나를 育ᄒᆞ시며,

나를 다독거리시며 나를 길러주시며, 나를 자라게 해 주시며 나를 양육하셨네.

顧我復我, 出入腹我.

나를 顧(고)ᄒᆞ시고 나를 復(복)ᄒᆞ시며, 出入에 나를 腹(복)ᄒᆞ시니,

나를 돌아보아 주시고 나를 또 보아주시고, 나며 들며 나를 품에 안아 주셨지.

欲報之德, 昊天罔極!

德으로 報코져 홀딘 댄 昊天(호텬)이 極이 업스샷다!

이 은혜 갚고자 하나, 하늘과 같아 끝이 없어라!

【生】〈鄭箋〉에 "父兮生我者, 本其氣也"라 하였고, 〈集傳〉에도 "生者, 本其氣也"라 함.

【鞠·畜】둘 모두 養育의 뜻. 〈毛傳〉에 "鞠, 養"이라 하였고, 〈鄭箋〉에 "畜, 起也"라 하였으며, 〈集傳〉에는 "鞠·畜, 皆養也"라 함.

【拊】어루만짐. 다독거림. 〈集傳〉에 "拊, 拊循也"라 함.

【育】〈鄭箋〉과 〈集傳〉에 "育, 覆育也"라 함.

【顧·復】〈鄭箋〉과 〈集傳〉에 "顧, 旋視也; 復, 反覆也"라 함.

【腹】껴안음 〈毛傳〉에 "腹, 厚也"라 하였고, 〈鄭箋〉과 〈集傳〉에는 "腹, 懷抱也"라 함.

【之德】〈鄭箋〉에 "之, 猶是也. 我欲報父母是德, 昊天乎我心無極"이라 함.

【昊天罔極】〈集傳〉에 "罔, 無; 極, 窮也"라 함.

*〈集傳〉에 "○言「父母之恩如此, 欲報之以德, 而其恩之大, 如天無窮, 不知所以爲報也.」"라 함.

(5) 興

南山烈烈, 飄風發發!

南山이 烈烈ᄒ거늘, 飄風(표풍)이 發發ᄒ놋다!

남산은 지극히 높은데, 회오리바람 사납구나!

民莫不　, 我獨何害?

民이 穀(곡)디 아니 ᄒ 이 업거늘, 내 호올로 엇디 害(해)ᄒ고?

사람들 누구나 즐겁지 않은 이 없거늘, 나만 홀로 어찌 이런 고통을 만났는고?

【烈烈】〈毛傳〉에 "烈烈然, 至難也"라 하였고, 〈集傳〉에 "烈烈, 高大貌"라 함.

【發發】〈毛傳〉과 〈集傳〉에 "發發, 疾貌"라 함. 〈鄭箋〉에는 "民人自苦見役, 視南山則烈烈然, 飄風發發然, 寒且疾也"라 함.

【民】人과 같음. 일반 백성.

【穀】〈集傳〉에 "穀, 善也"라 하였고, 〈鄭箋〉에 "穀, 養也. 言民皆得養其父母, 我獨何故覩此寒苦之害?"라 함.

＊〈集傳〉에 "○南山烈烈, 則飄風發發矣. 民莫不善, 而我獨何爲遭此害也哉?"라 함.

(6) 興

南山律律, 飄風弗弗!

南山이 律律(률률)ᄒ거늘, 飄風이 弗弗(블블)ᄒ놋다!

남산은 우뚝 솟아, 회오리바람 매섭게 부는구나!

民莫不穀, 我獨不卒!

民이 穀디 아니 ᄒ 이 업거늘, 내 호올로 卒(졸)티 몯호라!

사람들 누구나 즐겁게 살지 않은 이 없건만, 나만 홀로 부모님 끝까지 모시지 못하는구나!

【律律】烈烈과 같음. 〈集傳〉에 "律律, 猶烈烈也"라 함.

【弗弗】〈集傳〉에 "弗弗, 猶發發也"라 함. 〈毛傳〉에 "律律, 猶烈烈也. 弗弗, 猶發發
也"라 함.

【卒】〈鄭箋〉에 "卒, 終也. 我獨不得終養父母, 重自哀傷也"라 하였고, 〈集傳〉에는
"卒, 終也. 言終養也"라 함.

참고 및 관련 자료

1. 孔穎達〈正義〉

民人勞苦, 致令孝子不得於父母, 終亡之時, 而侍養之. 民人勞苦, 五章卒章上二,
句是也. 不得終養卒, 章卒句是也. 其餘皆是孝子怨不得終養之辭. 〈正義〉曰: 經言
銜恤靡至, 是親沒之辭. 序言不得終養, 繼於勞苦之下, 是勞苦不見父母也. 故言不
得終養者, 二親病亡之時, 時在役, 所不得見之也. 終是亡之稱, 而連言病者以亡, 必
由病. 言終可以兼之, 親病將亡, 不得扶侍左右, 孝子之恨, 最在此時, 故連言之.

2. 朱熹〈集傳〉

〈蓼莪〉, 六章, 四章章四句, 二章章八句:

晉王裒, 以父死, 非罪. 每讀詩至「哀哀父母, 生我劬勞」, 未嘗不三復流涕, 受業者
爲廢此篇. 詩之感人如此.

3.《晉書》(88) 孝友傳(王裒)

王裒字偉元, 城陽營陵人也. 祖修, 有名魏世. 父儀, 高亮雅直, 爲文帝司馬. 東關
之役, 帝問於衆曰:「近日之事, 誰任其咎?」儀對曰:「責在元帥.」帝怒曰:「司馬欲委罪
於孤邪!」遂引出斬之. 裒少立操尚, 行己以禮. 身長八尺四寸, 容貌絶異, 音聲清亮,
辭氣雅正, 博學多能, 痛父非命, 未嘗西向而坐, 示不臣朝廷也. 於是隱居教授, 三
徵七辟皆不就. 廬于墓側, 旦夕常至墓所拜跪, 攀柏悲號, 涕淚箸樹, 樹爲之枯. 母
性畏雷, 母沒, 每雷, 輒到墓曰:「裒在此.」及讀詩至「哀哀父母, 生我劬勞」, 未嘗不三
復流涕, 門人受業者並廢蓼莪之篇. 家貧, 躬耕, 計口而田, 度身而蠶. 或有助之者,
不聽. 諸生密爲刈麥, 裒遂棄之. 知舊有致遺者, 皆不受. 門人爲本縣所役, 告裒求屬
令, 裒曰:「卿學不足以庇身, 吾德薄不足以蔭卿, 屬之何益! 且吾不執筆已四十年矣.」
乃步擔乾飯, 兒負鹽豉草屬, 送所役生到縣, 門徒隨從者千餘人. 安丘令以爲詣己,
整衣出迎之. 裒乃下道至土牛旁, 磬折而立, 云:「門生爲縣所役, 故來送別.」人執手
涕泣而去. 令卽放之, 一縣以爲恥.

4.《蒙求》「王裒柏慘」

《晉書》:王裒字偉元, 城陽營陵人. 少立操尚, 博學多能. 其父儀爲文帝司馬見殺.
裒痛父非命, 未嘗西向而坐, 示不臣朝廷也. 隱居教授. 廬于墓側, 旦夕常至墓所拜
跪, 攀柏悲號. 涕淚著樹, 樹爲之枯. 母性畏雷, 母沒, 每雷輒到墓曰:「裒在此!」及讀

《詩》至『哀哀父母, 生我劬勞』, 未嘗不三復流涕. 門人受業者, 竝廢〈蓼莪〉之篇. 家貧, 躬耕, 計口而田, 度身而蠶. 或有助之者, 不聽. 舊本: 裒作褭非.

5. 《搜神記》(11) 「王裒泣墓」

王裒字偉元, 城陽營陵人也. 父儀, 爲文帝所殺. 裒廬於墓側, 旦夕常至墓所拜跪, 攀柏悲號. 涕泣著樹, 樹爲之枯. 母性畏雷, 母沒, 每雷, 輒到墓曰: 「裒在此.」

6. 《二十四孝》 「聞雷泣墓」

魏, 王裒, 事母至孝. 母存日, 性畏雷, 旣卒, 殯葬於山林. 每遇風雨, 聞阿香. 響震之聲, 卽奔墓所拜跪. 泣告曰: 「裒在此, 母親勿懼.」 有詩爲頌. 詩曰: 『慈母怕聞雷, 冰魂宿夜臺. 阿香時一震, 到墓繞千廻.』

7. 《小學》善行 實明倫

王裒, 字偉元, 父儀爲魏安東將軍司馬昭司馬. 東關之敗, 昭問於衆曰: 「近日之事, 誰任其咎?」 對曰: 「責在元帥.」 昭怒曰: 「司馬, 欲委罪於孤耶?」 遂引出斬之. 裒痛父非命, 於是, 隱居敎授. 三徵七辟, 皆不就. 廬于墓側, 旦夕, 常至墓所, 拜跪, 攀柏悲號, 涕淚著樹, 樹爲之枯. 讀《詩》之『哀哀父母, 生我劬勞』, 未嘗不三復流涕. 門人受業者, 竝廢〈蓼莪〉之篇. 家貧躬耕, 計口而田, 度身而蠶. 或有密助之者, 裒皆不聽. 及司馬氏簒魏, 裒終身未嘗西向而坐, 以示不臣于晉.

209(小-49) 대동(大東)

*〈大東〉: 동쪽의 큰 나라.
*이 시는 魯 莊公 10년(B.C.684)에 齊 桓公(小白)이 譚나라를 멸망시키는 과정에서, 그 백성들이 병고에 시달린 모습을 불쌍히 여겨 담나라 대부가 읊은 것이라 함.

<序>: <大東>, 刺亂也. 東國困於役而傷於財, 譚大夫作是詩以告病焉.

〈대동〉은 亂을 한탄한 것이다. 동쪽 지역 사람들이 노역에 고생을 하며 백성의 재물에까지 손상을 입히자 譚나라 대부가 이 시를 지어 그 病苦를 고한 것이다.

〈箋〉: 譚國在東, 故其大夫尤苦征役之事也. 魯莊公十年, 齊師滅譚.

※譚: 지금의 山東 歷城縣 동남쪽 譚城에 있던 작은 나라. 《史記》齊世家에는 '郯'으로 되어 있으나 郯은 지금의 山東 郯城縣으로 濟南 譚城과는 매우 거리가 멀었음. 따라서 《史記》의 '郯'은 오류로 보임. 齊 桓公이 譚나라를 멸한 것은 참고란을 볼 것.

*전체 7장. 매 장 8구씩(大東: 七章. 章八句).

(1) 興
有饛簋飧, 有捄棘匕.

饛(몽)한 簋(궤)엣 飧(손)이오, 捄(구)한 棘匕(극비)로다.
대나무 그릇에 가득한 더운 밥, 굽은 대추나무 젓가락 얹어놓았네.

周道如砥, 其直如矢.

周ㅅ 道ㅣ 砥(지)근틋니, 그 直홈이 矢 근도다.
큰 도는 숫돌처럼 평평하여, 그 곧기는 화살 같네.

君子所履, 小人所視.

君子의 履(리)ᄒᆞᄂᆞᆫ 배오, 小人의 視ᄒᆞᄂᆞᆫ 배니,

군자가 가는 바의 길이요, 소인은 보고 따르는 바일세.

睠言顧之, 潸焉出涕!

睠(권)ᄒᆞ야 顧ᄒᆞ고, 潸(산)히 涕를 出호라!

내 살아온 길 둘러보니, 눈물만 주루룩 흘러내리네!

【飧】簋에 가득한 모양. '簋'는 대나무로 만든 그릇. 〈毛傳〉과 〈集傳〉에 "飧, 滿簋
貌"라 함.

【飧】〈毛傳〉에 "飧, 熟食. 謂黍稷也"라 하였고, 〈集傳〉에 "飧, 熟食也"라 함. 익힌
음식. 〈鄭箋〉에는 "飧者, 客始至主人所致之禮也. 凡飧, 饔餼以其爵等, 爲之牢,
禮之數陳. 輿者, 喻古者天子施予之恩於天下厚"라 함. '飧'은 '손'(音孫)으로 읽음.
〈集傳〉과 그에 따른 〈諺解〉에는 '飧'으로 표기하였음.

【捄】〈毛傳〉에 "捄, 長貌"라 하였으나, 〈集傳〉에는 "捄, 曲貌"라 함.

【棘匕】대추나무로 만든 숟가락. 〈毛傳〉에 "匕, 所以載鼎實. 棘, 赤心也"라 하였고,
〈集傳〉에는 "棘匕, 以棘爲匕, 所以載鼎肉, 而升之於俎也"라 함.

【周道】大道.

【如砥·如矢】숫돌처럼 평평하고 화살처럼 곧음. 〈毛傳〉에 "如砥, 貢賦平均也; 如
矢, 賞罰不偏也"라 하였고, 〈鄭箋〉에는 "此言「古者, 天子之恩厚也. 君子皆法效,
而履行之. 其如砥矢之平, 小人又皆視之, 共之無怨.」"이라 함. 〈集傳〉에도 "砥, 礪
石, 言平也; 矢, 言直也"라 함.

【君子】〈集傳〉에 "君子, 在位履行; 小人, 下民也"라 함.

【睠】돌아봄. 〈毛傳〉과 〈集傳〉에 "睠, 反顧也"라 함.

【言】나. 我. 〈鄭箋〉에 "言, 我也"라 함.

【潸】눈물을 주루룩 흘림. 〈毛傳〉과 〈集傳〉에 "潸, 涕下貌"라 함. 〈鄭箋〉에 "此二
事者, 在乎前世, 過而去矣. 我從今顧視之, 爲之出涕, 傷今不如古"라 함.

＊〈集傳〉에 "○序以爲東國困於役, 而傷於財, 譚大夫作此以告病, 言「有饛簋飧, 則
有捄棘匕. 周道如砥, 則其直如矢. 是以君子履之, 而小人視焉. 今乃顧之, 而出涕
者, 則以東方之賦役, 莫不由是, 而西輸於周也.」"라 함.

(2) 賦

小東大東, 杼柚其空!

小東이며 大東애, 杼柚(져축)이 그 空호엿도다!

크고 작은 동방의 나라들, 베틀의 북과 바디가 다 비었네!

糾糾葛屨, 可以履霜.

糾糾(규규)흔 葛屨(갈구)ㅣ여, 可히 뻐 霜을 履(리)호리로다.

얽어 삼은 칡신 신고, 추운 서리 걸어야 하다니.

佻佻公子, 行彼周行.

佻佻(됴됴)흔 公子ㅣ, 뎌 周行애 行호야,

홀로 가는 공자는 저 큰 길을 가고 있네.

旣往旣來, 使我心疚!

이믜 往호며 이믜 來호니, 날로 히여곰 ᄆᆞᄋᆞᆷ이 疚(구)케 호놋다!

이미 다 갔다가 다시 다 돌아오니, 나로 하여금 마음 아프게 하네!

【小東小東】"小也大也, 謂賦歛之多少也. 小亦於東, 大亦於東. 言其政偏, 失砥矢之道也. 譚無他貨, 維絲麻, 爾今盡杼柚, 不作也"라 함. 〈集傳〉에는 "小東·大東, 東方小大之國也. 自周視之, 則諸侯之國. 皆在東方"이라 함.

【杼柚】베틀의 북과 바디. 〈集傳〉에 "杼, 持緯者也; 柚, 受經者也"라 함. '杼'는 '梭'와 같음. '柚'은 '축(音逐)으로 읽으며 '軸'과 같음.

【空】〈毛傳〉과 〈集傳〉에 "空, 盡也"라 함.

【糾糾】칡신을 삼음.

【葛屨】〈鄭箋〉에 "葛屨, 夏屨也"라 함. 여름에나 칡신을 신음.

【履霜】서리 내린 땅을 밟고 감.

【佻佻】〈毛傳〉에 "佻佻, 獨行貌"라 하였고, 〈集傳〉에는 "佻, 輕薄不奈勞苦之貌"라 함.

【公子】〈毛傳〉에 "公子, 譚公子也"라 하였으나, 〈集傳〉에는 "公子, 諸侯之貴臣也"라 함.

【周行】周道와 같음. 〈鄭箋〉에 "周行, 周之列位也. 言「時財貨盡, 雖公子衣屨, 不能順時. 乃夏之葛屨, 今以履霜. 送轉饟, 因見使行周之列位者, 而發幣焉. 言「雖困乏,

猶不得止.」라 하였고, 〈集傳〉에 "周行, 大路也"라 함.

【旣】〈鄭箋〉에 "旣, 盡"이라 함.

【疚】〈鄭箋〉과 〈集傳〉에 "疚, 病也"라 함. 〈鄭箋〉에 "言「譚人自虛竭, 餫送而徃周人, 則空盡. 受之曾無反幣復禮之惠, 是使我心傷病也.」"라 함.

＊〈集傳〉에 "○言「東方小大之國, 杼柚皆已空矣. 至於以葛屨履霜, 而其貴戚之臣, 奔走徃來, 不勝其勞, 使我心憂而病也.」"라 함.

(3) 興

有冽氿泉, 無浸穫薪.

列흔 氿泉(궤천)애, 穫(확)흔 薪을 浸티 마룰 디어다.

옆으로 솟아나는 차가운 샘물, 베어온 땔감 적시지 마라.

契契寤歎, 哀我憚人!

契契(계계)히 寤ㅎ야 歎호니, 哀흔 우리 憚(다)흔 人이로다!

슬퍼하다 잠 깨어 탄식하노니, 슬프다, 시달리는 우리 백성들!

薪是穫薪, 尚可載也.

薪이 이 穫흔 薪이란듸, 거의 可히 載홀 거시며,

땔나무 베어온 땔나무이기에, 그래도 수레에 실어 가져가야지.

哀我憚人, 亦可息也!

哀흔 우리 憚흔 人이란듸, 쏘흔 可히 息홀 꺼시니라!

슬프다, 시달리는 우리 백성들, 역시 좀 쉬기라도 해야 할 텐데!

【冽】〈毛傳〉과 〈集傳〉에 "冽. 寒意也"라 함.

【氿泉】'氿'는 '궤'(音軌)로 읽으며, '晷'로도 표기함.《爾雅》에 "側出曰氿泉. 氿, 軌也. 流狹而長, 如車軌也"라 함. 〈毛傳〉과 〈集傳〉에도 "側出曰氿泉"이라 함.

【穫】〈毛傳〉과 〈集傳〉에 "穫, 艾也"라 함. 그러나 樺樹의 나무 이름이라고도 함.

【契契】〈毛傳〉과 〈集傳〉에 "契契, 憂苦也"라 함. 그러나 陳奐 〈傳疏〉에는 "契, 本亦作挈.《廣雅》:「挈·契, 憂也.」"라 함.

【憚】피로함. 고생함. 〈毛傳〉과 〈集傳〉에 "憚, 勞也"라 함. '癉'의 假借字. 음은 '다'(丁佐反)와 '단'(音旦) 두 가지가 있으나 〈諺解〉에는 '다'로 읽었음.

【薪是穫薪】〈鄭箋〉에 "穫, 落木名也. 旣伐而折之以爲薪, 不欲使汎泉浸之. 浸之,
則將濕腐, 不中用也. 今譚大夫契契憂苦, 而窮歎哀其民人之勞苦者, 亦不欲使周
之賦歛. 小東大東, 極盡之極. 盡之, 則將因病, 亦猶是也"라 함. '薪'은〈鄭箋〉에
"薪, 是穫薪者, 析是穫薪也"라 함.

【尙】〈鄭箋〉에 "尙, 庶幾也. 庶幾析是穫薪, 可載而歸, 蓄之以爲家用. 哀我勞人, 亦
可休息, 養之以待國事"라 함.〈集傳〉에 "尙, 庶幾也"라 함.

【載】〈毛傳〉에 "載, 載乎意也"라 하였고,〈集傳〉에는 "載, 載以歸也"라 함.

＊〈集傳〉에 "○蘇氏曰:「薪已穫矣, 而復漬之, 則腐民已勞矣. 而復事之, 則病. 故已
艾, 則庶其載而畜之. 已勞, 則庶其息而安之.」"라 함.

(4) 賦

東人之子, 職勞不來.

東人의 子는, 견혀 勞호딕 來티 아니 ᄒ고,

동쪽에 태어난 우리 자식들, 오로지 힘들기만 할 뿐 위로도 받지 못하고,

西人之子, 粲粲衣服!

西人의 子는, 粲粲(찬찬)흔 衣服이로다!

서쪽에 태어난 저들 자녀들, 옷치장도 찬란한 모습이로다!

舟人之子, 熊羆是裘.

舟人의 子는, 熊羆(웅비)로 이예 裘ᄒ엿고,

배를 젓는 자녀들마저, 곰이나 말곰 갖옷 걸치고 있고,

私人之子, 百僚是試!

私人의 子는, 百僚(빅료)에 이 試ᄒ놋다!

남의 집 종의 자식들까지, 온갖 종들이 되어 누구나 試用되었네!

【東人】〈毛傳〉에 "東人, 譚人也"라 하였으나,〈集傳〉에 "東人, 諸侯之人也"라 함.

【職】〈鄭箋〉에 "職, 主也"라 하였고,〈集傳〉에는 "職, 專主也"라 함.

【來】위로하고 어루만져 줌.〈毛傳〉에 "來, 勤也"라 하였으나,〈集傳〉에 "來, 慰撫
也"라 함.

【西人】〈毛傳〉과〈集傳〉에 "西人, 京師人也"라 함.

【粲粲】〈毛傳〉과〈集傳〉에 "粲粲, 鮮盛貌"라 함.〈鄭箋〉에 "東人勞苦而不見, 謂勤京師人, 衣服鮮潔而逸豫. 言「王政偏甚也.」自此章以下, 言「周道衰, 其不言政偏, 則言衆官廢職, 如是而已.」"라 함.

【舟人】〈毛傳〉에 "舟人, 舟楫之人"이라 하였고,〈集傳〉에도 "舟人, 舟楫之人也"라 함. 그러나〈鄭箋〉에는 "舟, 當作周; 裘, 當作求, 聲相近故也. 周人之子, 謂周世臣之子孫. 退在賤官, 使搏熊羆, 在冥氏宂氏之職"이라 함.

【熊羆是裘】〈毛傳〉과〈集傳〉에 "熊羆是裘, 言富也"라 함.

【私人】私家의 下人들.〈毛傳〉에 "私人, 私家人也"라 하였고,〈集傳〉에 "私人, 私家皁隷之屬也"라 함.

【百僚】모든 하인들. 陳子展〈雅頌選譯〉에 "指王公大夫以下, 皁, 輿, 隷, 僚, 僕, 台, 圉, 牧之賤者, 百僚猶云百隷·百僕"이라 함.

【試】試用함.〈毛傳〉에 "是試, 用於百官也"라 하였고,〈鄭箋〉에 "此言「周衰羣小得志」"라 함.〈集傳〉에는 "僚, 官; 試, 用也. 舟人·私人, 皆西人也"라 함.

＊〈集傳〉에 "○此言「賦役不均, 羣小得志也.」"라 함.

(5) 賦
或以其酒, 不以其漿.

或 그 酒로 뻐 ᄒ야도, 뻐 그 漿(쟝)이라 아니 ᄒ며,

혹자는 좋은 술로 대접받는데, 혹자는 국물도 얻어먹지 못하네.

鞙鞙佩璲, 不以其長!

鞙鞙(현현)ᄒ 佩璲(패슈)를, 뻐 그 長티 아니 ᄒ놋다!

긴 줄에 꿰어 찬 서옥, 긴 그 줄로도 만족하지 못하네!

維天有漢, 監亦有光.

天애 漢이 이시니, 監홈이 쏘ᄒ 光이 이시며,

하늘의 은하수, 내려다보아 빛이 있는데,

跂彼織女, 終日七襄!

跂(기)ᄒ 뎌 織女(직녀)ㅣ, 日이 終토록 닐곱 번 襄(양)ᄒ놋다!

삼각형을 이룬 직녀성 자리, 하루에 일곱 번 자리를 옮겨 앉네!

【酒·漿】〈毛傳〉에 "或醉於酒, 或不得漿"이라 함.

【鞙鞙】〈毛傳〉에 "鞙鞙, 玉貌"라 하였으나, 〈集傳〉에는 "鞙鞙, 長貌"라 함.

【璲】瑞玉의 이름. 〈毛傳〉과 〈集傳〉에 "璲, 瑞也"라 함. 〈鄭箋〉에 "佩璲者, 以瑞玉
爲佩, 佩之鞙鞙然, 居其官職, 非其才之所長也. 徒美其佩, 而無其德, 刺其素餐"이
라 함.

【長】陳奐 〈傳疏〉에 "「不以其長」, 言不用其長也"라 하였고, 余冠英의 〈選譯〉에는
"指雜佩之長, 雜佩雖長, 都是普通的佩玉"이라 함.

【漢】銀河. 〈毛傳〉과 〈集傳〉에 "漢, 天河也"라 함.

【有光】〈毛傳〉에 "有光而無所明"이라 함.

【跂】〈毛傳〉과 〈集傳〉에 "跂, 隅貌"라 함. 孔穎達 〈正義〉에는 "織女三星, 跂然如
隅. 然則三星鼎足而成三角, 望之歧然, 故曰隅貌"라 함.

【織女】〈集傳〉에 "織女, 星名. 在漢旁三星, 跂然, 如隅也"라 함.

【終日七襄】'七襄'은 일곱 번 위치를 이동함. 〈毛傳〉에 "襄, 反也"라 하였고, 〈鄭箋〉
에 "襄, 駕也. 駕, 謂更其肆也. 從旦至莫, 七辰一移, 因謂之七襄"이라 함. 아침부터
저녁까지 七辰(時)이며, 매 辰마다 한 번 옮기는 것이라 함. 〈集傳〉에는 "七襄, 未
詳. 傳曰:「反也.」〈箋〉:「駕也. 駕謂更, 其肆也.」蓋天有十二次, 日月所止舍, 所謂肆
也. 經星一晝一夜, 左旋一周, 而有餘, 則終日之閒, 自卯至酉, 當更七次也"라 함.

*〈集傳〉에 "○言「東人或餽之以酒, 而西人曾不以爲漿. 東人或與之以鞙然之佩,
而西人曾不以爲長維. 天之有漢, 則庶乎其有以監我, 而織女之七襄, 則庶乎其能
成文章, 以報我矣. 無所赴愬而言, 維天庶乎! 其恤我耳.」라 함.

(6) 賦

雖則七襄, 不成報章.

비록 닐굽 번 襄ᄒ나, 報홀 章을 일우디 몯ᄒ며,

비록 일곱 자리를 옮기면서도, 반복해서 무늬 옷감 짜지 못하며,

睆彼牽牛, 不以服箱!

睆(환)ᄒᆫ 뎌 牽牛ㅣ, ᄡᅥ 箱(샹)을 服디 몯ᄒ리로다!

밝게 보이는 저 견우성조차도, 수레 상자의 짐을 끌어 주지 못하네!

東有啓明, 西有長庚.

東애 啓明이 잇고, 西에 長庚이 이시며,

동쪽에는 啓明星 뜨고, 서쪽에는 長庚星 있으며,

有捄天畢, 載施之行!

捄흔 天畢(텬필)이 곧 行(힝)에 施(시)ᄒᆞ얏도다!

畢星은 토끼그물 쳐놓은 모습으로, 하늘에 펼쳐진 채 돌고 있을 뿐!

【不成報章】〈毛傳〉에 "不能反報成章也"라 하였고, 〈鄭箋〉에 "織女有織名爾, 駕則有西無東, 不如人織相反報成文章"이라 함. '報'는 反復의 뜻. 陳奐 〈傳疏〉에 "報, 亦反也. 反報, 猶反復"이라 함.

【睆】明星이 밝게 보임. 〈毛傳〉에 "睆, 明星貌"라 하였고, 〈集傳〉에도 "睆, 明星貌. 音莞"이라 하여 '완'으로 읽어야 하나 〈諺解〉에는 '환'으로 읽었음. 그러나 〈音義〉에는 "睆, 華板反"이라 하여 '환'으로 읽도록 되어 있음.

【牽牛】〈毛傳〉에 "河鼓謂之牽牛"라 하였고, 〈集傳〉에는 "牽牛, 星名"이라 함.

【以】〈鄭箋〉에 "以, 用也"라 함.

【服】수레를 끎. '負'의 뜻. 〈毛傳〉에 "服, 牝服也"라 하였고, 〈集傳〉에 "服, 駕也"라 함. 陳奐 〈傳疏〉에 "牝, 卽牛, 服者, 負之假借字. 大車重載, 牛負之, 故謂之牝服"이라 함.

【箱】수레의 箱子. 〈毛傳〉에 "箱, 大車之箱也"라 하였고, 〈集傳〉에는 "箱, 車箱也"라 함. 〈鄭箋〉에 "牽牛不可用於牝服之箱"이라 함.

【啓明·長庚】해가 나오기 前의 明星을 啓明, 해가 지고 난 다음의 명성을 長庚이라 함. 〈毛傳〉에 "日旦出謂明星爲啓明; 日旣入謂明星爲長庚. 庚, 續也"라 하였고, 〈鄭箋〉에 "啓明·長庚, 皆有助日之名, 而無實光也"라 함. 〈集傳〉에는 "啓明·長庚, 皆金星也. 以其先日而出, 故謂之啓明; 以其後日而入, 故謂之長庚. 蓋金水二星, 常附日行, 而或先或後, 但金大水小, 故獨以金星爲言也"라 함.

【有捄天畢】'畢'은 畢星. 모양이 토끼를 덮치는 畢(그물)과 같음. 〈毛傳〉에 "捄, 畢貌. 畢所以掩兔也. 何嘗見其可用乎?"라 하였고, 〈鄭箋〉에는 "祭器有畢者, 所以助載鼎實, 今天畢, 則施於行列而已"라 함. 〈集傳〉에는 "天畢, 畢星也. 狀如掩兔之畢行"이라 함.

【行】行列. 〈集傳〉에 "行, 列也"라 함. 따라서 '항'(音杭)으로 읽어야 하나 〈諺解〉에는 '행'(힝)으로 읽었음.

＊〈集傳〉에 "○言「彼織女不能成報我之章, 牽牛不可以服我之箱, 而啓明·長庚天畢者, 亦無實用, 但施之行列而已. 至是則知天, 亦無若我何矣.」"라 함.

(7) 賦

維南有箕, 不可以簸揚.

南애 箕(긔)이시니, 可히 뻐 簸揚(파양)티 몯ᄒ며,

남쪽의 箕星이 있으나, 이로써 키질할 수도 없으며,

維北有斗, 不可以挹酒漿!

北에 斗ㅣ 이시니, 可히 뻐 酒漿을 挹(읍)디 몯ᄒ리로다!

북쪽의 北斗星 있으나, 이로써 술이나 국물 떠먹을 수도 없네!

維南有箕, 載翕其舌.

南에 箕이시니, 곧 그 舌을 翕(흡)ᄒ여시며,

남쪽의 기성 입 벌린 모습에, 혀를 끌어당겨 합하고 있는 모습,

維北有斗, 西柄之揭!

北에 斗ㅣ 이시니, 西로 柄(병)을 揭(알)ᄒ얏도다!

북쪽의 북두성은 국자 자루 모습, 서쪽으로 그 자루를 쳐들고 있네!

【箕】箕星. 키의 모양을 한 별자리. 〈集傳〉에 "箕斗二星, 以夏秋之閒見於南方. 云 '北斗者', 以其在箕之北也. 或曰'北斗'常見不隱者也"라 함.
【簸揚】까붐질함.
【斗】北斗星. 모양이 국자와 같음.
【挹】떠냄. 국자로 퍼 올림. 〈毛傳〉에 "挹, 斟也"라 함.
【載】助詞.
【翕】〈毛傳〉에 "翕, 合也"라 하였고, 〈鄭箋〉에 "翕, 猶引也. 引舌者, 謂上星相近"이 라 하였으며, 〈集傳〉에도 "翕, 引也; 舌, 下二星也. 南斗柄, 固指西, 若北斗而西柄, 則亦秋時也"라 하여, '引'의 뜻으로 보았음.
【西柄】北斗星의 자루가 서쪽으로 길게 벋어 있음.
＊〈集傳〉에 "○言「南箕旣不可以簸揚糠粃, 北斗旣不可以挹酌酒漿, 而箕引其舌, 反 若有所吞噬斗西揭, 其柄反若有所挹取於東, 是天非徒無若我何, 乃亦若助西人 而見.」困甚怨之辭也"라 함.

참고 및 관련 자료

1. 孔穎達 〈正義〉

作〈大東〉之詩者, 刺亂也. 時東方之國偏於賦役, 而損傷於民財, 此譚之大夫作是
〈大東〉之詩, 告於王. 言己國之病困焉, 困民財役以至於病, 是爲亂也. 言亂者, 政役
失理之謂. 總七章之言皆是也. 言困於役者對. 則貨財謂之賦, 功力謂之役. 案此經
文及傳箋, 皆刺賦斂重薄, 無怨力役之事, 故哀我憚人. 箋云哀其民人之勞苦, 亦不
欲使周之賦斂, 則亦可息也. 是欲息其賦斂, 非力役也. 但王數徵賦, 須轉餫, 餫輸之
勞, 卽是役也. 四章云「職勞不來」下, 箋云「東人勞苦」, 而不見謂勤言送轉輸, 而不蒙
勞來, 是困於役之事也. 經則主怨財盡, 故惟言賦重, 序則兼言民勞, 故云困役由送
財以致役, 故先言之從, 首章以盡, 三章皆是困役財之事, 四章以下, 言周衰政偏, 衆
官廢職, 由此己國所以賦重, 故言之以刺周亂也. 言病者, 雖七章皆是. 若指事而言,
則'哀我憚人', 亦可息也. 是所苦之辭也. 言東國者, 譚大夫以譚國在東, 而見偏役,
故經云'小東大東', 叙亦順之而言東國焉. 不指譚而言東者, 譚大夫雖自爲己怨, 而王
政大率偏東, 非譚獨然, 故言東以廣之. 譚大夫者, 以別於王朝也. '普天之下, 莫非王
臣', 必別之者, 以此主陳譚國之偏苦, 勞役西之人優逸. 是有彼此之辭, 故須辨之明
爲譚, 而作故也. 若汎論世事, 則不須分別小明. 大夫悔仕於亂, 彼牧伯大夫, 不言其
國是也. 〈正義〉曰: 解譚大夫而序, 言東國之意. '莊十年齊師滅譚', 是《春秋》經也.
傳曰:「齊侯之出也, 過譚. 譚不禮焉, 及其入也, 諸侯皆賀譚, 又不至, 是以齊師滅
之.」引此者, 証其在京師之東也.

2.《左傳》莊公 10年

○經: 冬十月, 齊師滅譚, 譚子奔莒.

○傳: 齊侯之出也, 過譚, 譚不禮焉. 及其入也, 諸侯皆賀, 譚又不至. 冬, 齊師滅譚,
譚無禮也. 譚子奔莒, 同盟故也.

3.《史記》齊太公世家

桓公二年, 伐滅郯, 郯子奔莒. 初, 桓公亡時, 過郯, 郯無禮, 故伐之.

210(小-50) 사월(四月)

＊〈四月〉: 夏曆의 4월은 周曆의 6월에 해당함.
＊이 시는 幽王 때 재위자들이 탐학하고 잔인하여, 그 아래 제후국들은 재앙에
얽혀 원망과 혼란이 아울러 일어났음을 비난한 것이라 함.

<序>: <四月>, 大夫刺幽王也. 在位貪殘, 下國構禍, 怨亂 並興焉.

〈사월〉은 대부가 유왕을 비난한 것이다. 자리에 있는 자가 탐학하고
잔인하며, 그 아래 제후국들은 재앙이 얽혀 원망과 亂이 함께 일어나고
있었다.

＊전체 8장. 매 장 4구씩(四月: 八章. 章四句).

(1) 興
四月維夏, 六月徂暑.

四月이 夏ㅣ어든, 六月이 暑ㅣ 徂(조)ᄒᆞᄂᆞ니라.

사월이면 여름이 시작되고, 유월이면 더운 계절로 들지.

先祖匪人? 胡寧忍予?

先祖ㅣ 人이 아니가? 엇디 나를 忍ᄒᆞᄂᆞ뇨?

조상은 사람이 아닌가? 어찌 나를 차마 이런 재앙을 만나도록 하
시나?

【六月徂暑】'徂'는 계절이 흘러감. 〈毛傳〉과 〈集傳〉에 "徂, 徃也"라 함. 〈鄭箋〉에
"徂, 猶始也"라 함.
【四月·六月】〈集傳〉에 "四月·六月, 亦以夏正數之, 建巳建未之月也"라 함. 〈毛傳〉에
"六月, 火星中, 暑盛而徃矣"라 하였고, 〈鄭箋〉에 "四月立夏矣. 至六月乃始盛暑, 興

人爲惡, 亦有漸, 非一朝一夕"이라 함. 六月에는 火星이 正南에 와서 더위가 극도에 이른다 하였음.

【匪人】〈鄭箋〉에 "匪, 非也"라 함. 사람으로 여기지 않음.

【胡寧忍予】〈鄭箋〉에 "寧, 猶曾也. 我先祖, 非人乎? 人則當知患難, 何爲曾使我, 當此難世乎?"라 함. 吳闓生〈會通〉에 "何忍我遭此禍也?"라 함.

＊〈集傳〉에 "○此亦遭亂自傷之詩, 言「四月維夏, 則六月徂署矣. 我先祖豈非人乎? 何忍使我遭此禍也?」無所歸咎之辭也"라 함.

(2) 興

秋日淒淒, 百卉具腓.

ㄱ을 날이 淒淒(쳐쳐)훈 디라, 온갓 卉(훼) 다 腓(비)ᄒ놋다.

가을이 되어 찬바람 불어오면, 온갖 풀들 모두 시들고 병들지.

亂離瘼矣, 奚其適歸?

亂離ᄒ야 瘼(막)ᄒ니, 어드러 適ᄒ야 歸홀고?

어지러운 세상 근심 속에 몸은 병들고, 어디가 그 돌아갈 곳인가?

【淒淒】서늘한 바람이 부는 모양. 〈毛傳〉과 〈集傳〉에 "淒淒, 涼風也"라 함.

【百卉】모든 초목. 〈毛傳〉가 〈集傳〉에 "卉, 草也"라 함.

【具】〈鄭箋〉에 "具, 猶皆也"라 함.

【腓】초목이 가을이 되어 병들어 시듦. 〈毛傳〉과 〈集傳〉에 "腓, 病也"라 하였고, 〈鄭箋〉에 "涼風用事, 而衆草皆病. 興貪殘之政行, 而萬民困病"이라 함.

【離瘼】〈毛傳〉과 〈集傳〉에 "離, 憂; 瘼, 病"이라 함.

【奚】疑問詞. 何와 같음. 〈集傳〉에 "奚, 何"라 함.

【爰】〈鄭箋〉에 "爰, 曰也. 今政亂國, 將有憂病者矣. 曰「此禍其所之歸乎?」言憂病之禍, 必自之歸爲亂"이라 함.

【適】〈毛傳〉과 〈集傳〉에 "適, 之也"라 함.

＊〈集傳〉에 "○秋日淒淒, 則百卉俱腓矣. 亂離瘼矣, 則我將何所適歸乎哉?"라 함.

(3) 興

冬日烈烈, 飄風發發.

겨울 날이 烈烈ᄒ거늘, 飄風이 發發ᄒ놋다.

겨울 되니 무서운 추위, 사나운 돌개바람 들이쳐오네.

民莫不穀, 我獨何害?

民이 穀디 아닌 이 업거늘, 내 호올로 엇디 害ᄒ고?

사람들 모두 보살핌을 받지 않은 이 없거늘, 나는 어찌 홀로 이 고생 인가?

【烈烈】〈鄭箋〉과 〈集傳〉에 "烈烈, 猶栗烈也"라 함. '栗烈'은 추위가 매우 심한 상태를 표현하는 雙聲連綿語.

【發發】빠른 모양. 〈鄭箋〉에 "發發, 疾貌. 言「王爲酷虐慘毒之政, 如冬日之烈烈矣. 其亟急行於天下, 如飄風之疾也.」"라 하였고, 〈集傳〉에도 "發發, 疾貌"라 함.

【穀】길러줌. 〈鄭箋〉에 "穀, 養也. 民莫不得養其父母者, 我獨何故, 覩此寒苦之害?"라 하였고, 〈集傳〉에는 "穀, 善也"라 하여, '좋다'의 의미라 하였음.

＊〈集傳〉에 "○夏則暑, 秋則病, 冬則烈. 言「禍亂日進, 無時而息也.」"라 함.

(4) 興

山有嘉卉, 侯栗侯梅.

山애 嘉(가)ᄒ 卉이시니, 栗(률)이며 梅(ᄆᆡ)로다.

산에는 좋은 풀들과, 밤나무도 있 고, 매화나무도 있도다.

鳶
集傳鳶鷙鳥
也其飛上薄
雲漢

廢爲殘賊, 莫知我尤!

廢ᄒ야 殘賊(잔적)이 되니, 그 허믈 을 아디 몯ᄒ리로다!

크게 못살게 괴롭히면서도, 날 해 치는 그 잘못 알지도 못하네!

【嘉】〈鄭箋〉과 〈集傳〉에 "嘉, 善"이라 함.

【侯】〈鄭箋〉과 〈集傳〉에 "侯, 維也"라 함. 〈鄭箋〉에는 "山有美善之草, 生於梅栗之下. 人取其實, 蹂踐而害之, 令不得蕃茂. 喻上多賦歛, 富人財盡而弱民, 與受困窮"이라 함.

【廢】大의 뜻. 〈毛傳〉에 "廢, 忕也"라 하였고, 〈集傳〉에는 "廢, 變"이라 함. 胡承珙〈後箋〉에 "〈傳〉以'大'爲'忕', 當是後人轉寫增入'忄'旁"이라 하여 '忕'는 '大'자여야 한다고 보았음.

【殘賊】잔인하게 해침.

【尤】過失. 허물, 잘못. 〈鄭箋〉에 "尤, 過也. 言在位者貪殘, 爲民之害, 無自知其行之過者. 言大於惡"이라 하였고, 〈集傳〉에도 "尤, 過也"라 함.

＊〈集傳〉에 "○山有嘉卉, 則維栗與梅矣. 在位者變爲殘賊, 則誰之過哉?"라 함.

(5) 興

相彼泉水, 載淸載濁.

뎌 泉水를 본 디, 곧 淸ᄒ며 濁ᄒ도다.

흐르는 저 샘물을 살펴보아도, 맑아지기도 하고 흐려지기도 하지.

我日構禍, 曷云能穀?

내 日로 禍를 構(구)호니, 엇디 能히 穀홀고?

나에게는 날마다 얽혀드는 이 재앙, 언제나 나아질 것인가?

【相】살펴봄. 〈鄭箋〉에 "相, 視也. 我視彼泉水之流, 一則淸, 一則濁. 刺諸侯並爲惡, 曾無一善"이라 함. 〈集傳〉에도 "相, 視"라 함.

【載】〈集傳〉에 "載, 則"이라 함.

【構】〈毛傳〉에 "構, 成"이라 하였고, 〈鄭箋〉에 "構, 猶合集也"라 하였으며, 〈集傳〉에 "構, 合也"라 함.

【曷】의문사. 〈毛傳〉에 "曷, 逮也"라 하였고, 〈鄭箋〉에 "曷之言何也"라 함.

【能穀】能善과 같음. 〈鄭箋〉에 "穀, 善也. 言諸侯日作禍亂之行, 何者? 可謂能善"이라 함.

＊〈集傳〉에 "○相彼泉水, 猶有時而淸;有時而濁, 而我乃日日遭害, 則曷云能善乎?"라 함.

(6) 興

滔滔江漢, 南國之紀.

滔滔(도도)ᄒᆞᆫ 江漢이, 南國의 紀(긔)나라.

도도히 흐르는 長江과 漢水는, 남쪽 나라 물의 벼리로다.

盡瘁以仕, 寧莫我有?

瘁(췌)를 다 ᄒᆞ야 뻐 仕(ᄉᆞ)ᄒᆞ거늘, 엇디 나를 有티 아니 ᄒᆞᄂᆞᆫ고?

병이 나 죽도록 섬겼거늘, 어찌 이리도 나를 친히 여기지 않는고?

【滔滔】큰 물의 모양. 〈毛傳〉과 〈集傳〉에 "滔滔, 大水貌"라 함.

【江漢】江은 長江, 漢은 漢水. 〈集傳〉에 "江漢, 二水名"이라 함. 〈鄭箋〉에는 "江也漢也, 南國之大水. 紀理衆川, 使不壅滯. 喩吳楚之君, 能長理旁側, 小國使得其所"라 함.

【南國之紀】南方의 모든 물을 이끌어 감.

【紀】벼리. 〈毛傳〉에 "其神足以綱紀一方"이라 하였고, 〈集傳〉에는 "紀, 綱紀也. 謂經帶包絡之也"라 함.

【瘁】〈鄭箋〉과 〈集傳〉에 "瘁, 病也"라 함.

【仕】〈鄭箋〉에 "仕, 事也. 今王盡病其封, 畿之內以兵役之事, 使羣臣有土地, 曾無自保有者, 皆懼於危亡也. 吳楚舊名貪殘, 今周之政, 乃反不如"라 함.

【有】〈集傳〉에 "有, 識有也"라 함. 그러나 馬瑞辰 〈通釋〉에는 "有, 讀如相親之有. '寧莫我有', 猶王風〈葛藟〉篇「亦莫我有」也"라 하여, '친하게 대해주다'의 뜻이라 하였음.

*〈集傳〉에 "○滔滔江漢, 猶爲南國之紀, 今也盡瘁, 以仕而王, 何其不我有哉?"라 함.

(7) 賦

匪鶉匪鳶, 翰飛戾天?

鶉(단)이 아니며 鳶(연)이 아니어니, 翰으로 飛ᄒᆞ야 天애 戾ᄒᆞ랴?

독수리도 솔개도 아닌 몸이기에, 하늘 높이 날아 피할 수 있겠는가?

匪鱣匪鮪, 潛逃于淵?

鱣(전)이 아니며 鮪(유)ㅣ 아니어니, 潛ᄒᆞ야 淵애 逃ᄒᆞ랴?

잉어나 메기도 아닌 몸이기에, 못 속 깊이 피해 숨을 수가 있겠는가?

【鶉·鳶】독수리와 솔개. 〈毛傳〉에 "鶉, 鵰也. 鵰·鳶, 貪殘之鳥也"라 하였고, 〈集傳〉에도 "鶉, 鵰也;鳶, 亦鷙鳥也. 其飛上薄雲漢"이라 함. 〈諺解〉 物名에 "鳶:쇼로기"라 함. '鶉'은 메추라기일 경우 '순'으로 읽으며, 맹금류일 경우 '단'(徒丸反)으로 읽음. '鵰'의 가차자.
【翰·戾】〈鄭箋〉에 "翰, 高;戾, 至"라 함.
【鱣·鮪】잉어와 메기. 〈集傳〉에 "鱣·鮪, 大魚也"라 함. 〈毛傳〉에 "大魚, 能逃處淵"라 하였고, 〈鄭箋〉에는 "鱣, 鯉也. 言「鵰鳶之高飛, 鯉鮪之處淵, 性自然也. 非鵰鳶能高飛, 非鯉鮪能處淵, 皆驚駭辟害爾. 喻民性安土, 重遷今而逃走, 亦畏亂政故"라 함.
*〈集傳〉에 "○鶉鳶則能翰飛戾天, 鱣鮪則能潛逃于淵. 我非是四者, 則亦無所逃矣."라 함.

(8) 興

山有蕨薇, 隰有杞桋.

山애 蕨(궐)과 薇(미) 잇거늘, 隰에 杞(긔)와 桋(이) 잇도다.
산에는 고사리와 고비, 진펄에는 구기나무와 적속나무.

君子作歌, 維以告哀!

君子ㅣ 歌를 作ㅎ야, 써 哀를 告ㅎ놋다!
군자가 이런 노래를 지어, 이로써 이 애통함을 알려주도다!

【杞】구기나무. 〈毛傳〉과 〈集傳〉에 "杞, 枸檵也"라 함.
【桋】가시목의 일종. 赤楝으로도 불림. 〈毛傳〉에 "桋, 赤楝也"라 하였고, 〈鄭箋〉에 "此言「草木尙各得其所, 人反不得其所, 傷之也"라 함. 〈集傳〉에도 "桋, 赤楝也. 樹葉細而歧銳, 皮理錯戾, 好叢生, 山中可爲車輞"이라 함.

【哀告】〈鄭箋〉에 "告哀, 言勞病而愬之"라 함.
*〈集傳〉에 "○山則有蕨薇, 隰則有杞桋. 君子作歌, 則維以告哀而已"라 함.

참고 및 관련 자료

1. 孔穎達〈正義〉

〈四月〉詩者, 大大所作以刺幽王也. 以幽王之時, 在位之臣, 皆貪暴而殘虐. 下國之諸侯, 又構成其禍亂, 結怨於天下. 由此致怨恨禍亂並興起焉. 是幽王惡化之所致, 故刺之也. 經云廢爲殘賊, 是在位貪殘也. 我日構禍, 是下國構禍也. 民莫不穀, 是怨亂也. 亂離瘼矣, 是亂事也. 言怨亂並興者, 王政殘虐, 諸侯構禍, 是亂也. 亂旣未弭, 則民怨不息. 政亂民怨, 同時而起, 故云並興也. 經八章, 皆民怨刺王之辭. 此篇毛傳其義不明, 王肅之說, 自云述毛於「六月徂暑」之下, 注云「詩人以夏四月行役, 至六月暑徂未得反.」已闕一時之祭, 後當復闕二時也. 「先祖匪人」之下, 又云「征役過時, 曠廢其祭祀. 我先祖, 獨非人乎? 王者何爲忍, 不憂恤我, 使我不得修子道?」案此經序無論大夫行役, 祭祀之事. 據檢毛傳, 又無此意. 縱如所說, 理亦不通. 故孫毓難之曰:「凡從役踰年乃怨, 雖文王之師, 猶〈采薇〉而行歲暮乃歸. 小雅美之, 不以爲譏. 又行役之人, 固不得親祭攝者, 修之未爲有闕, 豈有四月從役, 六月未歸, 數月之間, 未過. 古者出師之期, 而以刺幽王亡國之君乎?」非徒如毓此言, 首章始廢一祭已恨王者, 忍已復闕二時, 彌應多怨, 何由秋日冬日之下, 更無先祖之言? 豈廢闕多時, 反不恨也? 以此王氏之言, 非得毛意, 孫以爲如適之徂, 皆訓爲徃今, 言徃暑猶言適暑耳. 雖四月爲夏六月, 乃之適盛暑, 非言徃而退也. 詩人之興, 言治少亂多, 皆積而後盛, 盛而後衰, 衰而後亂. 周自太王·王季, 王業始起. 猶維始夏也, 及成·康之世而後, 致太平, 猶徂暑也. 暑徃則寒來, 故秋日繼之冬日. 又繼之善惡之, 喻各從其義. 毓自云述毛此言, 亦非; 毛旨何則? 傳云暑盛而徃矣. 是旣盛而後徃也. 毓言方徃之暑, 不得與毛同矣. 毓之所說, 義亦不通. 案經及序, 無陳古之事太王·成康之語, 其意何以知然? 又以四月爲周基六月, 爲尤盛, 則秋日爲當誰也? 直云秋日繼之冬日, 又繼之. 不辨其世之所當, 何哉? 若言成康之後, 幽王之前, 則其間雖有衰者, 未足皆爲殘虐. 何故以凉風喻其病害百卉乎? 若言亦比幽王, 則已歷積世, 當陳其漸, 何故幽王頓比二時中間, 獨爾闕絶也? 又毓言以爲有漸, 則幽王旣比於冬, 不得更同秋日, 不宜爲幽王, 何傷先世之亂離哉? 如是則王孫之言, 皆不可據爲毛義也. 今使附之鄭說, 惟一徂字異耳. 計秋日之寒, 未如冬時, 反言百卉具腓, 以譬萬民困病, 其喻有甚於冬, 則三者別喻不相積累, 以四時之中. 尤可慘酷者, 莫過於冬日, 故以比王, 身自言上之所行, 不論病民之狀, 以冬時草木收藏, 而無可比下. 故獨言王惡也. 二章以凉風之害百草, 喻王政之病下民. 首章言王惡之有漸, 嚴寒毒暑, 皆是可患, 各自爲興, 不相因也. 其興之日月, 先後爲章次耳.

⟨6⟩「北山之什」

211(小-51) 북산(北山)

*⟨北山⟩: 첫 구절을 제목으로 삼은 것.
*이 시는 幽王 때 능력과 체력이 있다는 이유로 어떤 대부가 홀로 과중한 업무를 맡아, 공사에 바빠 부모를 모실 겨를도 없음을 한탄하여 읊은 것이라 함.

⟨序⟩: ⟨北山⟩, 大夫刺幽王也. 役使不均, 已勞於從事, 而不得養其父母焉.

　⟨북산⟩은 대부가 유왕을 비난한 것이다. 노역을 시키는 것이 공평하지 못하여 이미 그 일에 종사하느라 지쳐 그 부모를 봉양할 수 없었다.

*전체 6장. 3장은 6구씩, 3장은 4구씩(北山: 六章. 三章章六句, 三章章四句).

(1) 賦
陟彼北山, 言采其杞.
　뎌 北ㅅ 山애 올라, 그 杞를 采호라.
　북쪽 산에 올라, 내가 채취하는 것은 구기자.

偕偕士子, 朝夕從事.
　偕偕(히히)흔 士子ㅣ, 朝夕에 事를 從흐노니,
　건장한 이 사나이, 아침저녁으로 하는 일일세.

王事靡鹽, 憂我父母!
　王事를 鹽(고)케 몯흘 거시라, 내 父母를 憂케 호라!

나랏일이라 허투루 할 수 없어, 우리 부모님을 걱정시키네!

【言采其杞】'言'은 '我'. 내가 채취하는 것은 구기자임.〈鄭箋〉에 "言, 我也. 登山而
采杞, 非可食之物. 喻己行役, 不得其事"라 함.
【偕偕】强壯함을 뜻함.〈毛傳〉과〈集傳〉에 "偕偕, 强壯貌"라 함.
【士子】仕者이며 이 시를 지은 자.〈毛傳〉에 "士子, 有王事者也"라 하였고,〈集傳〉
에 "士子, 詩人自謂也"라 함.
【朝夕從事】〈鄭箋〉에 "朝夕從事, 言不得休止"라 함.
【靡鹽】대충할 수 없음. 꼼꼼히 해야 함.〈鄭箋〉에〈鄭箋〉에 "靡, 無也; 鹽, 不堅
固也. 王事無不堅固, 故我當盡力勤勞于役, 久不得歸父母, 思己而憂"라 함.
＊〈集傳〉에 "○大夫行役而作此詩, 自言「陟北山而采杞, 以食者, 皆强壯之人, 而朝
夕從事者也. 蓋以王事不可以不勤, 是以貽我父母之憂耳.」"라 함.

(2) 賦
溥天之下, 莫非王土.

溥天(부천)ㅅ 下ㅣ, 王의 土ㅣ 아닌 이 업스며,

하늘 밑은 널리, 임금의 땅 아닌 곳이 없으며,

率土之濱, 莫非王臣.

土를 率(솔)혼 濱이, 王의 臣이 아닌 이 업거늘,

땅을 다하여 그 끝까지, 왕의 신하 아닌 자 없거늘,

大夫不均, 我從事獨賢!

태위 均티 아니혼 디라, 事를 從호야 호올로 賢호라!

대부에게만은 공평하게 하지 않아, 나만 홀로 이 일에 노고롭도다!

【溥天之下】《韓詩外傳》등 다른 인용에는 대체로 '普天之下'로 되어 있음.〈毛傳〉
에〈毛傳〉과〈集傳〉에 "溥, 大"라 함.《戰國策》東周策에 "溫人之周, 周不納. 「客
邪?」對曰: 「主人也.」問其巷而不知也, 吏因囚之. 君使人問之曰: 「子非周人, 而自謂
非客, 何也?」對曰: 「臣少而誦《詩》,《詩》曰: 『普天之下, 莫非王土; 率土之濱, 莫非王
臣.』今周君天下, 則我天子之臣, 而又爲客哉? 故曰主人.」君乃使吏出之"라 함.

【率土之濱】〈毛傳〉과 〈集傳〉에 "率, 循;濱, 涯也"라 함. 〈鄭箋〉에 "此言王之土地廣矣, 王之臣又衆矣. 何求而不得何使而不行?"이라 함. '濱'은 끝, 가.

【賢】〈毛傳〉에 "賢, 勞也"라 하였고, 〈鄭箋〉에 "王不均大夫之使, 而專以我有賢才之故, 獨使我從事于役, 自苦之辭"라 함.《廣雅》에도 "賢, 勞也"라 함.

＊〈集傳〉에 "○言「土之廣, 臣之衆, 而王不均平, 使我從事, 獨勞也.」不斥王而曰大夫, 不言獨勞而曰獨賢. 詩人之忠厚如此"라 함.

(3) 賦

四牡彭彭, 王事傍傍.

四牡ㅣ 彭彭(방방)ᄒᆞ니, 王事ㅣ 傍傍(방방)ᄒᆞ도다.

네 필 숫말 쉬지 않고 달리며, 왕의 일이라 그칠 수가 없네.

嘉我未老, 鮮我方將.

내의 老티 아닌 주를 嘉ᄒᆞ며, 내의 보야흐로 將홈을 鮮타 ᄒᆞ야,

내 아직 늙지 않았음을 좋게 여기시고, 내 아직 바야흐로 건장함을 좋다 여기시어,

旅力方剛, 經營四方!

旅力이 보야흐로 剛ᄒᆞᆫ 디라, 四方에 經營ᄒᆞ리라 ᄒᆞ놋다!

근력이 바야흐로 강장하니, 사방을 경영하라 시키셨네!

【彭彭·傍傍】〈毛傳〉에 "彭彭然, 不得息;傍傍然, 不得已"라 하였고, 〈集傳〉에도 "彭彭然, 不得息也;傍傍然, 不得已也"라 함.

【嘉·鮮】〈鄭箋〉에 "嘉·鮮, 皆善也. 王善我年未老乎? 善我方壯乎? 何獨久使我也?"라 하였으나, 〈集傳〉에는 "嘉, 善;鮮, 少也. 以爲少而難得也"라 하여, '鮮'은 '적다'의 뜻으로 보았음.

【將】壯의 뜻. 〈毛傳〉과 〈集傳〉에 "將, 壯也"라 함. 馬瑞辰 〈通釋〉에 "將與壯, 雙聲.《爾雅》:將·壯, 二字幷訓大"라 함.

【旅】〈毛傳〉에 "旅, 衆也"라 하였고, 〈鄭箋〉에 "王謂此事衆之氣, 力方盛乎? 何乃勞苦使之經營四方?"이라 하였으나, 〈集傳〉에는 "旅, 與膂同"이라 하여, '근육의 힘'으로 보았음. 體力, 筋力을 뜻함. 위의 '獨賢'과 對文을 이룸.

*〈集傳〉에 "○言「王之所以使我者, 善我之未老, 而方壯旅力, 可以經營四方爾. 猶上章之言'獨賢'也」라 함.

(4) 賦
或燕燕居息, 或盡瘁事國.

或 燕燕(연연)히 居息(거식)ᄒ거늘, 或 瘁(췌)를 다ᄒ야 國을 事ᄒ며,

어떤 이는 편안히 쉬고 있는데, 나만은 나랏일에 병들어 지쳐가네.

或息偃在牀, 或不已于行!

或 息偃(식언)ᄒ야 牀(상)에 잇거늘, 或 行애 마디 몯ᄒᄂᆞᆺ다!

어떤 이는 침상에 누워 편히 자는데, 나만은 돌아다니는 일 그칠 수 없네!

【或】앞의 '或'자는 궁중에서 편히 지내는 대부들. 뒤의 '或'자는 자신을 가리킴.
【燕燕】즐기는 모습.〈毛傳〉과〈集傳〉에 "燕燕, 安息貌"라 함.
【盡瘁】병이 들도록 몸을 다 바침.〈毛傳〉에 "盡力勞病, 以從國事"라 하였고,〈集傳〉에 "瘁, 病"이라 함.
【偃】누움.
【不已】〈鄭箋〉에 "不已, 猶不止也"라 하였고,〈集傳〉에 "已, 止也. 言役使之不均也. 下章放此"라 함.
【于行】王事를 처리하느라 끝없이 돌아다님.

(5) 賦
或不知叫號, 或慘慘劬勞.

或 叫號(규호)를 아디 몯ᄒ거늘, 或 慘慘(참참)히 劬勞ᄒ며,

어떤 이는 부르짖는 소리 알지도 못하는데, 나만은 처참하게 고생을 하네.

或棲遲偃仰, 或王事鞅掌!

或 栖遲(셔지)ᄒ며 偃仰(언앙)ᄒ거늘, 王事애 鞅(앙)ᄒ며 掌(장)ᄒᄂᆞᆺ다!

어떤 이는 편안히 지내고 있는데, 나만은 나랏일에 내몸 살필 틈도
없네!

【不知叫號】울부짖는 소리도 듣지 않고 깊이 들어앉아 편히 지냄. 〈毛傳〉에 "叫
呼, 號召也"라 하였고, 〈集傳〉에는 "「不知叫號」, 深居安逸, 不聞人聲也"라 함.
【慘慘】처참한 모양.
【棲遲】편안히 살고 있음을 뜻하는 連綿語.
【偃仰】눕고 싶으면 눕고 일어나고 싶으면 일어남. 편안함을 뜻하는 雙聲連綿語.
【鞅掌】보잘것없음. 초라함. 제대로 다듬지 못함 등을 뜻하는 疊韻連綿語. 그러
나 여기서는 公事에 바빠 제 모습도 제대로 갖출 수 없음을 말함. 〈毛傳〉에 "鞅
掌, 失容也"라 하였고, 〈鄭箋〉에 "鞅, 猶何也;掌, 謂捧之也. 負何捧持, 以趨走. 言
促遽也"라 하였으며, 〈集傳〉에는 "鞅掌, 失容也. 言事煩勞, 不暇爲儀容也"라 함.

(6) 賦
或湛樂飲酒, 或慘慘畏咎.

或 湛樂(담락)ㅎ야 酒를 飮ㅎ거늘, 或 慘慘히 咎(구)를 畏(외)ㅎ며,

어떤 이는 술 마시는 즐거움에 젖어 있는데, 나만은 처참하게 허물을
걱정하네.

或出入風議, 或靡事不爲!

或 出入ㅎ야 風議(풍의)ㅎ거늘, 或 일을 ㅎ디 아닐 거시 업도다!

어떤 이는 드나들며 방담을 일삼는데, 나만은 하지 않아도 될 일이란
없네!

【咎】〈鄭箋〉과 〈集傳〉에 "咎, 猶罪過也"라 함.
【風議】朝廷에 있는 자들은 한가하게 放談을 일삼음. 〈鄭箋〉에 "風, 猶放也"라
하였고, 〈集傳〉에는 "「出入風議」, 言親信而從容也"라 함. 허풍을 떨며 큰 소리를
냄을 뜻함. 현대 중국어의 '吹牛'와 같음.

1. 孔穎達 〈正義〉

經六章, 皆怨役使不均之辭. 若指文則大夫不均, 我從事獨賢, 是役使不均也. 朝
夕從事, 是已勞于從事也. 憂我父母, 是由不得養其父母, 所以憂之也. 經序倒者, 作
者恨勞而不得供養, 故言憂我父母. 序以由不均, 而致此怨. 故先言役使不均也.

212(小-52) 무장대거(無將大車)

*〈無將大車〉: '將'은 손으로 밀고 나감. '大車'는 많은 짐을 싣고 소가 끌도록 하
는 수레.
*이 시는 幽王 때 어떤 大夫가 소인을 추천하여 일을 시켰으나 그 임무를 감당
할 재능이 전혀 없음을 알고, 소인과 함께 하였음을 후회한 것이라 함.

<序>: <無將大車>, 大夫悔將小人也.

〈무장대거〉는 대부가 소인을 거느리는 일을 후회한 것이다.

〈箋〉: 周大夫悔將小人, 幽王之時, 小人衆多, 賢者與之從事, 反見譖害, 自悔
與小人並.

*전체 3장. 매 장 4구씩(無將大車:三章. 章四句).

(1) 興

無將大車, 祇自塵兮!

大車를 將티 마롤 디어다, 다믄 스스로 塵(진)히리라!
대거를 손으로 밀지 마라, 마침 그저 먼지만 덮어 쓰겠다!

無思百憂, 祇自疧兮!

百憂를 思티 마롤 디어다, 다믄 스스로 疧(민)히리라!
온갖 걱정 하지 마라, 단지 스스로 병 만들겠다!

【將】扶進, 즉 손으로 밀고 감. 〈鄭箋〉에 "將, 猶扶進也"라 하였고, 〈集傳〉에 "將,
扶進也"라 함.
【大車】〈毛傳〉에 "大車, 小人之所將也"라 하였고, 〈集傳〉에는 "大車, 平地任載之車
駕牛者也"라 함. 소가 끌어야 할 수레를 소인이 손으로 밀고 있음. 일의 처리 방
법에 무지한 소인을 비유한 것.
【祇】〈鄭箋〉에 "祇, 適也. 鄙事者, 賤者之所爲也. 君子爲之, 不堪其勞. 以喻大夫而

進擧小人, 適自作憂累, 故悔之"라 하였고, 〈集傳〉에는 "祇, 適"이라 함. '마침'(會)의 뜻. 그러나 文意로 보아 '只'의 뜻에 가까움. 〈諺解〉에도 '다믄'으로 풀이하였음.

【百憂】〈鄭箋〉에 "百憂者, 衆小事之憂也. 進擧小人, 使得居位, 不任其職. 怨負及己, 故以衆小事爲憂, 適自病也"라 함.

【疧】병이 듦. 〈毛傳〉과 〈集傳〉에 "疧, 病也"라 함. 이 疧자는 '뎌(저)'(徒禮反)로 읽어야 하나 〈諺解〉에는 '민'으로 읽었으며, 이는 '瘠'자로 본 것임.

＊〈集傳〉에 "○此亦行役勞苦, 而憂思者之作. 言「將大車, 則塵汚之. 思百憂, 則病及之也.」"라 함.

(2) 興

無將大車, 維塵冥冥!

大車를 將티 마롤 디어다, 塵이 冥冥(명명)ㅎ리라!

대거를 손으로 밀고 가지 마라, 먼지만 캄캄하게 덮어 쓰겠다!

無思百憂, 不出于熲!

百憂를 思티 마롤 디어다, 熲(경)에 出티 몯ㅎ리라!

온갖 걱정 하지 마라, 밝은 길로 나서기는 글렀다!

【冥冥】먼지가 심하게 나는 모습. 〈鄭箋〉에 "冥冥者, 蔽人目明令無所見也. 猶進擧小人, 蔽傷己之功德也"라 하였고, 〈集傳〉에 "冥冥, 昏晦也"라 함. 그 먼지가 대부 자신의 공덕까지 갉아먹음을 비유함.

【熲】炅, 炯, 耿과 같음. 〈毛傳〉에 "熲, 光也"라 하였고, 〈鄭箋〉에 "思衆小事, 以爲憂, 使人蔽闇, 不得出于光明之道"라 함. 〈集傳〉에는 "熲, 與耿同, 小明也. 在憂中, 耿耿然, 不能出也"라 함. 광명한 大道로 나갈 수 없음.

(3) 興

無將大車, 維塵雝兮!

大車를 將티 마롤 디어다, 塵이 雝(옹)ㅎ리라!

대거를 손으로 밀고 가지 마라, 먼지가 뒤덮이겠다!

無思百憂, 秪自重兮!

百憂를 思티 마롤 디어다, 다믄 스스로 重ᄒ리라!

온갖 걱정 하지 마라, 단지 스스로 累만 가중되겠다!

【雝】壅蔽와 같음. '雝'은 壅과 같음. 〈鄭箋〉과 〈集傳〉에 "雝, 猶蔽也"라 함.
【重】累가 됨. 累만 加重시킴. 〈鄭箋〉과 〈集傳〉에 "重, 猶累也"라 함.

> 참고 및 관련 자료

1. 孔穎達 〈正義〉

作〈無將大車〉詩者, 謂時大夫將進小人, 使有職位, 不堪其任, 悠負及己, 故悔之也. 以將進小人, 後致病累, 可爲鑒戒, 以示將來, 足明時政昏昧, 朝多小人, 亦所以刺王也. 若然, 此大夫作詩, 則賢者也. 自當擇交, 旣進而悔者, 知人則哲. 堯尙難之, 孔子以聖人之雋, 尙改觀于宰我. 子文以諸侯之良, 猶未知于子玉. 况大夫非聖, 能無悔乎? 經三章, 皆悔辭也.

213(小-53) 소명(小明)

＊〈小明〉: 명석함이 자꾸 작아짐.
＊이 시는 幽王이 날로 명석함이 줄어들어 그 정사에 손상이 심해, 결국 난에 이르는 지경이 되자, 이런 난세에 먼 외지를 떠돌며 벼슬해야 하는 자가 자신의 처지를 후회한 것이라 함.

〈序〉: 〈小明〉, 大夫悔仕於亂世也.

〈소명〉은 대부가 난세에 벼슬함을 후회한 것이다.

〈箋〉: 名篇曰 '小明'者, 言幽王日小其明, 損其政事, 以至於亂.

＊전체 5장. 3장은 12구씩, 2장은 6구씩(小明: 五章. 三章章十二句, 二章章六句).

(1) 賦
明明上天, 照臨下土.

明明ᄒ신 上天이, 下土애 照臨(죠림)ᄒ엿거시니라.

밝고 밝은 하늘이, 온 아랫 세상을 비춰주시니,

我征徂西, 至于芃野.

내 征ᄒ야 西로 徂(조)ᄒ야, 芃野(구야)애 至호니,

나는 서쪽으로 가서, 먼 구야에 이르렀네.

二月初吉, 載離寒暑.

二月ㅅ 初吉이러니, 곧 寒暑(한셔)를 離ᄒ것다.

二月 초순에 떠나, 어느덧 겨울 보내고 더운 여름.

心之憂矣, 其毒大苦!

心의 憂홈이여, 그 毒이 ᄀ장 苦ᄒ도다!

마음의 근심이여, 그 독은 가장 괴롭도다!

念彼共人, 涕零如雨.

뎌 共ᄒᆞᄂᆞᆫ 人을 念ᄒᆞ야, 涕ㅣ 零(령)홈을 雨ᄀᆞ티 호라.

친구를 생각하니, 눈물이 비 오듯 뚝뚝 떨어지네.

豈不懷歸? 畏此罪罟!

엇디 歸홈을 懷티 아니 ᄒᆞ리오 마ᄂᆞᆫ, 이 罪罟(죄고)를 畏ᄒᆞ애니라!

어찌 돌아가고 싶지 않으리오? 이 죄의 그물 두려움 때문이라네!

【明明上天, 照臨下土】〈鄭箋〉에 "「明明上天」, 喩王者, 當光明如日之中也. 「照臨下
土」, 喩王者, 當察理天下之事也. 據時幽王不能然, 故擧以刺之"라 함.

【征徂】〈鄭箋〉과 〈集傳〉에 "征, 行; 徂, 徃也"라 함.

【芃野】지명. 거칠고 먼 땅이었다 함. 〈毛傳〉에 "芃野, 遠荒之地"라 하였고, 〈鄭
箋〉에 "我行往之西方, 至于荒遠之地"라 함. 〈集傳〉에 "芃野, 地名. 蓋遠荒之地也"
라 함.

【二月初吉】〈毛傳〉에 "初吉, 朔日也"라 하였고, 〈鄭箋〉에 "乃以二月朔日始行, 至今
則更夏暑冬寒矣, 尙未得歸. 詩人牧伯之大夫, 使述其方之事, 遭亂世勞苦, 而悔仕"
라 함. 〈集傳〉에도 "二月, 亦以夏正數之, 建卯月也. 初吉, 朔日也"라 함. '初吉'은
혹 陰曆 上旬, 또는 초이틀이나 초사흘을 가리키는 것이라고도 함. 陳奐〈傳疏〉
에 "古謂朔爲吉. ……朔日者, 謂月朔之日, 不必定在始一日, 自一至十皆是也"라 함.

【毒】〈鄭箋〉에 "憂之甚, 心中如有藥毒也"라 하였고, 〈集傳〉에 "毒, 言心中如有藥
毒也"라 함.

【共人】同僚를 가리킴. 〈鄭箋〉에 "共人, 靖共爾位, 以待賢者之君"이라 하였고,
〈集傳〉에 "共人, 僚友之處者也"라 함.

【懷】〈鄭箋〉에 "懷, 思也. 我誠思歸, 畏此刑罪羅網我, 故不敢歸爾"라 하였고, 〈集
傳〉에 "懷, 思"라 함.

【罟】그물. 〈毛傳〉과 〈集傳〉에 "罟, 網也"라 함.

*〈集傳〉에 "○大夫以二月西征, 至於歲暮而未得歸. 故呼天而訴之, 復念其僚友之
處者. 且自言其畏罪, 而不敢歸也"라 함.

(2) 賦

昔我往矣, 日月方除.

녜 내 갈 제ᄂᆞᆫ, 日月이 보야흐로 除ᄒᆞ더니,

지난 날 내 떠날 때, 그 시기는 바야흐로 해가 바뀌는 때였는데,

曷云其還? 歲聿云莫!

언제 그 還(환)홀고? 歲 드듸여 莫(모)ᄒ것다!

언제 돌아갈꼬? 이 해도 저물어 가는데!

念我獨兮, 我事孔庶.

念컨댄 내 혼재어늘, 내 일이 심히 庶(셔)ᄒ도다.

생각컨대 나 홀로일세, 나의 일은 심히 많기도 하네.

心之憂矣, 憚我不暇!

心의 憂홈이여, 憚(단)ᄒ야 내 暇티 몯호라!

마음의 근심이여, 힘든 내 몸 쉴 틈 없구나!

念彼共人, 睠睠懷顧.

뎌 共ᄒᄂ 人을 念ᄒ야, 睠睠(권권)히 懷ᄒ야 顧호라.

저 동료를 생각하며, 그립고 보고파 자꾸 돌아보도다.

豈不懷歸? 畏此譴怒!

엇디 歸홈를 思티 아니 ᄒ리오 마ᄂᆫ, 이 譴怒(견노)를 畏ᄒ얘니라!

어찌 돌아가고 싶지 않으리오? 임금의 견책과 노함을 두려워해서일세!

【日月】시기. 때를 뜻함.
【除】묵은 것이 사라지고 새해가 옴. 除夕을 뜻함. 〈毛傳〉에 "除, 除陳生新也"라 하였고, 〈集傳〉에 "除, 除舊生新也. 謂二月初吉也"라 함. 〈鄭箋〉에는 "四月爲除, 昔我往至於兀野, 以四月. 自謂其時, 將卽歸. 何言其還乃至歲晚, 尙不得歸?"라 함.
【歲聿云莫】'聿'은 발어사. '莫'는 暮와 같음. 歲暮.
【孔庶】〈鄭箋〉에 "孔, 甚;庶, 衆也. 我事獨甚衆勞, 我不暇. 皆言王政不均, 臣事不同也"라 함. 〈集傳〉에는 "庶, 衆"이라 함.
【憚】〈毛傳〉과 〈集傳〉에 "憚, 勞也"라 함.
【睠睠】그리워 하는 모양. 〈鄭箋〉에 "睠睠, 有往仕之志也"라 하였고, 〈集傳〉에 "睠睠, 勤厚之意"라 함.

【譴怒】변방 임무를 제대로 하지 않았다가 당할 임금의 견책과 노기. 〈集傳〉에
"譴怒, 罪責也"라 함.
*〈集傳〉에 "○言「昔以是時徃, 今未知何時可還, 而歲已暮矣.」蓋身獨而事衆, 是以
勤勞, 而不暇也"라 함.

(3) 賦
昔我往矣, 日月方奧.

녜 내 갈 제는, 日月이 보야흐로 奧(욱)ᄒ더니,

예전에 내가 집을 떠날 때는, 날씨도 바야흐로 따듯한 봄이었는데,

曷云其還? 政事愈蹙.

언제 그 還홀고? 政事ㅣ 더욱 蹙(축)ᄒ도다!

언제 돌아갈꼬? 행정으로 처리해야 할 일 더욱 촉급하네!

歲聿云莫, 采蕭穫菽.

歲 드듸여 莫(모)ᄒ 디라, 蕭(쇼)를 采ᄒ며 菽(슉)을 穫(확)호라.

한 해가 드디어 저물어 갈 때면, 다북쑥 뜯고 콩을 땄거니,

心之憂矣, 自詒伊戚!

心의 憂홈이여, 스스로 戚을 詒(이)ᄒ도다!

마음의 근심이여, 스스로 내 몸에 슬픔만 던져주네!

念彼共人, 興言出宿.

뎌 共ᄒ는 人을 念ᄒ야, 니러 出ᄒ야 宿호라.

저 동료를 생각하다가, 일어나 나가서 잠을 자네.

豈不懷歸? 畏此反覆!

엇디 歸홈을 懷티 아니 ᄒ리오 마ᄂᆞᆫ, 이 反覆(반복)홈을 畏ᄒ얘니라!

어찌 돌아가고 싶지 않으리오? 잘못하지도 않고 누명을 뒤집어쓸까 두
려워서라네!

【奧】〈毛傳〉과 〈集傳〉에 "奧, 煖也"라 함.

【愈】〈鄭箋〉에 "愈, 猶益也. 何言其還, 乃至於政事, 更益促急, 歲晚乃至, 采蕭穫菽, 尚不得歸?"라 함.

【蹙】〈毛傳〉에 "蹙, 促也"라 하였고, 〈集傳〉에는 "蹙, 急"이라 함.

【聿云】두 모두 發語辭.

【詒】'貽'와 같음. 끼쳐줌. 〈諺解〉에는 '貽'자로 표기하고 있음. 〈鄭箋〉에 "詒, 遺也. 我冒亂世而仕, 自遺此憂悔仕之辭"라 하였고, 〈集傳〉에는 "詒, 遺"라 함.

【伊戚】'伊'는 發語詞. '戚'은 慽과 같음. 근심. 〈毛傳〉과 〈集傳〉에 "戚, 憂也"라 함.

【興言出宿】일어나 밖에 가서 잠을 잠. '興'은 자다가 일어남. 〈鄭箋〉에 "興, 起也. 夜臥起宿於外, 憂不能宿於內也"라 하였고, 〈集傳〉에도 "興, 起也"라 함.

【反覆】正當한 罪로 벌을 받는 것이 아님. 벽지가 싫다고 뿌리치고 돌아갔다가는 엉뚱한 누명을 씀. 〈鄭箋〉에 "反, 覆. 謂不以正罪見罪"라 하였고, 〈集傳〉에 "反覆, 傾側無常之意也"라 함.

＊〈集傳〉에 "○言「以政事愈急, 是以至此歲暮而猶不得歸. 又自咎其不能見幾遠去, 而自遺此憂, 至於不能安寢, 而出宿於外也.」"라 함.

(4) 賦

嗟爾君子! 無恒安處.

嗟홉다, 너 君子ᄂᆞᆫ! 安處로 恒(ᄒᆡᆼ)티 마롤 디어다.

안타깝도다, 군자여! 항상 편안할 것이라고는 생각지 말라.

靖共爾位, 正直是與.

네 位예 靖(졍)ᄒᆞ며 共ᄒᆞ야, 正直을 이예 與(여)ᄒᆞ면,

그대의 자리를 삼가 공경히 받들어, 정직함으로 함께하면,

神之聽之, 式　以女!

神이 聽ᄒᆞ야, 穀으로 ᄡᅥ 네게 以(이)ᄒᆞ리라!

신도 살피고 이를 들으시어, 이로써 그대에게 복록을 주리라!

【君子】〈集傳〉에 "君子, 亦指其僚友也"라 함.

【恒】'恒'의 異體字. 〈集傳〉에 "恒, 常也"라 함. 〈鄭箋〉에 "恒, 常也. 「嗟女君子」, 謂其友未仕者也. 人之居無常安之處, 謂當安安而能遷. 孔子曰「鳥則擇木」"이라 함.

【靖共】靖恭과 같음. 職務를 공경히 잘 수행함. 〈毛傳〉에 "靖, 謀也. 正直爲正能
正人之曲曰直"라 하였고, 〈集傳〉에 "靖, 與靜同"이라 함. 〈鄭箋〉에 "共, 具"라 함.
【與】〈集傳〉에 "與, 猶助也"라 함.
【式穀以女】〈鄭箋〉에 "式, 用; 穀, 善也. 有明君謀具女之爵位, 其志在於與正直之人
爲治. 神明若祐而聽之, 其用善人, 則必用女. 是使聽天任命, 不汲汲求仕之辭. 言
女位者, 位無常主, 賢人則是"라 함. 〈集傳〉에 "穀, 祿也; 以, 猶與也"라 함.
＊〈集傳〉에 "○上章既自傷悼, 此章又戒其僚友曰:「嗟爾君子, 無以安處爲常, 言當
有勞時, 勿懷安也. 當靖共爾位, 惟正直之人是助, 則神之聽之, 而以穀祿與女
矣.」"라 함.

(5) 賦

嗟爾君子! 無恆安息.

嗟홉다, 너 君子는! 安息으로 恒티 마롤 디어다.

아, 그대 군자여! 언제나 편안히 쉴 수 있으리라 여기지 말라.

靖共爾位, 好是正直.

네 位예 靖ᄒ며 共ᄒ야, 正直을 好ᄒ면,

그대의 지위를 공경히 받들어, 언제나 정직함을 좋아하면,

神之聽之, 介爾景福!

神이 聽ᄒ야, 네 큰 福을 介케 ᄒ리라!

신도 이를 살피고 이를 들으시고, 너를 크게 여겨 큰 복을 주시리라!

【息】〈毛傳〉과 〈集傳〉에 "息, 猶處也"라 함.
【好】〈鄭箋〉에 "好, 猶與也"라 하였고, 〈集傳〉에 "好是正直」, 愛此正直之人也"라 함.
【介·景】〈毛傳〉과 〈集傳〉에 "介·景, 皆大也"라 함. 〈鄭箋〉에는 "介, 助也.「神明聽
之」, 則將助女以大福. 謂遭是明君, 道施行也"라 함.

┌─────────────────┐
│ 참고 및 관련 자료 │
└─────────────────┘

1. 孔穎達 〈正義〉
〈小明〉詩者, 牧伯大夫所作, 自悔仕于亂世, 謂大夫仕于亂世, 使于遠方, 令己勞苦,

故悔也. 首章〈箋〉詩人牧伯之大夫, 使述其四方之事. 然則牧伯大夫, 使述其四方之事, 是常今而悔仕者, 以牧伯大夫, 雖行使是常, 而均其勞逸, 有期而反. 今幽王之亂, 役則偏苦, 行則過時也. 故「我事孔庶」, 〈箋〉「王政不均, 臣事不同」, 是偏苦也. 「歲聿云莫」, 〈箋〉「乃至歲晚, 尙不得歸」, 是過時也. 偏當勞役, 歷日長久, 故所以悔也. 經五章, 皆悔仕之辭, 雖總爲悔仕, 而發但所悔有意, 故首章言「載離寒暑, 以日月長久」, 是悔仕. 〈箋〉因其篇初, 故言「遭亂世勞苦, 而悔仕」. 三章言其自詒伊戚, 是憂恨之語. 故〈箋〉悔仕之辭, 其實皆悔亂也.

214(小-54) 고종(鼓鍾)

＊〈鼓鍾〉: 종을 울림. '鼓'는 동사.
＊이 시는 幽王이 음악을 연주하며 음란함에 빠졌음을 비난한 것이라 함. 그러나 朱熹는 이 시의 原義는 구체적으로 알 수 없다 하였음.

〈序〉: 〈鼓鍾〉, 刺幽王也.

〈고종〉은 유왕을 비난한 것이다.

＊전체 4장. 매 장 5구씩(鼓鍾: 四章, 章五句).

(1) 賦
鼓鍾將將, 淮水湯湯, 憂心且傷.

鐘을 鼓홈애 將將ᄒ거늘, 淮水ㅣ 湯湯(샹샹)ᄒ니, 心에 憂ᄒ고 ᄯᅩ 傷호라.

종을 울리는 소리 땡땡하고, 회수의 물은 넘실넘실, 내 마음은 근심스럽고 또한 애달프네.

淑人君子, 懷允不忘!

淑人인 君子ㅣ여, 懷ᄒ야 진실로 忘티 몯ᄒ리로다!

훌륭하신 군자여, 미더움을 품고 잊지 마시기를!

【鼓】악기를 연주함. 〈諺解〉에는 '鼓'는 '鼓'자로, '鍾'은 '鐘'자로 표기하였음.
【將將】종 울리는 소리. 〈集傳〉에 "將將, 聲也"라 함.
【淮水】〈集傳〉에 "淮水, 出信陽軍桐栢山, 至楚州漣水軍入海"라 함.
【湯湯】들끓는 모양. 〈集傳〉에 "湯湯, 沸騰之貌"라 함.
【憂心且傷】〈毛傳〉에 "幽王用樂不與德比, 會諸侯于淮上鼓其淫樂, 以示諸侯, 賢者爲之憂傷"이라 하였고, 〈鄭箋〉에 "爲之'憂傷'者, 嘉樂不野合, 犧象不出門. 今乃于淮水之上, 作先王之樂, 失禮尤甚"이라 함.

【淑】善의 뜻. 〈鄭箋〉과 〈集傳〉에 "淑, 善"이라 함.
【懷允】생각함. 마음에 품은 믿음. 〈鄭箋〉에 "懷, 至也. 古者, 善人君子其用禮樂,
 各得其宜, 至信不可忘"이라 하였고, 〈集傳〉에는 "懷, 思; 允, 信也"라 함.
＊〈集傳〉에 "○此詩之義未詳." 王氏曰:「幽王鼓鐘淮水之上, 爲流連之樂, 久而忘
 反. 聞者憂傷而思古之君子, 不能忘也.」라 함.

(2) 賦
鼓鍾喈喈, 淮水湝湝, 憂心且悲.

鐘을 皷홈애 喈喈(개개)ᄒ거늘, 淮水ㅣ 湝湝(히히)ᄒ니, 心에 憂ᄒ고 ᄯ
悲호라.

종을 울리는 소리 덩덩하고, 회수의 물은 출렁출렁, 내 마음 근심에 또
한 슬픔이로다.

淑人君子, 其德不回!

淑人인 君子ㅣ여, 그 德이 回티 아니 ᄒ도다!

훌륭하신 군자여, 그 덕이 사곡(邪曲)되지 않아야 할 텐데!

【喈喈】將將과 같음. 〈毛傳〉과 〈集傳〉에 "喈喈, 猶將將"이라 함.
【湝湝】湯湯과 같음. 물이 출렁출렁 흘러가는 모습. 〈毛傳〉과 〈集傳〉에 "湝湝, 猶
 湯湯"이라 함.
【悲】〈毛傳〉과 〈集傳〉에 "悲, 猶傷也"라 함.
【回】〈毛傳〉과 〈集傳〉에 "回, 邪也"라 함.

(3) 賦
鼓鍾伐鼛, 淮有三洲, 憂心且妯.

鐘을 皷ᄒ며 鼛(고)를 伐ᄒ거늘, 淮예 세 洲(쥬)ㅣ 이시니, 心에 憂ᄒ고
ᄯ 妯(츄)호라.

종을 울리고 큰 북을 치니, 회수에는 세 곳 삼각주가 있는데, 내 마음
근심되고 또한 애달프도다.

淑人君子, 其德不猶!

淑人인 君子ㅣ여, 그 德이 猶티 아니 ㅎ도다!

훌륭하신 군자여, 그 덕 황란(荒亂)하지는 않아야 할 텐데!

【鼛】큰 북. 〈毛傳〉에 "欽欽, 言使人樂進也"라 하였고, 〈集傳〉에 "鼛, 大鼓也.《周禮》作'皐', 云:「皐, 鼓. 尋有四尺.」"이라 함.

【三州】淮水의 江 가운데 있는 세 개의 모래섬. 〈毛傳〉에 "三洲, 淮上地"라 하였고, 〈集傳〉에는 "三洲, 淮上地. 蘇氏曰:「始言湯湯, 水盛也. 中言湝湝, 水流也. 終言三洲, 水落而洲見也. 言幽王之久於淮上也.」"라 함.

【妯】움직임. 〈毛傳〉과 〈集傳〉에 "妯, 動"이라 함. 〈鄭箋〉에 "妯之言, 悼也"라 하여, '두근대다', 혹 '걱정스럽다'의 뜻.

【猶】〈毛傳〉에 "猶, 若也"라 하였으나, 〈鄭箋〉에 "猶, 當作瘉. 瘉, 病也"라 함. 〈集傳〉에도 "猶, 若也. 言不若今王之荒亂也"라 함.

(4) 賦
鼓鍾欽欽, 鼓瑟鼓琴, 笙磬同音.

鐘을 鼓홈애 欽欽(흠흠)ㅎ거늘, 瑟을 鼓ㅎ며 琴을 鼓ㅎ며, 笙(ㅅ·ㅣ)과 磬(경)이 音이 同ㅎ니,

종을 쳐서 꽝꽝하고 금과 슬도 연주하며, 생황과 편종도 함께 합주하네.

以雅以南, 以籥不僭!

뻐 雅와 뻐 南과 뻐 籥(약)이, 僭(참)티 아니 ㅎ도다!

소아와 대아로써 하고 주남과 소남으로 하며, 약무(籥舞)로써 하니 참란하지는 않구나!

【欽欽】鍾의 소리. 〈毛傳〉에 "欽欽, 言使人樂進也"라 하였으나, 〈集傳〉에는 "欽欽, 亦聲也"라 함.

【笙磬】'笙'은 笙簧. '磬'은 編磬. 打樂器. 〈毛傳〉에 "笙·磬, 東方之樂也"라 하였고, 〈集傳〉에는 "磬, 樂器. 以石爲之. 琴瑟在堂, 笙磬在下"라 함.

【同音】合奏를 뜻함.〈毛傳〉에 "同音, 四縣皆同也"라 하였고,〈鄭箋〉에 "同音者, 謂堂上堂下, 八音克諧"라 함.〈集傳〉에도 "同音, 言其和也"라 함.

【雅】雅樂. 小雅와 大雅. 中原의 正樂.〈集傳〉에 "雅, 二雅也"라 함.

【南】〈周南〉과〈召南〉을 뜻함.〈集傳〉에 "南, 二南也"라 함.

【籥】피리를 손에 들고 추는 文舞의 음악에 사용함.〈集傳〉에 "籥, 籥舞也"라 함.

【僭】〈集傳〉에 "僭, 亂也. 言三者皆不僭也"라 함.〈毛傳〉에 "爲雅, 爲南也. 舞四夷之樂, 大德廣所及也. 東夷之樂曰韎, 南夷之樂曰任, 西夷之樂曰株離, 北夷之樂曰禁. 以爲籥舞若是, 爲和而不僭矣"라 하였고,〈鄭箋〉에 "雅, 萬舞也. 萬也, 南也, 籥也, 三舞不僭. 言進退之旅也. 周樂尙武, 故謂萬舞爲雅, 雅, 正也. 籥, 舞文樂也"라 함.

＊〈集傳〉에 "○蘇氏曰:「言幽王之不德, 豈其樂非古歟? 樂則是, 而人則非也.」"라 함.

참고 및 관련 자료

1. 孔穎達〈正義〉

  毛以刺鼓其淫樂, 以示諸侯; 鄭以爲作先王正樂于淮水之上. 毛·鄭雖其意不同, 俱是失所, 故刺之. 經四章毛·鄭皆上三章, 是失禮之事. 卒章陳正禮責之. 此刺幽王明矣. 鄭於中候《握河紀》注云:「昭王時, 鼓鍾之詩.」所爲作者, 鄭時未見;《毛詩》依三家爲說也.

2. 朱熹〈集傳〉

〈鼓鍾〉, 四章, 章五句:

  此詩之義, 有不可知者. 今姑釋其訓詁名物, 而略以王氏·蘇氏之說解之. 未敢信其必然也.

215(小-55) 초자(楚茨)

〈序〉: 〈楚茨〉, 刺幽王也. 政煩賦重, 田萊多荒, 饑饉降喪, 民卒流亡, 祭祀不饗, 故君子思古焉.

〈초자〉는 유왕을 비난한 것이다. 정치는 번잡하고 부세는 무거워, 농토의 곡물은 모두 황폐해졌으며, 기근에 재앙까지 내려 백성들이 유랑하고 사라져 제사에도 신들이 흠향하지 않았다. 그 때문에 군자가 옛 태평시대를 그리워한 것이다.

〈箋〉: 田萊多荒, 茨棘不除也. 饑饉, 倉庾不盈也. 降喪, 神不與福助也.

*전체 6장. 매 장 12구씩(楚茨: 六章. 章十二句).

(1) 賦
楚楚者茨, 言抽其棘.

楚楚혼 茨(ㅈ)애, 그 棘을 抽(츄)홈은,

까끌까끌 가시 돋친, 찔레나무 가시를 뽑아 제거하네.

自昔何爲? 我蓺黍稷.

녜로부터 엇디 ᄒ뇨? 우리로 黍稷을 蓺(예)케 ᄒ니라.

예로부터 어찌 이렇게 하였을까? 우리에게 黍稷 같은 좋은 곡식 심으라 그랬던 것이지.

我黍與與, 我稷翼翼.

우리로 黍ㅣ 與與(여여)ᄒᆞ며, 우리 稷이 翼翼(익익)ᄒᆞ야,

우리 기장은 무성하고, 우리 피도 잘 자라 무럭무럭,

我倉旣盈, 我庾維億.

우리 倉이 이믜 盈ᄒᆞ며, 우리 庾(유)ㅣ 億이어늘,

우리 창고도 가득 차고, 노적가리도 수 억이나 되네.

以維酒食, 以饗以祀,

써 酒食을 ᄒᆞ야, 써 饗ᄒᆞ며 써 祀(ᄉᆞ)ᄒᆞ며,

술과 떡으로써, 제사에 올려 드리네.

以妥以侑, 以介景福!

써 妥(타)ᄒᆞ며 써 侑(유)ᄒᆞ야, 써 큰 福을 介케 ᄒᆞ놋다!

시동을 편히 앉혀 드시게 하여, 이로써 큰 복을 빌도다!

【楚楚】〈毛傳〉에 "楚楚, 茨棘貌"라 하였고, 〈集傳〉에 "楚楚, 盛密貌"라 함. 찔레나 무에 가시가 많이 돋힌 모양.

【茨】찔레. 〈鄭箋〉에 "茨, 蒺藜也. 伐除蒺藜與棘, 自古之人, 何乃勤苦爲此事乎? 我將樹黍稷焉. 言古者, 先王之政, 以農爲本. 茨言楚楚, 棘言抽, 互辭也"라 함. 〈集傳〉에 "茨, 蒺藜也"라 함.

【抽】뽑아 제거함. 〈毛傳〉과 〈集傳〉에 "抽, 除也"라 함. 陳奐 〈傳疏〉에 "抽·除, 雙聲"이라 함.

【我】〈集傳〉에 "我, 爲有田祿而奉祭祀者之自稱也"라 함.

【蓺】심음. '藝'의 本字.

【黍與與·稷翼翼】〈鄭箋〉에 "黍與與, 稷翼翼, 蕃廡貌. 陰陽和風雨時, 則萬物成; 萬物成, 則倉庾充滿矣. 倉言盈·庾言億, 亦互辭. 喻多也. 十萬曰億"이라 하였고, 〈集傳〉에 "與與·翼翼, 皆蕃盛貌"라 함.

【庾】창고, 혹 노적가리. 〈毛傳〉과 〈集傳〉에 "露積曰庾, 十萬曰億"이라 함.

【享】〈鄭箋〉과 〈集傳〉에 "享(饗), 獻也"라 함.

【妥·侑】尸童에게 편히 앉아 드시게 함. 〈毛傳〉에 "妥, 安坐也; 侑, 勸也"라 하였고, 〈集傳〉에 "妥, 安坐也.《禮》曰:「詔妥尸, 蓋祭祀, 筮族人之子爲尸, 旣奠迎之, 使處

神坐, 而拜以安之也.」;〈集傳〉에 "侑, 勸也. 恐尸或未飽, 祝侑之曰:「皇尸未實也.」"
라 함.

【以介景福】〈鄭箋〉에 "介, 助;景, 大也. 以黍稷爲酒食, 獻之以祀先祖, 旣又迎尸, 使
處神坐, 而食之, 爲其嫌不飽, 祝以主人之辭, 勸之. 所以助孝子, 受大福也"라 하
였고, 〈集傳〉에는 "介, 大也;景, 亦大也"라 함.

＊〈集傳〉에 "○此詩述公卿有田祿者, 力於農事以奉其宗廟之祭. 故言「蒺藜之地,
有抽除其棘者. 古人何乃爲此事乎? 蓋將使我於此藝黍稷也. 故我之黍稷, 旣盛
倉庾旣實, 則爲酒食以享祀, 妥侑而介大福也.」"라 함.

(2) 賦
濟濟蹌蹌, 絜爾牛羊, 以往烝嘗.

濟濟ᄒ며 蹌蹌(챵챵)ᄒᆫ 디라, 네 牛와 羊을 絜(결)히 ᄒ야, 써 徃(왕)ᄒ야
烝(증)ᄒ며 嘗(샹)ᄒ니,

용모를 갖추어 드나들며, 소와 양을 정결히 잡아, 가서 겨울제사며 가
을제사를 드리네.

或剝或亨, 或肆或將.

或 剝(박)ᄒ며 혹 亨(픵)ᄒ며, 或 肆(ᄉ)ᄒ며 或 將ᄒ놋다.

혹 가죽을 벗기기도 하고 삶기도 하며, 혹 차려 놓기도 하고 혹 가지런
히 올려드리네.

祝祭于祊, 祀事孔明.

祝(축)이 祊(방)에 祭ᄒ니, 祀事ㅣ 심히 明ᄒ야,

축(祝)이 문간에서 신을 부르니, 제사 의식은 잘 준비되었네.

先祖是皇, 神保是饗.

先祖ㅣ 이에 皇이시며, 神保ㅣ 이에 饗ᄒ시니,

선조께서는 거룩하신 분, 시동에게 내려오신 신께서 이를 흠향하시니,

孝孫有慶, 報以介福, 萬壽無疆!

孝孫이 慶(경)이 이셔, 報호ᄃᆡ 큰 福으로 써 ᄒ니, 萬壽ㅣ 疆이 업스리

로다!

　제주 효손에게 경사가 있고, 큰 복을 내려주시며, 만수무강을 함께 내리시리로다!

【濟濟蹌蹌】〈毛傳〉과 〈集傳〉에 “濟濟蹌蹌」, 言有容也”라 하였고, 〈鄭箋〉에는 “「有容」, 言威儀敬愼也”라 함.

【絜】‘潔’과 같음. 淨潔하게 함.

【烝嘗】冬祭를 烝, 秋祭를 嘗이라 함. 〈鄭箋〉에 “冬祭曰烝, 秋祭曰嘗. 祭祀之禮, 各有其事, 有解剝其皮者, 有薦熟之者, 有肆其骨體於俎者, 或奉持而進之者”라 하였고, 〈集傳〉에도 “冬祭曰烝, 秋祭曰嘗”이라 함.

【剝】껍질을 벗겨 제수를 다듬음. 〈集傳〉에 “剝, 解剝其皮也”라 함.

【亨】烹의 假借字. 〈毛傳〉에 “亨, 飪之也”라 하였고, 〈集傳〉에 “亨, 薦熟之也”라 함.

【享】祭物을 바치는 것.

【肆】陳列. 〈毛傳〉에 “肆, 陳”이라 하였고, 〈集傳〉에 “肆, 陳之也”라 함.

【將】제사상에 가지런히 올려놓음. 〈毛傳〉에 “將, 齊也. 或陳于牙, 齊其肉”이라 하였고, 〈集傳〉에 “將, 奉持而進之也”라 함.

【祝】제사를 주관하여, 神의 뜻을 傳하는 者.

【祝祭于祊】〈毛傳〉에 “祊, 門內也”라 하였고, 〈集傳〉에도 “祊, 廟門內也. 孝子不知神之所在, 故使祝博求之於門內, 待賓客之處也”라 함.

【孔明】아주 잘 갖추어 짐. ‘明’은 고대 제사에서 ‘明水’, ‘明衣’, ‘明粢’ 등의 용어로 썼음. 〈鄭箋〉에 “〈鄭箋〉에 “孔, 甚也; 明, 猶備也, 絜也, 孝子不知神之所在, 故使祝博求之, 平生門內之旁, 待賓客之處祀禮, 于是甚明”이라 하였고, 〈集傳〉에도 “孔, 甚也; 明, 猶備也, 著也”라 함.

【皇】大의 뜻. 임금을 가리킴. 〈毛傳〉에 “皇, 大”라 하였고, 〈集傳〉에는 “皇, 大也, 君”라 함. 〈鄭箋〉에는 “皇, 暀也. 先祖以孝子祀禮甚明之, 故精氣歸暀之其鬼神. 又安而享其祭祀”라 함.

【神保】尸를 아름답게 부르는 말. 尸에게 내려오신 神을 이름. 〈毛傳〉에 “保, 安也”라 하였고, 〈集傳〉에도 “保, 安也. ‘神保’, 蓋尸之嘉號. 《楚辭》所謂「靈保亦以巫降神」之稱也”라 함.

【孝孫】祭主. 〈集傳〉에 “孝孫, 主祭之人也”라 함.

【慶】〈集傳〉에 “慶, 猶福也”라 함.

【報】혹 나라의 제사로도 봄. 《國語》魯語에 “凡禘·郊·祖·宗·報, 此五者, 國之典祀也”라 함.

【疆】〈鄭箋〉에 “疆, 竟界也”라 함.

(3) 賦

執爨踖踖, 爲俎孔碩,

爨(찬)을 執홈을 踖踖(척척)히 ᄒ야, 俎(조)를 홈이 심히 碩(셕)ᄒ니,

부엌에 불 지피면서도 공경을 다하여, 그릇에 차린 음식 아주 큰 것이니,

或燔或炙, 君婦莫莫,

或 燔(번)이며 或 炙(젹)이며, 君婦ㅣ 莫莫(믹믹)ᄒ니,

혹 고기는 굽고, 간도 구운 것, 큰 며느리 정성이 가득하도다.

爲豆孔庶, 爲賓爲客,

豆를 홈이 심히 庶ᄒ거늘, 賓되연ᄂ 며 客되연ᄂ 니,

제사상 온갖 제물 심히 많거늘, 끝내면 손님들 위한 것이지.

獻酬交錯, 禮儀卒度,

獻ᄒ며 酬홈이 交錯ᄒ니, 禮儀 다 度(도)ᄒ며,

주거니 받거니 오가는 술잔, 예와 의가 모두 법도에 맞아,

笑語卒獲, 神保是格,

笑語ㅣ 다 獲(획)홀 ᄉᆞᆯ, 神保ㅣ 이에 格(격)ᄒ논 디라,

웃고 얘기함도 때에 맞기에, 신보도 내려오셔서,

報以介福, 萬壽攸酢!

報호ᄃᆡ 큰 福으로 써 ᄒᆞ니, 萬壽로 酢(쟉)ᄒᄂ 배로다!

큰 복으로 보답해 주시며, 만수무강의 장수로 보답해주시도다!

【爨】아궁이에 불을 지핌. 〈毛傳〉에 "爨, 饔爨;廩, 爨也"라 하였고, 〈集傳〉에 "爨,
竈也"라 함.
【踖踖】공경하는 모양. 〈毛傳〉에 "踖踖, 言爨竈有容也"라 하였고, 〈集傳〉에 "踖踖,
敬也"라 함.
【俎】犧牲을 놓는 그릇. 〈集傳〉에 "俎, 所以載牲體也"라 함.
【碩】〈集傳〉에 "碩, 大也"라 함.

【燔·炙】'炙'은 '자'(之赦反)으로 읽어야 하나 〈諺解〉에는 '적'으로 읽었음. 〈毛傳〉
에 "燔, 取膟膋; 炙, 炙肉也"라 하였고, 〈鄭箋〉에 "燔, 燔肉也; 炙, 肝炙也. 皆從獻
之俎也. 其爲之於爨, 必取肉味·肝也. 肥碩美者"라 함. 〈集傳〉에도 "燔, 燒肉也;
炙, 炙肝也. 皆所以從獻也. 特牲主人獻尸賓長以肝, 從主婦獻尸兄弟以燔, 從是
也"라 함.

【君婦】큰 머느리. 〈鄭箋〉에 "君婦, 謂后也. 凡適妻稱君婦, 事舅姑之稱也"라 하였
고, 〈集傳〉에 "君婦, 主婦也"라 함.

【莫莫】깨끗하게 다루며 공경을 다하는 모습. '맥'(音麥)으로 읽음. 〈毛傳〉에 "莫
莫, 言清靜而敬至也"라 하였고, 〈集傳〉에 "莫莫, 清靜而敬至也"라 함.

【豆】〈毛傳〉에 "豆, 謂內羞"라 하였고, 〈集傳〉에 "豆, 所以盛內羞"라 함.

【庶】〈毛傳〉에 "庶, 羞也. 繹而賓尸及賓客"이라 하였고, 〈鄭箋〉에 "庶, 胅也. 祭祀
之禮, 后夫人主共籩豆, 必取肉物, 肥胅美者也"라 함. 〈集傳〉에도 "庶, 羞主婦薦
之也. 庶, 多也"라 함.

【賓客】賓은 主賓. 客은 그 밖의 손님. 〈集傳〉에 "賓客, 筮而戒之, 使助祭者, 旣獻
尸而逐, 與之相獻酬也. 主人酌賓曰:「獻賓飮.」主人曰:「酢主人.」又自飮而復飮, 賓
曰:「酬賓受之.」奠於席前, 而不擧. 至旅而後, 少長相勸, 而交錯以徧也"라 함.

【交錯】〈毛傳〉에 "東西爲交, 邪行爲錯"이라 함.

【卒度】〈毛傳〉에 "度, 法度也"라 하였고, 〈鄭箋〉에 "始主人酌賓爲獻, 賓旣酌主人,
主人又自飮酌賓曰醻. 至旅而爵交錯, 以徧卒盡也. 古者, 於旅也語"라 함. 〈集傳〉
에도 "卒, 盡也; 度, 法度也"라 함.

【獲】〈毛傳〉에 "獲, 得時也"라 하였고, 〈集傳〉에 "獲, 得其宜也"라 함.

【格】〈毛傳〉과 〈集傳〉에 "格, 來"라 함.

【酢】보답함. 〈毛傳〉과 〈集傳〉에 "酢, 報也"라 함.

(4) 賦

我孔熯矣, 式禮莫愆.

내 심히 熯(연)ᄒ나, 뻐 禮ㅣ 愆(건)티 아닐 시,

내 심히 공경으로 제사드려, 법도와 예의에 어긋남이 없어,

工祝致告, 徂賚孝孫:

工祝이 致ᄒ야 告호딕, 徂(조)ᄒ야 孝孫을 賚(뢰)ᄒ샤딕,

축은 일을 잘 처리하고 고하되, 가서 효손에게 알려 드리기를,

「苾芬孝祀, 神嗜飮食.

"苾芬(필분)흔 孝祀애, 神이 飮食을 嗜(기)ᄒ야,

"향기 가득한 제사를, 신께서 기쁘게 받아 맛있게 잡수셨습니다.

卜爾百福, 如幾如式.

네게 百福을 卜호딕, 幾(긔)ᄀ트며 式ᄀ트며,

너에게 온갖 복을 내리시리니, 기대하는 대로 법대로 되리라.

旣齊旣稷, 旣匡旣勑.

이믜 齊ᄒ며 이믜 稷ᄒ며, 이믜 匡(광)ᄒ며 이믜 勑(칙)홀 식,

이미 정제하고 엄정하게 잘 차렸고, 이미 바르고 엄숙하게 잘 되었노라.

永錫爾極, 時萬時億!」

기리 네게 極을 錫(셕)호딕, 이에 萬이며 이에 億으로 ᄒ시니라!"

너에게 길이 지극하게, 만 년이고 억 년의 장수를 주노라!"

【我】〈鄭箋〉에 "我, 我孝孫也"라 함.
【煁】'연'(而善反)으로 읽음. '戁'의 假借字. 馬瑞辰〈通釋〉에 "煁爲戁之假借"라 함. 〈毛傳〉에 "煁, 敬也"라 하였으나, 〈集傳〉에는 "煁, 竭也"라 함.
【式禮莫愆】〈鄭箋〉에 "式, 法;莫, 無;愆, 過"라 함.
【工】〈毛傳〉과 〈集傳〉에 "善其事曰工"이라 함.
【致告】神의 뜻을 알림.
【徂】〈鄭箋〉에 "徂, 往也. 孝孫甚敬矣, 於禮法無過者, 祝以此故, 致神意告主人, 使受嘏焉, 而以嘏之物徃予主人"이라 함.
【賚】〈毛傳〉에 "賚, 予也"라 함. 이하는 神保, 즉 尸童에게 내려온 조상신이 尸童의 입을 통해 孝孫에게 축복의 말을 일러주는 내용임.
【苾芬】〈鄭箋〉에 "苾苾芬芬, 有馨香矣. 女之以孝敬, 享祀也. 神乃歆嗜女之飮食, 今予女之百福, 其來如有期矣, 多少如有法矣. 此皆嘏辭之意"라 하였고, 〈集傳〉에 "苾芬, 香也"라 함.
【孝祀】'享祀'의 뜻. 馬瑞辰〈通釋〉에 "《爾雅》:「享, 孝也.」享訓爲孝, 故享祀, 亦謂之孝祀"라 함.

【卜】〈鄭箋〉과 〈集傳〉에 "卜, 予也"라 함.

【幾】〈毛傳〉에 "幾, 期"라 하였고, 〈集傳〉에는 "幾, 期也.《春秋傳》曰「易幾而哭」, 是也"라 함. 陳奐〈傳疏〉에 "幾, 讀與期同. 此假借字也. '如幾', 承'卜爾百福'句"라 함.

【式】〈毛傳〉과 〈集傳〉에 "式, 法也"라 함.

【齊】엄정함. 가지런함. 〈鄭箋〉에 "齊, 減取也"라 하였으나, 〈集傳〉에는 "齊, 整"이라 함.

【稷】공경을 다하기 위해 빠르게 행동함. 〈毛傳〉과 〈集傳〉에 "稷, 疾"이라 하였고, 〈鄭箋〉에 "稷之言, 卽也"라 함. 馬瑞辰〈通釋〉에 "〈傳〉蓋以稷爲亟之假借, 故訓爲疾. 古者以疾爲敬, 故亟又訓敬"이라 함.

【匡勑】'勑'은 〈集傳〉에는 '敕'자로 되어 있으며, 이에 따른 〈諺解〉에도 '敕'으로 되어 있음. 〈毛傳〉에 "勑, 固也"라 하였고, 〈集傳〉에는 "匡, 正; 敕, 戒"라 함. 엄정하게 잘 치러졌음을 뜻함. 陳奐〈傳疏〉에 "敕, 讀爲飭.《說文》:「飭, 致堅也.」…… 致堅者, 固之謂也. ……固與正義相近. ……齊·稷·匡·敕, 皆祭祀肅敬之意, 所謂如法也"라 함.

【永】〈鄭箋〉에 "永, 長"이라 함.

【錫】賜와 같음. 내려줌. 下賜함.

【極】至極한 福. 〈鄭箋〉에 "極, 中也. 嘏之禮祝, 徧取黍稷, 牢肉魚, 擩于醢以授尸, 孝孫前就尸受之. 天子使宰夫受之, 以筐祝則釋. 嘏辭以勑之. 又曰長賜女以中和之福, 是萬是億, 言多無數"라 함. 〈集傳〉에는 "極, 至也"라 함.

【時萬時億】萬年 億年. 時는 是와 같음. 發語辭.

*〈集傳〉에 "○禮行旣久, 筋力竭矣. 而式禮莫愆敬之至也. 於是祝致神意, 以嘏主人曰:「爾飮食芳潔, 故報爾以福祿. 使其來如幾, 其多如法. 爾禮容莊敬, 故報爾以衆善之極, 使爾無一事而不得乎!」 此各隨其事而報之, 以其類也. 少牢嘏辭曰:「皇尸命工祝, 承致多福無疆, 于女孝孫來, 女孝孫使女受祿于天, 宜稼于田, 眉壽萬年, 勿替引之.」 此大夫之禮也"라 함.

(5) 賦

禮儀旣備, 鍾鼓旣戒.

禮儀 이믜 備ᄒᆞ며, 鍾皷ㅣ 이믜 戒ᄒᆞ야,

예와 의가 모두 갖추어지고, 종과 북도 이윽고 준비되자,

孝孫徂位, 工祝致告:

孝孫이 位에 徂(조)ᄒᆞ여늘, 工祝이 致ᄒᆞ야 告ᄒᆞ놋다.

효손이 자리에 나아가자, 공축이 나서서 이렇게 고하네.

「神具醉止, 皇尸載起.

"神이 다 醉흔 디라, 皇尸(황시) 곧 起(긔)ᄒ거늘,

"신들이 모두 취하셨거니, 큰 임무를 한 시동이 일어나면,

鼓鍾送尸, 神保聿歸!

鐘을 鼓ᄒ야, 尸ᄅᆞᆯ 送ᄒ니, 神保ㅣ 드듸여 歸ᄒ놋다!

종을 울려 시동을 배웅하고, 신보도 이제 돌아가시리라!

諸宰君婦, 廢徹不遲.

諸宰(져ᄌᆡ)와 君婦ㅣ, 廢徹홈을 遲티 아니 ᄒ니,

여러 가신들과 부인 며느리들은, 제사상 물리기를 서둘러,

諸父兄弟, 備言燕私!」

諸父와 兄弟, 備ᄒ야 燕ᄒ야 私ᄒ놋다!"

집안 숙백부들과 형제들이, 갖춘 음식으로 사사롭게 편히 즐기리라!"

【戒】廟中에 있는 사람들에게 제사가 끝남을 알림. 〈鄭箋〉에 "鍾鼓旣戒", 戒諸在廟中者, 以祭禮畢. 孝孫往位堂下, 西面位也. 祝於是致孝孫之意, 告尸以利成"이라 함. 〈集傳〉에는 "戒, 告也"라 함. 그러나 陳奐 〈傳疏〉에는 "戒, 亦備也"라 하여, 모든 것이 다 갖추어졌음을 뜻한다 하였음.

【孝孫徂位】〈集傳〉에 "徂位, 祭事旣畢, 主人徃阼階下, 西而之位也"라 함.

【致告】〈毛傳〉에 "致告, 告利成也"라 하였고, 〈集傳〉에는 "致告, 祝傳尸意告, 利成 於主人, 言孝子之利養成畢也. 於是神醉而尸起, 送尸而神歸矣"라 함. 이 다음은 祝이 孝孫에게 신을 대신하여 다시 축복의 말을 한 것임.

【具】함께 모두. 〈鄭箋〉에 "具, 皆也"라 함.

【皇尸】〈毛傳〉에 "皇, 大也"라 하였고, 〈鄭箋〉에 "皇, 君也"라 하였고, 〈鄭箋〉에 "尸, 節神者也. 神醉而尸謖送尸, 而神歸. 尸出入奏肆. 夏尸稱君, 尊之也. 神安歸者, 歸於天也"라 함. 〈集傳〉에는 "曰'皇尸'者, 尊稱之也"라 함.

【載起】〈鄭箋〉에 "載之言, 則也"라 함.

【鼓鍾】〈集傳〉에 "鼓鐘者, 尸出入奏肆夏也. 鬼神無形, 言其醉而歸者, 誠敬之至, 如見之也. 諸宰家宰非一人之稱也"라 함.

【諸宰】家宰. 제물을 차리는 심부름꾼들.
【廢徹不遲】〈鄭箋〉에 "廢, 去也. 尸出而可徹, 諸宰徹去諸饌, 君婦邊豆而已. 不遲
以疾, 爲敬也"라 하였고, 〈集傳〉에는 "廢, 去也;不遲, 以疾爲敬, 亦不留神惠之意
也. 祭畢旣歸, 賓客之俎, 同姓則留與之燕, 以盡私恩, 所以尊賓客·親骨肉也"라 함.
'廢'와 '徹'은 모두 제사를 마무리하여 철거함을 뜻함. 馬瑞辰 〈通釋〉에 "廢·徹,
二字同義, 廢, 亦徹也"라 함.
【諸父兄弟】여러 叔伯들과 同姓의 친척들.
【燕私】〈毛傳〉에 "燕而盡其私恩"이라 하였고, 〈鄭箋〉에는 "祭祀畢, 歸賓客. 豆俎
同姓, 則留與之燕. 所以尊賓客·親骨肉也"라 함.

(6) 賦
「樂具入奏, 以綏後祿.
"樂(악)을 다 入ᄒᆞ야 奏(주)ᄒᆞ니, 뻐 後祿을 綏(유)ᄒᆞ놋다.
"음악을 갖추어 연주하고, 편안히 그 다음 복 받고자 하도다.

爾殽旣將, 莫怨具慶.
네 殽(효)ㅣ 이믜 將ᄒᆞ니, 怨ᄒᆞ리 업서 다 慶ᄒᆞ논 디라,
너의 안주도 고루 돌려, 원망하는 이 없이 함께 경축하라.

旣醉旣飽, 小大稽首:
이믜 醉ᄒᆞ며 이믜 飽ᄒᆞ야, 小大ㅣ 首ᄅᆞᆯ 稽(계)ᄒᆞᄃᆡ,
이윽고 취하고 이미 배를 불려, 대소에 관계없이 머리 조아려 축복
하라.

『神嗜飮食, 使君壽考!
'神이 飮食을 嗜ᄒᆞ야, 君으로 ᄒᆞ여곰 壽考케 ᄒᆞ놋다!
'신들도 좋아하며 마시고 잡수시며, 그대로 하여금 장수토록 하셨습
니다!

孔惠孔時, 爲其盡之.
심히 惠ᄒᆞ며 심히 時ᄒᆞ야, 그 盡ᄒᆞ니,

심히 순서에 맞고 아주 때에 맞았으니, 그 행사가 모두 극진하였습니다.

子子孫孫, 勿替引之!』」

子子孫孫이, 替(톄)티 아니 ᄒ야 引(인)ᄒ리로다!'"

자자손손, 잘못됨이 없이 길이 이어갈 것입니다!'"

【入奏】사당으로부터 안으로 옮겨서 演奏함.

【綏】〈毛傳〉에 "綏, 安也. 安然後受福祿也"라 함.

【將】〈毛傳〉에 "將, 行也"라 함.

【莫怨】無怨의 뜻.

【其慶】모두 함께 경하하여 즐김. 〈鄭箋〉에 "燕而祭時之樂, 復皆入奏以安. 後日之福祿, 骨肉歡而君之福祿. 安女之殽羞已行, 同姓之臣, 無有怨者, 而皆慶君, 是其歡也"라 함.

【小大】長幼를 가리킴. 〈鄭箋〉에 "小大, 猶長幼也. 同姓之臣燕已醉飽, 皆再拜稽首曰:「神乃歆嗜君之飮食. 使君壽且考」, 此其慶辭"라 함.

【稽首】머리를 조아려 축복함. 이 다음은 빈객과 제백 형제들이 효손에게 제사를 잘 끝냈음을 축복하는 말임.

【惠】〈鄭箋〉에 "惠, 順也. 甚順于禮, 甚得其時, 維君德能盡之, 願子孫勿廢而長行之"라 함.

【時】'是'와 같음. 맞음. 道理에 맞음.

【勿替引之】〈毛傳〉에 "替, 廢; 引, 長也"라 함. '勿替'는 교체됨이 없음. 그 집안이廢亡하지 않음.

＊〈集傳〉에 "○凡廟之制, 前廟以奉神後, 寢以藏衣冠, 祭於廟而燕於寢. 故於此將燕, 而祭時之樂, 皆入奏於寢也. 且於祭旣受祿矣. 故以燕爲將受, 後祿而綏之也. 爾殽旣進, 與燕之人, 無有怨者, 而皆歡慶醉飽, 稽首而言曰:「向者之祭, 神旣嗜君之飮食矣. 是以使君壽考也.」又言:「君之祭祀, 甚順甚時, 無所不盡. 子子孫孫, 當不廢而引長之也.」"라 함.

(참고 및 관련 자료)

1. 孔穎達 〈正義〉

作〈楚茨〉詩者, 刺幽王也. 以幽王政教, 旣煩賦斂, 又重下民供上, 廢闕營農. 故使田萊多荒, 而民皆饑饉, 天又降喪, 病之疫民, 盡皆流散而逃亡. 祭祀又不爲神所歆饗, 不與之福. 故當時君子, 思古之明王而作此詩. 意言古之明王, 能政簡斂輕, 田疇墾闢, 年有豐穰, 時無灾厲, 下民則安土樂業; 祭祀則鬼神歆饗, 以明今不然, 故刺之. 田廢生草, 謂之萊, 自然多荒, 而并言之者.《周禮》以田易者爲萊. 若使時無苛政, 則所廢年滿, 亦當墾之; 今乃與不易之田, 並不蓺種, 故言多荒也. 既言'降喪'而又言'流亡'者, 明死者爲天災所殺, 在者又棄業而逃也. 降喪流亡, 由祭祀不饗所致, 而後言祭祀不饗者, 欲明喪亡, 亦由饑饉, 以見人神相將也. 經六章皆陳古之善, 以反明今之惡. 故〈箋〉每事屬之言'田萊多荒'. 茨棘不除, 則首章上四句是也. 饑饉倉廋不盈, 首章次四句是也. 降喪神不與福助, 首章下四句盡. 于卒章言'古之享祀, 神錫爾福', 反明今之不享神, 不祐助也. 政煩賦重, 則于經無所當也, 而下篇有其事耳. 此及〈信南山〉·〈甫田〉·〈大田〉, 四篇之詩, 事皆陳古文指相類, 故序有詳略以相發明, 此序反經以言今.〈信南山〉序, 據今以本古,〈甫田〉, 直言思古略而不陳所由.〈大田〉言矜寡不能自存, 又略而不言思古, 皆文互見.〈大田〉曰'曾孫是若', 言成王止, 力役以順民, 是政不煩也.〈甫田〉云'歲取十千', 言稅有常法, 是賦不重, 明幽王政煩賦重也.〈信南山〉, 經云'信彼南山, 維禹甸之; 畇畇原隰, 曾孫田之', 而序云'不能脩成王之業, 以奉禹功', 是曾孫爲成王矣. 而〈甫田〉·〈大田〉, 皆言曾孫, 則所陳古, 皆爲成王時也. 此經無曾孫之言, 而周之盛王, 致太平者, 莫過成王, 則此思古者思成王也此篇思古明王先成其民而後致力于神故首章言民除草以種黍稷收之而盈倉廋, 王者得爲酒食, 獻之宗廟. 總言祭祀之事, 其享妥侑, 皆主人身之所行也. 三章言'助祭者各供其職, 爰及執爨, 有俯仰之容, 君婦有清淨之德. 俎豆肥美, 獻酬得法, 以事鬼神, 鬼神安之, 報以多福', 四章言'孝子恭敬, 無愆尸嘏以福', 五章祭事既畢, 告尸利成. 卒章言于祭之末, 與同族燕飲. 六章共述祭事, 而其文皆次. 惟三章'獻酬笑語, 事在祭末, 當處嘏辭, 工祝致告之', 下文在先者以獻酬, 是賓客之事, 因說羣臣, 助祭而言之耳. 三章〈傳〉曰'繹而賓尸及賓客', 或以爲三章, 則別陳繹祭之事, 知不然者, 以此篇所陳上下有次, 首章言酒食, 二章言牛羊, 三章言俎豆燔炙, 四章言神嗜飲食, 共論一祭, 首尾接連, 而不得輒有繹祭厠之也. 案三章〈傳〉曰燔取膟膋也.《禮》'燔燎報陽', 乃是朝事之節, 繹祭事尸而已. 無求陽燔燎之事, 若〈傳〉以三章爲繹祭, 安得以燔爲膟膋乎? 三章〈傳〉又曰'豆謂內羞庶羞', 案'有司徹陳羞豆'之下注云:'此皆朝事之豆邊, 大夫無朝事, 而用之賓尸.' 然則天子有朝事, 則此豆當朝事用之矣. 作者何得捨正祭, 而不述越言繹祭之末禮乎? 又繹祭主于事尸, 而事神禮簡, 三章言'神保報福', 與二章正同, 豈禮簡之謂? 以此知三章所陳, 非繹祭矣. 然則〈傳〉言'繹而賓尸及賓客'者, 正以經言'孔庶其豆', 既衆則所用必廣, 故因分之以爲賓, 謂繹日敬尸爲客, 謂正祭所薦見, 用豆處廣之意. 其文不主繹也.〈箋〉易〈傳〉以庶爲脀, 自然無繹祭之事矣.

2. 朱熹〈集傳〉

〈楚茨〉, 六章, 章十二句:

呂氏曰:「〈楚茨〉, 極言祭祀, 所以事神受福之節, 致詳致備, 所以推明先王. 致力於民者盡, 則致力於神者. 詳觀其威儀之盛, 物品之豐, 所以交神明, 逮羣下至於受福無疆者, 非德盛政修, 何以致之?」

216(小-56) 신남산(信南山)

＊〈信南山〉:'信'은 '伸'과 같은 뜻으로 '길게 벋어 있음'의 뜻. 그러나 〈集傳〉에 따라, 〈諺解〉에는 '誠', 즉 '진실로'로 보았음. 南山은 終南山.
＊이 시는 유왕이 옛 성왕의 업적을 제대로 이어받지 못함을 비난한 것이라 함.

〈序〉: 〈信南山〉, 刺幽王也. 不能脩成王之業, 疆理天下, 以奉禹功, 故君子思古焉.

〈신남산〉은 유왕을 비난한 것이다. 成王(姬誦)이 천하의 강역을 다스리며, 이로써 禹임금의 공적을 받들던 업을 능히 잘 닦지 못하자, 그 까닭으로 군자가 옛일을 그리워한 것이다.

＊전체 6장. 매 장 6구씩(信南山:六章. 章六句).

(1) 賦
信彼南山, 維禹甸之.

진실로 뎌 南山을, 禹ㅣ 甸(뎐)ᄒᆞ시도다.
저 길게 벋은 종남산, 禹임금이 다스렸던 곳이로다.

畇畇原隰, 曾孫田之.

畇畇(균균)ᄒᆞᆫ 原隰을, 曾孫이 田ᄒᆞᄂᆞᆫ 디라,
들판과 진펄 개간하여, 우리 증손이 농사를 짓지.

我疆我理, 東南其畝!

우리 疆ᄒᆞ며 우리 理ᄒᆞ니, 그 畝(모)ㅣ 南이며 東이로다!
우리 경계 가르고 도랑도 치고, 동쪽 남쪽으로 이랑을 냈네!

【南山】終南山. 〈集傳〉에 "南山, 終南山也"라 함.
【禹】中國 최초의 왕조 夏나라의 시조. 夏后氏 부락의 領袖였으며 姒姓. 大禹, 夏

禹 등으로도 불리며 이름은 文命. 鯀의 아들. 鯀이 물을 막는 방법으로 治水에
실패하여 죽음을 당한 뒤 禹는 물을 소통시키는 방법으로 성공을 거둔 다음
舜임금으로부터 천하를 물려받아 夏王朝를 세움. 뒤에 천하를 순시하다가 會
稽에서 생을 마침. 그는 益에게 천하를 물려주려 하였으나 아들 啓의 무리가
난을 일으켜 益을 죽이고 世襲王朝를 시작함. 이로부터 禪讓(公天下)의 제도가
마감되고 世襲(家天下)의 역사가 시작됨. 이를 "傳子而不傳賢"이라 함. 《史記》에
서는 五帝本紀 다음 첫 왕조로 夏本紀가 시작됨. 《十八史略》(1)에 "夏后氏禹: 姒
姓, 或曰名文命, 鯀之子, 顓頊孫也. 鯀湮洪水, 舜擧禹代鯀, 勞身焦思, 居外十三年,
過家門不入"이라 함. 《尙書》에 禹貢篇이 있음.

【甸】다스림. 〈毛傳〉과 〈集傳〉에 "甸, 治也"라 함.

【畇畇】땅을 開墾함. 〈毛傳〉과 〈集傳〉에 "畇畇, 墾辟貌"라 함.

【曾孫】〈毛傳〉에 "曾孫, 成王也"라 하였으나, 〈集傳〉에는 "曾孫, 主祭者之稱. 曾, 重
也. 自曾祖以至無窮, 皆得稱之也"라 하여 제사를 주관하는 자라 하였음. 〈鄭箋〉
에는 "信乎彼南山之野, 禹治而丘甸之. 今原隰墾辟, 則又成王之所佃. 言成王乃遠
脩禹之功, 今王反不脩其業乎? 六十四井爲甸, 甸方八里, 居一成之中, 成方十里,
出兵車一乘, 以爲賦法"이라 함.

【疆·理】경계를 긋고 도랑을 정함. 〈毛傳〉에 "疆, 畫經界也;理, 分地理也"라 하였
고, 〈集傳〉에 "疆者, 爲之大界也;理者, 定其溝塗也"라 함.

【東南】〈毛傳〉에 "或南或東"이라 함.

【畝】〈集傳〉에 "畝, 壟也. 長樂劉氏曰:「其遂東入於溝, 則其畝南矣. 其遂南入於溝,
則其畝東矣.」"라 함.

*〈集傳〉에 "○此詩大指與〈楚茨〉略同. 此卽其篇首四句之意也. 言「信乎此南山者,
本禹之所治. 故其原隰墾闢, 而我得田之. 於是爲之疆理, 而順其地勢水勢之所
宜, 或南其畝, 或東其畝也.」"라 함.

(2) 賦

上天同雲, 雨雪雰雰.

上天이 雲이 同한 디라, 雪 雨홈을 雰雰(분분)히 ᄒ여늘,

하늘을 구름이 뒤덮더니, 눈이 분분히 흩날리네.

益之以霢霂, 旣優旣渥.

益호디 霢霂(믹목)으로 뻐 ᄒ니, 이믜 優ᄒ며 이믜 渥(악)ᄒ며,

여기에 더하여 부슬비까지 내려주니, 이윽고 온 땅이 촉촉해지며,

既霑既足, 生我百穀!

이믜 霑(쳠)ᄒ며 이믜 足ᄒ야, 우리 百穀을 生ᄒ놋다!

밭마다 촉촉하여, 우리의 온갖 곡식 싹트게 해주네!

【同雲】구름이 모임. 〈集傳〉에 "同雲, 雲一色也. 將雪之侯, 如此"라 함.

【雨雪】눈이 내림. 雨는 動詞. 〈集傳〉에 "雰雰, 雪貌"라 함.

【雰雰】눈이 내리는 모습. 〈毛傳〉에 "雰雰, 雪貌. 豊年之冬, 必有積雪"이라 함.

【霡霂】〈毛傳〉에 "小雨曰霡霂"이라 하였고, 〈集傳〉에는 "霡霂, 小雨貌"라 함.

【優, 渥, 霑, 足】모두 '흠뻑 젖다'의 뜻. 《說文》에 "優, 渥;渥, 霑也"라 함. 陳奐〈傳疏〉에 "足, 則浞"이라 함. 〈集傳〉에 "優·渥·霑·足, 皆饒洽之意也. 冬有積雪, 春而益之, 以小雨潤澤, 則饒洽矣"라 함. 그러나 '優渥'과 '霑足'은 雙聲聯綿語를 풀어서 표현한 것으로 볼 수 있음. 〈鄭箋〉에 "成王之時, 陰陽和風雨時, 冬有積雪, 春而益之. 以小雨潤澤, 則饒洽"이라 함.

(3) 賦

疆場翼翼, 黍稷彧彧, 曾孫之穡.

疆場(강역)이 翼翼ᄒ거늘, 黍稷이 彧彧(욱욱)ᄒ니, 曾孫의 穡(식)이로다.

경계와 두둑은 가지런하고, 기장과 피는 무성하니, 증손에게 바칠 稅일세.

以爲酒食, 畀我尸賓, 壽考萬年!

뻐 酒食을 ᄒ야, 우리 尸(시)과 賓을 畀(비)ᄒ니, 壽考ㅣ 萬年을 ᄒ리로다!

이로써 술과 음식 만들어, 시동과 손님께 드리면, 만년의 장수를 누리리로다!

【疆場翼翼】'疆'은 밭의 境界, '場'은 '역'(音亦)으로 읽으며, 두둑. 域과 같음. '翼翼'은 가지런함. 〈毛傳〉에 "場, 畔也;翼翼, 讓畔也"라 하였으나, 〈集傳〉에는 "場, 畔也;翼翼, 整飭貌"라 함.

【彧彧】무성한 모습. 〈毛傳〉과 〈集傳〉에 "彧彧, 茂盛貌"라 함.

【稌】〈鄭箋〉에 "歛稅曰稌"이라 함. 증손, 즉 왕에게 바칠 몫임을 말함.

【畀】'주다, 바치다'의 뜻. 〈鄭箋〉에 "畀, 予也. 成王以黍稷之稅爲酒食. 至祭祀齊戒,
則以賜尸與賓. 尊尸與賓, 所以敬神也. 敬神, 則得壽考萬年"이라 하였고, 〈集傳〉
에도 "畀, 與也"라 함.

＊〈集傳〉에 "○言'其田整飭而穀茂盛者, 皆曾孫之稌也. 於是以爲酒食, 而獻之於尸
及賓客也. 陰陽和萬物遂, 而人心歡悅以奉宗廟, 則神降之福. 故壽考萬年也.'"라
함.

(4) 賦

中田有廬, 疆場有瓜.

中田에 廬(려)ㅣ 잇고, 疆場에 瓜(과)ㅣ 잇거늘,

밭 가운데 움막이 있고, 밭 가와 두둑에는 오이 열렸네.

是剝是菹, 獻之皇祖.

이 剝(박)ᄒ야 이 菹(져)ᄒ야, 皇祖ᄭᅴ 獻ᄒ니,

이 오이는 껍질 벗겨 오이지를 담궈, 이를 황조께 드리니,

曾孫壽考, 受天之祜!

曾孫이 壽考ᄒ야, 天의 祜(호)를 受ᄒᆞᆺ다!

종손은 장수를 누리며, 하늘의 복을 받으시리로다!

【中田】〈鄭箋〉에 "中田, 田中也. 農人作廬焉. 以便其田事於畔上"이라 하였고, 〈集
傳〉에 "中田, 田中也"라 함.

【廬】밭 가운데 지은 農幕.

【瓜】〈鄭箋〉에 "種瓜, 瓜成又入其稅, 天子剝削淹漬, 以爲菹. 貴四時之異物"이라
함. 그러나 혹 뒤의 '瓜'와 대칭임을 근거로, '廬'는 '蘆'의 假借字로 보아 '蘆菔',
즉 '무'로 보기도 함. 《說文》에 "蘆, 菔也"라 함.

【剝】〈毛傳〉에 "剝, 瓜爲菹也"라 함.

【菹】절인 채소. 〈集傳〉에 "菹, 酢菜也"라 함.

【皇祖】〈鄭箋〉에 "皇, 君"이라 함.

【祜】〈鄭箋〉에 "祜, 福也. 獻瓜菹於先祖者, 順孝子之心也. 孝子則獲福"이라 하였
고, 〈集傳〉에도 "祜, 福也"라 함.

*〈集傳〉에 "○一井之田, 其中百畝爲公田. 内以二十畝, 分八家. 爲廬舍以便田事. 於畔上種瓜, 以盡地利. 瓜成剝削, 淹漬以爲菹, 而獻皇祖. 貴四時之異物, 順孝子之心也"라 함.

(5) 賦

祭以淸酒, 從以騂牡, 享于祖考.

祭호딕 淸酒로 뻐 ᄒ고, 從호딕 騂牡(셩모)로 뻐 ᄒ야, 祖考씌 享(향)ᄒ니,

제사는 청주를 땅에 부어 降神하고, 붉은 숫소를 제물로 하여, 조상신께 바치되,

執其鸞刀, 以啓其毛, 取其血膋!

그 鸞刀(란도)를 執ᄒ야, 뻐 그 毛를 啓ᄒ고, 그 血과 膋(료)를 取ᄒ놋다!

난도를 잡고, 이로써 귀털 뽑아 純色임을 고하고, 그 피와 기름을 뽑아 내도다!

【祭禮淸酒】'淸酒'는 청결한 술. 〈集傳〉에 "淸酒, 淸潔之酒. 鬱鬯之屬也"라 함. 鬱金香을 넣어 빚은 술. 그러나 〈鄭箋〉에 "淸, 謂玄酒也. 酒鬱鬯五齊三酒也. 祭之禮, 先以鬱鬯降神, 然後迎牲, 享于祖考, 納亨時"라 하여, 玄酒라 하였음.

【騂】붉은 소. 〈毛傳〉에 "周, 尙赤也"라 하였고, 〈集傳〉에도 "騂, 赤色, 周所尙也. 祭禮先以鬱鬯灌地, 求神於陰, 然後迎牲執者, 主人親執也"라 함.

【鸞刀】난새 모양의 방울을 단 칼. 〈毛傳〉에 "鸞刀, 刀有鸞者. 言割中節也"라 하였고, 〈集傳〉에더 "鸞刀, 刀有鈴也"라 함. '鸞'은 〈諺解〉物名에 "鸞:난됴"라 함.

【以啓其毛】〈鄭箋〉에 "毛, 以告純也"라 하여, 純色임을 告하는 것.

【取其血膋】膋는 기름. 피를 取해 죽였음을 告하고, 기름을 取하여 냄새를 오르게 함. 이 기름을 기장과 합쳐 쑥에 놓고 태워 神을 陽에서 찾음. 〈鄭箋〉에 "膋, 脂膏也. 血以告殺, 膋以升臭, 合之黍稷, 實之于蕭, 合馨香也"라 하였고, 〈集傳〉에는 "膋, 脂膏也. '啓其毛', 以告純也; '取其血', 以告殺也; '取其膋', 以升臭也. 合之黍稷, 實之於蕭, 而燔之, 以求神於陽也. 《記》曰:「周人尙臭, 灌用鬯臭鬱合鬯臭, 陰達於淵泉, 灌以圭璋, 用玉氣也. 旣灌然後, 迎牲致陰氣也. 蕭合黍稷臭, 陽達於牆屋. 故旣奠然後, 炳蕭合羶薌. 凡祭愼諸此魂氣, 歸於天, 形魄歸於地. 故祭求諸陰陽之義也.」"라 함. '膋'는 '료(音聊)로 읽으며, 내장에 붙은 脂肪을 뜻함.

(6) 賦

是烝是享, 苾苾芬芬, 祀事孔明.

이 烝호며 이 享호니, 苾苾(필필)호며 芬芬호야, 祀事(ᄉᄉ)ㅣ 심히 明호거늘,

이 제사에 이런 제물 올려, 향기가 높이 피어오르니, 제사 절차 아주
명확하도다.

先祖是皇, 報以介福, 萬壽無疆!

先祖ㅣ 이 皇호샤, 報호ᄃ 큰 福으로 써 호니, 萬壽ㅣ 疆이 업스리로다!

선조는 거룩하신 분이니, 큰 복으로 보답해 주실 것이며, 만수무강하
리로다!

【烝】進奉함. 혹 제사 이름. 〈毛傳〉에 "烝, 進也"라 하였고, 〈集傳〉에 "烝, 進也. 或
曰冬祭名"이라 함.

【苾苾芬芬】〈鄭箋〉에 "旣有牲物而進獻之, 苾苾芬芬然, 香祀禮. 於是則甚明也"라
함.

【皇】되갚아줌. 〈鄭箋〉에 "皇之言暀也. 先祖之靈, 歸暀. 是孝孫而報之以福"이라
함.

참고 및 관련 자료

1. 孔穎達 〈正義〉

作〈信南山〉詩者, 刺幽王也. 刺其不能脩成王之事業, 疆界分理天下之田畝, 使之
勤稼以奉行, 大禹之功. 故其時君子, 思古成王焉, 所以刺之. 經六章皆陳古而反以
刺今, 言「成王能疆理天下, 以奉禹功, 而幽王不能脩之.」 經先言'禹功', 乃言曾孫見成
王, 能遠奉禹功. 今幽王不能述脩成王之業, 非責幽王, 令奉禹功也. 故〈箋〉言「成王
乃遠, 脩禹之功. 今王反不脩其業乎?」 是思古之, 内直思成王耳. 而成王又有所奉,
故經言禹焉. 首章言'我疆我理', 是疆理天下也;'維禹甸之', 是禹功也. 以下言'雲雨
生穀, 乃稅以祭祀, 鬼神降福', 皆由疆理使然, 故序者, 略之也.

217(小-57) 보전(甫田)

*〈甫田〉: '甫田'은 큰 밭. 혹은 천하의 모든 토지를 뜻함. 그러나 鄭玄은 '丈夫가 맡아 경작하는 稅田'이라 하였음. 〈毛傳〉에 "甫田, 謂天下田也"라 하였고, 〈集傳〉에는 "甫, 大也"라 하였으며, 〈鄭箋〉에는 "甫之言丈夫也. 明乎彼太古之時, 以丈夫稅田也. 歲取十千於井田之法, 則一成之數也. 九夫爲井, 井稅一夫, 其田百畝. 井十爲通, 通稅十. 夫其田千畝, 通十爲成成, 方十里成稅. 百夫其田, 萬畝欲見其數, 從井通起, 故言十千. 上地, 穀畝一鍾"이라 함. 陳奐 〈傳疏〉에도 "甫爲大, 甫田, 卽大田"이라 함.
*이 시는 옛날 成王 때 왕이 나서서 농사를 직접 살피며 농부를 격려하여 풍년을 이룬 상황을 회상하여 읊은 것임.

〈序〉: 〈甫田〉, 刺幽王也. 君子傷今而思古焉.

〈보전〉은 유왕을 비난한 것이다. 군자가 당시 상황을 안타깝게 여겨 옛날을 그리워한 것이다.

〈箋〉: 刺者, 刺其倉廩空虛, 政煩賦重, 農人失職.

*전체 4장. 매 장 10구씩(甫田:四章. 章十句).

(1) 賦
倬彼甫田, 歲取十千.

倬(탁)ᄒ더 甫田(보뎐)애, 歲로 十千을 取ᄒ놋다.

저 환하게 큰 밭에서, 해마다 수많은 곡식을 거두었네.

我取其陳, 食我農人, 自古有年.

내 그 陳을 取ᄒ야, 우리 農人을 食(ᄉ)ᄒ니, 녜로브터 年이 잇도다.

내 그 묵은 곡식은, 나의 농부들을 먹였으니, 예로부터 풍년이었지.

今適南畝, 或耘或耔, 黍稷薿薿.

이제 南畝(남모)에 適ᄒ니, 或 耘(운)ᄒ며 或 耔(ᄌ)홈애, 黍稷이 薿薿(의

의)ㅎ거늘,

지금 남쪽 밭에 나가 보니, 혹 김매기 혹 북돋우기, 기장과 피 잘 자라
고 있네.

攸介攸止, 烝我髦士!

介흔 바와 止흔 바에, 우리 髦士(모ᄉ)를 烝ᄒ놋다!

크고 풍성하게 곡식 거두어, 나의 준수한 선비를 대접하리라!

【倬】〈毛傳〉과 〈集傳〉에 "倬, 明貌"라 함. 陳奐 〈傳疏〉에는 "倬·焯·卓同"이라 함.

【十千】〈毛傳〉에 "十千, 言多也"라 하였고, 〈集傳〉에는 "十千, 謂一成之田地, 方十
里爲田九萬畝, 而以其萬畝爲公田, 蓋九一之法也"라 함.

【我】〈集傳〉에 "我, 食祿主祭之人也"라 함.

【陳】묵은 곡물. 〈毛傳〉에 "尊者食新, 農夫食陳"이라 하였고, 〈集傳〉에는 "陳, 舊
粟也"라 함.

【農人】〈集傳〉에 "農人, 私百畝而養公田者也"라 함.

【有年】豊年. 〈集傳〉에 "有年, 豊年也"라 함.

【適】〈集傳〉에 "適, 徃也"라 함. 〈鄭箋〉에 "倉廩有餘, 民得賒貰, 取食之. 所以紓官
之蓄滯, 亦使民愛存新穀. 自古者, 豊年之法如此"라 함.

【耘·耔】'耘'은 김매기. '耔'는 북돋우기. 〈毛傳〉에 "耘, 除草也; 耔, 雝本也"라 하였
고, 〈集傳〉에도 "耘, 除草也; 耔, 雝本也. 蓋后稷爲田, 一畝三畎, 廣尺深尺, 而播
種於其中. 苗葉以上稍耨壠草, 因壝其土, 以附苗根. 壠盡畎平, 則根深而能風與旱
也"라 함. '雝'은 壅의 假借.

【薿薿】무성함. 〈集傳〉에 "薿, 茂盛貌"라 함. 〈鄭箋〉에 "今者, 今成王之法也. 使農
人之南畝, 治其禾稼, 功至力盡, 則薿薿然而茂盛, 於古言稅法, 今言治田, 互辭"라
함.

【攸介攸止】介는 大, 혹은 舍. 〈集傳〉에 "介, 大"라 하였으나 〈鄭箋〉에는 "介, 舍
也. 禮使民鋤作, 耘耔間暇, 則於廬舍及所止息之處, 以道藝相講肄, 以進其爲俊
士之行"이라 함. '止'는 息과 같음. 그러나 王先謙 〈集疏〉에는 "黃山云: 介當如陳
奐說, '介, 大也.' 言長大其黍稷. 止, 至也. 至于得穀也"라 하여, '止'는 至의 뜻이
라 하였음.

【烝我髦士】'烝'은 음식을 내놓아 대접함. 그러나 馬瑞辰 〈通釋〉에는 "烝之義, 亦
當爲乃"라 하여 '乃'의 뜻으로 보았음. '髦士'는 俊士. 〈毛傳〉에 "烝, 進; 髦, 俊也.
治田得穀, 俊士以進"이라 하였고, 〈集傳〉에도 "烝, 進; 髦俊也. 俊士, 秀民也. 古

者, 士出於農, 而工商不與焉. 管仲曰:「農之子恒爲農, 野處而不暱, 其秀民之能爲士者, 必足賴也.」卽謂此也"라 함.

＊〈集傳〉에 "○此詩述公卿有田祿者, 力於農事, 以奉方社田祖之祭, 故言「於此大田, 歲取萬畝之入, 以爲祿食. 及其積之久, 而有餘, 則又存其新, 而散其舊以食農人, 補不足助不給也. 蓋以自古有年, 是以陳, 陳相因所積如此. 然其用之之節, 又合宜而有序. 如此所以粟雖甚多, 而無紅腐, 不可食之患也.」又言「自古旣有年矣. 今適南畝, 農人方且或耘或耔, 而其黍稷. 又已茂盛, 則是又將復有年矣. 故於其所美大, 止息之處, 進我髦士而勞之也.」"라 함.

(2) 賦

以我齊明, 與我犧羊, 以社以方.

우리 齊明(ㅈ명)과, 다믓 우리 犧羊(희양)으로 뻐, 뻐 社ᄒ며 뻐 方ᄒ니,

나의 자성(粢盛)으로 쓰고, 나에게 가져온 양을 잡아 희생으로 하여,

후토(后土)에게 방제(方祭)를 지내네.

我田旣臧, 農夫之慶.

우리 田이 이믜 臧(장)홈이, 農夫의 慶이로다.

우리 농사 이미 잘 되어 가니, 농부들의 복일세.

琴瑟擊鼓, 以御田祖, 以祈甘雨.

琴ᄒ며 瑟ᄒ며 皷를 擊ᄒ야, 뻐 田祖(뎐조)를 御ᄒ야, 뻐 甘雨를 祈ᄒ니,

금슬 뜯고 북을 울려, 전신(田神)을 맞이하여, 단비 오게 해 달라 기도하니,

以介我黍稷, 以穀我士女!

뻐 우리 稷黍를 介ᄒ야, 뻐 우리 士女(ㅅ녀)를 穀ᄒ리로다!

우리 기장과 피 크게 되게 하여, 우리 사녀들 먹여 살리세!

【齊明】'齊'는 '粢'와 같음. 즉 粢盛을 뜻함. '粢盛'은 祭器에 담은 穀物을 가리킴. 〈毛傳〉에 "器實曰齊, 在器曰盛"이라 하였고, 〈鄭箋〉에 "以絜齊豐盛, 與我純色之羊. 秋祭社與四方, 爲五穀成熟, 報其功也"라 함. 〈集傳〉에는 "齊, 與粢同. 〈曲禮〉

曰稷曰明粢. 此言‘齊明’, 便文以協韻耳”라 함.

【犧羊】純色의 羊. 犧牲에 씀. 〈集傳〉에 “犧羊, 純色之羊也”라 함.

【社】后土, 즉 土地의 神의 神社. 〈毛傳〉에 “社, 后土也”라 하였고, 〈集傳〉에도 “社, 后土也. 以句龍氏, 配方秋, 祭四方報成萬物.《周禮》所謂「羅幣獻禽以祀祊」, 是也”라 함.

【方】四方의 神. 祭祀 이름이라고도 함. 〈毛傳〉에 “方, 迎四方氣於郊也”라 함.

【臧】〈鄭箋〉에 “臧, 善也. 我田事已善, 則慶賜農夫. 謂大蜡之時, 勞農以休息之也. 年不順成, 則八蜡不通”이라 하였고, 〈集傳〉에도 “臧, 善”이라 함.

【慶】〈集傳〉에 “慶, 福”이라 함.

【御】〈鄭箋〉과 〈集傳〉에 “御, 迎也”라 함.

【田祖】田神. 〈毛傳〉에 “田祖, 先嗇也”라 하였고, 〈集傳〉에 “田祖, 先嗇也. 謂始耕田者, 卽神農也.《周禮》籥章「凡國祈年於田祖, 則吹豳雅擊, 土鼓以樂田畯」, 是也”라 함. ‘先嗇’은 농사를 시작한 者, 즉 神農氏를 가리킴.

【介】〈鄭箋〉에 “介, 助”라 함.

【穀】〈毛傳〉에 “穀, 善也”라 하였고, 〈鄭箋〉에 “穀, 養也. 設樂以迎, 祭先嗇謂郊, 後始耕也. 以求甘雨, 佑助我禾稼, 我當以養士女也.《周禮》曰:「凡國祈年于田祖, 吹豳雅擊土鼓, 以樂田畯.」”이라 함. 〈集傳〉에는 “穀, 養也. 又曰善也. 言「倉廩實而知禮節」也”라 함.

*〈集傳〉에 “○言「奉其齊盛, 犧牲以祭, 方社而曰『我田之所以善者, 非我之所能致也. 乃賴農夫之福而致之耳.』又作樂以祭田祖, 而祈雨, 庶有以大其稷黍, 而養其民人也.」”라 함.

(3) 賦

曾孫來止, 以其婦子, 饁彼南畝.

曾孫이 來홈애, 그 婦子로 뻐, 뎌 南畝애 饁(엽)ᄒ거늘,

증손께서 오셨고, 그 아내와 자녀도 와서, 저 남쪽 밭에 참을 갖다 주시네.

田畯至喜, 攘其左右, 嘗其旨否!

田畯(뎐쥰)이 至ᄒ야 喜ᄒ야, 그 左右를 攘(양)ᄒ야 그 旨(지)ᄒ며 否(부)홈을 嘗ᄒ놋다!

전준도 오셨기에 주식(酒食)으로 대접하고, 그를 따라온 좌우에게도 대

접하여, 그 맛의 훌륭함을 평가하도다!

禾易長畝, 終善且有.

禾] 易(이)호야 畝(모)애 長호니, 무춤내 善호고 또 有홀 디라,

벼가 긴 이랑에 무성하여, 끝내 잘 여물어 풍년을 이루리라.

曾孫不怒, 農夫克敏!

曾孫이 怒티 아니 호며, 農夫] 능히 敏(민)호놋다!

증손께서는 역정을 내지 않으시며, 농부들은 능숙하고 빠르게 움직
이네!

【曾孫】〈鄭箋〉에 "曾孫, 謂成王也"라 하여 구체적으로 成王을 들고 있으나, 〈集
　　傳〉에는 "曾孫, 主祭者之稱, 非獨宗廟爲然. 〈曲禮〉外事曰「曾孫某侯某武. 王禱名
　　山大川, 曰有道曾孫周王發」, 是也"라 함.

【婦子】天子의 婦人. 혹 婦人과 子女. 郭沫若은 "天子之妻, 亦稱婦"라 함.

【饁】〈集傳〉에 "饁, 餉"이라 함.

【田畯】농사일을 독려하는 관리. 우리 조선시대의 '勸農'과 같음.

【喜】〈鄭箋〉에 "喜讀爲饎. 饎, 酒食也. 成王來止, 謂出觀農事也. 親與后世子行使
　　知稼穡之艱難也. 爲農人之在南畝者, 設饎以勸之, 司嗇至, 則又加之以酒食, 攘其
　　左右從行者, 成王親爲嘗其饎之美否, 示親之也"라 하여, '饎'의 假借이며 酒食을
　　뜻한다 하였음.

【攘】〈鄭箋〉에 "攘, 讀當爲饟, 饁讓饟也. 田畯, 司嗇, 今之嗇夫也"라 하였으나, 〈集
　　傳〉에는 "攘, 取"라 함.

【旨否】맛의 훌륭함의 여부. 〈集傳〉에 "旨, 美"라 함.

【易】〈毛傳〉과 〈集傳〉에 "易, 治"라 함. 김매고 복돋우는 농사일. 그러나 馬瑞辰
　　〈通釋〉에는 "易與移, 一聲之轉. 《說文》:「移, 禾相倚移也.」倚移, 讀若阿那, 爲禾盛
　　之貌"라 하여 '벼가 잘 자란 모습'이라 하였음.

【長畝】긴 이랑 끝까지. 〈毛傳〉에 "長畝, 竟畝也"라 하였고, 〈集傳〉에도 "長, 竟"이
　　라 함.

【有】〈集傳〉에 "有, 多"라 함.

【敏】〈毛傳〉에 "敏, 疾也"라 하였고, 〈鄭箋〉에는 "禾治而竟畝, 成王則無所恚怒. 謂
　　此農夫能且敏也"라 함. 〈集傳〉에도 "敏, 疾也"라 함.

＊〈集傳〉에 "○曾孫之來, 適見農夫之婦子來饁耘者. 於是與之偕至其所, 而田畯亦

至而喜之. 乃取其左右之, 饙而嘗其旨否, 言「其上下相親之甚也. 旣又見其禾之易治, 竟畝如一, 而知其終當善, 而且多. 是以曾孫不怒, 而其農夫益以敏於其事也.」라 함.

(4) 賦

曾孫之稼, 如茨如梁.

曾孫의 稼ㅣ, 茨(ᄌ)ᄀᆞᆮᄐᆞ며 梁ᄀᆞᆮᄐᆞ며,

증손의 벼를 쌓으니, 지붕만큼 높기도 하고 수레에는 가득 실리네.

曾孫之庾, 如坻如京.

曾孫의 庾ㅣ, 坻(지)ᄀᆞᆮᄐᆞ며 京ᄀᆞᆮᄐᆞᆫ 디라,

증손의 노적가리는, 모래섬 같고 높은 언덕처럼 쌓이네.

乃求千斯倉, 乃求萬斯箱.

千인이 倉을 求ᄒᆞ며, 萬인이 箱을 求ᄒᆞ노소니,

이에 천 개의 곳집을 구하고, 만 개의 수레 짐칸을 구했네.

黍稷稻粱, 農夫之慶.

黍와 稷과 稻(도)와 粱(량)이, 農夫의 慶이라.

기장과 피, 벼와 수수는, 모두 농부들의 덕택이라,

報以介福, 萬壽無疆!

報호ᄃᆡ 큰 福으로 ᄡᅥ ᄒᆞ니, 萬壽ㅣ 疆이 업스리로다!

신께서는 큰 복 내리시어, 만수무강하게 해 주시리라!

【稼】〈鄭箋〉에 "稼, 禾也. 謂有藁者也"라 함.
【茨】〈毛傳〉에 "茨, 積也"라 하였으나, 〈鄭箋〉에는 "茨, 屋蓋也. 上古之稅法, 近者納總, 遠者納粟米"라 함. 〈集傳〉에도 "茨, 屋. 蓋言其密比也"라 함.
【粱】〈毛傳〉에 "粱, 車粱也"라 하였고, 〈集傳〉에 "粱, 車粱. 言其穹隆也"라 함. 짐을 싣는 수레를 뜻함.
【庾】〈鄭箋〉에 "庾, 露積穀也"라 함.

【坻】〈鄭箋〉과 〈集傳〉에 "坻, 水中之高地也"라 함.

【京】높은 언덕. 풍년이 되어 쌓아놓은 곡물이 언덕 같음. 〈毛傳〉과 〈集傳〉에 "京, 高丘也"라 함.

【箱】수레의 짐칸. 〈集傳〉에 "箱, 車箱也"라 함. 〈鄭箋〉에 "成王見禾穀之稅, 委積 之多. 於是求千倉以處之, 萬車以載之. 是言年豐收入踰前也"라 함.

【梁】수수.

【慶】〈鄭箋〉에 "慶, 賜也. 年豐則勞賜農夫益厚, 旣有黍稷, 加以稻粱. 報者爲之求 福, 助於八蜡之神, 萬壽無疆竟也"라 함.

＊〈集傳〉에 "○此言「收成之後, 禾稼旣多, 則求倉以處之. 求車以載之, 而言『凡此黍 稷稻粱, 皆賴農夫之慶, 而得之. 是宜報以大福, 使之萬壽無疆也.』」其歸美於下, 而欲厚報之. 如此"라 함.

참고 및 관련 자료

1. 孔穎達〈正義〉

經言「成王庾稼, 千倉萬箱」, 是倉廩實, 反明幽王之時, 倉廩虛也. 言「適彼南畝, 耘耔 黍稷」, 是農人得職, 反明幽王之時, 農人失職也. '政煩賦重', 〈楚茨〉序文次四篇, 文 勢大同. 此及下篇, 〈箋〉皆引之, 言'由政煩賦重, 故農人失其常職也.' 若然賦重, 則倉 應實, 倉虛, 則賦應輕, 而同刺之者, 以王貪而無藝. 故賦重用而無節, 故倉虛. 由倉虛 而賦更重, 以賦重而民逃散, 農人失職. 由政煩賦重, 所致其倉虛, 則別有費, 散不由 賦重. 故箋先言倉廩虛, 乃言政煩賦重也.

218(小-58) 대전(大田)

* 〈大田〉: 넓고 큰 농토. 〈鄭箋〉에 "大田, 謂地肥美, 可墾耕多爲稼, 可以授民者也"라 함.
* 이 시는 幽王 때 政令은 번잡하고 세금은 무거웠으며, 게다가 농사에 힘쓰지도 않아, 병충해에 風雨조차 때를 맞추지 않아 만민이 기근에 시달렸으며 홀아비나 과부는 살길이 없었음. 이에 당시 신하가 옛날 태평시대를 그리워하며 유왕시대를 비난한 것이라 함. 따라서 내용은 옛날의 풍년을 노래한 것임.

〈序〉: 〈大田〉, 刺幽王也. 言矜寡不能自存焉.

〈대전〉은 유왕을 비난한 것이다. 긍과(矜寡, 홀아비와 과부)는 능히 스스로 살아갈 수 없음을 말한 것이다.

〈箋〉: 幽王之時, 政煩賦重, 而不務農事. 蟲災害穀, 風雨不時, 萬民饑饉, 矜寡無所取活. 故時臣思古以刺之.

* 전체 4장. 2장은 8구씩, 2장은 9구씩(大田:四章. 二章章八句, 二章章九句).

(1) 賦
大田多稼, 旣種旣戒, 旣備乃事.

大田에 稼ㅣ 한 디라, 이믜 種ᄒ며 이믜 戒ᄒ야, 이믜 備커늘 事ᄒ니,

큰 밭에는 작물도 많아, 이미 씨 고르고 이미 농구 갖추어, 이윽고 농사지을 모든 준비하여,

以我覃耜, 俶載南畝, 播厥百穀.

내 覃(염)ᄒ 耜(ᄉ)로 뻐, 비로소 南畝(남모)애 載(지)ᄒ야, 그 百穀을 播(파)ᄒ니,

내 날카로운 보습으로, 남쪽 밭일을 시작하여, 그 온갖 곡식 파종하였더니,

旣庭且碩, 曾孫是若!

이믜 庭(뎡)ᄒ고 ᄯᅩ 碩ᄒᆫ 디라, 曾孫을 이 若(약)ᄒᆞᆺ다!

이미 곧고도 또한 큼직하였기, 증손의 뜻을 따른 것이네!

【多稼】많은 농사를 지음.

【種】選種. 씨를 가리는 일. 〈集傳〉에 "種, 擇其種也"라 함.

【戒】보습을 修理하고 田器를 갖추는 것. 〈集傳〉에 "戒, 飭其具也"라 함. 〈鄭箋〉에 "將稼者, 必先相地之宜, 而擇其種. 季冬命民出五種, 計耦耕事, 脩耒耜具田器. 此之謂戒, 是旣備矣. 至孟春, 土長冒橛陳根, 可拔而事之"라 함.

【覃】날카로움. '염'(以冉反)으로 읽음. 〈毛傳〉과 〈集傳〉에 "覃, 利也"라 함. 馬瑞辰 〈通釋〉에 "覃者, 剡之假借. ……《爾雅》:「剡, 利也.」"라 함.

【俶載】〈鄭箋〉에 "俶, 讀爲熾; 載, 讀爲菑. 栗之菑時至, 民以其利耜熾菑發所受之地, 趨農急也. 田一歲曰菑"라 하여 '俶'은 '熾'로 읽어야 하며, '菑'의 뜻이라 하였음. 〈集傳〉에는 "俶, 始; 載, 事"라 하여 농사일을 시작함이라 하였음. 馬瑞辰 〈通釋〉에는 "熾·菑, 二字雙聲, 卽俶載之轉. ……以耜入地曰熾"라 함.

【庭】〈毛傳〉과 〈集傳〉에 "庭, 直也"라 함.

【碩】〈鄭箋〉과 〈集傳〉에 "碩, 大"라 함.

【若】〈鄭箋〉에 "若, 順也. 民旣熾菑, 則種其衆, 穀衆穀生, 盡條直茂大, 成王於是則止力役, 以順民事, 不奪其時"라 하였고, 〈集傳〉에도 "若, 順也"라 함. 成王이 이때에 徭役을 중지한 것은 백성들로 하여금 농사일에 온힘을 쏟도록 한 것이므로, 그의 뜻에 순종함. 成王의 治道를 칭송한 것.

*〈集傳〉에 "○蘇氏曰:「田大而種多, 故於今歲之冬, 具來歲之種, 戒來歲之事, 凡旣備矣. 然後事之取其利耜, 而始事於南畝旣耕, 而播之. 其耕之也, 勤而種之也時. 故其生者, 皆直而大, 以順曾孫之所欲. 此詩爲農夫之辭, 以頌美其上. 若以答前篇之意也.」"라 함.

(2) 賦
旣方旣皁, 旣堅旣好, 不稂不莠.

이믜 方ᄒ며 이믜 皁(조)ᄒ며, 이믜 堅ᄒ며 이믜 好ᄒ고, 稂(랑)티 아니ᄒ며 莠(유)티 아니 커든,

이윽고 알 껍질이 나고 속 알이 생기고, 견고히 영글고 잘 여물어, 몹

쓸 풀도 나지 않고 강아지풀도 나지 않았네.

去其螟螣, 及其蟊賊, 無害我田穉.

그 螟(명)과 螣(특)과, 및 그 蟊(모)와 賊(적)을 去ᄒ야아, 우리 田엣 穉(치)를 害홈이 업스리니,

온갖 명충(螟蟲)과 특충(螣蟲), 및 모(蟊)와 적(賊)을 제거하여야, 우리 밭의 어린 작물에 피해가 없으리니,

田祖有神, 秉畀炎火!

田祖의 神은, 秉(병)ᄒ야 炎火에 畀(비)를 디어다!

농사의 신께서 신령함을 주시어, 그놈들 잡아다가 타는 불 속에 던져 주시리라!

【方】〈鄭箋〉에 "方, 房也. 謂孚甲始生, 而未合時也. 盡生房矣, 盡成實矣, 盡堅熟矣, 盡齊好矣, 而無稂莠, 擇種之善. 民力之專, 時氣之和所致之"라 하여, 곡식알이 생겨 아직 합치지 않은 상태라 함. 〈集傳〉에도 "方, 房也. 謂孚甲始生而未合時也"라 함.

【皁】곡식알이 堅固히 되지 못한 것. 〈毛傳〉과 〈集傳〉에 "實未堅者曰皁"라 함.

【稂·莠】稗子와 강아지풀. '莠'는 일명 狗尾草라고도 함. 〈毛傳〉에 "稂, 童粱也; 莠, 似苗"라 하였고, 〈集傳〉에 "稂, 童粱; 莠, 似苗, 皆害苗之草也"라 함.

【螟螣蟊賊】모두 농사 작물의 害蟲. '螟'은 〈諺解〉物名에 "螟:묏도기"라 함. 〈毛傳〉에 "食心曰螟; 食葉曰螣; 食根曰蟊; 食節曰賊"이라 하였고, 〈集傳〉에도 "食心曰螟, 食葉曰螣, 食根曰蟊, 食節曰賊. 皆害苗之蟲也"라 함. 〈鄭箋〉에는 "此四蟲者, 恆害我田中之穉禾, 故明君以正己而去之"라 함. '螣'은 '특'(徒得反)으

로 읽음.

【穉】〈集傳〉에 "穉, 幼禾也"라 함.

【田祖】농사를 돌보아주는 신. 神農氏.

【火】〈毛傳〉에 "炎, 火盛陽也"라 하였고, 〈鄭箋〉에는 "螟螣之屬, 盛陽氣嬴, 則生之. 今明君爲政, 田祖之神, 不受此害, 持之付與炎火, 使自消亡"이라 함. 혹 해충을 잡기 위해 밤에 불을 지펴두는 것이라고도 함.

*〈集傳〉에 "○言「其苗旣盛矣, 又必去此四蟲, 然後可以無害田中之禾. 然非人力所及也. 故願田祖之神, 爲我持此四蟲, 而付之炎火之中也.」姚崇:「遣使捕蝗, 引此爲證, 夜中設火. 火邊掘坑, 且焚且瘞, 蓋古之遺法如此.」라 함.

(3) 賦

有渰萋萋, 興雨祈祈.

渰(엄)히 萋萋ᄒ야, 雨를 興홈을 祁祁(긔긔)히 ᄒ야,

구름이 일어나 흘러가더니, 비를 일으켜 천천히 뿌려주도다.

雨我公田, 遂及我私.

우리 公田에 雨ᄒ고, 드듸여 우리 私에 及ᄒ야,

우리 공전(公田)에 내려주고, 드디어 나의 사전(私田)에까지 내려주도다.

彼有不穫穉, 此有不斂穧.

뎌의 穫(확)디 아닌 穉 이시며, 이예 斂(렴)티 아닌 穧(졔) 이시며,

저기에는 베지 않은 늦곡식 있고, 여기에는 거두지 않은 볏단 있네.

彼有遺秉, 此有滯穗, 伊寡婦之利!

뎌의 遺(유)흔 秉이 이시며, 이예 滯(졔)흔 穗(슈)ㅣ 이시니, 寡婦(과부)의 利로다!

저기에 버려 둔 곡식 묶음, 여기 떨어진 벼이삭, 이것은 불쌍한 과부의 몫일세!

【渰】구름이 일어나는 모습. 〈毛傳〉과 〈集傳〉에 "渰, 雲興貌"라 함.

【萋萋】구름이 흘러가는 모습. 〈毛傳〉에 "萋萋, 雲行貌"라 함. 그러나 〈集傳〉에는

"萋萋, 盛貌"라 함.

【祈祈】〈毛詩〉에는 '祈祈', 〈詩傳〉에는 '祁祁'로 표기되어 있음. 〈諺解〉 역시 〈詩傳〉에 따라 '祁祁'로 표기하였음. 〈毛傳〉에 "祈祈, 徐也"라 하였고, 〈鄭箋〉에는 "古者, 陰陽和風, 雨時其來, 祈祈然而不暴疾. 其民之心, 先公後私, 今天主雨於公田, 因及私田爾. 此言民怙君德, 蒙其餘惠"라 함. 〈集傳〉에는 "祁祁, 徐也. 雲欲盛盛, 則多雨; 雨欲徐徐, 則入土"라 함.

【公田】〈集傳〉에 "公田者, 方里而井, 井九百畝. 其中爲公田, 八家皆私百畝, 而同養公田也"라 함.

【私】私田.

【不穫穉】미처 다 베지 못한 벼.

【穧】볏단. 〈集傳〉에 "穧, 束"이라 함.

【不劍穧】베어 놓고 거두지 않은 곡식.

【遺秉】버려진 다발. 〈毛傳〉과 〈集傳〉에 "秉, 把也"라 함.

【滯穗】떨어진 벼 이삭. 줍지 않고 버려둔 이삭. 〈集傳〉에 "滯, 亦遺棄之意也"라 함. 陳奐 〈傳疏〉에 "不穫穉, 未刈者也; 不斂穧, 刈而未斂者也; 遺秉, 謂連藁者; 滯穗, 謂去藁者"라 함.

【寡婦之利】〈鄭箋〉에 "成王之時, 百穀旣多, 種同齊熟, 収刈促遽, 力皆不足, 而有不穫, 不斂遺秉滯穗, 故聽矜寡取之, 以爲利"라 함.

* 〈集傳〉에 "○言「農夫之心, 先公後私, 故望此雲雨而曰『天其雨我公田, 而遂及我之私田乎?』冀怙君德, 而蒙其餘惠, 使收成之際, 彼有不及穫之穉禾, 此有不及斂之穧束, 彼有遺棄之禾把, 此有滯漏之禾穗, 而寡婦尙得取之, 以爲利也.」此見其豐成有餘, 而不盡取, 又與鰥寡共之. 旣足以爲不費之惠, 而亦不棄於地也. 不然則粒米狼戾, 不殆於輕視天物, 而慢棄之乎?"라 함.

(4) 賦
曾孫來止, 以其婦子,
曾孫이 來혼 디라, 그 婦子로 뼈,

증손도 나오셨거니, 그 아내와 자녀들로써,

饁彼南畝, 田畯至喜!
뎌 南畝애 饁(엽)호거늘, 田畯이 至호야 喜호놋다!

남쪽 밭에 참을 가져가, 전준도 오시니 주식으로 대접하네!

來方禋祀, 以其騂黑, 與其黍稷.

來ᄒ야 方에 禋祀(인사)ᄒ야, 그 騂黑(셩혹)과, 다믓 그 黍稷으로 以ᄒ야,

사방의 신에게 정성으로 제사하되, 붉은 소 검은 염소와 돼지로 희생
을 삼고, 거기에 서직(黍稷)을 함께하여,

以享以祀, 以介景福!

뻐 享ᄒ며 뻐 祀ᄒ니, 뻐 큰 福을 介케 ᄒ놋다!

신에게 바쳐 제사 올리니, 이로써 큰 복을 내리시리라!

【來】助詞.
【婦子】부인. 혹 婦人과 子女. 郭沫若은 "天子之妻, 亦稱婦"라 함.
【田畯至喜】'田畯'은 농사일을 독려하는 관리. '喜'는 〈鄭箋〉에 "喜, 讀爲饎. 饎, 酒
   食也. 成王出觀農事, 饋食耕者, 以勸之也. 司嗇至, 則又加之以酒食, 勞倦之爾"라
   함.
【方】四方의 神에 대한 제사.
【禋】정성껏 제사를 올림. 〈集傳〉에 "精意以享, 謂之禋"이라 함.
【騂黑】'騂'은 붉은 소로 陽祀(南方)의 희생. '黑'은 검은 염소와 돼지로 陰祀(北方)
   의 희생으로 씀. 〈毛傳〉에 "騂, 牛也; 黑, 羊・豕也"라 하였고, 〈鄭箋〉에는 "成王之
   來, 則又禋祀四方之神, 祈報焉. 陽祀用騂牲, 陰祀用黝牲"이라 함.
*〈集傳〉에 "○農夫相告曰:「曾孫來矣, 於是與其婦子饁彼南畝之穫者, 而田畯亦至
   而喜之也. 曾孫之來, 又禋祀四方之神, 而賽禱焉. 四方各用其方色之牲.」此言騂
   黑擧南北, 以見其餘也. 以介景福, 農夫欲曾孫之受福也"라 함.

> 참고 및 관련 자료

1. 孔穎達 〈正義〉

   四章皆陳古善, 反以刺王之辭. 經惟言寡婦, 序并言矜者, 以無妻爲矜, 無夫爲寡.
皆天民之窮, 故連言之. 由此而言孤獨老病, 亦矜寡之稱. 其文可以兼之矣. 〈正義〉
曰: 箋亦以序省略, 反取經意, 以明之經. 從首章盡二章上三句, 言成王教民, 治田百
穀, 茂盛止役, 順時秀實成好; 反明幽王之時, 政煩賦重, 而不務農事也. 二章下五句
言時無蟲災, 反明幽王之時, 蟲災害穀也. 三章上四句言雲雨安舒, 反明幽王之時,
風雨不時也. 三章下五句言收刈有餘, 寡婦獲利, 是下民豐盈, 矜寡得濟; 反明幽王
之時, 萬民饑饉, 矜寡無所取活也. 詩皆公卿國史所作, 故云'時臣思古以刺之'. 序不

言思古者, 〈楚茨〉至此文, 指相類承上篇而畧之也.

2. 朱熹 〈集傳〉

〈大田〉, 四章, 二章章八句, 二章章九句:

前篇有擊鼓以御田祖之文, 故或疑此〈楚茨〉·〈信南山〉·〈甫田〉·〈大田〉, 四篇卽爲豳雅. 其詳見於豳風之末, 亦未知其是否也. 然前篇上之人, 以我田旣臧爲農夫之慶, 而欲報之以介福. 此篇農夫以雨我公田, 遂及我私, 而欲其享祀, 以介景福. 上下之情, 所以相賴而相報者, 如此. 非盛德其孰能之?

219(小-59) 첨피락의(瞻彼洛矣)

＊〈瞻彼洛矣〉: '洛'은 洛水. 洛邑은 洛水의 북쪽에 있어 洛陽이라고도 불렀음. 이
곳은 당시 中原의 중간 지점에 위치하여, 천자가 각 제후국을 불러 모아 講武와
회담하기에 가장 가까운 곳이었음. 〈毛傳〉에 "興也. 洛, 宗周"라 하였고, 〈鄭箋〉
에 "瞻, 視也. 我視彼洛水, 灌漑以時, 其澤浸潤, 以成嘉穀. 興者, 喻古明王恩澤, 加
於天下, 爵命賞賜, 以成賢者"라 함. 한편 〈集傳〉에는 "洛, 水名. 在東都, 會諸侯之
處也. 此天子會諸侯於東都, 以講武事, 而諸侯美天子之詩"라 함.
＊이 시는 옛 明王 때에는 능히 낙읍에 제후들을 불러 모아 講武하면서 작위로
써 명하고 상벌도 내리는 통솔력이 있었으나, 幽王 때 이르러 그러한 권위를 잃
었음을 한탄한 것이라 함.

<序>: <瞻彼洛矣>, 刺幽王也. 思古明王能爵命諸侯, 賞善 罰惡焉.

〈첨피락의〉는 유왕을 비난한 것이다. 옛 명왕들은 능히 제후에게 작위
를 내려 명령하고 잘한 일에는 상을, 악한 짓에는 벌을 내렸음을 생각한
것이다.

＊전체 3장. 매 장 6구씩(瞻彼洛矣: 三章. 章六句).

(1) 賦
瞻彼洛矣, 維水泱泱.

뎌 洛을 瞻혼 디, 水ㅣ 泱泱(앙앙)ᄒ도다.

저 洛水를 바라보니, 물이 깊고도 넓도다.

君子至止, 福祿如茨.

君子ㅣ 至ᄒ시니, 福祿이 茨(ᄌ)ᄀᆞᆮ도다.

천자께서 이르시니, 받으실 복은 지붕같이 많도다.

韎韐有奭, 以作六師!

韎(미)흔 韐(합)이 奭(혁)ᄒ니, 뻐 六師를 作ᄒ놋다!

膝甲을 붉게 물들였으니, 六軍을 일으켜 거느리도다!

【泱泱】깊고 넓은 모양. 〈毛傳〉에 "漑浸水也. 泱泱, 深廣貌"라 하였고, 〈集傳〉에도 "泱泱, 深廣也"라 함.

【君子】〈鄭箋〉에 "「君子至止」者, 謂來受爵命者也. 爵命爲福, 賞賜爲祿"이라 하였으나, 〈集傳〉에는 "君子, 指天子也"라 함.

【如茨】〈鄭箋〉에 "茨, 屋蓋也. 如屋蓋, 喩多也"라 하였고, 〈集傳〉에는 "茨, 積也"라 함.

【韎韐】茅蒐(꼭두서니 열매로 낸 물감)로 붉게 물들인 膝甲. 祭服의 蔽膝. 〈毛傳〉에 "韎韐者, 茅蒐染草也. 一曰韎韐, 所以代韠也"라 하였고, 〈鄭箋〉에는 "韎韐者, 茅蒐染也. 茅蒐, 韎韐聲也. 韎韐, 祭服之韠, 合韋爲之. 其服爵弁服·紂衣·纁裳也"라 함. 〈集傳〉에는 "韎, 茅蒐所染色也; 韐, 韠也. 合韋爲之. 《周官》所謂「韋弁兵事之服」也"라 함.

【奭】붉은 색. 〈集傳〉에 "奭, 赤貌"라 함. '혁'(許力反)으로 읽음.

【作】〈集傳〉에 "作, 猶起也"라 함.

【六師】〈毛傳〉에 "天子六軍"라 하였고, 〈鄭箋〉에는 "此諸侯世子也. 除三年之喪服, 士服而來, 未遇爵命之時. 時有征伐之事, 天子以其賢任爲軍將, 使代卿士, 將六軍而出"이라 함. 〈集傳〉에는 "六師, 六軍也. 天子六軍"이라 함.

＊〈集傳〉에 "○此天子會諸侯於東都, 以講武事, 而諸侯美天子之詩. 言「天子至此洛水之上, 御戎服而起六師也.」"라 함.

(2) 賦

瞻彼洛矣, 維水泱泱.

뎌 洛을 瞻혼 디, 水ㅣ 泱泱ᄒ도다.

저 낙수를 바라보니, 그 물은 깊고도 넓도다.

君子至止, 鞞琫有珌.

君子ㅣ 至ᄒ시니, 鞞(병)에 琫(봉)ᄒ고 珌(필)ᄒ얏도다.

천자께서 이르시니, 칼집의 위아래 장식한 옥도 곱구나.

君子萬年, 保其家室!

君子ㅣ 萬年애, 그 家室을 保ᄒ리로다!

천자께서 만년을 장수하시어, 그 가실을 보전하시리!

【鞞琫有珌】 '鞞'은 '병'(補頂反)으로 읽으며 칼집. '琫'은 칼집의 위에 장식한 옥. '珌'
은 칼집 아래 장식한 옥. 〈毛傳〉에 "鞞, 容刀鞞也;琫, 上飾;珌, 下飾. 珌下飾者,
天子玉琫而珧珌, 諸侯璗琫而璆珌, 大夫鐐琫而鏐珌, 士珕琫而珕珌"이라 하였고,
〈鄭箋〉에는 "此人世子之賢者也. 旣受爵命賞賜, 而加賜容刀有飾, 顯其能制斷"이
라 함. 〈集傳〉에도 "鞞, 容刀之鞞. 今刀鞘也;琫, 上飾;珌, 下飾. 亦戎服也"라 함.
【保其家室】 〈鄭箋〉에 "德如是, 則能長安其家室, 親家室, 親安之尤難, 安則無簒弑
之禍也"라 함.

(3) 賦

瞻彼洛矣, 維水泱泱.

뎌 洛을 瞻혼 딕, 水ㅣ 泱泱ᄒ도다.

저 낙수를 바라보니, 그 물 넓고도 깊도다.

君子至止, 福祿旣同.

君子ㅣ 至ᄒ시니, 福祿이 이믜 同ᄒ도다.

천자께서 이르시니, 온갖 복록이 이미 다 모여들도다.

君子萬年, 保其家邦!

君子ㅣ 萬年애 그 家邦을 保ᄒ리로다!

천자께서 만년을 장수하시어, 그 집안과 나라를 보위하시리!

【福祿旣同】 '同'은 같음. 혹 聚合됨. 〈鄭箋〉에 "此人世子之能繼世位者也. 其爵命
賞賜, 盡與其先君, 受命者同而已, 無所加也"라 하였고, 〈集傳〉에는 "同, 猶聚也"
라 함.

1. 孔穎達 〈正義〉

作〈瞻彼洛矣〉詩者, 刺幽王也. 以幽王不能爵命賞罰, 故思古之明王, 能爵命諸侯, 賞善罰惡焉. 以刺今之不能也. '爵命', 卽賞善之事. 但爵命之外, 猶別有賞賜, 故叙分之. 經三章皆言爵命賞善之事, 旣能有賞, 必當有罰. 故連言罰惡耳, 於經無所當也. 此及〈裳裳者華〉·〈桑扈〉·〈鴛鴦〉, 亦是思古以刺今. 但與上四篇文勢不類, 故叙於起發不同耳. 上篇每言曾孫, 則所思爲成王; 此等不言曾孫, 不知思何時也. 故宜云古明王, 不指斥之.

220(小-60) 상상자화(裳裳者華)

*〈裳裳者華〉:‘裳裳’은 堂堂과 같음. 〈毛傳〉에 "興也. 裳裳, 猶堂堂也"라 하였고, 〈鄭箋〉에도 "興者, 華堂堂於上, 喻君也; 葉湑然於下, 喻臣也. 明王賢臣, 以得相承, 而治道興, 則讒諂遠矣"라 함. 〈集傳〉에는 "裳裳, 猶堂堂. 董氏曰:「古本作常. 常棣也.」"라 하여, 혹 常棣를 뜻하는 것이라고도 함. 한편 聞一多는 '수레 가림막의 화려한 帷裳'을 뜻하는 常套語라 하였음.

*이 시는 고대에는 世祿의 제도가 있어 功臣의 후손들이 그 음덕을 누렸으나, 소인 같은 幽王이 제위에 오르자 참언과 아첨이 몰려들어, 유왕이 이를 믿고 현자를 버리고 공신의 세록제도를 끊었음을 비난한 것이라 함.

<序>: <裳裳者華>, 刺幽王也. 古之仕者世祿. 小人在位, 則讒諂竝進, 棄賢者之類, 絶功臣之世焉.

〈상상자화〉는 유왕을 질책한 것이다. 옛날 벼슬하는 자는 대를 이어 녹을 받았다. 그런데 소인 유왕이 지위에 오르자 참소와 아첨이 함께 몰려들어 현자의 무리들을 遺棄하고 공신이 대를 잇는 것을 끊게 되었다.

〈箋〉: 古者, 古昔明王時也. 小人, 斥今幽王也.

*전체 4장. 매 장 6구씩(裳裳者華:四章. 章六句).

(1) 興
裳裳者華, 其葉湑兮.

裳裳(샹샹)힌 華ㅣ여, 그 葉이 湑(셔)ㅎ도다.

당당하게 핀 꽃, 그 잎도 무성하네,

我覯之子, 我心寫兮.

내 之子를 覯(구)ㅎ니, 내 무음이 寫(샤)ㅎ도다.

내 이러한 사람을 뵈니, 내 마음 시원하게 씻겨지도다.

我心寫兮, 是以有譽處兮!

내 무음이 寫호니, 일로 뻐 譽(여)ㅣ며 處(쳐)ㅣ 잇도다!

내 마음 시원하니, 이로써 칭송받으며 편안히 처하심이 마땅하도다!

【湑】〈毛傳〉과 〈集傳〉에 "湑, 盛貌"라 함.

【我觀之子】〈鄭箋〉에 "觀, 見也. '之子', 是子也. 謂古之明王也"라 하였고, 〈集傳〉에
　도 "觀, 見"이라 함.

【寫】瀉와 같은 뜻. 시원하게 쏟아내어 씻음. 〈鄭箋〉에 "言「我得見古之明王, 則我
　心所憂寫而去矣.」"라 함.

【譽處】'譽'는 칭송. 〈鄭箋〉에 "我心所憂既寫, 是則君臣相與, 聲譽常處也. 憂者, 憂
　讒諂並進"이라 하였고, 〈集傳〉에는 "處, 安也"라 함.

＊〈集傳〉에 "○此天子美諸侯之辭, 蓋以答〈瞻彼洛矣〉也. 言「裳裳者華, 則其葉湑
　然, 而美盛矣. 我觀之子, 則其心傾寫而悅樂之矣. 夫能使見者, 悅樂之如此, 則其
　有譽處宜矣.」此章與〈蓼蕭〉首章, 文勢全相似"라 함.

(2) 興
裳裳者華, 芸其黃矣.

裳裳き 華ㅣ여, 芸(운)히 그 黃호도다.

당당하게 핀 꽃, 노란색이 돋보이네.

我觀之子, 維其有章矣.

내 之子를 觀호니, 그 章이 잇도다.

내 이런 분을 뵈오니, 그 모습 예의법도에 맞으시네.

維其有章矣, 是以有慶矣!

그 章이 이시니, 일로 뻐 慶이 잇도다!

그 모습 예의법도에 맞으시니, 이로써 경사스러움이 있으리로다!

【芸】〈毛傳〉에 "芸, 黃盛也"라 하였고, 〈鄭箋〉에는 "華芸然, 而黃興明王德之盛也.
　不言葉微, 見無賢臣也"라 함. 〈集傳〉에도 "芸, 黃盛也"라 함.

【章】〈鄭箋〉에 "章, 禮文也. 言「伐得見古之明王, 雖無賢臣, 猶能使其政, 有禮文法

度. 政有禮文法度, 是則我有慶賜之榮也.」라 하였고, 〈集傳〉에는 "章, 文章也. 有
文章, 斯有福慶矣"라 함.

(3) 興

裳裳者華, 或黃或白.

裳裳한 華] 여, 或 黃ᄒ며 或 白ᄒ도다.

당당하게 핀 꽃, 혹 노랗기도 하고 혹 희기도 하네.

我覯之子, 乘其四駱.

내 之子를 覯호니, 그 四駱(ᄉ락)을 乘ᄒ얏도다.

내 이러한 분을 뵈오니, 그 타신 말은 가리온 말 네 필이로다.

乘其四駱, 六轡沃若!

그 四駱을 乘ᄒ니, 六轡(륙비)] 沃若(옥약)ᄒ도다!

그 타신 가리온 말 네 필이니, 여섯 고삐 아리땁구나!

【 或黃或白】〈毛傳〉에 "云華, 或有黃者, 或有白者. 興明王之德, 時有駁而不純"이
라 함.

【四駱】'駱'은 명마의 한 종류. 〈諺解〉 物名에 '가리온'이라 함. 〈集傳〉에 "言「其車
馬威儀之盛」"이라 함.

【沃若】윤이 나는 모습. 雙聲連綿語. 〈毛傳〉에 "言世祿也"라 하였고, 〈鄭箋〉에는
"我得見明王德之駁者, 雖無慶譽, 猶能免於讒諂之害, 守我先人之祿位, 乘其四駱
之馬, 六轡沃若然"이라 함.

(4) 賦

左之左之, 君子宜之.

左ᄒ며 左홈애, 君子] 宜ᄒ며,

왼쪽으로 할 것은 왼쪽으로 하니, 군자가 하시는 일 마땅하고,

右之右之, 君子有之.

右ᄒ며 右홈애, 君子] 有ᄒ도다.

오른쪽으로 할 것은 오른쪽으로 하니, 군자가 하시는 일 마땅하도다.

維其有之, 是以似之!

그 有흔 디라, 이러모로 써 似(ᄉ)ᄒ도다!

그러한 능력 가지셨으니, 이 까닭으로 사자(嗣子)가 되신 것이지!

【左之左之】〈毛傳〉에 "左, 陽道朝祀之事; 右, 陰道喪戎之事"라 하였고, 〈集傳〉에
는 "言「其才全德備以左之, 則無所不宜; 以右之, 則無所不有. 維其有之於內, 是以
形之於外者, 無不似其所有也"라 함.

【君子】〈鄭箋〉에 "君子, 斥其先人也. 多才多藝, 有禮於朝, 有功於國"이라 함.

【有之】그러한 재능과 품위를 갖추고 있음.

【似】〈毛傳〉에 "似, 嗣也"라 하였고, 〈鄭箋〉에 "維我先人有是二德, 故先王使之世
祿, 子孫嗣之. 今遇讒諂竝進, 而見絶也"라 함. 嗣子가 됨. 조상의 뒤를 이어 世
祿을 받음.

참고 및 관련 자료

1. 孔穎達 〈正義〉

作〈裳裳者華〉詩者, 刺幽王也. 以其古之仕於朝者, 皆得世襲其祿. 今用小人, 幽王
在於天子之位, 則有讒佞諂諛之人, 竝進於朝, 旣爲佞以蔽之. 王又進讒以害賢, 而
王信受之, 棄去賢者之胤類, 絶滅功臣之世嗣. 故時臣思古以刺之也. 此言古之仕者
世祿, 及文王曰「凡周之士, 不顯亦世.」皆謂仕宦於朝者, 朝者在官之總名, 公卿大夫
皆是也. 經言「乘其四駱」, 則仕者得乘四馬矣. 禮士乘兩馬, 則此詩所言不及士也. 古
者, 有世祿復有世位. 世祿者, 直食其先人之祿, 而不居其位. 不賢尙當然, 子若復
賢, 則居父位矣. 三章〈箋〉守我先人之祿位, 并位言之見, 此意也. 類, 謂種類, 世謂
繼世棄賢者之類. 絶功臣之世, 其理一也. 由其賢而得有功以擧類, 而當嗣世, 義不
異矣. 但指人身而稱賢者, 據祿位而言功臣耳. 經四章皆言思見明王, 以免讒諂竝進,
令已棄絶之事也. 〈正義〉曰: 諸言在位者多, 謂臣在於位, 此小人在位, 文對. 古者明
王, 則在位, 謂幽王也.

〈7〉「桑扈之什」

221(小-61) 상호(桑扈)

*〈桑扈〉:'桑扈'는 새 이름. 콩새. 靑雀, 竊脂, 小腊嘴, 小桑鷹 등으로도 불림. 〈鄭箋〉과 〈集傳〉에 "桑扈, 竊脂也"라 함.
*이 시는 유왕과 신하들이 예절이나 문아(文雅)함이 없음을 비판한 것이라 하나, 내용에 구체성이 없음. 朱熹는 이에 천자가 제후들에게 연회를 베풀자 제후들이 천자를 축복하는 시라 하였음.

〈序〉: 〈桑扈〉, 刺幽王也. 君臣上下, 動無禮文焉.

〈상호〉는 유왕을 비난한 것이다. 임금과 신하 상하가, 거동에 예절과 문아함이 없었다.

〈箋〉: 動無禮文, 擧事而不用先王禮法威儀也.

*전체 4장. 매 장 4구씩(桑扈:四章. 章四句).

(1) 興
交交桑扈, 有鶯其羽.

交交하는 桑扈(상호)ㅣ여, 鶯(잉)흔 그 羽ㅣ로다.

날아서 오고가는 상호새들, 그 깃 무늬 아름답구나.

君子樂胥, 受天之祜!

君子ㅣ 樂(락)하니, 天의 祜(호)를 受하리로다!

군자가 즐겁게 여기시니, 하늘의 복을 받으시리로다!

【交交】날아서 오가는 모양. 〈鄭箋〉에 "交交, 猶佼佼. 飛往來貌"라 하였고, 〈集傳〉에도 "交交, 飛往來之貌"라 함.

【鸎】〈諺解〉에는 '鷪'자로 표기되어 있으며 物名에는 도리어 "鸎:굇고리"라 함. 그러나 여기서는 修飾語로 쓰였음. 〈毛傳〉에 "興也. 鸎然, 有文章"이라 하였고, 〈鄭箋〉에 "興者, 鵻脂飛而往來, 有文章, 人觀視而愛之. 喩君臣以禮法威儀, 升降於朝廷, 則天下亦觀視, 而仰樂之"라 함. 〈集傳〉에도 "鸎然, 有文章也"라 함.

【君子】諸侯를 가리킴. 〈集傳〉에 "君子, 指諸侯"라 함.

【樂胥】〈毛傳〉에 "胥, 皆也"라 하였고, 〈鄭箋〉에는 "胥, 有才知之名也"라 하였으나, 〈集傳〉에 "胥, 語辭"라 함. 그러나 馬瑞辰 〈通釋〉에는 "皆·嘉, 一聲之轉. ……樂胥, 猶言樂嘉"라 함.

【祜】福. 〈鄭箋〉에 "祜, 福也. 王者, 樂臣下有才知文章, 則賢人在位, 庶官不曠, 政和而民安, 天予之以福祿"이라 하였고, 〈集傳〉에도 "祜, 福也"라 함.

＊〈集傳〉에 "○此亦天子燕諸侯之詩. 言「交交桑扈, 則有鸎其羽矣. 君子樂胥, 則受天之祜矣.」 頌禱之辭也"라 함.

(2) 興

交交桑扈, 有鸎其領.

交交ᄒᄂᆫ 桑扈ㅣ여, 鷪흔 그 領(령)이로다.

날아서 오가는 상호새들, 그 목에 고운 무늬 있도다.

君子樂胥, 萬邦之屛!

君子ㅣ 樂ᄒ니, 萬邦의 屛(병)이로다!

군자께서 즐겁게 여기시니, 만방이 그의 울타리가 되도다!

【領】목. 〈毛傳〉과 〈集傳〉에 "領, 頸"이라 함.

【屛】울타리. 〈毛傳〉에 "屛, 蔽也"라 하였고, 〈鄭箋〉에는 "王者之德, 樂賢知在位, 則能爲天下蔽捍四表患難矣. 蔽捍之者, 謂蠻夷, 率服不侵畔"이라 함. 〈集傳〉에는 "屛, 蔽也. 言「其能爲小國之藩衛, 蓋任方伯連帥之職者也.」"라 함.

(3) 賦

之屛之翰, 百辟爲憲.

屛ᄒ며 翰ᄒ니, 百辟(빅벽)이 憲을 삼놋다.

울타리가 되고 담이 되어 주니, 모든 제후 군주들의 법이 되도다.

不戢不難? 受福不那?

戢(즙)디 아니며 難(나)티 아니랴? 福 受홈이 那(나)티 아니 ᄒ랴?

모아들이고 공경하지 아니하랴? 받으시는 복 많지 않을 수 있으랴?

【翰】흙담을 쌓을 때, 양쪽에 대고 흙을 다지는 널빤지. 〈毛傳〉에 "翰, 幹"이라 하였고, 〈集傳〉에는 구체적으로 "翰, 幹也. 所以當牆兩邊障土者也"라 함. 그러나 聞一多는 "翰, 亦當訓爲垣"이라 하여 담의 뜻으로 울타리가 되어 줄 인재를 비유한 것이라 함.

【辟·憲】'辟'은 君主. '憲'은 法. 〈鄭箋〉에 "辟, 君也. 王者之德, 外能捍蔽四表之患難, 內能立功立事爲之楨幹, 則百辟卿士, 莫不修職, 而法象之"라 함. 〈毛傳〉에 "憲, 法也"라 하였고, 〈集傳〉에는 "辟, 君;憲, 法也. 言其所統之諸侯, 皆以之爲法也"라 함.

【戢】'거두어들임'. 〈毛傳〉에 "戢, 聚也"라 하였고, 〈集傳〉에 "戢, 斂"이라 함. 〈集傳〉에 "難, 愼"이라 함.

【那】〈毛傳〉과 〈集傳〉에 "那, 多也"라 함. 한편 이 구절에서 '不戢', '不難', '不那'는 모두 반어법으로 쓰였음. 〈毛傳〉에 "不戢, 戢也;不難, 難也;不多, 多也"라 하였고, 〈集傳〉에도 "不戢, 戢也;不難, 難也;不那, 那也. 蓋曰「豈不斂乎?」, 「豈不愼乎?」「其受福豈不多乎?」 古語聲急而然也. 後放此"라 함. 〈鄭箋〉에는 "王者, 位至尊天所子也. 然而不自斂以先王之法, 不自難以亡國之戒, 則其受福祿, 亦不多也"라 함. 馬瑞辰 〈通釋〉에는 "戢, 當讀爲濈.《說文》:「濈, 和也.」難, 當讀爲戁.《說文》:「戁, 敬也.」'不戢不難', 言和且敬也. 兩'不'字, 皆語詞"라 함.

(4) 賦

兕觥有觩, 旨酒思柔.

兕觥(시굉)이 그 觩(구)ᄒ니, 旨혼 酒ㅣ 柔ᄒ도다.

쇠뿔잔이 위가 굽어 있으니, 맛있는 술 부드럽기도 해라.

彼交匪敖, 萬福來求!

뎌 交애 敖(오)티 아니 ᄒ니, 萬福이 來ᄒ야 求ᄒ놋다!

뽐내지도 않고 오만하지도 않으니, 만복이 모두 합쳐서 오리라!

【兕觥】〈鄭箋〉에 "兕觥, 罰爵也. 古之王者, 與羣臣燕飮, 上下無失禮者, 其罰爵徒
觩然, 陳設而已. 其飮美酒, 思得柔順中和, 與共其樂. 言不憮敖自淫恣也"라 하여,
'罰酒'라 하였으나, 〈集傳〉에는 "兕觥, 爵也; 觩, 角上曲貌"라 함.
【旨】〈集傳〉에 "旨, 美也"라 함.
【思】〈集傳〉에 "思, 語辭也"라 함.
【彼交匪敖】'彼'는 '저 賢者'. 〈鄭箋〉에 "彼, 彼賢者也. 賢者居處, 恭執事敬, 與人交,
必以禮, 則萬福之祿, 就而求之. 謂登用爵命, 加以慶賜"라 함. 그러나《荀子》에 인
용된 이 구절은 '匪交匪傲'로 되어 있으며, 陳奐〈傳疏〉에는 "交·敖, 一義"라 하
여, 모두 '오만하다'의 뜻이라 하였음. 풀이는 이를 따름. '敖'는 〈集傳〉에 "敖, 傲
通. 交際之間, 無所傲慢, 則我無事於求福, 而福反來求我矣"라 함.
【求】'逑'와 같은 뜻. 복이 짝이 되어 모두 모여듦.

참고 및 관련 자료

1. 孔穎達〈正義〉

以其時君臣上下, 升降擧動, 皆無先王禮法威儀之文焉. 故陳當有禮文, 以刺之. 卽
上二章上二句是也. 三章言其君爲百辟所法而受福. 卒章言臣能燕飮得禮, 而不傲
慢, 皆是君臣禮文之事, 故總之. 此與〈賓之初筵〉, 序皆言君臣上下. 以君臣卽有上下
之禮, 故幷言以見義.

222(小-62) 원앙(鴛鴦)

*〈鴛鴦〉: '鴛鴦'은 雙聲連綿語의 鳥名. 匹鳥로도 불리며, 반드시 암수가 짝을 이루어 사이가 좋은 새로 비유됨. 〈諺解〉物名에 "鴛鴦: 원앙, 卽 今 증경이"이라 함. 〈毛傳〉에 "興也. 鴛鴦, 匹鳥. 太平之時, 交於萬物有道. 取之以時, 於其飛乃畢掩而羅之"라 하였고, 〈鄭箋〉에는 "匹鳥, 言「其止則相耦, 飛則爲雙. 性馴耦也. 此交萬物之實也, 而言興者, 廣其義也. 獺祭魚而後漁, 豺祭獸而後田, 此亦皆其將縱散時也"라 함. 〈集傳〉에도 "鴛鴦, 匹鳥也"라 함.
*이 시는 옛 명왕들이 만물에 대해 도가 있었고, 그에 따라 자신을 봉양함도 절도가 있었으나, 유왕은 暴夭와 사치에 빠졌음을 비난한 것이라 함. 그러나 朱熹는 앞의 〈桑扈〉에 대한 제후들의 答詩라 하였음. 그 외 姚際恒 〈通論〉에는 이 시를 親迎婚娶의 시라 하였음.

<序>: <鴛鴦>, 刺幽王也. 思古明王交於萬物有道, 自奉養有節焉.

〈원앙〉은 유왕을 비난한 것이다. 옛 명왕들은 만물과 교감함에 도가 있었고 자신을 봉양함에 절도가 있었음을 생각한 것이다.

〈箋〉: 交於萬物有道, 謂順其性, 取之以時, 不暴夭也.

*전체 4장. 매 장 4구씩(鴛鴦: 四章. 章四句).

(1) 興
鴛鴦于飛, 畢之羅之.

鴛鴦(원앙)이 飛ᄒ니, 畢(필)ᄒ며 羅(라)ᄒ놋다.

원앙이 날아오르면, 손잡이 긴 그물이나 넓은 그물을 치지요.

君子萬年, 福祿宜之!

君子ㅣ 萬年애, 福祿이 宜ᄒ리로다!

군자께서 만년의 수명에, 복록을 받으심도 마땅하지요!

【畢】긴자루가 달린 작은 그물로 잡음. 〈集傳〉에 "畢, 小罔長柄者也"라 함.
【羅】그물을 침. 〈集傳〉에 "羅, 罔也"라 함.
【君子】〈鄭箋〉에 "君子, 謂明王也. 交於 萬物, 其德如是, 則宜壽考受福祿也"라 하였고, 〈集傳〉에는 "君子, 指天子也"라 함.
＊〈集傳〉에 "○此諸侯所以答〈桑扈〉也. 鴛鴦于飛, 則畢之羅之矣. 君子萬年, 則 福祿宜之矣. 亦頌禱之辭也"라 함.

(2) 興

鴛鴦在梁, 戢其左翼.

鴛鴦이 梁에 이시니, 그 左翼을 戢(즙)ᄒ얏도다.

원앙이 어살에서, 왼쪽 날개 접고서 쉬고 있네.

君子萬年, 宜其遐福!

君子ㅣ 萬年애, 그 遐福(하복)이 宜ᄒ리로다!

군자께서 만년의 수명에, 크고도 긴 복 마땅하지요!

【梁】〈鄭箋〉과 〈集傳〉에 "石絶水爲梁"이라 함.
【戢】날개를 거두고 쉼. 〈毛傳〉에 "言休息也"라 하였고, 〈鄭箋〉에는 "戢, 斂也. 鴛 鴦休息於梁, 明王之時, 人不驚駭. 斂其左翼, 以右翼掩之, 自若無恐懼"라 함. 〈集 傳〉에는 "戢, 斂也. 張子曰:「禽鳥並棲一正一倒, 戢其左翼以相依於內, 舒其右翼以 防患於外, 蓋左不用而右便故也.」"라 함.
【遐】時空을 포함한 '遠'과 '久'의 뜻. 〈鄭箋〉에 "遐, 遠也. 遠, 猶久也"라 하였고, 〈集傳〉에도 "遐, 遠也, 久也"라 함.

(3) 興

乘馬在廐, 摧之秣之.

乘馬ㅣ 廐(구)에 이시니, 摧(최)ᄒ며 秣(말)ᄒ놋다.

수레 끄는 말들 마구간에 있으니, 여물을 썰어주고 꼴을 주지요.

君子萬年, 福祿艾之!

君子ㅣ 萬年애, 福祿으로 艾(애)ᄒ리로다!

군자께서 만년의 수명에, 복록으로 봉양을 받으시리로다!

【乘馬】수레를 끄는 네 필 말.

【廐】마구간.

【摧·秣】'摧'는 莝의 뜻으로, 꼴이나 여물을 썰어 먹임. '秣'은 꼴. 소나 말의 飼料. 〈毛傳〉에 "摧, 莝也; 秣, 粟也"라 하였고, 〈鄭箋〉에는 "摧, 今莝字也. 古者明王所乘之馬, 繫於廐. 無事則委之以莝, 有事乃予之穀. 言愛國用也. 以興於其身亦猶然, 齊而後三擧設盛饌, 恒日則減焉. 此之謂有節也"라 함. 〈集傳〉에도 "摧, 莝; 秣, 栗"이라 함. 《韓詩》에는 '莝'로 되어 있음.

【艾】養의 뜻. 〈毛傳〉에 "艾, 養也"라 하였고, 〈鄭箋〉에는 "明王愛國, 用自奉養之節如此, 故宜久爲福祿所養也"라 함. 〈集傳〉에도 "艾, 養也. 蘇氏曰:「艾, 老也. 言以福祿終其身也.」 亦通"이라 함.

*〈集傳〉에 "○乘馬在廐, 則摧之秣之矣. 君子萬年, 則福祿艾之矣"라 함.

(4) 興

乘馬在廐, 秣之摧之.

乘馬ㅣ 廐에 이시니, 秣ᄒ며 摧ᄒ놋다.

수레 끌던 네 필 말 마구간에 있으니, 꼴을 주고 여물을 썰어주지요.

君子萬年, 福祿綏之!

君子ㅣ 萬年애, 福祿으로 綏(유)ᄒ리로다!

군자의 만년 수명에, 복록을 받으사 편안하시리로다!

【綏】편안함. 〈鄭箋〉과 〈集傳〉에 "綏, 安也"라 함.

1. 孔穎達 〈正義〉

作〈鴛鴦〉詩者, 刺幽王也. 以幽王殘害萬物, 奉養過度, 是以思古明王交接於天下之萬物, 鳥獸蟲魚, 皆有道不暴夭也. 其自奉養有節度, 不奢侈也. 今不能然, 故刺之. '交於萬物有道', 卽上二章上二句是也. '自奉養有節', 卽下二章上二句是也. 見明王急於萬物, 而緩於己, 故先言交萬物, 而後言自奉養也. 〈正義〉曰: 天子以天下爲家, 萬物皆天子立, 制節其生殺, 與之交接, 故言交於萬物也. '有道'者, 謂順其生長之性, 使之得相長養, 取之以時, 不殘暴夭絶其孩幼者, 是有道也. 不暴夭, 王制文.

223(小-63) 규변(頍弁)

*〈頍弁〉: 삐딱하게 쓴 가죽 고깔.
*이 시는 幽王이 同姓諸侯 및 친족들과 화합을 이루지 못하여 고립된 채 곧 망하게 됨을 안타깝게 여겨, 公爵 벼슬의 친족이 유왕에게 잔치를 열어 화합을 도모할 것을 권유한 시라 함. 그러나 朱熹는 형제 친척이 모여 잔치를 열며 서로 즐기는 모습이라 하였음.

〈序〉: 〈頍弁〉, 諸公刺幽王也. 暴戾無親, 不能燕樂同姓, 親睦九族, 孤危將亡, 故作是詩也.

〈규변〉은 여러 공들이 유왕을 비난한 것이다. 포악하고 지독하게 굴어 친한 자가 없었고, 동성 제후들 및 九族들과 즐겁게 친목을 이루지 못하여, 고립되고 위험한 채 장차 망하게 되었다. 그 까닭으로 이 시를 지은 것이다.

〈箋〉: 戾, 虐也. 暴虐, 謂其政教如雨雪也.

*전체 3장. 매 장 12구씩(頍弁: 三章. 章十二句).

(1) 賦而興(比)
有頍者弁! 實維伊何?
頍(기)혼 弁(변)이여! 진실로 므스 것고?
삐딱하게 쓴 고깔! 이는 무엇을 하려는 것인가?

爾酒旣旨, 爾殽旣嘉.
네 酒ㅣ 이믜 旨ᄒᆞ며, 네 殽ㅣ 이믜 嘉ᄒᆞ니,
너의 술도 이미 맛이 있고, 너의 안주도 이미 좋으니,

豈伊異人? 兄弟匪他!
엇디 異人이리오? 兄弟라, 他ㅣ 아니로다!

어찌 우리가 남이겠는가? 형제이지 남이 아니로다!

蔦與女蘿, 施于松柏.

蔦(됴)와 다뭇 女蘿(녀라)ㅣ, 松栢애 施(이)ᄒ얏도다.

겨우살이와 새삼 덩굴은, 소나무 잣나무를 타고 오르지.

未見君子, 憂心奕奕.

君子를 보디 몯ᄒ얀는 디라, 心에 憂홈을 奕奕(혁혁)히 ᄒ다니,

군자를 보지 못하니, 근심스런 마음 너무 심하더니,

旣見君子, 庶幾說懌!

이믜 君子를 보니, 거의 說懌(열예)ᄒ도다!

이윽고 군자를 뵈니, 바라건대 마음 풀고 즐겨보세!

【頍弁】가죽 고깔 모습이 앞으로 기울어 삐딱함. 〈毛傳〉에 "興也. 頍, 弁貌; 弁, 皮弁也"라 하였고, 〈集傳〉에도 "頍, 弁貌. 或曰擧首貌; 弁, 皮弁"이라 함. 그러나 《釋名》에는 "頍, 傾也. 著之傾近前也"라 하여, 앞으로 삐딱하게 쓴 모습을 뜻한다

하였음.

【實】'是'와 같음. 〈鄭箋〉에 "實, 猶是也"라 함. 陳奐〈傳疏〉에는 "「是爲伊何」者, 以言乎在首也. 一章'伊何', 二章'何期', 三章'在首', 實一意也"라 함.

【旨·嘉】〈鄭箋〉에 "旨·嘉, 皆美也. 女酒已美矣, 女殽已美矣. 何以不用與族人宴也? 言其知其禮, 而弗爲也"라 하였고, 〈集傳〉에도 "嘉·旨, 皆美也"라 함.

【匪他】〈鄭箋〉에 "此言王當所與宴者, 豈有異人疏遠者乎? 皆凡弟與王無他, 言至親, 又刺其弗爲也"라 하였고, 〈集傳〉에는 "匪他, 非他人也"라 함.

【蔦】〈諺解〉物名에 "蔦:겨으사리"라 함. 그러나 혹 담장이를 뜻하는 글자로 보기도 함. 〈毛傳〉에 "蔦, 寄生也"라 하였고, 〈集傳〉에는 "蔦, 寄生也. 葉似當盧, 子如覆盆子, 赤黑甜美"라 함.

【女蘿】새삼, 兔絲. 〈諺解〉物名에 "蘿:새삼"이라 함. 〈毛傳〉에 "女蘿, 菟絲, 松蘿也. 喻諸公非自有尊, 託王之尊"이라 하였고, 〈集傳〉에 "女蘿, 兔絲也. 蔓連草上, 黃赤如金. 此則比也"라 함. 두 기생식물은 형제와 친척은 서로 의지하며 살아감을 비유한 것임.

【施】벋어감. 다른 나무에 의지함. 〈鄭箋〉에 "託王之尊者, 王明則榮, 王衰則微. 刺王不親九族, 孤特自恃, 不知己之將危亡也"라 함.

【君子】〈鄭箋〉에 "君子, 斥幽王也. 幽王久不與諸公宴, 諸公未得見. 幽王之時, 懼其將危亡. 己無所依怙, 故憂而心奕奕然. 故言「我若已得見幽王, 諫正之, 則庶幾其變改, 意解懌也.」"라 하였으나, 〈集傳〉에는 "君子, 兄弟爲賓者也"라 함.

【奕奕】〈毛傳〉에 "奕奕然, 無所薄也"라 하였고, 〈集傳〉에 "奕奕, 憂心無所薄也"라 함.

【庶幾】원컨대.

【說懌】기뻐함. 즐거워함. 雙聲連綿語로 쓰였음.

*〈集傳〉에 "○此亦燕兄弟親戚之詩. 故言「有頍者弁, 實維伊何乎? 爾酒旣旨, 爾殽旣嘉, 則豈伊異人乎? 乃兄弟而匪他也.」又言「蔦蘿施于木上, 以比兄弟親戚纏綿依附之意. 是以未見而憂, 旣見而喜也.」"라 함.

(2) 賦而興(比)

有頍者弁! 實維何期?

頍흔 弁이여! 진실로 므스 것고?

삐딱하게 쓴 가죽 고깔! 이는 무엇을 위한 것인가?

爾酒旣旨, 爾殽旣時.

네 酒ㅣ 이믜 旨ᄒᆞ며, 네 殽ㅣ 이믜 時(시)ᄒᆞ니,

너의 술 이미 맛있고, 너의 안주 이미 훌륭한데,

豈伊異人? 兄弟具來!

엇디 異人이리오? 兄弟ㅣ 다 來ᄒᆞ얏도다!

어찌 우리가 남이리오? 형제가 모두 와서 모였네!

蔦與女蘿, 施于松上.

蔦와 다뭇 女蘿ㅣ, 松上애 施ᄒᆞ얏도다.

겨우살이와 새삼 덩굴은, 소나무 위로 벋어 오르네.

未見君子, 憂心怲怲.

君子를 보디 몯ᄒᆞ얀는 디라, 心에 憂홈을 怲怲(병병)히 ᄒᆞ다니,

군자를 보지 못하여, 근심스런 마음 가득하더니,

旣見君子, 庶幾有臧!

이믜 君子를 보니, 거의 臧(장)홈이 잇도다!

이윽고 군자를 뵈니, 바라건대 좋은 모임 되기를!

【何期】〈鄭箋〉에 "何期, 猶伊何也, 期, 辭也"라 하였고, 〈集傳〉에도 "何期, 猶伊何也"라 함.
【時】〈毛傳〉과 〈集傳〉에 "時, 善也"라 함.
【具】〈鄭箋〉에 "具, 猶來也"라 하였고, 〈集傳〉에는 "具, 俱也"라 함.
【怲怲】〈毛傳〉과 〈集傳〉에 "怲怲, 憂盛滿也"라 함.
【臧】〈毛傳〉과 〈集傳〉에 "臧, 善也"라 함.

(3) 賦而興(比)

有頍者弁! 實維在首.

頍ᄒᆞᆫ 弁이여! 진실로 首애 잇도다.

삐딱하게 쓴 가죽 고깔! 이를 머리에 쓰고 있네.

爾酒旣旨, 爾殽旣阜.

네 酒ㅣ 이믜 旨ᄒᆞ며, 네 殽ㅣ 이믜 阜(부)ᄒᆞ니,

너의 술 이미 맛이 있고, 너의 안주 이미 푸짐하니,

豈伊異人? 兄弟甥舅!

엇디 異人이리오? 兄弟와 甥舅(싱구)ㅣ로다!

어찌 우리가 남이리오? 형제와 조카며 외삼촌!

如彼雨雪, 先集維霰.

뎌 雪이 雨홈애, 몬져 霰(선)이 集홈 곧툰 디라,

마치 저 눈이 오기에는, 먼저 싸락눈부터 내리듯,

死喪無日, 無幾相見.

死喪(ᄉ상)이 日이 업서, 서ᄅ 봄이 無幾(무긔)ᄒ란듸,

죽어 사라질 날 얼마 남지 않았으며, 볼 날 얼마 남지 않았는데,

樂酒今夕, 君子維宴!

酒ᄅᆯ 今夕에 樂(락)ᄒ야, 君子ㅣ 宴(연)홀 디로다!

술 마시어 즐기는 이 저녁, 군자가 잔치 베풀어야지!

【阜】豊盛함. 많음. 〈鄭箋〉과 〈集傳〉에 "阜, 猶多也"라 함.
【甥舅】母姑, 姉妹, 妻族을 일컬음. 〈鄭箋〉에 "謂吾舅者, 吾謂之甥"이라 하였고, 〈集傳〉에는 "甥舅, 謂母姑姉妹妻族也"라 함.
【雨雪】눈이 옴. '雨'는 動詞.
【霰】싸락눈. 처음 오기 시작하는 눈발. 〈毛傳〉에 "霰, 暴雪也"라 하였으나, 〈鄭箋〉에는 "將大雨雪, 始必微溫. 雪自上下遇溫氣, 而搏, 謂之霰. 久而寒勝, 則大雪矣. 喻幽王之不親九族, 亦有漸自微, 至甚如先霰, 後大雪"이라 함. 〈集傳〉에도 "霰, 雪之始凝者也. 將大雨雪, 必先微溫, 雪自上下遇溫氣, 而搏, 謂之霰. 久而寒勝, 則大雪矣"라 함.
【無幾】얼마 남지 않음. 〈鄭箋〉에 "王政旣衰, 我無所依怙, 死亡無有日數, 能復幾何, 與王相見也? 且今夕喜樂此酒, 此乃王之宴禮也. 刺幽王將喪亡哀之也"라 하였고, 〈集傳〉에도 "言「霰集, 則將雪之候, 以比老至, 則將死之徵也. 故卒言死喪無日, 不能久相見矣. 但當樂飮以盡, 今夕之歡, 篤親親之意」也"라 함. 陳奐 〈傳疏〉에는 "無幾, 相見無幾也"라 함.

1. 孔穎達〈正義〉

作〈頍弁〉詩者, 時同姓之諸公, 刺幽王也, 以王之政敎, 酷暴而戾虐. 又無所親, 不能燕樂其同姓, 親睦其九族, 孤特傾危, 將至喪亡. 故同姓諸公作是〈頍弁〉之詩, 以刺之. 爲不能燕樂同姓, 明諸公是同姓諸公也. 作詩者一人而已. 言諸公者, 以作者在諸公之中, 稱諸公意, 以刺之也. 九族, 亦同姓, 見諸公非一容九族之外, 故言同姓以廣之. 不能燕樂, 卽亦不能親睦, 親睦由於燕樂. 以經責王不燕樂, 今不親睦, 故分而言之耳. 暴戾無親, 卽「如彼雨雪, 先集維霰」, 是也. 不能燕樂同姓親睦九族, 三章皆上六句是也. 孤危將亡, 卒章四句是也. 其首章二章上六句, 懼王危亡, 庶幾諫正, 亦是將亡之事也. 經序倒者, 序述論其事, 由暴虐無親, 故不能燕樂爲事之次. 經則主爲不能燕樂, 故先言之.

224(小-64) 거할(車舝)

*〈車舝〉: '舝'은 《韓詩》에는 '轄'로 되어 있음. 수레의 바퀴살이 모이는 곳에 철로 만들어 고정시키는 빗장.
*이 시는 幽王이 폐첩 褒姒(褒姒)로 인해 나라가 패망에 이르게 됨을 보고, 대부가 새로 賢女를 얻어 유왕의 배필로 삼아, 그 현녀를 통해 유왕이 改俗德敎를 펼 것을 희망하여 지은 시라 함. 그러나 신혼의 즐거움을 노래한 일반적인 시로 보고 있음.

〈序〉: 〈車舝〉, 大夫刺幽王也. 褒姒嫉妬無道, 竝進讒巧敗國, 德澤不加於民. 周人思得賢女以配君子, 故作是詩也.

〈거할〉은 대부가 유왕을 비난한 것이다. 포사는 질투심에 도가 없었고, 참언과 교언이 밀려들어 나라를 패망시킬 정도여서, 임금의 덕택이 백성에게 더해지지 못하였다. 주나라 사람들이 賢女를 얻어 군자의 배필이 될 것을 생각하여 그 때문에 이 시를 지은 것이다.

*전체 5장. 매 장 6구씩(車舝: 五章. 章六句).

(1) 賦
間關車之舝兮, 思變季女逝兮.

間關(간관)하는 車의 舝(할)이여, 變(련)한 季女를 思하야 逝(셔)하놋다.
쾅쾅하며 수레에 빗장을 쳐서, 예쁜 여자 맞으러 가네.

匪飢匪渴, 德音來括.

飢(긔)홈이 아니며 渴(갈)홈이 아니라, 德音으로 來하야 括(괄)콰뎌 흐욤이니,
굶주림도 목마름도 느끼지 못하며, 부덕(婦德) 높은 그녀와 함께 하고자 함이니,

雖無好友, 式燕且喜!

비록 好友ㅣ 업스나, 뻐 燕(연)ᄒ고 쏘 喜홀 디어다!

비록 좋은 벗 옆에 없어도, 이로써 잔치 열어 또한 기꺼워하리라!

【間關】 '꽝꽝'의 象聲語를 雙聲連綿語로 표기한 것. 수레의 바퀴가 빠지지 않도록 굴대 빗장을 박는 소리. 〈毛傳〉에 "興也. 間關, 設牽也"라 하였고, 〈集傳〉에 "間關, 設牽聲也"라 함.

【牽】 轄과 같음. 수레의 굴대 빗장. 〈集傳〉에 "牽, 車軸頭鐵也. 無事則脫, 行則設之. 昏禮親迎者乘車"라 함.

【思】 發語辭.

【變】 아름다운 모습. 〈毛傳〉과 〈集傳〉에 "變, 美貌"라 함.

【季女】 〈毛傳〉에 "季女, 謂有齊季女也"라 함.

【逝】 〈鄭箋〉에 "逝, 往也. 大夫嫉襃姒之爲惡, 故嚴車設其牽, 思得變然美好之少女, 有齊莊之德者, 往迎之配幽王, 代襃姒也. 旣幼而美文齊莊, 庶其當王意"라 하였고, 〈集傳〉에 "逝, 往"이라 함.

【飢渴】 배고픔과 목마름.

【德音】 德이 높다는 소문.

【括】 '佸'과 같은 뜻. 만남. 〈毛傳〉과 〈集傳〉에 "括, 會也"라 함. 〈鄭箋〉에 "時讒巧敗國, 下民離散. 故大夫汲汲欲迎季女行道, 雖飢不飢, 雖渴不渴. 覬得之而來, 使我王更修德教, 合會離散之人"이라 함.

【式】 〈鄭箋〉에 "式, 用也. 我得德音而來, 雖無同好之賢友, 我猶用是燕飲, 相慶且喜"라 함.

＊〈集傳〉에 "○此燕樂其新昏之詩. 故言「閒關然設此車牽者, 蓋思彼變然之季女, 故乘此車往而迎之也. 匪飢也, 匪渴也, 望其德音來括, 而心如飢渴耳. 雖無他人, 亦當燕飲以相喜樂也.」"라 함.

(2) 興

依彼平林, 有集維鷮.

依ᄒᆞᆫ 뎌 平林애, 鷮(교)ㅣ 集ᄒᆞ얏도다.

저기 평지에 울창한 숲, 모여 있는 것은 꿩이지.

辰彼碩女, 令德來敎.

辰(진)흔 뎌 碩女ㅣ, 令德으로 來ᄒᆞ야 敎ᄒᆞ놋다.

때맞추어 훌륭한 여인 얻으니, 그 아름다운 덕으로 와서 가르쳐주도다.

式燕且譽, 好爾無射!

뻐 燕ᄒᆞ고 쏘 譽(여)ᄒᆞ야, 너를 好홈을 射(역)홈이 업도다!

잔치 열어 또한 칭송하노니, 너를 좋아하여 싫증 없으리!

【依】나무가 우거진 모양. 〈毛傳〉과 〈集傳〉에 "依, 茂木貌"라 함. 馬瑞辰 〈通釋〉에 "依·殷, 同聲, 盛也"라 함.

【平林】〈毛傳〉에 "平林, 林木之在平地者也"라 하였고, 〈鄭箋〉에 "平林之木茂, 則耿介之鳥往集焉. 喻王若有茂美之德, 則其時賢女來, 配之與相訓告, 改修德敎"라 함.

【鷮】〈諺解〉物名에 "鷮: 쒱"이라 함. 〈毛傳〉에 "鷮, 雉也"라 하였고, 〈集傳〉에는 "鷮, 雉也. 微小於翟, 走而且鳴, 其尾長, 肉甚美"라 함.

【辰】〈毛傳〉과 〈集傳〉에 "辰, 時也"라 함.

【碩】〈集傳〉에 "碩, 大也"라 함.

【燕】宴과 같음. 혼인잔치.

【譽】즐김. 그러나 鄭玄은 聲譽, 즉 稱頌이라 하였음.

【爾】〈鄭箋〉에 "爾, 女. 女, 王也"라 하였으나 〈集傳〉에는 "爾, 卽季女也"라 함.

【射】싫증을 냄. 싫어함. 〈鄭箋〉에 "射, 厭也. 我於碩女來敎, 則用是燕飮酒, 且稱王之聲譽. 我愛好王, 無有厭也"라 하였고, 〈集傳〉에도 "射, 厭也"라 함.

＊〈集傳〉에 "○依彼平林, 則有集維. 鷮辰彼碩女, 則以令德來配. 已而敎誨之, 是以式燕且譽, 而悅慕之無厭也"라 함.

有集維鷮
傳鷮雄也集傳微
小於翟走而且鳴
其尾長肉甚美○
埤雅尾長者雉綜曰雄
健者為鷮尾長
尺者為鷮尾長六之

(3) 賦
雖無旨酒, 式飲庶幾.

비록 旨酒(지쥬)ㅣ 업스나, 뼈 飲홈을 거의 ᄒ며,

비록 맛있는 술은 없어도, 이로써 마셔 취하고 싶네.

雖無嘉殽, 式食庶幾.

비록 嘉殽(가효)ㅣ 업스나, 뼈 食홈을 거의 ᄒ며,

비록 좋은 안주 없어도, 이로써 맛있게 먹고 싶네.

雖無德與女, 式歌且舞!

비록 德으로 너를 與홀 꺼시 업스나, 뼈 歌ᄒ고 또 舞홀 디어다!

비록 덕으로 너에게 줄 것은 없어도, 이로써 노래하고 춤출지어다!

【旨·嘉】〈集傳〉에 "旨·嘉, 皆美也"라 함.

【女】〈集傳〉에 "女, 亦指季女也"라 함.

【式歌且舞】〈鄭箋〉에 "諸大夫覬得賢女, 以配王. 於是酒雖不美, 猶用之此燕飲; 殽雖不美, 猶食之. 必皆庶幾於王之變改, 得輔佐之. 雖無其德, 我與女, 用是歌舞相樂, 喜之至也"라 함.

＊〈集傳〉에 "○言「我雖無旨酒嘉殽, 美德以與女, 女亦當飲食, 歌舞以相樂也.」"라 함.

(4) 興
陟彼高岡, 析其柞薪.

뎌 高岡에 陟(쳑)ᄒ야, 柞薪((작신))을 析(셕)호라.

저 높은 산에 올라, 가락나무 쪼개어 장작을 하네.

析其柞薪, 其葉湑兮.

그 柞薪을 析호니, 그 葉이 湑ᄒ도다.

가락나무 쪼개어 장작을 하니, 그 잎이 무성하도다.

鮮我覯爾, 我心寫兮!

내 너를 覯홈을 鮮히 너교니, 내 ᄆ음이 寫ᄒ도다!

내 너를 봄을 신나게 여기니, 내 마음 시원히 씻겨지도다!

【陟】〈鄭箋〉에 "陟, 登也. 登高岡者, 必析其木以爲薪. 析其木以爲薪者, 爲其葉茂
盛, 蔽岡之高也. 此喻賢女得在王后之位, 則必辟除嫉妬之女, 亦爲其蔽君之明"이
라 하였고, 〈集傳〉에도 "陟, 登"이라 함.
【柞】가락나무. 〈諺解〉 物名에 "柞:가락나무"라 함. 〈集傳〉에 "柞, 櫟"이라 함.
【薪】장작으로 함.
【湑】朱熹'盛함'. 〈集傳〉에 "湑, 盛"이라 함.
【鮮】〈鄭箋〉에 "鮮, 善"이라 하였으나, 〈集傳〉에는 "鮮, 少"라 함.
【覯】〈鄭箋〉에 "覯, 見也. 善乎我得見女如是, 則我心中之憂除去也"라 하였고, 〈集
傳〉에도 "覯, 見也"라 함.
【寫】'瀉'와 같음. 씻겨 내려감.
＊〈集傳〉에 "○陟岡而析薪, 則其葉湑兮矣. 我得見爾, 則我心寫兮矣"라 함.

(5) 興
高山仰止, 景行行止.
高山을 仰(앙)하며, 景行(경힝)에 行ᄒ놋다.
높은 산은 우러러보아야 하고, 좋은 행실은 따라 해야지.

四牡騑騑, 六轡如琴.
四牡ㅣ 騑騑(비비)ᄒ니, 六轡ㅣ 琴곧도다.
네 필 숫말 신나게 달리니, 여섯 고삐 조화롭도다.

覯爾新昏, 以慰我心!
너 新昏을 覯(구)혼 디라, 뻐 내 ᄆᆞ음을 慰(위)호라!
너의 신혼 시집옴을 보니, 이로써 내 마음 안정되도다!

【仰】〈集傳〉에 "仰, 瞻望也"라 함.
【景行】〈毛傳〉에 "景, 大也"라 하였으나, 〈鄭箋〉에는 "景, 明也. 諸大夫以爲賢女旣
進, 則王亦庶幾; 古人有高德者, 則慕仰之; 有明行者, 則而行之. 其御羣臣, 使之有
禮如御四馬騑騑然. 持其敎令, 使人調均, 亦如六轡緩急有和也"라 함. 〈集傳〉에

는 "景行, 大道也"라 함. 陳奐 〈傳疏〉에는 "景行與高山對文. 上行, 爲道;下行, 讀 '女子有行'之行"이라 함.

【騑騑】쉬지 않고 달림을 뜻함.

【六轡如琴】여섯 줄의 고삐가 거문고 같음. '琴'은 〈集傳〉에 "如琴, 謂六轡調和, 如琴瑟也"라 함.

【新昏】'昏'은 昏과 같으며, 婚의 뜻. 〈詩傳〉과 〈諺解〉에는 '昏'자로 되어 있음. 〈鄭 箋〉에는 "新昏, 謂季女也"라 함.

【慰】〈毛傳〉에 "慰, 安也"라 하였고, 〈鄭箋〉에는 "我得見女之新昏如是, 則以慰除 我心之憂也"라 함. 〈集傳〉에도 "慰, 安也"라 함.

＊〈集傳〉에 "○高山則可仰, 景行則可行. 馬服御良, 則可以迎季女, 而慰我心也. 此 又擧其始終而言也. 〈表記〉曰:「小雅曰:『高山仰止, 景行行止.』子曰:『詩之好仁 如此, 鄕道而行, 中道而廢, 忘身之老也. 不知年數之不足也. 俛焉! 日有孳孳, 斃 而後已.』」라 함.

참고 및 관련 자료

1. 孔穎達 〈正義〉

作〈車舝〉詩者, 周大夫所作, 以刺幽王也. 以當時襃姒在王后之位, 情性嫉妬, 由 物類相感, 而小人道長. 故使無道之輩, 並進於朝, 讒佞巧言, 傾敗國家, 令王之德 澤, 不加於民, 使致下民離散. 周人見其如此, 乃思得賢女, 以配君子. 幽王欲令代去 襃姒, 敎幽王改修德政, 故作是〈車舝〉之詩, 以刺之. 上言大夫, 下言周人, 見大夫所 作, 述衆人之意故也. 此經五章, 皆以襃姒嫉妬, 思得賢女代之. 言'思孌季女', 是襃 姒嫉妬也. '德音來括', 是民已離散者也. 令德來敎, 欲王之改脩德敎, 是德澤不加於 民也. 故皆反經而序之, 所以相發明也.

225(小-65) 청승(靑蠅)

*⟨靑蠅⟩: 쉬파리. 푸른색을 띤 파리.
*이 시는 讒佞한 자들이 幽王에게 빌붙어 온갖 못된 짓을 하는 것을 쉬파리에 빗대어 읊은 것이라 함.

⟨序⟩: ⟨靑蠅⟩, 大夫刺幽王也.

⟨청승⟩은 대부가 유왕을 비난한 것이다.

*전체 3장. 매 장 4구씩(靑蠅: 三章. 章四句).

(1) 比

營營靑蠅, 止于樊!

營營ᄒᆞᄂᆞᆫ 靑蠅(청승)이여, 樊(번)에 止ᄒᆞ놋다!

윙윙대는 쉬파리 떼, 울타리에 앉았구나!

豈弟君子, 無信讒言!

豈弟ᄒᆞᆫ 君子ㅣ여, 讒言을 信티 마롤 디어다!

점잖으신 군자여, 참언을 믿지 마옵소서!

【營營】'윙윙'하며 날아다니는 쉬파리 소리. ⟨毛傳⟩에 "興也. 營營, 往來貌"라 하였고, ⟨集傳⟩에도 "營營, 往來飛聲. 亂人聽也"라 함.
【靑蠅】쉬파리. ⟨鄭箋⟩에 "興者, 蠅之爲蟲, 汙白使黑, 汙黑使白. 喻佞人變亂善惡也. 言「止于藩, 欲外之, 令遠物也"라 하였고, ⟨集傳⟩에도 "靑蠅, 汙穢能變白黑"이라 함.
【樊】울타리. ⟨毛傳⟩과 ⟨集傳⟩에 "樊, 藩也"라 함.
【豈弟】'愷悌'로도 표기하며 和樂平易함을 뜻하는 疊韻連綿語. ⟨鄭箋⟩에 "豈弟, 樂易也"라 함.
【君子】⟨集傳⟩에 "君子, 謂王也"라 함.
*⟨集傳⟩에 "○詩人以王好聽讒言, 故以靑蠅飛聲比之, 而戒王以勿聽也"라 함.

(2) 興

營營青蠅, 止于棘!

營營ᄒᄂᆫ 靑蠅이여, 棘에 止ᄒ놋다!

윙윙대는 쉬파리 떼, 가시나무에 앉았구나!

讒人罔極, 交亂四國!

讒人이 極이 업서, 四國을 交亂ᄒ놋다!

참훼하는 자들 그치지 않아, 사방 나라를 교란시키는구나!

【棘】 가시나무. 〈集傳〉에 "棘, 所以爲藩也"라 함.
【極】 〈鄭箋〉과 〈集傳〉에 "極, 猶已也"라 함. 그러나 陳奐〈傳疏〉에는 "極, 中也"라
하여 '罔極'은 '中正을 이루지 못함'을 뜻하는 것이라 하였음.

(3) 興

營營青蠅, 止于榛!

營營ᄒᄂᆫ 靑蠅이여, 榛(진)에 止ᄒ놋다!

윙윙대는 쉬파리 떼, 개암나무에 앉았구나!

讒人罔極, 構我二人!

讒人이 極이 업서, 우리 二人을 構(구)ᄒ놋다!

참훼하는 자들 끝이 없이, 우리 두 사람을 얽어 함정에 빠뜨리네!

【榛】 〈毛傳〉에 "榛, 所以爲藩也"라 함.
【構】 合의 뜻. 合은 交亂시킴. 〈鄭箋〉과 〈集傳〉에 "構, 合也. 猶交亂也"라 함. 그물
을 얽어 거기에 걸려들게 함.
【二人】 〈集傳〉에 "己與聽者爲二人"이라 함.

> 참고 및 관련 자료

1. 孔穎達 〈正義〉
言彼營營然往來者, 靑蠅之蟲也. 此蟲汙白使黑, 汙黑使白, 乃變亂白黑, 不可近之, 當去止於藩籬之, 上無令在宮室之内也. 以興彼徃來者, 讒佞之人也. 讒人喻善使惡, 喻惡使善, 以變亂善惡, 不可親之, 當棄於荒野之外, 無令在朝廷之上也. 讒人爲害如此, 故樂易之君子, 謂當今之王者, 無得信受, 此讒人之言也. 〈傳〉:「樊, 藩」〈正義〉曰: 釋言文也. 孫炎曰:「樊, 圃之藩」然則園圃藩籬, 是遠人之物, 欲令蠅止之. 故〈箋〉「外之, 令遠物」, 令使遠於近人之物. 又藩以細木爲之.」下章棘榛, 卽是爲藩之物. 故下〈傳〉曰:「榛所以爲藩」, 明棘亦然也. 此章言藩, 下章言所用之木, 互相足也.

226(小-66) 빈지초연(賓之初筵)

*〈賓之初筵〉: 손님이 잔치자리에 와서 막 참석함.
*이 시는 幽王 때 衛 武公이 조정의 卿士로 발탁되어 들어와, 幽王과 소인들의 荒亂한 술자리 모습을 보고 지은 것이라 함. 그러나 朱熹는 위 무공 자신이 지나치게 술에 취해, 저질렀던 추태를 후회하여 지은 것으로 보아야 한다고 여겼음.

〈序〉: 〈賓之初筵〉, 衛武公刺時也. 幽王荒廢, 媒近小人, 飮酒無度, 天下化之. 君臣上下, 沈湎淫液. 武公旣入, 而作是詩也.

〈빈지초연〉은 위 무공이 당시 시속을 비난한 것이다. 유왕이 황폐하여 소인을 가까이 하며 음주에 한도가 없자, 천하가 그에게 물들었다. 군신과 상하가 술에 빠져 온갖 괴이한 짓을 일삼자, 무공이 이윽고 조정의 卿士로 들어가서 이 시를 지은 것이다.

〈箋〉: 淫液者, 飮酒時情態也. 武公入者, 入爲王卿士.

※衛武公: 衛 釐侯의 둘째 아들이며 이름은 姬和. 西周 말 東周 초의 衛나라 군주. B.C.812−B.C.758년까지 55년간 재위하였으며, 선왕(姬靜), 幽王(姬宮湦)을 거쳐 서주가 망하고(B.C.770) 東周 平王(姬宜臼)으로 이어지는 과정을 겪었음. 그는 유왕 때 조정으로 불려가 宮內侯 卿士가 되어 임무를 맡았으나 유왕의 弊政을 바로잡지 못하였고, 대신 평왕의 洛邑 천도에 큰 공을 세워, 侯에서 公으로 승격되어 '武公'이라 불림. 《史記》 衛康叔世家에 "四十二年, 釐侯卒, 太子共伯餘立爲君. 共伯弟和有寵於釐侯, 多予之賂; 和以其賂賂士, 以襲攻共伯於墓上, 共伯入釐侯羨自殺. 衛人因葬之釐侯旁, 諡曰共伯, 而立和爲衛侯, 是爲武公. 武公卽位, 修康叔之政, 百姓和集. 四十二年, 犬戎殺周幽王, 武公將兵往佐周平戎, 甚有功, 周平王命武公爲公. 五十五年, 卒, 子莊公揚立"이라 함.

*전체 5장. 매 장 14구씩(賓之初筵: 五章. 章十四句).

(1) 賦

賓之初筵, 左右秩秩.

賓이 初筵애, 左右ㅣ 秩秩ᄒ거늘,

잔치가 시작된 자리에, 손님들이 좌우로 점잖게 앉았네.

籩豆有楚, 殽核維旅.

籩豆(변두)ㅣ 楚(초)ᄒ며, 殽核(효핵)이 旅ᄒ며,

대 그릇 나무에 가지런한 음식, 안주도 잔뜩 차려 놓았네.

酒旣和旨, 飮酒孔偕.

酒ㅣ 이믜 和旨ᄒ야, 酒 飮홈을 심히 偕(기)ᄒ놋다.

술은 이미 맛이 갖추어져, 술 마시는 분위기도 심히 정숙하네.

鍾鼓旣設, 擧醻逸逸.

鍾鼓ㅣ 이믜 設ᄒ야, 醻(슈)를 擧홈을 逸逸히 ᄒ며,

鐘鼓의 풍악이 이미 준비되었고, 주고받는 순서에 맞네.

大侯旣抗, 弓矢斯張.

大侯ㅣ 이믜 抗(항)ᄒ고, 弓矢 이에 張ᄒ니,

큰 과녁 걸어 놓고, 활과 화살 당기니,

射夫旣同, 獻爾發功.

射夫(샤부)ㅣ 이믜 同혼 디라, 너의 發홀 功을 獻ᄒ야,

쏠 사람들 두 편으로 나누어, 각기 자신들의 공을 내기하네.

發彼有的, 以祈爾爵!

發호되 뎌 的(뎍)에 ᄒ야, 뻐 네게 爵(쟉)을 祈(긔)ᄒ놋다!

저 과녁에 화살 맞혀, 상대에게 벌주 주기를 바라네!

【初筵】처음 잔치 자리에 앉음. 〈鄭箋〉에 "筵, 席也"라 하였고, 〈集傳〉에 "初筵, 初卽席也"라 함.

【左右秩秩】좌우로 돌며 서로 인사하고 양보하여 질서가 있음. 〈毛傳〉에 "秩秩然, 肅敬也"라 하였고, 〈鄭箋〉에 "左右, 謂折旋揖讓也. 秩秩, 知也. 先王將祭必射, 以擇士大射之禮, 賓初入門登堂, 卽席其趨翔, 威儀甚審, 知言不失禮也. 射禮有三: 有大射, 有賓射, 有燕射"라 함. 〈集傳〉에는 "左右, 筵之左右也; 秩秩, 有序也"라 함.

【籩豆】籩은 竹器, 豆는 木器.

【有】늘어선 모양. 有는 形容詞 위에 붙는 助字.

【楚】〈毛傳〉과 〈集傳〉에 "楚, 列貌"라 함.

【殽核】〈毛傳〉에 "殽, 豆實也; 核, 加籩也"라 하였고, 〈鄭箋〉에 "豆, 實菹醢也; 籩, 實有桃梅之屬. 凡非穀而食之曰殽"라 함. 〈集傳〉에는 "殽, 豆實也; 核, 籩實也"라 함.

【旅】차려놓음. 〈毛傳〉과 〈集傳〉에 "旅, 陳也"라 함. 《爾雅》에도 "旅, 陳也"라 함.

【和旨】〈鄭箋〉과 〈集傳〉에 "和旨, 調美也"라 함.

【孔·偕】〈鄭箋〉에 "孔, 甚也. 王之酒已調美, 衆賓之飮酒人, 威儀齊一. 言主人敬其事, 而衆賓肅愼"이라 하였고, 〈集傳〉에도 "孔, 甚也; 偕, 齊一也"라 함.

【鍾鼓旣設】〈鄭箋〉에 "鐘鼓, 於是言旣設者, 將射, 故縣也"라 하였고, 〈集傳〉에 "設, 宿設而又遷于下也. 大射樂人宿縣, 厥明將射, 乃遷樂于下, 以避射位是也"라 함.

【擧醻】主人이 처음에 主賓에게 술잔을 보내는 것이 獻, 賓이 잔을 主人에게 돌리는 것이 酢, 主人이 다시 賓에게 보내는 잔이 醻라 함. 〈集傳〉에 "擧醻, 擧所奠之醻爵也"라 함.

【逸逸】오고 감이 차례가 있음. 〈毛傳〉에 "逸逸, 往來次序也"라 하였고, 〈集傳〉에는 "逸逸, 往來有序也"라 함.

【大侯旣抗】'侯'는 君侯. '抗'은 擧와 같음. 〈毛傳〉에 "大侯, 君侯也; 抗, 擧也. 有燕射之禮"라 하였고, 〈鄭箋〉에는 "擧者, 擧鵠而棲之於侯也. 《周禮》梓人: 張皮侯而棲鵠. 天子諸侯之射, 皆張三侯. 故君侯謂之大侯, 大侯張而弓矢, 亦張節也. 將祭而射, 謂之大射. 下章言烝衎列祖, 其非祭與"라 함. 〈集傳〉에도 "大侯, 君侯也. 天子熊侯白, 質諸侯; 麋侯赤, 質大夫; 布侯畫, 以虎豹士; 布侯畫以鹿豕. 天子侯, 身一丈, 其中三分, 居一白質畫熊, 其外則丹地, 畫以雲氣. 抗, 張也. 凡射張侯而不繫左下, 綱中掩束之至, 將射司馬命張侯弟子; 脫束, 遂繫下綱也. 大侯張, 而弓矢亦張節也"라 함.

【射夫旣同】〈鄭箋〉에 "射夫, 衆射者也"라 하였고, 〈集傳〉에는 "射夫旣同比其耦也. 射禮選羣臣爲三耦, 三耦之外, 其餘各自取匹, 謂之衆耦"라 하여, 셋씩 짝을 이루고, 그 나머지는 각자 짝을 취하게 함. 즉, 둘씩 당에 올라 활을 쏘는 짝이 이루어졌음을 말함.

【獻爾發功】'獻'은 奏, 즉 아룀. '發'은 화살을 쏨. 〈鄭箋〉에 "獻, 猶奏也. 旣比衆耦,

乃誘射. 射者乃登, 射各奏其發矢中的之功"이라 하였고, 〈鄭箋〉에 "發, 發矢也. 射者與其耦拾發"이라 함. 〈集傳〉에도 "獻, 猶奏也; 發, 發矢也"라 함.

【有的】'的'은 과녁. 鵠. 〈毛傳〉과 〈集傳〉에 "的, 質也"라 함.

【以祈爾爵】상대에게 罰酒 먹일 것을 바람. 〈毛傳〉에 "祈, 求也"라 하였고, 〈鄭箋〉에는 "發矢之時, 各心競云:「我以此求爵, 女爵射, 爵也.」 射之禮, 勝者飮; 不勝, 所以養病也. 故《論語》(八佾)曰:「下而飮, 其爭也君子.」"라 함. 〈集傳〉에도 "祈, 求也; 爵, 射不中者, 飮豐上之觶也"라 함.

＊〈集傳〉에 "○衛武公飮酒悔過, 而作此詩. 此章言「因射而飮者, 初筵禮儀之盛. 酒旣調美, 而飮者齊一. 至於設鐘鼓, 擧醻爵, 抗大侯, 張弓矢, 而衆耦拾發. 各心競云『我以此求爵汝也!』」"라 함.

(2) 賦

籥舞笙鼓, 樂旣和奏.

籥(약)을 舞ᄒ며 笙(싱)을 鼓(고)ᄒ야, 樂(악)을 이믜 和히 奏ᄒ니,

피리소리에 춤추며 생과 북을 울려, 풍악이 이윽고 연주에 무르익어,

烝衎烈祖, 以洽百禮.

烝(증)ᄒ야 烈祖를 衎(간)ᄒ야, 뻐 百禮를 洽(흡)ᄒ놋다.

훌륭하신 조상의 영에 나가 음악 즐기니, 온갖 예법에 빠뜨림 없네.

百禮旣至, 有壬有林.

百禮 이믜 至ᄒ니, 壬ᄒ며 林ᄒ도다.

온갖 예법이 이윽고 다 이르니, 대단하고도 풍성하네.

錫爾純嘏, 子孫其湛.

네게 純嘏(순가)를 錫(셕)ᄒ니, 子孫이 그 湛(담)ᄒ놋다.

너에게 큰 복 내리시니, 자손들에게 그 즐거움이여.

其湛曰樂, 各奏爾能.

그 湛홈이 樂(락)ᄒ니, 각각 네 能을 奏ᄒ놋다.

그 즐거움 모두 즐기니, 각기 자신들의 재주를 바쳐 올리네.

賓載手仇, 室人入又.

賓이 곧 手로 仇(구)하거늘, 室人이 入하야 又하야,

손님들이 활쏘기 짝을 정하자, 실인들이 들어와 다시 잔에 술을 따라 주네.

酌彼康爵, 以奏爾時!

뎌 康爵(강쟉)에 酌하야, 뻐 네 時를 奏하놋다!

저 빈 술잔에 술을 따라 들고, 이로써 명중시키겠노라 하네!

【籥舞】피리를 잡고 추는 춤. 笙鼓와 相應되는 춤. 〈毛傳〉에 "秉籥而舞, 與笙鼓相應"라 하였고, 〈鄭箋〉에는 "籥, 管也. 殷人先求諸陽, 故祭祀先奏樂, 滌蕩其聲也"라 함. 〈集傳〉에는 "籥舞, 文舞也"라 함.

【烝衎烈祖】〈鄭箋〉에 "烝, 進; 衎, 樂; 烈, 美"라 하였고, 〈集傳〉에는 "烝, 進; 衎, 樂; 烈, 業"이라 함.

【以洽百禮】〈鄭箋〉에 "洽, 合也. 奏樂和, 必進樂其先祖. 於是又合見天下諸侯所獻之禮"라 하였고, 〈集傳〉에도 "洽, 合也; 百禮, 言其備也"라 함.

【壬·林】〈毛傳〉에 "壬, 大; 林, 君也"라 하였고, 〈鄭箋〉에는 "壬, 任也. 謂卿大夫也. 諸侯所獻之禮, 旣陳於庭. 有卿大夫, 又有國君. 言天下徧至, 得萬國之歡心"이라 하였으며, 〈集傳〉에는 "壬, 大; 林, 盛也. 言禮之盛大也"라 하는 등 각기 의견이 다름.

【錫爾】〈集傳〉에 "錫, 神錫之也; 爾, 主祭者也"라 함.

【純嘏】〈毛傳〉에 "嘏, 大也"라 하였고, 〈鄭箋〉에는 "純, 大也; 嘏, 謂尸與主人, 以福也"라 하였으며, 〈集傳〉에는 "嘏, 福"이라 함.

【子孫其湛】〈鄭箋〉에 "湛, 樂也. 王受神之福於尸, 則王之子孫, 皆喜樂也"라 하였고, 〈集傳〉에도 "湛, 樂也"라 함.

【湛】즐기고 즐김. 其와 曰은 助詞.

【各奏爾能】〈集傳〉에 "「各奏爾能」, 謂子孫各酌獻尸, 尸酢而卒爵也"라 하였고, 陳奐〈傳疏〉에는 "奏, 獻也; 能, 技能也"라 함.

【手仇】手는 取, 仇는 匹(짝). 여기서는 자기와 활쏘기를 할 상대를 선택함을 말함. 〈毛傳〉에 "手, 取也"라 하였고, 〈鄭箋〉과 〈集傳〉에 "仇, 讀曰逑"라 함. 陳奐〈傳疏〉에 "〈傳〉訓手爲取, 取, 言擇比也; 訓仇爲匹, 匹, 猶耦也"라 함.

【室人】室中의 일을 보는 자. 〈毛傳〉에 "室人, 主人也. 主人請射於賓, 賓許諾, 自

取其匹而射主人, 亦入于次, 又射以耦賓也"라 하였고, 〈鄭箋〉에 "室人, 有室中之
事者. 謂佐食也. 又, 復也. 賓手挹酒, 室人復酌爲加爵"이라 함. 〈集傳〉에도 "室人,
有室中之事者, 謂佐食也"라 함.

【入又】〈鄭箋〉에 "子孫各奏爾能者, 謂旣湛之後, 各酌獻尸, 尸酢而卒爵也. 士之祭
禮, 上嗣擧奠, 因而酌尸, 天子則有子孫, 獻尸之禮. 〈文王世子〉曰: 「其登餕獻受爵,
則以上嗣.」 是也. 又, 復也. 賓手挹酒, 室人復酌爲加爵"이라 하였고, 〈集傳〉에도
"又, 復也. 賓手挹酒, 室人復酌爲加爵也"라 함.

【康爵】〈鄭箋〉에 "康, 虛也"라 하였으나, 〈集傳〉에는 "康, 安也. 酒所以安體也, 或
曰康讀曰抗. 《記》曰「崇坫康圭」, 此亦謂坫上之爵也"라 함.

【時】〈毛傳〉에 "酒所以安體也. 時, 中者也"라 하였고, 〈鄭箋〉에는 "時, 謂心所尊者
也. 加爵之間, 賓與兄弟, 交錯相醻. 卒爵者, 酌之以其所尊, 亦交錯而已. 又無次也"
라 함. 〈集傳〉에는 "時, 時祭也. 蘇氏曰: 「時, 物也.」"라 함. 여기서는 '時'를 '과녁에
명중시키다'로 풀었음.

＊〈集傳〉에 "○此言「因祭而飲者, 始時禮樂之盛, 如此也.」"라 함.

(3) 賦

賓之初筵, 溫溫其恭.

賓이 初筵앤, 溫溫흔 그 恭이로다.

잔치가 시작되어 자리를 잡을 때엔, 그 공경함이 온화했도다.

其未醉止, 威儀反反.

그 醉티 아녀셔는, 威儀ㅣ 反反ᄒ더니,

그 아직 취하지 않은 까닭에, 위의도 조심스럽더니,

曰旣醉止, 威儀幡幡.

이믜 醉ᄒ야란, 威儀ㅣ 幡幡(번번)흔 디라,

그러나 이윽고 취해 버리자, 위의는 사라져버리고 말았네.

舍其坐遷, 屢舞僊僊.

그 坐를 舍(샤)ᄒ고 遷(쳔)ᄒ야, ᄌᄌ 舞흠을 僊僊(선선)히 ᄒᄂ다.

그 자리도 마구 옮겨 앉고, 자주 일어나 어지럽게 춤추며 도네.

其未醉止, 威儀抑抑.

그 醉티 아녀셔는, 威儀ㅣ 抑抑(억억)ᄒ더니,

그 아직 취하기 전에는, 위의도 조심스럽더니만,

曰旣醉止, 威儀怭怭.

이믜 醉ᄒ야란, 威儀ㅣ 怭怭(필필)ᄒ니,

이미 취해 버리자, 위의는 무례함으로 바뀌었네.

是曰旣醉, 不知其秩!

이를 닐온 이믜 醉ᄒᆫ 디라, 그 秩(질)을 아디 몯홈이로다!

이제 이미 취했노라 하며, 그 질서도 나몰라라 하네!

【初筵】〈鄭箋〉에 "此復言'初筵'者, 旣祭, 王與族人, 燕之筵也. 王與族人, 燕以異姓 爲賓"이라 함.

【溫溫】〈鄭箋〉에 "溫溫, 柔和也"라 함.

【反反】〈毛傳〉에 "反反, 言重愼也"라 하였으나, 〈集傳〉에는 "反反, 顧禮也"라 함.

【幡幡】〈毛傳〉에 "幡幡, 失威儀也"라 하였고, 〈集傳〉에는 "幡幡, 輕數也"라 함.

【坐遷】〈毛傳〉과 〈集傳〉에 "遷, 徙"라 함. 馬瑞辰 〈通釋〉에는 "蓋謂舍其當坐當遷 之禮耳"라 함.

【屢】〈毛傳〉과 〈集傳〉에 "屢, 數也"라 함.

【僊僊】가볍게 춤추며 도는 모습. 〈毛傳〉에 "僊, 僊然"이라 하였고, 〈集傳〉에 "僊 僊, 軒擧之狀"이라 함. 〈鄭箋〉에는 "此言賓初卽筵之時, 能自敕戒以禮, 至於旅酬 而小人之態出. 言王旣不得君子以爲賓, 又不得有恆之人, 所以敗亂天下, 率如此 也"라 함.

【抑抑】삼가는 모습. 〈毛傳〉과 〈集傳〉에 "抑抑, 愼密也"라 함.

【怭怭】행동이 무례하고 거만함. 〈毛傳〉과 〈集傳〉에 "怭怭, 媟嫚也"라 함.

【秩】常道, 秩序. 〈毛傳〉과 〈集傳〉에 "秩, 常也"라 함.

＊〈集傳〉에 "○此言「凡飮酒者, 常始乎治而卒乎亂也.」"라 함.

(4) 賦

賓旣醉止, 載號載呶.

賓이 이믜 醉ᄒᆫ 디라, 곧 號(호)ᄒ며 곧 呶(노)ᄒ야,

빈객들 이미 취하고 나니, 크게 떠들어대고 소리 지르고,

亂我籩豆, 屢舞僛僛.

우리 籩豆를 亂ᄒ야, ᄌ조 舞홈을 僛僛(긔긔)히 ᄒ니,

우리 음식 그릇 마구 어지럽히고, 자주 비틀비틀 춤을 추면서,

是曰旣醉, 不知其郵.

이를 닐온 이믜 醉홈이라, 그 郵(우)를 아디 몯ᄒ놋다.

이에 이미 취했노라 하면서, 그 과실도 알지 못하네.

側弁之俄, 屢舞傞傞.

側(측)흔 弁(변)이 俄(아)ᄒ야, ᄌ조 舞홈을 傞傞(사사)히 ᄒ놋다.

관은 삐딱하게 기울고, 자주 일어나 추는 춤은 몸도 가누지 못할 지경.

旣醉而出, 並受其福.

이믜 醉ᄒ야 出ᄒ면, 다 그 福을 受홀 꺼시어늘,

이미 취했을 때 그 자리를 뜬다면, 이는 복을 함께 받을 사람.

醉而不出, 是謂伐德.

醉호ᄃᆡ 出티 아니 ᄒ니, 이를 닐온 德을 伐(벌)홈이로다.

그러나 취하고서도 뜨지 않는다면, 이를 일러 그 복을 차는 짓이라 하지.

飮酒孔嘉, 維其令儀!

酒를 飮홈애 심히 嘉홈은, 그 令 儀홀 시니라!

술 마실 때 심히 아름다운 태도, 그것은 정말 훌륭한 예의건만!

【號·呶】시끄럽게 떠듦. 〈毛傳〉에 "號·呶, 號呼讙呶也"라 하였고, 〈集傳〉에 "號, 呼; 呶, 讙也"라 함.

【僛僛】춤을 추면서 제 몸을 주체하지 못함. 〈毛傳〉에 "僛僛, 舞不能自正也"라 하였고, 〈集傳〉에 "僛僛, 傾側之狀"이라 함.

【郵】〈鄭箋〉에 "郵, 過"라 하였고, 〈集傳〉에도 "郵, 與尤同. 過也"라 함.

【側】〈鄭箋〉과 〈集傳〉에 "側, 傾也"라 함.

【俄】〈鄭箋〉에 "俄, 傾貌. 此更言賓旣醉而異章者, 著爲無筭爵以後也"라 하였고, 〈集傳〉에도 "俄, 傾貌"라 함.

【傞傞】〈毛傳〉과 〈集傳〉에 "傞傞, 不止也"라 함.

【出】〈鄭箋〉에 "出, 猶去也"라 하였고, 〈集傳〉에도 "出, 去"라 함.

【伐】손상을 입힘. 〈集傳〉에 "伐, 害"라 함. 침해함. 吳闓生 〈會通〉에 "是戕伐其德"이라 함.

【孔】〈鄭箋〉과 〈集傳〉에 "孔, 甚"이라 함.

【令儀】좋은 禮儀. 훌륭한 태도, 의표. 〈鄭箋〉에 "令, 善也. 賓醉, 則出與主人俱有美譽, 醉至若此. 是誅伐其德也. 飮酒而誠得嘉賓, 則於禮有善威儀. 武公見王之失禮, 故以此言箴之"라 하였고, 〈集傳〉에도 "令, 善也"라 함.

*〈集傳〉에 "○此章極言醉者之狀, 因言「賓醉而出. 則與主人俱有美譽, 醉至若此, 是害其德也. 飮酒之所以甚美者, 以其有令儀爾. 今若此, 則無復有儀矣.」"라 함.

(5) 賦

凡此飮酒, 或醉或否.

믈읫 이 酒를 飮홈애, 或 醉ᄒ며 或 否홀 식,

무릇 이런 술자리에서 마시기에는, 어떤 자는 취하고 어떤 자는 그렇지 않아,

旣立之監, 或佐之史.

이믜 監을 立ᄒ고, 或 史(ᄉ)로 佐(자)ᄒᄂ니,

그 때문에 이미 감독하는 이를 세우거나, 혹 돕는 관리를 두나니,

彼醉不臧, 不醉反恥.

뎌 醉ᄒ야 臧(장)티 아니 홈을, 醉티 아닌 이 도로혀 恥(치)ᄒᄂ니라.

저렇게 취해서 좋지 않은 모습 보이면, 취하지 않은 자로서는 도리어 부끄러워하지.

式勿從謂, 無俾大怠?

뻐 從ᄒ야 닐러, ᄒ여곰 너모 怠(티)홈이 업게 말랴?

취해서 하는 말을 굳이 탓하지도 않고, 큰 실수하지 않도록 할 수 있
겠나?

匪言勿言, 匪由勿語.

言티 아닐 거ᄉ란 言티 말며, 由티 아닐 거ᄉ란 語티 말라.

말하지 말아야 할 말은 하지 말고, 따르지 못할 일은 말하지 말아
야지.

由醉之言, 俾出童羖.

醉를 由ᄒ야 言ᄒᄂ 이를, ᄒ여곰 童(동)ᄒ 羖(고)를 出케 ᄒ리라.

취했다는 이유로 하는 말에는, 다 큰 숫염소에 뿔이 없다고 헛소리도
하지.

三爵不識, 矧敢多又!

三爵에 識(지)티 몯ᄒ거니, ᄒ믈며 敢히 多를 又ᄒ랴!

석 잔에 의식조차 잃은 이에게, 하물며 감히 많은 술을 또 주어서야
되겠는가!

【監·史】監과 史는 司正의 지위. 燕禮鄕射에 失禮를 방비하기 위하여 관리의 임
무를 맡은 자. 〈毛傳〉에 "立, 酒之監; 佐, 酒之史"라 하였고, 〈集傳〉에는 "監·史,
司正之屬. 燕禮鄕射, 恐有解倦失禮者, 立司正以監之, 察儀法也"라 함. 〈鄭箋〉에
는 "凡此者, 凡此時天下之人也. 飮酒於有醉者, 有不醉者, 則立監使視之, 又助以
史使督酒, 欲令皆醉也. 彼醉則已不善, 人所非惡, 反復取. 未醉者, 恥罰之. 言此者
疾之也"라 함.
【式勿從謂】〈鄭箋〉에 "式, 讀曰慝; 勿, 猶無也"라 하였고, 〈集傳〉에 "謂, 告"라 함.
【無俾大怠】'큰 실수하지 말도록 할 수 있겠는가?'의 뜻. 〈鄭箋〉에 "俾, 使"라 함.
【匪由勿語】〈鄭箋〉에 "由, 從也. 武公見時人多說醉者之狀, 或以取怨致讎, 故爲設
禁醉者, 有過惡女無就而謂之也. 當防護之無使顚仆, 至於怠慢也. 其所陳說, 非所
當說, 無爲人說之也. 亦無從而行之也. 亦無以語人也. 皆爲其聞之, 將恚怒也"라
하였고, 〈集傳〉에 "由, 從也"라 함.
【俾出童羖】'童羖'는 〈毛傳〉에 "羖, 羊不童也"라 하였고, 〈集傳〉에는 "童羖, 無角
之羖羊, 必無之物也"라 함. 〈鄭箋〉에 "女從行醉者之言, 使女出無角之羖羊, 脅以

無然之物, 使戒深也. 殺羊之性, 牝牡有角"이라 하여, 즉 '다 자란 숫염소가 뿔이 없다'는 투의 헛소리까지 함.

【識】〈集傳〉에 "識, 記也"라 함.

【矧敢多又】'矧'은 '하물며'. '又'는 또 같은 일을 함. 〈鄭箋〉에 "矧, 況; 又, 復也. 當言「我於此醉者, 飮三爵之不知. 況能知其多復飮乎?」三爵者, 獻也, 酬也, 酢也"라 함.

＊〈集傳〉에 "○言「飮酒者, 或醉或不醉, 故旣立監而佐之以史, 則彼醉者所爲不善, 而不自知, 使不醉者反爲之羞愧也. 安得從而告之, 使勿至於大怠乎? 告之若曰『所不當言者, 勿言所;不當從者, 勿語醉, 而妄言, 則將罰汝, 使出童羖矣.』設言必無之物, 以恐之也. 汝飮至三爵已昏然, 無所記矣. 況敢又多飮乎?」又丁寧以戒之"라 함.

참고 및 관련 자료

1. 孔穎達〈正義〉

〈賓之初筵〉詩者, 衛武公所作, 以刺時也. 以幽王政教, 荒淫而惰廢, 乃媟慢親近小人, 與之飮酒無有節度, 令使天下化而效之. 致天下諸侯君臣上下, 亦效而行之. 沈酗於酒, 湎齊顔色, 淫液不止, 遂成風俗. 衛武公旣入爲王之卿士, 見其如此, 而作是詩以刺之也. 〈定本〉集注並云「飮酒無度」, 〈俗本〉作「飮食」, 誤也. 刺時者, 卽幽王之時也. 以幽王之文, 見於下, 故言刺時以目之. 案注云「刺時也, 時不親迎」. 〈鄭〉以爲直刺君身, 則言時者, 曰其時之君, 由可以兼見於當時矣. 此君臣上下文, 在天下化之之下, 則是天下諸國之君臣也. 沈湎淫液, 卽飮酒無度之事, 擧化者, 尙沈湎淫液, 則王朝亦沈湎淫液, 可知矣. 言武公旣入者, 言作詩之早晚耳. 雅者, 言天下之事, 形於四方之風. 譚大夫尙得作詩以刺王, 則在國亦得作, 不要待入王朝也. 沈湎者, 《尙書》微子曰:「用沈酗于酒, 亂敗厥德于下.」蕩曰:「天不湎爾以酒,」箋云:「天不同爾, 顔色以酒.」〈酒誥〉注云「齊色曰湎」, 然則沈湎者, 飮酒過久若沈沒然, 使湎然, 俱醉顔色齊同也. 此經五章〈毛〉以上二章陳古燕射之禮, 次二章言今王燕之失. 〈鄭〉以上二章陳古大射行祭之事, 次二章言今王祭末之燕. 俱以上三章陳古以駁今, 次二章刺當時之荒廢. 卒章乃言天下化之, 三章四章言賓屢舞號呶, 是媟近小人, 飮酒無度也. 卒章言凡此飮酒, 爲天下之辭, 是天下化也. 卒章無君臣淫液之事者, 此天下化之, 效上所爲效者, 尙然君臣可知. 故經擧天下之民, 以明其君臣也. 不醉反耻, 是使齊醉也. 其設戒重羖之言, 出與不出之語, 並爲沈湎之事也. 或以爲君臣上下, 沈湎淫洗倒本, 幽王之君臣, 則天下化之, 宜居於下, 非文之勢理, 在不然. 〈正義〉曰:《樂記》說「樂之遲」云「咏歎之淫洗之」, 則淫洗遲久之意也. 小人未醉, 身有惡態, 强自收掩, 及其醉酒, 則舊時情態皆出. 《莊子》說察人之法曰:「醉之以酒, 以觀其態.」是久飲酒, 則情態出也. 下箋云「至於旅酬, 小人之態出」, 亦謂久飲態出, 故舞不知止也. 〈定本〉集注「態」下, 皆「無」「出」字. 〈毛〉於首章傳曰有‘燕射之禮’, 二章傳曰「主人請射於賓」, 則〈毛〉以上二章, 皆陳古者. 先行燕禮, 後爲燕射, 無祭祀之事也. 燕禮於旅酬之後, 云若‘射’, 則‘大射’, 正爲司射如‘鄉射’之禮, 是‘燕射’之法. 先行燕禮而後射也. 首章學酬逸逸, 以上八句, 皆說燕事. 學酬, 卽旅酬也. 燕禮旅後, 乃射, 故學酬之下, 說大侯既抗, 以下六句爲射事也. 燕必有樂, 故二章又重說燕事籥舞笙鼓, 是燕時之樂, 若燕樂之義, 得先祖之神悅, 故因論樂事, 遂引而致之, 言樂既和, 而奏之, 可以進樂先祖, 每事得禮, 則神降之福. 至子孫其湛以來, 六句說燕樂得宜, 可使明神降福之意, 燕樂得所, 則神明福之, 是不可不以禮燕射. 故下四句復說射事, 言賓主相耦, 入次取弓矢, 而又射也. 此兩章皆初論燕, 後論射, 而首章言籩豆. 二章言笙鼓者, 燕以飲食爲主, 作樂助其歡耳. 故先言酒殽, 而後言聲樂. 三章・四章, 言今王燕飲, 初雖重愼, 後則失儀, 至於音聲號呶, 舞不休息. 卒章言下民化之, 亦荒於酒, 皆刺當時沈湎之事. 〈鄭〉以將祭而射, 謂之大射. 大射之初, 先行燕禮. 首章上八句, 言射初飲燕之事, 下六句言大射之事, 二章言作樂以祭, 盡章皆說祭時之事. 三章・四章, 言今王祭未與族人, 私燕小人爲賓, 威儀昏亂, 唯卒章與〈毛〉同耳.

2. 朱熹〈集傳〉

〈賓之初筵〉, 五章, 章十四句:

毛氏序曰:「衛武公, 刺幽王也.」韓氏序曰:「衛武公, 飲酒悔過也.」今按此詩意與大雅〈抑〉戒相類, 必武公自悔之作. 當從韓義.

227(小-67) 어조(魚藻)

*〈魚藻〉: 마름풀 사이를 遊泳하는 물고기.
*이 시는 유왕 때 정교가 무너져 만물이 그 본성을 잃고 있음에도 왕은 이를 해결할 능력도 없이 鎬京에 거하고 있어, 이를 애통히 여긴 자가 武王 시대를 생각하여 읊은 것이라 함. 그러나 朱熹는 천자가 제후들에게 연회를 베푼 자리에서 제후들이 천자를 찬미한 것이라 하였음.

〈序〉: 〈魚藻〉, 刺幽王也. 言萬物失其性, 王居鎬京, 將不能以自樂, 故君子思古之武王焉.

〈어조〉는 유왕을 비난한 것이다. 만물이 그 본성을 잃었는데도, 왕은 鎬京에 거하고 있어, 장차 능히 스스로 즐거움을 찾을 수 없어, 그 때문에 군자가 옛 武王을 생각한 것이다.

〈箋〉: '萬物失其性'者, 王政教衰, 陰陽不和, 羣生不得其所也. '將不能以自樂', 言必自是, 有危亡之禍.

*전체 3장. 매 장 4구씩(魚藻: 三章. 章四句).

(1) 興
魚在在藻, 有頒其首.

魚ㅣ 在(지)홈이 藻(조)에 在ᄒ니, 그 首ㅣ 頒(분)ᄒ도다.
물고기가 있는 곳은 마름풀 사이, 그 머리 엄청 크네.

王在在鎬, 豈樂飮酒!

王이 在ᄒ샴이 鎬(호)에 在ᄒ시니, 豈樂(개락)ᄒ야 酒를 飮ᄒ샷다!
왕께서 계시는 곳은 호경, 즐겁게 술이나 마시고 있네!

【藻】마름풀. 물풀의 일종. 물고기가 그에 의지하여 살아감. 〈毛傳〉에 "頒, 大首

貌. 魚以依蒲藻爲得其性"이라 하였고, 〈鄭箋〉에 "藻, 水草也. 魚之依水草, 猶人之依明王也. 明王之時, 魚何所處乎? 處於藻, 旣得其性, 則肥充其首頒然. 此時人物, 皆得其所止. 言「魚者以潛逃之類, 信其著見.」"이라 함. 〈集傳〉에도 "藻, 水草也"라 함.

【頒】머리가 큰 모습. 〈毛傳〉과 〈集傳〉에 "頒, 大首貌"라 함.

【鎬】西周 때의 도읍 鎬京. 武王(姬發) 때 豐에서 이곳으로 옮겨 도읍을 정하였음. 幽王은 이곳에 안거하고 있지만 곧 망하여 그 도읍을 잃게 될 것임을 암시한 것. 지금의 陝西 西安.

【豈】'愷'와 같음. 樂의 뜻. 〈鄭箋〉에 "豈, 亦樂也. 天下平安, 萬物得其性. 武王何所處乎? 處於鎬京. 樂, 八音之樂. 與羣臣飲酒而已. 今幽王惑於褒姒, 萬物失其性, 方有危亡之禍, 而亦豈樂飲酒於鎬京, 而無悛心. 故以此刺焉"이라 함. 〈集傳〉에도 "豈, 亦樂也"라 함.

＊〈集傳〉에 "○此天子燕諸侯, 而諸侯美天子之詩也. 言「魚何在乎? 在乎藻也. 則有頒其首矣. 王何在乎? 在乎鎬京也. 則豈樂飲酒矣.」"라 함.

(2) 興

魚在在藻, 有莘其尾.

魚ㅣ 在홈이 藻에 在ᄒ니, 그 尾(미)ㅣ 莘(신)ᄒ도다.

물고기가 사는 곳은 마름풀 사이, 그 꼬리 길기도 하네.

王在在鎬, 飲酒樂豈!

王이 在ᄒ샴이 鎬에 在ᄒ시니, 酒ᄅᆞᆯ 飲ᄒ야 樂豈ᄒ샷다!

왕께서 계시는 곳은 호경, 술 마시며 즐거움 싫컷 누리시도다!

【莘】〈毛傳〉에 "莘, 長貌"라 하였고, 〈集傳〉에도 "莘, 長也"라 함.

(3) 興

魚在在藻, 依于其蒲.

魚ㅣ 在홈이 藻에 在ᄒ니, 그 蒲(포)에 依(의)ᄒ얏도다.

물고기가 사는 곳은 마름풀 사이, 그 부들에 의지하였네.

王在在鎬, 有那其居!

王이 在호샴이 鎬에 在호시니, 그 居에 那(나)호샷다!

왕께서 계시는 곳은 호경, 거기에서 편안히 거처하시네!

【蒲】부들. 그러나 부들은 물가에 나는 풀로 물고기가 의지하는 것이 아니므로, 菖蒲나 香蒲(왕골의 일종) 따위의 물풀로 보아야 함.
【那·居】편안히 거처함. 〈鄭箋〉에 "那, 安貌. 天下平安, 王無西方之虞, 故其居處, 那然安也"라 하였고, 〈集傳〉에 "那, 安; 居, 處也"라 함.

참고 및 관련 자료

1. 孔穎達〈正義〉

作〈魚藻〉詩者, 刺幽王也. 言時王政旣衰, 致令天下萬物, 失其生育之性, 而不得其所. 由此王居鎬京, 將有危亡之禍, 將不能以自燕樂. 故詩人君子, 覩微知著, 思古之武王焉. 以武王之時, 萬物得所能以自樂, 今萬物失性, 禍亂將起, 不以爲憂, 亦安而自樂. 故作此〈魚藻〉之詩, 陳武王之樂, 反以刺之. 幽王之詩, 思古多矣. 昔不陳武王, 此獨言之者, 此言將喪鎬京. 其居鎬京, 武王爲始, 刺王將喪其業, 故特陳武王也. 旣言思古, 故反經以序之. 萬物失其性. 經三章上二句是也. 王居鎬京, 將不能以自樂, 三章下二句是也. 〈正義〉曰: 言萬物所以失其性者, 由王政旣衰, 以致陰陽不和, 水旱蟲災, 死喪疫病, 害加草木, 殃及飛走, 羣衆生長之物, 悉皆不得其所, 是萬物失其性也. 羣生不得其所, 易乾鑿度. 文將者, 未至之辭. 故云言必自是有危亡之禍, 謂從是得禍, 不復更能興也.

228(小-68) 채숙(采菽)

*〈采菽〉:콩잎을 땀. 콩잎은 천자가 제후 빈객들을 위해 잔치를 열 때 藿羹의 식재료임.
*이 시는 幽王이 褒姒의 웃는 모습을 보고자 여러 차례 봉화를 올렸다가, 나중에 申后와 태자 宜臼를 폐하여 申后의 아버지 申侯가 犬戎과 연합하여 鎬京을 공격해 오자, 그 동안 올렸던 봉화가 거짓임을 알게 된 제후들이 이때에는 구원병을 보내지 않아 여산 아래에서 죽음을 맞게 되었고 나라도 망했다는 고사를 들어, 유왕의 실정을 안타깝게 여겨 읊은 것이라 함. 그러나 朱熹는 앞의 〈魚藻〉에 대한 천자의 答詩라 하였음. 따라서 주희의 뜻에 맞추어 풀이하였음.

〈序〉: 〈采菽〉, 刺幽王也. 侮慢諸侯. 諸侯來朝, 不能錫命以禮, 數徵會之, 而無信義, 君子見微而思古焉.

〈채숙〉은 유왕을 비난한 것이다. 제후들을 모욕하고 거만하게 굴었다. 제후들이 내조해도 능히 예로써 명령을 내리지 않고 자주 불러 모으기만 하면서 신의를 지키지 않았다. 군자가 그 망할 기미를 알고 옛날을 생각한 것이다.

〈箋〉: 幽王徵會諸侯爲合, 義兵征討有罪, 旣往而無之. 是於義事不信也. 君子見其如此, 知其後必見攻伐, 將無救也.

*전체 5장. 매 장 8구씩(采菽:五章. 章八句).

(1) 興
采菽采菽, 筐之筥之.
菽(숙)을 采하며 菽을 采홈은, 筐(광)에 하며 筥(거)에 하놋다.
콩잎을 따고 콩잎을 따서, 네모 광주리와 둥근 광주리에 담지요.

君子來朝, 何錫予之?
君子ㅣ 來하야 朝(죠)홈애, 므스 거슬 錫予(셕여)하료?

제후들께서 來朝하시니, 무엇을 하사해 드릴까?

雖無予之, 路車乘馬.

비록 予홀 꺼시 업스나, 路車(로거)와 乘馬ㅣ로다.

비록 줄 것 없어도, 큰 수레와 큰 말을 드리리라.

又何予之? 玄袞及黼!

쏘 므스 거슬 予호료? 玄袞(현곤)과 밋 黼(보)ㅣ로다!

또 무엇을 드릴까? 검은 빛 곤룡포 수놓은 바지를 드리지!

【菽】콩, 콩잎. 〈毛傳〉에 "興也. 菽所以芼. 太牢而待君子也. 羊則苦, 豕則薇"라 하였고, 〈鄭箋〉에는 "菽, 大豆也. 采之者, 采其葉以爲藿. 三牲牛羊豕, 芼以藿. 王饗賓客, 有牛俎, 乃用鉶羹, 故使采之"라 함. 〈集傳〉에도 "菽, 大豆也"라 함.

【筐·筥】'筐'은 方形의 광주리. '筥'는 圓形의 광주리.

【君子】天子를 찾아온 諸侯. 〈毛傳〉에 "君子, 謂諸侯也"라 하였고, 〈集傳〉에도 "君子, 諸侯也"라 함.

【錫予】'錫'은 賜, '予'는 與의 뜻.

【路車】〈集傳〉에 "路車, 金路, 以賜同姓; 象路, 以賜異姓也"라 함.

【乘馬】馬車를 끄는 네 필 말. 〈鄭箋〉에 "賜諸侯以車馬. 言雖無予之, 尙以爲薄"이라 함.

【玄袞及黼】검은 웃옷에 卷龍을 그린 것. 〈毛傳〉에 "玄袞, 卷龍也"라 하였고, 〈集傳〉에 "玄袞, 玄衣而畫以卷龍也"라 함.

【黼】하의에 도끼 형상을 수놓은 것. 〈毛傳〉에 "玄袞, 卷龍也. 白與黑, 謂之黼"라 하였고, 〈鄭箋〉에 "及, 與也. 玄袞, 玄衣而畫, 以卷龍也. 黼, 黼黻. 謂絺衣也. 諸公之服, 自袞冕而下侯伯, 自鷩冕而下子男, 自毳冕而下, 王之賜維, 用有文章者"라 함. 〈集傳〉에는 "黼, 如斧形刺之於裳也. 周制: 諸公袞冕九章. 已見〈九罭〉篇. 侯伯鷩冕七章, 則自華蟲以下子男, 毳冕五章衣, 自宗彝以下而裳黼黻, 孤卿絺冕三章, 則衣粉米而裳黼黻, 大夫玄冕, 則玄衣黻裳而已"라 함.

*〈集傳〉에 "○此天子所以答〈魚藻〉也. 采菽采菽, 則必以筐筥盛之. 君子來朝, 則必有以錫予之." 又言「今雖無以予之, 然已有路車乘馬, 玄袞及黼之賜矣.」其言如此者, 好之無已, 意猶以爲薄也"라 함.

(2) 興

觱沸檻泉, 言采其芹.

觱沸(필블)ᄒᆞᄂᆞᆫ 檻泉(함천)애, 그 芹(근)을 采호라.

펑펑 솟는 샘물 가에, 나는 그 미나리를 캐지요.

君子來朝, 言觀其旂.

君子ㅣ 來ᄒᆞ야 朝홈애, 그 旂(긔)를 觀(관)호라.

제후께서 내조하시니, 나는 그 깃발을 보도다.

其旂淠淠, 鸞聲嘒嘒.

그 旂ㅣ 淠淠(폐폐)ᄒᆞ며, 鸞聲(란셩)이 嘒嘒(혜혜)ᄒᆞ며,

그 깃발은 펄럭이고, 난령 방울 소리는 짤랑짤랑.

載驂載駟, 君子所屆!

곧 驂(참)ᄒᆞ며 곧 駟(ᄉᆞ)ᄒᆞ니, 君子의 屆(계)ᄒᆞᆫ 배로다!

곁말과 본 말 씩씩하니, 제후께서 이르셨도다!

【觱沸檻泉】'觱沸'는 샘물이 솟는 모습을 표현하는 雙聲連綿語. '檻泉'은 역시 치솟아 오르는 샘. 〈毛傳〉과 〈集傳〉에 "觱沸, 泉出貌; 檻泉, 正出也"라 함.

【言采其芹】'言'은 我. 〈鄭箋〉에 "言, 我也"라 함. 雙聲互訓. '芹'은 미나리. 〈諺解〉物名에 "芹: 미나리"라 함. 〈鄭箋〉에 "芹, 菜也. 可以爲菹, 亦所用待君子也. 我使采其水中芹者, 尙絜清也.《周禮》:「芹, 菹; 鴈, 醢.」"라 하였고, 〈集傳〉에도 "芹, 水草. 可食"이라 함.

【淠淠】〈毛傳〉에 "淠淠, 動也"라 하였고, 〈集傳〉에도 "淠淠, 動貌"라 함.

【鸞聲】鸞鈴의 방울소리.

【嘒嘒】짤랑짤랑하는 방울소리. 〈毛傳〉

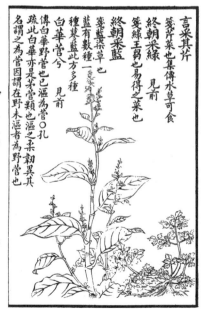

에 "嘽嘽, 中節也"라 하여 '節奏에 맞음'이라 하였으나, 〈集傳〉에는 "嘽嘽, 聲也"
라 함.
【載驂載駟】곁말과 수레를 끄는 네 필 본 말.
【屆】지극함. 그러나 '이르다'의 뜻으로 봄이 마땅함. 〈鄭箋〉에 "屆, 極也. 諸侯來
朝, 王使人迎之. 因觀其衣服車乘之威儀, 所以爲敬. 且省禍福也. 諸侯將朝于王,
則驂乘乘四馬而往, 此之服飾, 君子法制之極也. 言其尊而王今不尊也"라 하였고,
〈集傳〉에는 "屆, 至也"라 함.
＊〈集傳〉에 "○觱沸檻泉, 則言采其芹;諸侯來朝, 則言觀其旂見, 其旂聞其鸞聲, 又
見其馬, 則知君子之至於是也"라 함.

(3) 賦

赤芾在股, 邪幅在下.

赤芾(젹블)이 股(고)애 잇고, 邪幅(샤복)이 下에 잇도다.

붉은 슬갑을 다리에 찼고, 행전을 그 아래 발목에 차셨네.

彼交匪紓, 天子所予.

뎌 交홈이 紓(셔)티 아니 ᄒ니, 天子의 予홀 배로다.

교제의 예에 조금도 소홀함이 없으니, 나 천자가 내린 것이구나.

樂只君子! 天子命之.

樂(락)ᄒ 君子여! 天子ㅣ 命ᄒ놋다.

이를 즐겁게 여기도다, 제후들이여! 나 천자가 명을 내리노니,

樂只君子! 福祿申之!

樂흔 君子여! 福祿으로 申(신)ᄒ놋다!

이를 즐겁게 여기도다, 제후들이여! 복록을 거듭 겹치게 주리로다!

【芾】膝甲, 蔽膝. 〈毛傳〉에 "諸侯赤芾"이라 하였고, 〈鄭箋〉에는 "芾, 大. 古蔽膝之
象也. 冕服謂之芾, 其他服謂之韠. 以韋爲之, 其制:上廣一尺, 下廣二尺, 長三尺,
其頸五寸, 肩革帶博二寸"이라 함.
【股】〈鄭箋〉과 〈集傳〉에 "脛本曰股"라 함.

【邪幅】발목을 감싸는 行纏, 行滕. 〈毛傳〉에 "邪幅, 幅偪也. 所以自偪束也"라 하였고, 〈鄭箋〉에 "邪幅, 如今行滕也. 偪, 束. 其脛自足至膝, 故曰在下. 彼與人交接, 自偪束如此, 則非有解怠, 紓緩之心, 天子以是故, 賜予之"라 함. 〈集傳〉에도 "邪幅, 偪也. 邪纏於足, 如今行縢. 所以束脛在股下也"라 함.

【交·紓】〈毛傳〉에 "紓, 緩也"라 하였고, 〈集傳〉에도 "交, 交際也; 紓, 緩也"라 함. 陳奐 〈傳疏〉에는 "緩, 怠緩也"라 하여 '태만하고 느림'으로 보았음.

【樂只君子】'只'는 是와 같음. 〈鄭箋〉에 "只之言是也. 古者, 天子賜諸侯也, 以禮樂樂之, 乃後命予之也. 天子賜之神, 則以福祿, 申重之. 所謂人謀鬼謀也. 刺今王不然"이라 함.

【申】〈毛傳〉에 "申, 重也"라 함.

＊〈集傳〉에 "○言「諸侯服此芾, 偪見於天子, 恭敬齊遫, 不敢紓緩, 則爲天子所與, 而申之以福祿也.」"라 함.

(4) 興

維柞之枝, 其葉蓬蓬.

柞(쟉)의 枝(지)여, 그 葉(엽)이 蓬蓬(봉봉)ᄒ도다.

굴참나무 그 가지, 그 잎 무성하도다.

樂只君子! 殿天子之邦.

樂혼 君子여! 天子의 邦(방)을 殿(뎐)ᄒ리로다.

이를 즐겁게 여기도다, 제후들이여! 그대들이 천자의 나라를 지켜주도다.

樂只君子! 萬福攸同.

樂혼 君子여! 萬福이 同혼 배로다.

이를 즐겁게 여기도다, 제후들이여! 만복이 모여드는 바로다.

平平左右, 亦是率從!

平平(변변)혼 左右ㅣ, 쏘혼 이예 率從(솔종)ᄒ놋다!

일마다 잘 다스려주는 그대 좌우 신하들, 역시 이에 잘 따르고 있구나!

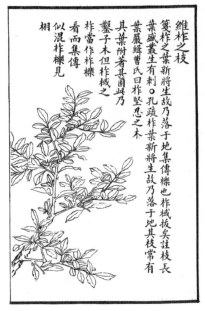

維柞之枝

篋柞之葉新將生故乃落于地集傳櫟也柞械板吳註枝長
葉盛叢生有刺○孔疏柞葉新將生故乃落于地其枝常有
葉嚴緝曹氏曰柞堅忍之木
其葉附著甚固此乃
鑿子木但柞櫟之
柞當作柞櫟
似混柞櫟見
桐而集傳
看而混柞櫟見

【柞】〈鄭箋〉에 "此興也. 柞之幹, 猶先祖也. 枝, 猶子孫也. 其葉蓬蓬, 喻賢才也. 正以柞爲興者, 柞之葉新將生, 故乃落於地, 以喻繼世以德相承者, 明也"라 하였고, 〈集傳〉에는 "柞, 見〈車舝〉篇"이라 함.

【蓬蓬】〈毛傳〉과 〈集傳〉에 "蓬蓬, 盛貌"라 함.

【殿】〈毛傳〉과 〈集傳〉에 "殿, 鎭也"라 하여, 천자의 나라를 잘 鎭守함.

【平平左右】〈毛傳〉에 "平平, 辯治也"라 하였고. 〈集傳〉에 "平平, 辯治也; 左右, 諸侯之臣也"라 함. 《韓詩》에는 '便便'으로 되어 있으며, 〈諺解〉에도 '변변'으로 읽었음. 孔穎達 〈正義〉에는 "平平, 辯治不絶之貌"라 함.

【率】〈鄭箋〉에 "率, 循也. 諸侯之有賢才之德, 能辯治其連屬之國, 使得其所, 則連屬之國, 亦循順之"라 하였고, 〈集傳〉에도 "率, 循也"라 함.

＊〈集傳〉에 "○維柞之枝, 則其葉蓬蓬然. 樂只君子, 則宜殿天子之邦, 而爲萬福之所聚.」 又言「其左右之臣, 亦從之而至此也.」라 함.

(5) 興

汎汎楊舟, 紼纚維之.

汎汎(범범)흔 楊舟(양쥬)ㅣ여, 紼(블)로 纚(리)ᄒ야 維ᄒ놋다.

둥둥 물에 뜬 버드나무 배는, 큰 밧줄로 이를 잘 매었도다.

樂只君子! 天子葵之.

樂흔 君子여! 天子ㅣ 葵(규)ᄒ리로다.

이를 즐겁게 여기도다, 제후들이여! 천자인 나는 그 공을 잘 헤아리로다.

樂只君子! 福祿膍之.

樂흔 君子여! 福祿으로 膍(비)ᄒ리로다.

이를 즐겁게 여기도다, 제후들이여! 복록을 두텁게 하사하리라.

優哉游哉! 亦是戾矣!

優ᄒ며 游혼 디라! 쏘혼 이예 戾(려)ᄒ도다!

편안하고 유유하도다! 역시 여기에 이르셨네!

【紼纚】큰 밧줄로 묶음. 〈毛傳〉에 "紼, 繂也; 纚, 綍也. 明王能維持諸侯也"라 하였고, 〈鄭箋〉에 "楊木之舟, 浮於水上汎汎然, 東西無所定, 舟人以紼繫其綍, 以制行之. 猶諸侯之治民, 御之以禮法"이라 함. 〈集傳〉에도 "紼, 繂也; 纚, 維皆繫也. 言「以大索纚其舟而繫之」也"라 함.

【葵】〈毛傳〉에 "葵, 揆也"라 하였고, 〈集傳〉에 "葵, 揆也. 揆, 猶度也"라 함.

【膍】〈毛傳〉과 〈集傳〉에 "膍, 厚也"라 하여, 厚하게 내려줌.

【戾】〈毛傳〉과 〈集傳〉에 "戾, 至也"라 함. 〈鄭箋〉에도 "戾, 止也. 諸侯有盛德者, 亦優游自安止, 於是言思不出其位"라 함.

＊〈集傳〉에 "○汎汎楊舟, 則必以紼纚維之. 樂只君子, 則天子必葵之. 福祿必膍之, 於是又歎其優游, 而至於此也"라 함.

【참고 및 관련 자료】

1. 孔穎達 〈正義〉

作〈采菽〉詩者, 刺幽王也. 以幽王侮慢諸侯, 來朝不能錫命以禮, 數徵召而會, 聚之而無誠信之義, 事無故召之, 而無信義. 後若實有義事, 將召而不來. 詩人見其微, 知其著而思古昔明王焉. 故作〈采菽〉之詩, 言「古之明王, 能敬待諸侯, 錫命以禮」, 反以刺幽王也. 序皆反經爲義. 侮慢諸侯, 首章上二句是也. 不能錫命以禮, 首章下四句是也. 其餘皆是錫命之事, 序總而畧之. 君子見微而思古, 叙其作詩之意, 於經無所當也. 〈正義〉曰: 天子之會諸侯, 必爲四方有不順服者, 將征討之, 乃會以爲謀焉. 不然不會之也. 今幽王徵會諸侯, 若爲合會義兵, 以征討有罪者. 故諸侯聞其召, 而皆會, 旣而無此征討之義事. 是於義事不信, 故言無信義也. 以寇徵之, 而實無寇. 後實有寇, 徵將不來, 君子見其如此, 其後必見攻伐, 將無救之事, 未然而已知之, 是見微也. 《易》曰: 「幾者, 動之微. 君子見幾而作」是君子皆見微也. 〈周本紀〉曰: 「襃姒不好笑, 幽王欲其笑, 萬方故不笑. 幽王爲烽燧大鼓. 有寇至, 則擧烽火, 諸侯悉至, 至而無寇, 襃姒乃大笑. 幽王欲悅之, 數擧烽火. 其後不信, 益不至. 幽王之廢申后·去太子. 申侯怒, 乃與繒西夷犬戎, 共攻幽王. 幽王擧烽火徵兵, 兵莫至. 遂殺幽王驪山下, 盡取周賂而去.」是義事不信, 見伐無救之事.

229(小-69) 각궁(角弓)

*〈角弓〉: 뿔로 장식하여 꾸민 활. 천자의 하사품.
*이 시는 幽王이 九族들과 친히 지내지 않고 도리어 讒佞한 자들을 좋아하자 골육끼리 서로 원망하는 풍조가 생긴 것을 보고, 同姓(姬姓) 父兄들이 안타깝게 여겨 지은 것이라 함.

> 〈序〉: 〈角弓〉, 父兄刺幽王也. 不親九族而好讒佞, 骨肉相怨, 故作是詩也.

〈각궁〉은 부형들조차 유왕을 비판한 것이다. 구족들과 친하지 못하고 참녕(讒佞)들을 좋아하여 골육이 서로 원망하였다. 그 까닭으로 이 시를 지은 것이다.

*전체 8장. 매 장 4구씩(角弓: 八章. 章四句).

(1) 興

騂騂角弓, 翩其反矣.

騂騂(성성)혼 角弓이여, 翩(편)히 그 反흐놋다.

성성하게 잘 조율된 각궁, 늦추면 뒤집히고 말지.

兄弟昏姻, 無胥遠矣!

兄弟와 昏姻은, 서르 멀리 마롤 디어다!

형제와 인척은, 서로 멀리 하지는 말아야 하느니라!

【騂騂】調和로운 모습. 〈毛傳〉에 "興也. 騂騂, 調和也. 不善繼檠巧用, 則翩然而反"이라 하였고, 〈鄭箋〉에 "興者, 喩王與九族, 不以恩禮御待之, 則使之多怨也"라 함. 〈集傳〉에도 "騂騂, 弓調和貌"라 함.
【角弓】뿔로 활을 장식한 것. 〈集傳〉에 "角弓, 以角飾弓也"라 함.
【翩·反】뒤집힘. 〈集傳〉에 "翩, 反貌. 弓之爲物, 張之則內向而來; 弛之則外反而去.

有似兄弟昏姻, 親疎遠近之意"라 함.

【兄弟】同姓 형제. 周나라는 姬姓이었음.

【昏姻】異姓의 姻戚.

【胥】〈鄭箋〉에 "胥, 相也. 骨肉之親, 當相親信, 無相疏遠. 相疏遠, 則以親親之望, 易以成怨"이라 함. 〈集傳〉에 "胥, 相也"라 함.

＊〈集傳〉에 "○此刺王不親九族, 而好讒佞, 使宗族相怨之詩, 言「騂騂角弓, 旣翩然而反矣. 兄弟昏姻, 則豈可以相遠哉?」"라 함.

(2) 賦

爾之遠矣, 民胥然矣.

네 멀리 ᄒ면, 民이 서ᄅ 그러ᄒ며,

그대가 이를 멀리 하게 되면, 백성들도 모두 그렇게 하게 되느니라.

爾之敎矣, 民胥傚矣!

네 敎(교)ᄒ면, 民이 서ᄅ 傚(효)ᄒ리라!

그대가 가르쳐 교화시키면, 백성들도 모두 본받게 되리라!

【爾】〈鄭箋〉에 "爾, 女. 女, 幽王也"라 하여 幽王이라 하였고, 〈集傳〉에는 "爾, 王也. 上之所爲下, 必有甚者"라 함.

【胥】〈鄭箋〉에 "胥, 皆也. 言「王女不親骨肉, 則天下之人, 皆知之. 見女之敎令, 無善無惡, 所尙者天下之人, 皆學之.」言「上之化下, 不可不愼.」"이라 함.

【傚】흉내냄. 본받음. 그렇게 따라함. 교화됨.

(3) 賦

此令兄弟, 綽綽有裕.

이 슈흔 兄弟ᄂ, 綽綽(쟉쟉)히 裕(유)ᄒ거ᄂᆯ,

이처럼 훌륭한 형제들, 관대하고 풍요로워 여유 있건만,

不令兄弟, 交相爲瘉!

슈티 아닌 兄弟ᄂ, 서ᄅ 瘉(유)ᄒ놋다!

좋지 않은 형제들은, 서로 사이를 병들게 하네!

【令】善의 뜻. 〈鄭箋〉과 〈集傳〉에 "令, 善也"라 함.

【綽綽有裕】너그럽고 풍요로운 모습. 〈毛傳〉에 "綽綽, 寬也. 裕, 饒"라 하였고, 〈集傳〉에도 "綽, 寬; 裕, 饒"라 함.

【瘝】病. 〈毛傳〉과 〈集傳〉에 "瘝, 病也"라 함.

＊〈集傳〉에 "○言「雖王化之不善, 然此善兄弟, 則綽綽有裕, 而不變. 彼不善之兄弟, 則由此而交相病矣.」蓋指讒己之人而言也"라 함.

(4) 賦

民之無良, 相怨一方.

民이 良(량)티 아닌 이는, 一方으로 서르 怨ᄒᆞᄂ니라.

사람으로서 선량하지 않은 자는, 서로 한쪽만 원망하게 되지.

受爵不讓, 至于已斯亡!

爵(쟉)을 受(슈)ᄒᆞ야 讓(양)티 아닌 ᄒᆞᄂ니, 亡(망)홈애 至홀 ᄯᆞ름이로다!

작위를 받고도 양보할 줄 모르기에, 결국 망하는 지경에 이르고 만다네!

【良】〈鄭箋〉에 "良, 善也. 民之意不獲, 當反責之於身, 思彼所以然者, 而怨之. 無善心之人, 則徒居一處, 怨恚之"라 함.

【相怨一方】反省 없이 남만을 원망함. 〈集傳〉에 "一方, 彼一方也"라 함.

【受爵不讓】〈毛傳〉에 "爵祿不以相讓, 故怨禍及之. 比周而黨, 愈少鄙爭, 而名愈辱; 求安, 而身愈危"라 함.

【斯】〈鄭箋〉에 "斯, 此也"라 함.

【亡】〈毛傳〉에 "已, 老矣而孩童侮之"라 하였고, 〈鄭箋〉에는 "此喩幽王見老人, 反侮慢之. 遇之如幼稚, 不自顧念後, 至年老人之遇, 己亦將然"이라 함.

＊〈集傳〉에 "○相怨者, 各據其一方耳. 若以責人之心責己, 愛己之心愛人, 使彼己之閒交見而無蔽, 則豈有相怨者哉? 況兄弟相怨相讒, 以取爵位, 而不知遜讓, 終亦必亡而已矣.」라 함.

(5) 比

老馬反爲駒, 不顧其後.

老馬ㅣ 도로혀 駒(구)ㅣ로라 ᄒᆞ야, 그 後를 顧티 아니 ᄒᆞᆫ놋다.

노마가 도리어 망아지처럼 힘세다 여기면서, 그 뒤는 돌아보지도 않는
구나.

如食宜饇, 如酌孔取!

食(ᄉ)홈애 맛당이 饇(어)홀 듯 ᄒᆞ거늘, 酌애 심히 取(취)호욤 ᄀᆞᆮ도다!

먹는 것에는 싫컷 먹어야 한다 하고, 마시면 있는 것 다 제 것이라
하네!

【饇】배부름. 〈毛傳〉에 "饇, 飽也"라 하였고, 〈鄭箋〉에 "王如食老者, 則宜令之飽;
　如飮老者, 則當孔取. '孔取', 謂度其所勝多少. 凡器之孔, 其量大小不同. 老者氣力
　弱, 故取義焉. 王有族食族燕之禮"라 함. 〈集傳〉에 "饇, 飽"라 함.
【孔取】매우 많이 取함. 〈集傳〉에 "孔, 甚也"라 함.
＊〈集傳〉에 "○言「其但知讒害人, 以取爵位, 而不知其不勝任. 如老馬憊矣, 而反自
　以爲駒. 不顧其後, 將有不勝任之患也. 又如食之己多, 而宜飽矣. 酌之所取, 亦己
　甚矣.」라 함.

(6) 比

毋敎猱升木, 如塗塗附.

猱(노)를 木에 升홈을 敎티 마를 디어다. 塗(도)애 塗로 附(부)홈 ᄀᆞᆮ
니라.

원숭이에게 나무 타기 가르치지 말라. 이는 마치 진흙에 진흙을 덧바
르는 것과 같지.

君子有徽猷, 小人與屬!

君子ㅣ 徽(휘)ᄒᆞᆫ 猷(유)를 두면, 小人이 더브러 屬(쇽)ᄒᆞ리라!

군자로서 아름다운 도리를 갖게 되면, 소인은 그에게 귀속되어 오
리라!

【毋敎猱升木】'毋'는 禁止辭.〈鄭箋〉에 "毋, 禁辭"라 함. '猱'는 잔나비, 원숭이, 긴팔원숭이.〈諺解〉物名에 "猱:진납"이라 함.〈毛傳〉에 "猱, 猨屬"이라 하였고,〈集傳〉에 "猱, 獼猴也. 性善升木, 不待敎而能也"라 함.

【塗附】〈集傳〉에 "塗, 泥;附, 著"이라 함.〈鄭箋〉에 "猱之性善登木, 若敎使其爲之必也. 附木枅也, 塗之性善著, 若以塗附其著亦必也. 以喩人之心, 皆有仁義敎之, 則進"이라 함.

【徽】아름다움.〈毛傳〉과〈集傳〉에 "徽, 美也"라 함.

【猷】〈鄭箋〉에 "猷, 道也. 君子有美道以得聲譽, 則小人亦樂與之, 而自連屬焉. 今無良之人相怨, 王不敎之"라 함.〈集傳〉에도

"猷, 道"라 함.

【屬】〈集傳〉에 "屬, 附也"라 함. 귀속됨. 붙어옴.

＊〈集傳〉에 "○言「小人骨肉之恩本薄, 王又好讒佞以來之. 是猶敎猱升木, 又如於泥塗之上, 加以泥塗附之也. 苟王有美道, 則小人將反爲善以附之, 不至於如此矣.」라 함.

(7) 比

雨雪瀌瀌, 見晛曰消.

雪(셜) 雨홈을 瀌瀌(표표)히 ᄒ나, 晛(현)을 보면 消(쇼)ᄒᄂ니라.

펑펑 내리는 함박눈도, 햇볕을 보게 되면 녹아서 사라지는 것.

莫肯下遺, 式居婁驕!

즐겨 下ᄒ야 遺(유)티 아니코, 뻐 居ᄒ야셔 ᄌ로 驕(교)케 ᄒ놋다!

몸을 낮추어 순종하지 않으려다가, 거두기만 하는 교만한 자의 자리에 앉게 되지!

【瀌瀌】盛한 모양. 〈集傳〉에 "瀌瀌, 盛貌"라 함.
【晛】햇발. 〈毛傳〉에 "晛, 日氣也"라 하였고, 〈集傳〉에도 "晛, 日氣也. 張子曰:「讒言遇明者, 當自止, 而王甘信之不肯, 貶下而遺棄之, 更益以長慢也.」"라 함. 〈鄭箋〉에 "雨雪之盛, 瀌瀌然, 至日將出其氣, 始見人則皆稱曰雪, 今消釋矣. 喻小人雖多, 王若欲興善政, 則天下聞之, 莫不曰小人, 今誅滅矣. 其所以然者, 人心皆樂善, 王不啓教之"라 함.
【莫肯下遺】〈鄭箋〉에 "莫, 無也. 遺讀曰隨"라 함. '遺'는 隨와 같음. 남을 따름. 馬瑞辰 〈通釋〉에는 "下, 當讀爲抑然自下之下. 遺, 當讀爲隤.《說文》:「隤, 下隊也.」《廣雅》:「隤, 下也.」……隤, 柔順貌. ……謂小人莫肯卑下而隤順也"라 함.
【式居婁驕】〈鄭箋〉에 "式, 用也; 婁, 斂也. 今王不以善政啓小人之心, 則無貴謙虛以禮相卑下, 先人而後已. 用此自居處, 斂其驕慢之過者"라 함. 馬瑞辰 〈通釋〉에 "婁驕與下遺, 義正相反. 婁, 當讀〈釋文〉引作摟"라 함.

(8) 比

雨雪浮浮, 見晛曰流.

雪 雨홈을 浮浮(부부)히 ᄒᆞ나, 晛을 보면 流(류)ᄒᆞᄂᆞ니라.

펑펑 쏟아지는 많은 눈도, 햇볕을 만나면 녹아 흘러 버리는 것.

如蠻如髦, 我是用憂!

蠻(만)ᄀᆞᆺ트며 髦(모)ᄀᆞᆺᄐᆞᆫ 디라, 내 이예 뻐 憂호라!

남만 같고 이모 같은 그러한 그대 행실, 나는 이 때문에 걱정하노라!

【浮浮】瀌瀌와 같음. 〈毛傳〉과 〈集傳〉에 "浮浮, 猶瀌瀌也"라 함.
【流】〈毛傳〉과 〈集傳〉에 "流, 流而去也"라 함.
【蠻·髦】南蠻과 西夷. '髦'는 夷髦로 불리는 西夷의 일종.《尙書》(牧誓)에는 '髳'로 표기되어 있으며, 武王이 紂를 벌할 때 참가하기도 했던 민족. 〈毛傳〉에 "蠻, 南蠻也; 髦, 夷髦也"라 하였고, 〈鄭箋〉에는 "今小人之行如夷狄, 而王不能變化之, 我用是爲大憂也. 髦, 西夷別名. 武王伐紂, 其等有八國從焉"이라 함. 〈集傳〉에 "蠻, 南蠻也; 髦, 夷髦也.《書》作'髳'. 言「其無禮義而相殘賊」也"라 함.

참고 및 관련 자료

1. 孔穎達 〈正義〉

〈角弓〉詩者, 王之宗族父兄所作, 以刺幽王也. 以王不親九族之骨肉, 而好讒佞之人. 令骨肉之內, 自相憎怨, 使人傚之. 故父兄作此〈角弓〉之詩, 以刺之也. 此經八章上二章, 言王當親九族, 是爲不親而發言也. 旣不親九族, 則疏遠賢者, 自然而好讒佞, 事勢所宜, 言於文無所當也. 骨肉相怨, 自三章四章是也. 由其相怨, 故五章本其王慢族親, 宜燕食之事, 卽亦不親九族之經矣. 旣相怨不親, 是上敎之失, 故下三章言其可敎而反之. 無使爲驕, 如蠻如髦也.

230(小-70) 울류(菀柳)

*〈菀柳〉: 무성하게 자란 버들.
*이 시는 幽王이 포학한 정치를 펴고 형벌도 제멋대로 행하자, 제후들이 내조를 하려 들지 않았으며, 그러한 왕에게는 내조하지도, 섬기지도 않겠다고 말한 것을 읊은 것이라 함.

<序>: 〈菀柳〉, 刺幽王也. 暴虐無親, 而刑罰不中, 諸侯皆不欲朝, 言王者之不可朝事也.

〈울류〉는 유왕을 비난한 것이다. 暴虐無親하면서, 형벌도 제멋대로 하자, 제후들이 모두 내조하지 않으려 하면서 王者로서 가히 내조하거나 섬길 수 없다고 말하였다.

*전체 3장. 매 장 6구씩(菀柳: 三章. 章六句).

(1) 比
有菀者柳, 不尚息焉?

菀(울)흔 柳에, 거의 息(식)고쟈 아니 ᄒ랴?

무성하게 자란 버드나무, 어찌 그 그늘에서 쉬고 싶어하지 아니하랴?

上帝甚蹈, 無自暱焉.

上帝ㅣ 甚(심)히 蹈(신)ᄒ시니, 스스로 暱(닐)티 마롤 디어다.

상제(유왕)는 심히 종잡을 수 없는 사람이니, 내 스스로 가까이 하지 말아야지.

俾予靖之, 後予極焉!

날로 ᄒ여곰 靖(졍)ᄒ나, 後에 내게 極ᄒ리라!

나를 시켜 모책을 세우라 하나, 뒤에는 나를 처단할 것이 뻔한데!

【菀柳】버드나무가 무성함. 〈毛傳〉에 "興也. 菀, 茂木也"라 하였고, 〈集傳〉에 "柳, 茂木也"라 함.

【尙】'바라다'의 뜻. 〈鄭箋〉에 "尙, 庶幾也. 有菀然枝葉茂盛之柳, 行路之人, 豈有不庶幾欲就之止息乎? 興者, 喩王有盛德, 則天下皆庶幾願往朝焉. 憂今不然"이라 하였고, 〈集傳〉에 "尙, 庶幾也"라 함.

【上帝甚蹈】〈集傳〉에 "上帝, 指王也"라 함. '蹈'는 〈毛傳〉에 "蹈, 動"이라 하였고, 〈集傳〉에는 "蹈, 當作神. 言「威靈可畏」也"라 함. 《戰國策》에는 이 구절이 '上帝甚神'으로 인용되어 있음. 〈諺解〉에도 음이 '신'으로 되어 있음. 그러나 〈音義〉에는 "蹈音悼, 鄭作悼, 病也"라 하여 '도'로 읽도록 되어 있음. 〈鄭箋〉에는 "蹈, 讀曰悼. 上帝乎者, 愬之也. 今幽王暴虐, 不可以朝事, 甚使我心中悼病, 是以不從而近之, 釋己, 所以不朝之意"라 함. 여기서 '蹈'는 날뛰어 그 행동을 종잡을 수 없음. 변화무쌍함을 뜻함. 馬瑞辰 〈通釋〉에 "《一切經音義》引《韓詩》作'上帝甚陶'. 陶, 變也. 變與動同義. ……陶·蹈·悼, 古同聲通用. 其義均與〈毛詩〉訓動同也. 動者, 言其喜怒變動無常"이라 함.

【曀】가까이함. 〈毛傳〉과 〈集傳〉에 "曀, 近也"라 함.

【俾予靖之】'俾'는 使와 같음. '靖'은 모책을 세움. 〈鄭箋〉에 "靖, 謀; 俾, 使"라 하였으나, 〈集傳〉에 "靖, 定也"라 하여 '안정시킴'이라 함.

【極】끝까지 함. 혹 죽임. 〈毛傳〉에 "極, 至也"라 하였으나, 〈鄭箋〉에 "極, 誅也. 假使我朝王, 王留我使, 我謀政事, 王信讒, 不察功考績, 後反誅放. 我是「言王刑罰不中, 不可朝事也.」"라 함. 〈集傳〉에는 "極, 求之盡也"라 함.

＊〈集傳〉에 "○王者暴虐, 諸侯不朝, 而作此詩. 言「彼有菀然茂盛之柳, 行路之人, 豈不庶幾欲就止息乎? 以比人誰不欲朝事王者, 而王甚威神, 使人畏之而不敢近耳. 使我朝而事之, 以靖王室, 後必將極其所欲, 以求於我. 蓋諸侯皆不朝而已. 獨至則王必責之無已.」 如齊威王朝周而後, 反爲所辱也. 或曰興也. 下章放此"라 함.

(2) 比

有菀者柳, 不尙愒焉?

菀혼 柳에, 거의 愒(게)코쟈 아니 ㅎ랴?

울창한 저 버드나무, 그 그늘 밑에 쉬고 싶어하지 않을 자 있으랴?

上帝甚蹈, 無自瘵焉.

上帝ㅣ 甚히 蹈(신)ㅎ시니, 스스로 瘵(졔)티 마를 디어다.

임금이 심히 괴팍하니, 내가 스스로 그에게 고통을 받을 이유가 없지.

俾予靖之, 後予邁焉!

날로 ᄒ여곰 靖ᄒ나, 後에 내게 邁(매)ᄒ리라!

나에게 나랏일 모책 세우라 하나, 뒤에는 나를 추방하고 말 텐데!

【愒】憩, 息과 같음. 〈毛傳〉과 〈集傳〉에 "愒, 息也"라 함.
【上帝】幽王.
【瘵】疾傷의 뜻. 혹 接의 뜻. 〈毛傳〉에 "瘵, 病也"라 하였고, 〈鄭箋〉에 "瘵, 接也"라 함. 〈集傳〉에는 "瘵, 病也"라 함.
【邁】〈鄭箋〉에 "邁, 行也. 行, 亦放也. 《春秋傳》曰:「子將行之.」"라 하여 放逐됨을 뜻하는 것으로 보았음. 〈集傳〉에 "邁, 過也. 求之過其分也"라 하여, 과분한 요구를 함이라 하였음.

(3) 興

有鳥高飛, 亦傅于天.

鳥(됴)ㅣ 高飛홈은, 또흔 天에 傅(부)ᄒᄂ니라.

새들은 높이 날아서, 역시 저 하늘에 이른다지만,

彼人之心, 于何其臻?

뎌 人의 心은, 어듸 그 臻(진)홀고?

저 사람의 마음, 어디까지 이를 것인가?

曷予靖之? 居以凶矜!

엇디 내 靖ᄒ리오? 흔갓 뻐 凶(흉)ᄒ야 矜(긍)ᄒ리로다!

어찌 내가 나랏일을 맡겠는가? 흉하고 위태로움에 처하게 될 텐데!

【亦】助詞.
【傅·臻】모두 至의 뜻. '臻'은 다음 구절에 있음. 〈鄭箋〉과 〈集傳〉에 "傅·臻. 皆至也"라 함.
【彼人】〈鄭箋〉에 "彼人, 斥幽王也. 鳥之高飛, 極至於天耳. 幽王之心, 於何所至乎?

言其轉側無常, 人不知其所屆"라 하였고, 〈集傳〉에 "彼人, 斥王也"라 하여, 幽王을 가리킴.

【曷】〈毛傳〉에 "曷, 害(갈)"이라 함. 害은 何와 같음. 疑問詞.

【居】處하게 됨. 〈集傳〉에 "居, 猶徒然也"라 함.

【凶矜】〈集傳〉에 "凶矜, 遭凶禍而可憐也"라 함.

【矜】危의 뜻. 〈毛傳〉에 "矜, 危也"라 하였고, 〈鄭箋〉에는 "王何爲使我謀之, 隨而罪我, 居我以凶危之地? 謂四裔也"라 함.

＊〈集傳〉에 "○鳥之高飛, 極至于天耳. 彼王之心, 於何所極乎? 言'其貪縱無極, 求責無已, 人不知其所至也. 如此則豈予能靖之乎? 乃徒然自取凶矜耳?'"라 함.

참고 및 관련 자료

1. 孔穎達〈正義〉

經三章毛〈鄭〉雖有小異, 皆以上二章次二句爲暴虐, 下二句及卒章下二句爲刑罰不中. 其上二章上二句及卒章上四句言'王無美德, 心無所至', 言'王者不可朝事'之意. 總三章之義也.

〈8〉「都人士之什」

231(小-71) 도인사(都人士)

*〈都人士〉: 도시의 人士.
*이 시는 당시 의복제도가 허물어져 신분에 맞지 않은 복장이 유행하자 이를
비난한 것이라 함.

> **〈序〉: 〈都人士〉, 周人刺衣服無常也. 古者, 長民衣服不**
> **貳, 從容有常, 以齊其民, 則民德歸壹, 傷今不復見古人也.**
> 〈도인사〉는 周나라 사람들이 복장 유행이 무상함을 비판한 것이다. 옛
> 날 長民(사회 지도층)은 의복이 각기 신분에 맞게 있어 하나로 통일되지
> 않았기에 잘 따르는 그 常道가 있었고, 이로써 백성들을 균등하게 하였
> 기에 백성들의 덕이 하나로 귀착되었다. 그런데 지금은 그러한 옛사람의
> 복장을 볼 수 없게 되었다.
> 〈箋〉: 服, 謂冠弁衣裳也. 古者, 明王時也. 長民, 謂凡在民上倡率者也. 變易
> 無常, 謂之貳; 從容, 謂休燕也. 休燕, 猶有常, 則朝夕明矣. 壹者, 專也, 同也.

*전체 5장. 매 장 6구씩(都人士: 五章. 章六句).

(1) 賦
彼都人士, 狐裘黃黃.
뎌 都앳 人士(인사)ㅣ여, 狐裘(호구)ㅣ 黃黃(황황)ᄒ도다.
저 서울에서 온 양반은, 여우 갖옷 노란색 화려하네.

其容不改, 出言有章.

그 容이 改(기)티 아니며, 言을 出(츌)홈애 章(쟝)이 이시니,

그 용모 떳떳함이 있고, 하는 말은 세련됨이 있네.

行歸于周, 萬民所望!

周애 行歸(힝귀)ㅎ거든, 萬民의 望ㅎ던 배러니라!

이제 서울 호경으로 돌아가시면, 모든 사람의 선망이 되실 분!

【彼】〈毛傳〉에 "彼, 彼明王也"라 함.

【都】王都. 서울. 鎬京. 〈鄭箋〉에 "城郭之域曰都. 古明王時, 都人之有土, 行者冬則
衣狐裘"라 하였고, 〈集傳〉에 "都, 王都也"라 함.

【黃黃】여우 갖옷의 노란 색을 뜻함. 〈鄭箋〉에 "黃黃然, 取溫裕而已. 其動作容貌,
旣有常吐口言語, 又有法度文章, 疾今奢淫, 不自責以過差"라 하였고, 〈集傳〉에
"黃黃, 狐裘色也"라 함.

【不改】有常의 뜻. 〈集傳〉에 "不改, 有常也"라 함.

【有章】'章'은 文章. 洗鍊美가 있음. 〈集傳〉에 "章, 文章也"라 함.

【于】〈鄭箋〉에 "于, 於也. 都人之士所行, 要歸於忠信. 其餘萬民寡識者, 咸瞻望而法
傚之. 又疾今不然"이라 함.

【周】〈毛傳〉에 "周, 忠信也"라 하였으나, 〈集傳〉에는 "周, 鎬京也"라 함.

＊〈集傳〉에 "○亂離之後, 人不復見昔日都邑之盛人物儀容之美, 而作此詩以歎惜之
也"라 함.

(2) 賦

彼都人士, 臺笠緇撮.

뎌 都앳 人士ㅣ여, 臺(뒤)로 흔 笠(립)이며 緇(최)로 흔 撮(촬)이로다.

서울에서 온 저 선비, 사초로 엮은 갓에 검은 물들인 치포관을 썼네.

彼君子女, 綢直如髮.

뎌 君子의 女ㅣ여, 綢直(듀직)홈이 髮(발)곧도다.

저 군자의 귀족 집안 아가씨는, 비단 곧게 드리워 머리카락처럼 장식
을 하고 있네.

我不見兮, 我心不說!

내 보디 몯혼 디라, 내 ᄆᆞᆷ에 說(열)티 아니 호라!

내 이런 복식 모습 더는 보지 못하니, 내 마을 즐겁지 못하도다!

【臺笠】臺草로 엮어 만든 갓. '臺'는 '沙草', '夫須', 혹 '향부자'로도 불리는 풀이름 (177 〈南山有臺〉를 참고할 것). '笠'은 갓. 〈毛傳〉에 "臺, 所以禦暑; 笠所以禦雨也"라 하였고, 〈鄭箋〉에 "臺, 夫須也. 都人之士, 以臺皮爲笠, 緇布爲冠. 古明王之時, 儉且節也"라 함. 〈集傳〉에도 "臺, 夫須也"라 함.

【緇撮】검은 緇布冠으로 머리를 살짝 덮음. 〈毛傳〉에 "緇撮, 緇布冠也"라 하였고, 〈集傳〉에 "緇撮, 緇布冠也. 其制小僅可撮其髻也"라 함.

【君子女】〈集傳〉에 "君子女, 都人貴家之女也"라 함.

【綢直如髮】〈毛傳〉에 "密直如髮也"라 하였고, 〈鄭箋〉에는 "彼君子女者, 謂都人之家女也. 其情性密緻, 操行正直, 如髮之本末, 無隆殺也"라 함. 그러나 〈集傳〉에는 "綢直如髮」, 未詳其義. 然以四章五章推之, 亦言其髮之美耳"라 하여 자세히 알 수는 없다 하였음.

【我心不說】〈鄭箋〉에 "疾時皆奢淫, 我不復見今士女之然者. 心思之而憂也"라 함.

(3) 賦

彼都人士, 充耳琇實.

뎌 都앳 人士ㅣ여, 充耳(충이)를 琇(슈)로 實ᄒᆞ엿도다.

저 서울에서 온 선비, 귀막이는 옥구슬로 하였구나.

彼君子女, 謂之尹吉.

뎌 君子의 女여, 尹吉(윤길)이라 니ᄅᆞ놋다.

저 군자의 귀족 집안 아가씨는, 尹氏나 吉氏이리라.

我不見兮, 我心苑結!

내 보디 몯혼 디라, 내 ᄆᆞ음애 苑結(운결)호라!

내 더는 이런 모습 보지 못하니, 내 마음 막혀 답답하도다!

【充耳】귀막이.

【琇】〈毛傳〉에 "琇, 美石也"라 하였고, 〈鄭箋〉에는 "言以美石爲瑱瑱塞耳"라 함.
〈集傳〉에도 "琇, 美石也. 以美石爲瑱"이라 함.

【尹吉】尹氏와 吉氏(姞氏). 〈毛傳〉에 "尹, 正也"라 하였고, 〈鄭箋〉에는 "吉, 讀爲姞.
尹氏·姞氏, 周室昏姻之舊姓也. 人見都人之家女, 咸謂之尹氏·姞氏之女. 言有禮法"
이라 함. 〈集傳〉에는 "尹吉, 未詳. 鄭氏曰：「吉讀爲姞, 尹氏姞氏, 周之婚姻舊姓也.
人見都人之女, 咸謂'尹氏姞氏之女', 言其有禮法也.」李氏曰：「所謂尹吉, 猶晉言王
謝, 唐言崔盧也.」"라 함.

【苑】'운'(於紛反)으로 읽음. 상심하여 울적함. 〈鄭箋〉과 〈集傳〉에 "苑, 猶屈也, 積
也"라 함.

(4) 賦

彼都人士, 垂帶而厲.

뎌 都앳 人士ㅣ여, 帶(디)를 垂(슈)홈이 厲(려)ᄒᆞ도다.

저 서울에서 온 선비, 허리띠 아래로 늘어뜨린 모습일세.

彼君子女, 卷髮如蠆.

뎌 君子의 女여, 卷(권)한 髮이 蠆(태)ᄀᆞᆮ도다.

저 군자의 귀족 집안 아가씨는, 틀어올린 머리 마치 전갈 꼬리 같네.

我不見兮, 言從之邁!

내 보디 몯호니, 조차 邁(매)호리라!

내 더는 이런 모습 볼 수 없으니, 내 보기만 한다면 그를 따라 좇아가
리라!

【而厲】'厲'는 띠를 늘어뜨린 모양. 〈毛傳〉과 〈集傳〉에 "厲, 垂帶之貌"라 함. '而厲'
에 대해 〈鄭箋〉에 "而, 亦如也. '而厲', 如鬖厲也. 鬖必垂厲以爲飾. '厲'字當作'裂'"
이라 함.

【卷髮】〈集傳〉에 "卷髮, 鬢旁短髮, 不可斂者. 曲上卷然, 以爲飾也"라 함.

【蠆】전갈. 〈諺解〉 物名에 "蠆:전갈"이라 함. 〈鄭箋〉에 "蠆, 螫蟲也. 尾末揵然, 似
婦人髮, 末曲上卷然"이라 하였고, 〈集傳〉에 "蠆, 螫蟲也. 尾末揵然, 似髮之曲上

者"라 함. 머리꼬리가 전갈처럼 말려 올라감.

【言】나. '我'의 뜻. 〈鄭箋〉에 "言, 亦我也"라 함.

【邁】〈鄭箋〉에 "邁, 行也. 我今不見士女此飾, 心思之欲, 從之行言已. 憂悶欲自殺, 求從於古人"이라 하였고, 〈集傳〉에도 "邁, 行也. 蓋曰「是不可得見也. 得見則我從之邁矣」, 思之甚也"라 함.

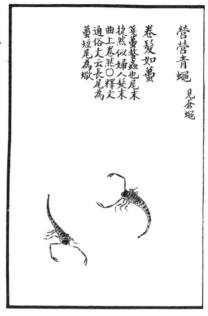

(5) 賦

匪伊垂之, 帶則有餘.

垂혼 주리 아니라, 帶 곧 餘(여)홈이 이시며,

띠를 늘여뜨린 것이 아니라, 띠를 여유 있게 했기 때문이지.

匪伊卷之, 髮則有旟.

卷혼 주리 아니라, 髮이 곧 旟(여)홈이 잇도.

머리를 일부러 틀어올린 것이 아니라, 머리카락이 많아 날려 올라간 것이지.

我不見兮, 云何盱矣?

내 보디 몯호니, 엇디 盱(우)ㅎ려뇨?

내 더는 이런 모습 보지 못하니, 어찌 이토록 가슴이 아픈가?

【伊】〈鄭箋〉에 "伊, 辭也. 此言士非, 故垂此帶也. 帶於禮自當有餘也. 女非, 故卷此髮也. 髮於禮, 自當有旟也."라 함.

【旟】揚. 날려 올림. 〈毛傳〉과 〈集傳〉에 "旟, 揚也"라 함. 〈鄭箋〉에는 "旟, 枝旟揚起也"라 함.

【盰】병이 들도록 우려함. 〈鄭箋〉에 "盰, 病也. 思之甚, 云何乎? 我今已病也"라 하
였고, 〈集傳〉에 "盰, 望也. 說見〈何人斯〉篇"이라 함.
＊〈集傳〉에 "○此言「士之帶, 非故垂之也. 帶自有餘耳. 女之髮, 非故卷之也. 髮自有
旟耳.」 言其自然閒美不假修飾也. 然不可得而見矣, 則如何而不望之乎?"라 함.

참고 및 관련 자료

1. 孔穎達 〈正義〉

〈都人士〉詩者, 周人所作, 刺其時人所著之服無常也. 以古者在上長率其民所衣之
服, 不變貳, 雖從容休燕之處. 其容貌亦有常, 不但公朝, 朝夕而己身自行, 此以齊正
其人, 則下民皆爲一德. 謂其德如一, 與上齊同, 亦衣服不貳, 從容有常也. 傷今不復
見古之人, 故作詩反以刺之. '周人'者, 謂京師畿內之人. 此及〈白華〉獨言'周人'者, 蓋
序者, 知畿內之人所作. 其人或微不足錄, 故言'周人'以便, 文無義例也. 不言刺幽王
者, 此凡在人上服, 皆無常, 故下民亦不齊一, 此刺當時之服無常, 非指刺王身, 故序
不言刺王. 然風俗不齊, 亦王者之過, 卽亦刺王也. 服, 謂在體之衣; 德, 謂身之所行.
德服非一, 在上衣服, 有常能使下民一德, 正謂服有常也. 「抑抑威儀, 維德之隅」, 由
德行有常, 故服不變, 旣觀其服之不貳, 知其德之齊一. 不然, 則德在於心, 不可知其
一否也. 經五章, 皆言陳古者有德之人衣服不貳. 不言長民者, 叙言人德齊一之由, 故說
長民不貳, 於經無所當也. 唯傷今不復見古之人, 是總叙五章之義. 民者, 兼男女,
故經有士女二事. 〈正義〉曰: 冠弁在首, 衣裳在身, 皆是體之所服. 直云衣服, 刺無常,
明其兼之也. 弁者, 古冠之大號也. 冠弁, 總謂在首者, 冕弁之類, 皆在其中也. 〈春
官〉司服云:「凡田冠弁服, 謂委貌; 玄冠爲冠弁.」 對其餘弁冕, 而立名, 非總諸冠, 與
此不同也. 以傷今而思之, 故知古者明王時也. 言'長民', 則與民爲長者, 皆是, 故謂
凡在人上倡率者, 謂爲官倡導帥領之人, 卽'邑宰' '鄕遂'之官. 言凡語廣, 雖上及天子
諸侯, 皆是也. 衣服衆矣, 當各以其事服之. 今云衣服不貳, 明各於其事, 不得差貳,
故云變易無常, 謂之貳也. 此從容承衣服不貳之下, 以對之矣. 明爲私處擧動, 故知
謂休燕閒暇之處, 宜自放縱, 猶尙有常, 則朝夕擧動, 亦有常明矣. 此休燕有常, 直謂
進退擧動, 不失常耳. 卽經所云'其容不改'之類, 非據衣服, 故箋直云「猶有常」, 不言
服明, 其非服也. '壹'者, 齊一之義. 故爲專也, 同也. 言專爲一, 明服色齊同也.

232(小-72) 채록(采綠)

*〈采綠〉:‘綠’은 〈楚辭〉注에는 ‘菉’이라 하였으며, 혹 ‘王芻’라 불리는 식물. 고대 그 즙을 짜서 여인들이 검은색 화장용으로 사용했다 함. 그러나 구체적으로는 알 수 없음. 혹 ‘綠豆’라고도 하나 확실치 않음. 〈諺解〉物名에도 “綠: 未詳”이라 함.
*이 시는 幽王 때 徭役이 잦아 멀리 나간 남편을 기다리는 여인의 애달픈 심정을 읊은 것임.

<序>: <采綠>, 刺怨曠也. 幽王之時多怨曠者也.

〈채록〉은 홀로 있음을 원망한 것이다. 유왕 때에 홀로 있어야 하는 여인들이 많았다.

〈箋〉: 怨曠者, 君子行役, 過時之所由也, 而刺之者, 譏其不但憂思而已. 欲從君子於外, 非禮也.

*전체 4장. 매 장 4구씩(采綠:四章. 章四句).

(1) 賦

終朝采綠, 不盈一匊.

朝ㅣ 終토록 綠을 采홈을, 흔 匊(국)에도 盈(영)케 몯호라.

이른 아침부터 아침 밥 전까지 왕추를 따건만, 한 줌 손에도 차지 않네.

予髮曲局, 薄言歸沐!

내의 髮이 曲局(곡국)ᄒ니, 잠깐 歸ᄒ야 沐(목)호리라!

쑥대같이 흐트러진 내 머리, 내 돌아가 감기라도 하리라!

【終朝】새벽부터 朝飯 때까지의 시간. 〈毛傳〉에 “興也. 自旦及食時爲終朝”라 하였고, 〈集傳〉에도 같음.

【綠】녹두. 菉 또는 王芻라고도 부르는 식물. 〈鄭箋〉에 "綠, 王芻也. 易得之菜也"라 하였고, 〈集傳〉에도 "綠, 王芻也"라 함.

【匊】두 손에 잡히는 한 줌 분량. 〈毛傳〉과 〈集傳〉에 "兩手曰匊"이라 함. 〈鄭箋〉에 "綠, 王芻也. 易得之菜也. 終朝采之, 而不滿手. 怨曠之深, 憂思不專於事"라 함.

【曲局】卷曲. 굽고 감겨 올라간 머리. 쑥대머리처럼 산발된 상태를 뜻함. 혹 雙聲連綿語로도 볼 수 있음. 〈毛傳〉에 "局, 卷也. 婦人夫不在, 則不容飾"이라 하였고, 〈集傳〉에 "局, 卷也. 猶言首如飛蓬也"라 함.

【薄】發語辭. 그러나 〈諺解〉에는 '薄'을 '잠깐'으로 풀이하였음.

【言】나. 〈鄭箋〉에 "言, 我也. 《禮》:婦人在夫家笄. 象笄, 今曲卷. 其髮憂思之甚也. 有云君子將歸者, 我則沐以待之"라 함.

*〈集傳〉에 "○婦人思其君子而言「終朝采綠, 而不盈一匊者, 思念之深, 不專於事也. 又念其髮之曲局, 於是舍之, 而歸沐以待其君子之還也.」"라 함.

(2) 賦

終朝采藍, 不盈一襜.

朝ㅣ 終토록 藍(람)을 采홈을, 흔 襜(쳠)의도 盈케 몯호라.

아침 내내 쪽 풀 뜯지만, 앞치마도 차지 못하네.

五日爲期, 六日不詹!

五日에 期호니, 六日이도록 詹(졈)티 몯호라!

5월 어느 날이면 오기로 한 기한인데, 6월 며칠이 되어도 오지 못하시네!

【藍】쪽. 쪽풀. 〈諺解〉 物名에 "藍:족"이라 함. 남색 물을 들이는데 사용되는 풀. 〈鄭箋〉과 〈集傳〉에 "藍, 染草也"라 함.

【一襜】'襜'은 앞치마. 〈毛傳〉에 "衣蔽前, 謂之襜"이라 하였고, 〈集傳〉에도 "衣蔽前謂之襜, 卽蔽膝也"라 함.

【不詹】不至. '詹'은 至, 혹은 바라보며 기다림. 〈毛傳〉에 "詹, 至也. 婦人五日, 一御"라 하였고, 〈鄭箋〉에는 "婦人過於時, 乃怨曠. '五日·六日'者, 五月之日·六月之日也. 期至五月而歸. 今六月猶不至, 是以憂思"라 함. 〈集傳〉에는 "詹, 與瞻同.「五日爲期」, 去時之約也;「六日不詹」, 過期而不見也"라 함.

(3) 賦

之子于狩, 言韔其弓.

之子ㅣ가 狩(슈)홀 딘댄, 그 弓을 韔(챵)ᄒ며,

그대가 사냥을 가신다면, 활집에 활을 넣어 주고,

之子于釣, 言綸之繩!

之子ㅣ가 釣(됴)홀 딘댄, 繩(승)을 綸(륜)호리라!

그대가 낚시를 가신다면, 줄을 꼬아 낚싯줄 만들어 드릴 텐데!

【之子】〈鄭箋〉에 "之子, 是子也. 謂其君子也"라 하였고, 〈集傳〉에 "之子, 謂其君子也"라 함.

【于狩】사냥을 나감.〈鄭箋〉에 "于, 往也"라 함.

【韔】활집. 활을 담는 자루. 弓袋.

【綸】실을 꼬아 낚싯줄을 만듦.〈鄭箋〉에 "綸, 釣繳也. 君子往狩與我, 當從之. 爲之韔弓; 其往釣與我, 當從之. 爲之繩繳. 今怨曠自恨, 初行時不然"이라 함.〈集傳〉에 "理絲曰綸"이라 함.

【繩】낚싯줄.

＊〈集傳〉에 "○言「君子若歸而欲往狩耶, 我則爲之韔其弓;欲往釣耶, 我則爲之綸其繩.」望之切思之深, 欲無往而不與之俱也"라 함.

(4) 賦

其釣維何? 維魴及鱮.

그 釣혼 거시 므스 것고? 魴(방)과 밋 鱮(셔)ㅣ로다.

그 낚으시는 것이 무엇인가? 방어와 연어일 텐데.

維魴及鱮, 薄言觀者!

魴과 밋 鱮ㅣ여, 잠깐 觀(관)호리라!

방어와 연어 잡으시면, 잠깐 나도 그 많은 것을 보러갈 텐데!

【魴】방어.

【鱮】연어.

【觀】잡히는 물고기가 많음을 봄. 《韓詩》에는 '覩'로 되어 있음. 〈鄭箋〉에 "觀, 多也. 此美其君子之有技藝也. 釣必得魴鱮, 魴鱮是云其多者耳. 其衆雜魚, 乃衆多矣"라 하였고, 〈集傳〉에도 "於其釣而有獲也. 又將從而觀之. 亦上章之意也"라 함.

참고 및 관련 자료

1. 孔穎達 〈正義〉

謂婦人見夫行役, 過時不來, 怨已空曠而無偶也. 婦人之怨曠, 非王政而錄之. 於〈雅〉者以怨曠者, 爲行役過時, 是王政之失, 故錄之以刺王也. 經上二章言其憂思, 下二章根本不從君子, 皆是怨曠之事. 欲從外, 則非禮, 故刺之. 〈正義〉曰: 婦人思夫情, 義之重禮, 所不責. 故知譏其不但憂思而已. 欲從君子於外, 非禮也. 《禮》: 「婦人送迎, 不出門.」 況從夫行役乎? 雖憂思之情可閔, 而欲從之語爲非, 故作者陳其事, 而是非自見也.

233(小-73) 서묘(黍苗)

*〈黍苗〉: 기장 싹.
*이 시는 宣王 때 召伯(召穆公, 姬虎)이 왕의 명으로 謝邑을 경영하러 가는 모습을 敍事式으로 표현하여, 幽王 때의 君臣이 그만 못하였음을 비판한 시라 함. 朱熹는 이 시는 大雅의 〈崧高〉편(265)과 표리를 이루고 있다 하였음.

〈序〉: 〈黍苗〉, 刺幽王也. 不能膏潤天下, 卿士不能行召伯之職焉.

　〈서묘〉는 유왕을 비난한 것이다. 천하를 기름지고 윤택하게 하지 못하였고, 경사들도 능히 召伯이 했던 직무를 실행하지 못하게 되었다.

　〈箋〉: 陳宣王之德·召伯之功, 以刺幽王及其羣臣, 廢此恩澤事業也.

※召伯: 召穆公(姬虎). 〈甘棠〉편(016)을 참조할 것.

*전체 5장. 매 장 4구씩(黍苗: 五章. 章四句).

(1) 興
芃芃黍苗, 陰雨膏之.

　芃芃(봉봉)한 黍苗(셔묘)를, 陰雨ㅣ 膏(고)ㅎ놋다.

　길이 잘 자란 기장싹을, 흐린 날 비가 내려 기름기를 더해주도다.

悠悠南行, 召伯勞之!

　悠悠한 南行(남힝)을, 召伯(쇼빅)이 勞(로)ㅎ놋다!

　아득히 먼 남쪽으로 가는 행렬, 소백이 그들을 위로하며 이끌도다!

【芃芃】잘 자란 모습. 〈毛傳〉에 "興也. 芃芃, 長大貌"라 하였고, 〈鄭箋〉에 "興者, 喩天下之民, 如黍苗然. 宣王能以恩澤育養之, 亦如天之有陰雨之潤"이라 함. 〈集傳〉에도 "芃芃, 長大貌"라 함.

【膏】비가 곡물에게 수분을 충분히 공급해줌을 말함.

【悠悠】멀리 감. 宣王 때 召伯이 謝邑을 경영하기 위해 많은 무리를 이끌고 가는 모습. 〈毛傳〉에 "悠悠, 行貌"라 하였고, 〈鄭箋〉에 "宣王之時, 使召伯營謝邑, 以定申伯之國. 將徒役南行衆多悠悠然. 召伯, 則能勞來, 勸說以先之"라 함. 〈集傳〉에 "悠悠, 遠行之意"라 함.

【勞】勞來, 즉 勞苦를 慰勞함.

*〈集傳〉에 "○宣王封申伯於謝命召穆公往營城邑, 故將徒役南行而行者. 作此言「芃芃黍苗, 則唯陰雨能膏之;悠悠南行, 則唯召伯能勞之也.」"라 함.

(2) 賦

我任我輦, 我車我牛.

우리 任을 우리 輦(련)에 ᄒ며, 우리 車를 우리 牛에 ᄒᄂ 디라,

짐꾼과 손수레꾼들, 수레에 싣기도 하고 소에게 싣기도 하였네.

我行旣集, 蓋云歸哉!

우리 行이 이믜 集ᄒ니, 歸홀 딘뎌!

우리 그 임무 이윽고 완성하니, 어찌 돌아가지 않으리오!

【任】짐을 지는 자.

【輦】사람이 수레를 끄는 자.

【牛】소에 짐을 싣고 가는 자. 〈毛傳〉에 "任者, 輦者;車者, 牛者"라 하였고, 〈集傳〉에 "任, 負. 任者也;輦, 人輓車也;牛, 所以駕大車也"라 함.

【集】成과 같음. 〈鄭箋〉에 "集, 猶成也"라 하였고, 〈集傳〉에도 "集, 成也"라 함.

【蓋】〈鄭箋〉에 "蓋, 猶皆也. 營謝轉餫之役, 有負任者, 有輓輦者, 有將車者, 有牽傍牛者. 其所爲南行之事, 旣成召伯, 則皆告之, 云:「可歸哉!」刺今王使民行役, 曾無休止時"라 함. 그러나 '蓋', 즉 '何不'의 合音字로 보기도 함. 反語法으로 뜻을 강하게 표현할 때 쓰는 글자. 이에 따라 풀이함.

【歸哉】〈集傳〉에 "營謝之役, 旣成而歸也"라 함.

(3) 賦

我徒我御, 我師我旅.

우리 徒ㅣ며 우리 御ㅣ며, 우리 師ㅣ며 우리 旅ㅣ라.

걸어서 가는 사람 수레에 탄 사람, 우리 사(師)와 우리 여(旅)를 이룬 무리들.

我行旣集, 蓋云歸處!

우리 行이 이믜 集ㅎ니, 歸ㅎ야 處(쳐)홀 디니라!

우리 행사 이윽고 잘 마쳤으니, 어찌 살던 곳으로 돌아가지 않으랴!

【徒】徒步로 가는 사람.
【御】수레를 이용하는 사람. 〈集傳〉에 "徒, 步行者; 御, 乘車者"라 함.
【師旅】五百人이 旅, 五旅가 師. 〈毛傳〉에 "徒行者, 御車者, 師者, 旅者"라 하였고, 〈鄭箋〉에 "步行曰徒. 召伯營謝邑, 以兵衆. 行其士卒有步行者, 有御兵車, 者五百人爲旅; 五旅爲師.《春秋傳》曰:「諸侯之制, 君行師從, 卿行旅從.」"이라 함. 〈集傳〉에는 "五百人爲旅, 五旅爲師.《春秋傳》曰「君行師從卿行旅從」"이라 함.
【處】'居'와 같음. 살던 고향에 가서 거주함.

(4) 賦

肅肅謝功, 召伯營之.

肅肅(슉슉)ㅎ 謝(샤)엣 功을, 召伯이 營ㅎ며,

장엄했던 사읍(謝邑)에서의 공사들, 소백이 경영하셨지.

烈烈征師, 召伯成之!

烈烈ㅎ 征(졍)ㅎ 師를, 召伯이 成(셩)ㅎ놋다!

씩씩한 젊은이들 멀리 가서, 소백이 이 일을 성취하셨네!

【肅肅】嚴正한 모양. 〈鄭箋〉과 〈集傳〉에 "肅肅, 嚴正之貌"라 함.
【謝】땅이름. 宣王이 申伯에게 내린 封地. 〈毛傳〉에 "謝, 邑也"라 하였고, 〈集傳〉에 "謝, 邑名, 申伯所封國也. 今在鄧州信陽軍"이라 함.

【功】工役의 일. 〈集傳〉에 "功, 工. 役之事也"라 함.

【營】經營의 뜻. 〈鄭箋〉과 〈集傳〉에 "營, 治也"라 함.

【烈烈】씩씩한 모양.

【征】먼 길을 감. 〈鄭箋〉에 "烈烈, 威武貌. 征, 行也. 美召伯治謝邑, 則使之嚴正. 將師旅行, 則有威武也"라 하였고, 集傳〉에 "烈烈, 威武貌; 征, 行也"라 함.

(5) 賦

原隰旣平, 泉流旣淸.

原隰(원습)이 이믜 平ᄒ며, 泉流(쳔류)ㅣ 이믜 淸ᄒ야,

언덕도 진펄도 평평히 하고, 흐르는 샘물은 맑게 하셨지.

召伯有成, 王心則寧!

召伯이 成홈이 이시니, 王心이 곧 寧(녕)ᄒ샷다!

소백이 이 일 이루고 나자, 왕께서도 마음이 편해지셨네!

【平·淸】땅과 물을 다스림. 〈毛傳〉과 〈集傳〉에 "土治曰平, 水治曰淸"이라 함.

【寧】'安'과 같음. 안심함. 〈鄭箋〉에 "召伯營謝邑, 相其原隰之宜, 通其水泉之利. 此 功旣成, 宣王之心, 則安也. 又刺今王臣無成功, 而亦心安"이라 함.

＊〈集傳〉에 "○言「召伯營謝邑, 相其原隰之宜, 通其水泉之利. 此功旣成, 宣王之心 則安也.」"라 함.

┌─────────────────┐
│ 참고 및 관련 자료 │
└─────────────────┘

1. 孔穎達〈正義〉

作〈黍苗〉詩者, 刺幽王也. 以幽王不能如陰雨以膏澤潤及天下, 其下卿士又不能行 召伯之職以勞來士. 衆臣之廢職, 由君失所任, 故陳召伯之事, 以刺之也. '膏澤'者, 以君之恩惠及下, 似雨澤之潤於物. 然水之潤物, 又似脂膏, 故言膏潤也. 此叙君臣互 文以相見, 言卿士不能行召伯之職, 則王不能膏潤天下, 謂不能如宣王也. 以經言'召 伯', 不言'宣王', 故叙因而互文以見義也. 此皆反經而叙之. 首章上二句, 是宣王之能 膏潤也. 下二句以盡卒章, 皆召伯之職也. 言卿士不能行, 則召伯時爲卿士矣. 故《國 語》韋昭注云:「召公, 康公之後卿士也.」《左傳》服虔注云:「召穆公, 王卿士.」是也. 經 言召伯, 亦作上公, 爲二伯以兼卿士耳.〈正義〉曰:「召伯之爲卿士, 宣王時也.」故知陳

宣王之德, 召伯之功, 以刺幽王及其羣臣. 廢此恩澤事業也. 膏潤是恩澤召伯之職,
是事業, 故竝言焉.

2. 朱熹〈集傳〉

〈黍苗〉, 五章, 章四句:

此宣王時詩, 與大雅〈崧高〉相表裏.

234(小-74) 습상(隰桑)

*〈隰桑〉: 진펄의 뽕나무.
*이 시는 幽王 때 궁중에 소인들만 득실거리고 군자는 재야에 묻혀 있게 되자, 군자가 나서서 다스려줄 것을 그리워한 시라 함.

> **〈序〉: 〈隰桑〉, 刺幽王也. 小人在位, 君子在野, 思見君子盡心以事之也.**
>
> 〈습상〉은 유왕을 비난한 것이다. 소인이 자리를 차지하자, 군자는 재야에 있게 되어, 군자가 마음을 다해 섬김을 받는 경우를 생각한 것이다.

*전체 4장. 매 장 4구씩(隰桑:四章. 章四句).

(1) 興

隰桑有阿, 其葉有難.

隰엣 桑(상)이 阿ᄒᆞ니, 그 葉이 難(나)ᄒᆞ도다.

진펄에 뽕나무 아름답고, 그 잎 또한 무성하도다.

旣見君子, 其樂如何!

이믜 君子를 보니, 그 즐거옴이 엇더ᄒᆞ뇨?

이윽고 군자를 뵈니, 그 즐거움 어떻겠는가?

【隰】低濕한 땅. 〈集傳〉에 "隰, 下濕之處, 宜桑者也"라 함.
【阿·難】'阿'는 아름다운 모습. '難'는 '나'(乃多反)로 읽으며, 儺, 那와 같음. 무성한 모습을 뜻함. 〈毛傳〉에 "興也. 阿然, 美貌; 難然, 盛貌. 有以利人也"라 하였고, 〈鄭箋〉에 "隰中之桑, 枝條阿阿然, 長美其葉, 又茂盛. 可以庇廕人. 興者, 喻時賢人君子, 不用而野處, 有覆養之德也. 正以隰桑興者, 反求此義. 則原上之桑, 枝葉不能然, 以刺時小人在位, 無德於民"이라 함. 〈集傳〉에도 "阿, 美貌; 難, 盛貌. 皆言枝葉條垂之狀"이라 함.

【其樂如何】〈鄭箋〉에 "思在野之君子, 而得見其在位, 喜樂無度"라 함.
＊〈集傳〉에 "○此喜見君子之詩. 言「隰桑有阿, 則其葉有難矣. 既見君子, 則其樂如
何哉?」 辭意大槩與〈菁莪〉(182)相類. 然所謂君子, 則不知其何所指矣. 或曰比也.
下章放此"라 함.

(2) 興
隰桑有阿, 其葉有沃.
隰엣 桑이 阿ᄒᆞ니, 그 葉이 沃(옥)ᄒᆞ도다.
진펄에 뽕나무, 그 잎 싱싱하고 윤기 흐르네.

既見君子, 云何不樂!
이믜 君子를 보니, 엇디 즐겁디 아니리오!
이윽고 군자를 보니, 어찌 즐겁지 아니하리오!

【沃】부드럽게 광택이 남. 윤기가 흐름. 〈毛傳〉에 "沃, 柔也"라 하였고, 〈集傳〉에는
"沃, 光澤貌"라 함.

(3) 興
隰桑有阿, 其葉有幽.
隰엣 桑이 阿ᄒᆞ니, 그 葉이 幽(유)ᄒᆞ도다.
진펄의 뽕나무, 그 잎들 검푸른 빛이로다.

既見君子, 德音孔膠.
이믜 君子를 보니, 德音이 심히 膠(교)ᄒᆞ도다!
이윽고 군자를 뵈오니, 그 말씀 심히 견고하도다!

【幽】〈毛傳〉과 〈集傳〉에 "幽, 黑色也"라 함. 陳奐 〈傳疏〉에는 "幽, 卽黝之古文假
借"라 함.
【膠】굳음. 견고함. 변할 수 없음. 〈毛傳〉과 〈集傳〉에 "膠, 固也"라 함. 〈鄭箋〉에
"君子在位, 民附仰之. 其教令之行, 甚堅固也"라 함.

(4) 賦

心乎愛矣, 遐不謂矣.

心에 愛(이)커니, 엇디 謂(위)티 아니리오 마는,

마음으로 이렇게 사랑하면서, 어찌 말로 표현하지 못할까마는,

中心藏之, 何日忘之!

中心에 藏(장)ᄒ엿거니, 어ᄂᆡ 날 忘ᄒ리오!

마음 깊이 훌륭하다 여기거니, 어느 날인들 잊히겠는가?

【遐】何와 같음. 〈鄭箋〉에 "遐, 遠"이라 하였으나, 〈集傳〉에는 "遐, 與何同. 〈表記〉
作'瑕', 鄭氏註曰:「瑕之言胡也.」"라 함.

【謂】〈鄭箋〉에 "謂, 勤"이라 하였으나, 〈集傳〉에 "謂, 猶告也"라 함.

【中心】心中.

【藏之】이를 저장하고 있음. 그러나 〈鄭箋〉에는 "藏, 善也. 我心愛此君子, 君子雖
遠在野, 豈能不勤思之乎? 宜思之也, 我心善. 此君子又誠不能忘也. 孔子《論語》憲
問篇》曰:「愛之, 能勿勞乎? 忠焉, 能勿誨乎?」"라 하여, '藏'을 臧자로 보아 善이라
하였음.

＊〈集傳〉에 "○言「我中心誠愛君子, 而旣見之, 則何不遂以告之? 而但中心藏之, 將
使何日而忘之耶?」《楚辭》所謂「思公子兮, 未敢言!」 意蓋如此. 愛之根於中者深,
故發之遲而存之久也"라 함.

参고 및 관련 자료

1. 孔穎達 〈正義〉

君子在野, 經上三章上二句是也. 言小人在位, 無德於民, 是亦小人在位之事也. 思
見君子盡心以事之者, 卽上三章下二句及卒章是也.

235(小-75) 백화(白華)

*〈白華〉: '野菅'이라고도 하며 야생 왕골의 일종. 〈諺解〉物名에 "白華:《埤雅》·《爾雅》曰:「白華, 野菅」〈傳〉曰:「已漚爲菅, 未霑人功, 故謂之野菅. 菅茅屬也, 而其華白, 故一曰白華.」"라 함.

*이 시는 幽王이 이미 申나라 딸을 얻어 왕후로 삼은 申后가 있었고, 그 아들 宜臼(宜咎)가 태자로 있었음에도, 다시 褒(襃)나라 여인 褒姒를 얻어 음욕에 빠졌고 그와의 사이에 伯服을 낳아 신후와 의구를 폐하고 포사를 후로, 백복을 태자로 삼자, 천하가 이를 흉내 내어 풍조가 되어, 천자는 하국을 다스릴 수 없었음을 비난한 것이라 함. 이는 왕골을 묶을 때 띠(茅)를 사용하듯 두 풀은 미물이나 서로 쓸모가 있음. 그런데 왕은 유독 신후만을 버려 외롭게 하였음을 비유한 것이라 함.

〈序〉:〈白華〉, 周人刺幽后也. 幽王取申女以爲后, 又得褒姒而黜申后. 故下國化之, 以妾爲妻, 以孽代宗. 而王弗能治, 周人爲之作是詩也.

〈백화〉는 주나라 사람들이 유왕의 왕후 포사를 비난한 것이다. 유왕이 신나라 딸을 얻어 후를 삼았는데, 다시 포사를 얻어 그 신후를 폐출하였다. 그 때문에 下國들이 이를 따라 흉내 내어, 첩을 처로 삼고 庶孽을 嫡子로 대신하여 왕은 능히 다스릴 수가 없었다. 주나라 사람들이 이를 겪으며 이 시를 지은 것이다.

〈箋〉: 申, 姜姓之國也. 褒姒, 褒人所入之女. 姒, 其字也. 是謂幽后. 孽, 支庶也; 宗, 適子也. 王不能治, 己不正故也.

*전체 8장. 매 장 4구씩(白華: 八章. 章四句).

(1) 比
白華菅兮, 白茅束兮.

白華ㅣ 菅(관, 간)ᄒ얏거든, 白茅(빅모)로 束(속)ᄒᄂ니라.

왕골은 물에 담가, 띠 풀로 묶었다가 쓰는데,

之子之遠, 俾我獨兮?

之子ㅣ 遠혼 디라, 날로 ᄒ여곰 獨(독)게 ᄒᄂ냐?

그대께서는 멀리 떠나면서, 나로 하여금 홀로 버려두는가?

【白華】〈毛傳〉에 "興也. 白華, 野菅也. 已漚爲菅"이라 하였고, 〈鄭箋〉에 "白華於野,
已漚名之爲菅, 菅柔忍中用矣, 而更取白茅, 收束之茅. 比於白華爲脆. 興者, 喩王取
於申, 申后, 禮儀備, 任妃后之事, 而更納褒姒, 褒姒爲孽, 將至滅國"이라 함. 〈集
傳〉에도 "白華, 野菅也. 已漚爲菅"이라 함.

【之子】〈鄭箋〉과 〈集傳〉에 "之子, 斥幽王也"라 함.

【俾】〈鄭箋〉과 〈集傳〉에 "俾, 使也"라 함.

【我】〈鄭箋〉과 "王之遠外我, 不復答耦. 我意欲使我獨也"라 하였고, 〈集傳〉에도
"我, 申后自我也"라 함.

＊〈集傳〉에 "○幽王娶申女以爲后, 又得褒姒而黜申后, 故申后作此詩, 言「白華爲菅,
則白茅爲束. 二物至微, 猶必相須爲周. 何之子之遠, 而俾我獨耶?」"라 함.

(2) 比

英英白雲, 露彼菅茅.

英英혼 白雲이, 뎌 菅茅(간모)애 露ᄒᄂ니라.

밝은 흰 구름, 이슬이 되어 저 왕골이랑 띠풀을 적셔주도다.

天步艱難, 之子不猶!

天步ㅣ 艱難(간난)ᄒ거늘, 之子ㅣ 猶티 아니 ᄒ놋다!

하늘이 내린 운명은 이토록 힘든데, 그대는 나를 가하다 여기지도 않
으시네!

【英英】〈毛傳〉에 "英英, 白雲貌"라 하였고, 〈集傳〉에는 "英英, 輕明之貌;白雲, 水
上輕淸之氣, 當夜而上騰者也"라 함.

【露】이슬이 되어 적셔줌. 〈毛傳〉에 "露, 亦有雲. 言天地之氣, 無微不著, 無不覆
養"이라 하였고, 〈鄭箋〉에 "白雲, 下露養. 彼可以爲菅之茅, 使與白華之菅, 相亂

易, 猶天下妖氣, 生褒姒, 使申后見黜"이라 함. 〈集傳〉에는 "露, 卽其散而下降者
也"라 함.

【天步】時運. 〈毛傳〉에 "步, 行"이라 하였고, 〈集傳〉에는 "步, 行也. '天步', 猶言時
運也"라 함. 陳奐〈傳疏〉에는 "侯苞云:「天行艱難於我身, 不我可也.」"라 함.

【猶】〈毛傳〉에 "猶, 可也"라 하였고, 〈鄭箋〉에는 "猶, 圖也. 天行此艱, 難之妖久矣.
王不圖其變之所由爾. 昔夏之衰, 有二龍之. 妖卜藏其漦, 周厲王發而觀之, 化爲玄
黿, 童女遇之, 當宣王時, 而生女, 懼而棄之. 後褒人有獄, 而入之幽王, 幽王嬖之,
是謂褒姒"라 함. 〈集傳〉에는 "猶, 圖也. 或曰「猶, 如也.」"라 함.

*〈集傳〉에 "○言「雲之澤物, 無微不被. 今時運艱難, 而之子不圖. 不如白雲之露菅
茅也.」"라 함.

(3) 比

滮池北流, 浸彼稻田.

滮(퓨)ᄒᆞᆫ 池ㅣ 北(븍)으로 流ᄒᆞ야, 뎌 稻田(도뎐)에 浸ᄒᆞᄂᆞ니라.

시원스러운 못물은 북쪽으로 흘러, 저 벼논을 적셔주는데,

嘯歌傷懷, 念彼碩人!

嘯歌(쇼가)ᄒᆞ야 懷(회)ᄅᆞᆯ 傷(샹)ᄒᆞ야, 뎌 碩人을 念ᄒᆞ노라!

애달픈 내 슬픔 휘파람 노래로 부르면서, 저 큰 사람을 생각하도다!

【滮】물이 시원스럽게 흐르는 모양. '표, 퓨'(苻彪反, 혹 皮休反)로 읽으며, 〈毛傳〉과
〈集傳〉에 "滮, 流貌"라 함. 그러나 혹 지금의 陝西 長安 서쪽을 흐르는 물 이름
이라고도 함. 〈鄭箋〉에는 "池水之澤, 浸潤稻田, 使之生殖. 喩王無恩意於申后. 滮
池之不如也."라 함.

【北流】〈鄭箋〉에 "豐鎬之間, 水北流"라 하였고, 〈集傳〉에도 "北流, 豐鎬之間, 水多
北流"라 함.

【碩人】〈鄭箋〉에 "碩, 大也. 妖大之人, 謂褒姒也. 申后見黜, 褒姒之所爲, 故憂傷而
念之"라 하여, 褒姒를 가리킨다 하였으나, 〈集傳〉에 "碩人, 尊大之稱. 亦謂幽王
也"라 하여 幽王이라 하였음.

*〈集傳〉에 "○言「小水微流, 尙能浸灌;王之尊大, 而反不能通其寵澤. 所以使我嘯
歌, 傷懷而念之也.」"라 함.

(4) 比

樵彼桑薪, 卬烘于煁.

뎌 桑薪(샹신)을 樵(쵸)ᄒ야, 내 煁(심)에 烘(홍)호라.

저 뽕나무를 땔감으로 해 와서, 나는 이를 아궁이에 불을 지피네.

維彼碩人, 實勞我心!

뎌 碩人이여, 진실로 내 ᄆᆞ음을 勞케 ᄒ놋다!

그런데 저 큰 사람은, 실로 내 마음을 힘들게 하네!

【樵】땔감으로 쓰고자 나무를 함. 〈集傳〉에 "樵, 采也"라 함.
【桑薪】〈毛傳〉에 "桑薪, 宜以養人者也"라 하였고, 〈集傳〉에 "桑薪, 薪之善者也"라 함.
【卬烘于煁】〈毛傳〉에 "卬, 我; 烘, 燎也. 煁, 烓竈也"라 하였고, 〈集傳〉에도 "卬, 我; 烘, 燎也; 煁, 無金之竈, 可燎而不可烹飪者也"라 함. 〈鄭箋〉에는 "人之樵取彼桑薪, 宜以炊饔饎之爨, 以養食人. 桑薪, 薪之善者也. 我反以燎於烓竈, 用炤事物而已. 喻王始以禮取申后, 禮儀備. 今反黜之, 使爲卑賤之事, 亦猶是"라 함. 王后의 높은 신분이었으나 지금은 비천한 일을 하고 있음을 뜻함.
＊〈集傳〉에 "○桑薪宜以烹飪, 而但爲燎燭. 以比嫡后之尊, 而反見卑賤也"라 함.

(5) 比

鼓鍾于宮, 聲聞于外.

鐘을 宮에셔 鼓ᄒ거든, 聲이 外예 聞ᄒᄂᆞ니라.

대궐에서 울리는 풍악소리, 그 소리 밖에까지 들려오네.

念子懆懆, 視我邁邁?

子 念홈을 懆懆(조조)히 ᄒ거늘, 나를 봄을 邁邁(매매)히 ᄒᄂᆞ냐?

그대 생각에 안타깝건만, 나를 돌보려 하기나 할까?

【鼓】북을 울림. 樂器를 연주함. 〈毛傳〉에 "有諸宮中, 必形見於外"라 하였고, 〈鄭箋〉에 "王失禮於內, 而下國聞知而化之. 王弗能治, 如鳴鼓鍾於宮中, 而欲外人不

聞, 亦不可止"라 함.

【懆懆】시름으로 不安한 모습. 〈集傳〉에 "懆懆, 憂貌"라 함. 《說文》에 "懆, 愁不安也"라 함.

【邁邁】기뻐하지 않음. 〈毛傳〉에 "邁邁, 不說也"라 하였고, 〈鄭箋〉에는 "此言申后之忠於王也. 念之譟譟然, 欲諫正之王, 反不說於其所言"이라 함. 그러나 〈集傳〉에는 "邁邁, 不顧也"라 하여, '돌보지 않음'이라 하였음.

＊〈集傳〉에 "○鼓鐘于宮, 則聲聞于外矣. 念子懆懆, 而反視我邁邁, 何哉?"라 함.

(6) 比

有鶖在梁, 有鶴在林.

鶖(츄)ㅣ 梁애 잇거늘, 鶴(학)이 林에 잇도다.
무수리는 어살에 있고, 학은 숲속에 있네.

維彼碩人, 實勞我心!

뎌 碩人이여, 진실로 내 ᄆᆞᅀᆞᆷ을 勞케 ᄒᆞ놋다!
저 큰 사람이여, 정말로 내 마음 힘들게 하네!

【鶖】무수리. 물고기를 먹이로 하는 맹금류. 〈諺解〉物名에 "鶖:물수리. 속명 검새"라 함. 〈毛傳〉과 〈集傳〉에 "鶖, 禿鶖也"라 함.

【梁】〈集傳〉에 "梁, 魚梁也"라 함.

【鶴】〈諺解〉物名에 "鶴:학"이라 함. 〈鄭箋〉에는 "鶖也·鶴也, 皆以魚爲美食者也. 鶖之性貪惡, 而今在梁;鶴絜白而反在林. 興王養褒姒而餒, 申后近惡而遠善"이라 함.

＊〈集傳〉에 "○蘇氏曰:「鶖·鶴, 皆以魚爲食. 然鶴之於鶖, 淸濁則有閒矣. 今鶖在梁, 而鶴在林, 鶖則飽而鶴則飢矣. 幽王進褒姒, 而黜申后. 譬之養鶖而棄鶴也.」"라 함.

有鶖在梁
傳鶖禿鶖也
箋鶖之性貪
○禿

名扶
老鶴而大
如狀
頭項皆
無毛五六尺
廣七八尺
高魯語海鳥曰爰居
止者于東門之外是也

(7) 比

鴛鴦在梁, 戢其左翼.

鴛鴦이 梁애 이시니, 그 左翼(자익)을 戢(즙)ᄒ놋다.

어살에 있는 원앙새 한 쌍, 왼쪽 날개부터 거두어 접네.

之子無良, 二三其德!

之子ㅣ 良홈이 업서, 그 德을 二三으로 ᄒ놋다!

그대 선량하지 못하여, 그 정을 두 번 세 번 옮기시네!

【戢其左翼】〈鄭箋〉에 "戢, 斂也. 斂左翼者, 謂右掩左也. 鳥之鴟雄, 不可別者, 以翼
右掩左雄, 左掩右雌, 陰陽相下之義也. 夫婦之道, 亦以禮義相下, 以成家道"라 하
여, 새의 암수는 날개를 접는 순서가 다르다 하였음.〈集傳〉에는 "戢其左翼", 言
不失其常也"라 함.
【良】〈鄭箋〉과〈集傳〉에 "良, 善也"라 함.
【二三其德】〈鄭箋〉에 "良, 善也. 王無答耦, 己之善意, 而變移其心, 志令我怨曠"이
라 하였고,〈集傳〉에 "二三其德", 則鴛鴦之不如也"라 함.

(8) 比

有扁斯石, 履之卑兮.

扁(변)흔 이 石은, 履ᄒᄂ 니도 卑(비)ᄒ니라.

얕고 편편한 이 돌, 그런 길 밟던 신분이 이제는 비천해졌네.

之子之遠, 俾我疧兮!

之子의 遠홈이여, 날로 히여곰 疧(뎌)케 ᄒ놋다!

그대 멀리 떠나면서, 나로 하여금 이토록 고통스럽게 하는구나!

【扁】돌을 평평하게 깎아 도로에 깔아 수레가 다닐 수 있도록 한 것.〈毛傳〉에
"扁, 扁乘石貌. 王乘車履石"이라 하였고,〈鄭箋〉에 "王后出入之禮, 與王同其行,
登車亦履石. 申后始時亦然, 今也黜而卑賤"이라 하였으나,〈集傳〉에는 "扁, 卑貌"
라 함.
【俾】〈集傳〉에 "俾, 使"라 함.

【疧】〈毛傳〉에 "疧, 病也"라 하였고, 〈鄭箋〉에 "王之遠外我, 欲使我困病"이라 함.
〈集傳〉에도 "疧, 病也"라 함.
*〈集傳〉에 "○有扁然而卑之石, 則履之者亦卑矣. 如妾之賤, 則寵之者亦賤矣. 是
以之子之遠, 而俾我疧也"라 함.

참고 및 관련 자료

1. 孔穎達〈正義〉
〈白華〉詩者, 周人所作, 以刺幽王之后也. 幽王之后, 襃姒也. 以幽王初取申女以爲
后, 後得襃姒而黜退申后. 襃姒, 妾也. 王黜申后而立之. 由此故下國諸侯, 化而倣之.
皆以妾爲妻, 以支庶之孼代本適之宗, 而幽王弗能治, 而正之. 使天下敗亂, 皆幽后
所致, 故周人爲之而作〈白華〉之詩, 以刺之也. 申后之黜, 幽王所爲而刺襃姒者. 言
刺襃姒, 則幽王之惡, 可知. 以襃姒媚惑, 以至使申后見黜, 故詩人陳申后之被疏遠,
以主刺后姒也.《帝王世紀》云:「幽王三年, 納襃姒. 八年立以爲后.」則得在三年, 而黜
申后在八年. 此詩之作, 在見黜之後. 經八章皆言王遠申后, 是得襃姒而黜申后之事
也. 下國化之, 卽五章「鼓鐘于宮, 聲聞于外」, 是也. 此詩主刺王之遠申后, 但王爲此
行, 則爲下國所化. 故經畧文以見意, 序具述其事以明之. 〈正義〉曰: 欲明申爲國名,
故云姜姓之國. 襃姒, 襃人所入之女.《國語》·《史記》有其事. 襃國姒, 姓言姒, 其字
者, 婦人因姓爲字也. 以申·襃皆爲王后, 故辨之云是爲幽后, 以其被刺明襃姒矣. 孼
者, 櫱也. 樹木斬而復生謂之櫱. 以適子比根幹; 庶子比支櫱. 故孼, 支庶也.《中候》
曰「無易樹子」, 注云:「樹子適子.」〈玉藻〉云:「公子曰臣孼」, 注云:「孼當爲枿.」文王曰
「本支百世」, 是適子比樹本, 庶子比支孼也. 宗, 適子者, 以適子當爲庶子之所宗, 故
稱宗也. '王以襃姒代申后, 下國化之', 正以妾爲妻耳. 幷言'以孼代宗'者, 旣以妾爲
妻. 母愛者子伯服, 則妾之所生, 代適子, 故連言之. 〈鄭語〉云「而嬖, 是女使至於爲
后, 而生伯服.」又曰「王欲殺太子, 必求之申」, 是幽王亦以伯服代太子; 故爲下國所化
也. 天子執生殺之柄, 所以'不能治下國者, 以己不正故也'. 昭四年《左傳》椒擧云「無
瑕者, 可以戮人.」是己不正, 不可以治人也.

236(小-76) 면만(緜蠻)

＊〈緜蠻〉:〈毛傳〉에는 '작은 새의 모습'이라 하였고, 〈集傳〉에는 '黃鳥(꾀꼬리)의
울음소리'라 하였음. 모습이나 소리를 표현한 雙聲連綿語임.
＊이 시는 미천한 신하가 대부를 따라 일을 처리하면서 지극히 힘들고 기갈에
시달림에도 전혀 보살핌을 받지 못함을 비난한 것이라 함.

<序>: <緜蠻>, 微臣刺亂也. 大臣不用仁心, 遺忘微賤, 不
肯飮食敎載之, 故作是詩也.

〈면만〉은 미천한 신하의 혼란함을 비난한 것이다. 대신들은 어진 마음
을 쓰지 않고 미천한 자를 버리고 망각하여 음식도 싣고 다니도록 하는
것을 허락하지 않았다. 그 때문에 이 시를 지은 것이다.

〈箋〉: 微臣, 謂士也. 古者, 卿大夫出行, 士爲末介士之祿薄, 或困之於資財,
則當賙贍之. 幽王之時國亂, 禮廢恩薄, 大不念小, 尊不恤賤, 故本其亂而刺之.

＊전체 3장. 매 장 8구씩(緜蠻:三章. 章八句).

(1) 比
緜蠻黃鳥, 止于丘阿.

緜蠻(면만)ᄒᆞᄂᆞᆫ 黃鳥(황됴)ㅣ, 丘阿(구아)의 止ᄒᆞ엿도다.

작은 꾀꼬리가, 언덕배기에 앉아 있네.

道之云遠, 我勞如何?

道ㅣ 遠ᄒᆞ니, 나 勞홈이 엇더ᄒᆞᄂᆈ?

갈 길은 머니, 내 고생이 어떠한고?

飮之食之, 敎之誨之,

飮(임)ᄒᆞ며 食(ᄉᆞ)ᄒᆞ며, 敎ᄒᆞ며 誨ᄒᆞ며,

마실 것 주시고 먹을 것 주시며, 가르쳐주고 깨우쳐주며,

命彼後車, 謂之載之?

뎌 後車를 命ᄒᆞ야, 載(ᄌᆡ)ᄒᆞ라 니ᄅᆞᆯ가?

저 뒤따르는 수레에게 명하여, 이것들 모두 싣도록 일러줄까?

【縣蠻】〈毛傳〉에 "興也. 縣蠻, 小鳥貌"라 하였으나, 〈集傳〉에는 "縣蠻, 鳥聲"이라 함.

【丘阿】〈毛傳〉에 "丘阿, 曲阿也. 鳥止於阿, 人止於仁"이라 하였고, 〈鄭箋〉에는 "止, 謂飛行所止託也. 興者, 小鳥知止於丘之曲阿, 靜安之處而託息焉. 喻小臣擇卿大夫有仁厚之德者, 而依屬焉"이라 함. 〈集傳〉에는 "阿, 曲阿也"라 함.

【敎之誨之】《論語》憲問篇에 "子曰:「愛之, 能勿勞乎? 忠焉, 能勿誨乎?」"라 함.

【後車】〈鄭箋〉에 "後車, 倅車也"라 하였고, 〈集傳〉에는 "後車, 副車也"라 함.

【謂之載之】〈鄭箋〉에 "在國依屬於卿大夫之仁者, 至於爲末介, 從而行道路遠矣. 我罷勞, 則卿大夫之恩宜如何乎? 渴, 則予之飮; 飢, 則予之食; 事未至, 則豫敎之; 臨事, 則誨之; 車敗, 則命後車載之"라 함.

＊〈集傳〉에 "○此微賤勞苦, 而思有所託者, 爲鳥言以自比也. 蓋曰「縣蠻之黃鳥, 自言止于丘阿, 而不能前, 蓋道遠而勞甚矣. 當是時也, 有能飮之食之, 敎之誨之, 又命後車以載之者乎?」"라 함.

(2) 比

縣蠻黃鳥, 止于丘隅.

縣蠻ᄒᆞᄂᆞᆫ 黃鳥ㅣ, 丘隅(구우)에 止ᄒᆞ엿도다.

작은 꾀꼬리, 언덕 모퉁이에 앉아 있네.

豈敢憚行? 畏不能趨!

엇디 敢히 行홈을 憚(탄)ᄒᆞ리오? 能히 趨(추)티 몯홀가 畏ᄒᆞ애니라!

어찌 감히 길 떠남을 꺼리리오? 쫓아가지 못할까 두려울 뿐!

飮之食之, 敎之誨之,

飮ᄒᆞ며 食ᄒᆞ며, 敎ᄒᆞ며 誨ᄒᆞ며,

마실 것 주시고 먹을 것 주시며, 가르쳐주고 깨우쳐주며,

命彼後車, 謂之載之?

뎌 後車를 命ᄒ야, 載ᄒ라 니를가?

저 뒤따르는 수레에게 명하여, 이것들 모두 싣도록 일러줄까?

【丘隅】〈鄭箋〉에 "丘隅, 丘角也"라 하였고, 〈集傳〉에 "隅, 角"이라 함.
【憚】〈鄭箋〉에 "憚, 難也. 我罷勞車又敗, 豈敢難徒行乎? 畏不能及時疾至也"라 하였고, 〈集傳〉에는 "憚, 畏也"라 함.
【趨】〈集傳〉에 "趨, 疾行也"라 함.

(3) 比

緜蠻黃鳥, 止于丘側.

緜蠻ᄒᄂ 黃鳥ㅣ, 丘側(구측)에 止ᄒ엿도다.

작은 꾀꼬리, 언덕 곁에 앉아 있네.

豈敢憚行? 畏不能極!

엇디 敢히 行홈을 憚ᄒ리오? 能히 極디 몯ᄒᆯ가 畏ᄒ애니라!

어찌 감히 길 떠남을 꺼리리오? 능히 목적지에 이르지 못할까 두려울 뿐!

飲之食之, 敎之誨之,

飲ᄒ며 食ᄒ며, 敎ᄒ며 誨ᄒ며,

마실 것 주시고 먹을 것 주시며, 가르쳐주고 깨우쳐주며,

命彼後車, 謂之載之?

뎌 後車를 命ᄒ야, 載ᄒ라 니를가?

저 뒤따르는 수레에게 명하여, 이것들 모두 싣도록 일러줄까?

【丘側】〈鄭箋〉에 "丘側, 丘旁也"라 하였고, 〈集傳〉에도 "側, 旁"이라 함.
【極】목적지에 다다름. 〈鄭箋〉에 "極, 至也"라 하였고, 〈集傳〉에도 "極, 至也. 《國語》云:「齊朝駕, 則夕極于魯國.」"이라 함.

1. 孔穎達〈正義〉

〈緜蠻〉詩者, 周之微賤之臣所作, 以刺當時之亂也. 以時大臣卿大夫等, 皆不用仁愛之心, 而多遺棄忽忘微賤之臣. 至於共行, 不肯飮食敎載之. 謂在道困乏渴, 則不與之飮. 飢則不與之食, 不敎之以事, 不載之以車. 大不念小, 尊不恤賤, 是國政昏亂所致, 故作是〈緜蠻〉之詩以刺之也. 言刺亂者, 不爲己困而私以責人, 是王法爲失, 故言亂也. 大臣不用仁心, '遺忘微賤', 叙其爲亂之意. 於經爲總指而言之, 經三章上四句是也, '不肯飮食敎載之', 爲三章下四句是也. 由其不然, 故經所以反而責之. 不言誨之者, 以敎誨相對, 則爲二. 散則相兼, 故略之以便文.〈正義〉曰: 以微臣, 臣之微賤者. 惟士爲然府史, 則官長辟除, 不在臣例. 大夫則爵尊祿重, 是爲大臣. 故知微臣謂士. 亂世之作詩, 亦應多矣. 此篇獨言'微臣'者, 以爲此大臣遺忘微賤, 而刺之. 義取於微, 故言之也. 又解所以怨大臣遺忘之者, 以古者卿大夫出行, 士爲末介, 以士之祿薄, 或困乏資財, 則當賙贍之. 以不賙餼, 爲遺忘也. 知士爲末介者, 以爲賓而作介, 猶爲主而作. 擯以聘禮及聘義, 皆言士爲紹擯, 繼於卿大夫之末爲末擯, 故知出行坐末介也.〈王制〉說「班祿之法, 下士食九人, 中士十八人, 上士三十六人.」公私雜費有不足, 故云士之祿薄, 或困乏於資財也. 言或容有不困者也. 大臣不用仁心, 非王身之過, 列於王, 雅而言刺亂, 故解其所由, 自幽王之時, 國亂禮廢, 以下是也.

237(小-77) 호엽(瓠葉)

*〈瓠葉〉: 박의 잎. 서민들의 식재료로 쓰였음.
*이 시는 서민들은 이로써 토끼고기 요리에 빈객들을 모아 함께 술로 즐기지만, 윗자리에 있는 이들은 소를 잡고 훌륭한 음식을 차려 연회를 베풀면서도 아랫사람들에게 나누어줄 생각조차 하지 않음을 비판한 것이라 함.

〈序〉: 〈瓠葉〉, 大夫刺幽王也. 上棄禮而不能行, 雖有牲牢饎饋不肯用也. 故思古之人不以微薄廢禮焉.

〈호엽〉은 대부가 유왕을 비난한 것이다. 윗사람이 예를 버리고 능히 실행에 옮기지 못하여, 비록 소를 잡는 잔치와 따뜻하고 고기 냄새 나는 먹을 것이 넘쳐나는 데도 이를 나누어주려 들지 않았다. 그 까닭으로 옛사람들의, 아무리 微薄해도 예를 폐하지 않았음을 생각한 것이다.

〈箋〉: 牛羊豕爲牲, 繫養者曰牢. 熟曰饎食, 腥曰饋. 生曰牽. 不肯用者, 自養厚而薄於賓客.

*전체 4장. 매 장 4구씩(瓠葉, 四章, 章四句).

(1) 賦
幡幡瓠葉, 采之亨之.

幡幡(번번)흔 瓠葉(호엽)을, 采흐야 亨(핑)흔 디라,

펄렁펄렁 저 박 잎, 이를 따서 삶아 안주하고,

君子有酒, 酌言嘗之!

君子ㅣ 酒를 둣거늘, 酌흐야 嘗(샹)흐놋다!

주인이 술이 있거늘, 손님에게 마시며 맛보라 하지요!

【幡幡】〈毛傳〉에 "幡幡, 瓠葉貌. 庶人之菜也"라 하였고, 〈集傳〉에도 "幡幡, 瓠葉

貌"라 함. 박 잎이 바람에 뒤집혔다 펴졌다 하는 모습.

【亨】烹과 같음. 삶음. 조리함. '팽'으로 읽음.〈鄭箋〉에 "亨, 熟也. 熟瓠葉者, 以爲飮酒之菹也"라 함.

【君子】〈鄭箋〉에 "此君子, 謂庶人之有賢行者也. 其農功畢, 乃爲酒漿以合朋友, 習禮講道藝也. 酒旣成, 先與父兄室人, 亨瓠葉而飮之. 所以急和親親也. 飮酒而曰:「嘗者, 以其爲之主於賓客.」賓客則加之以羞.《易》兌象曰:「君子以朋友講習.」"이라 함.

【嘗】맛을 봄. '嚐'과 같음.

*〈集傳〉에 "○此亦燕飮之詩. 言「幡幡瓠葉, 采之亨之, 至薄也. 然君子有酒, 則亦以是酌而嘗之.」蓋述主人之謙辭, 言物雖薄, 而必與賓客共之也"라 함.

(2) 賦

有兔斯首, 炮之燔之.

兔의 首를, 炮(포)ᄒᆞ며 燔(번)혼 디라.

머리 흰 작은 토끼 잡아다가, 불에 굽고 지지고 안주해서,

君子有酒, 酌言獻之!

君子ㅣ 酒를 둣거늘, 酌ᄒᆞ야 獻ᄒᆞ놋다!

주인에게 술이 있거늘, 빈객에게 맛을 보라 권해 올리지요!

【斯】〈鄭箋〉에 "斯, 白也. 今俗語斯白之字作鮮. 齊魯之間, 聲近. 斯有兔白首者, 兔之小者也"라 하여, 머리가 하얀 작은 토끼라 하였음. 그러나〈集傳〉에는 "有兔斯首, 一兔也. 猶數魚以尾也"라 함. 兔는 兔의 본자.

【炮·燔】〈毛傳〉에 "毛曰炮, 加火曰燔"이라 하였고,〈集傳〉에는 "毛曰:「炮加火曰燔.」亦薄物也"라 함.〈鄭箋〉에는 "炮之燔之"者, 將以爲飮酒之羞也. 飮酒之禮, 旣奏酒於賓, 乃薦羞每酌言, 言者禮不下庶人, 庶人依士禮, 立賓主爲酌之名"이라 함.

【獻】〈毛傳〉에 "獻, 奏也"라 하였고,〈集傳〉에는 "獻, 獻之於賓也"라 함.

(3) 賦

有兔斯首, 燔之炙之.

兔의 首를, 燔ᄒᆞ며 炙(젹)혼 디라,

머리 하얀 작은 토끼 잡아다가, 굽고 지지고 하여 안주해서,

君子有酒, 酌言酢之!

君子] 酒를 둣거늘, 酌ᄒ야 酢(작)ᄒ놋다!

주인에게 술이 있거늘, 이를 맛보고 서로 권주하지요!

【炙】〈毛傳〉에 "炕火曰炙"이라 하였으나, 〈集傳〉에 "炕火曰炙. 謂以物貫之, 而擧於
火上以炙之"라 하여 꼬치구이라 하였음.
【君子】여기에서는 主人을 가리킴.
【酢】〈毛傳〉에 "酢, 報也"라 하였고, 〈鄭箋〉에는 "報者, 賓旣卒爵, 洗而酌主人也.
凡治兔之宜鮮者, 毛炮之柔者, 炙之, 乾者燔之"라 함. 〈集傳〉에는 "酢, 報也. 賓旣
卒爵, 而酌主人也"라 함.

(4) 賦

有兔斯首, 燔之炮之.

兔의 首를, 燔ᄒ며 炮ᄒ 디라,

머리 흰 작은 토끼 잡아다가, 굽고 지지고 안주하여,

君子有酒, 酌言醻之!

君子] 酒를 둣거늘, 酌ᄒ야 醻(슈)ᄒ놋다!

주인에게 술이 있거늘, 이를 마시며 잔을 돌리지요!

【醻】勸酒와 같은 뜻. 〈毛傳〉과 〈集傳〉에 "醻, 道飮也"라 하였고, 〈鄭箋〉에는 "主
人旣卒酢, 爵又酌; 自飮卒爵, 復酌進賓, 猶今俗之勸酒"라 함.

참고 및 관련 자료

1. 孔穎達 〈正義〉

曰〈瓠葉〉詩者, 周大夫所作以刺幽王也. 以在上位者, 棄其養賓之禮, 而不能行.
雖有牲牢餚饌之物, 而不肯用之以行禮, 故作詩者, 思古之人, 不以菹羞微薄而廢其
禮焉. 言古之人, 賤者尙不以微薄廢禮, 則當時貴者, 行之可知. 由上行其禮以化下,
反駁今上棄其禮而不行也. 今在上者, 尙棄禮不行卑賤者, 廢之明矣. 擧輕以見重,

是作者之深意也. 經四章皆上二句言菹羞之薄, 下二句言行禮之事, 是古之人不以微薄廢禮也. 〈正義〉曰:《孝經》云「三牲之養」, 則牲兼三畜, 故牛羊豕曰牲也. 公劉曰「執豕于牢」, 〈地官〉充人「掌繫祭祀之牲牷祀」, 五帝則繫於牢芻之三月. 牢者, 牲所居之處, 故繫養者, 爲牢也. 〈天官〉內外饔, 皆掌割亨之事. 亨人掌內外饔之爨, 亨煮肉之名, 故熟曰饔. 既爲熟則餼, 非熟矣. 僖三十三年《左傳》曰「餼牽竭矣」, 餼與牽相對, 是牲可牽行, 則餼是已殺. 殺又非熟, 故知腥曰餼. 謂生肉未煮者也. 既有饔餼, 遂因解牽, 使肉之別名, 皆盡於此, 此與牽饔相對, 故餼爲腥, 其實餼亦生. 哀二十四年《左傳》云「晉師乃還, 餼臧石, 是以生牛賜之也.《論語》及〈聘禮〉注云「牲生曰餼」, 而不與牽饔相對, 故爲生也. 凡言禮者, 皆與人行事, 經陳獻酢與賓客爲禮, 故知不肯用者, 自養厚而薄於賓客.

238(小-78) 삼삼지석(漸漸之石)

＊〈漸漸之石〉 '漸'은 〈毛詩音義〉에 "漸, 士銜反; 沈. 時銜反, 亦作'嶄嶄'"이라 하여, "'삼'으로 읽으며, 沈의 뜻이며, 嶄嶄으로도 표기한다라"라 하여 '삼'으로 읽도록 하였음. 그러나 〈集傳〉에는 "音巉"이라 하여 '참'으로 읽어야 한다 하였음. 〈諺解〉에는 〈毛詩〉를 따라 '삼'으로 읽었음. '漸漸之石'은 〈毛傳〉에 "漸漸, 山石高峻"이라 하였고, 〈集傳〉에도 "漸漸, 高峻之貌"라 하여 산의 돌이 높이 솟은 모습으로, 너무 높은 산은 오르기 힘들듯이 戎狄을 치는 일은 실패할 것이라는 뜻.

＊이 시는 幽王이 下國에게 믿음을 사지 못하여 戎狄이 반란을 일으켰을 때 下國 荊나라와 舒나라가 도우러 오지 않자, 장수에게 명하여 융적을 치러 東征에 나서게 되었으며, 이에 사졸들이 밖에서 오랫동안 병으로 고생함을 비난한 것이라 함.

〈序〉: 〈漸漸之石〉, 下國刺幽王也. 戎狄叛之, 荊舒不至, 乃命將率東征, 役久病在外, 故作是詩也.

〈삼삼지석〉은 下國이 유왕을 비난한 것이다. 戎狄이 반란을 일으켰을 때 荊과 舒 두 나라는 오지 않았고, 이에 장수에게 명하여 東征에 나섰을 때 병사들이 오랜 기간 밖에서 병으로 고생하였다. 그 까닭으로 이 시를 지은 것이다.

〈箋〉: 荊, 謂楚也. 舒, 舒鳩・舒鄝・舒庸之屬. 役, 謂士卒也.

＊전체 3장. 매 장 6구씩(漸漸之石: 三章. 章六句).

(1) 賦
漸漸之石, 維其高矣.

漸漸(삼삼)혼 石이여, 그 高호도다.

높고 높은 바위, 높기도 하네.

山川悠遠, 維其勞矣!

山川이 悠遠ᄒ니, 그 勞ᄒ도다!

산천이 아득하니, 힘들기도 하네!

武人東征, 不皇朝矣!

武人의 東征홈이여, 朝도 遑(황)티 몯ᄒ놋다!

무사들이 동정에 나서서, 하루아침 쉴 틈도 없네!

【漸漸】巉巉(巉巉)과 같음. 산의 바위가 험하고 높음을 말함. 〈毛傳〉에 "漸漸, 山石高峻"라 하였고, 〈鄭箋〉에 "山石漸漸然, 高峻不可登而上. 喻戎狄衆疆, 而無禮義, 不可得而伐也. 山川者, 荊舒之國所處也. 其道里長遠, 邦域又勞勞廣闊. 言不可卒服"이라 함. 〈集傳〉에도 "漸漸, 高峻之貌"라 함.

【勞】혹 遼, 즉 '廣闊하다'의 뜻으로 봄.

【武人】〈鄭箋〉에 "武人, 謂將率也"라 하였고, 〈集傳〉에 "武人, 將帥也"라 함.

【皇】이 글자는 〈毛詩〉에는 '皇'으로 되어 있으나, 〈集傳〉에는 모두 '遑'자로 고쳐져 있으며, 〈諺解〉에도 이를 따라 '遑'자로 쓰고 있음. 그러나 〈鄭箋〉에 "皇, 王也. 將率受王命東行而征伐, 役人罷病, 必不能正荊舒, 使之朝於王"이라 하여, '王'으로 보았음. 〈集傳〉에는 "遑, 暇也. 言「無朝旦之暇」也"라 하여, 틈, 경황, 짬의 뜻으로 보았으며, 張載의 풀이도 이와 같음. 陳奐 〈傳疏〉에도 "皇, 暇也. '不皇出', 猶言無暇日耳"라 함.

*〈集傳〉에 "○將帥出征, 經歷險遠, 不堪勞苦, 而作此詩也"라 함.

(2) 賦

漸漸之石, 維其卒矣.

漸漸ᄒᆫ 石이여, 그 卒ᄒ도다.

높고 높은 바위들, 높기도 하네.

山川悠遠, 曷其沒矣?

山川이 悠遠ᄒ니, 언제 그 沒(몰)홀고?

산천이 아득하니, 언제 그 다 할꼬?

武人東征, 不皇出矣!

武人의 東征홈이여, 出홈을 遑티 몯ᄒᆞᆺ다!

무사들 동정에 나서서, 여기서 빠져나갈 겨를도 없네!

【卒】높은 모양. 〈毛傳〉에 "卒, 竟"이라 하였으나, 〈鄭箋〉에는 "卒者, 崔嵬也. 謂山巔之末也"라 하여, '높은 산'이라 하였고, 〈集傳〉에도 "卒, 崔嵬也. 謂山巔之末也"라 함. 吳闓生 〈會通〉에는 "卒, 崒之假借"라 함.

【曷·沒】〈毛傳〉에 "沒, 盡也"라 하였고, 〈鄭箋〉에는 "曷, 何也. 廣闊之處, 何時其可盡服?"이라 함. 〈集傳〉에는 "曷, 何; 沒, 盡也. 言「所登歷何時而可盡也?」"라 함.

【不皇出】〈鄭箋〉에 "不能正之, 令出使聘, 問於王"이라 하였으나, 〈集傳〉에는 "「不遑出」, 謂但知深入, 不暇謀出也"라 함.

(3) 賦
有豕白蹢, 烝涉波矣.

豕(시)ㅣ 蹢(뎍)이 白ᄒᆞ니, 모다 波(파)를 涉(셥)ᄒᆞ며,

발굽 하얀 돼지 떼, 파도를 건너고 있구나.

月離于畢, 俾滂沱矣!

月이 畢(필)에 離ᄒᆞ니, ᄒᆞ여곰 滂沱(방타)케 ᄒᆞᆺ다!

달이 필성에 걸렸으니, 큰 비를 퍼붓겠네!

武人東征, 不皇他矣!

武人의 東征홈이여, 他를 遑티 몯ᄒᆞᆺ다!

무사들 동정에 나서서, 다른 일 할 겨를도 없네!

【豕·蹢】'豕'는 돼지. 〈諺解〉 物名에 "豕:돝"이라 함. '蹢'은 발굽. 〈毛傳〉에 "豕, 豬也; 蹢, 蹄也. 將久雨, 則豕進涉水波"라 하였고, 〈集傳〉에는 "蹢, 蹄"라 함.

【烝】〈鄭箋〉에 "烝, 衆也. 豕之性, 能水. 又唐突難禁制, 四蹄皆白. 曰駭則白蹢其尤躁疾者, 今離其繪牧之處, 與衆豕涉入水之波漣矣. 喻荊舒之人, 勇悍捷敏, 其君猶白蹢之豕也. 乃率民去禮義之安, 而居亂亡之危賤之, 故比方於豕"라 하였고, 〈集

傳〉에도 "烝, 衆也"라 함. 聞一多 《爾雅新義》에 "案'豕涉波'與'月離畢'幷擧, 似涉波之豕亦屬天象. 《述異記》曰:「夜半天漢中有黑氣相連, 俗謂之黑猪渡河, 雨候也.」"라 하여 비가 올 징조를 표현하는 말이라 하였음.

【月離于畢】'離'는 罹와 같음. 걸림. '畢'은 별 이름. 陰을 대표하는 별. 달이 필성에 걸리면 큰 비가 옴. 〈毛傳〉에 "畢, 噣也. 月離陰星, 則雨"라 하였고, 〈鄭箋〉에는 "將有大雨, 徵氣先見於天. 以言荊舒之叛, 萌漸亦由王出也. 豕旣涉波, 今又雨使之滂沱, 疾王甚也"라 함. 〈集傳〉에 "離月, 所宿也. 畢, 星名. 豕涉波, 月離畢, 將雨之驗也"라 함.

【滂沱】큰 비가 오는 모습의 連綿語.

【不皇他矣】〈鄭箋〉에 "不能正之, 令其守職, 不于王命"이라 함.

＊〈集傳〉에 "○張子曰:「豕之負塗曳泥, 其常性也. 今其足皆白, 衆與涉波而去水. 患之多可知矣. 此言久役又逢大雨, 甚勞苦, 而不暇及他事也.」"라 함.

참고 및 관련 자료

1. 孔穎達 〈正義〉

〈漸漸之石〉詩者, 下國所作, 以刺幽王也. 以幽王無道, 西戎北狄, 共違叛之. 荊楚之羣舒, 又不來至. 乃命將率東行征伐之, 其役人士卒, 已久而疲病, 勞苦于外, 故作是〈漸漸之石〉詩, 以刺之. 下國諸侯之言對天子爲上, 故稱下國也. 言下國者, 此詩下國之人所作, 未必. 卽諸侯之身作之, 幽王之役, 人自病而下國作詩刺之者, 王師出征, 亦使諸侯從己, 諸侯之人, 亦病. 故刺之也. 〈定本〉·〈集本〉'役'下無'人'字, 其箋注亦無'人'字. 〈俗本〉有者, 誤也. 毛以'戎狄叛之', 經三章上四句是也. '荊舒不至', 下二句是也. '乃命將率東征, 役人久病于外', 副上戎狄叛之, 荊舒不至之言, 爲六句之總三, 方皆有征伐而久病. 獨言'東征'者, 以經有東征之文, 因言以廣之. 其實戎狄亦伐之也. 鄭以'戎狄叛之', 經上二章上二句是也. '荊舒不至', 上二章次二句及卒章上四句是也. '乃命將率東征, 役人久病於外', 三章皆下二句是也. 以詩言'命將東征', 無伐戎狄之事, 則不伐戎狄也. 言'不至'與'叛之', 則明由叛而不至, 其義一也. 下篇言'四夷交侵, 師旅並起, 用兵不息', 則戎狄, 亦當伐之. 但自此篇不言之耳. 〈正義〉曰: 以楚居荊州, 故或以州言之. 《春秋經》賈氏《訓詁》云:「秦始皇父, 諱楚. 而改爲荊州.」亦以其居荊州, 故因諱而改之. 亦有本自作荊者, 非爲諱也. 春秋《公羊》·《穀梁》, 皆言州, 不若國賤楚, 故以荊言之. 彼自春秋之例, 其外書傳, 或州或國, 自楚時便非褒貶也. 殷武曰「維汝荊楚」, 已并言之. 是楚之稱荊, 亦已久矣. 魯頌亦曰「荊舒是懲」, 是隨時之名不定也. 以傳有'舒鳩·舒鄝·舒庸', 又有舒龍, 謂之羣舒. 此直言舒, 不指一國. 箋又引舒國不盡, 故言之屬. 旣言'將率', 別云役人, 故知謂士卒也.

239(小-79) 조지화(苕之華)

*〈苕之華〉〈毛詩音義〉에 '苕. 音條'라 하여 '조'로 읽음. 원음은 '초'. '苕'는 凌霄花
(陵苕花), 혹은 '紫葳'로도 불리는 꽃 이름. 攀登 藤本木本 식물로 6~9월 사이 짙은
주황색 꽃을 피움.〈毛傳〉에 "苕, 陵苕也. 將落則黃"이라 하였고,〈鄭箋〉에도 "陵
苕之華, 紫赤而繁. 興者, 陵苕之幹, 喩如京師也. 其華, 猶諸夏也. 故或謂諸夏爲諸
華. 華衰, 則黃. 猶諸夏之師旅, 罷病將敗, 則京師孤弱"이라 함.〈集傳〉에도 "苕, 陵
苕也.《本草》云:「卽今之紫葳. 蔓生附於喬木之上, 其華黃赤色, 亦名凌霄.」라 함.
*이 시는 幽王 때 西戎과 東夷가 中原을 침입하자 제후 나라들도 이를 돕기 위
해 군사를 내느라 기근이 들어, 군자가 주나라가 장차 망할 것임을 안타깝게 여
기면서, 동시에 자신도 이러한 시대에 태어났음을 가슴 아파하는 내용이라 함.

〈序〉:〈苕之華〉, 大夫閔時也. 幽王之時, 西戎·東夷交侵
中國, 師旅並起, 因之以饑饉. 君子閔周室之將亡, 傷己逢
之, 故作是詩也.

〈조지화〉는 대부가 당시 상황을 안타깝게 여긴 것이다. 유왕 때에 서
융과 동이가 차례로 중원을 침입하여, 제후 나라들도 주실을 돕고자 군
사들을 계속 일으켜, 이로써 기근이 들었다. 군자가 周室이 장차 망하게
됨을 안타깝게 여겼고, 자신이 이러한 때를 만났음을 아프게 여겨, 그
때문에 이 시를 지은 것이다.

〈箋〉: 師旅並起者, 諸侯或出師, 或出旅以助王距戎與夷也. 大夫將師出, 見
戎夷之侵周, 而閔之. 今當其難, 自傷近危亡.

*전체 3장. 매 장 4구씩(苕之華:三章. 章四句).

(1) 比
苕之華, 芸其黃矣.

苕(됴)의 華]여, 그 黃이 芸(운)ㅎ도다.

능소화의 꽃이여, 떨어져도 그 색깔 노랗구나.

心之憂矣, 維其傷矣!

心애 憂홈이여, 그 傷ᄒ놋다!

마음의 근심, 그 아픔이여!

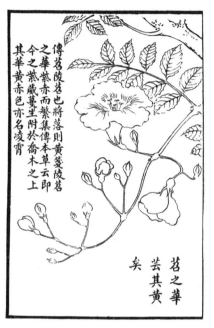

【芸】'隕'과 같음. 떨어짐. 꽃이 떨어져 시
들어가면서도 노란색을 그대로 지니고
는 있음. 〈疏〉에 "苕之花, 至傷矣"라 하
였고, 〈正義〉에도 "至今亦芸然, 其色黃
而衰矣. 以興周室之諸夏, 本兵彊國盛,
今其師病而微矣"라 함.
【傷】〈鄭箋〉에 "傷者, 謂國日見侵削"이라
함.
*〈集傳〉에 "○詩人自以身逢周室之衰,
　如苕附物而生. 雖榮不久, 故以爲比而
　自言其心之憂傷也"라 함.

(2) 比

苕之華, 其葉靑靑.

苕의 華] 여, 그 葉이 靑靑ᄒ도다.

능소화의 꽃이여, 그 잎만 무성하구나.

知我如此, 不如無生!

내 이근툴 줄 아던든, 生(싱)이 업슴만 ᄀ디 몯ᄒ닷다!

내 이럴 줄 알았던들, 차라리 태어나지 않은 것만 못하도다!

【靑靑】그 잎만 무성함. 〈毛傳〉에 "華落, 葉靑靑然"이라 하였고, 〈鄭箋〉에는 "京
師以諸夏爲障蔽, 今陵苕之華衰, 而葉見靑靑然. 喩諸侯微弱, 而王之臣當出見也"
라 함. 〈集傳〉에는 "靑靑, 盛貌. 然亦何能久哉!"라 함.〈鄭箋〉에 "我, 我王也. 知王
之爲政如此, 則己之生, 不如不生也. 自傷逢今世之難, 憂悶之甚"이라 함.

(3) 賦

牂羊墳首, 三星在罶.

牂羊(장양)이 首ㅣ 墳(분)ᄒ며, 三星이 罶(류)에 잇도다.

암양의 머리는 크게 살이 쪘으나, 삼성이 통발에 떠 있네.

人可以食, 鮮可以飽!

人이 可히 뻐 食(식)홀 ᄯ이언뎡, 可히 뻐 飽(포)홈은 鮮(션)ᄒ도다!

사람이라면 먹을 것이 있어야 하는데, 배불리 먹는 사람 너무 적구나!

【牂羊】羊의 암컷. 〈毛傳〉과 〈集傳〉에 "牂羊, 牝羊也"라 함.

【墳】큰 것. 〈毛傳〉에 "墳, 大也"라 하였고, 〈集傳〉에도 "墳, 大也. 羊瘠, 則首大也"라 함.

【三星】별의 이름. 參星.

【罶】과부가 놓은 통발이라 함. 〈毛傳〉에 "罶, 曲梁也. 寡婦之笱也"라 하였고, 〈集傳〉에 "罶, 笱也. 罶中無魚而水靜, 但見三星之光而已"라 함. 〈毛傳〉에 "牂羊墳首", 言無是道也. 「三星在罶」, 言不可久也"라 하였고, 〈鄭箋〉에는 "無是道者, 喩周已衰, 求其復興, 不可得也. 不可久者, 喩周將亡, 如心星之光耀, 見於魚笱之中, 其去須臾也"라 함.

【鮮】적음. 드믊. 少, 尠, 寡와 같음. 〈毛傳〉에 "治日少而亂日多"라 하였고, 〈鄭箋〉에 "今者, 士卒人人於晏早, 皆可以食矣. 時饑饉軍興乏少, 無可以飽之者"라 함.

＊〈集傳〉에 "○言「饑饉之餘, 百物彫耗如此. 苟且得食足矣. 豈可望其飽哉?」"라 함.

〔참고 및 관련 자료〕

1. 孔穎達 〈正義〉

言'西戎·東夷交侵中國', 不言南蠻·北狄者, 下篇序曰'西夷交侵中國', 則蠻狄亦侵. 序於上下, 相互以明耳. 言'西戎·東夷交侵中國, 師旅並起', 卽序首章上二句之事. '因之以饑饉', 卒章下二句是也. '閔周室之將亡', 卒章上二句是也. '傷己逢之', 卽首章下二句是也. 經序倒者, 序以由'師旅饑饉, 致周室之亡', 所以傷之. 經則因文以弘義, 逢師旅而已. 傷乃覆言可傷之事, 故言'因之饑饉', 於下明其彌, 是可傷, 各自爲義次也. 〈正義〉曰:以四夷在中國之外, 從外內侵, 則緣邊諸侯, 被侵矣. 又言'師旅並起'者, 非一之辭, 明其非獨王室, 故知諸侯或出師或出旅, 以助王距戎與夷也.《周禮》「制諸侯從王之法」云:「大國三軍, 次國二軍, 小國一軍.」今俱出師旅者,《周禮》言其極耳. 行則隨時多少不必盡然, 且於時諸侯衰弱, 或不能備軍, 故纔出師旅也. 知大夫將帥, 出見戎狄之侵周者, 以序云'傷己逢之', 經云「知我如此, 不如無生」, 若非身自當之不應如此深恨, 故知身自將師而出, 見戎狄交侵, 而發憤閔傷也. 且上下皆言'下國', 明此亦下國大夫, 自將其國之師, 故二章箋云「諸侯微弱, 而王之臣, 當出見也.」是於時王臣未出, 不得逢之也. '逢之', 是身見之辭. 故云今當其難, 自傷近危亡也.

2. 朱熹〈集傳〉

〈苕之華〉, 三章, 章四句:

陳氏曰:「此詩其辭, 簡其情哀. 周室將亡, 不可救矣. 詩人傷之而已.」

240(小-80) 하초불황(何草不黃)

＊〈何草不黃〉: '어느 풀인들 시들지 않겠는가?'의 뜻.
＊이 시는 西周 말 厲王 때 사이의 침범이 잦아지자 그에 따른 用兵도 쉴 날이
없어 征夫들이 마치 홀아비처럼 고생하며 사는 모습을 안타깝게 여겨 읊은 것
이라 함.

> <序>: <何草不黃>, 下國刺幽王也. 四夷交侵, 中國背叛,
> 用兵不息, 視民如禽獸. 君子憂之, 故作是詩也.

〈하초불황〉은 下國들이 유왕을 비난한 것이다. 四夷가 차례로 침략해
오면서 중원을 배반하여, 이를 막으려 용병이 쉴 날이 없어, 백성을 마치
금수를 보듯 하였다. 군자가 이를 걱정하여, 그 때문에 이 시를 지은 것
이다.

＊전체 4장. 매 장 4구씩(何草不黃:四章. 章四句).

(1) 興
何草不黃? 何日不行?

어니 草ㅣ 黃티 아니며, 어니 날 行티 아니며,

어느 풀인들 시들지 않겠는가? 어느 날인들 수역(戍役)에 나가지 않겠
는가?

何人不將, 經營四方?

어니 사름이 將ㅎ야, 四方에 經營티 아니리오?

어느 누군들, 사방을 막아내느라 나가지 않겠는가?

【何草不黃】〈鄭箋〉에 "用兵不息, 軍旅自歲始, 草生而出, 至歲晚矣. 何草而不黃
乎? 言「草皆黃也, 於是之間, 將率何日不行乎?」言「常行勞苦之甚.」"이라 함. 〈集傳〉

에는 "草衰則黃"이라 함.

【將】行의 뜻. 戌役에 나감. 〈毛傳〉에 "言「萬民無不從役.」"이라 하였고, 〈集傳〉에 "將, 亦行也"라 함.

【經營四方】터진 일을 수습하러 사방을 쏘다님.

＊〈集傳〉에 "○周室將亡, 征役不息, 行者苦之, 故作此詩. 言「何草而不黃? 何日而 不行? 何人而不將, 以經營於四方也哉?」"라 함.

(2) 興

何草不玄? 何人不矜?

어느 草ㅣ 玄티 아니며, 어느 사름이 矜(환)이 아니리오?

어느 풀인들 말라 검어지지 않겠는가? 어느 누군들 홀아비가 되지 않 겠는가?

哀我征夫, 獨爲匪民?

哀홉다, 우리 征夫ㅣ, 홀로 民이 아니가?

불쌍하다, 우리 병사들, 홀로 백성도 아니라는 것인가?

【玄】〈鄭箋〉에 "玄, 赤黑色. 始春之時, 草牙蘖者, 將生必玄. 於此時也, 兵猶復行"이 라 하여 싹이 처음 날 때를 가리키는 것이라 하였으나, 〈集傳〉에 "玄, 赤黑色也. 旣黃而玄也"라 하여, 마른 다음 다시 검어짐을 뜻하는 것으로 보았음.

【矜】홀아비. 鰥(환)과 같은 뜻. '관'(古頑反)으로 읽도록 되어 있으나, 이는 '鰥'과 같은 음임. 〈鄭箋〉에 "無妻曰矜. 從役者, 皆過時不得歸, 故謂之矜"이라 하였고, 〈集傳〉에도 "無妻曰矜. 言「從役過時, 而不得歸, 失其室家之樂也. 哀我征夫, 豈獨 爲匪民哉!」"라 함.

【征夫】〈鄭箋〉에 "征夫, 從役者也. 古者, 師出不踰時, 所以厚民之性也. 今則草玄至 於黃, 黃至於玄, 此豈非民乎?"라 함.

(3) 賦

匪兕匪虎, 率彼曠野?

兕(시) 아니며 虎(호)ㅣ 아니어늘, 뎌 曠野(광야)애 率(솔)케 ᄒᄂ냐?

들소도 아니요 호랑이도 아닌데, 저 빈 광야를 헤매게 하는가?

哀我征夫, 朝夕不暇!

哀홉다, 우리 征夫ㅣ, 朝夕에 暇(가)티 몯ᄒᆞ놋다!

불쌍하다, 우리 병사들, 아침저녁 쉴 겨를도 없구나!

【兕·虎】〈毛傳〉에 "兕虎, 野獸也"라 하였고, 〈鄭箋〉에 "兕虎, 比戰士也"라 함.
【率】〈集傳〉에 "率, 循也"라 함.
【曠】〈毛傳〉과 〈集傳〉에 "曠, 空也"라 함. 이 구절은 平敍文이나 〈諺解〉에는 反語文(疑問文)으로 풀었음.
＊〈集傳〉에 "○言「征夫非兕非虎, 何爲使之循曠野, 而朝夕不得閒暇也?」"라 함.

(4) 興

有芃者狐, 率彼幽草.

芃(봉)ᄒᆞᆫ 狐ㅣ여, 뎌 幽草(유초)에 率ᄒᆞ놋다.

흐트러진 모습의 여우여, 저 컴컴한 풀밭을 헤매고 있구나.

有棧之車, 行彼周道!

棧(잔)ㅅ 車ㅣ여, 뎌 周道(쥬도)에 行ᄒᆞ놋다!

우리도 짐수레 끌고, 저 큰 길을 가고 있도다!

【芃】〈毛傳〉에 "芃, 小獸貌"라 하였으나, 〈集傳〉에는 "芃, 尾長貌"라 함. 그러나 여우의 털이 초라하게 쑥대처럼 흐트러진 모습이라고도 함. 馬瑞辰〈通釋〉에 "芃, 本衆草叢簇之貌. 狐毛之叢雜似之. ……又芃·蓬同音"이라 함.

【棧車】짐수레. 〈毛傳〉과 〈集傳〉에 "棧車, 役車也"라 함. 〈鄭箋〉에는 "狐, 草行. 草止, 故以比棧車輦者"라 함.

【周道】〈集傳〉에 "周道, 大道也. 言不得休息也"라 함.

참고 및 관련 자료

1. 孔穎達 〈正義〉

上言'下國', 後云'君子', 則作者下國君子也. 君子無尊卑之限, 國君以下有德者皆是也. 言'四夷交侵, 中國背叛', 序其用兵之意, 於經無所當也. '用兵不息', 上二章是也. '視民如禽獸', 下二章是也. 經言'虎兕'及'狐', 止有獸耳. 言禽以足句且散, 則獸亦名禽也.

임동석(茁浦 林東錫)

慶北 榮州 上茁에서 출생. 忠北 丹陽 德尙골에서 성장. 丹陽初中 졸업. 京東高 서울
敎大 國際大 建國大 대학원 졸업. 雨田 辛鎬烈 선생에게 漢學 배움. 臺灣 國立臺灣師範
大學 國文硏究所(大學院) 博士班 졸업. 中華民國 國家文學博士(1983). 建國大學校
敎授. 文科大學長 역임. 成均館大 延世大 高麗大 外國語大 서울대 등 大學院 강의.
韓國中國言語學會 中國語文學硏究會 韓國中語中文學會 등 會長 역임. 저서에
《朝鮮譯學考》(中文)《中國學術槪論》《中韓對比語文論》. 편역서에《수레를 밀기 위
해 내린 사람들》《栗谷先生詩文選》. 역서에《漢語音韻學講義》《廣開土王碑硏
究》《東北民族源流》《龍鳳文化源流》《論語心得》〈漢語雙聲疊韻硏究〉 등. 학술
논문 50여 편. 현 건국대 명예교수. 靑丘書堂 훈장.

임동석중국사상100

시경詩經

중

林東錫 譯註
1판 1쇄 발행/2020년 6월 1일
발행인 고정일
발행처 동서문화사
창업 1956. 12. 12. 등록 16-3799
서울 중구 마른내로 144(쌍림동)
☎546-0331~6 (FAX) 545-0331
www.dongsuhbook.com
잘못 만들어진 책은 바꾸어 드립니다.

*

*
사업자등록번호 211-87-75330
ISBN 978-89-497-1777-7　04080
ISBN 978-89-497-0542-2　(세트)